灵 石 县 志

灵石县史志研究室　编

山西出版传媒集团

山西人民出版社

图书在版编目（CIP）数据

灵石县志 / 灵石县史志研究室编 . -- 太原：山西
人民出版社，2023.12
ISBN 978-7-203-12654-6

Ⅰ.①灵… Ⅱ.①灵… Ⅲ.①灵石县—地方志
Ⅳ.① K292.54

中国国家版本馆 CIP 数据核字〔2023〕第 188642 号

灵石县志

编　　者：	灵石县史志研究室
责任编辑：	吴春华
复　　审：	吕绘元
终　　审：	梁晋华
装帧设计：	赵　冬

出 版 者：	山西出版传媒集团·山西人民出版社
地　　址：	太原市建设南路 21 号
邮　　编：	030012
发行营销：	0351 – 4922220 4955996 4956039 4922127（传真）
天猫官网：	https://sxrmcbs.tmall.com 电话：0351 – 4922159
E – mail：	sxskcb@163.com 发行部
	sxskcb@126.com 总编室
网　　址：	www.sxskcb.com

经 销 者：	山西出版传媒集团·山西人民出版社
承 印 厂：	山西佳兴印刷包装有限公司

开　　本：	787mm×1092mm　1/16
印　　张：	51.25
字　　数：	960 千字
版　　次：	2023 年 12 月 第 1 版
印　　次：	2023 年 12 月 第 1 次印刷
书　　号：	ISBN 978-7-203-12654-6
定　　价：	580.00 元

如有印装质量问题请与本社联系调换

灵石县志

张友渔题

县城鸟瞰

五一铁厂

化肥厂

原煤精洗

灵煤外运

石膏山水电站

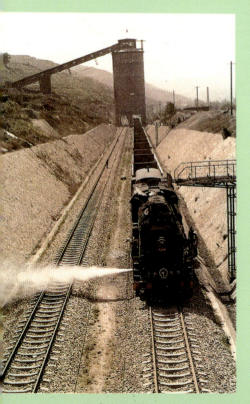

玉成发运站

乡镇煤矿

出口电石

白——石膏

黄——硫黄

蓝——焦炭

红——铁矿

黑——煤炭

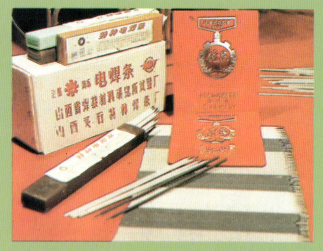

特种焊条

石膏产品

铸铁管

大岳牌电视机

建设农田

地膜覆盖

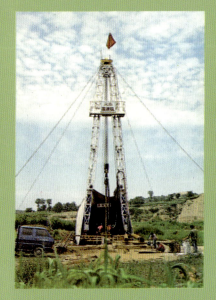

打井队

联合收割

优种小麦

国务院奖状

宝塔蓖麻

梨花盛开

① 科学养蜂
② 六畜兴旺
③ 饲养奶牛
④ 养梅花鹿

中心商场

豪士服装

精制果丹皮

农贸市场

春节联欢

英雄锣鼓

抬阁

翘杆

武术表演

独龙杆

灵石一中教学楼

史志成果

乡村小学

草地电视接收站

灵石县人民医院

毛主席同裴孟飞等合影

中国人民抗日红军东征

毛主席在西庄

朱德总司令在水头

何绍裕烈士部分遗物

灵东灵西会师

天石公园的灵石

周槐

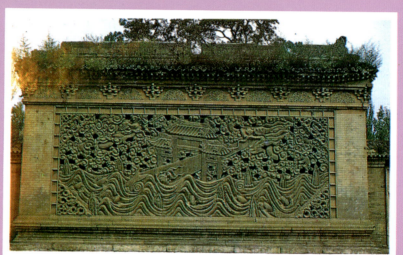

静升（石雕）

资寿寺

《灵石县志》编纂人员

主　　　编　陈发长

副　主　编　赵麟书

编　　　辑　吴瑞田　任兆瑞　周宝瑜　田维新

　　　　　　任守田　吴宝山　张国华

特约编辑　祁明

特约顾问　张友渔

顾　　　问　李德茂

摄　　　影　侯升翔

资　料　员　杨能连　党秀琴

灵石县志办公室成员

主　　　任　陈发长

副　主　任　赵麟书　王晋堂

工作人员　吴宝山　杨能连　党秀琴　康薇艾

　　　　　　刘绍奇　张丽华　陈艳萍

审稿单位

初　　　审　中共灵石县委　灵石县人民政府

复　　　审　中共晋中地委　晋中行政公署

终　　　审　山西省地方志编纂委员会

监　　　制　唐兴汉　郑　华　康文朝　周兰忠

序 （一）

　　中华人民共和国成立以来，第一部《灵石县志》编纂成功，这是灵石人民值得庆贺的一件大喜事。

　　灵石是我的家乡，《灵石县志》在编纂过程中，编委会负责人不断与我联系，商讨本书的编纂工作。本书，历经数载，三易其稿，基本上做到观点正确、体例科学、资料翔实、文字流畅，将一县的自然和社会情况融会贯通，跃然纸上。可以说，《灵石县志》是一部成功的社会主义新方志。

　　灵石，建县虽在隋朝，但所辖地区历史悠久，有远古的仰韶文化遗址，有春秋时代的介子推庙，有汉韩信墓，有唐玄宗手迹，有南宋抗金文献。明清以来，这里人才辈出，不胜枚举。1936年，毛泽东主席率领中国人民抗日红军东征，在灵石播下革命种子，建立共产党组织和苏维埃政权，发展人民武装，揭开了灵石县人民革命斗争新的一页。在中国共产党的领导下，无数英雄儿女为夺取抗日战争和解放战争的胜利，前仆后继，流血牺牲，他们用鲜血和生命写下光辉的历史。中华人民共和国成立后，全县人民继承革命传统，团结奋进，尽快医治战争创伤，建设家园，重整乾坤，振兴经济，迅速改变旧社会遗留下来的贫穷落后面貌，在社会主义革命和社会主义建设中取得巨大成就。如今，灵石局势安定，政通人和，百业俱兴，形势喜人。在县委、县政府的指导和支持下，本书编纂委员会汇集大量专家学者新编县志，全面记载了灵石建县以来1400多年来的沧桑变化，突出劳动人民反抗侵略、反抗压迫、勤劳致富、能文善武的光辉业绩，是邑人认识灵石、建设灵石、改造自然、创造文明的珍贵资料。

　　《灵石县志》编纂工作，工程浩大，任务艰巨，贡献很大，故在志成之际，我欣然作序，愿吾县人民在社会主义现代化建设的征程中奋勇前进、再展宏图。

张 友 渔[①]

1990 年 7 月

---

　　① 张友渔，灵石城内人，曾任中国科学院副院长，全国人大法制委员会副主任，著名法学家。

序 （二）

灵石位于山西省中部，是华北通往西北之交通要冲，战略地位十分重要，自隋朝置县以来，迄今已有1400多年的历史。灵石人民在这块黄土地上辛勤耕耘，发展经济和文化，创造了光辉的业绩，对祖国建设作出应有的贡献。

历史在发展，社会在前进。为全面记述本县地理、历史、经济、政治、文化、风土人情的变革，便于人们从各方面认识县情，为振兴灵石、造福后代提供客观依据和历史经验，中共灵石县委和县人民政府遵照上级指示，成立县志编纂机构，组织编写班子，进行县志编纂工作。经广搜博采，调查走访，查阅档案，参验文物，在占有大量史料的基础上，去粗取精，去伪存真，详今略古，详独略同，据事直书，三易成稿，一部纵贯古今、横纳百科的《灵石县志》终于问世了。这是中华人民共和国成立以来灵石第一部社会主义新方志，是灵石人民在精神文明建设中的一项大工程。灵石是养育我的故乡，20世纪80年代中期我曾返回灵石和家乡父老并肩战斗，同建家园，并参与编纂县志的组织指导工作。《灵石县志》的出版更激发我对家乡的热爱和怀念，我不仅爱她的过去和现在，更期望全县人民在今后的历史长河中谱写出更加光辉灿烂的未来。

《灵石县志》在编纂过程中得到中国人民革命军事博物馆、北京相关图书馆、山西省图书馆、山西省档案馆、山西省地方志编委和办公室、晋中地区史志编纂领导组和办公室，以及部分专家学者和曾在灵石工作过的老干部、老党员及广大群众的大力支持和热情帮助，特别是中国社会科学院副院长、全国人大常务委员会法制委员会副主任张友渔在百忙中为《灵石县志》题写书名、撰文作序。在此，我们对参与编纂《灵石县志》的所有同志表示深切的谢意。

张 棨①

1990 年 8 月

---

① 张棨，灵石县桑平峪村人，1985 年任灵石县县长。

序 （三）

历史，是人民群众创造的。方志，是记载地方人民群众创造历史的百科全书。

《灵石县志》是以人民群众为主体，以经济建设为重点，以历史唯物主义和辩证唯物主义为指导，历时八年，三易其稿而成的灵石县第一部社会主义新方志。

新编《灵石县志》，从当代社会科学和自然科学密切结合的历史特点出发，注重自然科学对社会进步的推动作用，从新的角度透视纷繁复杂的历史现象，在较大的时空范围内，对发生在本县的历史事件和重大问题作出新的估量和实事求是的记述，不落旧志窠臼，力求求实出新，有较为鲜明的时代特点。

《灵石县志》，运用马克思主义理论思维方法，从把握中心、拓宽领域、再现史实、服务当今的现实特点出发，一改历代志书物产、田赋等占次要地位的模式，突出经济建设这个中心，经过综合分析和精心检索，用大量翔实的资料，反映本县国民经济和社会发展的历史沿革、时代变化及主要发展轨迹；特别是把经济作为基础和社会生活的重要组成部分，真实地反映了本县各个历史时期生产关系和生产力在不同条件下的相互作用，以及经济领域中生产、分配、交换及消费等环节的演变过程，记载了本县不同历史时期的经济面貌和地域特色，有较为突出的经济特点。

《灵石县志》，运用唯物史观，广采博取，审慎考订，从多部专志中精选丰富翔实的史料，将本县一定时限范围内的客观历史全貌展现出来，让后人从社会、政治、经济、文化等结构的变化以及时尚、社交、民俗、良风等方面对灵石县有一个更多、更广、更全面的了解和认识。志中民情乡韵溢于字里行间，有较为浓重的地方特点。

《灵石县志》是自明代万历二年（1574）以来本县第八部志书，也是自灵石置县1400多年，中国共产党在灵石创建党组织54年及中华人民共和国成立以来的第一部社会主义新志。在这部益于当代、惠及子孙的巨著告竣之时，我们谨向关怀和支持修志工作的各级领导、各界人士，向为这部史书编修专志、提供资料、辛勤笔耕的同志们，向所有关心志书编写的本籍在外地工作和外籍在本县工作的同志致以诚挚的谢意！！

诚然，受历史条件的限制和编纂人员等各种因素的制约，志书在资料取舍、谋篇布局、结构体例、文字风采等方面尚有许多不足之处，恳望专家和各方人士批评指正。

范浩里[1]

1990 年 12 月

---

[1] 范浩里，山西省晋中市榆次区人，曾任灵石县县长。

修订说明

灵石县位于山西省中部，是华北通往西北之交通要冲，素为兵家必争之地。灵石自隋开皇十年置县以来，历史上曾数次修志。1992年版《灵石县志》是中华人民共和国成立以来的第一部社会主义新志，历史地位十分重要，社会影响非常深远。该志较为全面、准确、翔实地记载了本县自然、经济、政治、人文、社会诸方面发展变化的历史进程，不仅对经济社会发展起到十分重要的作用，同时也保存了大量的历史资料。1992年版《灵石县志》自出版发行以来，为社会各界读者提供了许多便利，深受欢迎。近年来各级领导、各部门对志书的利用需求有增无减，经不断地互相交流、赠阅，藏书已告罄，目前，已无此版志书向社会各界提供。

奋进新时代，筑梦新征程。人们迫切需要通过志书了解灵石、认识灵石，从而更好地建设灵石、发展灵石。为了延史续志，传承文明，探求规律，惠及未来，充分发挥志书"资政、存史、教化、育人"之功能，中共灵石县委、灵石县人民政府决定对该志书进行修订。

为了对历史和后人负责，1992年版《灵石县志》在内容、版式、装帧设计、印制等方面均保持历史原貌，我们在保证质量的前提下，对其中明显的错漏作了修订。

修订中，由于1992年版《灵石县志》无电子版本，字数近百万，还有大量表格数字，所以近几年来，我们花费大量精力，按原志书进行多次校对，同时对逻辑不通、前后矛盾的内容以及错别字、标点符号、数字错误等进行修正，还对人名、地名、时间等错漏内容进行反复查证考究。

由于我们水平有限，书中错误、疏漏在所难免，敬请读者赐教。

2023 年 9 月

凡　例

一、本志以马克思列宁主义、毛泽东思想为指导，遵循辩证唯物主义和历史唯物主义原理，用新观点、新方法、新材料，实事求是地记载灵石县自然和社会的历史与现状，为社会主义物质文明和精神文明建设服务。

二、本志设概述、建置人口、自然环境、经济管理、工业、农业、商业、财政金融、交通邮电、城乡建设、党派团体、政权政法、人劳民政、文化新闻、教育科技、体育卫生、社会生活、人物、大事记、附录，以编、章、节为序。

三、本志卷首设概述，从宏观.上扼要陈述全志主要内容和地方特色。各编开头加前言，从微观.上提示一个部门或一种行业的概貌及其发展规律。

四、本志采用记、志、传、图、表、录，以志为主。图表附于编、章之中，大事记采用编年体。本志书图表数字的分组，均包含上下限数值。

五、本志采用语体文记叙体，横排纵写，以横为主，纵横结合，文字力求简洁、朴实、易懂。

六、本志用历史纪年，加注公历，中华人民共和国成立之后采用公历纪年。称谓以历史名称为准，加注今名。文中数字用阿拉伯数字，计量用公制，历史数据遵循习惯。

七、本志上限为追本溯源，根据资料，因志而宜，下限至1985

年，古从略，今从详。

八、本志所用"解放前""解放后"词语，是以1948年9月16日为界。

九、本志人物分传、表、录，遵循"生不立传"的通例，入传人物，系本县籍人。人物表选载本县籍省级以上劳动模范和先进工作者，以及1949年前正县团级、1949年后地、师级以上党、政、军人员和各界名士。烈士英名录，根据灵石县民政局提供的名录列条。

十、本志资料，主要来自省、市、县档案馆、统计局及本县各部门、各乡镇，除部分摘自书刊（文献资料）注明出处外，其余一律不标出处。

目　　录

第六编　城乡建设

第七编　农　　业

第八编　商　　业

第九编　财政金融

第十编　党派团体

第十一编　政权政法

第十五编　文化新闻

第十六编　体育卫生

第十七编　社会生活

概　述

灵石县地处山西省中部，高崇的太岳山屹立在它的东部，巍巍吕梁山雄峙其西边，滔滔汾水中流南去，同蒲铁路与汾水并行，宽阔的高原展现在县境西北。1985 年，全县总面积 1206 平方公里，人口 204528 人。灵石县距省城太原 150 公里，距首都北京 725 公里。县境地势险要，为晋秦交通要冲，华北通往西北的咽喉，自古为兵家必争之地。灵石历史悠久，地灵人杰，物华天宝，是山西省能源重化工基地建设的新兴县城，是全国重点产煤县之一。

（一）

灵石，历史悠久，是先民活动较早的区域之一。从县内出土文物可以证明，我们的祖先大约在 1 万年以前就在这里劳动、繁衍、生息，到新石器时代，已使用磨制的石器，从事农业、畜牧业生产。1985 年，旌介村出土青铜器和玉器可以证明，商代晚期，绵山脚下、马和山丘、静升河谷是冈部族方国的区域。当时人们主要从事农业生产，以后随着活动区域的扩大，村落的建筑及道路的开拓，生产和文化都有一定的发展。灵石建县前系平昌县（今介休）地域，隋开皇十年（590）文帝杨坚北巡，至平昌县境，傍汾开道，获一巨石（陨铁），似铁非铁，似石非石，其色苍苍，其声铮铮，因以为瑞，遂割平昌县西南地置灵石县，至今已有 1400 多年的历史，县名未变。人口以汉族为主，兼有满族、蒙古族、回族、苗族、壮族、朝鲜族、纳西族、布依族等 8 个少数民族，分别居住在 8 镇 10 乡、598 个自然村中。

（二）

灵石，地势险要，历为兵家必争之地。古人云：打开灵石口，空出晋阳湖。灵石口，即古代之雀鼠谷，《水经注》说它是"古之津隘，今之地险"，扼三晋南北咽喉，素有"燕冀之御，秦蜀之经"之称。灵石地势，东西高，中部低，汾河中穿，形成狭谷，河谷蜿蜒 40 余公里，谷东韩信岭，谷西秦王岭，山高地隘，历为军事要塞。据史籍记载，汉高祖刘邦曾在此屯兵，唐初李渊对隋将宋老生之战，李世民对刘武周之战，南宋李武功、李实对金兵之战，均发生在这里。在革命战争年代，毛泽东率领的东征红军曾歼敌于南关镇；朱德率领的八路军北上抗日曾路居灵石，建立抗日根据地；八路军将领肖华、陈光指挥的两渡战斗，给了日本侵略者沉重打击；张文昂领导的山西新军决死二纵队重创日军于韩信岭下及罗汉塬。中华人民共和国成立以来，灵石大地换新天，汾河两岸的同蒲铁路、太三公路纵贯南北，县乡公路四通八达，矿井棋布，厂房林立，山阜披翠，五谷飘香，雀鼠古谷今朝更壮观。

（三）

灵石，人才辈出，宋朝江南总督邑人师范，为政清廉，既不病民，亦不病国，江南人画像祀之，广泛传颂。明朝吏部郎中吴珉，在朝三十余载，清朝慎亢直，始终不渝；工部主事裴继芳，廉谨有声，官民免害，著闻朝野。清朝户部郎中何元烺、甘肃知府何道生兄弟二人，同年进士及第，皆以才显。晚清时有著名学者藏书家兼目录学家耿文光，生平不谋功名，不求仕进，以毕生精力将购书、藏书、读书、著书视为最大乐事，其传世之作《万卷精华楼藏书记》和《目录学》成为我国文化宝库中珍贵的财富之一。中华人民共和国成立后，劳动人民登上政治舞台，当了国家主人，英雄有了用武之地，灵石儿女各显其才，在社会主义革命和建设历程中涌现出许多著名人士，正如毛泽东主席所云："数风流人物，还看今朝。"中共七大代表梁树棠，八大代表裴孟飞，十一大、十三大代表张树德，世界著名法学家张友渔，全国著名版画家力群、牛文，著名物理学家何泽慧，山西著名作家胡正，还有中国人民解放军将领裴光、张英明、荀友明、韩曙、田野等都出生于灵石这块宝地。据统计，全县有中央各部门和省表彰的劳动模范、先进工作者80人，评选的经济师、工程师、农艺师、高级教师、主治医师、助理研究员、副研究员等中、高级科技人员达500余人，此外还有大批灵石籍人士在祖国各地从事"四化"建设，其中有的是科技界专家学者，有的是文化界名流，有的是党政军高级干部，他们为我国的社会主义建设事业呕心沥血，作出贡献。

（四）

灵石人民具有反侵略、反压迫的革命传统。早在北宋靖康元年（1126），金人南下，所到之处，肆行烧杀，生灵涂炭，义军首领李武功与部将李实在灵石一带发展义军数千人起来反抗，声势浩大，于金天会六年（1128）同金兵大战于高壁店（今高壁镇），李实英勇杀敌，冲锋陷阵，荣立战功。明末清初，灵石人民响应李自成农民起义军的号召，起来造反，杀富济贫。1905 年，孙中山、黄兴等在日本东京成立同盟会，当时留学日本的何澄（两渡人）加入同盟会，辛亥革命时，他参加北伐战争。在 1919 年五四运动影响下，灵石进步青年学生开始走上反帝反封建的行列。1925 年，牛万全在太原加入中国共产党，是灵石最早的共产党员之一。1936 年 3 月，红军东征来到灵石，宣传革命主张，发动民众抗日，在明志沟建立中共灵石第一个党支部，赵家声担任支部书记，红军在灵石播下革命火种，从此，星星之火，不断燎原。1937 年 11 月，随红军回师陕北的灵石人郭万胜、赵家声等受党中央指派回山西开展革命工作，建立中共灵石县第一个县委，灵石人民有了共产党的正确领导。之后，梁树棠、蔡福勤、李林、景廷瑞等领导灵西人民与日本侵略者进行了英勇顽强的斗争。1938 年日军占领县城后，灵东地区在太岳区党委的领导下，建立灵东县委及抗日民主县政府，先后由县委书记赵家声、周力、张兴，县长李承锟、廉恩普、吴道乙领导灵东人民与阶级敌人和民族敌人进行了艰苦卓绝的斗争。在长期的革命斗争中，灵石涌现出王虎安、吴来全、裴金旺、张耕夫、李长旺、温侃、郭子安等无数杀敌英雄，他们为灵石人民立下不朽功绩。在抗日战争和解放战争中，灵石人民参军参战，支援前线，英勇杀敌，流血牺牲，同帝国主义、封建主义、官僚资本主义进行了浴血奋战，数以千计的革命先烈为了民族独立、祖国统一、人民解放献出了宝贵的生命，他们可歌可泣的英雄事迹，谱写了光辉的历史。经过长期的革命斗争，全县于 1948 年解放，获得胜利，从此，灵石人民彻底摆脱了长期的黑暗统治，迎来了社会主义的曙光！

（五）

灵石，自然资源丰富，矿藏资源得天独厚。"红黄蓝白黑五色俱全"，现已开采的有煤、铁、石膏、石棉、硫铁、磷矿、石灰石、铝矾土、耐火黏土等 10 多种；探明的有铜、铝、钼、钨和水晶石、冰洲石、大理石、蛭石、云母等有色金属和稀有矿藏，共 32 种，且储量大，品位高，故灵石以"矿藏之乡"闻名遐迩。灵石煤炭储量多，埋藏浅，易开采。据专家勘测，全县含煤面积达 860 平方公里，占总面积的 71.3%，煤炭储量 91 亿吨，其中肥煤 59 亿吨、焦煤 14 亿吨、瘦煤 13 亿吨、气煤 5 亿吨。全县煤炭品位齐全，质量优良，尤以二号煤质量上乘，誉为国宝。旧社会，灵石以农业为主，经济落后，人民生活贫困。1949 年后，在共产党领导下，灵石人民在土地改革、抗美援朝、互助合作等运动中发扬了老区人民的革命传统。如今，农业生产已由自给自足的小农经济开始向专业承包、科学种植、农林牧副全面发展的商品经济迈进。特别是党的十一届三中全会以来，解放思想，不断改革，发挥优势，开拓进取，全县初步形成以煤炭、化工、冶炼、建材、运输为群体的工业体系和以工业为主导，农、工、商协调发展，教、科、文稳步前进的崭新局面。目前，灵石市场繁荣，人民生活明显改善。1985 年，全县工农业总产值达到 14527 万元，比 1949 年增长 18.88 倍，比 1978 年翻一番，其中，工业产值 10842 万元，占总产值的 74.6%；农业产值 3685 万元，占总产值的 25.4%；社会商品零售总额 7842.56 万元，外贸出口总额 315.2 万元，财政收入 1599 万元，财政支出 1239 万元，城乡储蓄存款 3226 万元，人均 157 元，农民人均年收入 404 元，职工年人均工资 1005 元。灵石工业自古以小手工业为主，从 20 世纪 50 年代开始发展重工业，现在初具规模，主要工业产品有原煤、焦炭、石膏、生铁、硫黄、电石、矿棉、水泥、化肥、特种焊条、电视机、鞋帽、服装、麻袋等，其中，部优产品有硫黄块，省优产品有电石、特种焊条、豪士牌中山服等。灵石的焦炭、电石、腐殖酸钠产量高、质量好，已打入国际市场，畅销东南亚和东欧许多国家及地区，为祖国增创外汇。还有核桃、杏仁、蜂蜜、中药材、皮毛等土特产品远销日本、英国、法国、西德、意大利、西班牙、美国、加拿大等国家，深受国际市场欢迎。灵石县城居全县中心，同蒲铁路、太三公路从城区通过，县乡公路四通八达。城内建设有机关、商店、宾馆、学校、医院、文化馆、邮电楼、影剧院等公共设施，中心商场、五一商场、二轻商场、翠峰楼、清风楼等贸易市场、宾馆饭店人来人往，热闹非凡；还有省文物保护单位 5 个，县文物保护单位 39 个，如灵石、资寿寺、韩信岭、石膏山森林公园等名胜古迹可供游人观赏。

　　灵石，是我们伟大祖国锦绣河山的组成部分，具有大力发展商品经济的灿烂前景，但在发展的进程中，也出现一些问题，如人口激增、耕地锐减、环境污染严重等。在今后社会主义物质文明和精神文明建设中，灵石人民将会扬长避短，认真抓好教育，提高人口素质；扩大耕地面积，改善耕作条件，做到丰衣足食；根治三废，恢复绿水青山；大力培养人才，提高生产能力；合理开发矿藏，顾及后世子孙的生存条件；开发旅游事业，提高灵石的知名度。勤劳智慧的灵石人民，一定会用自己的双手，描绘出更加美好的蓝图。

第 一 编

建置人口

第一章　建　置

第一节　位置境域

位置　灵石县位于山西省中部，晋中地区西南端，黄河支流汾河中游，太原盆地与临汾盆地之间，南同蒲铁路沿汾河峡谷纵贯县境，为太原通往晋南和京都通向西北之要塞。

县境地理坐标为东经 111°20′—112°和北纬 36°40′—37°之间，东西距离长，最远处直线距离 54 公里，南北距离短，最远处直线距离 39 公里。

县城至省会太原 150 公里，至首都北京 725 公里。

地域　灵石全县总面积为 1206 平方公里，占晋中市总面积的 7.35%，东隔太岳山脉之绵山、石膏山、孝文山、尖阳山等高山与沁源县为邻；南至逍遥岭，西南至罗汉原，分别与霍县、汾西县毗连；西至吕梁山脉之老虎山、兴旺原等山岭，与交口县为邻；北至铺头原，东北至静升北山，分别与孝义、介休接壤。

对照《灵石县志》诸本，灵石县地域明清以至民国初年相对稳定，自 20 世纪 40 年代以来，与相邻各县市的边界有些变化，分述如下：

东邻沁源县：1947 年岳北专署决定将原属灵石县之石膏山以东的鱼儿泉、磨扇坪、高凌上、新寨上、红窑上、北来沟、碏河、石台五村（后村、寨上、下窑、南庄、富家峪）、高圪塔、水磨上、二郎神沟、王家洼、宋家湾等自然村划归沁源县。

南邻汾西与霍县：民国初年承袭清朝按里甲征粮旧制，王庄村半属灵石、半属汾西[①]，20 世纪 30 年代初改革征粮旧制时，全归汾西县管辖。1947 年霍县解放后，王庄村划归霍县。

西邻交口县：① 1953 年 6 月，根据山西省人民政府决定，将原属隰县之回龙、石咀会、南山庄、庞家庄、洼只山、茶坊、陶上、南坪、韩家沟、谢思气、

---

① 据调查，王庄村原分三个间：汾西县管两个间（刘、樊两姓），灵石县管一个间（卫姓）。

西崖底、上下田庄、秦王岭、上下硖石、神树墕、寺沟、贾家沟、青村、枣洼、窑上、圪塔、王润、前村、西堡、河底、后庄、南岭、刘外、田堡、田家山、会则、李家山、孙家山、张家岭、庄则上、下雨河、上庄、下庄、西渠、桥上、小桥上、腰则、南庄、麦地前、罗泊山、前河、均庄、大道上、土窑上、西洼、东坡、蟠龙庄、梁家庄、张家庄、沟西、土黄沟、神堂底、山头、明志沟、上下桃花、东西营塘等自然村划归灵石县，先属七区，后分属回龙公社和双池公社。②1971年4月，山西省人民革命委员会决定，设置交口县，将灵石县回龙、双池两公社划归交口县，包括原灵石县的双池镇、官桑园、大洼、青山、长史庄、长足、后庄、兴旺、蔡家沟、李家坡、西逻、海泉洼、高家墕、孟家墕、马家山、石口、龙棚、西庄、寺底、墕立、兴唐、讲理、云千、上庄、桃沟、枣林、侯家渠、南洼山、段家庄等自然村。③1953年6月，山西省人民政府决定，将原属隰县之沟二里、泉则坪、柳树坪、张家庄上、杨家沟、圈牛沟、红崖底、上下黄堆、山桃洼、庄上坪、泊泊、水泉洼、赵家圪塔、刘家庄、成家寨、化龙洼、成子里、角角墕、宿家墕、温家岭、栾崖底、马思坡、殿头等自然村划归灵石县，先属七区，后归梁家墕公社，现属梁家墕乡。

北邻孝义：①1956年3月，山西省政府决定，将灵石县辖之铺头、尧仲两乡之东西铺头、东西安生、高仁、尧仲、中原、西庄、南庄、道六庄、西沟、南道、南峪、马家岭等自然村划归孝义县。②1956年3月，孝义县辖之苇沟、火山、堡则上、圪塔、梁家沟、店则沟等自然村划归灵石县，又于1971年4月随双池公社划归交口县。

东北邻介休：①民国初年承袭清朝按里甲征粮旧制，田村[①]半属灵石、半属介休，自20世纪30年代初改革征粮旧制时，全归介休县。②1958年灵石并入介休县时，将原灵石所辖之沙木墕村划归介休县，属义棠公社，1961年恢复灵石县建置时，未回归。

第二节　建置沿革

从县境内出土的新石器可以证明，早在史前时期已有先民居住，近年在旌介村商墓中出土的青铜器，进一步说明在商代晚期这里是"仄"部族方国的地域。

灵石建县以前为平昌县（今介休）地域。据史籍和历代旧志载，平昌县春秋时期属晋国，战国初期，韩、赵、魏三分晋地时属魏国，曾在此置平周县；

---

① 据调查，田村原分为三个间：介休管两个间（乔、孟、梁等大户），灵石管一个间（李、任、程、贺、温、尤、许等小户）。

秦始设界休县，汉袭秦制，新莽改为界美县，东汉复名界休县；三国时期属魏国；西晋改界休县为介休县；东晋南迁后，先后曾属后赵、前燕、前秦、后燕、后秦，北朝历北魏、东魏，至北齐天保年间又废置，县域并入永安县（孝义）；北周宣政元年（578）复介休县设介休郡；次年（大成元年）改名平昌县仍属介休郡；隋开皇初废介休郡改属西河郡。

隋开皇十年（590）文帝杨坚巡幸太原，傍汾开道获一石，似铁非铁、似石非石，其色苍苍，其声铮铮……因以为瑞，遂于此地置县，割平昌县西南地命名灵石县，属西河郡。义宁元年（617），此地改属新置的霍山郡。

唐武德二年（619），霍山郡改称吕州，仍辖灵石县。贞观十七年（643）废吕州，灵石县改属汾州；开元十一年（723）改属河东道太原府。唐时灵石县西境曾属温泉县。

五代时期，灵石先后属后唐、后晋、后汉（一度属于北汉），仍隶属汾州。

北宋至道三年（997）改河东道为河东路，灵石县属河东路汾州；政和六年（1116）改属霍州（霍邑），隶于平阳路。

金天会六年（1128）河东路分为南北二路，灵石县属河东北路汾州。

元初期，此地置小灵石县（治冷泉关），属霍州；至元二年（1265）废小灵石县并入介休县。

元至元二十三年（1286）创立行省，灵石县属中书省河东山西道宣慰使平阳路霍州。

明洪武九年（1376）改中书省为山西布政使司，灵石县属平阳府（河东道），万历二十三年（1595）改属汾州府，万历四十三年（1615）改属平阳府。

清初，灵石属山西省平阳府。乾隆三十七年(1772)设霍州直隶州，辖灵石县。

民国元年（1912）裁州存道，灵石县属山西省河东道；民国16年（1927）废道，直属山西省。

民国27年（1938），日军侵占灵石县城和交通干线之大村镇，灵石阎锡山县政府移驻四区双池附近西庄村。民国34年（1945）日本投降后，阎锡山县政府迁回灵石县城。民国37年（1948）六月，中国人民解放军发动晋中战役，灵石获得解放，从此结束了阎锡山政权在灵石的统治。

中华人民共和国　1948年6月12日，灵石县城获得解放。9月，灵东、灵西民主政府合并成立灵石县人民政府，归太岳一专区管辖。1949年9月，榆次专区成立，灵石划归榆次专区管辖。1958年11月，榆次专区改称晋中专区，灵石并入介休县，属晋中专区。1961年7月，灵石恢复原建置，仍归晋中专区。1968年9月，晋中专区改称晋中地区。

革命根据地建置沿革 抗日战争全面爆发，1937年七七事变后，八路军东渡黄河开赴山西抗日前线，建立太行、太岳、晋绥革命根据地。1938年2月，日军侵入灵石，占领县城及同蒲铁路沿线村镇，县境被分裂，从此以汾河为界，实行东西分治。汾河以西地区为灵西革命根据地，属晋绥边区管辖；汾河以东地区为灵东革命根据地，归晋冀鲁豫边区太岳行署领导。

灵西革命根据地 1937年10月创建，初属晋西特委领导，1938年7月建立灵西抗日民主政府，属晋西南区管辖，1939年，晋西事变（又称"十二月政变"）后，灵西革命政权转移到灵东地区。1945年9月恢复灵西人民政府，先属晋绥边区吕梁行署第七专区管辖，后属吕梁行署第九专区领导，直至1948年9月全县解放。

灵东革命根据地 1938年初建立，属太岳行政区管辖，1939年8月建立灵东抗日民主政府，1941年9月归太岳九专区领导，1942年5月至1943年5月，与介休铁南合并称介灵联合县，归太岳一专区领导，同年6月恢复原建置，仍称灵东县政府，直至1948年6月全县解放，9月，灵东、灵西合并成立灵石县人民政府。

灵石县建置沿革历史简表

未有县名之前	史前时期 上古 夏	古代分九州时属于冀州之域 尧舜时改分为'十二州'属于并州之域 属并州之域	公元前21世纪—公元前221年
	商	属并州之域	
	西周	属并州之域	
	东周 春秋 战国	属晋国之域 先属赵国，后属魏国	
隶属介休之时	秦	属太原郡—介休县 （秦始皇时始设）	公元前221年—公元590年
	汉	先属太原郡—介休县，后属西河郡—介休县 （元朔四年改）	
	三国（魏）	属西河郡—介休县	
	晋	属西河郡—介休县	
	北朝 后魏 北齐 北周	属汾州郡—介休县 （曾改为定阳郡—介休郡）	

续表

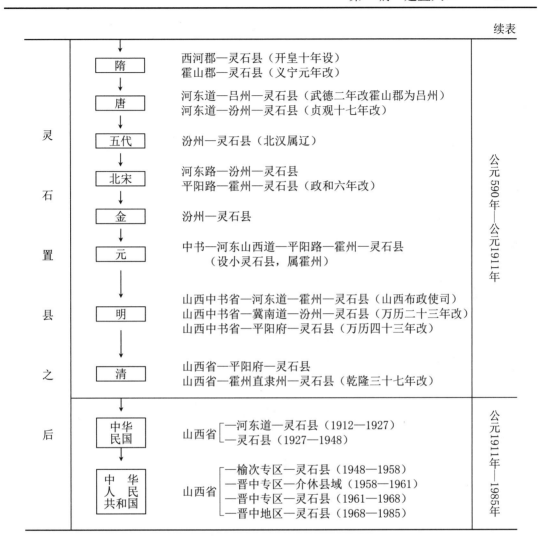

灵 石 置 县 之 后	隋	西河郡—灵石县（开皇十年设） 霍山郡—灵石县（义宁元年改）
	唐	河东道—吕州—灵石县（武德二年改霍山郡为吕州） 河东道—汾州—灵石县（贞观十七年改）
	五代	汾州—灵石县（北汉属辽）
	北宋	河东路—汾州—灵石县 平阳路—霍州—灵石县（政和六年改）
	金	汾州—灵石县
	元	中书—河东山西道—平阳路—霍州—灵石县 （设小灵石县，属霍州）
	明	山西中书省—河东道—霍州—灵石县（山西布政使司） 山西中书省—冀南道—汾州—灵石县（万历二十三年改） 山西中书省—平阳府—灵石县（万历四十三年改）
	清	山西省—平阳府—灵石县 山西省—霍州直隶州—灵石县（乾隆三十七年改）

公元590年—公元1911年

中华民国	山西省 ┌一河东道—灵石县（1912—1927） └一灵石县（1927—1948）
中华人民共和国	山西省 ┌一榆次专区—灵石县（1948—1958） ├一晋中专区—介休县域（1958—1961） ├一晋中专区—灵石县（1961—1968） └一晋中地区—灵石县（1968—1985）

公元1911年—1985年

第三节　行政区划

本县行政区划，从现存的明万历《灵石县志》始有文字记载。

一、明清时期

明朝实行里村制。全县分为18个里（其中两个里太大，各分为二，实为20个里），里下按地域辖若干村镇。

在城里：城内。

关厢里：城南1里，辖城南关、玉成等16村。

小水里：城北1里，辖水头镇、燕家岭等42村。

街北里：城西南 10 里，辖张家庄、夏门、文殊原等 15 村。

尹方里：城东 20 里，辖尹方、徐家山等 22 村。

静介里：城东 30 里，辖静升、旌介等 9 村。

东曲里：城南 50 里，又分前东曲里，辖东西许村、磻河村等 23 村；后东曲里，辖东西梧桐、鱼儿泉等 25 村。

中高里：城南 20 里，辖高壁镇、仁义镇等 22 村。

桃钮里：城南 30 里，辖桃钮、南关等 17 村。

道美里：城西南 50 里，辖道美、罗汉等 22 村。

张志里：城西 50 里，辖张志、坛镇等 49 村。

甘舍里：城西 40 里，辖西坡、段纯等 31 村。

双白里：城西 70 里，辖双池镇、白江村等 41 村。

金庄里：城西北 60 里，辖金庄、交口、孟家垴等 25 村。

文学里：城西北 50 里，又分前文学里，辖峪口、温家沟、庆余等 21 村；后文学里，辖平泉、东西铺头等 27 村。

冷泉里：城北 50 里，辖冷泉镇、桑平峪等 8 村。

曹村里：城北 20 里，辖军营坊、景家沟等 8 村。

文殊里：城北 20 里，辖河洲、索洲镇等 32 村。

清朝实行里甲制。据康熙《灵石县志》记载：清初"燹火之余，版实人虚"，顺治二年（1645）将原设 18 里合并为 5 大里，每里分若干甲，每甲辖若干户，设总户头 1 名，催办地粮等事项。全县 504 村，每村设小甲 1 名或 2 名，办理地方公事，纠察奸慝，随时投报。五大里为：

城中里：籍城中并南北关厢诸镇村，辖原在城里、关厢里、小水里、街北里。

东作里：籍城东各乡诸村堡，辖原尹方里、静介里、前后东曲里。

南讹里：籍城南各乡诸村堡，辖原中高里、桃钮里、道美里。

西城里：籍城西各乡诸村堡，辖原甘舍里、张志里、双白里、金庄里、前后文学里。

北易里：籍城北各乡诸村堡，辖原冷泉里、曹村里、文殊里。

二、中华民国

区编村制 民国 6 年（1917），废里甲而设区，全县分 5 个区，54 个编村，每 50 户左右编 1 闾，闾下每 5 户编 1 邻。

第一区：驻城内，辖城关、水头、北王中、南王中、乐只堂、皂角垴、玉成、张家庄、夏门、文殊原 10 个编村。

第二区：驻静升镇，辖静升、集广、旌介、尹方、苏溪、延安、马和、军寨、蒜峪9个编村。

第三区：驻仁义镇，辖仁义、王家沟、南关、道美、石柜、董家岭、王禹、桃钮、高壁镇、西许、庄立、磻河、石台13个编村。

第四区：驻双池镇，辖双池、蔡家沟、西逻、马江、南泊、田家山、东堡、原西沟、段纯、尹家庄10个编村。

第五区：驻两渡镇，辖两渡、冷泉、高仁、安生、道六庄、平泉、赵家庄、温家沟、峪口、雷家庄、河洲、军营坊12个编村。

民国24年（1935），将编村合并扩大，区属亦作调整。

第一区：驻城关，辖城关、张家庄、文殊原、延安等编村。

第二区：驻静升镇，辖静升、苏溪、马和、蒜峪等编村。

第三区：驻仁义镇，辖仁义、南关、王禹（后改罗汉）、西许、磻河等编村。

第四区：驻双池镇，辖双池、西逻、南泊、段纯、尹家庄、峪口等编村。

第五区：驻两渡镇，辖两渡、赵家庄、铺头、军营坊等编村。

抗日战争时期，日军占领县城和交通要道。抗日民主政府驻河西、河东山地，先后设战时区划，区公所流动无固定驻地，所辖范围有根据地、游击区（交错区），亦难固定。如：灵西县政府曾划王禹一带为三区，双池一带为四区，庆余一带为五区。1938年，灵东县政府曾划良子墕一带为一区、静升一带为二区、仁义一带为三区；1940年，县政府又改划仁义一带为一区，良子墕一带为二区、静升一带为三区。成立介（休）灵（石）联合县时，北山一带为七区、韩信岭一带为九区等，并将编村改为行政村。晋西事变后，阎锡山政权曾在河西设立区和编村。日军所占镇村也曾设伪区公所，向附近征粮征夫。日本侵略者投降后，阎军进占县城，于1946年曾将编村改为治村，仍下设闾、邻。

第一区：辖城关、张家庄、北庄、沙峪4个治村。

第二区：辖静升、苏溪、薛家沟（延安）3个治村。

第三区：辖仁义、桃钮、道美、罗汉、坛镇5个治村。

第四区：辖双池、尹家庄、茹泊、宿龙、金庄5个治村。

第五区：辖两渡、铺头、赵家庄、峪口4个治村。

乡居村制　1947年，蒋介石下令统一推行乡保甲制，全县划分13个乡，乡下划若干治村，仍设闾、邻，未设保甲，即城关乡、玉成乡、延安乡、静升乡、蒜峪乡、仁义乡（时称居孝乡）、道美乡（时称复兴乡）、双池乡、云义乡、上庄乡、赵家庄乡（时称延陵乡）。

实际上，阎锡山政权已缩到县城周围和铁路沿线，未及一年就全县解放。

三、中华人民共和国

区、行政村制 中华人民共和国成立初期，全县分为6区，下设1镇和87个行政村，辖678个自然村。

第一区：驻城关，辖城关镇和水头、上村、延安、水峪、曹家原、燕家垣、胡家岭、玉成、张家庄、靳村、梁家圪塔、西坡、文殊原、姚家山、北庄、河洲16个行政村，分管112个自然村。

第二区：驻仁义，辖仁义、逍遥、沟东、赵家嫣、王家沟、李家山、陈家山、高壁镇、良子嫣、西许、东许、金旺、来全、桃钮、南关15个行政村，分管127个自然村。

第三区：驻静升，辖静升、旌介、集广、椒仲、马和、张嵩、曲陌、尹方、苏溪、南浦、梧桐、葫芦头、蒜峪、上庄、皂角嫣15个行政村，分管68个自然村。

第四区：驻坛镇，辖坛镇、东堡、塔上、段纯、岩村、毛家上庄、梁家嫣、王禹、秋泉、罗汉、沟峪滩、道美、石柜13个行政村，分管136个自然村。

第五区：驻双池，辖双池、西庄、孟家嫣、阳坡、碾则嫣、尹家庄、苗家庄、罗铺、兴旺原、后寨沟、王家洼、小王庄、交口、庆余、峪口15个行政村，分管130个自然村。

第六区：驻两渡，辖两渡、张村、景家沟、朱家岭、马家山、冷泉、东铺头、西铺头、道六庄、英武、赵家庄、平泉、雷家庄13个行政村，分管105个自然村。

区乡制 1953年6月，山西省人民政府决议，从隰县划入本县88个自然村，又将行政村改为乡一级行政机构。全县调整为7个区、2个镇、62个乡、766个自然村。

第一区：驻城关，辖1镇（城关镇）、9个乡，9个乡为河洲、北王中、胡家岭、水峪、良子嫣、张家庄、来全、庄立、西河底，分管126个自然村。

第二区：驻仁义，辖9个乡，为仁义、枣条、吴庄、南嫣、荡荡岭、李家山、东许、金旺、道美，分管117个自然村。

第三区：驻静升，辖8个乡，为静升、苏溪、旌介、椒仲、马和、曲陌、蒜峪、霍山，分管69个自然村。

第四区：驻坛镇，辖9个乡，为坛镇、塔上、东堡、梁家嫣、上庄、岩村、王禹、秋泉、沙腰，分管117个自然村。

第五区：驻双池，辖10个乡，为双池、侯家渠、西逻、峪口、交口、兴旺原、段纯、牛家庄、王家洼、野场，分管127个自然村。

第六区：驻两渡，辖9个乡，为两渡、太西、军营坊、杨家原、徐家山、赵家庄、雷家庄、西铺头、尧仲，分管105个自然村。

第七区：驻回龙，辖 7 个乡，为回龙、均庄、西营塘、庞家庄、神堂底、泊泊、沟二里，分管 99 个自然村。

富家滩镇：驻富家滩，兼辖沟峪滩、南关、南关庄子、小原上、七家原等 6 个自然村。于 1954 年 7 月，又撤销富家滩镇，设立富家滩矿区，辖富家滩、南关、道美 3 个乡，分管 20 个自然村。

乡村（社）制　1956 年 4 月，山西省人民革命委员会决定："扩大乡的行政区划和撤销县的区级建制"，将全县 64 个乡（镇）合并为 29 乡、1 镇，即城关镇、燕家岭乡（1958 年 3 月并入水峪乡）、水峪乡、蒜峪乡、张家庄乡、文殊原乡、庄立乡、高壁镇乡、马和乡、静升乡、仁义乡、西许乡、南关乡、富家滩乡、坛镇乡、王禹乡、段纯乡、南坪头乡（1958 年 3 月并入段纯乡）、武家洼乡、上庄乡、泊泊乡、金庄乡、峪口乡、两渡乡、英武乡、太西乡、双池乡、回龙乡、营塘乡、田庄乡，乡辖 70 个高级农业生产合作社（1957 年增加至 84 个）。

1958 年 6 月，全县又将 28 个乡（镇）合并为 15 个乡（镇）：城关镇、蒜峪乡、文殊原乡、庄立乡、静升乡、仁义乡、南关乡、王禹乡、段纯乡、上庄乡、峪口乡、两渡乡、英武乡、双池乡、回龙乡。

公社制　1958 年 9 月，全县成立人民公社。11 月，灵石并入介休县，灵石协作区有 6 个人民公社，下辖 82 个管理区。

卫星（城关）人民公社：辖灵石（城关）、常青、寨头、张家庄、靳村、文殊原、燕家垣、荡荡岭、水峪、燕家岭、霍口 11 个管理区。

东方红（静升）人民公社：辖静升、旌介、集广、苏溪、尹方、南浦、帅家山、杨家原、核桃洼、椒仲、马和、土黄坡、南原、张嵩、尽林头、四家窑、长寿、南槐、兴地、梁家村、秦树、侯堡（其中，四家窑、侯堡等 7 个管理区由介休县划入，分县时仍归介休）共 22 个管理区。

钢铁（南关）人民公社：辖南关、道美、石柜、沙腰、秋牧、桃钮、沟峪滩、坛镇、东堡、王禹、仁义、郝家掌、赵家墕、西许、李家山 15 个管理区。

红旗（双池）人民公社：辖双池、长史庄、神堂底、回龙、王润、南坪、田庄、峡石、营塘、梁家墕、张家岭、交口、小王庄、金庄、楼珍、庆余、温家沟 17 个管理区。

跃进（段纯）人民公社：辖段纯、云义、吴家沟、南坪头、田家洼、兰家堂、上庆和、武家洼、沟二里、泊泊、杏圪塔、上庄 12 个管理区。

前进（两渡）人民公社：辖两渡、徐家山、军营坊、神圪堆、英武 5 个管理区。

1960 年，灵石增加富家滩人民公社，辖原属南关公社的坛镇、东堡、沟峪滩、秋牧、桃钮 5 个管理区。

1961 年 5 月分县后，根据上级指示，将公社缩小，管理区划为若干生产大队。全县改为 17 个人民公社，即城关、水峪、夏门、荡荡岭、静升、西许、仁义、南关、王禹、坛镇、段纯、梁家墕、交口、英武、两渡、双池、回龙。1963 年，从静升公社分出马和公社，成为 18 个人民公社，下辖 275 个大队。

1971 年 4 月，将双池、回龙两公社划给新设的交口县，全县 16 个人民公社、264 个大队，以后根据城市居民（非农户）集中地划出 5 大镇。

城关公社：辖城关、常青、张家庄、玉成、田家庄、胡家岭、上村、北王中、延安、燕家垣、姚家山、河洲、夏庄、周宿、水头、张家峪、曹家庄 17 个大队。

水峪公社：辖水峪、曹家原、乐只堂、梁家庄、燕家岭、良子墕、上庄、皂角墕、霍口、吴家山头、蒜峪、欢坡、南王中 13 个大队。

静升公社：辖静升、帅家山、尹方、苏溪、南浦、土黄坡、草桥、南原、集广、史家山、椒仲、柳树原、核桃洼、后沟、斩断墕、旌介 16 个大队。

马和公社：辖马和、许家坡底、柏沟、尽林头、曲陌、杨家原、梧桐、张嵩、军寨、下寨、腰庄、葫芦头 12 个大队。

西许公社：辖西许、东许、韩家洼、前庄、师家沟、金旺、乔家山、湾立、圪塔、东峪口、东后庄 11 个大队。

仁义公社：辖仁义、逍遥、赵家墕、王家沟、柏圪塔、郝家掌、李家庄、沟东、道阱、窑上 10 个大队。

荡荡岭公社：辖南墕、荡荡岭、回牛、高壁、岭后、陈家山、牛王庙、师家山、南李家山、关家峁、大南头、西原 12 个大队。

夏门公社：辖夏门、后庄、梁家圪塔、靳村、枣庄、来全、西头、汤村、燕家庄、弓家庄、文殊原、北庄、南村、西河底、火山、尹家庄、西峪口、安家庄、寨头、碾则墕、沟西、关家庄、西坡、长珍 24 个大队。

南关公社：辖南关、道美、石柜、沙腰、王家岭、董家岭、毛家岭、南沟、南岭、三教、苏家庄、栾卜崖底、阁老洼、桃钮、秋牧、墕则、后河底、沟峪滩 18 个大队。

王禹公社：辖王禹、洪土、后背掌、罗汉、柏明、东庄、南庄、东掌、赵家沟、庄子洼、柏苍、东圪塔、原西沟、秋泉、黄原上、回祖、仝家庄 17 个大队。

坛镇公社：辖前坛镇、后坛镇、槐树原、镇威、塔上、东堡、孙家沟、程家沟、堡子塘、杨家山、南枣园、北枣园、西堡 13 个大队。

梁家墕公社：辖梁家墕、上庄、马江、柏洼、南泊、茹泊、岩村、马家沟、西沟、暖会、东掌、杏圪塔、演义、沟二里、牛家峪、泉则坪、下黄堆、上黄堆、泊泊、角角塝、温家岭、马思坡、田家山、野场上、张家庄上、刘家庄26个大队。

段纯公社：辖段纯、吴家沟、徐家庄、宿龙、后寨沟、上庆和、翟家山、南坪头、山头、郭家庄、张志、云义、志家庄、蔺家庄、牛家庄、姚家坡、田家洼、兴旺原、逯家庄、罗铺、兰家堂、下峪、武家洼、深井、伦户25个大队。

交口公社：辖交口、靳家圪塔、金庄、东逻、小王庄、木瓜曲、楼珍、孙义、西庄、庆余、南头、漫河、温家沟13个大队。

英武公社：辖英武、和平、平泉、业乐、原头、城则塝、赵家庄、旺岭、段家庄、张家山、彭家原、岑泊、侯木、雷家庄14个大队。

两渡公社：辖两渡、索洲、崔家沟、冷泉、桑平峪、朱家岭、东方红、杨家垣、西后庄、南续、圪台、张村、太西、新庄、景家沟、军营坊、曹村、贺家沟、集屯、北李家山、房家庄、徐家山、马家山23个大队。

城关镇：辖城关，北至车站、灵石煤矿，南至常青水泥厂，东至化肥厂，西至汾河畔，以及七二五、二〇二、微波站及驻军家属等非农业人口。

两渡镇：辖两渡各厂矿机关和崔家沟所有非农业人口。

张家庄镇：辖张家庄厂矿机关和冷泉铁厂、夏门水泥厂、石料厂等非农业人口。

富家滩镇：辖富家滩厂矿机关和沟峪滩县林场非农业人口。

南关镇：辖南关厂矿机关及三教、道美非农业人口。

乡（镇）村制　1983年10月，根据新《宪法》规定，改公社为乡（镇），下设村民委员会或居民委员会，全县设10乡、8镇，下辖301个村民委员会，21个居民委员会，分管598个自然村。（根据1982年地名普查实数，不包括45个已无人居住的村庄）。至1985年底，全县乡镇区划为：

城关镇：设3个居民委员会，16个村民委员会，辖40个自然村，即城关、常青、水头、玉成（含大坡底、高崖上、大泉岭）、田家庄（含芦子坪、陈家庄、陶家山、东圪塔）、胡家岭（含孟家岭、郜家庄、石甲沟）、上村（含李家沟、王家圪塔、大沙峪、小沙峪）、延安（含张家庄、程家庄）、北王中（含苗旺、回回沟）、曹家庄（含双泉峪、何家塌）、张家峪、下庄（含回来峪）、河洲、燕家垣（含刘家庄、黄堆上）、姚家山、周宿（含草地）。

静升镇：设16个村民委员会，辖25个自然村，即静升、旌介、集广（含杨家坡）、尹方、苏溪（含任家山）、南浦、南原（含后南原）、草桥（含曹家庄、蔺家庄、韩家庄、阎家庄）、后沟、帅家山、柳树原、斩断塝、椒仲、史家山（含宋家山、耿家庄、小核桃洼）、核桃洼、土黄坡。

两渡镇：设5个居民委员会，24个村民委员会，辖54个自然村，即两渡（含河溪沟、桥望、长安）、索洲、崔家沟、冷泉、桑平峪、贺家庄（含杨家庄）、集屯、徐家山（含尤家山）、马家山（含贺家山、枣岭）、李家山（含前、后余家庄）、曹村、军营坊、新庄、景家沟（含阁老洼）、圪台（含益庄、郭家河底）、太西（含小太西、郝家门、胡家洼、阎家山、横家山）、朱家岭（含贺家岭）、东方红（含大、小贺家沟、李家庄、尤家庄）、杨村（含关家圪梁、老人圪梁）、杨家垣（含任家坡、圪垛）、西后庄（含前庄、王家庄）、南续、房家庄（含下房家庄、粮家山）、张村。

夏门镇：设3个居民委员会，19个村民委员会，辖55个自然村，即夏门（含许家店、田家山、李家沟）、后庄、梁家圪塔、北庄（含堡上、陈家岭、托子洼、沟东、曲村）、文殊原（含杨桃岭）、燕家庄（含紫荆台、梁家庄、社底洼）、火山（含李西洼、龙咀洼、大林庄、羊圈圪塔、后背庄、野猪泊）、西河底（含李家圪塔）、南村（含鹿坡岭）、西峪口（含庙沟、寨立、柏坡底）、安家庄（含王家岭、王家庄、瓦窑汕）、尹家庄、弓家庄、碾则墕、寨头（含汕道洼、岭后庄、平遥庄、南坡上）、沟西（含郭家山）、西坡（含庄立、堡子上）、关家庄（含前进庄）、长珍（含禹沟、秦王岭）。

张家庄镇：设3个居民委员会，6个村民委员会，辖10个自然村，即张家庄（含柏王庙）、靳村、汤村（含荀家圪垛、平家圪垛）、来全、西头、枣庄（含西山头）。

富家滩镇：设4个居民委员会，7个村民委员会，辖11个自然村，即桃钮（含寺合岭、牧洼）、阁老洼、苏家庄、秋牧（含许家岭）、墕则（含邓家山）、沟峪滩、后河底。

南关镇：设3个居民委员会，11个村民委员会，辖21个自然村，即南关（含南关庄子、小原上、七家原）、道美（含杏卜庄）、石柜（含石桥）、南沟（含赵家庄）、南岭、王家岭（含王家岭庄子）、董家岭、沙腰、毛家岭（含毛家岭庄子）、三教（含三教新庄、柏沟）、栾卜崖底。

段纯镇：设40个村民委员会，辖48个自然村，即段纯、杜家滩、张志沟、云义、志家庄、牛家庄（含田家岭）、温家庄、姚家坡、苗家庄、南坪头、徐家庄（含新建庄）、前进庄、逯家庄、兴旺原、牛郎岭、罗铺、蔺家庄（含孙家庄）、兰家堂、吴家沟、下峪、翟家山、上庆和（含圪塔上）、王家洼（含王家洼庄子）、堡子上、深井、郭家庄、兑九墕（含庄子上）、张志、山头、武家洼、郝家川、中庄、后寨沟、云家庄、伦户、吕家庄、宿龙（含上宿龙）、水泉塔（含韩家渠）、枣园沟、田家洼。

水峪乡：设14个村民委员会，辖45个自然村，即水峪、梁家庄（含腰庄、赵家庄、孙家庄、牛家庄）、上庄、霍口（含赵家庄、郑家山、晏家庄）、皂角塄（含东岭）、曹家原（含朱家圪垛）、乐只堂（含观音堂、祁家庄、麻只圪塔、韩家沟）、燕家岭（含樊家山、靳家岭、冯家堂、山灵聚）、良子塄（含王家沟底、碾塄、将军城）、史家岭（含横河、祁家庄）、南王中（含茹子洼、南家岭）、蒜峪（含红崖、麦坡、前岭）、欢坡、吴家山头（含后岭、赵家山、青阡洼、陈家山头）。

马和乡：设15个村民委员会，辖19个自然村，即马和、许家坡底、张嵩、大柏沟、小柏沟、尽林头、曲陌、军寨、腰庄、南头、下寨、杨家原、葫芦头（含南庄、北庄、村里、窑上）、东梧桐（含枣塄）。

西许乡：设11个村民委员会，辖22个自然村，即西许（含黄家岭）、湾立、圪塔（含后鼓塄）、东峪口（含二沟、南家梁、宋家岭、车道上）、东许（含蒿圪梁）、韩家洼（含西化吉、花圪塔）、后庄、前庄、师家沟、金旺、乔家山（含贺庄、余家沟）。

仁义乡：设11个村民委员会，辖28个自然村，即仁义（含武家庄、任家庄、湾立、南坡）、逍遥、赵家塄（含小赵家塄、伏家塄、黄背、道庄）、吴庄、王家沟、柏圪塔、李家庄（含郝家铺）、郝家掌（含枣条、宋家庄、圪背庄）、沟东（沟西、寺崖上、安姓庄、沟东梁、常家山）、道阡、窑上。

南塄乡：设13个村民委员会，辖34个自然村，即南塄（含古泊、羊道坡、新庄、牛槽庄）、回牛、高壁（含正峰原）、荡荡岭（含吴甲、柏岭）、岭后（含西岭）、西原上（含赵家庄、郭家沟）、大南头（含枣洼、刘家崖底）、陈家山（含曹家岭、壕子头、杨树条）、牛王庙、师家山（含沟南、沟南庄）、李家山（含罗家洼）、宋家山、关家峁（含后峁、逯家庄、香山战）。

王禹乡：设24个村民委员会，辖38个自然村，即王禹（含慈云寺、东沟）、洪土、刘家掌、后背掌、枣岭、罗汉、柏明（含柏明庄）、东庄、南庄、东掌、红花掌、赵家沟、石泉（含石泉洼）、庄子洼（含庄子上、富家沟、李家沟、李花沟、元木掌）、柏苍、东圪塔（含枣圪塔）、原西沟（含原西沟庄）、秋泉（含秋泉庄）、后沟、黄原上、秦家原、回祖（含后河、龙虎原）、西原上、仝家庄。

坛镇乡：设17个村民委员会，辖36个自然村，即后坛镇（含圪塔头、梁家庄、桃花沟）、前坛镇（含良洼、蛇盘兔、拐羊角）、孙家沟、槐树原（含芦子沟）、塔上（含严家山）、长立（含栾翠）、任家掌、西堡（含西堡庄）、东堡、原家沟、杨家山（含孙家山、兴奋庄、背庄、张家沟、多宝寺）、程家沟（含运家山）、堡子塘、南枣园、北枣园（含新庄、前庄）、圪垛（含堂端）、镇威。

梁家墕乡：设26个村民委员会，辖54个自然村，即梁家墕（含上长立、后则条）、毛家上庄（含下庄）、马江（含王家庄）、柏洼（含后岭）、南泊（含窑上）、茹泊（含红洼）、岩村（含吴家庄、复兴）、马家沟（含王家沟）、西沟（含前西沟）、暖会（含光原上）、牛家峪、杏圪塔（含西崖底）、上东掌（含下东掌、白江、圪塔）、演义（含老虎沟、邓寨沟）、沟二里、泉则坪（含柳树坪）、上黄堆、下黄堆、泊泊、角角墕（含成子里、宿家墕）、温家岭、马思坡（含栾崖底、殿头）、田家山、野场上（含狐子沟）、张家庄（含圈牛沟、杨家沟）、刘家庄（含赵家圪垛、程家沟）。

交口乡：设17个村民委员会，辖28个自然村，即交口（含西岭）、孙义（含安家岭）、南头、漫河、西庄、庆余、温家沟（含崖底）、马家庄（含下庄、岭立）、靳家圪塔（含圪塔原）、程家庄（含龙池）、金庄（含庄上、原家沟）、朱家岭（含南沟）、梅印（含南岭）、楼珍、东逻、小王庄、木瓜曲。

英武乡：设14个村民委员会，辖29个自然村，即英武（含新庄）、平泉（含平泉洼、范家庄、下耳、杨桃里）、业乐（含泉则洼）、原头、城则墕（含田庄）、赵家庄、和平（冯家原）、旺岭、张家山（含七垧洼）、彭家原（含要桥、槐旺、尹家沟、王家圪塔）、岑泊、雷家庄、侯木（含王老岭）、段家庄（含郭家庄）。

第四节　县城集镇

一、县城

灵石县城位于静升河汇入汾河的丁字形河谷地带。汾河绕城西南流，静升河口北有清凉山，南有翠峰山。县城居全县中部略偏东北，交通比较便利，同蒲铁路沿汾河东岸穿城而过，太原—三门峡公路干线沿静升河南岸穿县城后与铁路平行南下，县乡公路与邻县及各乡镇相通。县城分旧城、新城两部分，旧城在铁路以西汾河东岸，地势低洼，街道狭窄，现为房舍密集的居民区。新城在铁路以东翠峰山下静升河畔，马路宽阔，机关、商店林立，为新兴的闹市区。整个城区东至沙峪桥（沙峪桥以东为东郊工业区），西至汾河畔（包括西关常青区），北至火车站（包括旧水头镇），南至陶家山沟（包括旧小南关）。东西和南北之间各约2—3公里，建筑总面积23431平方米。

灵石旧县城建于隋初，城池不大，城周3里有余，土城墙高4丈5尺，重壕二道，深宽各8尺，历唐宋金修建，无考。自有县志以来，史料对县城元、明、清、民国年间的补修或增修均有记载，其中最主要的有：明正统年间（1436—1449）北面展拓300余步（今三乐巷以北），计周3里188步。县城原只有南北二门，万历元年（1573）辟东西门，东门原名闻绂门，后改迎辉门；西门名乐泮门；北门原名承恩门，后改永固门；南门原为瓮城，名正明门，后称外门，为朝阳门，内门为承恩门。这些城门于近代遭战火摧毁，昔日城墙城门于1946年第一次解放县城以后拆除。现旧城东西南北4街10巷依旧。旧城街巷分布：

北街与东街之间：友助巷、兴仁巷，东、西太平巷，另有小巷和平巷。

北街与西街之间：三乐巷、六行巷、北学官巷，另有小巷牌楼巷。

南街与西街之间：南学官巷。

南街与东街之间：尚和巷、仁里巷、察院巷。

旧城原面积为0.298平方公里。中华人民共和国成立以来，党和政府对街道房屋屡有整修，南门外扩展修建住宅和工厂。城墙拆除后，东门外、西门外和北关均新建许多居民住宅和部分机关。现旧城内除城关镇政府、农机服务中心、党校和中学、小学外，主要为居民区，街道两旁有小型商业服务网点。

新城建设始于1964年，先有邮电楼、百货公司、五一商场、剧院、新华书店、银行楼等楼房建筑。至1970年，结合太三公路建设，铺筑沥青路面后，县委、县政府和各机关迁到新建街，才逐步形成新建街的格局。1978年铁路公路立交桥建成后，新城与旧城联成一体，形成十字形的宽阔街道。其基本布局如下：

大十字向东为新建街，除原建的五一百货大楼外，还有贸易中心商场、日用杂货商场、百货、交电、糖业、果品、蔬菜等大小商店。县委、县政府大楼（县级主要机关办公楼）以及剧院、电影院、文化馆、图书馆等文化设施均在这条街上。文化馆大楼所在的街道建设基本完成，文化馆以东至沙峪桥的街道改造尚待进行。新建街有光明巷、长征巷、文礼巷等机关宿舍和居民区。

大十字向西穿过立交桥的街道改造已至旧城北门。过立交桥往南有一条街道与旧城东门相通，现为工业品市场。

大十字南北走向为翠峰街，向北修至水头桥，向南至小南关立交桥的街道尚在建设。较大的饭店、旅馆有翠峰楼、清风楼，农贸市场也设在这条街上。

整个新城的居民住宅区除新建街以长征巷分为东西两区外，北有水头区由水头镇至火车站的街道正在改造，南有小南关至陶家山沟口铁路岔道，东有东郊工业区和李家沟区，西有常青区，形成各自的商业服务网点。

县城是全县政治、经济、文化的中心，1952年有人口5727人；1985年发展至22670人，其中非农业人口20403人、农业人口2267人。

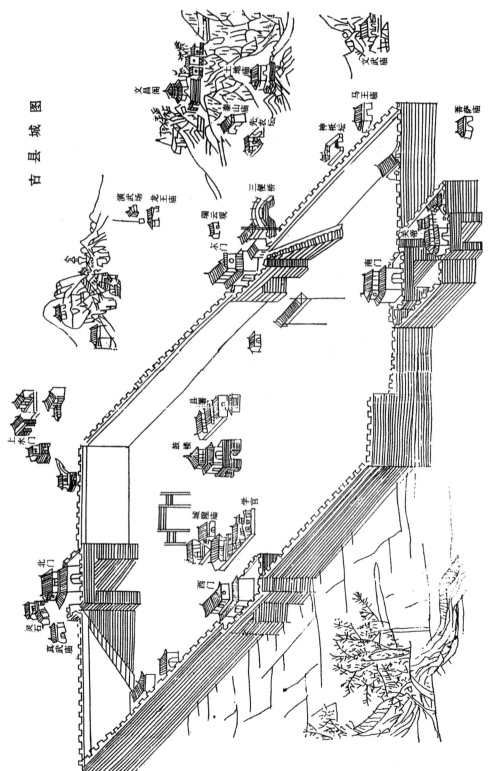

灵石古县城图

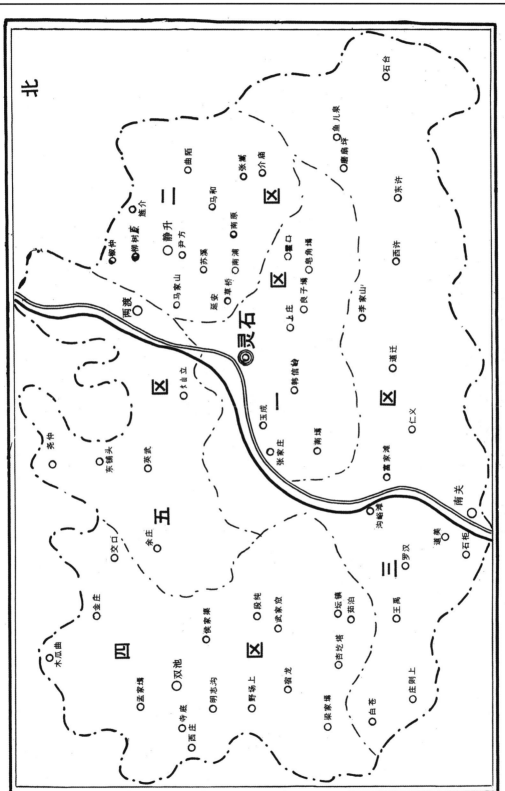

抗日战争前灵石县行政区划图

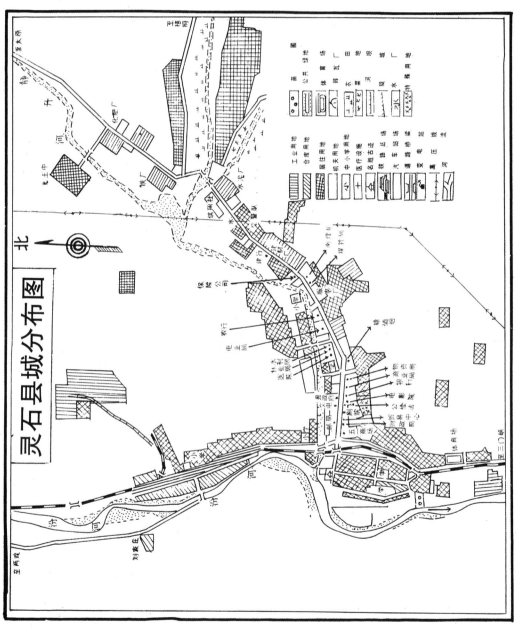

灵石县城分布图

二、集镇

灵石县境内集镇兴废，受交通发展、工矿生产等因素的影响，历代变迁很大。据明万历《灵石县志》记载：县城北有小水镇（即水头镇），南有高崖头镇（即小南关）；当时驿道自冷泉关入县境，沿途有冷泉镇（设有察院、巡检司）、索洲镇（俗称店上）、坡底镇（今玉成村大坡底）、高壁镇、仁义镇（设有驿站）；河西有双池镇和夏门镇（古名石门峪）。

据清嘉庆《灵石县志》记载，除明代集镇外，唯见夏门镇成为夏门村，两渡村成为两渡镇，随着驿站裁撤，1927年汽车路修通，河东静升村成为县内大镇。1934年同蒲铁路修通，设车站于两渡，两渡镇日趋繁华，而冷泉、索洲遂衰退为村。据民国《灵石县志》记载：清代全县设5个里，民国初年全县划为5个区，设区公所的集镇成为地方政治、经济、文化中心地，全县除城关镇外，各区设在静升镇、仁义镇、双池镇、两渡镇。随着同蒲铁路设置车站和大型煤矿建设，南关、富家滩、张家庄于20世纪50年代渐次发展为矿区镇。1971年，双池镇划归交口县，河西政治、经济、文化中心转移，段纯发展为农村集镇。同蒲铁路通车，太三公路建成，汽车干线不再过韩信岭而沿汾河南下，夏门镇兴盛起来，不仅坡底镇、高壁镇衰退为村，连原来的仁义镇也不如以前繁华，变为乡村了。

全县现设8镇：城关镇、静升镇、两渡镇、夏门镇、南关镇、张家庄镇、富家滩镇、段纯镇，此外各乡所在地已成为当地政治、经济、文化的中心，也逐步建设为集镇式的乡村。

1985年灵石各集镇基本情况表

名　称	面积/平方公里	耕地/亩	人口数/人	村委数/个	自然村/个	居委数/个	居民小组/个	机关驻地/个	附　注
城关镇	63.22	17572	31922	16	40	3	25	县城	有地营灵石煤矿，县营洗煤厂、化肥厂、铁厂，乡镇企业兴盛
两渡镇	98.46	31079	23412	24	54	3	9	两渡	有国营煤矿、镇营811煤矿、蔬菜基地
静升镇	55.13	35060	19128	16	26			静升	有旌介古遗址、资寿寺等名胜
张家庄镇	27.95	7634	10354	6	10	3	13	张家庄	有国营煤矿、地营石膏矿
夏门镇	95.40	32639	13611	19	56			夏门	有地营煤矿、水泥厂、铁厂
富家滩镇	32.26	6442	5013	7	11	4	6	富家滩	有晋铁煤矿、硫铁发运站
南关镇	55.18	11438	16959	11	21	2	14	南关	有国营煤矿、发电厂、县营铸管厂
段纯镇	84.19	36536	13851	40	48			段纯	乡镇企业发达，有县营硫化厂

附：乡村地名考略

根据1981年地名普查资料，全县598个乡村地名大致分为八类：

（一）以先民姓氏或先民姓氏结合地形特征取名的243个

具体有：张家庄、吴庄、成家寨、兰家堂、郝家铺、景家沟、许家店、陈家岭、雷家庄、陶家山、燕家垣、李家沟、梁家塌、安家岭、任家掌、郝家川、彭家原、韩家渠、关家岇、牛家峪、许家坡底、刘家崖底、梁家圪塔、吴家山头、荀家圪垛等。

（二）以地形特征、地理位置或二者结合取名的163个

具体有：圪塔、原头、岭后、山头、峪口、交口、平泉、南泊、水峪、河洲、后河底、沟峪滩、霍口、高壁、上村、下庄、北庄、南坡、西原、东沟、西堡、东掌、西山头、南坡上、南坪头、前村、后庄等。

（三）以植物、动物结合地形特征取名的77个

具体有：草地、麦坡、枣洼、核桃洼、柳树原、蒿圪梁、槐树原、杏圪塔、木瓜曲、紫荆台、柏圪塔、山桃洼、老虎沟、狐子沟、野猪泊、鹿坡岭等。

（四）以人类生产、活动取名的35个

具体有：碾塌、秋牧、瓦窑汕、羊道坡、罗铺、漫河、野场上、炭窑洼、圈牛沟、东逻等。

（五）以寺庙或建筑物取名的28个

具体有：观音堂、柏王庙、牛王庙、罗汉、卧牛神、草桥、塔上、深井、侯木（原名侯墓）等。

（六）以传说故事或历史人物取名的29个

具体有：王禹、回祖、牛郎岭、斩断塌、夏门、旌介、文殊原、阁老洼等。

（七）以吉祥如意或其他含义取名的24个

具体有：延安、静升、道美、长安、业乐、和平、黄堆、土黄堆、七家原、十八甲、逍遥等。

（八）以军事活动取名的10个

具体有：将军城、军寨、下寨、帅家山、军营坊等。

第二章　人　　口

第一节　人口总量

明万历《灵石县志》载：万历二十九年（1601）全县 20557 人。清顺治二年（1645）全县人口 20214 人，清嘉庆二十一年（1816）增至 130321 人，经过光绪三年（1877）的大灾荒，至光绪七年（1881），锐减至 64757 人。民国元年（1912），全县 66954 人，经民国 22 年（1933）调查，全县人口 80793 人。民国 36 年（1947），全县人口为 71165 人。1949 年，全县人口为 82998 人。1953 年，第一次人口普查统计，全县人口 117663 人；1964 年，第二次人口普查增至 143566 人；1982 年，第三次人口普查增至 202156 人。1985 年，全县有人口 204528 人，比 1949 年净增加 121530 人，平均每年增加 3375 人，年平均增长率为 16.5%。

1949 年前灵石人口状况表

	年　　份	总人口／人	总户数／户	资　料　来　源
明	1601 年 （万历二十九年）	20557	3053	万历《灵石县志》
清	1645 年 （顺治二年）	20214	3121	康熙《灵石县志》
	1816 年 （嘉庆二十一年）	130321	16192	嘉庆《灵石县志》
	1881 年 （光绪七年）	64757	15268	光绪《灵石县志》
中华民国	1912 年 （民国元年）	66954		《中华民国统计提要》
	1925 年 （民国 14 年）	81930	17115	《山西省统计年鉴》
	1933 年 （民国 22 年）	80793	16394	民国《灵石县志》
	1947 年 （民国 36 年）	71165	11861	《山西年鉴》

1949—1985 年灵石人口状况表

年 份	总户数/户	全 县 人 口			人 口 变 动			
		总人口/人	其中女性/人	其中农业人口/人	出生/人	死亡/人	增长/人	增长率/‰
1949	23055	82998	39508	70216	2822	539	2283	27.50
1950	24930	89743	42718	75923	3051	583	2468	27.50
1951	26063	93829	44663	79379	3190	610	2583	27.00
1952	26393	95015	45227	78733	3231	690	2541	26.70
1953	27265	100882	48015	83909	3329	737	2592	25.70
1954	27363	101245	47669	84906	3341	790	2551	25.20
1955	28420	105148	50050	86672	3740	820	2650	25.20
1956	31830	117756	56052	87612	3886	918	2968	25.20
1957	32097	118759	56540	88858	3563	1206	2357	19.84
1958	32431	123240	58663	88478	3204	1355	1849	15.00
1959	33670	127937	60898	88532	3326	1457	1869	11.60
1960	34633	131607	62645	90185	2106	1648	458	3.50
1961	35380	134434	63991	96123	2688	1478	1210	9.00
1962	35985	136958	63675	103251	5478	1096	4382	32.00
1963	36552	140754	64152	105865	5511	1197	4314	30.60
1964	36640	143566	66149	108875	5764	1801	3963	27.60
1965	36835	147381	67588	111761	5484	1203	4281	29.00
1966	36361	147345	68626	114544	4770	1382	3388	23.00
1967	37147	151443	70267	117753	4494	959	3535	23.30
1968	38359	157188	72730	122141	5524	854	4670	29.70
1969	39989	163728	76627	127097	5930	985	1945	30.20
1970	40833	167968	80159	130999	5492	1229	4263	25.40
1971	41919	172980	82107	134983	5042	1158	3884	22.50
1972	42162	178483	83493	137747	5517	1197	4320	24.20
1973	42547	181688	84068	139222	5222	1316	3066	21.50
1974	43695	187207	86795	145938	5434	1163	4217	22.80
1975	46387	192538	89663	151246	4919	1299	3620	18.84
1976	46434	194970	91917	153092	4448	1296	3192	16.40
1977	47049	195074	91580	153377	3895	1206	2690	13.79
1978	47479	195427	92586	153952	2682	1007	1675	8.57
1979	48317	196069	92724	154140	2999	1123	1876	9.56
1980	49024	196890	94167	154318	3445	1029	2416	12.30
1981	48815	199590	95605	155462	4294	1144	3150	15.89
1982	50304	203666	97879	159578	4585	1170	3415	16.94
1983	50374	204446	98535	160785	3563	1217	2346	11.47
1984	50973	203649	97583	157793	3423	1261	2162	10.62
1985	51327	204528	100573	158335	3317	1319	1998	9.77

第二节　人口分布

1949年，灵石全县总人口82998人，人口密度为每平方公里68人。1958年，全县总人口123240人，人口密度为每平方公里102人，10年中每平方公里净增34人。1977年，全县总人口195074人，人口密度上升到每平方公里161人，20年中每平方公里净增59人。

据1982年第三次人口普查统计，全县总人口为203666人，在晋中地区各县市中居第8位，在山西省各县市中居第53位，人口密度为每平方公里168人，略高于全省162人和高于全国105人的平均水平。受自然条件和社会经济等因素的影响，县内人口分布存在明显的差异，总的情况是汾河两岸温暖区及交通线沿线村镇高于东西两山温寒区及偏僻乡村。人口密度最高的集镇为城关镇，每平方公里505人，张家庄镇次之，每平方公里371人，南关镇307人。人口密度最低的乡村为东山的南墕乡，每平方公里103人，西山的交口乡，每平方公里104人。每平方公里150人以下的乡镇有梁家墕乡、王禹乡、坛镇乡、英武乡、夏门镇、水峪乡、仁义乡、西许乡等。

1985年，全县总人口达到204528人，人口密度为每平方公里169人，是1949年的2.48倍。其中，8个集镇共有人口134250人，占全县总人口的65.7%；10个乡共有人口70278人，占全县总人口的34.3%。

灵石各乡镇人口分布密度情况表

乡镇名称	面　积 /平方公里	户　数 /户	人　　　口／人			每平方公里人数 /人
			合计	男	女	
城关镇	63.22	8605	31922	17085	14837	505
静升镇	55.13	4942	19128	9481	9647	347
两渡镇	98.46	5935	23412	10560	12852	238
夏门镇	95.40	3269	13611	7182	6479	143
南关镇	55.18	4328	16959	8929	8030	307
段纯镇	84.19	3223	13851	7101	6750	165
张家庄镇	27.95	2647	10354	5460	4894	371
富家滩镇	32.26	1351	5013	2544	2469	156
水峪乡	65.64	1951	7293	3641	3652	111
马和乡	26.14	2099	8003	4005	3998	221
英武乡	55.25	1591	6660	3355	3305	121
南墕乡	51.85	1260	5319	2643	2675	103
仁义乡	47.50	1401	5919	2913	3006	125
西许乡	32.56	1096	4503	2320	2183	138
王禹乡	55.01	1907	8252	4242	4010	150
坛镇乡	56.46	1790	8027	4034	3993	142
梁家墕乡	86.59	2277	9860	5172	4688	114
交口乡	61.42	1650	6388	3288	3110	104

第三节　人口构成

一、自然构成

性别结构　《中华民国统计提要》记载，民国元年（1912），灵石全县总人口中男 35732 人，女 31222 人，男女性别比例为 114.44；民国 14 年（1925），全县总人口中男 45307 人，女 36623 人，男女性别比例为 123.71；民国 22 年（1933），全县总人口中男 44946 人，女 36739 人，男女性别比例为 122.34。

中华人民共和国成立以来，男女性别比例分别为：1949 年 110.07，低于山西省 111.82 的水平；1953 年为 113.48；1964 年 117.28；1982 年 107.29，略低于山西省 108.5 的平均水平，高于全国 105.45 的平均水平；1985 年 103.36。

1949—1985 年灵石人口性别构成表

年　份	性别比例 /%		性别比（女 =100）	年　份	性别比例 /%		性别比（女 =100）
	男	女			男	女	
1949	52.39	47.61	110.07	1968	53.73	46.27	116.13
1950	52.40	47.60	110.08	1969	53.20	46.80	113.67
1951	52.40	47.60	110.08	1970	52.28	47.72	110.68
1952	52.40	47.60	110.08	1971	52.53	47.47	113.77
1953	52.40	47.60	113.48	1972	52.22	46.78	119.65
1954	52.92	47.08	112.39	1973	53.73	46.27	116.12
1955	52.40	47.60	110.96	1974	53.64	46.36	115.69
1956	52.40	47.60	110.08	1975	53.43	46.57	114.74
1957	52.40	47.60	110.04	1976	52.86	47.17	112.12
1958	52.40	47.60	110.08	1977	53.05	46.95	113.01
1959	52.40	47.60	110.08	1978	52.62	49.38	111.08
1960	52.40	47.60	110.08	1979	52.71	47.29	111.45
1961	52.40	47.60	110.08	1980	52.17	47.83	109.08
1962	53.51	46.49	115.08	1981	52.09	47.91	108.77
1963	54.42	45.58	119.41	1982	51.94	48.06	107.29
1964	53.92	46.08	117.28	1983	51.80	48.20	107.49
1965	54.14	45.86	118.06	1984	52.08	47.92	108.69
1966	53.42	46.58	114.71	1985	50.83	49.17	103.36
1967	53.60	46.40	115.52				

年龄构成　按照国际上一般采用的人口年龄构成和人口再生产类型划分标准衡量[1]，20 世纪 50 年代初期，灵石人口的年龄构成接近于成年型，人口再生产类型属于稳定型。20 世纪 60 年代，人口年龄构成趋于年轻型，人口再生

---

① 桑德巴模式，瑞典人口学家桑德巴提出的标准。

产类型为增加型，人口总负担系数为77%。从20世纪70年代到80年代，本县人口的年龄结构又转向成年型，人口再生产类型由增加型向稳定型发展。劳动人口增加，人口负担系数低于全省、全国抚养比例的平均水平。

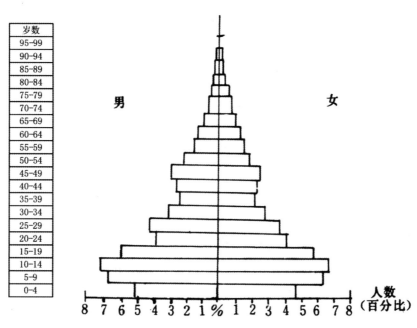

1982年7月1日灵石全县人口年龄金字塔图

灵石人口年龄构成情况表

项别	年龄	少年儿童系数 $\left(\dfrac{0-14岁人口}{总人口}\right)$	老年人口系数 $\left(\dfrac{65岁及以上人口}{总人口}\right)$	人口老化系数 $\left(\dfrac{65岁及以上人口}{0-14岁人口}\right)$
国际人口	年轻型	40%以上	5%以下	15%以下
年龄构成	成年型	30%—40%	15%—30%	15%—30%
划分标准	老年型	30%以下	10%以上	30%以下
灵 石 县	1953年	32.26%	4.98%	15.45%
人口年龄	1964年	39.40%	4.30%	11.10%
构成情况	1982年	36.70%	4.50%	12.00%

灵石人口再生产类型表

项别	年龄	$\dfrac{0-14岁人口}{总人口}$	$\dfrac{15-49岁人口}{总人口}$	$\dfrac{50岁及以上人口}{总人口}$
国际人口	增加型	40%以上	50%	10%
再生产类型	稳定型	26.5%	50.5%	23%
划分标准	减少型	20%	50%	30%
灵 石 县	1953年	32.26%	50.96%	15.7%
人口再生	1964年	39.4%	46.5%	14.9%
产 类 型	1982年	36.7%	48.5%	14.6%

灵石人口负担系数表

年龄分组	1953 年	1964 年	1982 年	晋中	山西	全国
总负担系数 （0—14 岁 +65 岁及以上 /15—64 岁）	59.37	77	71.84	50.55	51.97	51.84
少年儿童负担系数 （0—14 岁 /15—64 岁）	51.42	69.3	63.16	42.79	43.94	43.55
老年负担系数 （65 岁及以上 /15—64 岁）	7.95	7.7	8.67	7.76	8.03	8.29

灵石各种年龄组人口统计表

年龄分组	1964 年		1982 年		占晋中地区总人口比例 /%	
	人数 / 人	比例 /%	人数 / 人	比例 /%	1964 年	1982 年
婴儿组（1 岁以下）	6398	4.1	6294	3.1	3.93	2.15
幼儿组（1—3 岁）	14384	9.2	11349	5.6	8.29	5.65
学龄前儿童组（4—6 岁）	8413	5.3	13389	6.6	7.88	5.94
小学生组（7—12 岁）	22786	14.5	33401	16.0	15.72	15.04
初中生组（13—15 岁）	8040	5.2	15466	7.6	6.10	7.35
少年儿童组（0—15 岁）	64041	40.8	78895	39.0	41.91	36.73
高中生组（16—18 岁）	6506	4.2	14600	7.2	4.90	7.28
义务兵役组（16—25 岁）	22555	14.4	39596	19.5	7.33	9.95
18 岁以上选民组	88827	56.6	113197	55.9	54.87	58.36
法定婚龄组（男 22、女 20）	3186	2.03	9385	4.3	1.31	1.71
育龄妇女组（15—49 岁）	33440	21.3	52849	25.0	20.48	24.22
劳动年龄组（男 16—59 岁）（女 16—54 岁）	79705	50.8	104935	51.9	48.40	53.54
老年人口组（男 60 岁及以上）（女 55 岁及以上）	12611	8.0	18325	9.0	9.68	9.73

二、社会构成

民族结构　中华人民共和国成立前本县人口均为汉族，中华人民共和国成立后始有部分少数民族迁入。

据 1982 年人口普查，全县有少数民族 69 人，分布状况为：

蒙古族 10 人（张家庄镇 5 人，两渡镇、富家滩镇、南关镇、静升镇、王禹乡各 1 人）。

回族 29 人（城关镇 5 人、两渡镇 10 人、张家庄镇 7 人、富家滩镇 5 人、南关镇、梁家墕乡各 1 人）。

苗族 3 人（两渡镇）。

壮族 1 人（张家庄镇）。

布依族 3 人（城关镇、两渡镇、坛镇乡各 1 人）。

朝鲜族 4 人（张家庄镇）。

满族 17 人（城关镇 1 人、两渡镇 7 人、张家庄镇 4 人、南关镇 5 人）。

纳西族 2 人（城关镇）。

文化构成　1949 年前，本县人口的文化程度极低。1949 年后，在中国共产党和人民政府的领导下，灵石大力发展教育事业，开展扫盲运动，人民群众文化素质逐步提高。1964 年，全县有文化的人口达 67894 人，占总人口的 43.10%，每万人中有小学文化程度者 3768 人、初中文化程度者 455 人、高中文化程度者 86 人、大学文化程度者 17 人。1982 年，全县有文化的人口增至 138846 人，占总人口的 68.68%，每万人中有小学文化程度者 4015 人、初中文化程度者 2200 人、高中文化程度者 633 人、大学文化程度者 21 人。

灵石人口文化构成情况表

项　别	1964 年		1982 年		占晋中地区总人口比例 /%	
	人数／人	占总人口 /%	人数／人	占总人口 /%	1964 年	1982 年
文化人口	67894	43.10	138846	68.68	41.07	68.34
其中：大学	269	0.17	428	0.21	0.28	0.49
高中	1360	0.86	12793	6.33	0.89	6.89
初中	7146	4.55	44457	22.00	4.4	21.54
小学	59119	37.68	81168	40.15	35.5	39.42

职业构成　据 1982 年第三次人口普查统计，全县从业人口共 97922 人，占总人口的 48.44%，按其所从事的职业可分为 8 大类，其中农业人口 61193 人，所占比例最大，为 62.5%，其他职业人口 36739 人，比例为 37.5%。

灵石人口职业构成情况表

职　业	从业人口／人			比例 /%	占晋中地区总人口比例 /%
	男	女	合计		
生产工人、运输工人	18648	3677	22325	22.80	18.04
农林牧劳动者	29463	31730	61193	62.50	69.30
各类专业技术人员	3386	2847	6233	6.36	5.88
商业工作人员	1010	940	1950	1.99	1.73
服务性工作人员	1510	1040	2550	2.60	1.82
机关、党群企事业人员	1951	96	2047	2.09	1.72
办事员及有关人员	1158	384	1542	1.58	1.43
其　　他	55	27	82	0.08	0.08
总　　计	57181	40741	97732	100	100

第四节　人口控制

一、计划生育

中华人民共和国成立后，社会逐步安定，生活日渐改善，人口增长较快，1950—1956年7年间，每年全县出生3000—3800人，出生率达33‰—34‰，自然增长率为25‰—27‰，当时国家还没有提出计划生育和控制人口增长政策。第一个五年计划期间，我国提出节制生育、控制人口增长策略。1957年，县卫生局和县妇联根据上级指示开始宣传避孕、节育，机关干部和部分群众自觉采取节育措施，选用避孕药具，1958—1959年，两年出生率由30‰降到26‰，自然增长率由19.8‰下降到14.6‰。

20世纪60年代，由于节制生育政策受到干扰，1961年，全县人口出生率开始回升，1962年，人口出生率急剧上升到39.9‰，自然增长率上升到32‰，出现第一个人口增长高峰。当年年底，国务院发出关于认真提倡计划生育的指示，灵石成立计划生育委员会，县妇联搞试点，落实避孕措施，出生率和自然增长率再次开始下降，到1966年，出生率降为12.37‰，自然增长率降为23‰。"文化大革命"期间，计划生育工作无人过问，人口再次失控，从1968年开始，每年出生人数都在5000人以上，到1969年，出生率达33.2‰，自然增长率达30.2‰，出现了第二次人口增长高峰。1962—1972年10年间，灵石出现两次人口增长高峰。

1973年，人口政策正式列入国家计划，国务院下达文件，山西省也下达《执行晚婚和计划生育的具体实施意见》。灵石恢复计划生育领导机构，深入农村宣传计划生育政策，人口出生率和自然增长率持续下降，到1978年，全县人口出生率降为13.49‰，自然增长率降至8.57‰，人口增长得到控制。1979—1982年，人口出生率和自然增长率略有回升现象。1983年，全县开始大力开展计划生育宣传月活动，提倡"一对夫妇只生育一个孩子"，普遍落实长效节育措施，严格控制计划外二胎和杜绝多胎生育，人口出生率和自然增长率又趋下降。1985年，人口出生率为16.2‰，自然增长率为9.77‰，除1960年以外，是1949年以来人口自然增长率最低的年份。

二、晚婚晚育

旧社会长期流传着早婚恶习，男子十五六岁，女子十三四岁结婚者十分普遍，"娃娃亲""童养媳"到处皆有。民国以来，官方虽曾宣传禁止，但早婚早育现象并未根除。

1950年5月1日，我国公布《婚姻法》，规定男20岁、女18岁为合法结

1979—1985 年灵石计划生育情况表

年 份	出生率 /‰	自然增长 率 /‰	计划生育 率 /%	一胎率 /%	一孩领证 率 /%	长效节育 率 /%	多胎率 /%
1979	15.30	9.56	62.40	38.62		76.00	33.95
1980	17.40	12.30	63.60	44.42		67.00	36.44
1981	20.00	15.89	59.10	40.29	1.92	59.41	29.36
1982	22.74	16.94	41.03	40.76	1.27	46.95	30.05
1983	17.42	11.47	39.22	38.93	2.99	71.55	28.92
1984	16.80	10.62	44.63	40.29	2.68	79.72	27.51
1985	16.21	9.77	50.51	44.89	2.45	73.88	20.91

灵石各十年段人口自然增长情况表

时 间	出生人数 / 人	出生率 /‰	死亡人数 / 人	死亡率 /‰	净增人数 / 人	净增率 /‰
1950—1959	33861	27.8	9166	8.4	24695	19.4
1960—1969	47749	32.5	12603	8.7	35146	23.8
1970—1979	45650	24.7	11993	6.5	33657	18.2
1980—1985	22627	11.0	7140	3.5	15487	7.5

婚年龄，早婚早育现象才基本扭转。

1962 年 12 月 18 日，中共中央、国务院作出《关于提倡晚婚和计划生育的指示》，提倡晚婚晚育，在法定婚龄基础上推迟三年结婚为晚婚，妇女 24 周岁以上生育为晚育。1973 年 12 月，灵石县人民革命委员会出台《关于目前计划生育工作情况和晚婚计划生育的具体实施意见》，提倡农村男 25 岁、女 23 岁，城镇男 28 岁、女 25 岁以后结婚。这一年，全县青年 15102 人中实行晚婚的 364 人，晚婚率达 25%。以后全县晚婚政策推行情况较好，通过晚婚保证晚育，起到控制人口增长的作用。

1981 年 1 月 1 日，新修订的《婚姻法》正式实施，规定男 22 岁、女 20 岁为合法结婚年龄，并提倡男女青年适当晚婚晚育（法定年龄推迟三年以上结婚为晚婚，妇女 24 周岁以上生育为晚育）。从 1983—1985 年的执行情况来看，全县城镇青年晚婚率较高，农村较差，1983 年，城镇晚婚率为 72.27%，乡村晚婚率仅达 46.8%。

1973—1980 年灵石晚婚情况表

年 份	晚婚		年 份	晚婚	
	人数 / 人	比率 /%		人数 / 人	比率 /%
1973	364	25	1977	537（对）	92
1974	2974	35.5	1978	1298（对）	86
1975	5683	53.8	1979	1717	76.3
1976	9653	67.5	1980	1399	82.9

注：据原资料，1976 年以前以男女青年人数统计，1977、1978 年以对数统计，1979 年以后以女方人数统计。

1981—1985 年灵石晚婚情况表

年 份	初婚人数 / 人	晚婚人数 / 人	晚婚率 /%	年 份	初婚人数 / 人	晚婚人数 / 人	晚婚率 /%
1981	1834	1182	64.45	1984	1407	828	58.84
1982	1488	848	56.99	1985	1660	986	59.4
1983	1264	815	64.40				

注：本表晚婚情况以女方人数统计。

三、少生优生

旧社会由于科学落后，医药条件太差，妇女生育没有安全保障，婴儿因难产或病毒感染死亡率很高，也因罹患先天或后天性疾病如天花、麻疹等，造成终身病残者甚多。

中华人民共和国成立后，我国大力提倡和推广新法接生，并注意开展妇幼卫生工作，随着医疗事业的发展，妇幼保健工作不断得到加强。

《婚姻法》规定，禁止直系血亲和三代以内旁系血亲结婚，禁止患麻风病或医学上认为不应当结婚的其他疾病者结婚，积极提倡婚前健康检查，并开展产前检查。1983 年，灵石引进观察头位的产程仪，可以及时发现产程异常，防止产妇衰竭，改善母婴产后情况，降低产期危险。

实行计划生育以来，灵石不但注意控制人口数量，而且也注意提高人口素质。优生工作包括结婚、妊娠、胎儿出生到出生后这几个阶段减少缺陷等预防措施，有利于婴幼儿身体和智力健康成长多方面的工作。

按照政策，对于第一胎生育的儿童患有非遗传性疾病（如胸廓畸形、脓胸、肺囊肿、肝脾异常，先天性心脏病、肾功能不全、严重智能障碍或骨骼畸形、肢体不全、严重语言障碍、丧失听力、双目失明等）不能成长为正常劳动力者，准许父母生育二胎，而对患有遗传性疾病者一律不准再生二胎。1984 年，灵石建立育龄妇女卡档案，为少生、优生建立了信息系统。

此外，全县对独生子女等进行定期健康检查，并在医疗、保健等方面制定优待措施，在入托、入园、入学等方面提供优先条件，保证独生子女健康成长。

灵石总人口平均预期寿命表

年龄组/岁	调整后1981年人数/人	1981年死亡人数/人	死亡率	死亡概率	尚存人数/人	死亡人数/人	平均生存人年数/人	总生存人年数/人	平均预期寿命/岁
<1	4397	174	0.03957	0.038802	1000000	3800	97183	6898903	68.99
1—4	15333	34	0.002217	0.008829	96120	849	382782	6801720	70.76
5—9	27427	24	0.000875	0.004365	95271	416	475315	6418938	67.37
10—14	26691	15	0.000562	0.002806	94855	266	473610	5943623	62.66
15—19	23392	27	0.001164	0.005753	94589	544	471585	5470013	57.83
20—24	15253	22	0.001442	0.007184	94045	675	468538	4998428	53.15
25—29	15546	26	0.001672	0.004163	93370	389	465877	4529890	48.51
30—34	11261	19	0.001687	0.008399	92981	781	462963	4064013	43.70
35—39	9336	22	0.002344	0.011652	92200	1074	458315	3601060	39.06
40—44	9840	18	0.001829	0.009103	91126	829	453558	3142743	34.49
45—49	9828	48	0.004884	0.024125	90297	2178	446040	2689187	29.78
50—54	7667	44	0.005739	0.028289	88119	2493	434362	2243147	25.46
55—59	6203	69	0.011124	0.054115	85626	4634	4165545	1808785	21.12
60—64	5010	90	0.017964	0.085959	80992	6962	387555	1392240	17.19
65—69	4363	117	0.026816	0.125666	74030	9302	346855	1004685	13.57
70—74	3036	161	0.053030	0.234113	64728	15154	285755	657790	10.16
75—79	1646	148	0.089915	0.36703	49574	18197	202378	372035	7.50
80—84	571	92	0.161121	0.574283	31377	18019	111837	169657	5.40
85—89	183	34	0.185792	0.634328	13358	8473	45608	57820	4.33
90—94	18	8	0.444444	1.00000	4885	4855	12212	12212	2.50
95岁及以上	2	2	1.0000	—	—	—	—	—	—

注：本表录自山西省灵石县第三次人口普查统计汇总资料。

第 二 编

自然环境

第一章　地质地貌

第一节　地　质

本县境内的地质构造由两部分组成：东部属霍山隆起，中西部为霍西凹陷。霍山隆起是由一系列北北东方向的背斜和向斜组成。断层以北北西方向为主，而北东方向的断层次之。断层的性质多正断层。霍西凹陷，也是由一些宽缓的北东方向的背斜和向斜所组成，断层则以北东方向和近于东西方向的两组断层所组成。汾河谷地是沿两大构造断层处发育形成的。

灵石境内地质构造形成地势东高西低，地层分布从东到西具有由老到新的特点。

灵石境内出露最老的地层为太古界下太岳山群的一套变质岩系，主要见于县城东南的二爷庙—石膏山一带。出现在尽林头—冀家庄、杏坪圪塔—花石岩一带的石英岩状砂岩则属于长城系地层。

本县下古生界地层包括寒武系及奥陶系。寒武系下统很不发育，厚度只有0—1米，主要是中统徐庄组、上统崮山组、长山组和凤山组地层，由石灰岩、白云岩或白云质灰岩、泥灰岩和页岩等组成，主要分布在牛角鞍、二爷庙一带，厚205—320米。奥陶系地层，见有下统冶里组、亮甲山组和中统马家沟组，也由石灰岩、白云岩和白云质灰岩、泥炭岩等组成，厚400余米，主要分布在二爷庙—花石岩、尽林头后悔沟、汾河河谷灵石县城—夏门、富家滩等地。

上古生界石炭系地层不整合，在下古生界地层之上，见有中统本溪组、上统太原组和山西组，这是一套由砂页岩和煤层组成的地层，厚92—119米，主要分布在西许、富家滩、夏门、梁家圪塔和县城周围，是构成本县基岩的主要地层。二叠系地层主要分布在道美、崔家沟、彭家原、英武、交口一带，厚289—461米，也是构成本县基岩的主要地层，其中除紫红色和灰绿色砂页岩外，煤层消失。

新生界松散沉积和黄土层大部分沿沟谷和岭脊分布，不占主要地位。

岩浆岩在本县境内很不发育，只在后二沟等地见有中细积黑云母花岗岩组成的小岩株和零星的北北西向和北东方向的灰绿岩脉。

灵石境内地质特征是以古生界沉积岩石地层为主，地质构造比较简单，主要表现断裂和褶皱，而断裂主要集中在两渡、南关、西许以东及军寨以南。

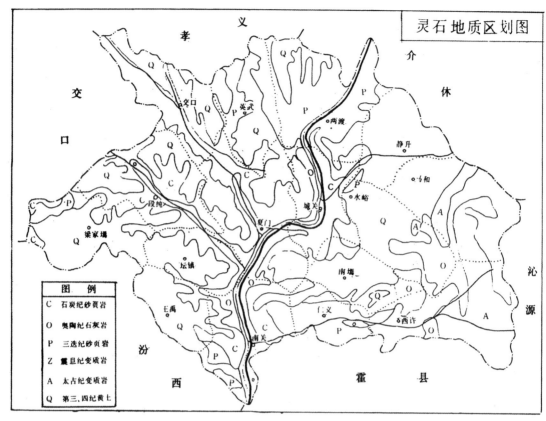

灵石地貌区划图

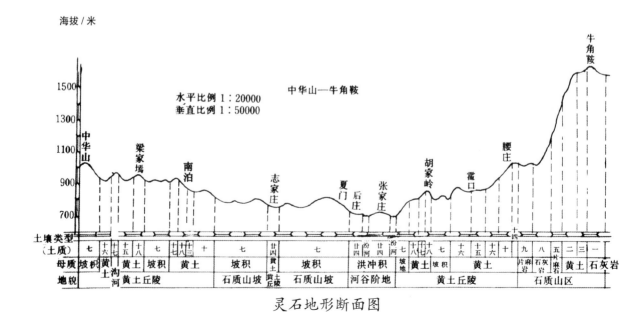

灵石地形断面图

第二节　地　貌

本县地处山西黄土高原，由于地质构造运动和长期以来风雨洪流冲刷而形成山峦起伏、沟壑纵横的土石山地。全县由东西两山向中部汾河谷地自然形成三级阶梯，东部太岳山（霍山）诸峰尖阳山、孝文山、石膏山、绵山与西部吕梁山峰中华山、老虎山遥相对峙，为第一阶梯，海拔均在 1000 米以上，最高峰为牛角鞍，海拔 2567 米，其特点是重峦叠嶂，绵延起伏，荒山连片，灌草丰盛，土质较肥，气候温寒，为中山区，面积约为 336.4 平方公里，占全县总面积的 27.8%。东山的要西原（马和原）、秦树原、正峰原、汤村原及穿插延伸的逍遥岭、摩天岭、韩信岭、静升北山等土石山地和西山的坛镇原、罗汉原、圪针原、寨头原、建新原、文殊原及穿插延伸的秦王岭等土石山地为第二阶梯，海拔为 800—1200 米，其特点是原顶平坦，土层深厚，原边侵蚀，沟壑纵横，土石山坡，岩石裸露，土壤瘠薄，灌草稀疏，片浸严重，气候温凉，水源短缺，总面积为 692.8 平方公里，占全县总面积的 57.6%。中部的汾河及其支流静升河、仁义河中下游冲积淤浸形成的河谷滩地为第三阶梯，海拔 600—800 米，最低处南关镇石桥村海拔 574 米，其特点是地势平坦，土壤肥沃，水源丰富，气候温暖，是本县的平川谷地，面积为 176.8 平方公里，占全县总面积的 14.6%。

石膏山　位于县城东南 42.5 公里处，海拔 2551 米，面积 26.25 平方公里，坡度为 60 度，在西许乡境内。该山系太岳山支脉，南北走向，是群山之中一座比较孤立的山峰。东北与绵山对峙，南与 2338 高地相望，西为悬崖绝壁，山顶均为灌木丛林。南山腰有一天然抱腹岩，上下四层，内有古刹一座，始建于唐朝，抗战时期共产党曾在此建立根据地，领导全县人民坚持游击战争，直到最后胜利。

绵山　位于县城东 26 公里处，海拔 2441 米，倾斜 60 度以上，在县境部分系静升镇和马和乡东侧后山地区，面积 80 平方公里。该山为太岳山支脉，山势险要，山峰连绵，主峰半腰有古刹 1 座，建于唐朝，建筑物被日军烧毁。山上有草坡、灌木覆盖，山下有静升、马和一带小盆地，人口稠密，物产丰富，素有小江南之称。

老虎山　位于县城西约 45 公里处，海拔 1413 米，在梁家墕乡境内，面积 20 平方公里，系吕梁山支脉，由 7 座主要山峰组成，东西走向，坡度为 40 度，地表为土质覆盖，交通不便，只有一条小路通行。

韩信岭　位于县城正南 10 公里处，海拔 1100 米，山腰倾斜 40—50 度，在南墕乡境内。岭上有汉淮阴侯韩信墓及韩信庙遗址，岭顶部平缓，地表为黄土覆盖，韩信岭东倚太岳山，西濒汾河，古为南北交通要道，历代兵事甚多。

汉刘邦北征陈豨，曾驻兵于此。抗战时期，国民党中央军将领卫立煌与日军在此决战，山西新军决死二纵队和灵石县大队亦在此多次重创日军。

秦王岭 位于县城南10公里处，海拔900米，在夏门镇境内，山高坡陡，古代是军事要地，唐朝李世民取霍邑曾驻兵于此，同宋老生决战。抗战初期，山西新军政卫队在此伏击日军取胜。

文殊原 位于县城西南10公里处，海拔1000米，在夏门镇境内，面积10平方公里，系黄土高原、土地肥沃。红军东征时，徐海东率领红15军团曾在此驻兵，御城之敌。

罗汉原 位于城西南30公里处，海拔1000米，在王禹乡境内，系黄土高原。抗战时期，山西新军决死二纵队老五团曾重创日军于此。

椒仲原 位于县北15公里处，海拔1000米，在静升镇境内，面积15平方公里，原高沟深，村庄分散。20世纪40年代，区分队、县大队常在此与日军、阎伪军交战，取得多次胜仗。

建新原（原名介神原） 位于县城西北14.5公里处，海拔1275米，在英武乡境内，面积12平方公里，原上平坦，黄土覆盖，有县、乡公路相通，交通方便。

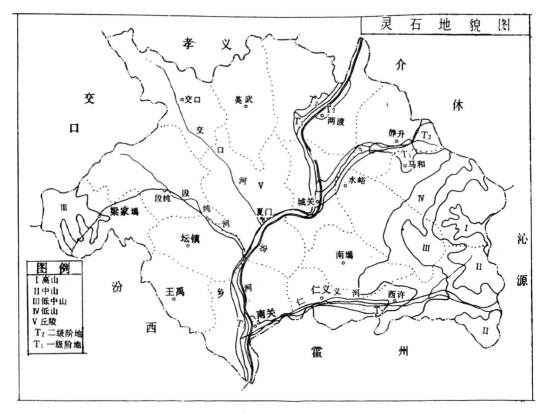

灵石地貌图

第二章 水 文

第一节 地表水

灵石县历年平均河川径流量为 0.447 亿立方米，地下水多年平均值为 0.8865 亿立方米，除去地下水重复计算量 0.4928 亿立方米，全县多年平均水资源总量为 0.841 亿立方米。平水年（P=50%）为 0.801 亿立方米，中等干旱年（P=75%）为 0.671 亿立方米，特殊干旱年（P=95%）为 0.537 亿立方米。

据《晋中地区水产资源评价资料》1950—1984 年地表水径流量统计，灵石水量最大年份的是 1964 年，为 0.816 亿立方米；水量最小年份的是 1982 年，为 0.135 亿立方米，平均值为 0.447 亿立方米，因年降水量不同而有差异。常年汛期（6—9 月）水量约占全年水量 75%，非汛期占 25%，甚至汾河及其支流出现断流，除了渗透、蒸发外，地表水利用率极低。据 1964、1982 年两年统计，河川径流量平均利用率为 0.52 亿立方米。

汾河 汾河发源于宁武县管涔山麓，穿越太原盆地，从介休白岸和本县桑平峪之间入境，两岸山高坡陡，形成峡谷，古称雀鼠谷。郦道元《水经注》云："汾水南过冠爵津，俗谓之雀鼠谷。""关外迤北皆平原旷野，入关则左山右河，中道一轨。"雀鼠谷汾水入口处古称冷泉关或阳凉北关，亦称古川口，即今冷泉村。汾水向西南流经两渡镇附近之曹村，汇曹村沟，至景家沟村汇三交河（圪台河），到县城北汇静升河，南流到玉成汇石村沟折向西流，至夏门汇交口河，折向西南到三湾口汇段纯河，到沟峪滩汇沟峪滩河，到南关镇北汇仁义河，到石柜、石桥与霍县什林之间出谷。其中，夏门镇至南关镇之间，河道宽百米左右，最狭处仅数十米，汾水切穿山岩，奔流而南，同蒲铁路和太三公路凿洞劈山而过，是为汾水关，或称灵石口。汾河在灵石境内全长约 60 公里，占总长度的 8%。境内平均纵坡 1.7‰。据 1952—1956 年水文站实测，最大流量为 2058 立方米／秒（1954 年 9 月 4 日），最小流量为 0 立方米（断流）（1952 年 4 月 13 日）。根据多年测算，汾河水平均流量为 33.8 立方米／秒，年径流量为 10.66 亿立方米（1952—1958 年 5 年平均数）。

静升河 古名小水河，发源于沁源县花坡崖上棋盘白安场，从介休兴地村入县境，经旌介、集广到静升镇，南汇红岩底沟（柏沟）和三齐沟水，向西流入延安汇草桥沟，到南王中汇后悔沟和水峪沟至县城流入汾河。静升河全长 34.5 公里，境内流长 18 公里，流域总面积 282 平方公里，本县内流域面积 210 平方公里，河床平均纵坡 27‰。静升河常年清水流出，年平均洪峰流量为 285 立方米／秒，最大的洪峰流量为 294 立方米／秒，常年径流量约为 1498 万立方米，上游植被较好。

仁义河 发源于沁源县鱼儿泉附近之石板店，汇南来沟、北来沟两条支流，入灵石县境，汇银洞沟、寺沟、白杨河，穿孝文山、石膏山、尖阳山到峪口汇二沟水，到东许汇七盘沟水，在道阰汇青石沟，窑上汇野只沟，仁义汇柳沟水，逍遥汇左沟水，到南关镇注入汾河。仁义河全长 46.1 公里，流经本县 30 公里。流域面积 258 平方公里，本县境内为 189 平方公里，常年清水平均流量为 0.156 立方米／秒，全年径流量约为 1377 万立方米，上游植被覆盖较好。

交口河 古名石门峪河，亦称西河，发源于中阳县棋盘山，流经交口县、孝义县，自木瓜曲进入灵石县境，向东南到交口汇孙义河，到峪口汇卧牛神河，到平遥庄汇十里沟，穿过 5 公里多的深谷，到夏门镇注入汾河，主河道全长 57.5 公里，流经本县 31 公里，总流域面积 301 平方公里，县内流域面积 167 平方公里，河床平均纵坡 20‰。

交口河除孙义河和卧牛神河正常年有清水出流外，平时水量不大，旱季常年断流，常年水径流量约为 873 万立方米，主要以洪水为主，为半季节性河流，沿河各村可引洪水灌溉。

段纯河 又称双池河，发源于孝义西泉寨界牌岭，到双池镇与回龙河相汇，向东南到下峪村进入本县境内，至段纯汇深井沟，到堡子塘进入弯曲峡谷，至三湾口注入汾河，主河道长约 71.3 公里，在本县境内长 20 公里，流域面积 105.4 平方公里，河床平均纵坡 13.4‰，无清水径流，只有汛期洪水湍急而过，随即干枯，为季节性河流，常年水径流量约 811.8 万立方米，中游部分地区可引洪水灌溉。

第二节 泉 水

灵石县水利部门组织各乡镇水利管理员通过对全县范围内出露地表的所有泉水实测调查，境内现有大小泉水 728 处，其中涌水量 5—10 吨／小时的 248 处，10—20 吨／小时的 102 处，20—30 吨／小时的 32 处，30—40 吨／小时的 34 处，

40 吨／小时以上的 4 处，最大的 85 吨／小时 1 处。它们大都分布于山区构造断裂带沿线和边山大断裂带沿线上，含水岩石大部分为砂岩、砂卵石、石灰岩等，部分地区为片麻岩。

县境内较大的泉水有：马和乡军寨村后悔沟泉水，涌水量 83.88 吨／小时；尽林头三齐沟泉水，涌水量 79.2 吨／小时；静升镇旌介村润沟河泉水，涌水量 30 吨／小时。

灵石泉水分布情况表

乡 镇	泉水数／处	乡 镇	泉水数／处	乡 镇	泉水数／处
城关镇	8	南关镇	23	英武乡	32
静升镇	219	段纯镇	62	水峪乡	28
两渡镇	39	梁家墕乡	39	马和乡	15
张家庄镇	12	王禹乡	58	南墕乡	18
夏门镇	40	坛镇乡	30	仁义乡	28
富家滩镇	16	交口乡	31	西许乡	30

第三节 地 下 水

据《晋中地区水资源评价资料》记载，灵石县地下水总量为 3937 万立方米，可开发量为 3409 万立方米，由于境内山多沟深，各地开发条件不同，差异很大。

灵石地下水开发情况表

单位：万立方米

流 域	可用量	已用量	其 中			
			工业	农业	城市	山区
静升河流域	927	366.2	240	107	9	10.2
仁义河流域	644	76.9	60	3	9	4.9
交口河流域	238	38.3		32		6.3
段纯河流域	261	20.8		9		11.8
汾河干流及其他支流	1294	361.8	151.5	144	18	48.3
合 计	3409	864	451.5	295	36	81.5

据历年打井及地质探孔资料记载，全县地下水可分为五种地质类型。

（1）沿汾河、段纯河下游河谷主要含水层为中奥陶纪石灰岩岩溶裂隙水，含水层厚约 50—100 米，由北往南水位埋深递减，城周围灰岩井水位埋深约 150—200 米，涌水量为 30—50 立方米／小时，由于受汾河大面积补给，水量稳定、水质较好，含水层与下游霍县郭庄泉连通。汾河干支补给量为 3716 万立方米，可开采量为 1294 万立方米，段纯河的补给量为 1044 万立方米，可开采量为 261 万立方米。

（2）交口河河谷石炭纪层间岩溶及裂隙水，为海陆相交互沉积层，主要含水层为石炭纪太原统石灰岩层，其中以石灰岩水较为丰富，含水层厚约 3—4 米，相对隔水层为 KF（氟化钾化学分子式）的页岩，出水量为 30—40 立方米／小时，该层水由于隔水层构造影响，有时出露地表，交口河谷内地下水补给量为 1033 万立方米，可开采量为 238 万立方米。

（3）英武乡、两渡镇汾河地堑西侧面为上古生界及中古界层间裂隙水，含水层为三叠纪、二叠纪底部砂岩，水量较少、稳定性差，埋深随地形起伏而定。

（4）静升河沿岩及静升、马和盆地内为第四纪地层及陷落盆地疏散层，水位埋深 20—30 米，成井出水量一般在 60 立方米／小时，旌介农场的井深 111 米，水可上升到井口，涌水量达 158 立方米／小时。

（5）县境西南部为第四纪红黄土丘陵山区潜水，含水层为半胶结砂卵石及薄砂层、黏土钙粒层等，埋深不等，水位受季节和降雨影响很大。

灵石境内地下水资源比较丰富，但是由于境内山多沟深，90% 以上是山区，所以地下水分布很不均匀，而且绝大部分土地位于丘陵山区，农业灌溉条件很差，河谷地带虽有少量土地可以实施灌溉，但由于水源不足，灌溉面积保证率很低；同时也存在着用水浪费现象，灌溉技术落后，渠道渗漏十分严重。全县 1206 平方公里面积内，417 平方公里短缺人畜吃水，占总面积的 34.5%，基本满足用水面积 682 平方公里，占总面积的 56.5%，满足灌溉地区面积为 107 平方公里，占总面积的 9%。

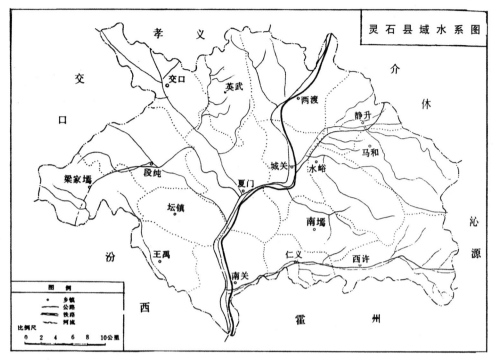

灵石县域水系图

第三章 气 候

第一节 四季特征

　　灵石县属于暖温带大陆性季风气候区。全年总气候特征是春旱多风、夏热多雨、秋凉气爽、冬寒少雪。从四季的划分来看，一般每年4月6日—6月5日（约清明—芒种），平均气温在10—20摄氏度，为春季，约61天；6月6日—8月20日（约芒种—处暑），平均气温在22摄氏度以上，为夏季，约76天；8月21日—10月20日（约处暑—霜降），平均气温在22—10摄氏度，为秋季，约61天；10月21日—次年4月5日（约霜降—清明），平均气温在10摄氏度以下，为冬季，约167天。故灵石冬季最长，夏季次之，春秋两季较短。

　　关于气候，灵石旧志除灾害和气象谚语外，无其他文字记载。本县气象工作从 1961 年开始，到 1967 年正式建立气象站，主要气候资料来自县气象站 20 多年来的测报记录。

灵石县境四季划分表

四季时令	物候现象	平均温度／摄氏度	起止日期	天数／天
春	桃花盛开	10—20	4月6日—6月5日	61
夏	小麦收割	＞22	6月6日—8月20日	76
秋	核桃成熟	22—10	8月21日—10月20日	61
冬	柿树落叶	＜10	10月21日—4月5日	167

第二节　日照气温

日照　本县累年日照平均为 2498 小时，最多年份 2661 小时，最少年份 2308 小时，年平均晴天 190 天，阴天 90 天。一年中以 5、6 月日照时数最多，为 259 小时；12 月最少，为 113 小时；其他月份日照时数为 180.0—220.0 小时。全年农作物可利用日照时数为 1800 小时，占年总日照时数的 72%。

灵石各月日照时数表

单位：小时

项目	1月	2月	3月	4月	5月	6月	7月	8月	9月	10月	11月	12月	全年
月平均	190	179	207	228	259	259	222	213	182	199	187	113	2498
最多年	244	217	224	248	281	312	261	265	242	258	276	216	2661
最少年	136	110	184	172	254	225	198	130	101	142	163	111	2308

气温　本县历年平均气温介于 9.9—10.6 摄氏度之间，全年最冷月（1 月）平均气温 -4.7 摄氏度。最热月（7 月）平均气温 23.8 摄氏度。年极端最高气温 37.2 摄氏度，出现于 1978 年 7 月 8 日，年极端最低气温 -20.3 摄氏度，出现于 1984 年 12 月 24 日。

气温稳定通过 10 摄氏度的初月为 4 月 10 日（约谷雨前后），终日为 10 月 23 日（约霜降前后）。累年 ≥0 摄氏度的可能生长期为 269 天。

地温　历年平均地面温度为 12.4 摄氏度，略高于气温。地温年际变化大致与气候相同，1 月最低平均为 -5.6 摄氏度。春季地温逐渐回升，6—7 月地面温度最高，平均为 26—29 摄氏度。秋季逐渐下降，冬季 12 月平均降至 -4—-6 摄氏度。极端最高地面温度为 63 摄氏度，出现在 1979 年 6 月 14 日，极端最低地面温度为 -29.8 摄氏度，出现在 1984 年 12 月 18 日。

地下温度 冬季从地面递增，其他季节从地面递减，历年最大冻土深度93厘米，出现在1977年2月。

灵石各月气温表

单位：摄氏度

项目	1月	2月	3月	4月	5月	6月	7月	8月	9月	10月	11月	12月	全年
平均气温	-4.7	-1.6	4.9	12.8	18.6	22.8	23.8	22.3	16.4	11.5	3.5	-3.5	10.6
极端最高	16.6	21.6	24.0	30.5	35.4	37.2	37.2	34.4	31.2	28.8	24.6	14.5	37.2
极端最低	-18.6	-18.2	-8.3	-4.4	1.7	7.4	12.8	10.7	3.7	-4.7	-11.6	-20.3	-20.3

无霜期 年平均162天，最长184天，出现在1985年，最短144天，出现在1981年。初霜日期平均为10月9日左右，终霜日期平均为4月30日左右。

灵石历年终霜、初霜日期及无霜期统计表

年 份		1974	1975	1976	1977	1978	1979	1980	1981	1982	1983	1984	1985
终霜日	日／月	2/4	4/5	5/5	14/5	10/5	2/5	17/5	16/5	17/4	1/5	22/4	5/4
初霜日	日／月	18/9	8/10	14/10	7/10	9/10	4/10	14/10	8/10	27/9	26/10	26/10	4/10
无霜期天数／天		168	156	161	149	161	154	149	144	162	177	180	184

第三节 降水湿度

降水 本县地形复杂，自然降水各地不匀，累年各月平均降水量为520毫米，年际差别较大，最多年份738毫米（1964年），次为649毫米（1975年），最少年份320毫米（1965年），次为330毫米（1972年），一日最大降水量115.4毫米（1981年8月15日）。由于季风影响，降水主要集中在夏秋两季，占全年降水量的75%以上，春季降水较少，常常造成春旱。汛期一般在

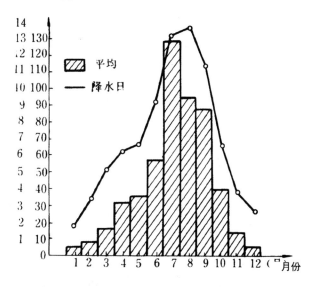

灵石历年各月平均降水量及降水日数柱状图

6月中下旬开始，到9月结束，7、8、9三个月雨量较集中，最长连续降水日数为12天（1979年6月28日—7月9日），降水量120.9毫米，石膏山一带为全县多雨中心，年降水量625.0毫米。最长连续无降水日为80天（1983年11月10日—1984年1月28日）。冬季干冷降雪偏少，年平均初降雪日为11月17日左右，最早为10月24日，最晚为12月6日，终降雪日平均在3月30日左右，最早为3月13日，最晚为4月13日，历年积雪最深度为18厘米，出现在1978年2月。

　　湿度　本县年平均湿度为9.0毫巴，一年中定时最大绝对湿度出现在7月，为20.3毫巴。定时最小绝对湿度出现在1月，为2.1毫巴，最大极值为29.5，出现在1979年8月9日，最小极值为0.1，出现在1974年2月24日。相对湿度58%，月平均最高在8月，为75%，月平均最小在5月，为46%。

　　蒸发量　据资料统计，年均蒸发量为1806.1毫米，最大蒸发量为3117毫米，出现在1974年12月，最小蒸发量为383毫米，出现在1984年12月，春季为642.6毫米，夏季为701.1毫米，秋季为313毫米，冬季为149.1毫米。

1964—1985年灵石各月降水量表

年份	1月	2月	3月	4月	5月	6月	7月	8月	9月	10月	11月	12月	合计
1964	6.0	12.0	33.0	54.0	89.0	25.0	19.0	64.0	116.0	83.0	3.7	2.0	737.7
1965	0.0	3.0	12.0	76.0	7.0	30.0	80.0	51.0	22.0	25.5	14.0	0.0	320.5
1966	0.3	5.7	23.0	28.9	8.6	119.6	250.4	71.7	45.6	52.8	6.6	0.5	613.7
1967	11.3	7.8	35.5	20.8	34.0	34.9	75.9	113.9	122.7	11.7	37.1	0.0	505.6
1968	3.4	0.0	5.7	30.7	34.1	12.5	95.3	40.0	91.6	110.7	34.7	4.6	463.3
1969	1.6	3.6	15.7	90.5	32.6	34.2	153.7	18.8	186.7	22.1	21.7	0.0	581.2
1970	0.0	9.8	13.9	50.6	71.8	75.9	66.3	56.3	34.5	18.6	4.2	0.9	402.8
1971	8.6	3.3	7.7	5.5	18.4	85.9	139.3	143.3	88.9	14.6	46.5	6.4	568.4
1972	16.4	10.1	12.3	10.7	9.5	12.0	77.9	120.9	20.6	13.0	23.5	3.1	329.9
1973	7.2	3.0	3.4	11.5	28.7	76.2	103.2	141.9	77.8	83.0	2.2	0.0	538.1
1974	6.0	7.4	12.5	18.5	34.9	35.1	89.7	34.3	80.5	34.6	28.0	16.1	397.6
1975	3.0	2.1	13.1	53.2	12.6	85.0	213.3	48.4	123.9	74.8	5.6	13.8	648.8
1976	0.0	36.1	13.6	58.3	9.0	23.2	74.4	154.4	59.8	47.1	5.6	6.7	488.3
1977	2.2	0.2	1.2	21.1	29.3	80.5	160.3	137.5	41.1	32.4	10.5	20.9	537.2
1978	0.0	18.5	10.9	5.8	42.5	26.9	181.5	135.3	121.7	38.7	2.7	2.8	587.3
1979	1.8	9.7	44.6	32.4	3.3	79.9	133.2	137.3	48.2	1.6	2.6	5.2	499.8
1980	6.4	0.6	26.1	17.9	46.2	76.3	83.3	129.8	40.8	37.8	5.1	0.0	490.3
1981	1.8	0.6	12.5	25.1	1.2	73.8	182.6	204.9	32.7	13.6	5.2	0.0	556.0
1982	0.1	15.6	20.0	14.9	20.4	20.7	143.7	116.7	71.0	8.1	23.1	0.0	454.3
1983	0.0	1.0	13.8	42.6	89.3	26.4	71.9	50.8	166.3	52.0	5.3	0.0	519.9
1984	1.1	2.6	12.2	14.7	54.1	129.8	156.6	21.2	54.8	33.7	6.2	18.1	505.1
1985	6.2	5.3	6.6	0.7	90.2	36.3	87.7	99.4	197.2	46.2	0.0	0.0	575.8
合计	85.4	157.9	319.3	684.4	766.7	1220.1	2810.3	2091.9	1904.9	855.6	294.1	10.11	11321.6
平均	3.9	7.2	15.9	31.1	34.9	55.5	128.6	95.1	86.6	38.9	13.4	4.6	514.6

第四节　气压风力

气压　据 1974—1985 年记录，本县年平均气压为 924.1 毫巴，月平均最高气压出现在 12 月份，为 931.5 毫巴，月平均最低气压出现在 7 月份，为 915.3 毫巴，年较差为 16.2 毫巴。年极端最高气压为 948.8 毫巴，出现在 1981 年 12 月 1 日，年极端最低气压 906.3 毫巴，出现在 1985 年 6 月 7 日。

风　由于地形关系，本县地面多西南风，东北风次之，冬春多西北风，夏秋多偏南风，年平均风速为 1.9 米 / 秒；最大风速为 19 米 / 秒，出现在 1977 年 3 月 19 日，风向北西；次为 18 米 / 秒，出现在 1982 年 10 月 8 日，风向西北西。

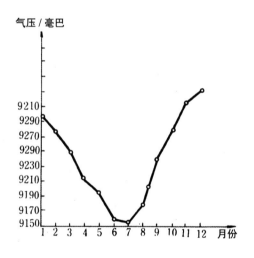

灵石全年气压逐月变化规律图

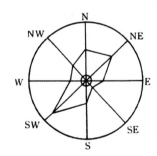

灵石各种风向频率玫瑰图

灵石历年各月风速统计表

项目	1月	2月	3月	4月	5月	6月	7月	8月	9月	10月	11月	12月	全年
平均风速 /（米 / 秒）	1.2	1.7	2.2	2.7	2.8	2.6	2.0	1.5	1.3	1.5	1.4	1.2	1.9
最大风速 及风向	12 NNW	12 NNW	19 NNW	16 NNW	16 NNW	13 NENNW	16 SE	13 W	13 NE	18 WNW	11 NNW	12 NNW	19 NNW
除静风外风 向及频率	NNE 12	NNE 13	SW 19	SW 16	S 13	NNE 16	WSW 15	WSW 13	SW 12	WSW 10	WSW 13	SW 11	
大风日数 / 天	0.2	0.4	0.8	2.3	2.8	1.8	0.8	0.9	0.1	0.2	0.2	0.4	

第五节　气候分区

县境内受地形影响，各地气候有明显差异，大致可分为三类地区：

河谷温暖区　汾河、静升河、仁义河下游的河谷平地，气温和地温均略高，年平均气温11摄氏度左右，地面温度稳定通过0摄氏度的初日为4月8日左右，终日为10月11日左右，无霜期为162天，10摄氏度以上有效积温为3800—4100度，最高气温可达37.2摄氏度，出现在1978年7月8日，平均年降水量515毫米。韩信岭以南仁义河下游和南关地区小麦返青和成熟早于其他地区7—10天，为明显差异。

低山温凉区　王禹乡、坛镇乡、段纯镇、交口乡、英武乡、水峪乡、南墕乡等土石山区，年平均气温10—11摄氏度，10摄氏度以上有效积温为3300—3600度，地面温度稳定通过0摄氏度的初日为4月24日左右，终日为10月20日左右，平均无霜期155天，平均年降水量500毫米。

高山温寒区　河西的梁家墕乡和河东的马和、水峪、西许等乡靠近大山海拔1200米以上的地区，年平均气温为9—10摄氏度，10摄氏度以上有效积温为2900—3300度，地面温度稳定通过0摄氏度的初日为5月15日，终日为10月5日，无霜期平均150天左右，平均年降水量550毫米。小麦成熟晚于其他地区7—10天，降霜早10天左右，春末或初冬他处降雨而这些地方降雪，为明显差异。

第四章　土壤植被

第一节　土　　壤

根据1982年3月—1983年10月全县土壤普查统计结果确认，本县属于碳酸盐褐土向淡褐土发展的过渡地带，以淡褐土为主，碳酸盐褐土与淡褐土的分界线在灵石境内的韩信岭和灵石口，在一定范围内呈复域存在。淡褐土从南到北均有分布，主要分布在汾河、静升河二级阶地和洪积扇中下部，由于汾河峡谷分隔二级阶地狭小，淡褐土分布呈不连续状态。碳酸盐褐土在南墕韩信岭及王禹、段纯、夏门等乡镇的残原上有零星不明显的分布。草甸土主要分布于汾河、静升河、仁义河的一级阶地和河漫滩，由于河谷狭窄，阶地不甚完整，与淡褐土交替复域呈不连续分布。

全县共有4个土类、8个亚类、25个土属、65个土种。

山地草甸土　本县仅有山地草原草甸土亚类的石灰岩质山地草原甸土和黄土质山地草原甸土两个土属，4个土种，分布于马和乡牛角鞍一带高中山区，海拔2400米以上，面积为10797亩，占全县总面积0.6%；草木植被茂密，覆盖度达9%以上，草种繁多，气候凉爽，为理想的天然牧场。

棕壤　本县仅有山地棕壤1个亚类及黄土质棕壤1个土属，分布在马和乡牛角鞍和西许乡石膏山、五龙墼、杏圪塔一带中山区，海拔1800—2400米，面积为27102亩，占全县总面积的1.5%。棕壤区雨量充沛，气候凉爽，针阔混交林生长茂盛，为理想的用材林基地。

褐土　分布于本县从二级阶地到低中山的广大地区，几乎遍及全县，为本县最主要的土壤类型，面积为1754964亩，占全县总面积的97%；具体分布有5个亚类：

淋溶褐土　主要分布于马和乡牛角鞍、西许乡花石岩、五龙墼、石膏山、马家沟、白杨河一带，海拔1400—1800米的低中山区，面积128134亩，占全县总面积的7.08%；分石灰岩淋溶褐土、片麻岩淋溶褐土和黄土质淋溶褐土。这些地区雨量较多，气候凉爽，土壤肥力较高，适宜各种乔灌木特别是侧柏、白皮松生长，可发展为用材林基地。

山地褐土　是全县面积最大、分布最广的1个亚类，广泛分布于全县各地低山区，面积为1082587亩，占全县总面积的59.85%；分为耕种石灰岩质山地褐土、耕种砂质岩质山地褐土、耕种黄土质山地褐土等8个土属、21个土种。绝大部分是自然林或宜林地，有一部分为自然牧坡，耕地部分也属于低产田，宜退耕还林还牧或植造经济林。

淡褐土性土　广泛分布于全县各地丘陵残原、洪积扇地带，面积506433亩，占总面积的28%，海拔570—1150米地区均有分布；分为黄土质淡褐土性土、红黄土质淡褐土性土、耕种黄土质淡褐土性土（群众称为黄土或寡黄土、料姜黄土等）、耕种红黄土质淡褐土性土（群众称为二色土、料姜二色土等）、耕种沟淤淡褐土性土（群众称为沟淤土、漫地、河漫土等）、耕种埋藏黑垆土型淡褐土性土（群众称为黑垆土）6个土属、17个土种。自然植被均属旱生型、土壤肥力依次递增。注意保水保肥，可以提高产量。

淡褐土　分布于汾河、静升河、仁义河的二级阶地，城关、两渡、静升、水峪、夏门、南关等乡镇均有，面积为26643亩，占全县总面积的1.4%；分为耕种洪积黄土状淡褐土和耕种黄土状淡褐土2个土属,逐步加厚活土层,提高灌溉能力,合理耕作,科学施肥,可以稳产高产。

碳酸盐褐土 零星分布于河东南墕乡和河西交口、英武、夏门、坛镇、王禹等乡镇,海拔高度1000—1150米,面积11186亩,占全县总面积的0.62%,气候条件与淡褐土性土相似,发育比淡褐土好。

草甸土 分布于两渡、城关、静升、夏门、南关、仁义、西许、马和等乡镇的汾河、静升河、仁义河的河漫滩与一级阶地、洪积扇洼地,海拔574—950米,面积15930亩,占全县总面积0.88%;仅有浅色草甸土1个亚类,耕种浅色草甸土和堆垫型浅色草甸土2个土属(群众称为漫土、垆土),注意用地养地,不断提高土壤肥力,精耕细作,发展灌溉,可建成稳产高产农田。

灵石土壤分类表

土　类	亚　类	序号	名　称	面积／亩
			土　属	
山地草甸土	山地草甸土	1	石灰岩山地草甸土	499
		2	黄土质山地草甸土	10298
棕　壤	棕　壤	3	黄土质棕壤	27102
褐　　　　　　　　　　土	淋溶褐土	4	石灰岩淋溶褐土	33634
		5	片麻岩淋溶褐土	85125
		6	黄土质淋溶褐土	9375
	山地褐土	7	砂页岩山地褐土	650106
		8	石灰岩山地褐土	77983
		9	片麻岩山地褐土	19737
		10	黄土质山地褐土	211651
		11	红黄土质山地褐土	110944
		12	耕种石灰岩山地褐土	503
		13	耕种砂页岩山地褐土	1427
		14	耕种黄土质山地褐土	1217
	淡褐土性土	15	黄土质淡褐土性土	60381
		16	红黄土质淡褐土性土	76321
		17	耕种黄土质淡褐土性土	215482
		18	耕种红黄土质淡褐土性土	132622
		19	耕种沟淤淡褐土性土	21297
		20	耕种埋藏黑垆土型淡褐土性土	417
	碳酸盐褐土	21	黄土质碳酸盐褐土	11186
	淡褐土	22	洪积黄土状淡褐土	4542
		23	耕种黄土状淡褐土	22101
浅色草甸土	浅色草甸土	24	耕种浅色草甸土	14627
		25	堆垫型浅色草甸土	1303

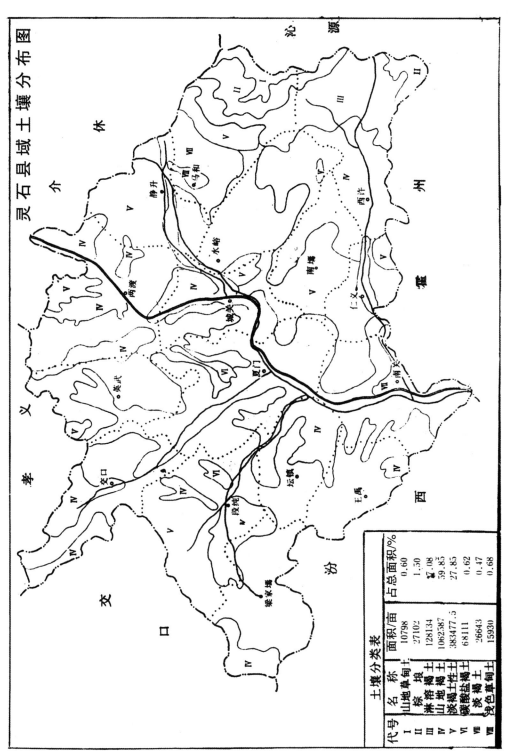

灵石县域土壤分布图

土壤分类表			
代号	名　称	面积/亩	占总面积/%
I	山地草甸土	10798	0.60
II	棕壤褐土	27102	1.50
III	淋溶褐土	128134	7.08
IV	山地褐土	1062387	59.85
V	淡褐土性褐土	383477.5	27.85
VI	碳酸盐褐土	68111	0.62
VII	潮褐土	26643	0.47
VIII	浅色草甸土	15930	0.68

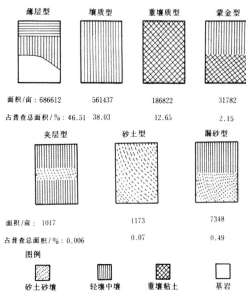

面积/亩：686612   561437   186822   31782

占普查总面积/%：46.51   38.03   12.65   2.15

面积/亩：1017   1173   7348

占普查总面积/%：0.006   0.07   0.49

图例

砂土砂壤   轻壤中壤   重壤粘土   基岩

灵石土体构型柱状示意图

第二节 植 被

本县地处山区，海拔高度差异较大，侵蚀严重，地形复杂，植物群落或种类及其地理分布比较复杂。

除太岳林区（介庙林地、石膏山林地）和中华山草地面积较为集中外，大部分林地、草地的分布是零星分散的，一般是山顶耕地，两坡撂荒，田草相间，穿插交错，片掌大小参差不齐。大部地区植被过渡不太明显，只有东部马和、西许地区高差较大，植被有较明显的垂直分布规律。

海拔2380—2500米以上主要分布有苔草、蒿草、莎草、兰花、荆豆等低矮草本植物，覆盖度约为90%—98%，形成草丘草丛。海拔1800—2400米主要分布有针叶林落叶松、云杉等乔木和六道木等灌木及针茅等草本植物，覆盖度约90%。海拔1500—1800米，乔木有油松、山柏、桦树、栎树等，灌木有山桃、狐狸刺等，草本植物有绒线菊、白茅等，覆盖度为90%左右。海拔1000—1500米，乔木有油松、侧柏、刺柏等针叶林和针阔混交林，灌木有沙棘、荆条、野棘等，草本有狗尾草、羊胡草、白草、刺儿菜等，覆盖度约80%。海拔1000米以下，沟坡多生混交林以及灌木荆条、杜梨、酸枣等，以及益母草、蒲公英、节节草等草本植物，因间有农田，覆盖度较低。

汾河以西，除富家滩林区山柏丛生外，天然森林极少，海拔一般不超过1000米，山坡多为草灌植被，生长较差，覆盖度0.1%—0.5%，主要乔木有榆、槐、椿、杨、柳等小阔叶树，灌木以荆条、山桃、酸枣等居多，沙棘较少，草本植物与东部低山地带差别不大。

灵石森林覆盖度表

单　位	总面积/亩	林地面积/亩	覆盖度/%
水峪乡	98467	12712	12.91
马和乡	39207	1529	3.9
英武乡	82874	4327	5.22
南墕乡	77775	6342	8.15
仁义乡	71243	3706	5.2
西许乡	48837	13316	27.22
王禹乡	82516	6923	8.39
坛镇乡	84688	14493	17.11
梁家墕乡	129890	2488	1.92
交口乡	92133	5324	5.78
城关镇	94823	1667	1.76
静升镇	82694	4889	5.91
两渡镇	147685	3761	2.55
夏门镇	143095	15067	10.53
南关镇	82763	7369	8.9
段纯镇	126287	4573	3.62
张家庄镇	41918	7494	17.88
富家滩镇	48392	6861	14.18
太岳林场	226835	201782	88.96
合　计	1802131	324629	18.01

第五章　自然资源

第一节　土　地

据 1984 年 7 月—1985 年 5 月灵石土地利用状况调查统计，本县总土地面积为 1802131.43 亩，折合为 1201.42 平方公里。按山西省土地详查技术规程分类，全县一级地类为 8 类，二级地类为 30 类，三级地类为 10 类，四级地类为 4 类。一级地类的构成比例是：

耕地 527022.78 亩，占总面积的 29%；

园地 8333.23 亩，占总面积的 0.5%；

林地 324620.48 亩，占总面积的 18%；

牧地8132亩，占总面积的0.5%；

独立工矿用地与城乡居民点用地65020.06亩，占总面积的3.6%；

水域20266.94亩，占总面积的1.12%；

交通用地12223.55亩，占总面积的0.68%；

未利用地844554.07亩，占总面积的46.86%。

全县耕地按质量可分为四个等级：

一等地为水浇地和沟川地，面积为121839.47亩，占耕地总面积的23.1%。这部分耕地，耕作面平整，水源丰富，土壤为耕种黄土质淡褐土和耕种浅色草甸土，耕层有机质率1.7%，肥水利用率高，集约化经营水平也高，产量也高，一般亩产在500斤以上。

二等地为原地、梯田，面积为63861.9亩，占12.1%。这部分地土壤多为耕种黄土质褐土、碳酸盐褐土和淡褐土性土，表层有机质含量1.51%，因无灌溉条件，基本为旱作，一般亩产300斤左右。

三等地为缓坡地，面积为256197.9亩，占48.6%，土壤为淡褐土性土，肥力低，养分贫乏，表层有机质0.83%—1.14%，因耕作面不平整，水土流失严重，肥水利用率较差，产量不高，一般亩产100多斤。

四等地为分布在土石山坡上土层瘠薄的缓坡地，以及陡坡地和急坡地，面积为83637.59亩，占15.9%。这部分地坡度大，土层薄，肥力极差，亩产只有几十斤，有时没有收成。

第二节　生　物

植物　本县植物资源比较丰富，经查明，木本植物有乔木、灌木两大类。木本植物资源有13科，24属，55种；果树资源有14科，23属，71种。

乔木主要有油松、杜松、白皮松、落叶松、侧柏、云杉、白桦、栎、杨、柳、槐、榆、椿、泡桐、山桃、山杏、山定子、杜梨等。

灌木主要有酸枣、沙棘、刺玫、荆条、对节木、山葡萄、六道木等。

草本植物主要有野菊、野艾、野苣、野韭、野蓖麻、野大豆、野棉花、野青茅、苔草、蒿草、沙草、针草、蒲草、白草、狼尾草、羊胡草、苜蓿、白茅、兰花等。

经济林木主要有梨、桃、杏、李、枣、柿、桑、苹果、沙果、槟果、核桃、葡萄、山楂、花椒、文冠果等。

药材主要有党参、黄芪、黄芩、黄连、升麻、猪苓、连翘、元胡、苍术、贝母、柴胡、苦参、远志、龙骨、柏子、茜草、甘草、槐米、荆芥、茵陈、地丁、苍耳、枸杞、薄荷、五灵脂、五味子、山桃仁、益母草、蒲公英、山豆根、车前子、仙鹤草、白头翁等。

动物　县境主要野生动物有：

兽类主要有狐、狼、虎、豹、鹿、麝、野兔、山猪、山羊、青羊、山猫、黄猺、狗獾、猪獾、松鼠、花鼠、田鼠、家鼠、鼯鼠、黄鼠狼、中华鼢鼠、捞鱼鹳、蝙蝠等。

鸟类有老鹰、猫头鹰、乌鸦、黄莺、鸽子、燕子、喜鹊、斑鸠、鸿雁、白鹭、麻雀、雉鸡、石鸡、画眉鸟、啄木鸟、百灵鸟、布谷鸟等。

虫类有蜈蚣、蛐蜒、蚯蚓、螳螂、蟋蟀、蚂蚁、蜘蛛、蜻蜓、蝴蝶、蜗牛、蝎子、马蜂等。

另有两栖动物青蛙、爬行动物蛇等。

其中，珍贵动物有国家一类保护动物麝、捞鱼鹳；二类保护动物有金钱豹；三类保护动物青羊。

第三节　矿　藏

本县境内煤炭、石膏、石灰岩最为丰富，铝土矿、耐火黏土矿、石英砂岩等次之，此外还有铜、钼、萤石、长石、铌钽、铈族稀土、磷矿等矿化线索或矿化点。铁矿、锰矿等也不少。本县已查明的矿产达32种，不仅种类多，而且储量多、品位高，有得天独厚的地质条件，素称"矿藏之乡"。本县已经查明的矿藏资源分类简述如下：

一、燃料矿产

煤炭　灵石县属霍西煤田，煤层主要赋存于太原群和山西组地层中，并以太原群地层中的煤为主，含可采煤3—4层，最多达6层，一般可采煤层总厚3.3—5.5米，最厚9.1米，埋藏较浅，以焦煤为主，瘦煤和肥煤次之，还有少量的贫煤和风化煤，总计储量约91亿吨。煤炭资源遍及全县，主要储量集中在汾河谷地、河西山区和草桥沟等矿区。各井田水文、地质条件不算复杂，地质构造简单，瓦斯含量也不高，属易采煤田。

二、金属矿产

赤铁矿和锰铁矿　出现在本溪组地层底部，属山西式铁矿的赤铁矿，主要分布在南关镇的毛家岭，富家滩镇；坛镇乡的东堡、西堡、堡子塔、杨家山等地，段纯镇的段纯、深井、南坪头、云义等地；夏门镇的迣道洼、长珍、梁家圪塔、紫金台、黄毛庄等地；两渡镇的景家沟以及城关镇和张家庄镇均有。矿石为红色、粉红色或褐色,平均厚度1—3米,品位平均30—40%,最高达60%以上。比重5.5—6.5,估计储量1400万吨。锰铁矿属于屯留式铁矿,主要分布在两渡镇之景家沟、河溪沟及静升镇之南浦村等地,平均厚度0.75米,品位19%—35%,呈条带状或肾状,由锰铁矿和磁铁矿、赤铁矿及黏土组成,估计储量为50万—60万吨。两种矿石均易于开采,适合冶炼,适宜群采。

硫矿　有黄铁矿和硫铁矿两种:黄铁矿用于提炼硫黄,群众称为硫黄矿,主要分布在梁家墕乡的田家山、阳坡、野场上、茹泊、上下东掌、南泊、马江、角角墕、温家岭等地,段纯镇的水泉塔、深井、田家洼、张志沟等地,王禹乡的秋泉、石泉沟、红花掌、南庄等地;坛镇乡的杨家山、东堡、西堡、堂端、栾翠、塔上一带,夏门镇的峪口、庄立、西坡、堡上,交口乡的小王庄,仁义乡的王家沟,城关镇的沙峪沟、石村沟等地。矿石呈淡黄色,伴有自然硫黄,矿层厚度平均1.5—1.8米,比重4.9—5.2,全县储量约1200万吨。

硫铁矿为煤炭中的副产品,群众称为铜炭,本县大部分煤矿均有出产,可以加工提炼成硫黄粉和硫黄块。

铝土矿　包括硬质黏土、高铝黏土和耐火黏土,出现在同一矿层中。矿体形成在石炭系中本溪组下部铁铝岩地层中,矿体是层状,长达2000余米,宽1000余米,矿层厚2米左右。矿石以一水型铝土矿为主。矿石中除由于化学组合含量不同可区分成为铝土矿、高铝黏土和耐火黏土外,还有镓和锗,均可综合开发,综合利用。其主要分布在坛镇乡杨家山、南关镇三教、南关、夏门镇黄毛庄等地,现探明杨家山矿区储量1319.1万吨,南关矿区储量747万吨。

此外,灵石还发现有铜矿(马和乡柏沟和尽林头、西许乡石膏山等地)、钼矿(水峪乡霍口和马和乡前进沟)、钛、钒、钨镍(西许乡石膏山)、辰砂(朱砂),以及稀有金属铌(西许乡前二沟东南)和稀土(西许乡峪口村乱石沟和马和乡前进沟)等。

三、非金属矿产

石膏　石膏矿层主要赋存在奥陶系中统马家沟组地层中,分上、下两个石膏带,下石膏带较差,主要开采上石膏带,由7—8个单层组成,总厚15米左右。矿石品质较佳,为Ⅰ、Ⅱ级,含纯石膏90%—98%。现已探明周宿矿区储量4923.7万吨,河洲矿区储量7705.6万吨,闫家坟矿区储量971.9万吨,均为大型矿床。

石灰岩　可利用的矿在寒武系地层及奥陶系地层中均有,以后者为主,可作水泥石灰岩,也可作电石灰岩,更为可贵的是,还有一部分黑色石灰岩,可制成黑色大理石墨玉,还有些白云岩同石灰岩层共生,都是珍贵的矿藏。据夏门一带探明，电石石灰岩，控制矿体长 2000 米，宽 148 米，单层厚 3—6.5 米，矿石质量较好，适于露天开采，是一处比较理想的储量大于 1000 万吨的大型矿床。

石英砂　产于马和乡尽林头一带长城系地层中，控制矿体长 1500 米，厚 2—11 米，质量很高。

磷矿（磷灰石）　据 1976 年 7 月山西省地质队普查，交口乡温家沟、英武乡彭家原、城关镇延安村、张家庄镇的冷水泉都有磷矿，为沉积型，厚度平均 0.4 米，含磷量 1.8%—11.6%。

此外，本县境内还发现有云母（马和乡张嵩村、西许乡石膏山）、蛭石（西许乡峪口村）、长石（马和乡前进沟、尽林头村兔道崖、猪头山，西许乡二沟和峪口村白石沟）、水晶石（县城西山岩、静升西小河）、冰洲石（西许乡银洞沟）、耐火材料土（坛镇乡杨家山最富）。

灵石矿藏资源统计表

矿种	矿区	矿石品位	储量／万吨				说　明
			A+B	A+B+C	D	A+B+C+D	
石　膏	周　宿	$C_2SO_4 \cdot 2HO$ 85%		1604.9	3318.8	4923.7	设计能力 10 万吨／年
石　膏	闫家坟	$C_2SO_4 \cdot 2HO$ 80.4%—87%	149	586.6	383.3	971.9	设计能力 10 万吨／年
铝土矿	杨家山	Ai_2O_3　62.15% SiO_2　14.17% 铝硅比　4.33		296.4	1022.7	1319.1	尚未利用
铝土矿	南　关	Ai_2O_3　65.02% SiO_2　13.47% 铝硅比　4.82			747	747	尚未利用
电　石 （维尼纶） 石灰岩	夏　门	C_2O 54.81%	280	1100		1100	尚未利用
耐火黏土	杨家山	$Ai_2O_3+TiO_2$ 51.68% Fe_2O_3　1.96%		134.2	739.2	873.4	尚未利用
高铝黏土	杨家山	$Al_2O_3+TiO_2$ 51.68% Fe_2O_3　1.96%		107.9	498.9	606.8	尚未利用
水泥黏土	堡只塘	SiO_2　58.79%—63.57% Ai_2O_3　12.23%—14.81%	269	759		759	推荐近期 利　　用
山西式铁矿	梁家圪塔	TFe　35% S　0.06% P　0.06%			43.6	43.6	冷泉铁厂 利　　用
玻璃石	尽林头	SiO_2　97.21% Fe_1O_3　0.02%			302	302	尚未利用

第六章 自然灾害

第一节 干旱热风

干旱 干旱是本县最主要的灾害，且比较频繁，故当地有"十年九旱""年年防旱"等谚语。其按干旱程度可分为特大干旱、重干旱、轻干旱三类，按照对农作物生长季节的影响分为春旱、夏旱、伏旱、秋旱。

根据县气象站 1964—1985 年 22 年的考察记录记载：年降水量小于 400 毫米的重干旱年有 1965、1972、197 年；年降水量小于 500 毫米的轻干旱年有 1968、1970、1976、1979、1980、1982 年。22 年中，本县共发生干旱 40 次，重旱 15 次，轻旱 25 次。四个旱期中春旱出现的次数最多，为 16 次，其中，1971 年 3 月 10 日—5 月 30 日总降水量仅 24.1 毫米，1972 年总降水量仅 329.9 毫米，1981 年 4 月—5 月总降水量仅 26.3 毫米，严重影响了小麦的后期生长和春作物播种，夏秋粮食严重减产。伏旱在本县也出现得较多，22 年出现 11 次，其中，1972 年 7 月中旬—8 月上旬，一个月降水仅 17.8 毫米，这些年的"卡脖子旱"使秋苗枯死，严重减产。

1964—1985 年灵石干旱季节表

年份	春旱	夏旱	伏旱	秋旱	年份	春旱	夏旱	伏旱	秋旱
1964		△			1975	△		△	
1965	△		△	○	1976	△	△		
1966	△				1977	△		△	△
1967	△				1978	○	△		
1968		○	○		1979			△	△
1969			○		1980				
1970			○	○	1981	○			
1971	○				1982	△	△	△	△
1972	○	○	○	○	1983		△	△	
1973	△				1984	△			
1974	△		△		1985	○			

注：△表示轻旱，○表示重旱。

干热风 风灾在本县危害较大的是干热风，群众称为旱风或火风。

初夏小麦进入灌浆乳熟期，此时气温高（日最高温度30摄氏度）、湿度小（最小相对湿度≤30%）、风速较大（平均风速3米/秒），使小麦供需水分失调，生理机能发生障碍，植株由下往上枯干，形成籽粒干秕。

干热风伴随着干旱，经常出现在5月下旬或6月中旬，往往3—5年出现一次。

第二节 雨涝冰雹

雨涝 受季风影响，本县降水多集中于夏秋两季，所谓"小暑大暑，灌死老鼠"，因而常常发生日降水量大于25毫米的大雨和大于50毫米的暴雨，其降水时间短，来势猛，雨急量大，冲毁田地，冲塌房屋，山洪暴发，河水泛滥，造成重大灾害。

据1974—1985年资料统计，本县降大雨55次，暴雨10次。

1974—1985年灵石大雨、暴雨次数统计表

月 份	大雨次数/次	暴雨次数/次
5月	1	1
6月	7	2
7月	22	4
8月	13	1
9月	10	2
10月	2	0

由此可见7、8月雨涝出现最多，危害最大。1981年8月15日，一天降雨量达115.4毫米，是一次大的暴雨。再有，1978年7月13日，一天降雨76.5毫米。

除了大雨、暴雨之外，危害较大的还有连阴雨。春播、麦收、秋收等农事关键时期，连续阴雨达4天或4天以上，春降水15毫米以上，夏秋降水25毫米以上，造成低温、倒春寒或烂麦、烂秋现象。

据1968—1985年气象资料记录，本地出现连阴雨23次，每年平均1.4次，无连阴雨的仅1974年一年，其中，春连阴7次，平均近2年一次，由于连阴雨常形成低温，有时种子不能发芽出土而霉烂，严重影响春播。夏连阴6次，近乎 3 年出现一次，由于连阴雨小麦不能及时收打，堆在场里发芽甚至霉烂，有的小麦在地里就生了芽。1971 年 6 月 22 日—29 日连阴雨 8 天，降水量 39.5 毫米；1979 年 6 月 28 日—7 月 9 日连阴雨 12 天，都造成小麦烂场，尤其 1979 年这次，全县小麦大部分生芽霉烂，损失较大，当年本县种子还需外调。秋连阴 12 次，平均一年半出现一次，如 1968 年 10 月 5 日—12 日连阴雨 8 天，降水量 111.7 毫米；1969 年 9 月 23 日—29 日连阴雨 7 天，降水量 111.4 毫米；1973 年 10 月 1 日—10 月 6 日连阴雨 6 天，降水量 82 毫米；1975 年 9 月 8 日—16 日连阴雨 9 天，降水量达 76 毫米；1985 年 9 月 8 日—16 日连阴雨 9 天，降水量达 174.5 毫米。这些都造成小麦不同程度的烂场，秋粮生芽霉烂，也影响小麦的适时播种。

冰雹　本县地处山区，地形复杂，冰雹经袭的路线也多，主要从县北或西北入境。根据多年受灾地区观察，经常出现雹袭的路线有两条：第一条从交口经段纯到梁家墕或交口经夏门、坛镇到王禹一带；第二条从英武、两渡经城关、水峪、静升、马和到东山底，有时经城关、水峪折向南墕到仁义、西许一带。"雹打一条线"，冰雹在本县有时形成一片，如梁家墕、段纯一带和静升、马和一带。

据 1974—1983 年资料统计，本县出现冰雹 12 次，平均每年一次，最早出现在 4 月底，最晚出现在 9 月底，以 6、7、8 三个月为多，其中尤以 6 月出现最多。

第三节　霜　　冻

本县受季风影响，秋末或初春气候不稳定，往往由于冷空气入侵，气温急剧下降，地面最低温度一下子降到 0 摄氏度以下，对农作物造成严重损害。初霜冻日平均出现在 10 月 7 日左右，最早 9 月 18 日，最晚 10 月 26 日，终霜冻平均出现在 5 月 3 日左右，最早 4 月 2 日，最晚 5 月 17 日。秋季初霜冻危害一般不严重，而四五月份晚霜冻危害甚大，4 月下旬到 5 月上旬气温本已回暖，小麦拔节、果树开花、蔬菜秧苗，有的已移栽，作物幼苗发芽出土，如遇寒潮或急剧降温，往往造成重大损害。例如，1953 年春季严重倒春寒、晚霜冻，冻死麦苗很多，全县受灾小麦 15358 亩，减产二成至七成，总减产约 55.64 万斤。受灾较重的有一区的靳村、西山头；二区的良子墕、西许村；三区的张嵩、马和；五区的野场、阳坡、后寨沟；六区的东西铺头、赵家庄等地。

第四节 虫 灾

据大宋咸平五年（1002）立《重修公主圣母庙碑记》载：大唐天成二年（927）（按：后唐李嗣源年号）七月初秋，雨露调匀，稼穑滋茂，当于尖阳山上石洞崖中起黑雾蒙蒙，蝗虫队队，莫不家家忧惧、户户生愁，恐见荒年，怕逢饥馑。

据金大安二年（1210）二月十五日立《重修公主圣母庙碑记》载："至泰和戊辰之夏，风雨不愆，黍禾方茂，岂意飞蝗腾至东海，遽至邻邦，冠盖相望，文檄沓来，人民怵憟可胜言耶。县僚率父老奉牲宰诣神祠而祷焉。居无几，村人赴县庭曰：蝗至县东境……如是作三日方霁，蝗遂北飞……"

明嘉靖十九年（1540）六月，蝗蝻遮天，残食禾稼殆尽。

民国 34 年（1945）七月，雨水均匀，庄稼长势喜人。不意蝗虫由北而南飞来，遮天盖地，所过之地庄稼即被吃光。群众起而扑打，烟熏坑埋，几昼夜苦战，始被扑灭。本年秋田减产五成左右，玉米、谷子尤甚。

第五节 地 震

从本县地质构造来看，霍山大断层从县境东部马和、西许等地经过。汾河谷地两渡—南关处于霍山隆起和霍西凹陷之间的断裂带，属于 7 级以上裂度区，多发生强烈地震。

据文献记载，元大德七年（1303），"仲秋上旬元旦，忽经地震，摇撼倒塌基地损坏……"（葫芦头村《重修广禅侯神庙碑记》）

"大德癸卯，厚坤失载，殿宇倾颓，鞠为茂草……"（张嵩村介庙《重修洁惠侯庙碑记》）时间同前，查为洪洞赵城八级地震波及。

"清康熙三十四年（1695），自康熙九年（1670）再造之后，今六十年……兼经地震，垣庙塌圮更甚。"（田家山村《重修圣寿寺庙宇碑记》）查为临汾八级地震波及。

1966 年 3 月 8 日地震，本县山摇地动，人有呕吐之感，但未造成重大损失，据报为河北省邢台一带 6.8 级地震波及。

1976 年 7 月 28 日，本县地震有感，但未造成重大损失。后得知为河北省唐山一带 7.8 级地震波及。

1979 年 6 月 19 日地震，静升、两渡一带损失严重，据有关部门测定发生地为六度区，经统计，全县伤 2 人，死毛驴 2 头，房屋破坏 310 间，其中全倒塌的 15 户、33 间。后得知为介休县 5.2 级地震波及。

1980 年 3 月 9 日凌晨，本县有感地震，但未造成大的损失，后得知为平遥县杜家庄一带 5.0 级地震波及。

第 三 编

经济管理

第三编　经济管理

在私有制社会里，经济管理是以个体经营管理为主。1948 年，灵石解放后，随着集体、国营经济的出现和发展，我国打破了千百年来的经济管理模式，逐步形成以国营、集体经济为主，以私有经济为辅的经济管理格局。

1949—1957 年，全县贯彻社会主义过渡时期总路线，进行"一化三改"和第一个五年建设计划，至 1956 年，基本完成了对生产资料私有制的社会主义改造，国民经济得到恢复和发展。1957 年，全县工农业总产值达到 2426 万元，比 1949 年的 1121 万元增长 1.16 倍，平均每年递增 14.5%。其中，工业生产总值达到 589 万元，占工农业总产值的 24.3%，比 1949 年的 219 万元增长 1.68 倍，平均每年递增 21%。工业企业除采掘、建材等传统行业外，新增电力、冶金、机械、化工等行业。农业产值达到 1837 万元，占工农业总产值的 75.7%，比 1949 年的 902 万元增长 103%，平均每年递增 12.9%，粮食产量达到 6028 万斤，比 1949 年的 3060 万斤增长 96%。社会商品零售总额 1579 万元，比 1949 年的 278 万元增长 4.7 倍，财政收入 339 万元，比 1949 年的 31.6 万元增长 10 倍。

1958—1965 年，全县受"左"倾思想影响，片面追求高速度，搞"一大二公"，忽视按客观规律办事，加之严重的自然灾害等因素，工农业生产值下降。1963 年，全县贯彻中央"调整、巩固、充实、提高"的八字方针，使国民经济得到恢复。1965 年，全县工农业总产值 2529 万元，比 1962 年的 1787 万元增长 41.5%，其中，工业产值 577 万元，占工农业总产值的 22.8%，比 1962 年的 537 万元增长 7.5%；农业产值 1952 万元，占工农业总产值的 77.2%，比 1962 年的 1250 万元增长 56.2%；社会商品零售总额 1642 万元，比 1962 年的 1298 万元增长 26.5%；财政收入 239 万元，比 1962 年的 332.8 万元下降 28.1%。

1966—1976 年，受"文化大革命"的影响和"四人帮"的破坏，灵石国民经济陷入停滞不前的状态，1966—1969 年全县工业总产值徘徊在 2500 万元左右。1975 年，全县工农业生产有所好转。次年，工农业总产值为 4832 万元，比 1966 年的 2206 万元增长 1.2 倍，工业产值完成 2418 万元，占工农业总产值的 51%，比 1966 年的 647 万元增长 2.73 倍；农业总产值完成 2414 万元，占工农业总产值的 49%，比 1966 年的 1559 万元增长 54.8%；粮食产量达到 10111 万斤，比 1966 年的 7753 万斤增长 30.4%，社会商品零售总额 3104 万元，比

1966年的1723万元增长80.1%；财政收入325万元，比1966年的225.8万元增长43.9%。

1977—1985年，全县以贯彻中共十一届三中全会精神为主，实行改革开放，发展商品经济，调动人民群众的积极性，使工农业生产得到稳步发展。1985年，全县工农业总产值达到14527万元，比1977年的6413万元增长1.26倍，平均每年递增15.8%，其中工业产值猛增到10842万元，占工农业总产值的74.6%，比1977年的3222万元增长2.36倍，平均每年递增29.5%，形成以能源为基础，建材、冶金、化工、运输为骨干的五大工业群体，尤其是乡镇企业的发展给工业增添了新的活力；农业产值达到3685万元，占工农业总产值的25.4%，比1977年的3191万元增长15.5%；1985年，全县社会商品零售总额7842万元，比1977年的3224万元增长1.4倍；财政收入1599万元，比1977年的562万元增长1.84倍。城乡市场繁荣，商品丰富，人民生活明显改善，县首批跨入全国61个重点产煤县之列，成为晋中地区最大的能源重化工基地县之一。

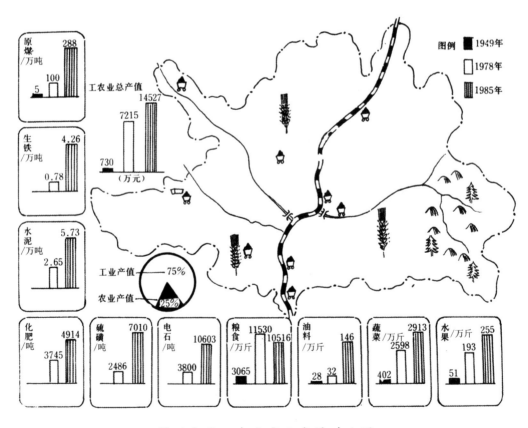

灵石主要工农业产品发展对比图

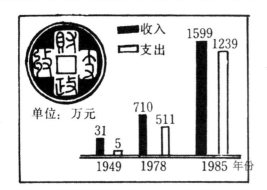

单位：万元

单位：万斤

项目	1978年	1985年
征购	3915	1228
销售	2932	5042
调入	1051	3188
调出	467	1034

机电状况

项目	1978年	1985年
汽车/辆	227	1221
拖拉机/台	404	1080
用电量/万度	3647	9540

图例

■ 1949
□ 1978
▤ 1985

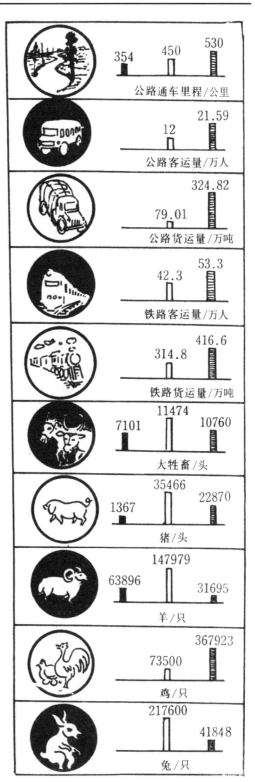

公路通车里程/公里　354　450　530

公路客运量/万人　12　21.59

公路货运量/万吨　79.01　324.82

铁路客运量/万人　42.3　53.3

铁路货运量/万吨　314.8　416.6

大牲畜/头　7101　11474　10760

猪/头　1367　35466　22870

羊/只　63896　147979　31695

鸡/只　73500　367923

兔/只　217600　41848

灵石经济发展状况图

第一章　计划管理

1949 年，灵石始设计划管理机构，专管计划经济的综合平衡，编制短期和长期发展计划，并监督检查计划的实施。1978 年前，编制计划以上级下达各项指令性指标为主，缺少地方性指标。1978 年以后，增加市场调节，实行指令性与市场调节相结合的计划体系。

第一节　年度计划

每年年初各机关、厂矿、学校、企事业单位和各村都要根据上年工作实绩和国家任务要求编制本年度工作、生产计划，经县计划委员会综合平衡协调后向全县各单位下达各种年度计划指标，遵照执行。年度计划主要有工业生产、农业生产、商品流通、物资分配、基本建设、增产节约、劳动工资、文教卫生、人口发展计划等。1958 年以前，编制年度计划基本切合实际，全县计划执行情况良好。1958 年"大跃进"时期，制定计划追求高速度、高指标，急于求成，使部分计划未能付诸实施，有的仅能完成 50% 左右。1978 年以后，上级每年下达指导性、建议性计划，各单位根据实际情况，因地制宜编制切实可行的年度计划。

1962 年灵石工业产值产品计划表

项目	单位	计划数	实际完成数	项目	单位	计划数	实际完成数
工业总产值	万元	218	362.63	菜　刀	万件	0.10	0.20
全民工业产值	万元	40	57.44	竹木农具	万件	1.50	0.47
手工业产值	万元	178	305.19	耙	万件	0.40	0.23
主要产品产量				车　棚	辆	20	22
石　　料	立方米	36000	36196	木　桶	万付	0.08	0.11
青　　砖	万块	81.61	96.04	车马挽具	万件	2	0.68
瓦	万块	19.57	23.19	陶　瓷	万件	24	37.07
石　　灰	吨	1115	6979	碗	万件	23	27.25
锹	万件	0.45	0.47	砂　锅	万件	1.2	1.65
镢	万件	1.40	0.77	布　鞋	万双	2	2.44
锄	万件	0.60	0.44	工业性修理	万元	5	5.57
镰	万件	0.70	0.74	房屋建筑	万元	13.9	10.44
铧	万件	0.75	0.80	原　煤	吨	40000	14676
铁　桶	万件	1.50	1.15	硫　黄	吨	500	511

1975年灵石工业产品计划表

项目	计算单位	计 划 数	实际完成数
生 铁	吨	5500	6729
铁矿石	吨	20000	16945
铸铁管	吨	1200	2268
焦 炭	吨	95000	128888
原 煤	吨	237000	715824
硫黄块	吨	1500	2021
合成氨	吨	1900	1302
电 石	吨	1500	1463
石 膏	吨	7000	28761
棉 布	米	80000	80314
麻 袋	条	200000	102930
铁制小农具	件	70000	35791
车马挽具	件	5000	1243
铁 锅	口	1000	500
日用铁皮制品	吨	60	43.99
腐殖酸肥料	吨	1000	78292
筑埂机	台	220	250
碾米机	台	500	474
日用陶瓷	万件	200	126.65
青 砖	万块	1000	1305
平 瓦	万片	50	40
山地犁	部	3500	1428
布 鞋	万双	14	18.66
农用麻绳	吨	30	8.99

1984年灵石主要工业产品生产计划表

项目	单位	1983年实绩	1984年	
			计 划 数	实际完成数
原 煤	万吨	142.56	126	193.70
焦 炭	万吨	4.00	15	6.20
石 膏	万吨	12.11	15	25.24
硫黄块	吨	5443	10000	6860
硫铁矿	万吨	10.07	15	16.06
水 泥	吨	38248	15000	45996
青 砖	万块	2834	2500	3208.2
合成氨	吨	5260	5000	6239
碳 铵	吨	20868	20000	24795
生 铁	吨	4067	8000	19753
电 石	吨	4940	10000	7210
铸铁管	吨	1206	2000	1469
棉 布	万米	8.4	10	3.33

1983—1984 年灵石财贸系统主要指标计划表

项目		单位	1983 年实绩		1984 年	
			计划数	实际完成数	计划数	实际完成数
纯购进	商业系统	万元	789	773.8	710	693.70
	供销系统	万元	400	563.1	590	563.53
	外贸系统	万元	122	138.2	130	69.35
	粮食系统	万元	306	289	306	461.70
纯销售	商业系统	万元	2878	2860	2780	2095.80
	供销系统	万元	1590	1705	1770	1705.33
	粮食系统	万元	476	459	476	791.80
收购品种	粮　食	万斤	1800	1800	1800	2419
	生　猪	头	3500	3276	4000	7567
	羊	只	6000	14506	10000	24576
	鸡　蛋	万斤	36	32	35	42.07

第二节　五年计划

　　1953 年，县按照统筹兼顾全面发展的原则，以增产粮食为中心，适当发展经济作物等农副产品，扩大手工业加工，使国营经济逐步得到较大的发展，占领城乡商业阵地，编制出灵石发展国民经济第一个五年计划。列入计划的有：农作物生产计划、畜牧业发展计划、农业生产组织发展计划、县国营农场计划、生产资料供应计划、优良品种推广计划、桑蚕发展计划、林业发展计划、兴修水利和灌溉面积计划、水土保持事业计划、工业总产值计划、工业产品产量计划、社会商品零售计划、文化教育和医药卫生计划以及耕地合理利用计划等。

　　1958—1961 年，灵石县并入介休县后，县境各行政机构执行统一的县第二个五年计划方案，因计划比例失调，经济管理不善，原定五年计划未能实现。

　　1961 年，灵石贯彻中央提出的"调整、巩固、充实、提高"的方针，通过三年的调整，使国民经济得到了发展。

　　1965 年，县编制了第三个五年计划（1966—1970），列入计划的有：旱涝保收稳产高产田建设计划、农作物生产计划、畜牧业发展计划、林业发展计划、水土保持规划、人口规划、收益分配计划、土特产品计划、水利建设规划及农业机械规划等。但后来 10 年内，农业、工业生产管理混乱，计划未能实施完成。

　　1978 年以后，全县计划工作贯彻中共中央"调整、改革、整顿、提高"的八字方针，实事求是编制灵石国民经济"六五"计划，并以计划经济为主，市场调节为辅，发挥生产经营者的积极性，逐步使工农业产值上升，市场活跃。

由于计划指导思想明确，切合实际，"六五"计划期间除个别项目外，各项经济指标均完成或超额完成，全县国民经济能够持续、稳定、协调地向前发展。

1953—1957年灵石主要农作物生产计划表

单位：亩、万斤、斤

项目		1953年		1954年		1955年		1956年		1957年	
		计划数	实际完成数	计划数	实际完成数	计划数	实际完成数	计划数	实际完成数	计划数	实际完成数
粮食	播种面积	600160	568947	610200	576488	595820	570898	586770	601919	580000	57676
	总产	9339.48	7993.71	8606.59	8284.13	9483.50	7906.94	9232.29	9398.97	9279.16	6684.66
	亩产	155.6	140.5	141	143.7	159.2	138.5	157.3	156.15	159.9	115.9
棉花	播种面积	7470	7357	7500	7483	8000	4912	8000	3577	10000	1280
	总产	36.55	28.78	17.25	16.56	24.70	10.66	2.80	5.83	37.00	3.75
	亩产	49	39.12	23	22.13	30.87	21.7	35	16.3	37	29.3
油料	播种面积	5960	5736	10000	9780	11860	8196	12000	10828	12000	9532
	总产	31.18	54.55	20.7	47.53	29.39	41.80	126.00	47.75	138.00	41.94
	亩产	52.3	95.1	20.7	48.6	24.8	51	105	44.10	115	44

1981—1985年灵石主要农作物生产计划表

单位：万亩、万斤、斤

品种		1981年	1982年		1983年		1984年		1985年	
		实际完成数	计划数	实际完成数	计划数	实际完成数	计划数	实际完成数	计划数	实际完成数
粮食作物	播种面积	38.46	36.60	37.18	39.5	37.62	37.5	37.90	38.5	35.92
	总产	7527	8235	8226	11500	11290	12500	13265	13600	10576
	亩产	216	225	218	338	300	368	350	400	292
	小麦总产	1269	2730	2741	2800	4017	3200	4579	3500	3674
	大豆总产	86.1	138	134.63	150	166.72	180	123.61	200	135.6
	谷子总产	850.06	1400	1178	1600	1438	1700	1594	2000	1385
	高粱总产	334.27	500	281.41	700	641.07	750	853.46	8000	859.6
油料	播种面积	0.78	0.59	0.61	1.00	0.51	1.2	0.67	1.3	1.52
	总产	46.79	42.88	40.62	75	44.75	100	66.89	120	146.8
	亩产	60	73	66	75	88	83	99	92	96

1953—1957年灵石牲畜发展计划表

单位：头、只

项别	1953年		1954年		1955年		1956年		1957年	
	计划数	实际完成数	计划数	实际完成数	计划数	实际完成数	计划数	实际完成数	计划数	实际完成数
牛	8246	8388	9648	9626	10036	9951	10107	9753	10121	9260
马	223	211	287	290	264	308	272	603	283	500
驴	3473	3617	3567	3606	3701	3991	3830	3742	3986	3693
骡	676	681	860	884	886	1076	926	1575	981	1523
绵羊	44621	42058	49446	50716	55174	40550	62347	37911	69215	37389
山羊	51234	47672	74658	74533	83054	77341	86376	84412	89485	85056
猪	4339	3584	5849	5638	7456	6506	8726	4395	9439	14233

1953—1957年灵石社会商品零售计划表

单位：万元

项目	1953 年	1954 年	1955 年	1956 年	1957 年
计 划 数	563.78	922.27	898.40	902.29	1047.50
实际完成数	607.74	895.11	990.14	1141.59	1157.87

第三节　十年规划

1957 年 12 月，县根据《1956—1967 年全国农业发展纲要（修正草案）》和《山西省十二年农业发展规划（修正草案）》精神，编制了 1958—1967 年农业生产 10 年发展规划，内容包括主要农作物规划、优良品种推广规划、水利灌溉规划、牲畜发展规划、林业生产规划、水土保持规划、果树生产规划、农业人口平均主要产品及收入规划、主要生产资料推广供应规划等。但因计划指标高，除个别指标外，大都未能实现。例如：粮食总产量计划指标：1958 年 11044.80 万斤，1962 年 13959.71 万斤，1967 年 20416.39 万斤，实际产量为：1958 年 9323.96 万斤，1962 年 5882.51 万斤，1967 年 9381.65 万斤；棉花总产量计划指标：1958 年 7.50 万斤，1962 年 15.78 万斤，1967 年为 21.06 万斤，实际产量为：1958 年 11.44 万斤，1962 年 1.26 万斤，1967 年为 5.76 万斤；油料总产量计划指标：1958 年 96 万斤，1962 年 153.03 万斤，1967 年 358.82 万斤，实际产量为：1958 年 76.84 万斤，1962 年 13.67 万斤，1967 年 35.91 万斤。

1977 年 10 月，县编制了 1977—1985 年基本建设项目初步规划，计划 9 年内投资 7576.2 万元，完成扩建项目 40 个，新建项目 42 个，改造项目 6 个。实际上，1977—1985 年，全县基本建设投资 5220.5 万元，只完成规划的部分项目。1979 年，灵石编制了 1979—1985 年全县国民经济计划，此期间，由于政策逐步完善，计划指标客观，实施完成情况较好。

第二章　土地管理

第一节　土地普查

1984—1985 年，县组织人员对全县土地资源进行普查。全县土地面积 180.21 万亩，折合 1201.42 平方公里，其中，耕地 52.70 万亩，占 29%；林地 32.46 万亩，占 18%；牧地 8132 亩，占 0.5%；独立工矿用地与城乡居民点用地 65020 亩，占 3.6%；水域占地 20266 亩，占 1.12%；交通用地 12223 亩，占 0.68%；未利用地 84.45 万亩，占 46.8%。

全县农用占地面积为 67.15 万亩，减去掺杂于耕地中每块不足 1 亩的其他地类和大于或等于 2 米宽以上的道路和田坎，净耕地面积（包括小于 2 米宽的道路和田坎）为 52.70 万亩，比县统计部门沿用的 38.39 万亩增加了 14.31 万亩。耕地面积扩大的原因是县统计部门沿用 1950 年的数字，不包括 2 米宽的道路、田坎和合作化以来开垦、恢复、新造的耕地。

耕地中水地 20566 亩，占耕地总面积的 3.9%；旱地 50.63 万亩，占 96.1%；一等地（水地、川地）12.18 万亩，占耕地面积的 23.1%；二等地（垣地、梯田）63861.9 亩，占耕地面积的 12.1%；三等地（缓坡地）25.6 万亩，占耕地面积的 48.6%；四等地（陡坡地、急坡地）83637 亩，占耕地面积的 15.9%。

第二节　土地征用

1953 年以前，全县土地属私人所有，国家建设用地向私人购买，农村建设用地由农民利用各自房地产为主或向他人购买，无须审批。

1953 年起，全县严格贯彻执行中央政务院《关于国家建设征用土地办法》，征用土地管理由县民政部门负责。根据国家建设需要，征用土地时尽量利用荒地、空地，不征或少征耕地，确要征用耕地时，须妥善安置被征用者的生产和生活，以保护人民的切身利益。凡征用土地者，根据节约用地原则，提出征用土地计划书，报请上级领导机关批准公布征用。全国性建设事业用地，报国家计划委员会核实，政务院批准；地方性建设事业用地 5000 亩以上或迁移居民 300 户以上者报大行政区委员会批准；用地在 1000 亩以上而不足 5000 亩者或迁移居民在 50 户以上而不足 300 户者，报省人民政府批准；用地不足 1000 亩或迁移居民不足 50 户者，报县人民政府批准。征用土地补偿费，由当地人民政府会同用地单位、农民协会及土地原所有人（或原使用人）或其所选代表评议协商确定。一般土地以其最近 3—5 年产量之总值为标准，特殊土地酌情处理。对被征用土地上的房屋、水井、树木等附着物及所种农作物，按现状给予合理补偿。

1954 年，国家大区行政机构撤销合并后，全县地方性建设事业用地由省人民政府审核批准并报中央人民政府内务部备案。

1970 年，全县贯彻执行山西省《关于当前国家建设征用土地工作情况及注意的几个问题的通知》，严格控制基本建设占地面积和建筑密度，城镇不得随意占用耕地或扩大新建街道，凡占用耕地，一律报山西省人民革命委员会批准。基建工程用地以占荒地、占劣地、少占地、不拆房、不迁民为主。征而未用或少用多征的土地须立即退还生产队，未经批准而非法占用的耕地，根据实际需用，补办审批手续，否则一律停止使用。

1971 年，全县贯彻执行山西省《关于严加控制建设征用耕地的通知》，1973 年贯彻执行山西省《关于我省国家建设征用土地的情况和意见》精神，国家及县社机关企事业等用地单位，凡征地 10 亩以上报省审批，征地 10 亩以下报地区审批，征用水地或征地虽为 10 亩以下但在人均 5 分土地以下地区须报省审批，凡涉及迁民问题，一律报省审批。

1982 年，灵石成立县土地管理办公室，自当年起全县相继贯彻执行国务院《国家建设征用土地条例》和《村镇建房用地管理条例》及《山西省贯彻执行（国家建设征用土地条例）的实施办法》。征用耕地、园地 1000 亩（含本数，下同）以上，其他土地 1 万亩以上，报国务院批准；征用耕地、国营林地、固定林木苗圃地、园地、草地 10 亩以上，报省人民政府批准；3 亩以上不足 10 亩报地区行署批准，不足 3 亩由县人民政府批准，城建部门根据征地批准通知书发给施工执照。此外，征用国有林地须征得县林业主管部门同意，报省审批的工程项目须有水资源管理部门意见书，凡产生废水、废气、废渣、噪声的工程项目，须提交环保部门批准的防治设施方案及环境影响报告书。农民建房宅基地须本人申请，生产大队或村民委员会讨论通过，公社或乡镇政府审核，报县人民政府批准。所有用地单位须支付土地补偿费、安置辅助费、附着物补偿费。

土地补偿费标准不得超过被征地年产值的 4 倍，若被征用为商品蔬菜基地，须向财政部门缴纳新菜地建设基金（每亩 7000 元）。安置补助费按征地前每个农业人口平均占有耕地多少而定，人均耕地 2 亩，征用每亩安置补助费为年产值的 1—1.5 倍；人均耕地 1 亩，征用每亩安置补助费为年产值的 2—3 倍；人均耕地半亩，征用每亩安置补助费为年产值的 4—6 倍。附着物补偿费标准根据拆迁房屋的新旧程度，混合结构每平方米 50—100 元，砖房每平方米 30—60 元，砖石窑洞每平方米 30—50 元，土坯房每平方米 20—40 元，土窑洞每平方米 20—30 元。其他附着物酌情补助，最高不得超过新建费用。各种补偿费用于发展集体、公共事业。对征而不用，少征多用及违法占地单位，根据情况严肃处理，直到追究行政、刑事责任。

1949—1985 年灵石基本建设征地情况表

单位：亩

时间	征地	时间	征地
1949—1957	2505	1968—1969	—
1958—1962	1327	1970—1975	968.46
1963—1966	—	1976—1979	304.47
1967	213.54	1980—1985	1857.77

第三章　物资物价管理

第一节　物资管理

1950 年 2 月，西许乡东许成立木材收购站（后改为木材经营处），属山西省木材公司第四公司领导（地址平遥），实行自收自伐自销。县境搞水利建设等所需钢材、木材、水泥，由省、地水电部门分配到用材单位自行提货。1956 年 9 月，灵石火车站西新建储木场，成立县木材公司，属榆次专区木材公司和县政府双重领导，主要经营国拨省外木材，少量经营省内木材。1958 年开始，县生产资料部门经营石油，以售煤油为主。1961 年，县物资局成立，设物资管理股，主管机电、金属、建材、化轻物资。1964 年，灵石县石油商店开立，1965 年，石油商店并入交电公司，1966 年，改为县物资组，1971 年 9 月，改为县物资供应站。20 世纪 70 年代后，拖拉机和各种农机具普遍推广，乡镇工业兴起，对各种物资和机具零配件的需求量与日俱增。1975 年 6 月，县石油公司成立。1978 年，县物资局恢复成立，组织供应全县工农业所需钢材、水泥、化工原料、机电、橡胶制品等。木材由县木材公司配销,石油由县石油公司配销,货源由上级调拨。1978年以后,主要物资由计划部门统一分配,物资部门供应。1984年,县物资局改为县物资公司,同年起,全县农用柴油改为由县农机部门分配,石油部门供应,其分配供应办法优先供应无电、无机地区米面加工用油和农业机械田间作业及抗灾救灾用油,剩余部分按全县机车台数、马力平均分配。1985年,县石油公司移交省石油公司接管,公司有油罐24个,总容量1200吨。

第二节 物价管理

物价 民国末期,本县物价上涨,货币贬值严重,人民深受其害。1949—1952年,为恢复生产,保障人民生活,县人民政府认真贯彻执行党和国家的一系列物价方针政策,规定市场各种商品价格都必须执行国家统一价格,任何国营、集体、私商均不得抬高物价。

1953—1957年,全县物价管理侧重于配合国家对农业、手工业和私营商业的社会主义改造,继续稳定物价,巩固市场,其间由于大规模经济建设开始,城乡购买力增加,出现商品供不应求的局面,少数商贩趁机哄抬物价。对此,县政府号召全县人民开展增产节约运动,对粮食、棉花、油料实行统购统销,对私营商业采取经销、代销、代购等政策。县供销社建立价格商情网,掌握和运用地区差价、季节差价、批零差价、购售差价、品质差价,在收购中,坚持以质论价、优质优价、劣质劣价,有计划地调高部分农副产品收购价,降低部分工业品销售价,充分发挥了物价管理在经济活动中的杠杆作用。1954年7月,县里调整竹叶青、汾酒批发价为:老白汾1斤瓶1.94元,半斤瓶1.04元,4两瓶0.58元;竹叶青1斤瓶2.14元,半斤瓶1.17元,4两瓶0.67元。1957年10月,根据省财贸部门通知,县里对大桥、白金龙、新世界、新华、黄金叶、新红金、新光荣、东南、大美丽等几种卷烟批发价作了调整。

1958—1962年,县根据中共中央"调整、巩固、充实、提高"的方针,加强物价管理,规定18类主要消费品价格不动,个别商品如自行车采取高价销售,1964年,高价商品降低到计划价格,至1977年,全县物价保持基本稳定。1978年,县贯彻中共中央和国务院关于改革开放搞活的各项方针、政策,开始重视价值规律的作用,根据国家关于价格采取直接管理和间接控制相结合的原则,实行国家定价、国家指导价和市场调节价三种价格形式;对发展国民经济有决定影响的能源、重要生产资料和交通运输商品及保障城乡人民生活的必需品执行国家定价；按国家指导性计划生产、交换的商品，特别是消费者选择性强、花色品种繁多的商品较多地实行国家指导价；对国计民生影响较小的商品实行市场调节价。三种价格中，国家定价和国家指导价在全县整个价格体系中起主导作用，市场调节价由价值规律自发调节。价格形式的多样化，适应了计划管理与市场调节相统一的要求。从农产品出售总额来看，三种价格各占1/3左右；从社会商品零售总额来看，国家定价约占50%，国家指导价占20%，市场调节价约占30%。全县价格管理权有所下放，价格逐步放开，对轻纺工业品的价格，实行管大放小，国家管主要品种价格，放开部分一般品种和全部小商品的价格；对重工业品价格，实行双轨制。对国家管理计划内商品的价格，其中指令性计划的部分严格执行，指导性计划部分必要时允许浮动，计划外的商品价格放开，对其中影响较大的商品规定最高限价。对于粮油等价格，管定购合同内的，放定购合同外的；对于一般农产品，管大放小，管少数重要商品，放开大多数商品。部分商品价格放开后形成国家管理的价格有所减少，企业由过去无权定价改变为一部分品种由企业定价和一部分品种在国家规定范围内由企业定价，从而使过去国家高度集权，管得过宽的状况逐步改变。在价格管理权下放、价格形式增强的同时，全县大幅度提高了主要农副产品的收购价，各种粮食的实际平均收购价格提高约1.2倍；提高主要采掘工业产品和原材料产品的价格，原煤价格提高近1倍；有控制地提高部分食品与副食品的销售价格，除粮、油、食糖、食盐等销价未变外，其他食品价格约提高60%，主要副食品（猪肉、牛肉、羊肉、家禽、鲜蛋、牛奶、蔬菜、鲜鱼）价格约提高86%；有升有降地调整工业消费品的厂销价格，提高了棉布、铝锅、自行车价格，降低了化纤布、手表、收音机、录音机、电子产品及其他部分耐用消费品价格，升降相抵，净提价约5%；对全县交通运输价格作了局部调整，在各类价格的调整中，贯彻"工农有别、中外有别、产销有别、原（料）成（品）有别"的原则，使价格逐步趋于等价交换。对农民完成任务后的粮食、油料允许议购议销，按国家规定的浮动幅度，由购销双方协商定价。为了使物价调整不导致全县职工生活水平的下降，县政府对职工实行肉蛋、蔬菜价格补贴，每人每月5元。价格的改革调整，促进全县商品经济迅速发展，市场繁荣，物价稳定，人民生活水平显著提高。

1947年12月灵石物价统计表

品名	单位	高价/元	低价/元	品名	单位	高价/元	低价/元
小米	石	14000	13000	土布	尺	200	180
麦子	石	22000	21500	食盐	斤	350	
玉粮	石	8000	7000	火柴	包	650	
豆子	石	12000	8000	麻皮	斤	650	600
棉花	斤	1000	800	麻油	斤	700	

注：价格以冀南币计算。

灵石部分年度农副产品收购价格表

金额单位：元

品　名	单位	1957年	1970年	1980年	1983年	1985年
小　麦	市担	11.00	13.59	17.00	17.28	18.25
玉　米	市担		9.26	11.50	11.27	13.64
谷　子	市担	6.00	9.28	12.00	12.02	12.52
高　粱	市担		8.73	10.50	11.06	11.61
薯类（折粮）	市担	4.00	8.16	11.55	11.55	15.70
大　豆	市担	8.00	16.00	33.00	34.86	29.90
莜　麦	市担		11.92	16.40	17.17	22.51
其他杂粮	市担	6.00	12.00	13.50	15.25	29.20
花　生	市担		25.65	34.00	42.66	45.50
芝　麻	市担	25.00	42.00	59.00	71.90	76.70
油菜子	市担	24.00	28.00	35.00	43.32	45.50
胡麻子	市担		28.00	35.00	42.95	45.50
蓖麻子	市担		36.00	50.00	48.77	50.00
葵花子	市担		23.78	34.00	40.39	44.20
其他油料	市担		21.80	32.00	33.44	36.40
蔬菜（混合价）	市担	2.50	3.14	5.00	4.39	6.50
瓜类（果用瓜）	市担	7.00	5.23	10.00	7.35	15.00
苹　果	市担		17.67	40.00	20.45	55.00
葡　萄	市担		14.02	24.40	25.00	30.00
梨	市担		12.08	14.65	34.00	35.00
柿　子	市担		5.24	8.50	12.00	25.00
桃	市担		10.01	15.30	30.00	25.00
枣	市担		20.82	41.00	50.00	70.00
其他果类	市担		8.54	13.00	20.00	20.00
核　桃	市担		29.49	46.20	50.00	50.00
花　椒	市担		233.92	200.60	264.00	264.00
黄　牛	头	63.00	210.50	253.53	210.00	250.00
马	头		853.63	800.86	853.63	850.00
驴	头		87.26	133.15	133.15	150.00
骡	头		2100.00	1797.58	1797.58	1800.00
猪	头	37.00	63.06	108.58	110.00	120.00
羊	只	8.00	14.33	21.67	21.00	22.00
鸡	只		1.35	2.38	2.00	2.50
鲜　蛋	市担	47.00	67.88	90.62	90.00	110.00
蜂　蜜	市担		93.16	110.90	113.20	120.00
兔	只		1.55	2.20	2.20	2.20

灵石部分年度主要商品零售价格表

金额单位：元

品名	单位	1953年	1966年	1978年	1985年	品名	单位	1953年	1966年	1978年	1985年
标　粉	市斤	0.217	0.18	0.18	0.18	五台山	合	0.26	0.26	0.26	0.28
大　米	市斤	0.145	0.18	0.18	0.18	汾　酒	瓶（1斤）	2.14	2.65	2.65	4.98
小　米	市斤	0.089	0.134	0.134	0.134	粗白布	尺	0.28	0.28	0.285	0.36
玉米面	市斤	0.07	0.105	0.105	0.105	细白布	尺	0.32	0.32	0.32	0.40
菜　油	市斤	0.52	0.79	0.79	0.79	红　布	尺	0.34	0.34	0.34	0.48
绵白糖	市斤	0.64	0.9	0.9	0.9	黑市布	尺	0.34	0.34	0.34	0.48
红　糖	市斤	0.44	0.64	0.64	0.64	飞鸽自行车	辆（62型）	173	173	173	213
食　盐	市斤	0.13	0.13	0.14	0.16	永久自行车	辆（51型）	169	169	169	209
酱　油	市斤	0.16	0.16	0.16	0.18	纯　碱	市斤	0.15	0.15	0.15	0.39
醋	市斤	0.08	0.08	0.10	0.10	苏　打	市斤	0.17	0.17	0.17	0.45
猪　肉	市斤	0.52	一等 0.83 二等 0.78	1.05	2.41	火　柴	包	0.20	0.20	0.20	0.30
羊　肉	市斤	0.55	0.82	1.10	2.50	迎泽肥皂	条	0.42	0.42	0.48	0.48
熟牛肉	市斤	0.90	1.20	1.9	3.80	中华牙膏	支	0.44	0.44	0.47	0.47
海　带	市斤	0.68	0.70	0.90	1.3	白玉牙膏	支	0.47	0.47	0.5	0.50
鸡　蛋	市斤	0.47	0.70	1.10	2.2	蜜蜂缝纫机	台	130	125	151	151
白　菜	市斤	0.03	0.04	0.06	0.10	牡丹缝纫机	台	120	120	148	148
胡萝卜	市斤	0.025	0.03	0.05	0.10	飞人缝纫机	台	125	125	151	151
大　葱	市斤	0.05	0.08	0.10	0.20	有光纸	张	0.03	0.03	0.08	0.12
精恒大	合	0.26	0.31	0.31	0.44	上海手表	只	120	120	125	125
精前门	合	0.30	0.36	0.36	0.51	梅花手表	只	360	265	290	250
牡　丹	合	0.50	0.51	0.86	0.86	英格手表	只	180	196	260	220
凤　凰	合	0.52	0.74	0.74	0.74						

管理 中华人民共和国成立后，为了稳定市场物价，县物价部门在每年春节、元旦、五一、国庆等节日前后，对市场物价进行大检查，特别是在物价重大调整变化时，组织较大规模的大检查，严格监督商品经营者遵纪守法，维护全县城乡消费者利益。

1964年起，为贯彻全国物价委员会关于开展审价工作的指示，县人民政府组织有关部门对全县商业、供销、手工业、粮食、交通运输等系统的价格和收费进行审查，对价格差错及以次充优、压级压价和利用价格进行舞弊等问题，分别予以处理。同时，县物价部门对各公司、基层供销社等商品经营单位制定物价管理制度。20世纪70年代，县商业局、供销社转发国家制定的物价条例和纪律，贯彻执行全国商业、供销主管部门制定的《物价工作管理制度》，从商业、供销主管部门到各基层网点，对物价工作的方针、任务、调价依据、明码标价、价格检查、资料保管、物价纪律、物价人员职责等均作了具体规定，并对全县物价人员进行了培训，保证价格政策的贯彻执行。

进入 20 世纪 80 年代，全县商业、供销部门认真贯彻执行国务院《物价管理暂行条例》及省地物价部门的有关规定，县物价部门结合当地情况，制定切实可行的物价管理办法，充实全县物价管理人员，加强物价管理人员的技术培训，较大的公司、商店、基层供销社都配备了物价员。商品严格实行明码标价、三色标签，各经营单位的零售、批发物价以及行政、事业单位的各种收费标准都必须经县物价部门核准并发文后方可执行，非经物价部门批准一律不准胡乱摊派、乱收费。为了平抑物价，稳定市场，取信于民，1984 年起，全县财贸系统开展物价计量信得过"双信"单位竞赛活动。1985 年，五一商场等 3 个单位受到晋中行署物价局表彰，县农机公司等 6 个单位被评为全县"物价计量信得过单位"，同时，对一些哄抬物价、牟取暴利、非法经营的少数单位和个体商贩酌情进行了处理，从而保证了国家物价政策的贯彻执行，解除了城乡消费者的后顾之忧。

第四章　工商管理

第一节　企业登记

民国时期，商会负责登记工商企业。1949 年以后，县工商行政管理部门负责登记工商企业，规定凡在本县设有固定厂址、门市等工商企业，均须进行登记。工商企业登记后，方可进行生产经营，享有名称专用权、银行开户、刻制公章、签订合同、注册商标、刊登广告权，其合法权益受国家法律保护。企业未经核准登记，不受国家法律保护，不享有国家有关法律和条例规定的合法权利。1949年，全县有工商业户 551 户，833 人，资金 661.5 万元（当时人民币）。1950 年以后，全县根据国务院《私营企业暂行条例》实施办法，对工商企业进行了登记。1981 年，灵石对全县工业、商业、饮食服务、交通运输、文化娱乐等企事业单位进行全面登记和换证、发证工作。国营企业 267 户，其中登记发证的有 119 户，占户数的 45%；商业、饮食服务、交通运输、文化娱乐事业单位 170 户，其中，登记发证的有 106 户，占 62%；农村工程队、副业队登记的有 90 户，其中本县 23 户，400 人；外县 67 户，2800 人。当年全县有城镇个体工商业户 50 户，从业 62 人，资金 7850 元；农村个体工商户 141 户，从业 192 人，资金 29950 元。

1983 年，全县登记发证的工商企业 568 户，分支机构 722 个，从业人员19741 人，资金 7361.8 万元，其中，国营企业 104 户，分支机构 491 个，从业人员 7281 人，资金 4932.16 万元；集体企业 464 户，分支机构 231 个，从业人员 12460 人，资金 2429.64 万元。（集体企业中，城镇知青企业 100 户，从业人员 1245 人，资金 213.08 万元；城镇街道企业 14 户，农村社队企业 290 户）登记发证的个体工商业 795 户，从业人员 1453 人，资金 50.15 万元，其中，城镇个体户 135 户，从业人员 260 人，资金 6.60 万元；农村个体户 660 户，从业人员 1193 人，资金 43.55 万元。按行业分，全县手工业企业 100 户，饮食业 30 户，商业 443 户，服务业 71 户，修理业 87 户，其他行业 64 户。

1985 年，全县登记发证的工商企业 562 户，分支机构 656 个，从业人员 21796 人，注册资金为 10688 万元。其中，国营企业 77 户，分支机构 69 户；集体所有制企业 457 户，分支机构 580 户；合营及其他企业 28 户，分支机构 7 个。按行业分，工业企业 202 户，分支机构 88 个，从业人员 16411 人，资金 6744 万元；商业企业 250 户，分支机构 500 个，从业人员 3710 人，资金 3387 万元；运输业 56 户，分支机构 22 个，从业人员 686 人，资金 412 万元；建筑企业 16 个，分支机构 4 个，从业人员 269 人，资金 114 万元；饮食服务企业 25 户，分支机构 29 个，从业人员 165 人，资金 31 万元；其他行业 13 户，分支机构 3 个，从业人员 55 人。

全县个体工商业 3681 户，从业 6738 人，资金 783.52 万元，其中，从事手工业 450 户，1818 人，资金 172.24 万元；运输业 386 户，826 人，资金 303.19 万元；建筑业 59 户，691 人，资金 16.26 万元；饮食业 165 户，从业 467 人，资金 21.5 万元；服务业 184 户，从业 300 人，资金 19.04 万元；修理业 207 户，从业 364 人，资金 29.21 万元；其他业 105 户，从业 362 人，资金 44.78 万元。全县个体工商业中，城镇个体工商业 284 户，从业 701 人，资金 140.56 万元；农村个体工商业 2397 户，从业 6037 人，资金 642.96 万元。

此外，1981 年，经国家商标局批准，县特种焊条厂生产"永字牌"注册商标铸铁焊条。

第二节　合同鉴证

1980 年，县人民政府成立推行经济合同领导组，县工商行政管理局设经济合同股，当年在县鞋帽厂和蔬菜公司推行 2 个产销合同试点。1981 年，经济合同股主要负责城镇轻纺工业产销合同、农村农商合同、蔬菜和其他副食品合同的鉴证工作，经鉴证的城镇工业产销合同 12 份，金额 265.85 万元；农商合同 17 份，金额 300.05 万元。

1982 年，全县经济合同统一由工商行政管理部门管理，并推行工商、商商、农商经济合同制。全县签订各种合同 1650 份，金额 2044.10 万元；履约合同 1526 份，占签约份数的 92.49%，履约金额 1360.60 万元，占合同金额 66.56%。其中，工商合同 477 份，金额 1853.95 万元，履约率 63%；农商合同 1041 份，金额 107.50 万元，履约 944 份，金额 119.50 万元，履约率 101%；商商合同 131 份，金额 80.60 万元，履约 111 份，金额 71.13 万元，履约率 88%；加工承包合同 1 份，金额 2 万元，技术承包合同 43 份，农科合同 36 份；其他中药材、家兔、核桃、花椒、蜂蜜等收购合同 77 份，金额 101.30 万元。

　　1984 年，灵石建立县经济合同仲裁委员会，负责合同纠纷调解仲裁工作。全县共签订各类经济合同 22435 份，签约金额 5543.97 万元。其中，农商合同 10790 份，金额 2439.62 万元；工商合同 3635 份，金额 432 万元；商业合同 1922 份，金额 219.63 万元；工程建筑合同 87 份，金额 266.52 万元；租赁合同 62 份，金额 21.30 万元；加工承揽合同 259 份，金额 16.43 万元；承包合同 5680 份，金额 2148.47 万元。所签合同主要物资有硫黄、石膏、煤炭、化肥、药材、粮食、生猪、鲜蛋、鞋帽、蔬菜等。根据当事人双方要求鉴证的合同有 415 份，鉴证金额 581.84 万元，履约率 95%。全年受理经济合同纠纷案 29 件，结案 27 件，其中仲裁 2 件，调解 25 件。发生纠纷合同金额 118.60 万元，争议金额 62.18 万元。

　　1985 年，全县签订各类经济合同 35449 份，签约金额 9258.46 万元。其中，农商合同 13000 份，金额 78.46 万元；工商合同 3500 份，金额 550 万元；工工合同 3500 份，金额 530 万元；商商合同 4500 份，金额 230 万元；承包合同 5500 份，金额 7000 万元；劳务合同 5449 份，金额 870 万元。全年共鉴证各种经济合同 599 份，鉴证金额 688.50 万元。

第三节　市场管理

　　庙会集日　县境庙会集日在明末清初开始盛行，民国至中华人民共和国成立初期从未间断，"文化大革命"期间中断。1980 年以后，灵石又重新恢复和发展庙会集日活动。至 1985 年，全县共有 7 个集日点，7 处古庙会，9 处物资交流会。

　　古庙会 7 处，12 次，有：静升村农历三月十八、六月十九、九月十五、腊月初一，梁家墕乡上庄村农历正月二十五、十月二十五，南泊村农历三月二十，泉则坪农历九月十七，英武乡卧牛神农历三月初三、腊月初八，王禹乡回祖农历五月初五，坛镇农历四月初八。其中卧牛神、静升古庙会上市物资以牛骡马猪羊及各种农副产品、工业品、日杂百货、针纺服装、山货编织品为主，是周围邻近几县较大的牲畜交易市场之一。

物资交流会9处，26次，有：城关农历三月初三、六月初六、九月初九、腊月初八；南关农历三月初九、九月十九；交口农历二月初十、七月初五；夏门农历三月十二、八月十二；南墕农历正月初五、四月初九、八月初五；段纯农历二月初二、三月初十、四月十一、六月二十二、七月初二、八月十六、十月初二、腊月十五；王禹农历二月十六、九月十五；梁家墕农历三月十五、四月十五；仁义农历四月初五。

集贸市场日期为：城关镇农历逢五（即每月初五、十五、廿五），南关镇农历逢四、逢八，段纯镇逢六，静升镇逢三，两渡镇逢七，仁义乡逢二，夏门逢一。

城关、南关地区的物资交流会，规模较大，摊位千余个，人少时有3000—5000人，多时万人以上，交流物资主要有粮食、瓜果、蔬菜、肉蛋、家禽、牲畜、百货、针织、五金、日杂、交电器材、化工商品、山货编织品等，批发额为40万—60万元，零售额为50万—80万元。

灵石物资交流会（庙会集日）地点时间表

地 点	时间（阴历）	地 点	时间（阴历）
南墕村	正月十五至十七	静升镇	六月十九至廿一
上庄村	正月廿五	段纯镇	六月廿二至廿四
段纯镇	二月初二至初四	段纯镇	七月初二至初四
交口村	二月初十至十二	交口村	七月初五至初七
王禹村	二月十七至十九	南墕村	八月初五至初七
城关镇	二月初三至初九	夏门镇	八月十二至十四
卧牛神	三月初三	段纯镇	八月十六至十八
南关镇	三月初九至十一	城关镇	九月初九至十五
段纯镇	三月初十至十二	王禹村	九月十五至十七
夏门镇	三月十二至十四	静升镇	九月十五至十七
梁家墕村	三月十五至十七	泉则坪村	九月十七
静升镇	三月十八至二十	南关镇	九月十九至廿一
南泊村	三月二十	梁家墕村	九月廿五至廿七
仁义村	四月初五至初七	段纯镇	十月初二至初四
坛镇村	四月初八	仁义村	十月十五至十七
南墕村	四月初九至十一	上庄村	十月廿五
段纯镇	四月十一至十三	静升镇	十二月初一至初三
梁家墕村	四月十五至十七	卧牛神	十二月初八
回祖村	四月初五	城关镇	十二月初八至十四
城关镇	六月初六至十二	段纯镇	十二月十五至十七

市场分布 县城贸易市场分工业品、农贸、牲畜三个市场，工业品市场设在城关镇医院至县招待所之间街道；农贸市场设在县麻纺厂对面的铁路与公路之间，内有顶棚建筑1700平方米，可供百余商户使用；牲畜市场设在水头桥一带。乡镇村的集贸市场一般为农副产品市场，农贸市场设在主街，牲畜市场在河滩或村边。

市场监督 1962 年，县工商部门根据国家政策规定，麻皮、烟叶、核桃（桃仁）、蚕丝、羊皮、羊毛（羊绒）6 种物资，生产单位在完成国家派购任务后方可进入集市；牛皮、杂铜、废铅、废铝、废锡、废橡胶 6 种物资只准卖给国家，不准进入集市；生猪、菜羊、菜牛、自产中药材黄芪、党参、生地、冬花、红花、山药完成国家派购任务后允许进入市场；木材、蔬菜、谷草，3 种物资在没有派购任务地区一律开放。

1963 年起，全县对私商转手批发，长途贩运，开设地下厂店行栈，放高利贷，雇工包工剥削，黑市经营，买空卖空，居间牟利，坐地分赃，组织投机集团内外勾结，走私行贿，盗卖国家资财，囤积居奇，哄抬物价，投机倒卖耕畜和国家统派购及分配的物资，伪造倒卖票证，贩卖金银者，分别采取教育、平价收购商品、没收商品的部分或全部、罚款等办法给予打击，1966—1979 年间，一律不准进行市场交易。1980—1985 年，除有色金属、珠宝、玉器、金银及其制品、文物和国家规定不准上市的外币、粮票、布票等各种证券、迷信品、违禁品、反动、荒诞、淫秽书刊、画册、照片及音像制品，有毒、有害、腐烂变质食物及病死、毒死或死因不明的畜禽、水产及制品，麻醉药品、伪劣药品以及化学农药，国家及各级政府规定不准出售的其他物品等不准上市出售外，其余物资逐步放开，允许农村集体、农民个体进行长途贩运买卖。

1965 年，全县处理违法案件 15 起，其中，布票 67.6 丈，粮食 1576 斤，罚收金额 316 元。1968 年，全县处理违法案件 144 起，其中，卷烟 76.3 条，粮食 447 斤，土布 48.3 丈，大牲畜 2 头，油料 221 斤，罚收金额 3477 元。1970 年，全县处理违法案件 7 起，其中，手表 53 块，布票 362.4 丈，粮食 2620 斤，土布 345.1 丈，大牲畜 13 头，罚收金额 2375 元。1974 年，全县处理违法案件 42 起，其中，化肥 4.2 吨，布票 72.4 丈，粮食 2741 斤，油料 1075 斤，罚收金额 14907.80 元。1981 年，全县处理违法案件 44 起，其中，缝纫机 95 台，卷烟 11400 条，手表 702 块，银圆 384 块，伪币 11200 元，录音机 4 台，煤炭 7353 吨，雷管 15 万发，导火线 7 万米，罚收金额 68133 元。1983 年，全县处理违法案件 30 起，其中，卷烟 840 条，手表 100 块，煤炭 15501 吨，化肥 354 吨，木材 260 立方米，自行车 103 辆，罚收金额 19895 元。1985 年，全县处理违法案件 17 起，其中，卷烟 75 条，钢材 6 吨，木材 35 立方米，自行车 100 辆，电视机 20 台，色情录音带 254 盘，汽车 7 辆，白银 0.6 斤，罚收金额 24365 元。

1965—1985 年，全县共处理违法案件 676 件，罚收金额 36.02 万元，主要处理物资有：缝纫机 191 台，卷烟 12315 条，手表 1093 块，银圆 385 块，伪币 87200 元，录音机 4 台，煤炭 31760 吨，化肥 394.8 吨，钢材 47 吨，木材 353 立方米，石油 20 吨，自行车 275 辆，电视机 80 台，色情录音带 254 盘，汽车 7 辆，白银 0.6 斤，废钢铁 19 吨，走私表 144 块，布票 1688.2 丈，粮食 16752 斤，土布 720.5 丈，大牲畜 134 头，油料 2915 斤，铝丝 30 吨，雷管 15 万发，导火线 7 万米。

第五章　标准计量管理

第一节　标准管理

1955 年，灵石成立县度量衡检定所，归县商业局市场管理股所管，仪器设备有砝码 1 吨，量器 1 个，开始对一般台秤和市尺检验。1972 年，县度量衡检定所改为灵石县标准计量所，负责对企业标准化验收、产品质量监督检查和企业升级定级工作，对全县计量器具进行管理和检定测试，处理计量违法事例，仲裁计量纠纷。1985 年，该所有计量技术工作人员 11 人，各种标准仪器 210 台（件），附属设备 15 台（件），可对天平、衡器、血压计（表）、千分表、千分尺、游标卡尺及各种量具等 12 个项目器具进行检定测试。全年计量检测数达 1.2 万台（件），计量检测率和检测合格率均为 95%。

第二节　计量管理

1948 年以前，全县境内人们普遍使用杆秤、量尺、升、斗、提具等衡器量具，杆秤 16 两为 1 斤，量尺每尺约相当于现市尺 9.5 寸（1 寸 ≈ 3.33 厘米），每升小麦约 2.5 市斤，每斗约 25 市斤。1948 年，根据太岳行政公署《改用新市秤废止旧粮票使用新粮票的通知》精神，从当年 9 月 1 日起，全县使用新市秤，1 斤等于旧秤 13 两 4 钱零 8 厘，斗改为市斗，小米每斗 16 市斤，小麦每斗 15 市斤，豆类每斗 15 市斤，玉米每斗 14 市斤，尺改为市尺，3 市尺等于 1 公尺（米）。1949 年 3 月，根据太岳行政公署通令，全县取消粮食交易之升、斗器具，一律以新市秤计算；1959 年改为 10 两等于 1 市斤（中医处方用药仍用原 16 两秤计量）；1979 年，除农村使用市制器具外，城镇逐步使用公制计量器具。到 1985 年，全县有商用计量器具 3445 台（件），其中 2—30 吨地秤 58 台，50—1000 公斤台秤 1042 台，5—10 公斤案秤 419 台，5—50 公斤杆秤 1084 件，50—1000 克量提（容量）553 件，竹木、塑料米尺 82 件，市尺 207 件。

第六章　审计监督

第一节　审　　计

根据国务院《关于审计工作的暂行规定》的文件精神，本县于1983年9月成立审计局，当年配备干部7人，1985年增至10人。其主要任务是对国家机关、企事业单位、金融部门的财经计划、信贷计划执行情况进行定期的常规审计，对县内各项基本建设、企业生产效益、厂长离任经济责任制等进行专项审计，对严重违反国家财经法规行为进行专案审计等。

县审计局自成立以来，共审计单位161个，查出违纪金额394万元，增加财政收入168万元，查出的主要问题有：弄虚作假、截留挪用、乱摊乱派、滥发财物、贪污盗窃等，并均按有关规定分别作出处理，对严肃地方财经法规、保护国家财产、支持经济改革、促进党风和社会风气的根本好转起到积极作用。

第二节　监　　督

财政局在负责全县财政收支的过程中，还担负着财政监督的任务，实行预算监督和财务监督。

预算监督包括预算收支两方面的监督。收入监督主要是监督各收入单位收入计划的制定是否符合国家方针政策和计划要求，在执行中是否坚持按规章制度办事，有无违反国家规定进行额外摊派或任意减免等情况，是否按照国家规定足额地完成上缴任务，有无拖欠或截留上缴财政收入的情况等。支出监督主要是监督基本建设单位和预算支出单位是否按支出计划办事，基本建设投资拨款是否符合程序和制度，资金使用效果是否达到计划要求，人员编制是否按计划执行，各项费用的开支标准和开支手续是否符合财政制度等。

财务监督是监督国营企业的生产资金使用效果、产品成本降低及任务完成情况，企业纯收入分配、专项资金筹集和使用情况等；监督行政事业单位的经费使用情况，专项资金是否按规定范围和标准收缴，有无任意提高或降低情况等。

监督方式主要通过财务检查和清仓核资等手段进行。

第 四 编

工 业

第四编 工 业

据馆藏文物考查，本县在新石器时代原始手工业已经产生，产品有石器、陶器、骨器等。春秋战国时期，木器、铁器、铜器产品出现。唐宋以后，缝纫、酿造、建筑加工工业开始兴起。明清以来，境内增加采掘、冶炼、短途运输等行业。明万历二十九年（1601）版《灵石县志》载：县有水磨47盘、铁炉58座、旧瓷炭窑28座、新瓷炭窑31座。当时粮食加工、瓷器烧制、煤炭采掘、铁器铸造等手工业生产，均有一定规模。

民国时期，随着同蒲铁路的通车，南北交通较为便利，为本县工业的发展创造了有利条件，全县采掘业、建材业、酿造业、加工业、饮食业五个传统产业得到发展。20世纪40年代，全县共有各类大小企业80余个，职工1000余人。主要工业产品有煤炭、石碴、砖瓦、白灰、陶瓷、土布、小型铁木家具等。

20世纪50年代初期，私营工业有所发展，全县共有私营企业328个，从业人员1518人。其中，煤窑44个，从业人员714人；食品业78个，从业人员134人；纺织业38个，缝纫业42个，金属业24个，皮革业10个，建材业13个，其他79个。1953—1956年，全县对私营工业进行社会主义改造，组织成立公私合营工业企业17个，职工1741人；手工业生产合作社26个，职工1326人；运输合作社3个，职工157人。此时，全县工交系统共有职工3224人。

随着国民经济的迅速发展，中央、省、地、县属国营工业在本县纷纷建立，现代工业初具规模。20世纪50年代，汾西矿务局属富家滩煤矿、南关煤矿、张家庄煤矿、两渡煤矿、南关电厂和部属石膏矿、地属灵石煤矿、许村煤矿8个中型企业相继建成。60年代，二轻工业迅速发展。70年代，县营铁厂、南王中煤矿、化肥厂建成。80年代，玉成发运站、洗煤厂等骨干企业完工，乡镇企业崛起。至1985年，全县共有国营工业企业20个（省属5个，地属5个，县属10个），职工11443人；二轻工业企业16个，职工3422人；城镇集体企业100个，职工4165人；乡镇企业2945个，职工21736人。全县工业产值10842万元（不含省、地营），占工农业总产值的74.6%，比1978年增长2.13倍，比1949年增长52倍，工业生产在本县国民经济中已占到主导地位。工业产品共有500多种，主要产品有原煤、焦炭、石膏、生铁、硫黄、化肥、电石、电碳、矿棉、水泥、砖灰、石料、电视机、特种焊条、纯碱等，其中，硫黄、电石被评为部优产品，石膏、焦炭、电石、腐殖酸钠出口产品远销东欧、日本及东南亚国家和地区。

第一章　工业体制

第一节　私营工业

1948年前,私营工业(作坊)主要以铁业、木业、缝纫、编织、食品加工为主。中华人民共和国成立初期,县政府对私营工业采取保护扶植的方针,1952年,私营工业发展为346个,从业人员3264人,资金32.32万元。1953年,灵石贯彻对私营工业进行社会主义改造的方针,引导私营工业走合作道路,先后办起城关缝纫合作社、田家山硫黄生产合作社、西堡陶瓷合作社、夏门砖灰生产合作社以及仁义、静升铁木农具生产合作社等。1956年3月,社会主义改造基本结束,全县私营工业组建合作社(组)30个,从业人员1590人,公私合营工业企业17个,从业人员1741人,其中,工人1482人,职员215人,资方人员44人,资金84.4万元;1958年,对合作社(组)进行了合并,同时改变原私营性质,在较长时间内,私营工业没有发展。

第二节　集体工业

本县集体工业始于1956年,当时手工业小组和合作社先后合并为规模较大的工厂,如梁家圪塔采矿厂、富家滩石膏厂、仁义陶瓷厂等。1958年10月,灵石、介休、孝义三县合并,有14个手工业单位转为国营,8个单位下放到人民公社,剩余的并入其他单位,县手工业机构撤销。1961年,三县分设,同年8月,手工业进行归队,从国营单位归回10个,人民公社归回4个,共14个单位。1962年5月,灵石按照"调整、巩固、充实、提高"的方针进行整顿,集体工业得到有计划的发展。"文化大革命"期间,集体工业受到干扰。1978年党的十一届三中全会以后,集体企业坚持独立核算、自负盈亏的原则,进行一系列经济改革,实行主管局、企业、车间班组和职工个人多种形式的承包责任制,使生产力得到较大发展。1985年,全县共有集体企业17个,职工3422人,总产值1825.9万元,是1957年的8倍,比1978年增长135%,比1981年翻了一番;实现利润178.62万元,是1957年的31倍,比1978年增长3.1倍。

灵石集体工业历年生产情况表

年份	企业数/个	职工数/人	资金/万元	总产值/万元	生产率	工资总额/万元	人均工资/元	实现利润/万元	上缴税金/万元
1952	1	15	0.6	1	0.08	0.5	333	0.1	0.12
1953	1	21	0.62	14.1	0.67	0.69	328	0.15	0.1
1954	3	108	14.25	32.1	0.3	5.55	513	0.69	0.64
1955	12	592	21.52	98.6	0.17	20.36	343	2.47	2.84
1956	24	1429	21.74	211.6	0.26	31.38	219	4.58	5.11
1957	27	1563	22.41	223.5	0.23	36.55	233	5.61	6.4
1958	24	1781	36.17	367.04	0.21	85.14	478	12.49	17.49
1959	9	1856	15.46	119.54	0.06	88.61	477	1.78	4.69
1960	9	1255	101.06	427.88	0.34	246.97	967	58.01	48.88
1961	13	1205	86.74	423.77	0.2	60.84	504	-2.24	4.57
1962	18	1086	74.31	152.17	0.15	57.81	532	2.2	7.64
1963	17	717	91.41	150.05	0.21	42.52	593	11.14	9.95
1964	17	770	88.29	175.37	0.23	41.95	544	15.51	13.84
1965	17	904	82.3	177.58	0.22	52.23	577	22.5	19.1
1966	16	897	86.81	202.52	0.23	41.26	459	11.93	14.45
1967	15	1086	89.76	206.9	0.19	40.31	371	3.23	11.55
1968	15	998	95.16	195.88	0.2	53.65	537	2.76	11.72
1969	15	992	92.66	173.34	0.18	53.92	543	-7.55	9.6
1970	15	1257	101.96	250.91	0.2	57.07	454	12.11	16.79
1971	14	1455	102.41	358.78	0.24	68.22	468	15.97	26.63
1972	14	1409	130.95	282.91	0.26	69.94	496	23.58	31.14
1973	15	1394	161.25	471.13	0.33	70.92	508	28.97	41.46
1974	15	1394	191.54	525.66	0.35	77.88	558	24.23	39.1
1975	14	1512	215.33	714.47	0.44	85.59	566	58.69	58.56
1976	14	1576	202.44	640.84	0.37	89.6	568	11.78	38.73
1977	14	1584	214.58	817.34	0.48	93.75	591	30.03	61.06
1978	14	2031	346	776.72	0.43	117.26	577	56.73	73.41
1979	16	1949	366.59	914.02	0.43	128.55	629	51.42	69.81
1980	16	2085	396.84	867.17	0.39	145.43	697	25.87	58.51
1981	16	2381	459.63	986.49	0.34	160.31	673	28.76	74.09
1982	16	2443	515.61	1263.6	0.5	195.88	801	59.75	92.43
1983	16	2445	558.31	1527.22	0.6	386.48	1580	148.44	141.57
1984	16	3121	804.52	1832	0.65	322.13	1032	223.05	180.44
1985	16	3422	1046.37	1825.9	0.62	327.2	956	178.62	159.03

1985 年灵石集体企业基本情况表

企业名称	建立时间	现有职工/人	资金/万元	总产值/万元	工资总额/万元	利润/万元	上缴税金/万元	主要产品
树脂厂	1955	556	273.79	510.9	62.95	36.21	69.57	电石
硫化厂	1954	79	211.58	329.9	79.07	31.09	30.47	硫黄块、碳粉
铸管厂	1955	217	43.33	59.4	15.54	5.03	8.65	铁管、农具、家具
陶瓷厂	1957	180	37.96	95.2	23.64	1.48	3.90	酒具、日用瓷器
汽修厂	1954	95	23	40.1	12	1.51	1.60	碾米机等
木器厂	1955	110	17.17	37.1	12.69	0.40	3	家具、办公用具等
麻纺厂	1955	328	87.43	27.2	4.56		1.01	麻袋
鞋帽厂	1955	227	45.61	174.9	14.97	7.31	10.34	注塑布鞋、皮鞋
服装厂	1955	71	18.87	70.7	8.6	3.51	2.98	中高档服装
五金厂	1955	35	12.83	30.5	3.83	1.21	1.53	铁皮制品
棉织厂	1952	60	40.2	34.1	3.04	0.32	0.93	劳动布
石膏白灰厂	1978	41	0.66	4.5	1.25	0.43	0.41	石膏白灰
腐殖酸厂	1955	715	132.22	281.1	50.87	70.28	14.43	腐殖酸肥料
两渡腐殖酸	1971	48	39.9	28.8	4.49	1.78	0.89	腐殖酸钠
回来峪煤矿	1985	102	51.24	60.9	16.48	11.06	3.15	原煤
静升服务社	1981	7	0.45	0.55	0.34	0.03	0.01	
部队综合厂	1981	47	10.16	17.6	2.58	0.20	0.85	

第三节 国营工业

1949 年 1 月，太原军管会工业接管组接管富家滩煤矿并正式生产，以后南关煤矿、张家庄煤矿、两渡煤矿和南关电厂相继建成，均属汾西矿务局管辖，系国营工业。1952 年，国民经济恢复后，灵石开始兴建县营工业，亦称地方国营工业。20 世纪 50 年代是本县工业的大发展时期，先后建立有石料厂、石膏厂、建材厂、灵石煤矿、水泥厂、印刷厂、化工厂、矿山机械厂、景家沟铁厂、梁家圪塔采矿厂等县营厂矿,亦称地方国营。当时,景家沟铁厂有工人1200余人,梁家圪塔采矿厂工人1000人,规模均较大。60年代,在国家"调整、巩固、充实、提高"的八字方针下,有些厂矿关停并转,开始下马,停产的有景家沟铁厂、梁家圪塔采矿厂、化工厂、矿山机械厂等。石膏矿、石料厂、灵石煤矿收归晋中地区经营,县营工业只有建材厂、印刷厂等。70年代是本县工业发展的第二个时期,1970年建立农机厂、工程队,1971年建成五一铁厂,1973年建成化肥厂,1974年建成南王中煤矿,1976年建成石膏水泥厂,1981年建成河西煤矿,1983年建成金庄煤矿,1985年建成三灵焦化厂,并开始筹建洗煤厂。

国营工业的生产资料归国家或地方政府所有,工人由政府统一招收和调配,原料由国家供应,产品由国家销售,收入除支付工人工资和提留生产基金外,全部上缴国家或地方政府,形成工人吃企业的"大锅饭",企业吃国家的"大锅饭",生产力发展较慢。1978年党的十一届三中全会以后,灵石开始进行经济体制改革,实行厂长(经理)负责制和加强职工民主管理,全面推行多级承包经济责任制,正确处理国家、企业和职工三者之间的分配关系,通过改革管理体制,开展横向联合和优化产品结构,使全县工业迅速从劳动密集型向技术密集型转化,从内向型经济朝外向型经济转化,经济效益明显提高。20世纪80年代以后,全县工业总产值平均每年递增2000万元,上缴国家利税年均400多万元,职工工资年人均达1500元。

1985年灵石全民所有制工业企业基本情况一览表

企业名称	建立时间	职工人数/人	主要产品	产量	产值/万元	实现利税/万元
五一铁厂	1969.10	648	生铁	31309吨	607.91	165
化肥厂	1971.9	502	碳铵	19619吨	294.29	-33
印刷厂	1952.5	120	印刷		34.4	1.57
建材厂	1956.2	171	青砖	1400.47万块	69.73	6.97
农机厂	1970	58	小四轮配件		29.18	9.48
石膏水泥厂	1975.12	130	水泥	4853吨	32.31	7.67

灵石全民所有制工业企业劳动生产率明细表

单位：元

年份	单位数/个	全员劳动生产率		工人劳动生产率	
		省 地 营	县 营	省 地 营	县 营
1957	—	2228	3503	2826	2826
1958	—	2964	2893	3153	3153
1959	—	2754	2952	3268	3077
1960	—	2900	2734	3590	3164
1961	—	1782	2400	2246	2930
1962	—	2339	5940	3003	3778
1963	—	2880	5574	3642	5411
1964	—	3163	4802	4043	2766
1965	—	3218	5844	4008	5228
1966	—	3013	5620	3148	2940
1967	—	3017	5225	3345	4205
1968	—	2626	3438	2861	5242
1969	—	1838	4365	2242	3995
1970	—	2776	4018	2929	3166
1971	—	2705	2461	2838	2604
1972	—	2778	2373	2949	2550
1973	—	2861	2564	3252	2808
1974	—	2089	2642	2389	2948
1975	—	3041	2975	3629	3604
1976	—	2564	2089	—	—
1977	—	3600	4068	—	—
1978	—	3487	4963	—	—
1979	—	3333	3705	—	—
1980	—	3256	3741	—	—
1981	—	3188	3968	—	—
1982	11	3641	5609	—	—
1983	12	3970	6215	—	—
1984	14	4166	5925	—	—

灵石国营工交企业流动资金统计表

单位：万元

单 位	1983年7月	1983年12月			1984年			1985年		
		冲销	补充	余额	冲销	补充	余额	冲销	补充	余额
合计	323	66	2	259	47	44	256		36	292
灵石煤矿	14	2		12	8	10	14		6	20
石膏矿	113	26		87	10	3	80		1	81
夏门煤矿	17	2		16			15		5	20
夏门水泥厂	20	8		17	9		8			8
南王中煤矿	10	5		5			5		5	10
化肥厂	42	14	2	30			30			30
农机厂	16	11		5			5			5
建材厂	6			6			6			6
石膏水泥厂	7			7	7		—		1	1
印刷厂	4			4			4		10	4
五一铁厂						30	30			40
运输公司	11			11			11			11
物资公司	7	3		4	1	1	4		8	12
木材公司	11			11			11			11
烟草公司	11			11			11			11
石油公司	12			12			12			12
农机公司	22			22	12		10			

第二章　重工业

第一节　电力工业

发电　1938年，富家滩煤矿安装90马力汽车引擎，带动20千瓦发电机1台，发出的电用于照明和电网，1940年已报废；同年，安装100马力煤气机，带动50千瓦发电机1台，输出电压为3300伏，发出的电曾用于绞车拉煤；1941年，改装为20千瓦和100千瓦发电机组各1台，发电工人20余人；1945年，日本侵略者投降后停止发电。

1949年6月，汾西矿务局南关电厂开始建设，1950年4月建成投产，当时安装日本制造的 300 千瓦发电机组 1 台，为 1 号机组，发出的电供南关、富家滩煤矿采煤使用；1952 年，又安装了美国制造的 600 千瓦发电机组 1 台，为 2 号机组；1954 年，增设英国制造的 1000 千瓦发电机组 1 台，为 3 号机组；1955 年，增设瑞士制造的 1000 千瓦发电机组 1 台，为 4 号机组；1957 年，增设瑞士制造 1000 千瓦发电机组 1 台，为 5 号机组；1983 年，1、2、3 号机组报废，4、5 号机组继续运行发电。

1955 年，汾西矿务局在两渡建立发电厂，发电机组为 750 千瓦 2 台，与南关电厂并网运行，1958 年 10 月拆除。

1957 年 7 月，县人民革命委员会在县城东门里的路南城墙下建小型发电厂，建有 80 平方米简易机房 1 座，装有国产 50 马力柴油机带 25 千瓦发电机 1 台和美国制造的 50 马力柴油机带 25 千瓦发电机 1 台。每日下午 6 点开始发电，晚上 11 点停机。发出的电供县级机关照明和广播，1958 年 8 月拆除。

1958 年 3 月，阳坡硫黄厂在阳坡村建立小型发电厂，以 26 马力柴油机带动 20 千瓦发电机发电；同年又增设 20 千瓦机组 1 台，动力为锅驼机，发出的电供坑下抽水、粮食加工、照明、广播用；1960 年又在厂部枣林安装 24 千瓦发电机组 1 台。硫黄厂的发电机组于 1973 年停止。

1959 年 9 月，静升公社在龙王庙小磨弯筹建小型水力发电站未成；1960 年，利用已建成的机房和已购买的 48 千瓦发电机及再购买的 60 马力柴油机 1 台，开始发电，供公社机关、学校及部分社员照明，1961 年停止。

1978 年，西许乡二沟村利用当地水利资源筹建小水电，安装 5.5 千瓦斜击式微型水轮发电机组 1 台，进行发电，供照明用，1979 年停止发电。

1984 年 5 月，县政府筹建石膏山水电工程，1985 年动工。

输变电　1956 年，汾西矿务局在本县崔家沟建成 35 千伏变电站，装有 2400 千伏安变压器 1 台；1965 年又增设 2400 千伏安变压器 1 台，同年建成介休至崔家沟 35 千伏木杆线路，全长 11.35 公里。1956 年底至 1957 年初，汾西矿务局在本县张家庄建成 35 千伏变电站，装有 1800 千伏安变压器 1 台；1964 年又增加 1800 千伏安变压器 1 台；同年建成崔家沟至张家庄 35 千伏木杆线路，全长 16.52 公里。1957 年，汾西矿务局在南关建成 35 千伏临时变电站，容量为 1800 千伏安，1964 年扩建为永久性变电站，装有 1800、3200 千伏安变压器各 1 台；1957 年建成张家庄至南关 35 千伏木杆线路，全长 12.6 公里；1958 年 8 月建成从张家庄变电站到县城的 6 千伏木杆线路，全长 4.694 公里。汾西矿务局在小南关山上建设容量为 320 千伏安的变电所，开始由电网送电，电力除供县城照明外，开始用于冶炼、印刷、麻纺等。

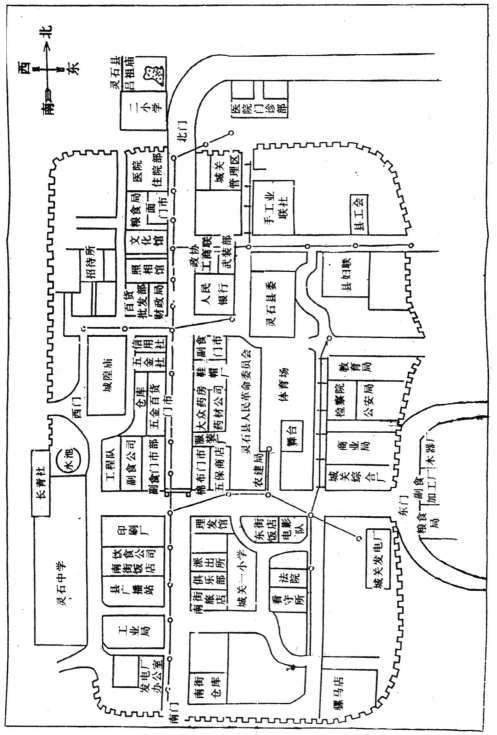

1957年灵石县城东门柴油机发电供电示意图

1960 年，常青村架设 1.2 公里长的 6 千伏线路一条，安装 50 千伏安变压器 1 台，为全县农村用电的第一家。1963 年，全县农用输电线路发展到 123 公里，有变压器 6 台，总容量 2456 千伏安，城关、水峪、马和、静升、两渡、南关、仁义、夏门 8 个公社的 39 个村通电。1966 年，架设南王中至蒜峪、张家庄至夏门、仁义至道迁输电线路，新增通电大队 12 个。

1972 年 8 月，上村 35 千伏变电站建成投产，线路从崔家沟变电站接线，全长 11.349 公里。同年，建设县城至静升、县城至崔家沟 3 条 10 千伏配电线路，架设灵石铁厂、树脂厂、二〇二工地、灵石煤矿、化肥厂、石膏矿专用线，还架设农电线路 140 公里，增加变压器 83 台，总容量为 3320 千伏安，新增通电大队 73 个。至此，全县 16 个公社全部通电。1974 年 7 月，35 千伏变电站升压为 110 千伏工程告竣，安装了 10000 千伏安变压器 1 台，架设 30.4 公里电源线路，从介休至大张的线路上接火，此外，又架设了灵石煤矿、725 台、火车站、南王中煤矿的专用线。1983 年 5 月，变电站完成扩建工程，增设 10000 千伏安变压器 1 台，并增加三侧主机开关、35 千伏母线分段开关、10 千伏母线分段开关各 1 台。同年 10 月，段纯 35 千伏变电站建成投产。1985 年 7 月，变电站将 1974 年安装的 10000 千伏安变压器更换为 31500 千伏安变压器，同时在后庄村汾河畔开始建设夏门 35 千伏变电站。

1985 年底，全县共有 35—110 千伏输电线路 56.325 公里，6—10 千伏输电线路 729.7 公里，低压线路 692.5 公里。全县共有变压器 744 台，总容量为 63210 千伏安。

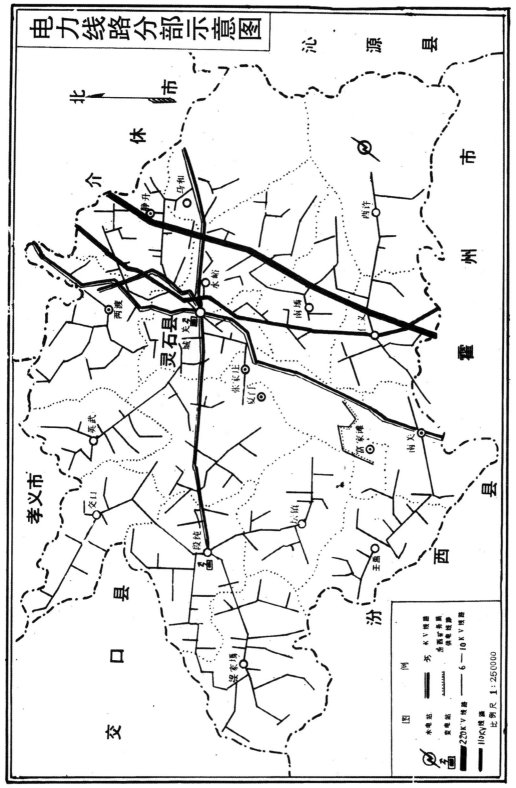

1992年灵石电力线路分部示意图

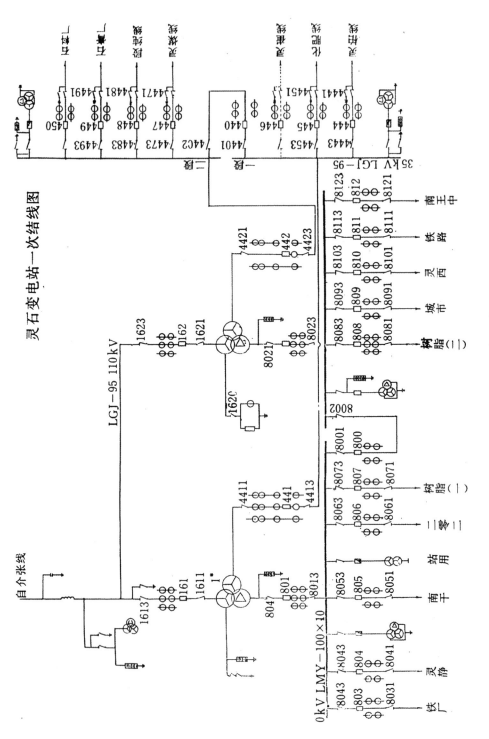

灵石变电站一次结线图

灵石变电线路情况表

灵石各厂及变电站供电容量情况表

线路名称	出线站（厂）	电压等级／千伏	基数	长度／公里	主要容量／公里	供电容量 AV台	供电容量 ／千伏安	建成年份
灵石发电厂	发 电	0.22	34	1.2		1	25	1957
张 灵	张家庄变电站	6	54	4.694		1	320	1958
城 市		6	90	6.854		12	870	1960
灵 石		6	444	37.026		37	1220	1966
二〇二	南关电厂	6	44	3.959		1	30	1967
南 阡	南关电厂	6	252	18.5		10	550	1970
两 渡	崔家沟变电站	6	114	8.85		7	336	1970
灵石铁厂	灵石变电站	10	26	2		2	1120	1971
灵石煤矿		10	27	2.25		2	1310	1971
崔 灵	崔家沟变电站	35	60	11.439	1/3200			1971
灵 静	灵石变电站	10	630	56.7		52	2480	1972
灵 崔	灵崔变电站	10	506	45.54		36	1540	1972
南 阡		10	456	42.5		29	1200	1972
城 市		10	121	8.995		18	1630	1972
南 阡	南关电厂	6	662	53.7		33	2275	1972
城市段夏	张家庄变电站	6	1420	111.7		110	4840	1972
树脂厂	灵石变电站	10	13	1.26		2	3180	1973
灵石化肥厂		35	21	2.23		3	2560	1973
灵石变电站	介 张	110	4	0.4	1/10000			1970
石膏矿	灵石变电站	35	44	5.25	2/2800			1974
二〇二	99	10	119	12.75		1	100	1976
七二五	99	35	78	13.936	3/2060			1977
灵石车站	99	10	610	43.3		7	340	1979
灵石煤矿	99	35	17	2.25	2/1800			1979
树脂厂	99	10	9	0.8		2	5200	1980
南王中煤矿	99	10	28	2.155		3	330	1981
城 市	99	10	171	12.753		28	4210	1981
灵 静	99	10	933	84.412		100	5500	1981
南 于	99	10	1115	101.361		88	4400	1981
灵 崔	灵石变电站	10	5496	293.127		211	11600	1982
南 阡	南关电厂	6	700	61.429		47	2450	1982
微波站	灵石变电站	10	106	9.828		1	50	1982
灵石变电站		110		0.49	1/10000			1983
段纯变电站	灵石变电站	35	67	20.57	1/31500			1983
南王中煤矿	99					1	560	1984
灵石铁厂	99					4	2460	1984
灵石变电站		110			1/31500			1985
城 市	灵石变电站	10	229	15.807		39	3040	1985
灵 旌	99	10	1060	99.552		116	6890	1985
南 于	99	10	1290	118.566		112	5470	1985
灵 西	99	10	1588	139.949		171	10680	1985
段 坛	段纯变电站	10	460	34.461		46	1950	1985
段 梁	99	10	595	53.277		39	1370	1985
段 夏	99	10	524	39.999		44	1925	1985
段 交	99	10	904	77.956		81	4015	1985
南 阡	南关电厂	6	808	70.435		60	2970	1985

灵石农村电网发展情况表

线 路			通 电			
10千伏／公里	6千伏／公里	0.4千伏／公里	乡镇／个	村庄／个	乡村企业／个	年份
	11.584	23.3	6	13	1	1960
	41.7	35.3	7	26	2	1961
	63.2	41.53	9	34	4	1962
	66.7	45.03	9	37	4	1963
	74.2	48.55	9	50	4	1964
	80.5	54.75	10	55	5	1965
	87.5	59.25	10	63	6	1966
	95.5	63.75	10	68	7	1967
	97.6	68.25	10	72	7	1968
	101.7	73.75	10	77	7	1969
	115.2	105.95	10	137	8	1970
	230.7	206.2	17	148	16	1971
	319.135	304.7	18	226	20	1972
310.2	43.09	334.95	18	277	23	1973
345.2	49.05	361.45	18	314	29	1974
357.2	54.05	381.55	18	352	35	1975
366.7	58.1	411.67	18	379	37	1976
379.722	58.1	420.58	18	383	42	1977
403.822	60.799	445.32	18	400	50	1978
417.8	61.429	464.12	18	410	59	1979
465.5	61.429	504.69	18	434	76	1980
529.011	61.429	532.4	18	451	87	1981
545.4	67.43	573.96	18	472	108	1982
575.4	67.43	605.6	18	498	114	1983
577.463	68.3	631.36	18	510	128	1984
579.563	70.435	669	18	534	142	1985

用电 1985年，全县有用户2957户（集体用户），其中，大宗工业企业8户，普通工业135户，乡镇工业201户，农村加工业445户，农村排灌132户，市政生活照明2036户。全年用电总量为9540万度，其中，工业用电7873万度，占82.5%；农业用电1373万度，占14.5%；市政生活照明用电294万度，占3%。

1968—1985年灵石用电情况表

年 份	总 计		工 业		农 业		市政生活	
	用户/户	用量/万度	用户/户	用量/万度	用户/户	用量/万度	用户/户	用量/万度
1968	490	335	40	174	123	119	327	42
1969	501	281	47	186	131	50	323	45
1970	550	358	50	200	150	115	350	43
1971	721	496	51	284	198	154	472	58
1972	867	720	116	464	292	225	485	31
1973	1009	1165	136	847	381	289	491	29
1974	762	1833	42	1373	491	381	507	79
1975	1222	2202	50	1629	577	472	595	101
1976	1461	1983	52	1269	682	620	727	94
1977	1109	2587	90	1829	727	672	758	86
1978	1630	3647	88	2708	761	845	781	54
1979	1767	3776	58	2639	855	975	854	162
1980	1839	4143	60	2872	853	1086	926	185
1981	1874	3168	66	1976	769	1005	1039	187
1982	2184	3529	81	2329	860	1000	1243	200
1983	2621	5074	107	3853	1024	989	1490	232
1984	2876	7043	155	5867	1099	912	1622	264
1985	2957	9540	102	7873	1228	1373	1627	294

电业行政管理 1959年9月，灵石县电业营业所成立，隶属介休县电业局。1960年11月，电业营业所改为山西省电力厅电网局介休供电所灵石供电站。1965年10月，供电站改为供电所，下设线路组、修试组、业务室、校表室。1966年1月，供电所改为供电局，1970年设城关、静升、南关、两渡农电服务片。1973年8月，供电局更名为电业局，下设政工、管理、生产3个办公室、1个营业所和线路、修试、变电3个班。1977年，电业局内部机构改设为办公室、生产办公室和营业所。办公室负责财务、事务、汽车；生产办公室负责线路、修试、变电、调度；营业所负责农电、三电、装表接电、电力监察、抄表收费。1979年，内部机构改设为局办公室、管理办公室、生产办公室和营业所。

1985年，电业局实行条条领导，隶属晋中地区电业局。同年，全县18个乡镇均建立电管站，电管站受电业局和乡镇人民政府双重领导，负责本乡镇的线路维护、安全用电、低压标准化等工作。

第二节 煤炭工业

一、煤田

煤层 本县地处霍西煤田东北部和沁水煤田的西部边缘。境内出露地层由老到新有：中奥陶系马家沟，中石炭系本溪群，上石炭系太原群，下二叠系山西组、下石合子组，上石合子组，石千峰组及第三系、第四系地层。

含煤地层为下二叠系山西组和上石炭系太原群。山西组地层厚 65.8 米，含 1、2、3 号煤层，煤层厚度 3.82 米，含煤系数为 5.8%；太原群地层厚 79.8 米，含 4、5、6、7、8、9、10 号及 11 号煤层，煤层厚度 8.78 米，含煤系数为 11%，总计含煤 11 层，煤层总厚度 12.8 米，含煤总系数为 8.7%。主要可采煤层有：山西组 1 号（上尺八）、2 号（下尺八），共 2 层；太原群 4 号（灰四尺）、6 号（拉宅尺）、7 号（铜三尺）、9 号（毛四尺）、10 号（大炭）、11 号（扫底），共 6 层，其余为局部可采或不可采煤层。

灵石可采煤层结构一览表

单位：米

区别	新编号	煤层厚度			顶板岩性	底板岩性	煤层间距			煤层结构
		最大	最小	平均			最大	最小	一般	
山西组	1	1.63	0.32	0.85	砂岩	砂质页岩	9.56	1.15	4.07	简单、稳定
	2	2.22	0.5	1.42	砂质页岩	砂岩	34.3	15.6	25.3	复杂、不稳定
	3									
太原群	4	1.38	0.05	0.93	砂质页岩	灰质页岩	6.8	3.6	5.34	局部复杂、较稳定
	5									
	6	1.62	0.58	1.02	灰质页岩	页岩	19.83	12.91	16.2	局部复杂
	7	0.97	0.32	0.63	灰质页岩	砂质页岩	30.12	21.2	23.4	较复杂、较稳定
	8									
	9	1.54	0.94	1.16	石灰岩	砂质页岩	4.4	2.7	3.2	简单、稳定
	10	5.37	3.3	4.04	砂质页岩	细砂岩				复杂、较稳定
	11	3.96	0.2	1.93						

分布 本县煤炭资源较为丰富，全县总面积 1206 平方公里，含煤面积为 870 平方公里，占总面积的 72.1%。预测煤炭储量 91 亿吨，其中，肥煤 59 亿吨，焦煤 14 亿吨，瘦煤 13 亿吨，气煤 5 亿吨。全县 18 个乡镇 309 个村委，80% 以上均有煤炭资源。

灵石煤炭分布情况一览表

区 别	含煤面积/平方公里	储量/亿吨	煤层厚度/米	勘探程度
交口里		9.80	7.50	普查
交 口		7.70	6.77	普查
景家沟		5.50	9.80	普查
王家庄		11.80		普查
梁家塔		9.80	4.10	预测
灵 煤		0.70		精测
崔家沟		2.30	9.10	精测
河溪沟		0.40	7.18	精测
富家滩矿东部		0.30	5.80	精测
张家庄		0.20	3.18	精测
三 教		0.13	3.04	精测
仁义南		8.50	5.80	预测
介 南	10.00	1.17	8.60	普查
尤家山	10.00	0.54	4.50	详查
草 桥	50.00	6.12	9.00	详查
紫金沟	10.50	0.72	4.25	精查
富家滩	19.25	1.00	3.83	精查
道 美	24.00	2.00	6.20	普查
碾则塔	18.00	0.76	3.10	预测
文殊原	30.00	1.30	3.10	预测
南 关		18.00		精查

煤质 本县煤炭品种优良,大多数为低硫、低灰分的炼焦煤、配焦煤和肥煤、瘦煤,其次是贫煤。

煤层灰分:山西组1、2、3号煤层的灰分较高,为中灰到富灰,一般在15%—25%之间,少数大于25%;太原群4、5、6、7、8、9、10号煤层的灰分较低,属于低灰到中灰,一般在10%—15%之间,太原群的11号煤层因含矸量较大,原煤灰分大于15%。

煤层硫分:山西组煤层的硫分较低,一般在1%以下,少数在1%—1.5%之间,属低硫或特低硫;太原群煤层的硫分较高,一般在1.5%以上,多为富硫,少数为中硫。

原煤发热量:境内各煤层含磷量一般不多,原煤发热量为7000大卡/吨以上。

综上所述,本县境内煤种比较齐全,煤质优良,从上到下煤层有所减少,硫分有所增加。

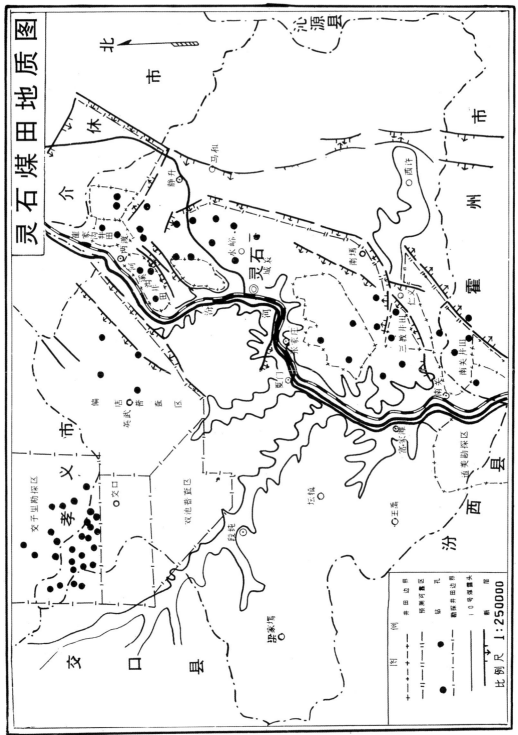

1992年灵石煤田地质图

灵石煤种成分含量表

煤 种	煤质	平均灰分 /%	平均硫分 /%	发热量 / (大卡 / 千克)	焦质层厚度 / 毫米
1#	K	22.31	0.42	8526	16.80
2#	K·πC	25.76	0.38	8364	15.00
4#	K·πC	24.87	1.19	8447	15.14
6#	K·πC	20.54	0.80	8323	12.33
7#	πC·K	19.22	2.52	8573	9.70
9#	πC·K	14.45	2.52	8613	3.00
10#	T·πC	18.80	3.82	8721	3.12
11#	πC	34.12	1.44	7775	5.67

二、矿井

1985 年，本县境内有各种所有制矿井 225 对，其中国家统配煤矿 4 对，地营煤矿 2 对、县营煤矿 4 对，二轻煤矿 2 对，厂办煤矿 6 对，乡镇煤矿 42 对，村办煤矿 100 对，联办 43 对，户办 19 对，军办 1 对。按井型分区，年产 30 万吨以上煤矿 5 对（两渡煤矿、张家庄煤矿、南关煤矿、富家滩煤矿、灵石煤矿），年产 10 万—20 万吨煤矿 2 对（许村煤矿、两渡 811 矿），年产 5 万—10 万吨煤矿 5 对，3 万—5 万吨煤矿 17 对，1 万—3 万吨煤矿 59 对，年产 1 万吨及其以下煤矿 137 对。

灵石主要矿井基本情况一览表

类别	矿 名	建成时间	面积 / 平方公里	储 量 / 万吨	设计能力 / 万吨	生产能力 / 万吨
统配煤矿	富家滩矿	1950	19.25	3000	40	30
	南关煤矿	1951.11	10.50	8500	45	35
	张家庄矿	1953		2000	45	35
	两渡煤矿	1959.1	22.00	27000	50	40
地营	灵石煤矿	1956	19.83	6864	45	35
县营	许村煤矿	1966.5	24.00	9371	30	20
	南王中煤矿	1974.5	23.30	7547	15	10
	河西煤矿	1981.10	4.98	2917	10	5
	金庄煤矿	1983.11	7.86	5942	10	5

注：许村煤矿系临汾地区在本县开办的矿井。

灵石乡镇煤矿基本情况一览表

乡镇	矿井数				主要矿井	基本情况		
	乡镇办/个	村办/个	户办/个	合计/个		面积/平方公里	储量/万吨	生产能力/万吨
城 关	3	13	3	19	石村沟矿	3.87	2267	10
静 升	2	4		6	回来峪矿	2.75	2970	10
马 和	1	1		2	马和煤矿	4.60	1949	10
水 峪	1	5	2	8	水峪煤矿	2.65	2246	5
两 渡	3	10	2	15	811 矿	1.48	1181	15
英 武	2	10		12	新长征矿	5.25	6513	5
交 口	4	11		15	小王庄矿	5.32	6038	10
段 纯	2	19		21	大井沟矿	7.41	1598	10
梁家墕	2	6		8	田家山矿	4.88	1844	
王 禹	1	17		18	赵家沟矿	6.26	3375	10
坛 镇	2	7	1	10	水牛沟矿	4.65	1506	5
南 关	2	9	2	13	王家岭矿	4.15	1736	5
富家滩	3	5	1	9				
夏 门	5	27	6	32	堡二坑	2.72	2129	5
张家庄	2	1		3				
仁 义	2	9	1	12	柏圪塔矿	8.75	3331	5
西 许	2	2		4	西许煤矿	4.30	1637	5
南 墕	3	6	2	11	南头沟矿	4.50	3523	5

三、开采

开采沿革 本县煤炭资源的特点是：煤层浅、品种多、质量优、易开采。汾河、交口河、段纯河、仁义河两侧有露头煤，古人即懂得用煤取火，烧煤做饭，故煤炭开采历史悠久。据明万历二十九年（1601）版《灵石县志》载，本县方泉峪、回来峪多产煤炭。又据民国 7 年（1918）《山西矿务志略》记载，灵石县有煤窑 70 余座，矿井分竖、斜、平坑 3 种当时最大煤窑为冷泉镇的张家庄煤矿，年产原煤 56 万斤（合 280 吨）。民国 23 年（1934），桃钮煤矿股份有限公司成立，年产原煤 4 万余吨（含收购小煤窑产煤）。1938—1945 年，日军掠走原煤共 103 万吨。1948 年，灵石解放后煤炭生产得到恢复和发展。1949 年底，全县共有小煤窑 580 座，均系人工开采，自然通风，技术落后，产量低，当年全县共产原煤 6.6 万吨。

1950 年，富家滩煤矿成立，井下采用电灯照明（南关电厂供电），机器生产，壁式采煤，绞车提升。1952 年，全县产煤 42.6 万吨，比 1949 年增长 5.4 倍。

1953 年，国营汾西矿务局成立，张家庄、南关、两渡煤矿相继建成，连同富家滩煤矿称"南四矿"。1955 年 5 月，晋南专区在道美村建成许村煤矿，成为当时境内产煤的主要矿井。通过对私营煤窑进行社会主义改造，1956 年 2 月，公私合营一、二、三、四煤矿成立，1959 年春并入地方国营灵石煤矿，1961 年 5 月，划归晋中专区经营。1962 年，境内产煤 185.3 万吨，比 1949 年增长 27 倍。1966 年"文化大革命"开始，对煤炭生产影响很大，1968 年，境内产煤 43.8 吨，比 1957 年降低 2.84 倍，10 年平均年产煤 153.5 万吨，比 1957 年降低 9.7%。

1976—1985 年，进入社会主义建设新时期，除国营南四矿、地营灵石煤矿、夏门煤矿和许村煤矿继续生产外，县营南王中煤矿、河西煤矿、金庄煤矿相继建成投产，特别是乡镇煤矿增多，村办、户办煤窑迅速发展，为灵石经济腾飞创造了有利的条件。1985 年，全县生产原煤 416.65 万吨，比 1949 年增长 62 倍。其中，县营和乡镇煤矿生产原煤 230.2 万吨，占总产的 55.3%；统配和地营煤矿生产原煤 186.45 万吨，占总产的 44.7%；县营和乡镇产煤超过统配和地营产煤的 23.46%。1949—1985 年，全县境内共产原煤 6669 万吨，其中，国营统配煤矿生产原煤 4078 万吨，占总产的 61.2%；地营煤矿（含军办及许村矿）生产原煤 1014 万吨，占总产的 15%；县营、二轻、乡镇煤矿生产原煤 1577 万吨，占总产的 23.8%。

采煤方式 年产 30 万吨左右的中型煤矿，均系机械化生产，一般采用长壁式和刀柱式采煤方法，其供电、排水、通风、运输、提升五大系统，都相互配套，生产能力较高。年产 5—10 吨左右的小型煤矿，系半机械化生产，除供电、排水、提升机械化外，采煤、运输多数用人工。年产 1 万吨以下的小煤窑，大部分系村办和联户办，机器设备较差，多数为人工开采，自然通风，生产能力较低。

机电设备 ①供电系统：汾西矿务局在崔家沟、张家庄建成 35 千伏变电站三处，总容量为 14400 千伏安，自 1958 年 10 月开始并网运行至今，主供南四矿采煤用电。其他地营、县营、乡镇煤矿均用灵石 110 千伏变电站引出的供电线路，各矿设有变电所，安装 50—300 千伏的变压器向井下供电。②排水系统：各矿均有井下水仓，大部分利用空区储水，把工作面的水用潜水泵送到水仓，再用多级离心清水泵排出地面。③通风系统：一般采用中央并列式的

灵石历年煤炭产量一览表

单位：万吨

年份	总计	统配煤矿					灵石煤矿	许村矿	县营矿	二轻矿	乡村矿	军办矿
		富家滩矿	南关矿	张家庄矿	两渡矿	小计						
1949	6.57	1.4				1.4	0.92	0.92			4.25	
1950	18.20	10.4	1.6			12.0	1.54				4.66	
1951	27.40	13.8	4.6			18.4	2.21				6.79	
1952	42.10	18.3	12.5	42.94		30.9	5.99				5.21	
1953	56.54	26.1	20.2	0.38		46.7	4.3				5.54	
1954	88.24	34.9	33.4	6.17		74.5	5.48				8.26	
1955	120.22	41.2	46.0	17.1		104.4	13.02			0.1	2.70	
1956	138.16	47.1	51.26	19.29		117.6	16.04	2.28		0.1	2.14	
1957	167.78	51.5	62.6	32.38	7.36	142.5	18.04	4.84		0.11	3.29	
1958	237.16	60.8	74.8	46.87	6.0	188.4	28.24	10.14		0.13	10.25	
1959	297.0	64.1	85.0	55.8	32.9	237.8	24.18	22.75		−	10.65	
1960	287.44	54.52	69.1	55.08	41.9	220.6	23.91	28.7		−	14.23	
1961	196.86	47.8	52.0	41.88	28.7	170.3	13.04	10.35		0.03	3.14	
1962	171.04	48.8	43.0	31.94	17.9	141.6	12.04	9.73		0.78	6.89	
1963	168.21	54.1	34.5	32.28	17.9	138.7	15.36	4.88		1.10	8.17	
1964	156.57	52.2	26.3	31.04	20.3	129.9	15.67	5.47		0.62	4.91	
1965	159.01	47.9	26.5	27.75	21.6	123.8	22	7.05		0.18	5.98	
1966	144.66	37.7	29.1	29.11	33.1	128.99	15.01			0.30	6.30	
1967	108.97	24.9	18.9	20.4	27.7	91.9	14.37			0.41	2.29	
1968	43.80	6.7	4.7	5.08	7.6	24.1	16.11			0.67	2.92	
1969	70.91	8.2	7.1	6.86	5.4	27.5	20.34			0.30	22.77	
1970	183.77	29.47	31.51	28.71	38.11	127.8	18.37			1.27	36.33	
1971	193.37	29.51	30.63	34.1	43.69	137.92	20.4	6.4		1.39	27.36	
1972	191.53	28.56	27.50	34.03	39.87	129.97	22.02	2.02		1.9	35.62	
1973	191.82	21.02	26.88	33	39.73	120.63	21.01	6.08		2.14	41.96	
1974	177.87	18.08	27.88	27.64	41.92	115.71	15.79	7.38		2.66	36.33	
1975	177.54	10.48	27.88	27.13	29.97	95.47	26.05	10.48	1.33	2.68	41.53	
1976	137.78	8.6	18.74	16.56	19.65	63.55	22.54	7.19	0.18	3.28	41.03	
1977	199.70	8.20	32.06	30.16	33.9	104.32	32.01	11.34	1.50	−	50.53	
1978	239.52	5.06	39.90	34.17	39.9	118.93	34	12.71	2.08	5.15	64.65	
1979	269.15	2.17	37.31	32.03	47.23	118.74	32.8	15.10	0.83	0.30	101.65	
1980	273.83		37.73	30.39	44.26	112.38	35.08	14.24	1.83	3.13	107.17	
1981	256.63		35.05	31.6	41.86	108.51	24.66	9.08	2.51	4.17	107.7	
1982	290.38		35.5	31.5	51.03	118.04	26.45	16.5	5.01	3.91	116.07	3.1
1983	274.02		31.66	32.2	50.54	114.40	30.68	17.06	6.0	4.38	95.5	4.25
1984	322.40		30.03	33.5	48.89	112.42	35.13	16.28	8.25	5.37	131.87	6.2
1985	416.65		35.05	35.6	57.78	128.43	34.89	18.0	10.46	6.61	211.26	7.0

通风方式,在回风巷安装20—40千瓦主扇风机通过采区运输巷,送至工作面,年产5吨以下的小煤矿用局扇通风,多数小煤窑用自然通风。④提升系统:斜井一般采用无级绳绞车提升,井巷坡度不大者用双滚筒卷扬机提升,也有的用架线式电机车提升,竖井用串车提升。⑤运输系统:井下运输,年产5万吨以上的煤矿,多用刮板输运机,从工作面将煤送入采区煤场,再装煤箱沿道轨送往井底或地面煤库,多数小煤窑仍用人拉小车或平车出口。井上运输,统配煤矿、地营煤矿及南王中煤矿、许村煤矿,均建有铁路专用线,从煤库直接装车发运,二轻、厂办及乡镇等无铁路专线煤矿,均用汽车发运。

四、加工

炼焦 本县土法炼焦历史悠久,明清和民国时期,所炼土焦除供炼铁、炼磺外,主要用于居民冬季取暖。1948年灵石解放后,焦炭生产逐步发展。1984年,灵石从四川内江引进萍乡炉炼焦技术,总投资225万元,先后建成静升、交口、段纯、后庄焦化厂,年生产能力可达20万吨,均系冶金焦,灰分在12%左右,质量上乘,每吨出口价150元,此外还有三灵焦化厂、南浦焦化厂。

灵石历年焦炭产量一览表

单位:万吨

年份	产量	年份	产量	年份	产量	年份	产量
1949	0.11	1959	11.47	1969	10.34	1979	8.45
1950	0.31	1960	10.87	1970	3.51	1980	0.60
1951	0.43	1961	4.54	1971	7.25	1981	3.58
1952	0.65	1962	0.758	1972	7.02	1982	3.63
1953	0.38	1963	0.26	1973	6.89	1983	4.00
1954	1.12	1964	0.30	1974	8.53	1984	6.20
1955	1.65	1965	0.07	1975	12.89	1985	19.17
1956	2.22	1966	0.16	1976	9.26		
1957	3.22	1967	0.80	1977	13.31		
1958	5.64	1968	2.85(太化)0.71	1978	16.73	合计	189.14

洗煤 经山西省计划委员会批准,1983年7月开始,灵石筹建南王中洗煤厂,由江苏省煤炭设计院承担图纸设计,总投资2000万元。年洗选11级冶炼精煤41.6万吨,中煤18.4万吨,总产60余万吨,预计年销售收入可达2200万元,纯收入500万元。建厂资金自筹,所需机电设备,由中国矿山机械成套公司提供,土建工程由第十三冶金建筑公司承建,主要生产设施有主

厂房、装车站、材料库、准备车间、压滤车间、机修车间、生产水池、圆筒煤仓等，于1987年投产。

炼油 1984年5月，静升镇张有福自己投资设计，自办简易炼油厂，取名永红炼油厂，厂址在静升镇公路边，原料主要利用炼焦排放的废气、废渣，经过加工配制，取硫化氰加化学药剂（即消烟剂、添加剂、沉淀粉等）烧炼而成。主要产品有柴油、汽油、机油及6号沥青，年生产能力120吨，利税可达3万元。主要设备有炼油炉、油罐、油桶等。

五、运销

民国时期，本县煤、焦，均系自产自销。中华人民共和国成立后，县境所产煤焦，国营和地营煤矿由国家经销，县营煤矿由县经销，乡村煤矿除供本县机关单位及民用外，主要靠自销和由县代销。1974年，随着乡镇企业的发展和原煤、焦炭产量的增加，灵石成立了灵石县非金属矿业管理站，1975年，改为矿业公司，系集体所有制企业，其主要任务是承担全县乡村煤矿所产原煤及焦炭的短途运销和铁路运销任务。经营方式，原煤为代销，焦炭为经销。1984年，灵石成立灵石县煤炭运销公司，系全民所有制企业。1985年，为了统一管理，矿业公司与运销公司合并为灵石县矿业运销公司，地址在城关镇玉成桥西侧，隶属关系归县乡镇局管辖。公司内设办公室、行政科、业务科、财务科、安监科、地销科、人事科、保卫科、汽车队，共有职工257人，汽车68辆，固定资产达1000万元。该公司汽车年发运能力为35万吨，周转量400万吨公里。1974—1985年，公司共外销原煤516.7万吨，外销焦炭74.22万吨，为全县乡村返回资金1200万元，上缴国税400万元，企业创利900万元，为本县煤炭工业的发展起了重要作用。

公路运输 除矿业运销公司车队外，灵石还有县营一、二、三运输公司车队，以及乡镇和个体车队的近千辆汽车，共同承担全县煤焦的上站任务及运往介休、平遥、榆次以及河北、山东等地的运销任务。

铁路运输 统配煤矿（南关、富家滩、张家庄、两渡），地营煤矿（灵石、夏门）及县营煤矿（南王中、许村）共8对矿井，均建有铁路专用线，从坑口直接装车，通过铁路运销省内外。

此外，矿业运输公司在灵石、两渡、南关、阳泉曲火车站及玉城建有5个发煤站，承担全县原煤、焦炭的铁路外销任务。

玉城发运站，建于1983年，总投资500万元，年发煤能力为100万吨，有一条长1.75公里的铁路专线，配有圆筒煤仓，直径16米，高47米，容量4500吨，装煤采用机械化作业，发运能力和机械化水平居全省乡镇企业之首。

六、重点煤矿简介

1974—1985 年灵石铁路外运煤炭、焦炭一览表

单位：吨

年份	煤炭	焦炭	年份	煤炭	焦炭
1974	136862	78766	1981	643763	43803
1975	169374	10014	1982	575722	46378
1976	68013	68675	1983	332197	46840
1977	132629	75930	1984	451244	33590
1978	137939	75444	1985	814559	25095
1979	290109	91124	合计	5167004	742213
1980	414593	68345			

富家滩煤矿　清光绪年间（1875—1908），桃钮村人合伙在牛家枣林开办季节性的杜中窑，年产煤近 120 吨，供附近村民使用。1931 年，桃钮一带先后办起小煤窑 38 个。1934 年，桃钮村商定成立桃钮煤炭股份有限公司，聚集 258 股，集资 8750 元（银圆）。1935 年 12 月，公司月产煤 400 吨，销往临汾、运城等地，三年获利 81655 元（银圆）。1938 年，日军侵占富家滩后，改煤炭公司为"军管理山西工业四十二工厂"，1943 年 6 月更名为"富家滩采煤所"，属"兴中公司"管辖。1945 年，日本侵略者投降后，它由阎锡山伪政权接管，改称"西北实业公司煤矿第三厂"，后又称太钢所属"灵石采矿所"。

1949 年，富家滩煤矿由太原军管会接管，次年初成立山西富家滩煤矿公司。1952 年 1 月 1 日，政府在富家滩煤矿和义棠煤矿以及两渡建井工程公司的基础上，筹建汾西矿务局，局部驻富家滩，1956 年迁驻介休县。富家滩煤矿归属汾西矿务局。

据有关资料统计，1949—1979 年，富家滩煤矿共产煤 914 万吨，职工人数最多达 4146 人（1955 年），年产最高达 64.01 万吨（1959 年），1979 年停采（因矿井衰老）。

富家滩煤矿主要年份生产情况表

年份	职工人数／人	原煤产量／万吨	年份	职工人数／人	原煤产量／万吨
1949 年	777	1.42	1965 年	1988	47.95
1952 年	2842	18.34	1970 年	1944	29.47
1957 年	1587	51.54	1975 年	1440	10.48
1962 年	2261	48.75	1979 年	634	2.16

灵石煤矿　1952 年 3 月，本县张万斌等受政府委托，将县城附近的 16 个私营小煤窑组织起来联合经营，是灵石县 1949 年后第一个个体采煤联合企业。

1956 年 2 月，它与另外 3 座私营煤窑通过公私合营，组建起灵石县公私合营第一煤矿，并于同年始建扇底坑。1958 年，灵（石）、介（休）、孝（义）三县并为介休县后，改称介休县灵石煤矿，次年又将公私合营的灵石第二、第三煤矿及沙峪煤矿并入，并重点建设扇底坑，生产地点由分散转向集中。1961 年 5 月分县后，它由晋中专区经营；1968 年后由晋中地区经营，一直至今。矿井设计能力为 45 万吨，实际生产能力为 35 万吨，主井为扇底坑。1964 年 5 月，动工修建 0.77 公里铁路专用线。全矿职工人数最多的年份是 1969 年，为 1847 人；产量最高的年份是 1984 年，为 35.13 万吨。

灵石煤矿主要年份生产情况表

年　份	职工人数／人	原煤产量／万吨	年　份	职工人数／人	原煤产量／万吨	年　份	职工人数／人	原煤产量／万吨	年　份	职工人数／人	原煤产量／万吨
1956 年	1020	16.04	1965 年	904	22.00	1975 年	1153	26.05	1985 年	1695	34.89
1962 年	1051	12.04	1970 年	997	18.37	1980 年	1340	35.08			

南王中煤矿　矿部设在县城东部，矿井位于霍西煤田草桥勘探区北中部，距县城 3 公里，系全民所有制企业。其前身为灵石县铁厂焦化车间，1974 年 5 月，经晋中地"革委"以〔1974〕72 号文件批准，撤销车间，成立地方国营灵石县南王中煤矿。

该矿井田面积，上组煤 8.5 平方公里，下组煤 14.8 平方公里，共 23.3 平方公里，总储量为 7547 万吨，可采量 4611.23 万吨。建矿初期基本维持原有生产规模，1980 年 5 月，开始扩建，使生产能力由原来年产 2 万吨增至 15 万吨，总投资 450 万元。1984 年，煤矿技改工程告竣，验收合格，提升、运输、通风、排水、供电五大系统均已形成，具备年产 15 万吨的能力。

1975 年，煤矿有职工 78 人，固定资产 13.6 万元，产量 13269 吨，产值 24.13 万元。1985 年，职工人数增至 472 人，固定资产扩大到 500 多万元，产量达到 93639 吨，产值 201.32 万元。

煤矿铁路专线正在施工之中，这条专用线从灵石车站出岔，经水头逆静升河而上至南王中煤矿装车站，全线长 4.6 公里，铺轨长 6.6 公里，占地 120 亩，预计投资 1000 万元。1976 年，省计委以〔1976〕170 号文件批准扩建，同年 10 月，由太原铁路局基建处勘测设计队设计，省煤管局以〔1976〕22 号文件批准设计，当年即破土动工，次年因国民经济调整被列为缓建项目而停工。1983 年，省计委、省财政厅、地方煤管局和建行又联合行文批准该线重新开工修建，1987 年竣工，开始营运。

南王中煤矿历年生产情况表

年份	职工人数 /人	原煤产量 /吨	总产值 /万元	实现利润 /万元	上缴利税 /万元	固定资产 /万元
1975	86	13269	24.13	—	—	—
1976	88	18600	31.00	-0.41	—	2.50
1977	92	15045	25.58	-2.82	—	2.77
1978	93	20807	39.84	-5.90	1.76	85.74
1979	136	8235	14.00	0.08	1.83	100.89
1980	147	18347	31.18	5.11	3.17	85.14
1981	161	25068	54.89	5.21	5.10	96.47
1982	247	50122	91.17	10.29	4.18	114.32
1983	373	60022	114.02	19.41	4.30	112.13
1984	430	71755	153.08	20.71	6.19	115.07
1985	472	93639	201.32	19.63	7.22	472.79

811煤矿　两渡镇办煤矿，位于汾河东岸，矿区面积1.48平方公里，储煤量1181万吨。其前身系杨家庄煤窑，最初有矿工60余人，年产原煤达到2万吨，产值30万元，利润3万元，原煤回收率仅达30%。

1981年，经山西省乡镇局批准，811煤矿被列入重点技术改造矿井项目，建设年产10万吨矿井，国家给予低息贷款（月息一厘八分），共投资230万元，于1981年12月，开始进行技术改造，到1983年12月，技改竣工投产。通过技术改造，矿井通风、排水、供电、提升、运输五大系统形成机械化。井下采用金属支柱，铰接顶梁，用弯曲刮板运输机短壁式采煤方法，资源回收率由30%提高到80%，日产量由60吨提高到190吨，增长2.2倍，全员劳动生产率由1.8吨提高到3.7吨，增长1倍。坑木消耗量由万吨煤80立方米下降到10立方米。1985年，生产原煤11.3万吨，产值达230万元，实现利润36万元，原煤产量和经济效益跃居全县乡镇煤矿之首，被评为晋中地区煤炭系统的先进集体。

灵石乡镇煤矿百万吨死亡率情况表

单位：吨、人、%

年　份	年产量	死亡人数	百万吨死亡率	年　份	年产量	死亡人数	百万吨死亡率
1980	109.9	13	11.82	1983	95.5	7	7.32
1981	111.5	13	11.66	1984	131.0	7	5.30
1982	110.0	9	8.18	1985	201.0	4	2.00

第三节　冶炼工业

一、炼硫

据田家山硫黄沟现存遗迹来看，境内炼硫历史悠久，上阳坡（今属交口县）庙内所存清同治三年（1864）禁止炼硫碑可以证实。1914 年，山西省矿产测绘局曾在田家山一带作过硫黄矿勘察。1931 年，田家山村人利用农闲时间炼硫并贩卖于陕西等地。阎锡山统治时曾组织 80 余人在此地炼硫，供制造军火之用。1951 年，山西省工业厅矿产管理局决定在南关建立炼硫厂。同年 10 月，樊子明（厂长）、李兆荣（股长）创造了用大缸做冷却室的炼硫法（把 6—7 个大缸去底后，口对口，底对底，连成一条曲折而内径不等的通道）。新型改造炉造价低，建造方便，比旧式"外热式天地罐"生产能力大，回收率高，被命名为"樊李小炉"，并在全国推广。同年，私人集资分别在田家山赛马沟、阳坡沟建星星硫厂和灾民硫厂，招收 200 余人，采用"樊李小炉"炼硫，获得较好的经济效益，比传统的"外热式天地罐"每炉增加 5900 余斤（原炉装 100 余斤），提硫率由 7%—8% 上升为 12% 以上。

1953—1954 年，在星星硫厂和灾民硫厂的基础上，田家山硫黄生产合作社和向阳坡硫黄生产合作社成立。1955 年，两个合作社扩大生产，在张志沟、寺沟、沟西建立车间。1957 年，两个合作社并为向阳坡硫黄合作工厂，同年所产硫黄远销苏联和东欧各国。1958 年，灵（石）、介（休）、孝（义）三县合并期间，该厂曾与南关硫黄厂、孝义铝厂、孝义永远庄硫厂合并为介休县地方国营向阳坡硫黄厂，并转为全民所有制企业。采矿和炼硫车间分布在田家山、阳坡、南关、寺沟、水泉塔、张志、永远庄、沟西，职工人数 1500 人，最高年产 2000 吨。1960年，国家调拨发电机、空压机、锅驼机、柴油机，使生产条件得到改善，1961 年出口硫黄 1108 吨。分县后，工厂由于产品滞销等原因，于 1962 年停办。1963 年，灵石政府恢复成立向阳坡硫黄厂（集体企业），有职工 60 人，年产硫黄 200 吨。1967 年，其改名灵石硫化厂（集体所有制企业），厂址在田家山。1972 年，工厂建立田家山车间，并建立硫酸车间，1973 年，在田家山井下改巷铺轨；1981 年后，新增矿井，增建炼硫炉，添置车辆设备，修建办公新址和职工住房，生产和生活条件大为改善。1982 年，工厂所产硫黄被评为省优产品，受到山西省人民政府的嘉奖。1985 年，工厂贷款 50 万元，新建年产 5000 吨的硫粉车间职工 500 余人，年生产能力为矿石 71000 吨，硫黄 6000 吨，硫粉 5000 吨，出口硫黄 1720 吨。

1970 年之前，灵石采矿和炼硫同步进行；1970 年开始向河北等地出售硫铁矿粉用于制磷肥，于是出现专事采矿的企业，采矿量超越本地生产能力而得到较大发展。灵石采矿企业有手工业系统的硫化厂、南关铸管厂和木器厂也兼营采矿炼硫，乡镇企业从事采矿的企业约100个，从事炼硫（大都兼采矿）的企业32个，这些均系小型企业。

1983年7月，夏门公社农民王万生建立私人硫黄厂，次年投产，共有炼硫炉41支，分布在夏门、坛镇、交口3个公社境内，有工人15人，汽车2部，炼硫原料主要为铜炭，也用硫铁矿，从投产到1985年底共炼硫770吨，获纯利润15万元。

1978—1985年灵石公社（乡镇）采矿炼硫情况表　　　单位：吨

项　目	1978年	1979年	1980年	1981年	1982年	1983年	1984年	1985年
硫铁矿	2150	1100		39320	27600	50764	81789	71400
硫　黄	138	1264	1703	1053	1436	2292	4319	4691

灵石硫化厂主要年份生产情况一览表

年份	职工人数/人	资金/万元	产值/万元	产量/吨	工资总额/万元	人均工资/元	实现利润/万元	上缴税金/万元
1954	32	12.00	18.10		1.28	400	0.33	0.32
1960	289	63.22	181.66		202.20	699	49.22	37.33
1965	75	3.08	21.10	321	4.83	644	8.44	5.22
1975	124	33.83	85.18	1150	9.89	796	12.41	13.63
1978	266	32.20	90.89	1582	19.99	750	18.23	17.52
1981	340	44.83	186.64	2462	36.57	1075	17.86	23.24
1982	405	53.88	292.58	3000	47.65	1174	20.07	27.30
1983	140	69.15	400.10	4170	55.04	3930	40.05	27.37
1984	504	104.43	565.12	4945	87.64	1738	102.20	66.21
1985	525	211.58	329.90	5335	79.07	1506	31.09	30.47

灵石硫黄矿部分年份销售情况表　　　单位：吨

项　目	1969年	1970年	1978年	1980年	1982年	1984年	1985年
硫　黄	1320	1320	2486	1820	3981	6860	7010
硫铁矿	2740	10310	4079	11534	59933	106577	85984

二、炼铁

明万历二十九年（1601）版《灵石县志》记载，回来峪枣凹寺僧人500余人，以开采铁矿和煤炭为主，还有关于曲村南沟采铁矿的记载。1945年，西北实业建设公司曾在灵石设立铁矿所，在县城附近张家庄、南关等地开采铁矿，供太原钢铁厂炼铁。

解放初期，太原钢铁厂曾在灵石县城、两渡、张家庄、南关建立采矿所，就地雇工开采铁矿，当时村民开采的铁矿由张廷禹总销售，与各采矿所进行结算。

1957年秋，灵石筹建梁家圪塔铁厂，县营企业。1958年12月，其更名为梁家圪塔采矿厂，专事采矿，供应介休钢铁厂、阳泉钢铁厂和临汾钢铁厂，有职工千人左右。1960年，它由县营变为地营，更名为晋中专区梁家圪塔采矿厂，进行大规模基本建设，南山青年坑曾建为机械化程度较高的采矿坑口，并架设了专用输电线路，修建了矿库和铁路专用线，为便利矿石调运，将许家店火车站迁址冷泉。该厂曾被评为全国冶金系统的红旗单位。1960年3月，冶金部在该厂召开全国数十个单位参加的现场会议。当时，该厂年产矿石5万吨左右，后于1962年停产，并入夏门石料厂。

1958年4月，灵石建立景家沟铁厂，修建13立方米和15立方米高炉各1座，最高年生铁产量为3400吨。1961年，该厂停产关闭，财产移交灵石煤矿。

1971年1月，南王中沟口建成灵石铁厂，建有21立方米和50立方米高炉各1座。在太原钢铁厂工程师的指导帮助下，该厂21立方米高炉的建造，采用耐火混凝土作高炉内衬，为我国第一座新质材耐火混凝土高炉，创造了小高炉长寿经验。该厂与太原钢铁厂和耐火厂于1975年共同编印《高炉及热风炉内衬，使用新质材试验总结》一书。1976年9月，冶金部召集全国冶金系统及有关大专院校40余个单位对该炉作了现场鉴定，将其经验推广全国；山西省科技厅将该项经验以《耐火混凝土高炉和热风炉》为题载入1972—1973年《科技成果选编》；1977年，冶金部《耐火材料》杂志刊登介绍此项经验的文章。1979年8月13日，该厂因内衬脱落而停产。1978—1983年，灵石铁厂转归晋中地区经营；次年恢复县营，改称五一铁厂。

1972—1977年灵石铁厂生产情况表

年份	职工人数 / 人	生铁产量 / 吨	铁矿石产量 / 吨	产值 / 万元	全员劳动生产率 / 元
1972	747	5980	31112	83.10	1116
1973	641	6748	27995	98.47	1432
1974	570	6569	18203	100.03	1653
1975	562	6729	16945	94.66	1672
1976	550	2073	—	27.53	495
1977	554	7077	—	104.53	1900

五一铁厂经营对比表

项 目	职工人数/人	流动资金/万元	生铁产量/吨	总产值/万元	生产率/元	销售收入/万元	实现利润/万元	固定资产/万元
1971年	310	39.53	2902	44.98	858	52.92	30.8	68.6
1985年	648	177.03	28324	607.9	9381	1132.68	129.41	597.66
增长	1倍	3.5倍	8倍	12倍	9倍	20倍	3倍	7倍

1977年，冷泉铁厂建立，由晋中地区经营，从榆次、太谷、祁县、榆社集资150万元，并调集民工200人，建设13立方米的高炉1座。

1984年10月，夏门镇办铁厂筹建，建半钢结构的6立方米高炉1座，1985年5月投产，设计能力为年产生铁2000吨。

同年10月，西许乡办铁厂筹建，建6立方米高炉1座。

1985年1月，南关铸管厂筹建铁厂，兴建18立方米高炉1座。

第四节 机械工业

一、铸造工业

1967年，南关农具修配厂筹建铸管车间，次年5月投产；1983年2月，更名为南关铸管厂，主要生产直径4英寸、8英寸、10英寸、12英寸、16英寸（1英寸≈2.54厘米），长6米铸铁水管，年生产能力3600吨。此外，县农机修造厂和部分乡镇企业设有铸造车间，浇铸机器零件和日常生活用品。

南关铸管厂主要年份生产情况表

年份	职工人数/人	资 金/万元	产量/吨	产 值/万元	工资总额/万元	人均工资/元	实现利润/万元	上缴税金/万元
1955	75	0.81	—	7.64	3.25	433	0.11	0.09
1960	139	19.05	—	73.59	7.08	509	3.19	2.42
1965	113	24.89	118.35	33.50	5.96	527	1.43	2.09
1970	116	22.22	608.30	32.70	5.40	465	0.07	1.88
1975	145	44.89	2268	79.97	8.40	579	5.96	6.38
1978	157	41.59	2178	76.36	8.96	570	6.09	7.55
1982	150	52.29	924	51.50	8.50	566	0.34	2.93
1983	142	47.84	1206	61.06	10.95	771	2.03	3.67
1984	163	36.96	1469	87.44	12.50	766	9.01	9.70
1985	217	43.33	1239	59.40	17.54	808	5.03	8.65

二、特种焊条

1979年10月，杨家山村民张士雄投资3000元，在土窑洞创建特种焊条厂。

工厂在省内外专家的帮助下，经过 360 多次试验，研制成功 SZ-1 型电焊条，经过几年努力，已建成 4000 平方米的厂房和办公楼，拥有各种设备 60 余台（件），生产全部实现机械化；拥有职工 60 余人，生产各种焊条 60 余种；SZ-1 型电焊条荣获省优质产品称号，年生产能力为 40 余吨，产品畅销天津、北京、湖北、宁夏等 11 个省市；1985 年，产值 50 多万元，纯利润 5 万元。

三、电子工业

1985 年 3 月，灵石平州无线电厂在县城新街建成（属城镇集体企业），是全省生产电视机的第二个厂家，年设计生产能力为 15000 台，当年研制生产 14 英寸集成电路黑白电视机。首批产品经省电子产品检验所鉴定，各项技术性能指标均达到和超过国家标准，由国家颁发注册商标，定名为"太岳牌"ST35-A 型全频道黑白电视机。同年，产品投放本省晋中、临汾、运城、吕梁以及河南洛阳等地市场，颇受用户欢迎。

四、电碳工业

1983 年，常青村筹办晋阳电碳厂，建厂初期生产电极糊，1985 年又试产电侧碳块获得成功，有职工 300 名，固定资产百万元。产品质量先进，畅销全国 20 多个省市。1985 年，工厂生产电极糊 1550 吨，实现产值 551.28 万元，利润 57 万元。

五、农具加工

20 世纪 50 年代以前，灵石农具主要靠小炉匠加工制作，产品主要有：锹、镢、锄、镰、菜刀、剪刀、斧头、勺子、笊篱等生产工具和生活用品。本地从事修配门锁、修补铁锅等这些小手工业的人很少，多是河南、晋东南等地的外来人。其中，城关申国山的把式、常老三的（服务）态度、张家庄申师（六镇）的羊毛剪、仁义郭师（福林）的放羊铲、石泉张师（巨正）的铁锹，颇受欢迎，较为出名。

1953 年 12 月，县城内由 8 名匠人集股成立铁业小组，建炉 4 盘，主要生产小农具，搞加工修理。1954 年初，其改为铁业社，之后逐步发展，1958 年，曾一度改名为矿山机械厂，生产脱粒机、大煤箱和铸铁水管。1964 年，工厂生产 380 型饲料粉碎机、330 型和 200 型碾米机，1973 年改名为灵石农业机械厂，1974 年自行设计制造 480 型粉碎机。

六、农机修造

1969 年 11 月，灵石筹建县农机修造厂，于 1970 年投产。其主要设备有大型冲床、龙门刨床、车床、钻床、空气锤等共 34 台，设有机钳铸造、修理、水暖安装、电工、锻工等生产车间，固定资产总值 48.44 万元。1980 年前，工厂生产 310 型饲料粉碎机、风扇总成、水泵总成、三用筑埂机等定型产品；1980 年以后，没有定型产品，随时承揽各种加工和修理业务。

1954—1985 年县农机修造厂生产情况表

产　品	型　号	生　产　时　间	产　量	销　地
农具农机	中小型	1954—1984 年	695202 件	县　内
碾 米 机	330 型	1972—1985 年	3769 台	省　内
粉 碎 机	380 型	1982—1985 年	73 台	省　内
矿　车	$1.2^{n^2} \times 1^{n^2} \times 0.8^{n^2}$	1982—1983 年	187 个	县　内
碾 米 机	200 型	1975—1982 年	597 台	省　内

七、汽车修配

1976 年以来，城乡汽车渐增，修配汽车业务亟待开办。1977 年，手工业系统的农业机械厂增设汽车修理业务，1978 年更名为汽修厂。该厂设有机工、钳工、锻工、铸工、电焊、汽修、铁皮等 7 个生产车间，共有职工 94 人，可承担汽车中修业务，厂址在沙峪口。1978—1985 年，该厂共修配各种汽车 1978 辆。县汽车运输公司、矿业公司、南四矿、灵石煤矿、夏门煤矿、石膏矿等汽车较多的单位，均设有汽修车间，承担本单位汽车修配业务，基本做到小修在车间，中修不出县。

汽修厂主要年份生产情况一览表

年份	职工人数/人	资金/万元	产量/辆	产值/万元	工资总额/万元	人均/元	实现利润/万元	上缴税金/万元
1954	55	1.42	—	5.46	3.85	700	0.11	0.09
1960	139	1.60	—	42.96	11.12	800	0.90	1.50
1965	59	9.31	330	12.60	3.32	562	1.81	1.28
1978	162	25.58	2288	57.13	9.08	560	3.33	3.74
1980	147	27.25	968	45.80	9.81	667	0.28	2.03
1981	134	25.49	1794	26.34	7.89	588	7.04	1.06
1982	123	24.55	—	38.37	7.14	580	0.25	1.16
1983	103	23.89	300	39.00	11.27	1094	0.57	1.67
1984	94	18.10	—	42.64	12.27	1305	1.20	1.92

八、五金修配

1972 年，县五金厂成立，是由原自行车社和静升铁木业社合并而成的。该厂现有职工 39 人，固定资产 15.36 万元，主要生产设备 11 台，设有电焊、钣金、综合 3 个车间，无定型产品，随时揽活，主要搞日用铁皮加工和其他金属制品，从事焊接、小型修配等。产品有水桶、水箱、烟筒、油罐、茶炉、货架、平车、加油桶、吸尘器、铁大门、模型板、小型锅炉等。

第五节　建材工业

一、石膏

本县石膏储量丰富，品质优良，分布集中，易于开采，主要分布在两渡到南关的汾河两岸，全县储量 17.2 亿吨。石膏开采，是本县矿业生产中的一个重要组成部分。20 世纪初叶，本县曾有过小规模石膏开采，用于制造粉笔。1938 年，日本侵略者占领灵石后，在县城西岸开采石膏，通过高空索道，运到西门外，然后再由人、畜力拉到水头火车站装车，运往日本。1945 年，日本侵略者投降后，阎锡山统治政权也曾进行小量开采。1949 年后，石膏开采规模逐步扩大，但由于受到铁路运输等限制，不能大力生产。1985 年，全县石膏产量28 万吨，石膏加工开始有所发展。

开采　境内石膏开采，有地营、县营、乡镇经营三种形式，地营有灵石石膏矿；县营中没有专业厂矿，而是由一些企业兼营；乡镇的石膏开采，经 1985年底统计，有 33 个小型企业。

（1）国营开采：1956 年，县工业局主办建立灵石石膏矿，矿部设在水头火车站附近，工地主要在火车站北面的阎家坟，由河南周口市调进工人 200 余名。该矿投产后，即移交省营，1957 年又下放为县营，1959 年 4 月移交中央，厂名改为中华人民共和国建筑材料工业部灵石石膏矿，干部、工人的调配，以及生产、财务、基建等均收归部管。1972 年，该矿厂下放为地营，矿部于 1980 年迁往张家庄，采膏工地也主要转到张家庄。1985 年，该矿厂有工人 811 名，年产石膏 150272 吨。

灵石石膏矿部分年度生产情况

年　份	职工人数/人	产量/吨	产值/万元	销售收入/万元	实现利润/元	上缴利税/元
1956	442	20993	42.00	7.20	12361	
1958	549	127971	256.00	111.28	350600	254923
1960	726	230708	415.00	127.01	557580	453504
1963	301	54773	83.70	85.22	214445	400687
1965	324	48449	82.00	89.74	281948	316137
1970	324	84319	129.30	118.38	273369	230000
1971	326	90147	202.00	143.12	549468	722041
1975	621	135695	185.00	73.19	223289	350000
1978	674	144014	187.00	168.12	100293	89874
1980	778	201035	198.00	163.87	328490	50000
1981	784	134680	195.00	293.88	201639	250000
1982	805	158362	231.00	361.22	260206	230000
1983	810	163064	245.00	398.06	835932	300000
1984	812	202973	288.00	360.00	1111664	650000
1985	811	150272	219.20	17.78	183315	120000

（2）县营开采：县营全民所有制企业，兼营石膏开采的有灵石石膏水泥厂。该厂厂址在水峪沟口，采膏工地在陶家山和常青汾河对岸，1985 年生产石膏1217 吨。县营二轻企业兼营石膏开采的有灵石石膏白灰厂，该厂厂部设在水头，现有石膏坑口 1 座，年生产能力 3 万吨。

（3）乡镇开采：1978 年以来，随着乡镇企业的兴起，灵石石膏生产也有了较大的发展。

1978—1985 年灵石石膏开采量情况表

单位：万吨

年份	产量	年份	产量	年份	产量	年份	产量
1978	3.5	1980	11.688	1982	12.565	1984	6.9
1979	5.462	1981	9.793	1983	8.82	1985	7.455

加工 本县石膏加工，尚处于起步阶段，现有的项目有：制粉、制板、浮雕天花板、瓷砖、无尘粉笔等，已投入批量生产，产量不大，有的项目仅属试制。

（1）石膏粉：1981 年，夏门公社后庄村建石膏粉厂，厂址在本村，总投资 70 万元，其中固定资产投资 50 万元，生产生、熟石膏粉两种。生石膏粉系将石膏块破碎后再粉碎，细度可达 120 目；熟石膏粉系将石膏煅烧脱水冷却后粉碎，细度可达 120 目，产品销往天津、北京、石家庄等地。1985 年，该厂仅此项收入人均达 630 元。

1981—1985 年石膏粉厂产量、销售量及利润表

单位：吨、万元

年份	石膏粉产量	销 量	利 润	年份	石膏粉产量	销 量	利 润
1981	950	600		1984	5000	4900	10.00
1982	1200	900		1985	5000	4750	20.00
1983	4000	4000	3.00				

（2）浮雕天花板：它由石膏白灰厂加工。该厂于 1983 年在灵石车站 517 站台东侧建起一座石膏加工车间，除生产石膏粉外，从 1985 年开始试制浮雕天花板、瓷砖和无尘彩色粉笔。浮雕天花板是将石膏粉加玻璃纤维和其他辅料注入模型凝固干燥而成，有二龙戏珠、四龙抢宝、角花、边花等 12 个花色品种；瓷砖是将石膏粉和 107 胶、玻璃纤维拌匀，放入模具凝固干燥而成；无尘彩色粉笔系以熟石膏粉为原料的一种新产品，软硬适中，色彩鲜艳，投入批量生产。

销售 境内所产石膏，除供本县生产水泥、粉笔、陶瓷外，主要销往大同、南京、东北等地的大型水泥厂及工艺厂。从 1958 年开始，灵石每年向朝鲜出口石膏 2000 吨，质量为二级品，要求含二水硫酸钙 85% 以上，最大不超过 50 厘米，最小不低于 10 厘米，到 1985 年 28 年中从未间断过。1977 年，灵石曾向柬埔寨出口石膏 2900 吨，出口朝鲜的石膏每吨结算价：含二水硫酸钙 90%

以上的为 31 瑞士法郎，85% 以上 90% 以下的 29 瑞士法郎，供货单位有灵石石膏矿、石膏白灰厂以及乡镇企业。

1969—1985 年石膏发运数量及价格表

年　份	发运量 / 吨	每吨价格 / 元	年　份	发运量 / 吨	每吨价格 / 元
1969	5069	18	1978	53807	18
1970	98720	18	1979	97000	18
1971	91291	18	1980	66201	18
1972	46079	18	1981	66000	18
1973	107822	18	1982	55500	18
1974	29884	18	1983	76600	18
1975	82722	18	1984	32400	18
1976	68432	18	1985	38834	20
1977	77486	18			

二、砖瓦

灵石县的砖瓦生产，源远流长，早在 1000 多年前，庙宇的建筑就采用砖木结构，筒瓦盖顶。但在漫长的历史上，砖瓦一直是手工作业，简易生产，自用自产，规模甚小。

1949 年，私人集股，在灵石火车站西建立新生砖厂，最高年产青砖 200 万块。

1951 年，南关火车站西建立新砖厂，资金由富家滩煤矿提供，产品供富家滩煤矿使用，年雇用临时工 80 人，最高年产量为 300 万块。该厂从 1954 年开始生产平瓦，初期是木模手压，1958 年改为木模铁能转压的半机械化生产。同年，私人集资，在富家滩煤矿开办晋中砖厂，产品供富家滩煤矿使用，雇用临时工 35 人，最高年产量为 280 万块。

1954 年，城关砖灰合作社成立，生产瓦和耐火砖，瓦的年产量为 25 万块。次年，砖灰二社成立，生产青砖，年产量 10 万块。两社在南关、两渡建立烧砖小组，从业人员 30 多人。

1956 年，砖灰一、二社组建为水头砖灰社，年产青砖 265 万块，板瓦 20 万块。另有 7 个砖灰厂，公私合营后组建为灵石砖瓦厂，厂部设在南关，在南关、富家滩和县城 3 处开设 4 个生产车间。1957 年，水头砖灰社有工人 585 人，总产值 48 万元。

1959 年，砖灰社和砖瓦厂合并，1961 年更名为灵石建材厂，厂部设在沙峪，在沙峪征地 10 亩，建起烧窑 4 个，设立砖瓦车间，仍为手工生产。1967 年，工厂购进 1 台 350 型制砖机，开始机制砖生产；1971 年购进 1 台 28 型德国复式压瓦机，开始机制瓦生产，生产能力为每小时 400—800 片。该厂为灵石县最大的砖瓦生产企业，1985 年，有职工 116 人，砖机 2 台，瓦机 1 台，干燥间 8 条，输窑 20 门，大口窑 6 个，年生产能力为青砖 1158 万块。

乡镇砖瓦生产占有重要地位。据 1985 年统计，全县各乡镇共有砖瓦厂 109 个，其中耐火砖厂 18 个，大部分采用机械化和半机械化生产。全县 18 个乡镇均生产青砖，耐火砖生产则主要分布在段纯和梁家塌两个乡镇。

三、白灰

1949 年，私人集股，在水头火车站西建立新生灰厂，工地设在双泉峪沟，年雇工 40 人，生产白灰 3000 余吨，所产白灰销往晋中和晋南。

1950 年，一位壶关人在南关开办裕记灰厂，工地设在南关陶瓷厂一带，年雇工 40 人，生产白灰 700 余吨。

1952 年，城关砖灰生产合作社在水头建立，后称砖灰一社，年产白灰 200 余吨。

1953 年，部分外地人合作在富家滩开办建新灰厂，年产白灰 1000 吨。

同年秋，南关建立私营复兴灰厂，工地设在三教村黄崖底石窑处，雇工 20 人，最高年产石灰 3500 吨。

1955 年，城关砖灰二社在水头成立。

1956 年 1 月，砖灰一社、二社合并为灵石县手工业生产合作社水头砖灰社，以生产白灰为主，年产 6000 吨，1958 年更名为灵石建筑材料厂，1963 年更名为灵石建筑材料社。

1965 年，建材社派出人员，到北京周口店等地学习先进的烧灰技术，1966 年 8 月，建材社在茶坊沟建成连续式立体石灰炉 1 座。这是灵石第一次引进烧灰新技术，这种新式烧灰炉高 10.4 米，外部是长方形，内部是瓦罐形，煤和石灰石分层按比例加入，点火后炉底取出石灰，炉顶连续加入煤和石灰石，连续生产。出灰和装料全部使用平车运输，大大地减轻了工人的劳动强度，采用这种新技术，月产白灰 300 吨，比传统的方法提高工效 2 倍。1967 年，建材社建成第二座立式灰炉，容积为 50 立方米，月产白灰 1000 吨。

1970 年以后，建材社改为树脂厂，主要生产电石，新建立式白灰炉 2 座，月产白灰 1000 吨，供应电石生产。

全县各乡镇集体、个体从事白灰生产的有 20 多户，系季节性生产，总计年产量 10 万吨左右。所产白灰大部分销于本县，农民建筑所需白灰，有相当一部分是就地取材，土法烧制，自用自产。

1978—1985 年灵石白灰厂生产情况一览表

年份	职工数/人	资金/万元	产量/吨	产值/万元	工资总额/万元	人均工资/元	实现利润/万元	上缴税金/万元
1978	51	0.66	10250	45	1.25	304	0.43	0.41
1979	61	0.89	—	23.63	5.02	822	2.01	2.21
1980	82	5.58	6087	28.59	7.46	909	2.21	2.35
1981	88	6.17	5407	30.18	7.40	840	1.57	2.94
1982	94	7.31	2461	46.76	9.51	1011	3.03	3.84
1983	98	8.91	1540	48.20	9.8	100	3.53	4.37
1984	113	10.34	—	48.80	11.65	1030	10.07	7.87
1985	101	24.6	—	26.8	9.75	965	2.15	2.76

四、石料

本县石料资源丰富，以石块作建筑材料历史悠久。采石方法是用人工或通过火药爆炸开取片石，直接用于房基建筑。少数石料被开出来后，再用人工雕凿，便为建材上品。随着铁路、公路的发展和水泥的广泛采用，多种规格的石碴生产，成为石料生产中的一个重要组成部分。

1935 年，修筑南同蒲铁路，人们在夏门一带开采石料。

1949 年，河北井陉人来到富家滩一带组织石料开采，生产路碴供铁路使用，1950 年组建为石碴厂，从业人员 500 人左右。1952—1953 年，该厂承担修建临汾飞机场所需石料的生产任务，1956 年过渡为公私合营的夏门石料厂，后来又转为国营。职工最多时达到 1800 人，最高年产量为 11.91 万立方米；1980年转产，停止石料生产。

1957—1965 年夏门石料厂生产情况表

年份	职工人数/人	生产石料/立方米	产值/万元	全员人均生产率/元
1957	907	105152	58.00	645
1958	850	114858	130.57	1601
1959	561	104332	137.27	2658
1960	662	94911	116.86	2289
1961	286	84156	86.70	1777
1962	157	37500	45.00	2083
1963	250	37910	45.49	2357
1964	294	43591	34.21	1358
1965	365	60933	50.10	1611

1954 年成立的城关砖灰一社和 1955 年成立的砖灰二社，在主要从事青砖和白灰生产的同时，也兼开片石。1956 年，两社合并为砖灰社后，年产片石约 13000 吨。

1980 年之后，灵石不存在专事石料生产的企业，民用建筑所需之石料，都是就近自采；公用建筑所需石料，由分散的群众性生产提供；城镇附近居民，视市场需要，从事机动性很大的石料生产。

五、水泥

灵石生产水泥始于 1958 年，这一年，夏门石料厂开始生产水泥，设立水泥车间。1980 年，水泥车间成为独立企业，主要产品是 325 号矿渣硅酸盐水泥，年生产 3 万余吨。

1980—1985 年夏门水泥厂生产情况表

年份	职工人数／人	水泥产量／吨	总产值／万元	全员劳动生产率／元	上缴税金／万元	实现利润／万元	人均利税／元	固定资产／万元
1980	322	2000	94.00	2919	14.65	0.09	511	195.00
1981	315	18743	88.00	2794	14.81	—	—	209.00
1982	306	20259	96.00	3137	5.75	—	91	212.00
1983	307	25950	122.00	3974	11.22	8.54	492	234.00
1984	308	25014	119.00	3864	7.54	10.10	573	239.00
1985	315	26120	125.00	3968	16.11	20.46	1002	238.00

1980 年，常青水泥厂建成，产品为 325 号和 425 号水泥，年产 1 万余吨。

1980 年，城关水泥厂建成，为城关镇的镇办企业，产品有 325 号和 425 号水泥，年产量为 3000 吨。同年，两渡镇水泥厂建成，产品为 325 号水泥，年产量 1000 吨。

1983 年，灵石石膏水泥厂建成，生产 325 号和 425 号水泥，年产量 6000 吨。1984 年，该厂曾试制成功高强水泥，经山西省建筑科学研究所鉴定，折合标号 1100 余度，使国家水泥突破千号关。该产品仅进行过 2 次试产，由于原料和销路的原因，未进行批量生产。

1984 年，夏门镇后庄村兴生水泥厂建成，为联户办企业，产品有 325 号和 425 号水泥，年产量 3000 吨。

1981—1985 年灵石水泥产量情况一览表

单位：吨

年　　份	地营产量	县营产量	乡镇产量	合计产量
1981	18743	1724	9184	29551
1982	20259	2412	12044	34715
1983	25950	2649	9648	38247
1984	25014	4022	13850	42886
1985	26120	5399	26430	57949

从 1981 年开始，灵石出现水泥预制品生产，先后建立城关新型预制厂、常青预制厂、玉成预制厂、曹家原预制厂。产品有预引力空心楼板、普通楼板、预制梁、小件盖板、电杆等。

六、矿棉

1983 年，夏门村从北京建筑材料厂引进技术，在本村小河西岸建起一座矿棉厂，用附近铁厂的水渣、矿渣，生产短丝矿棉、长丝矿棉、矿棉缝垫、挤压矿棉等。1985 年，棉厂矿棉产量 1800 吨，获取纯利润 6 万元。

第六节　化学工业

一、化肥

氮肥　1972 年 4 月，灵石开始在北王中村对面兴建化肥厂，1973 年 9 月 4 日正式投产。该厂设备有 4 台 7.2 立方米高压机，从上海购进，其他设备都是省内加工配套。投产后至 1980 年的 8 年中，产量仅达设计能力的 62.7%。每吨碳氨成本高达 396 元，累计亏损 466 万元，超过建厂投资，于 1981 年停产。1982 年，灵石投资 200 万元，对该厂实施技术改造，对造气、合成、压缩等工段的 150 多个项目进行了技术改造，将 4 台 7.2 立方米高压机更换为 5 台 17 立方米高压机，使生产能力由原设计年产 3000 吨合成氨增为年产 5000 吨合成铵。1983 年，该厂恢复生产且情况好转，连续两年产量超过设计能力，每吨碳氨平均成本下降为 126 元。1985 年，该厂职工 487 人，固定资产原值 630.87 万元。

化肥生产情况对比表

| 时　间 | 设计能力 /吨 | 化肥产量 | | | 全员劳动生产率 /元 | 吨肥成本 /元 | 上缴国税 /万元 | 经济效益 /万元 |
		合成氨 /吨	碳氨 /吨	年均产量 /吨				
1973—1980	3000	15051	52583	8454	3250	376	21.6	-494
1982—1985	5000	16417	65282	27233	7347	126	23.17	+121
增　　长	70%	8.6%	8.8%	2.5 倍	1.2 倍	下降 90.58%	7.26%	

腐殖酸肥料　1974 年 8 月，灵石在沙峪桥头建立灵石县腐殖酸肥料厂，开始是收购原腐进行加工，1979 年在陶家山开设腐殖酸坑口。腐殖酸肥料的生产过程简单，由矿井开采出原腐，加以粉碎而成。该厂所产之腐殖酸含量为 55.63%，水分 21.6%，灰分 25.7%。产品销往全国各地。

1974 年，两渡腐殖酸厂建立，是由原两渡铁木社转产的，开始生产腐殖酸

1973—1985 年化肥厂生产情况一览表

年 份	职工人数 / 人	资金 / 万元	产量 / 吨	产值 / 万元	工资总额 / 万元	人均工资 / 元	实现利润 / 万元
1973	288	412.00	847	13.55	12.38	430	-35.70
1974	299	423.00	2648	42.37	13.26	443	-103.66
1975	298	432.00	4130	16.08	15.88	533	-83.05
1976	301	442.00	1996	39.99	16.47	547	-96.85
1977	322	467.00	10112	162.00	17.96	558	-51.36
1978	324	504.00	14309	229.00	18.92	584	3.69
1979	322	513.00	8906	142.00	20.9	649	-52.61
1980	359	487.00	9661	154.00	22.80	635	-42.80
1981	254	487.00	停产	—	13.9	547	—
1982	311	486.00	技改	—	17.8	572	-6.09
1983	426	606.00	20868	313.00	34.09	800	54.44
1984	462	600.00	24795	372.00	51.7	1119	102.03
1985	502	630.00	19619	294.00	40.00	797	-34.95

铵，提供出口，之后又生产出腐殖酸钠，销往胜利油田。腐殖酸铵的生产过程是：原料粉碎、搅拌碳铵、发酵、化验、密封、包装，其含氮量为5%—7%。提纯腐殖酸的过程是：原料粉碎、搅拌盐酸、加温蒸煮、沉淀、烘干、化验、包装。其含游离酸70%以上，水分15%，灰分14%。腐殖酸钠的生产过程是：原料粉碎、搅拌氢氧化钠、加温蒸煮、烘干、包装，其含腐殖酸钠70%。产品销售江苏、山东、河南、河北等地，并有部分出口东南亚。

磷肥 1975年，灵石在水峪沟口筹建磷肥厂，于1976年5月投产，生产普钙、磷矿粉、腐磷复合肥3种产品。普钙系由磷矿粉和硫酸配制而成；磷矿粉系将磷矿石粉碎后经球磨机研磨而成；腐磷复合肥是将磷矿石和腐殖酸按一定的比例配合经球磨机水磨而成。该厂从湖北购进的矿石含磷低，加之本县农民对磷肥作用认识不足，不愿施用，因而形成产品积压，于1978年8月停止磷肥生产，改为耐火材料厂，1983年又改为石膏水泥厂。该厂建立后共生产普钙2242吨，磷矿粉180吨，腐磷复合肥2000吨。

二、电石

1969年，建材社开始筹备电石生产，于1973年6月试车投产，1975年更名为树脂厂，生产电石。初期，该厂建有1000千伏安电石炉1座，1974年改造为3000千伏安电石炉；1982年，与天津大沽化工厂签订经济技术协定，对方投资70万元，又兴建5000千伏安电石炉1座；1985年，分别与南京油脂厂和徐州电化厂签订协议，进一步解决电石质量问题。1985年，该厂有职工556人，电石产量10603吨，合格率达到98.2%，一、二级品率达到83.9%。实现产值 510.97 万元，利税 36.3 万元，电石产品销往全国 9 个省市，远销东南亚 5 个国家和地区。

树脂厂主要年份生产情况一览表

年 份	职工人数 /人	资金 /万元	产量 /吨	产值 /万元	工资总额 /万元	人均工资 /元	实现利润 /万元	上缴税金 /万元
1975	219	41.17	1463	83.22	11.94	545	0.72	4.12
1978	267	100.89	3800	19.07	17.02	637	13.90	14.85
1980	276	96.99	2890	134.49	19.23	696	4.41	10.07
1982	272	92.08	3730	185.02	20.69	760	3.06	21.89
1983	286	87.91	4940	243.30	29.20	951	18.12	28.15
1984	501	245.35	7210	351.47	39.05	779	50.52	41.21
1985	556	273.79	10603	510.90	62.95	1132	36.21	69.57

三、塑料制品

1978 年 9 月，灵石腐殖酸厂开设塑料车间（对外曾叫灵石塑料制品厂），设备有天津产 65 型塑料挤出机 1 台，北京产副机 4 套。主要生产 2—4 寸的聚氯乙烯和聚丙烯塑料管、塑料脸盆、塑料饭盒、塑料食品袋及塑木板等，由于成本高，产品缺乏竞争力，于 1982 年停止生产。

四、火药

1949 年，河北井陉人赵鉴全等私人集资，与富家滩煤矿订立专供合同，在富家滩黄土山上建立建新火药厂，生产火药、雷管、导火线，后迁到沟峪滩凤凰台。1956 年，该厂由私营转为公私合营，继而转为地方国营，1961 年 7 月停止生产，并入夏门石料厂。

1956—1960 年火药厂生产情况表

年 份	职工人数 /人	化工产量				总产值 /万元	全员劳动 生产率 /元
		黑色炸药 /吨	黄色炸药 /吨	雷管 /万发	导火线 /万米		
1956	16	125	—	—	48.70	26.80	16750
1957	25	137	—	—	50.30	28.80	11520
1958	29	248	16.2	—	112.80	41.25	14224
1959	55	83	85.53	2.5	64.04	32.37	5885
1960	64	69	98	0.09	1.40	35.99	5623

第三章　轻工业

第一节　纺　织

一、棉纺织

本县民间家庭纺花织布，自织自用，具有久远历史。据《山西实业志》记载，1936年，县内有4个织布商号，即静升的"振兴坊"、两渡的"岐山厚"和县城内的"德生源""晋泰裕"。所用工具是简单木质布机，产品为土布。这4家商号以"振兴坊"和"岐山厚"开办较早，时在1920年。抗日战争时期，灵东曾建立过为时不长的灵石县军政民联合纺织合作社，使用自制的手摇纺纱机。1948年灵石解放后，这里曾建有使用铁机织平布的瑞兴工厂，后于1952年停业。

1969年，灵石县棉织厂建立，厂址在县城新街，为县手工业管理局（简称手管局）所管辖的集体所有制企业。它起初是灵石服装厂的棉织车间，1978年转成独立企业，更名为灵石县棉织厂。该厂有布机16台，合纱机、整经机、经纱机、脱水机、打包机各1台，配套锅炉1套，固定资产总值15万元，职工90人，主要产品是劳动布，年产量为30万米。

二、麻纺织

灵石县麻纺织厂厂址在县城翠峰山脚下，系手管局所辖的集体所有制企业。其前身为皮麻社，1965年，该社试制手工麻袋成功，1966年更名为灵石县麻纺织厂。1969年，该厂购置安装新的机器设备，实现软麻、梳麻、并条、经纺、纬纺、织布、轧光、缝口、缝边等工序的机械化，1983年又一次添置机器设备，固定资产57万元，主要产品是麻袋，年生产能力可达70万条。

三、针织

1963年，河北师傅带2台打毛衣机与服装社联营开办打毛衣业务，次年，成立毛衣车间，对外加工毛衣、毛裤。1983年，该车间因机器老化而停业。

1984年，棉织厂筹建知青针织厂，购买手套机6台，缝口机2台，从事线手套生产，月产量高达1.5万副。

麻纺织厂主要年份生产情况表

年 份	职工人数 /人	资 金 /万元	产 量 /万条	产 值 /万元	工资总额 /万元	人均工资 /元	实现利润 /万元	上缴税金 /万元
1955	16	0.96	—	3.23	0.21	131	0.04	0.05
1965	52	3.13	0.01	10.95	2.88	553	0.83	1.08
1970	172	3.54	2.09	19.50	6.37	370	1.28	1.02
1975	176	14.36	10.29	62.70	8.10	460	0.31	4.76
1978	234	56.37	22.89	115.50	10.32	441	8.19	13.12
1981	270	59.85	53.82	121.96	16.80	622	6.03	15.42
1982	303	64.03	6.41	145.00	15.95	526	6.60	15.16
1983	293	27.37	51.00	131.80	15.20	518	6.61	13.12
1984	297	65.95	39.69	98.35	12.80	430	-627	7.94
1985	328	87.43	—	27.20	4.56	139		1.01

四、塑料编织

1982年，灵石棉织厂筹办塑料编织袋车间，购买拉丝机1台，专用整经机1台，打纬机2台，利用布机，于1983年春开始生产塑料编织袋，最高日产可达1200条。

第二节 服装鞋帽

一、服装

民国初年，旧城北街有一家货铺，销售并租赁手工制作的绸缎服装、嫁妆及县衙服装等。

1930年，"雪逢春"商号购买一台缝纫机，办起机制成衣局，专为当时驻在灵石的冯玉祥部队做军衣。

1935—1949年，县城内先后有本县人及外地人经营的"祥太和""军衣庄""华泰厚""忠义""生华""永昌厚""华记"等字号，专事服装生产，规模都很小。

1952年10月，"永昌厚"和"华记"联合成立缝纫生产合作社。该社于1954年派人员在张家庄和两渡镇分别成立缝纫小组。1956年公私合营时，县城个体缝纫户全部带设备加入该社，更名为灵石县服装社，企业一直延续到1978年，变为棉织厂，服装生产并入鞋帽厂。

1954年，南关镇和静升镇建立缝纫小组。南关镇后来建立服装厂。

1983年10月，南关服装厂迁回县城，更名为灵石服装厂。该厂于1984年与上海头桥服装厂联营，请进 3 名技术人员，改单机计件为大流水作业，由以加工中低档服装为主变为主要加工中高档服装，并强化验收制度，使产品质量迅速提高。1985 年，该厂又新购置一批机器设备，职工增至 120 人。该厂为振兴本县服装生产作出积极贡献。

服装厂主要年份生产情况表

年 份	职工人数 /人	资 金 /万元	产 量 /万件	产 值 /万元	工资总额 /万元	人均工资 /元	实现利润 /万元	上缴税金 /万元
1955	11	0.52	—	4.22	1.32	1200	0.02	0.02
1958	28	0.52	—	26.20	3.01	1075	0.08	0.21
1965	27	1.52	4.5	11.53	1.24	459	0.40	0.29
1970	25	1.52	1.6	11.98	0.97	388	0.13	0.13
1975	26	3.09	7.0	23.01	1.25	480	0.90	1.00
1978	35	5.46	3.4	36.47	1.87	534	0.70	1.37
1981	35	6.66	2.1	38.61	2.20	628	0.26	0.73
1983	41	13.23	3.3	35.15	2.92	712	0.38	0.39
1984	73	11.71	3.6	39.53	18.59	2546	1.77	1.02
1985	71	18.87	5.01	70.70	8.60	1211	3.51	2.98

二、鞋帽

1925 年，县城北街"三盛全"鞋店，从事手工制鞋，产品有皮底圆口反绱、千层底、缎面绣花、牛鼻子等 10 多个品种。1946 年，县城东街有"祥记鞋庄"，静升也有鞋铺。

中华人民共和国成立后，县城开办新星鞋庄、时代鞋庄，富家滩也有了鞋铺。鞋的品种，增加明绱、方口、牛舌头、童鞋等五六种，而且有了机械制帮。

1954 年 6 月，城内 4 户制鞋字号组织为全县第一个鞋业生产合作组，后改为合作社，1958 年曾组建为灵石县国营被服厂。1966 年，南关服装厂的制鞋车间并入，更名为灵石鞋帽社。从此，灵石鞋帽生产均集中于该企业，之后又改名为灵石鞋帽厂。该厂于 1970 年开始生产注塑模压鞋，成为本县制鞋工业上的一大飞跃，填补了晋中地区的空白，为全省第三大产家。1974 年 8 月，该厂又完成了推广全国统一鞋号的工作。产品参加全省"四鞋"（布鞋、皮鞋、胶鞋、塑料鞋）展销，省、地曾分别在本县召开"四鞋"改革现场会议。1984 年，该厂增设皮鞋车间，生产冷粘女皮鞋；1985 年又开始筹建硫化鞋车间。该厂有职工 227 人，产鞋 48.83 万双，产值 174.9 万元，利润 7.31 万元。

鞋帽厂主要年份生产情况表

年 份	职工人数/人	资 金/万元	产 量/万双	产 值/万元	工资总额/万元	人均工资/元	实现利润/万元	上缴税金/万元
1955	23	0.38	—	5.20	1.33	578	0.19	0.17
1958	161	0.39	—	51.64	9.34	580	0.18	0.16
1961	210	2.45	—	42.01	2.81	133	（—）0.07	0.45
1970	112	5.30	4.54	35.10	3.06	273	2.80	2.26
1978	191	10.02	24.79	114.41	8.67	453	1.34	4.71
1981	322	23.23	49.03	182.88	12.44	386	7.87	9.02
1982	286	35.61	46.99	167.57	15.99	559	2.58	6.29
1983	253	36.94	49.72	169.20	11.85	468	3.12	6.99
1984	235	28.43	46.34	161.01	15.52	660	5.06	9.34
1985	227	45.61	48.83	174.9	14.97	659	7.31	10.34

第三节 陶 瓷

清同治年间（1862—1874），本县玉成村开办"保和"瓷窑，烧制碗、盆、缸、盘等日用品。100多年前，坛镇乡西堡村有两家字号，分别为"三义"和"三合义"瓷窑，也是烧制一些普通的日用瓷器（粗瓷）。这两个村的瓷器生产一直时断时续地延续到中华人民共和国成立之后。1954年，玉成、西堡分别组织成立瓷业合作小组。1955年8月，这两个瓷业合作小组扩建为灵石县手工业生产合作社仁义陶瓷玻璃厂，仍保留这两处作为生产车间，在仁义修建土直焰瓷窑2座，扩大生产规模。1960年2月，玉成、西堡两处车间撤销，生产集中于仁义；1964年2月迁厂到南关，更名为南关陶瓷厂。

南关陶瓷厂，厂址在南关镇东栾卜崖底山下，系手管局所辖的集体所有制企业，全厂现有职工203人。1965年，该厂购置球磨机、螺旋挤泥机、45片滤汲机、单刀成型机，并建倒焰窑2座，实现半机械化生产。1977年，国家轻工部、财政部、外贸部批准扩建，耗费180万元巨资，半途而废。1971年，该厂开始生产细瓷开釉碗，1974年开始生产贴花酒具、茶具等细瓷产品。产品从1968年起连续17年出口东南亚和中东国家及地区。产品有棕釉、黄釉、黑釉、棕榄釉4种釉色。品种有掸瓶、小花瓶、花色瓶、茶具、杯碟、对猫壶、五合描色壶、双鱼点水壶、小圆壶、倒装石榴壶、工农壶；大盖罐、小壶罐、圆盖罐、香糖罐、点心罐、水果罐、鱼形烟缸、海螺烟缸、葵花烟缸、松鼠烟缸等。1984年，该厂因产品不能创新，质量下降，且不能按期履约交货而停止出口；

之后，陶瓷生产以白瓷、黄瓷酒瓶为主，品种有四川窑山酒壶、四川老窑壶、四川绵竹壶、龙壶、龙耳瓶、葫芦壶等；同时，还试产以铝矾土为原料的普型和异型高级耐火砖，1985 年产量 30 万件。

陶瓷厂主要年份生产情况表

年 份	职工人数 / 人	资 金 / 万元	产 量 / 万元	实现利润 / 万元	产 值 / 万元	工资总额 / 万元	人均工资 / 元	上缴税金 / 万元
1957	127	0.94		0.240	4.91	1.10	407	0.38
1965	91	2.81	50.85	0.610	9.85	5.44	597	1.22
1970	110	4.83	74.39	0.290	13.02	4.70	427	1.09
1975	238	13.77	112.18	0.020	35.02	8.41	353	3.20
1978	262		201	0.560	64.09	13.75	524	3.68
1980	274		172.26	0.090	55.10	18.18	663	5.17
1982	208	27.16	175.99	0.003	50.47	13.48	648	3.92
1983	194		114.83	0.500	53.12	10.88	560	2.77
1984	180		83.78	0.850	60.00	12.47	692	1.69
1985	180		95.21	1.48	37.96	33.64	1313	3.90

第四节 造纸印刷

一、造纸

1958 年，静升中学造纸厂开始筹建，于 1971 年试车投产。其设备原来用的是陈旧机械，1981 年更新购置了新的打浆机、锅炉，改装了制纸设备及电器。1979 年，该厂自凿百米深井 1 口，以供生产之用；1985 年改建了车间，建筑面积为 350 平方米，固定资产 15 万元，产品以卫生纸为主，并产白令纸和包装纸，生产能力为日产卫生纸 1 吨。后来因无处理生料设备，仅能利用废纸进行生产。

1984 年 5 月，常青造纸厂筹建，于 1985 年 7 月建成投产，有职工 60 余人，主要产品是包装纸和卫生纸，设计能力为年产白纸 600 吨。

二、印刷

1916 年，"振兴恒"商号开办石印业务，之后，本地相继有"别有天""雪逢春""协力昌""祥云斋"和"协记石印馆"。这些商号均是印刷之外兼营他业，营业地址都在县城。产品有县境内各行货币、广告、请柬、学生毕业证、单据、账簿、课本、作业抄本、名片、文件等。

铅印在本县最早出现于 1931 年。"别有天"商号散伙后，梁静庵购买了一个仅能印名片的小木匣，并通过别人从天津购买所需铅字，印刷名片。日本侵略者占领时期，"协力昌"商号曾购买了 1 台手搬小圆盘铅字印刷机，主印名片。

1948年秋，灵石县城解放后，郭矗亭等3人集股开办"协记"石印馆，有石印机1台，印制表格、广告、证书、课本等。1949年冬，其曾承印土地房产所有证，该字号一直延续到1956年。

1952年，灵石小报社建立小型印刷厂，起初有石印机2台，1954年购进铅印圆盘机2台，从太原购买铅字，从事铅字印刷。

1956年2月，私营"协记"石印馆并入灵石小报社印刷厂，1958年正式更名为灵石印刷厂，成为本县主要的印刷厂；1959年有了铸字机，可以自己铸造铅字；1980年增加胶印。1985年，该厂有职工92人，固定资产原值45.9万元，主要设备有铅印机7台，胶印机3台，还有晒版、烤版、磨版、照相、铸字、烫金、裁刀、打眼、装订、捆书等机械17台，可以印制彩色画面、广告、商标、地图、文件资料、稿纸、信纸、信封、卷宗、笔记本、课本、画册、各种包装等。该厂1981年胶印的《小猎手与大熊猫》荣获山西省文化厅的奖项，1983年印制的《写字》曾获文化部出版局的奖项，1983年印制的《奇袭黑风口》和1984年印制的《鹤姑》《满山红》被山西省新闻出版局选定，在香港举办的中国大型书展中展出。

1981年，灵石中学印刷厂建成投产，厂址在该校内，1985年有职工17人，主要设备有铅印四开机2台，圆盘机、铸字机、裁刀各1台。印制产品主要是全县各学校所需的学生作业本、教师备课本，以及其他社会印制品。

1984年8月，夏门水泥厂知青印刷厂建成投产，厂址在夏门镇桥西，有职工7人，主要设备有铅印四开机、裁刀各1台及字架，承揽一般社会用品。

1984年，曹家原一村民开办的私营宏兴印刷厂在建材厂北建成开业，从业人员8人，均系农民，主要设备有铅印四开机、圆盘机各1台。

第五节　木器加工

清朝末年，县城北街有"公盛昌"木铺。后来城内开办"天顺昌""德顺昌""泰和昌""珍林场"木铺。中华人民共和国成立前夕，城内木铺共有9户。其产品主要是农具、家具、门窗、镜框、门匾、车棚、小拖架等。

中华人民共和国成立之后，从事木业的个体手工业者在社会主义改造中逐步组织起来，先后成立了城关泥木工互助组、水头车业社、仁义木业组、南关木业组、静升铁木农具社、城关木业生产合作社。

1956年，在合作化高潮中，城关铁木农具生产合作社成立，之后多次易名，与其他单位多次分合，1973年发展为灵石木器厂。该厂于1964年用上万能刨、开铆机、大连刨、打眼机等设备；1965年又添置磨刀机、砂轮机，在主要作业上开始实现机械化；1985年，职工66人，有电锯、大连刨、平面刨、万能刨、凿眼机、砂轮机、开铆机、磨刀机、合缝机、燕窝机、小台钻等生产设备16台，生产木器家具7900件，产值37万元，实现利税7000元，主要产品有小型农具、办公用具、日用家具、高档沙发、新式衣箱、组合柜等。

1958年，南关农具修配厂木工车间成立。主要生产木器家具、小农具、办公用具和翻砂模型，生产设备有圆盘锯、手压刨、开口刨等。

1955—1964 年木器厂生产情况一览表

年 份	职工人数/人	资 金/万元	产 量/件	产 值/万元	工资总额/万元	人均工资/元	实现利润/万元	上缴税金/万元
1955	36	1.1	—	10.73	0.50	128.2	0.03	0.04
1956	162	5.88	4500	7.92	11.39	703.0	1.84	1.75
1957	51	5.29	1728	15.64	3.37	660.7	1.21	1.18
1958	70	6.66	5047	22.85	4.41	630.0	0.32	1.37
1959	76	6.66	3610	19.51	4.21	553.9	3.45	0.97
1960	70	6.41	2465	16.95	4.05	578.5	0.01	0.78
1961	65	10.22	3052	18.00	3.90	600.0	0.04	0.45
1962	66	11.67	3164	23.72	5.45	825.7	0.73	1.07
1963	121	7.95	2493	33.44	17.29	1427.0	2.51	4.31
1964	110	17.17	1403	37.10	12.69	1153.6	0.40	3.00

1955—1985 年木器厂产品产销情况表

品 名	规 格	单价/元	生产量	销售量/元	总收入/元
平 车		92.02	1520（辆）	1515	139410
胶 车		462.03	350（辆）	350	161710
三腿耧		44.40	62（支）	62	2752
耙		14.40	30（支）	30	432
镰 把		1.00	950（把）	950	950
粪 桶		24.26	300（担）	300	7278
桌	1.2×0.6×0.85m	85.24	3080（支）	3040	259129
文件柜	1.83×1×0.43m	128.40	2880（支）	2860	367224
椅	0.9×0.45×0.48m	20.82	6990（支）	6975	145219
衣 箱	0.9×0.6×0.63m	39.06	1200（支）	1200	46872
床	1.93×0.93×0.55m	59.60	1860（支）	1850	110260
连二柜	1.2×0.7×0.90m	88.79	360（支）	360	31964

第六节　食品加工

一、粮食加工

清末，城内有私人磨坊8家，以畜力为动力。民国初年，峪口、东许始用水磨。随后，静升河、仁义河一带，先后使用水磨者有10余家。1957年，富家滩建立小型粮食加工厂。1959年，县城建粮食加工厂，购进小型加工机器。1963年，县城和富家滩两个加工厂合并，称灵石县粮食加工厂，富家滩设加工车间。20世纪70年代，该厂对原有设备进行改装扩建，增加小麦加工设备，改变了只能加工粗粮的局面，所产面粉基本上满足县内要求。1985年，灵石在张家庄建成自动化面粉厂，日产1万余斤。

二、副食加工

境内加工粉条、豆腐、糕点以及醋、酱等，历史悠久。清代的"德和源"醋铺，享有盛誉。1954年，灵石在城关开办副食加工作坊，1955年改称副食加工厂，有职工40余人，主要生产醋、酱、粉条、豆腐、糕点、挂面。同年9月，县食品公司先后在富家滩、两渡、南关、段纯、静升、梁家墕、交口、张家庄建食品站，从事屠宰和熟肉加工。是年，静升副食品加工厂开办，生产醋、酱油、米糕、糕点（月饼）。1977年，县副食果品公司设立果品加工厂，制作果丹皮、果汁、果脯等，1978年首次在食盐中加碘。1982年，段纯供销社自办副食加工。1984年10月，水头农民刘光明聘请原"德和源"老师傅范桂生带班传艺，恢复名醋生产，其所办醋厂改用"德和源"字号。1985年，静升副食加工厂生产优质月饼5万斤，颇受欢迎。

第四章　乡镇工业

第一节　企业沿革

1958年，在"大跃进"形势下，各乡镇掀起以炼钢为主、大办工业的热潮，办起了一些社队企业，由于盲目上马，劳民伤财，浪费极大。1962年，灵石贯彻"调整、巩固、充实、提高"方针，对部分企业进行关、停、并、转，最后保留了部分与农业生产和农民生活紧密相关的企业，如煤炭、砖灰、石料、陶瓷、缝纫、农具修造等。1965年，这些企业逐步走上稳步发展的轨道。1966—1976年，社队工业大部分被砍掉。

1978年党的十一届三中全会之后，社队企业随着农村经济的发展而逐渐发展起来，已成为农民收入的主要来源和全县国民经济的重要组成部分。1985年，全县共有乡镇企业2945个。

第二节 企业管理

一、管理

乡镇企业按生产资料占有情况，可分集体所有制和个体所有制两种类型。1976—1982年，集体所有制企业领导由公社委派，分配办法采用工分加补贴，由生产队结算兑现；1983年开始实行经济承包责任制，企业领导由民选产生或投标评定，一包3年或5年，采取定指标、定人员、定设备、定收入、定利润的"五定一奖"责任制，完成承包任务可按利润分成，超产奖励，多劳多得，企业经济效益明显提高。

个体所有制企业，一般是规模小、人员少、生产简单，大部分雇用自己的亲友，实行基本工资制加奖金的分配办法。有的企业经营者，亦在劳务市场直接聘用工人和技术人员，经双方协商，议定一定的工资金额。

二、职工

乡镇企业职工来自农民，他们是离土不离乡、进厂不进城，生活靠工资，不吃商品粮的农业工人，其中有的是常年务工。他们从20世纪50年代合作化时期搞企业，一直到现在，多数是农忙种地，农闲务工，亦农亦工。这支职工队伍，全县共有21736人，占农村劳力的43%，为城市国营集体企业职工总数的2倍。

乡镇企业职工队伍成员包括各个方面，从职业上看，有煤矿工人、冶炼工人、建筑工人、机电工人、运输工人、轻纺工人等；从素质上看，有管理人员、科研人员、技术人员、工程师、企业家等。

1985 年灵石乡镇企业基本情况表

项目	企业数／个					从业人数／人	占农村劳力／%	企业产值／万元	实现利润／万元	上缴国税／万元
	乡镇办	村办	联办	户办	合计					
城　关	10	126	20	495	651	3223	77.0	1305.10	79.62	76.49
静　升	9	30	30	268	337	2293	45.5	644.31	39.23	30.73
两　渡	6	15	13	23	57	1939	40.5	766.79	79.25	30.03
段　纯	6	50	16	279	351	1806	40.3	577.28	39.12	20.00
夏　门	9	38	17	129	193	2085	51.0	1099.37	86.32	43.95
南　关	8	72	20	152	252	1468	40.3	797.88	129.20	23.04
富家滩	8	33	2	48	91	408	40.2	192.97	31.25	11.70
张家庄	7	9	9	58	83	552	47.5	123.89	17.81	7.73
水　峪	7	21	2	109	139	920	35.7	266.97	12.63	9.88
马　和	3	22	22	133	180	987	28.2	261.86	23.95	10.34
西　许	5	2	5	9	21	303	27.5	98.51	10.11	7.47
仁　义	1	15	54	29	99	465	19.9	118.11	0.13	3.75
南　墕	3	9	4	49	65	734	43.8	245.83	10.00	6.25
王　禹	5	30	6	115	156	1448	44.6	596.17	32.10	37.10
坛　镇	6	37		26	69	750	36.1	304.30	17.10	7.40
梁家墕	7	19	10	74	110	1036	33.1	309.86	30.75	14.99
交　口	5	15	2		22	735	39.3	334.63	21.89	20.50
英　武	5	4	3	57	69	584	32.0	249.99	19.23	6.89
合　计	111	547	234	2033	2945	21736	418.6	8294.47	679.72	367.17

1985 年灵石乡镇企业基本情况表

项目	企业数／个				职工人数／人			
	乡镇办	村办	个体	合计	乡镇办	村办	个体	合计
工　业	78	340	495	913	4952	8836	3258	17046
交通运输	16	54	1013	1083	139	184	1684	2007
建材建筑		14	50	64		136	827	963
种养业	4	44		48	11	160		171
其　他	12	95	730	837	48	334	1167	1549
合　计	110	547	2288	2945	5150	9650	6936	21736

第三节　产品效益

20 世纪 80 年代，随着改革开放政策的深入贯彻，农村产业结构发生深刻变化，农民群众除了发展粮食生产之外，大力发展经济作物，积极开办多种经营，在原料有来源、产品有销路、生产有条件、经营有利润的前提下，形成以煤炭为主的采掘业，以汽车、拖拉机为主的运输业，以焦炭、硫黄为主的冶炼业，以砖灰、石料为主的建材业，以猪羊、鸡兔为主的养殖业，以粮油、副食为主的加工业，以农具、农机为主的修造业，以饮食、服装为主的服务业，共八大产业结构。全县乡镇企业产品共有 500 多种，主要产品有原煤、焦炭、石膏、硫黄、生铁、水泥、砖瓦白灰、石料、水沙、水泥预制品、黑白电视机、特种焊条、电极糊、玻璃纤维、塑料制品、中小农具、陶瓷、新式家具、白酒、香醋、纯碱、糕点、罐头、蜂蜜、水果糖等。

1985 年，全县共有乡镇企业从业人员 21736 人，占农村劳力的 43%，总产值 8294 万元，占全县工农业总产值的 57%，比 1970 年增长 6 倍，10 年平均每年递增 50%，乡镇企业总收入 5689 万元，实现利润 680 万元，上缴国家税金 367 万元，占全县税收总额的 1/3。

1980—1985 年，全县乡镇企业用于购买化肥、农药、农机、农具、种子等投入 1500 万元，用于绿化造林 330 万元，用于农村文教卫生、集镇建设等 975 万元，发放务工农民工资 1 亿 500 万元。1985 年，全县农村人均收入 404 元，其中乡镇企业收入 359 元，占到人均收入的 86%。1985 年底，全县乡镇企业拥有固定资产 2093 万元。

1976—1985 年灵石乡镇企业工业总产值、总收入表

单位：万元

年 份	总 产 值			总 收 入		
	合 计	乡 办	村 办	合 计	乡 办	村 办
1976	1169.38	1125.58	43.80	550.00	389.00	161.00
1977	1504.44	902.89	583.55	598.00	514.00	84.00
1978	2184.78	1836.78	348.00	1177.00	761.00	416.00
1979	3012.04	1246.37	1765.67	1959.00	840.00	1119.00
1980	3320.06	1284.47	2035.59	2493.00	978.00	1515.00
1981	3438.86	1553.65	1885.21	2648.00	1155.00	1493.00
1982	3469.84	1472.43	1997.41	2343.98	997.08	1346.90
1983	3064.77	1288.62	1660.81	2271.56	942.31	1329.25
1984	4163.47	1666.24	2497.23	2706.52	1092.22	1614.30
1985	8294.47	2550.91	3552.23	5689.72	1748.77	2547.56

注：1985 年总产值和总收入中分别含有联户、个体 2191.33 万元和 1393.39 万元。

第五章　名特产品

第一节　名　产

一、灵石硫黄

它主要由县硫化厂生产，年产量 6000 吨，具有纯度高、酸度小、水分少、灰分低、无杂质等优点，优于国家一级品 GB2449-81 的标准，1982 年被评为山西省优质产品，受到山西省人民政府的嘉奖，畅销东北、华北、华南各地，1957 年开始出口苏联和东欧国家。

二、标准电石

它主要由县树脂厂生产，年产电石 12000 吨，质量上乘，可与波兰电石相媲美，合格产品达 98% 以上，发气量高于化工部颁布的标准，计量合格率达 100%，荣获山西省优质产品称号，行销全国 9 个省市。1982 年，打入国际市场，销往东南亚 5 个国家和地区。

三、特种焊条

灵石特种焊条厂生产的 SZ-1 型电焊条，分 5 大类 60 多个品种，质量达到国家标准，获山西省优质产品称号，年产量达 40 余吨，产品畅销天津、北京、湖北、宁夏等 11 个省市，在全国同行中享有盛誉。

四、精制果丹皮

灵石果丹皮是由果品公司余敬文师傅采用传统工艺和现代工艺相结合精心研制而成的。它具有颜色鲜艳、表面均平滑、晶莹透亮、营养丰富、酸甜可口、无杂质、无团块、无气泡之优点。1981 年和 1982 年，灵石果丹皮连续两次荣获山西省果制品优质产品第一名，在全国都享有盛誉。

五、豪士牌中山服

灵石服装厂于 1984 年与上海头桥服装厂联营，引进服装裁剪的先进技术，加强业务管理，改革操作工艺，质量不断提高。该厂生产的高档毛呢服装、精品服装，畅销全省各地，1985 年，"豪士牌"中山服被评为山西省优质产品，深受顾客欢迎。

第二节 特 产

一、太岳牌电视机

太岳牌电视机,是本县平州无线电厂生产的14英寸黑白电视机。该厂于1985年建成投产,年设计生产能力为15000台。第一批产品经山西省电子产品检验所检验合格,由国家颁发注册商标,批量生产,产品销往晋中、晋南、吕梁地区及河南洛阳等地,颇受欢迎。平州无线电厂系山西第二个生产电视机的厂家,该项生产填补了灵石县历史上电子产品的空白,开创了灵石电子工业的新纪元。

二、夏门矿棉

它由夏门矿棉厂生产,年产2000吨,品质洁白、吸湿性小、抗冻、抗氧、绝缘、消音、隔音性能稳定。

三、后庄石膏粉

夏门镇后庄村于1981年从北京引进技术,建成石膏粉厂。产品有生石膏粉和熟石膏粉两种。其细度可达到100—120目,初凝5分钟,中凝8分钟,抗折强度每平方厘米49,抗压强度每平方厘米120。

四、常青电碳

常青电碳厂建于1983年,亦名晋阳电碳厂,生产电极、电极糊、侧碳块、底碳块等碳素系列产品,年产量达6800吨,总产值573万元,实现利润158万元,上缴国税100万元,产品畅销20多个省市,是全国唯一纳入中国有色工业总公司销售计划的乡镇企业。

五、西许钟泉白酒

本县具有酿酒的悠久历史,但未形成规模生产。党的十一届三中全会以后,西许乡利用石膏山的天然钟泉水,为酿酒用水,以当地盛产的红高粱为主要原料,建立酒厂,聘请名师,采用传统工艺精制而成,定名"钟泉白酒",经国家商标局批准,成功注册商标,批量生产。钟泉白酒,清亮透明,醇香味美,酒度适中,绵甜爽口,具有独特的地方风味,年产量1万余斤,为满足市场需要,不断扩大生产,增加销量。

六、德和源香醋

水头村生产的"德和源"香醋,已有200多年的历史,20世纪80年代扩大生产,聘请老师傅采用传统生产工艺和现代技术相结合,配料优质,酿造精良,产品具有酸、甜、绵、香四大特点,夏不发霉,久不变质,是城乡居民调味食用之可口佳品，久获盛誉，年产量达 20 万斤。

七、南关陶瓷

本县生产陶瓷始于明代，历史悠久，但古代只能产粗瓷，20 世纪 60 年代，建立南关陶瓷厂，位于南关镇东边，仁义河北岸。该厂继承古代生产工艺，增设现代生产设备，不断革新技术，采用半机械化生产，产品以细瓷为主，盛产黑釉瓷，闻名中外。其主要产品有茶具、碟杯、花瓶、烟缸、糖罐、酒具等，优点是质如玉、黑如墨、亮如镜、声如磬，深得用户欢迎。产品从 1967 年开始出口，投入国际市场，销往东南亚及中东国家与地区，出口量逐年增加，1970 年出口 3 万件，1975 年出口 13 万件，1980 年出口 72.5 万件。1985 年，该厂开始生产各种花色酒具，主销四川等地。

第五编

交通邮电

第一章　交　通

第一节　道　路

一、古道

千里径古道　由霍县绕东山畔，经韩家洼、东许村、七盘沟、横河、祁家庄、东岭、皂角塌、霍口、郑家山、范塌、南头、军寨、曲陌、马和、旌介，从秦树村入介休县。据《读史方舆纪要》记载，此道系后魏平阳太守封子给所开。沿途山高坡陡，行走艰难。

雀鼠谷古道　从霍县王庄入境，经南关、后河底、夏门、张家庄、县城、索洲、两渡、崔家沟、冷泉、桑平峪，从义棠入介休县。唐太宗取霍邑，途经此道，唐时兴盛。

韩信岭古道　从霍县老张湾入境，经郝家铺、李家庄、逍遥、仁义、郭家沟、高壁镇（韩信岭）、大泉里至玉成村入雀鼠谷，经县城、两渡、冷泉、桑平峪进入介休县。此道自汉已通，是一条通京御道，10 里一铺，5 里一墩，或传递公文，或进京会试，或民间旅商，人来马往，热闹非凡。

二、公路

（一）干线公路

太三干线　太原至三门峡的三级公路。由集广村入境（139+919），经静升、南浦、城关、张家庄、夏门、富家滩、道美、石柜，至石桥村出境（182+556）。境内全长 47.63 公里。

民国 10 年（1921）始建，原名太（原）风（陵渡）公路。民国 22 年（1933），南同蒲铁路兴建，太风线从玉成村改道，过韩信岭，经仁义镇、逍遥岭、郝家铺出境。民国 26 年（1937）和民国 32 年（1943），太风线玉成至郝家铺段进行修建。民国 37 年（1948）和民国 38 年（1949），因山洪冲断，本县组织民工对太风线灵石段进行修复。1961—1962 年，本县对太风线进行补修，韩信岭段仍是难行不畅。1968 年，经山西省公路局设计院勘测，利用大车路基，太风公路从玉成村改线，经夏门、富家滩从石桥村出境。1970 年，本县成立"07019"

工程指挥部，国家拨款190万元，改线工程正式动工。1971年，指挥部采用专业队和人民群众相结合的施工办法，切崖削壁，筑路铺油，连续作业，进度明显加快。1973年1月，改线工程竣工通车，投资140.7万元，投工20.8万个，铺油47.63公里，路宽6米，改称太茅公路。1977年，太茅线灵石段因洪水冲断，本县曾组织护坡、护岸、修复工作。1979年，太茅线改名为太三线。1985年3月14日，山西省交通厅决定，太三线义棠至夏门段改线，新线从义棠桥起，沿汾河西岸，经本县张村、曹村、军营坊、河洲、刘家庄、燕家垣、梁家圪塔，与夏门交口河桥相接，全长31.35公里，此线将建成二级公路。

（二）支线公路

夏双公路　夏门至交口县双池镇的四级公路，经寨头、南坪头、段纯，全长29公里，原属夏（门）回（龙）公路线段。该线系土石路面，翻山越岭，行车困难。1957年5月，县交通科郭隆泉等负责测量施工，白天爬山勘察，黑夜伏案设计；1958年4月1日动工，从13个乡调集民工408人，投工6.9万个，年底竣工通车。1962—1965年，有关部门曾对百尺楼段和寨头段进行建设；1981、1984年，又进行降坡、裁弯、加宽整修。

玉郝公路　玉成到郝家铺的等外公路，经韩信岭、南瑅、仁义、逍遥，全长26.2公里，原为太风公路线段，1972年改为县乡公路。1982年，本县对韩信岭段进行了整修。

道梁公路　道美至梁家瑅的四级公路，经沙腰、王禹、岩村、西崖底，全长31.1公里，1953—1979年逐年修成。

灵义公路　灵石至介休县义棠镇的四级公路，经索洲、两渡、崔家沟、冷泉，全长21.8公里。1958年，此路被修成简易公路，夏秋季节，常因洪水漫溢，交通中断；1978年，普遍整修，路面有所改善。

富坛公路　富家滩至坛镇的四级公路，经沟峪滩、杨家山，全长11.5公里。1962年，它由公社集资，调劳力兴建；1963年，初步通车；1980—1982年，继续整修，路面有所改善。

解木公路　解放桥至木瓜曲的等外公路，经西峪口、马家庄、温家沟、交口、金庄，全长26.8公里。1968年，它被修成简易公路，左临沟，右靠崖，若遇山洪，路断难行，虽经修筑，仍不畅通。1985年，政府决定将其改线。

南峪公路　南关至东峪口的四级公路，经三教、仁义、西许，全长23.2公里。1958年，它由南关煤矿始，被修成简易公路。1966年，本县和太岳林局联合建设南双公路（南关至沁源县双沟），全长41.5公里，1971年7月1日竣工通车。1981、1982年，此路经过两次整修，晴雨皆通。

三段公路　三湾口至段纯的三级公路，经堡子塘、志家庄、云义、杜家滩，全长 14.1 公里，因筑路艰难，1970、1973 年，曾两修两停。1981 年，第三次开工，于 1983 年 5 月 28 日竣工通车。

上述 8 条支线公路，全长共 183.7 公里，除南峪公路外，其余晴通雨阻，部分绿化。

（三）乡村公路

段西路：段纯至梁家墕西崖底，全长 12 公里。

景英路：景家沟至英武，全长 8.6 公里。

富王路：富家滩至王禹，全长 9.2 公里。

水静路：水头至静升，全长 11.1 公里。

英城路：英武至城则墕，全长 6.9 公里。

静兴路：静升至兴地，全长 6.2 公里。

水碾路：水峪至碾墕，全长 9 公里。

碾祁路：碾墕至祁家庄，全长 10 公里。

灵两路：灵石至两渡，全长 9.3 公里。

杜逯路：杜家滩至逯家庄，全长 8.5 公里。

梁黄路：梁家墕至下黄堆，全长 11.8 公里。

碾云路：碾则墕至云义，全长 6.1 公里。

南军路：南王中至军寨，全长 9.6 公里。

杨西路：杨家山至西堡，全长 9.6 公里。

富梁路：富家滩至梁家墕，全长 27.8 公里。

郝侯路：郝家川至侯家渠，全长 12.3 公里。

梁北路：梁家圪塔至北庄，全长 11.2 公里。

仁赵路：仁义至赵家墕，全长 31.3 公里。

南梁路：南关至梁家墕，全长 31.3 公里。

南石路：南关至石柜，全长 4.4 公里。

段富路：段纯至富家滩，全长 12.7 公里。

马腰路：马和至腰庄，全长 5.5 公里。

马杨路：马和至杨家垣，全长 1.5 公里。

以上乡村公路共 23 条，总长 247.3 公里，大都始建于 1958 年，均由乡村集资兴建，道宽 4 米，路况较差。

（四）专用公路

峪双路：峪口至双沟，14 公里，1972 年修建，石膏山林场专用。

水梁路：水峪至梁家庄，3.8 公里，1966 年修建，六一六单位专用。

南师路：南垴至师家沟，11.8 公里，1966 年修建，二〇二单位专用。

南马路：南王中至马和，9.1 公里，1971 年修建，52949 部队专用。

许前路：许家坡底至前进沟，9.6 公里，1967 年修建，37371 部队专用。

马柏路：马和至柏沟，4.2 公里，1968 年修建，七二五台专用线。

以上专用线共 6 条，总长 52.92 公里。

至 1985 年，全县各厂矿的坑口路 142 条，总长 392 公里，各乡村的机耕路纵横交错，难以计数。

三、铁路

（一）线路

南同蒲线 太原至蒲州风陵渡的铁路，北由 493 公里处入境，沿汾河东岸，经两渡、灵石、冷泉、富家滩、南关站，南至 535 处，境内全长 42 公里。

同蒲铁路，早在清光绪三十三年（1907）、民国 4 年（1915）曾提议修筑，进行勘察，均因清廷腐败，军阀混战，未能动工。

1932 年，阎锡山委任谢宗周为晋绥兵工筑路局局长，筹划同蒲铁路事宜，并且修筑窄轨铁路，以达割据山西的目的。1933 年 5 月 1 日，同蒲铁路以太原为起点，北向大同，南向蒲州，开始动工。本县境内铁路，于同年 9 月测量，12 月路基动工；1934 年 9 月，建筑桥涵，10 月铺轨，12 月 30 日通车营运。

1957 年，南同蒲窄轨拔宽，与全国铁路统一。同时，本县许家店至富家滩段，为裁弯取直，新开长 1453 米、高 7 米、宽 4.88 米的隧道一条。

1984 年，南同蒲铁路复线建设开始，由中铁 12 工程局负责施工，于 1985 年 12 月 7 日零点全部竣工，并投入使用。

专用线 张家庄煤矿专用线，1954 年 8 月开工，1955 年 6 月竣工，全长 1.66 公里。

两渡煤矿专用线，1955 年兴建竣工，全长 0.46 公里。

夏门煤矿专用线（原石料厂专用线），1957 年兴建竣工，全长 2.03 公里。

灵石煤矿专用线，1964 年 5 月开工，1966 年 8 月竣工，全长 0.77 公里。

南关煤矿专用线，1964 年开工，1966 年竣工，全长 2.83 公里。

石膏矿一工区专用线，1966 年 8 月开工，1967 年 9 月竣工，全长 430 米。

石膏矿冷泉工区专用线，1979 年开工，1980 年 10 月竣工，全长 1.9 公里。

玉成煤炭联营站专用线，1984 年 7 月开工，1985 年 5 月竣工，全长 1.25 公里。

南王中煤矿专用线，1983 年 10 月开工，全长 6.6 公里，预计 1987 年竣工，共投资 1632.22 万元。

以上 9 条专用线，全长 19.816 公里，年运输量可达 448 万吨。

（二）车站

两渡站　民国 23 年（1934）建成，1957 年，为 4 等站，4 股道；1985 年，有 2 股道，2 个站台，客货皆运。

灵石站　民国 23 年（1934）建成，1957 年，为 4 等站，5 股道；1985 年，有 8 股道，2 个站台，客货皆运。

冷泉站　1957 年始建，为 4 等站，有 5 股道；1985 年，有 8 股道，2 个站台，客货皆运。

许家店线路所　民国 23 年（1934）建成许家店站，于 1957 年封闭；1985 年，设许家店线路所。

夏门站　1981 年始建，为 5 等站，2 股道，只有客运，于 1985 年 12 月 6 日封闭。

富家滩站　民国 23 年（1934）建成，1957 年，为 4 等站，有 4 股道；1985 年，有 6 股道，2 个站台，1 个天桥，客货皆运。

南关站　民国 23 年（1934）建成，1957 年为 4 等站，有 6 股道，2 个站台，客货皆运。

1985 年，两渡、灵石、冷泉、富家滩、南关 5 个站的信号装置，将色灯电销器改为电气集中。

第二节　渡口　桥梁　涵洞

一、渡口

境内汾河流经之地，古时多为渡口。随着交通事业的发展，它们逐步被桥梁所代替。

境内较大、较有名的渡口有冷泉渡（民国已废）、夏门渡（清康熙年间建，今已废）、石曲渡（民国已废）、河洲渡（今已废）、军营坊渡（今已废）、曹村渡（1958 年废）、张村渡（1965 年废）、船圪塔渡（已废）、燕家垣渡（1953 年有船 1 艘，2 人。1954 年 10 月，县里新增木船 1 艘。1956 年 7 月，政府规定收费标准，车辆 6 分、牲畜 5 分、行人 3 分、货物吨 2 角，1968 年 10 月废）。

二、桥梁

天险桥　位于郭家沟，明嘉靖七年（1528）架木为桥，名惠济桥。嘉靖二十八年（1549），平阳知府聂公豹筑台于沟南，称天险桥。明万历二年（1574），知县白夏去木易石，建砖墙，现仍存。

石柜桥 位于石柜村汾河上，原称石曲渡桥，冬行桥，夏乘船。民国8年（1919），石柜村耿争光等集资建桥，因洪水所毁，于民国10年（1921），村民再次集资建桥，于同年12月5日建成长100米、宽6米的7孔跨径不一的石拱桥，曾叫普济桥。1958年，许村煤矿修复水毁的3孔，同时增建1孔。1979年，王庄煤矿将桥西水毁的2孔，合修为1孔。现桥长120米，宽4米，有水泥栏杆，称石柜桥。

两渡桥 位于两渡镇汾河上，清乾隆三十六年（1771），两渡镇何泽远继承父志，建成11孔跨径不一的石拱坡桥，叫秋晴桥，桥长104米，高5.7米，宽5.4米。桥面用块石铺成，漫引道46米，桥上有沙石栏杆。1958年，县政府调集两渡、城关、英武等四乡农民对其进行修补。至今，桥身坚固，可通行载重8吨大卡车。

梁家圪塔桥 位于梁家圪塔汾河上，始建无考，桥长75米、宽4.7米、高5.7米，为7孔石桥。清乾隆二十六年（1761）秋，汾水暴涨，桥裂中断。乾隆二十八年（1763）春，裴大勇、燕九皋曾经补修，增设两端蹬道，左右栏杆。乾隆五十四年（1789），裴继承祖志，曾经补修。民国17年（1928），骆斐曾兴工补修，叫永济桥。民国27年（1938），日军将桥炸断。1951年，群众用荆条编桶，内装土石，权作桥墩，上架木板暂为通行。1955、1973年，县里2次组织补修，至今桥坚路通。

道美桥 位于道美村汾河上，始建于清雍正年间（1723—1735），长109米、宽4.4米、高10米、8孔跨径不同的石拱桥。清咸丰三年至五年（1853—1855），因洪水危害，连年整修，从8孔被改为7孔。民国23年（1934）春，补修后称通济桥。1955年春，县政府调集附近农民，将7孔恢复为8孔。1981年，县里投资6.8万元，将桥加宽至7米，增设水泥栏杆和人行道。

南关桥 位于南关镇东仁义河上，始建于清乾隆年间（1736—1795），为6孔跨径不一的石拱桥。民国8、9年（1919、1920）曾补修，时称济川桥。1960、1981、1982年，南关煤矿对其进行3次补修，加宽桥面，铺筑河底，增设栏杆，现桥长61.5米、宽4.5米、高5.6米。

富家滩桥 位于富家滩汾河上，民国27年（1938）始建，长94米、宽4米，为石礅木板桥；1957年、1981年，因洪水漫顶，进行改建。现桥长94.3米、宽5.4米，11孔，跨径7.5米。

新店桥 位于水头静升河上，原为石拱桥，民国31年（1942），改建为7

孔砖拱桥，刻"惠远桥"三字，当时桥长40米、宽6米。1955年8月14日，洪水冲塌2孔，于1956年7月1日修复；1957年，南同蒲铁路拔轨时被拆毁。

水头桥 位于水头村静升河上，始建于民国23年（1934），原为南同蒲铁路桥；1957年，改建为水泥板公路桥，并增设木栏杆；1961、1964年曾2次补修；1981年，将木栏杆换成铁栏杆。现桥长72.5米，宽6米，9孔，跨径7.5米，载重8吨。

集广桥 位于集广村南小河上，始建于民国29年（1940），5孔；跨径2.5米的石拱桥；1970年扩建，现为长24.5米、宽7.8米、5孔、跨径2.5米的石拱桥。

南王中桥 位于南王中村小河上，始建于民国29年（1940），5孔石台砖拱桥，曾于1954年10月和1957年5月进行2次补修；1970年扩建，现为长32米、宽7.8米、5孔、跨径3米的石台砖拱桥。

沙峪桥 位于沙峪村西小河上，始建于民国29年（1940），为2孔、跨径3.5米的砖拱桥，1970年扩建。

境内还有铁路桥梁43座，其中，南同蒲铁路线上36座，专用铁路线上7座。南同蒲线上部分桥梁始建于民国23年（1934），1957年改建和扩建。其余各桥均为1953年后新建。

1949—1985年灵石境内新建公路桥梁一览表

公路线段	桥 名	所在地名	修建年月	型 式	孔数—跨径/个—米	长/米	宽/米	高/米	设计载重/吨
	许家坡底桥	许家坡底	1968		3—5	28	7.3	4	
	南浦桥	南浦村	1970	板	1—5.8	7.5	7	2.3	（汽）15
太三干线	草桥	草桥村	1954.7	石拱	2—5	5.7	4	3	
			1970	石拱	1—5	6.5	7.4	3.5	
			1981.8	石拱	2—5	12.4	7.8	6.8	（汽）20
	陶家山村	陶家山村	1970	板	2—4.7	9.5	7.5	1.7	（汽）20
	玉成桥	玉成村	1978	双曲	5—16	111	9	7.3	（汽）20
	张家庄桥	张家庄村	1970	板	3—5.7	17	7.5	1.7	（汽）20
	夏门桥	夏门村	1977.9		5—20.8	104.4	9	5.65	（汽）20
	十河桥	夏门村	1970	石拱	2—15	46	7	7	（汽）20
	三弯口桥	三弯口村	1970	石拱	5—15	93.6	7	3.5	（汽）20
	沟峪滩桥	沟峪滩村	1970	板	4—8.7	36	7	3.7	（汽）20
	道美桥	道美村	1970	石拱	2—5	21	7	5	（汽）20
夏双线	解放桥	夏门沟	1964	石拱	1—12	50	6	6.4	（汽）8
	下峪桥	下峪村		双层砖	4—2.8 1—4	25	5.3	17.5	（汽）8

续表

公路线段	桥 名	所在地名	修建年月	型 式	孔数—跨径/个—米	长/米	宽/米	高/米	设计载重/吨
解木线	黄毛庄桥	黄毛庄村	1985	石	2—16	91	7	7	(汽)8
	铁炉沟桥	铁炉沟	1963	石	1—8	22	7.2	9	(汽)8
	豹子沟桥	豹子沟	1969	石	1—8	24	7.4	8.5	(汽)8
灵交线	峪口桥	峪口村	1983.6	砖	1—13	20	7	7	(汽)8
南峪线	王家沟桥	王家沟	1971	石拱	1—6	11.8	6	4.2	(汽)8
	劲松桥	峪口村	1971	石拱	1—8	14	6	4.2	(汽)8
三段线	秦王岭桥	秦王岭沟	1971	石拱	1—20	25	5	9	(汽)15
	堡子塘桥	堡子塘沟	1983	石拱	1—6	16	8	4	(汽)15
	云义桥	云义村	1983	石拱	1—6	16	4	4	(汽)15
段梁线	段纯桥	段纯村	1985.7	石拱	5—13	100	7	9	(汽)15
	深井桥	深井村	1985.6	石拱	2—13	45	7	9	(汽)15
	东掌桥	东掌沟	1985.6	石拱	1—8	18	7	10	(汽)15
	郝家川桥	郝家川村	1985.6	石拱	2—8	26	7	9	(汽)15
水西线	向阳桥	西 许	1984.1	石拱	1—6	12	7	6	(汽)15
王汾线	柏苍桥	柏苍村	1985.10	石拱	1—10	22	7	8	
峪双线	无名桥	峪口河	1972	石拱	2—6	19	5	4	(汽)8
	无名桥	峪口河	1972		2—6	19	5	4	(汽)8
	无名桥	峪口河	1972		1—8	11	5.2	6	(汽)8
	无名桥	峪口河	1972	石拱	1—8	14	5	6	(汽)8
	无名桥	峪口河	1972	石拱	1—8	10.2	5	6	(汽)8
	反修桥	峪口河	1972	石拱	1—8	15.8	5	6	(汽)8
	无名桥	峪口河	1972	石拱	1—8	10	5	6	(汽)8
	无名桥	峪口河	1972	石拱	1—5	6	5	4	(汽)8
	无名桥	峪口河	1972	石拱	1—5	6	5	4	(汽)8
石膏矿专用线	汾河桥	张家庄	1960.1	石拱	3—30	100	7	10.5	
	灵石桥	双泉沟	1967.12	石拱	1—6.4	22.8	4.3	9.95	
石料厂专用线	汾河桥	夏 门	1975	双曲	5—7.6	98	4.5	25	
城内线	李家沟桥	李家沟	1982.7	板	4—9	40	5	5	
	上村桥	上 村	1985.11	板	5—10	56	4	4	
张家庄煤矿专用线	工人村桥	柏王庙沟	1966	石拱	3—5	18	6	3	
	张家庄吊桥	柏王庙沟	1973			50	2	2	
石料厂专用线	吊桥	夏 门	1967			120	1.5	7	
南关矿业公司	吊桥	三教村	1982.7		5—12	60			
	独索桥	县西门外	1957			120			
	吊桥	十八甲	1972			110	2	5—10	

三、涵洞

境内有涵洞771个，隧洞2个，其中在公路线上有487个（干线公路上172个，支线公路上239个，乡村公路上16个，专用公路上60个），铁路线上有284个（南同蒲线上248个，专用铁路线上36个）。

灵石部分已废古桥明细表

桥　名	桥　址	备　注	桥　名	桥　址	备　注
中流抵桥	城北门外	民国初年曾用	张家峪桥	张家峪	石　桥
三便桥	城东门外	民国初年曾用	索洲桥	索洲西南	石　桥
永固桥	冷泉汾河上	明弘治年间始建民国23年废	通济桥	高壁	始建于唐咸通九年（868）长33米、宽5米、高13米，石桥
双池桥	双池	民国23年废	曾氏桥	高壁通济桥南	石　桥
软桥	城南	张献万倡修乾隆五十七年建成	燕家垣桥	小水头西南	石　桥

第三节　运　输

一、工具

扁担　杂木所制，分为尖担与水担。尖担长8尺（1尺≈0.3333米），配担尖、担帮、绳索；水担长5尺，配担钩、箩筐，是简单的挑运工具。用它肩挑货物，务农经商，每户少则1根，多则几根，沿用至今。

肩舆　俗名爬山虎，木椅绑上人竿，二人肩抬，请医生、送病人、探亲朋，于山区盛行，20世纪60年代后被淘汰。

轿子　有花轿、小轿之分，盛行于明清时期。花轿，为男婚女嫁时所用。小轿，为官僚富豪公出或探亲时所用。1949年后停用。

驮力　由畜力驮运，俗称高脚。畜力运输，历史悠久，1936年，全县驮畜达1828头，为驮运盛期。1958年后，车辆增加，驮畜锐减，现已罕见。

独轮车　俗名地老鼠，硬木所制，一人推用，短途运输，实用方便，至今山区沿用。

铁、木轮车　用畜力拉运，为平川运输工具，1958年，大炼钢铁，盛行一时，以后逐渐淘汰。

小平车　有人力、畜力、人畜力平车之分，出现于2世纪50年代初，1953年，全县仅有10辆；1975年，全县达3261辆；1985年，难以计数；是短途运输和坑下拉用的有效工具，现仍沿用。

马车 又名畜力胶轮大车，由骡马牵拉，有单、双、多套之分。1953年，全县有5辆；1975年，有289辆；1985年，有225辆；用于长途运输。

拖拉机 1957年，静升建立拖拉机站，当时有东方红54型链轨拖拉机3台，主要用于耕地；以后逐年增多，型号增加，轮胎式拖拉机成为平川短途运输的主要工具，1985年，全县拖拉机达1026台，有19880马力。

自行车 清光绪年间，张家庄的杨昉从天津购回，时称洋车，用以代步。1958年后，自行车种类繁多，有凤凰、飞鸽、永久等品牌自行车，人皆喜爱，载人运货，十分普遍，成为城乡人民不可缺少的交通工具。1985年，全县累计有46692辆。

轻骑 又称摩托车，最早出现于1936年静升镇，1949年后公安机关用以巡道、侦捕。20世纪80年代，轻骑增多，用以代步，速度与汽车媲美。1985年，全县有50辆。

汽车 有客车、货车、小轿车之分，种类型号繁多，为长途运输的重要工具，出现于民国10年（1921）。1985年，全县有1181辆，吨位3665吨，其中货车935辆，客车22辆，小轿车5辆，吉普车36辆，其他车183辆。

二、客运

民国以前，官吏富户骑马坐轿，庶民百姓或骑畜或步行。

民国10年（1921），本县草地村杨某购进15座的旧客车1辆，北抵介休，南达风陵渡，开始汽车客运业务，因车劣路差，经常抛锚，往返一趟约需7天。民国23年（1934），南同蒲铁路通车，汽车客运减少。1964年7月1日，本县首开灵回公路班车客运业务，初期单日发车，后改每日一班，卡车包篷布，设木椅，供旅客乘坐，虽然简陋，旅客却也欢迎。当年客运量0.8万人，客运周转量22.17万人公里。1974年，本县开通灵石至石膏山林场、灵石至介休的客运班车。1978年，县矿业公司首开接送职工的专用班车。1982年，本县开辟灵石至英武、灵石至南墕的客运班车，因路况较差，当年停运。1984年，道美村赵秋生购买东风140型45座大客车1辆，开通南关至孝义柳湾的个体客运班车。1985年，全县客运汽车22辆（国家5辆、单位13辆、个体4辆），933座位，沟通灵石至介休、孝义、平遥、交口4县28个乡镇的交通，仅县运输部门客运量11.69万人，客运周转量368.25万人公里，是1964年的14.6倍。每日汽车客运班车有：

灵石至回龙2个车次（县运）；

灵石至石膏山1个车次（县运）；

灵石至太原1个车次（省运）；

介休至南关 1 个车次（汾西矿务局）；

南关至柳湾 1 个车次（赵秋生）；

灵石至平遥 1 个车次（赵玉明）；

坛镇至灵石 2 个车次（吴春喜）；

西许至灵石 1 个车次（王志龙）。

客运票价，因路而异，一般为 2.23—2.5 分／公里。

三、货运

民国以前，民间运输是人力担挑，畜力驮运。民国 15 年（1926），本县长泰隆、信义恒等客栈和粮店购置万国、福特等品牌汽车，开启货运业务。单车载重，少则半吨，多则 3 吨，时速不过 30 公里。民国 23 年（1934）南同蒲铁路通车，路基被占，兴盛一时的汽车货运顿时萧条。1958 年，景家沟铁厂调进 1 辆依法牌汽车，用以拉货，以后随着公路建设和矿藏开发，汽车运输日渐增多。1985 年，全县有汽车 1181 辆，参加货运的 935 辆，3665 吨位，货物发运量为 324.821 万吨，比 1980 年增长 1.87 倍，比 1970 年增长 6.6 倍。

四、铁路运输

南同蒲干线和专用线建成后，铁路客运量、货运量与日俱增。1985 年统计，每天通过本县的客运列车有 12 个车次，可直达太原、北京、天津、西安、成都等地。境内车站旅客年发运量为 64.71 万人，比 1980 年增长 26.17%，比 1970 年增长 63.57%；货物发出量为 388.32 万吨，比 1980 年增长 56.27%，比 1970 年增长 74.54%。

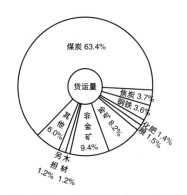

灵石铁路运输物资比例图

第四节 交通管理

交通监理 公路交通监理，始于公路创建之后，于 20 世纪 70 年代列入重要议事日程。1978 年，灵石成立交通监理站，1984 年改为交通监理分所，负责机动车辆的行政管理和技术监督。由于本县路面窄、坡度大、弯道多、混合流量密度大的复杂路况，尽管交通监理部门竭力强化管理，但是交通事故仍然时有发生。

1977 年 4 月 15 日，县汽车运输公司马某驾驶解放牌货车往段纯送货，返回私捎徐某、曹某、赵某 3 人，在经富家滩车站道岔口处，违犯"一慢、二看、三通过"交通规则，抢道行驶，于 19 时 21 分与 2879 次货车相撞，造成 4 人死亡、

4.52 万元经济损失的交通事故。

1984 年 9 月 20 日，灵石县南关镇南沟村刘某，无证驾驶东风牌汽车进城运货（本车司机赵某在旁边坐）。在水头饭店饮酒后，返回至太三公路约 173 公里处，与临汾地区老干部休养所的天津面包车相撞，造成 4 人死亡、2 人重伤、2 车损毁的重大交通事故。灵石县人民法院以交通肇事罪，分别判处刘某 7 年、赵某 5 年有期徒刑。

为搞好交通安全工作，交通部门利用广播、图片、电影、幻灯、录像、电视等形式，对有关单位及人员进行广泛深入的宣传，并在交通要道设标挂牌，警告行人车辆；在县城新街分线设楼，按灯指挥，保证安全。与此同时，监理部门逐年对驾驶人员进行培训、考核，提高其驾驶技术水平，仅 1985 年，举办 5 期培训班，共计 700 人，收到不错的效果。

道路养护 1949 年以前，境内虽有一条公路，但无专人养护。1949 年后，县人民政府重视公路建设和养护工作，1961 年 8 月 1 日成立公路站；1979 年成立公路养护段；有养护道班 4 个，养护人员 80 名，汽车 4 辆，拖拉机 1 台，压路机 3 台，洒水机 1 台，碎石机 2 台，烘干机 1 台，还有保温平车 4 辆，轻骑 7 辆等养护机具。

境内，干线公路由养护段养护，支线由乡镇专业队养护，专用公路由本单位养护。

1975 年以来，养护职工顶严寒、冒酷暑，及时除雪、排水、铲草、垫土、铺油，基本做到干线畅通、支线无阻。1980—1985 年，灵石公路养护段被评为晋中地区先进养护段。

根据国家有关规定，县里向有关单位和个人征收养路费。随着车辆增多，养路费也逐年增多。1985 年，全县征收养路费 262 万元，比 1980 年增长 178%。

第二章　邮　　电

第一节　网　　路

一、驿站、递铺

驿站 隋开皇十年（590），县始设有瑞石驿和仁义驿两处，系官办，主要接待过往官员、差役，兼事邮驿通信，负责传递御旨、军令及官府文书等。驿站被历代沿用，直至民国 2 年（1913），裁驿归邮。

瑞石驿 初建高崖头镇（小南关），设驿丞 1 人，负责管理驿务，清雍正八年（1730）迁至城内县衙东侧（今马号），有站舍 50 余间，有驿骑 315 人、驿夫 90 人、驿马 61 匹、年支银 3671 两；另有协济木站驿马：偏关县 2 匹，右玉县 10 匹，宁化站 2 匹，太平、桥村站各 1 匹，计 16 匹；驿骑 8 人。

仁义驿 原为汾西、浮山、岳阳、隰州、乡宁五州县借地设的驿站；乾隆十年（1745）改归本县驿丞管理；乾隆二十八年（1763）设巡检于仁义镇，兼管驿站，建房 8 楹，马号 16 间，马栅 30 间，有驿骑 30 人、驿夫 66 人、驿马 60 匹；雍正三年（1725），驿骑增至 90 人。其中，汾西县驿骑 14 人、驿马 24 匹，浮山县驿骑 12 人、驿马 24 匹，岳阳县驿骑 4 人、驿马 8 匹，隰州驿骑 1 人、驿马 2 匹，乡宁县驿骑 1 人、驿马 2 匹。

递铺 元太宗元年（1229），除驿站外，又增设递铺负责传递官府公文信件，明清两代，沿袭元制。灵石城内设总铺、城外南线、北线，每隔 10 里设 1 铺。北线设河洲铺、索洲铺、曹村铺、冷泉铺，共 4 铺；南线设竹干铺、高壁铺、常山铺、仁义铺、大会头铺，共 5 铺。全县境内共有 10 铺，每铺有司兵 4 人，大会头铺增设 1 人（传递汾西县公文），县设总铺司 1 人，共 42 人。

二、邮局、邮所

清光绪二十一年（1895），县设邮政局，民国元年（1912）改称中华邮政，县设邮电局。至 1948 年，全局有职工 9 人，辖两渡、静升、仁义、双池 4 个代办所。民国 17 年（1928），山西军电局灵石军电分局成立，地址在城内北街岳王庙内（现中医院），时有编制 4 人。民国 21 年（1932），灵石增设地方电话局，地址在三圣寺内（现农机局院内），编制 4 人，当时通话单位有县政府、公安局、教育局，一区公所及两渡、静升、仁义、双池 4 镇和南关、王禹、老虎山 3 卡。民国 27 年（1938），日军侵占县城，邮电局沦于敌手。民国 28 年（1939），共产党领导的太岳区建立邮政管理局，民国 29 年（1940），灵东设立交通局，编制 27 人，常住东许村一带，负责抗日根据地党、政、军及人民群众的邮电通信。民国 32 年（1943），灵东设磨扇坪交通站，编制 12 人。民国 35 年（1946），灵西设交通站，编制 6 人。

1948 年 6 月，县城解放，灵东、灵西交通站接管中华邮政，始称人民邮政，下设两渡、南关、富家滩、静升、仁义、双池、坛镇、段纯 8 个代办所。

1949 年 2 月，人民解放军通信兵转交地方，建立灵石电话站，编制 8 人，1953 年与邮政局合并，统称灵石邮电局。1954 年，县里将私人兼办的静升、仁义、夏门、段纯代办所，改为代销社代办，同时增设两渡邮电所。

1956 年，许家店邮电所被撤销，张家庄邮电所建立，同年增设西许、英武、回龙、王禹邮电代办所。

1957 年 4 月，县委机关机要人员归邮电局；1958 年，灵石、介休、孝义三县合并成立介休县，改称灵石邮电支局；1961 年分县，恢复原制。

1971 年，双池邮电所归吕梁地区交口县管辖。1969 年，邮、电分设，电信归军队系统，由县人民武装部领导；1973 年，邮电合并。

中华人民共和国成立以来，邮电事业不断发展，机构不断健全，人员不断增加，至 1985 年底，县邮局下辖 3 个支局、7 个分所、4 个代办所，共有职工 143 人，其中邮政业务人员 69 人（内有乡邮员 39 人）、电信业务人员 56 人（内有话务员 27 人）。邮电支局有：两渡、富家滩、南关；邮电分所有：静升、张家庄、夏门、仁义、交口、段纯、梁家墕；邮电代办所有：西许、王禹、坛镇、英武。

三、邮电线路

邮路 1896—1911 年，全县有邮政线路 5 条，长达 217 公里，其中市投 2 公里，乡邮 215 公里。1912—1937 年，全县有邮政线路 6 条 221 公里，其中干线 3 公里，市投 3 公里，乡邮 215 公里。1938—1948 年，灵东根据地交通站有邮路 4 条，即磨扇坪—郭道、磨扇坪—霍县、鱼儿泉—介休、鱼儿泉—孝义兑镇。1949 年以来，随着交通的发展，本地邮路亦得到相应发展。1952 年，县内有干线邮路 4 条，其中，平车路 1 条，步班 3 条，长 8 公里；市投邮路 2 条，均系步班；乡投邮路 14 条，其中，自行车班 1 条，步班 13 条，单程长 777.9 公里。1985 年，县内有干线邮路 4 条。其中，汽车班 1 条，自行车班 3 条，长 8 公里；市投邮路 4 条，均系自行车班；乡投邮路 45 条，其中，摩托班 2 条，单程长 196 公里，自行车班 29 条，单程长 1045.1 公里，步班 14 条，单程长 405 公里，全程 1645.1 公里。1985 年，全县邮政运输投递达到半机械化。

电路 1928—1938 年，县内有电报线路 2 条（灵石—介休、灵石—霍县），长达 78.9 路公里；市话线路 2 条，杆程 2 公里；农话线路 7 条，杆程 215 公里。

1949 年以来，电信线路不断更新，不断拓展，至 1985 年，县内有电报线路 4 条，长 420.6 路公里；长话线路 15 条，长 1262.2 路公里。市话线路杆程 14.6 公里；农话线路 24 条，杆程 250 公里。

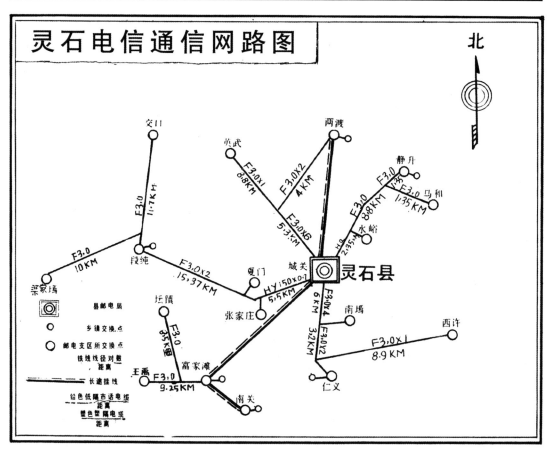

1985年灵石电信通信网路图

灵石主要年份邮电事业基本情况表

年份	职工人数/人	局所数/个	收入/万元				支出/万元				固定资产/万元
			总收入	其中			总支出	其中			
				邮政	电信	农话		中央	地方	税金	
1952	21	8	1.98	1.98	—	—	1.10	1.10	—	—	—
1957	58	10	11.05	9.36	1.69	—	5.19	4.90	—	0.20	
1962	71	10	12.24	6.78	3.45	1.98	8.68	6.62	—	0.25	3.90
1965	86	10	11.80	6.20	2.60	2.80	8.80	6.50	2.10	0.20	15.60
1970	96	14	11.60	6.50	2.20	2.80	9.10	8.70	—	0.30	23.80
1975	103	14	14.50	8.20	3.40	2.70	10.30	9.50	—	0.40	33.40
1980	119	14	24.50	11.40	8.10	4.40	16.80	11.60	3.40	0.70	60.90
1985	149	14	42.62	16.90	17.10	8.50	35.68	27.83	7.80	—	86.40

第二节　邮　　政

一、投递工具

1949 年前，县内邮运工具全靠步行加扁担。1952 年，灵石始有平车 1 辆，供接车用，自行车 2 辆，供乡投用；1961 年增加驮骡 1 头，供灵石一双池干线用；1971 年增摩托车 3 辆，始开摩托班；1977 年，增东风牌三轮摩托 1 辆，2.5 吨货车 1 辆，供行政用；1984 年，增红旗牌小轿车 1 辆，供接车用。1985 年底，全县共有自行车 46 辆，250 型摩托车 6 辆，三轮摩托车 2 辆，解放牌汽车 1 辆，红旗牌汽车 1 辆。

二、业务

中华邮政　经营业务有信函、包裹、汇兑等；民国 19 年（1930），开办小额汇票；民国 23 年（1934），开办代售印花税票和代订刊物；民国 24 年（1935），增办代购书籍和收寄轻便包裹。

人民邮政　于 1948 年成立，停办代订书籍、刊物业务；1950 年增加报刊发行，1951 年增代购货物和代贴广告业务，1953 年增加保价、特挂信函、国际平信、包价包裹、快递小包及国际包裹等业务；1955 年开办电汇业务，停办代售印花税票业务；1956 年，试办报刊零售业务，同年停办代购货物和代贴广告业务；1957 年开办机要业务，1983 年成立报刊零售门市，1985 年 4 月成立集邮门市。

全县分支部门，办理函件、特挂、汇兑、包裹、发行业务的有：两渡、富家滩、南关、静升、张家庄、夏门、仁义、交口、段纯、梁家墕支局和分所；办理函件和发行业务的有：英武、王禹、坛镇、西许代办所。

三、交换量

1948 年灵石解放后，国民经济迅速发展，百业俱兴，邮政业务量逐年递增。1952 年，全县出口函件 8.77 万件，包裹 0.961 万件，汇兑 0.9 万张；1962 年，出口函件 56.7 万件，比 1952 年增长 5.5 倍，包裹 1.2 万件，比 1952 年增长 25%，汇兑 2.8 万张，比 1952 年增长 2 倍。"文化大革命"时期，邮章废弃，管理混乱，差错层出，邮件积压，业务交换量下降。1969 年，函件 41.8 万件，比 1962 年下降 26.3%；包裹 0.8 万件，比 1962 年下降 33.3%；汇票 2.2 万张，比 1962 年下降 21.4%。20 世纪 70 年代，邮政业务量略有回升，党的十一届三中全会以来，逐年增长。1985 年，全县出口函件 68.7 万件，比 1952 年增长 7 倍；汇兑 4.9 万张，比 1952 年增长 4.5 倍；包裹 0.7 万件，略有下降。

灵石主要年份邮政业务交换量明细表

年份	邮政线路 / 公里				信函 / 万件		包裹 / 万件		汇兑 / 万件		机要 / 万件	
	步班	自行车	摩托车	合计	出口	进口	出口	进口	出口	进口	出口	进口
1953	652.1	158.4	—	810	9.8	—	1.2	—	1.2	—	—	—
1958	601	179	—	780	46.0	78.8	0.6	1.5	2.8	0.7	0.2	0.3
1965	1100	163	96	1359	46.1	50.0	0.7	1.0	3.8	1.4	0.5	0.7
1975	585	518	264	1367	54.4	52.3	1.1	1.6	3.9	1.1	0.08	0.2
1978	434	585	529	1548	56.8	52.6	1.0	1.7	3.6	1.3	0.1	0.2
1980	342	653	286	1286	66.6	59.1	0.9	1.7	4.2	1.5	0.2	—
1985	405	1053	196	1651.4	68.7	74.9	0.7	1.4	4.9	1.5	0.07	0.2

第三节　电　　信

本县现代电信始于民国17年（1928），经过半个多世纪的发展，电信设备初具规模，县境通往省内外的电话、电报、传真均实现机械化、电气化，为服务祖国社会主义四化建设、方便人民群众生活，作出一定贡献。据20世纪80年代初期统计，电报服务于经济部门，约占业务总量的59%，服务于人民群众，约占37%，服务于军、政机关，约占4%；长话服务于经济部门，约占65%，服务于人民群众，约占15%，服务于军、政机关，约占20%；市话服务于经济部门，约占74%，服务于军、政机关，约占25%，服务于人民群众，约占1%。

一、电话

长途电话　1949年解放初期，境内长话、市话、农话合设1台，当时有10门磁石交换机1部。1963年分台，长话设备更新，有会议电话终端机1部。1979年，灵石增设EM201型三路载波电话端机1部；1982年，增设HT262型30门磁石交换机1部；1984年，增设EM301型12路载波电话端机1部。1985年，灵石共有长途线路15条，总长1262.2路公里，其中，灵石通榆次8条，长1121.6路公里；灵石通介休4条，长115.6路公里；两渡通介休1条，长10路公里；南关通霍县1条，长15路公里；段纯通双池1条，长12路公里。长途电话业务量，1965年，进口1.3万张，出口1.2万张；1978年，进口2.4万张，出口2万张；1985年，进口3.9万张，出口3.5万张；1985年与1965年相比，进口增长2倍，出口增长2倍。

市内电话　民国时期境内通话设备有5门磁石交换机1部，电话机12部，县电话局通往县政府、公安局、教育局、一区公所的电话线路2条，长2杆公里。1949年，灵石增10门磁石交换机1部、电话机2部；1957年，增100门磁石交换机1部，入局电话机61部；1962年，有磁石交换机2部、容量200门，入局电话机105部；1979年，有磁石交换机4部，容量400门，入局电话机236部；1985年，有磁石交换机5部，容量500门，入局电话机315部。随着经济建设的发展，工商企业增多，市内电话用户日益增多，1957年有61户，1965年有112户，1978年增至231户，1985年达到313户，比1957年增加4倍。1952年，市内电话线路有2.29杆公里，1985年达到14.6杆公里，比1952年增长4倍。为了满足用户的需要，1963年，灵石增设电缆，出局电缆线长51对公里，1978年增至445对公里。1985年，灵石有510对公里，为1963年的10倍；同年开始筹建自动电话大楼，1987年竣工并投入使用。

农村电话　本县于民国21年（1932），开始乡话业务，有县城通往二区（静升）、三区（仁义）、四区（双池）、五区（两渡）4镇和南关、王禹、老虎山3卡的电话线路，全长215杆公里。1938年，日军入侵，电线被毁。1949年，市话、农话合设1台，有10门磁石交换机1部，电话机7部。1957年，交换机容量增至105门，入局电话机36部。1962年，县局交换机容量180门，公社交换机容量875门，入局电话机688部。1979年，县局交换机容量220门，公社交换机容量1115门，入局电话机96部、乡村电话机702部。1985年，县局交换机容量320门，乡镇交换机容量1040门，入局电话机111部，乡村电话机433部。1950年，灵石有5条农话线路，从县城通往仁义（二区）、静升（三区）、双池（五区）、两渡（六区），全长105杆公里；1955年，增设县城通往富家滩、南关、张家庄、段纯等10条线路，长74杆公里；1957年，增设县城通往水峪、马和、南墕、西许、王禹、坛镇、梁家墕、交口、英武共10条线路，长110杆公里；1961年，增设县城通往夏门线路1条，长10杆公里。1985年，灵石共有24条电话线路（其中实线13条，载波11条），杆程250公里，交换机总容量2295门，装电话机1065部。全县10乡、8镇、309个村委全部通了电话。

会议电话　本县于1959年始有会议电话业务。为了沟通省、地下达县级的电话会议和县级下达乡镇的电话会议，1969年，灵石购置TH304型会议电话终端机1部；1976年，增HK-4型、SFZH-1型、TH66-1型会议电话机各1部；1978年，增SNH-75型会议电话机1部；1979年，增载波电话终端机16部，分设两渡、张家庄、富家滩、南关、段纯邮电所，并在县委机关及邮电局各设会议电话室一处。1985年，省政府及晋中行署开到县上的电话会议和县政府开到乡镇政府的电话会议均畅通无阻。

二、电报

本县电报业务始于民国 17 年（1928），省设军电局，县设军电分局，编制 4 人，有局长、报话员、机线员、外线工，开办电报、长话两项业务，主要为军政、机关服务，电报北通介休，南通霍县。1949 年，军电转地方，电报可通榆次。1957 年，灵石置莫尔斯 1.2 发报机 1 部，音响机 1 部；1963 年，增 15 瓦短波发报机 1 部，架设有线电路两条；1974 年，增 BD55 型电传打字电报机 3 部，电传线路 1 条；1980 年，增单路载报机 1 部，载波电路 1 条；1984 年，增 QE003 型电传信号发生器 1 部，64-4e 型双机头自动发报机 1 部。由于电报设备不断增加，县境电报可通全国各地，大大方便用户，沟通城乡往来，促进工农业生产。1958 年，灵石电报出口 0.6 万份，进口 0.5 万份，转口 0.7 万份；1968 年，出口 0.8 万份，进口 0.7 万份，转口 1.5 万份；1978 年，出口 1.8 万份，进口 1.9 万份，转口 1.6 万份；1985 年，出口 3.3 万份，进口 3.2 万份，转口 2.7 万份。与 1958 年相比，1985 年全县电报业务量进口增长 5.4 倍，出口增长 4.5 倍，转口增长 3 倍。

三、传真

1978 年，县委机关始设中文传真机 1 部，有灵石—榆次机要载波专线 1 条，当时派有工作人员 1 人，负责地、县之间机要文件的传递。1985 年，随着传真业务的扩大，全县增设密码机、稳压器、空调器、自动交换机等设备，工作人员增至 4 人。

灵石主要年份电信业务交换量明细表

年份	杆路长度/公里		交换机容量/万件		电话机总数/部	电报/万件		长话/万件		市话户数/户	农话户数/户
	县局	乡镇	县局	乡镇		出口	进口	出口	进口		
1958	262		105		51	0.6	0.5	0.4	0.9	61	
1965	268	1460	290	820	847	0.8	0.8	1.2	1.3	112	138
1975	228	595	220	910	619	1.7	2.0	1.3	1.8	202	115
1978	128	973	220	1090	805	1.8	1.9	2.0	2.4	231	104
1980	150	960	220	1115	798	2.3	2.2	2.6	3.1	241	123
1985	144	739	530	1040	1065	3.3	3.2	3.5	3.9	313	137

1985 年灵石邮电局所属基层单位情况表

单 位		建立时间	职工人数/人	交换机/部	电话机/部	经营业务	基地面积/平方米	建筑面积/平方米
邮电支局	富家滩	1949	6	30	30	函件、包裹汇兑、发行	458.6	217.1
	南 关	1949	12	100	50	函件、包裹汇兑、发行	843.5	309.6
	两 渡	1948	8	50	30	函件、包裹汇兑、发行	293.7	164.1
邮电所	张家庄	1949	3	30	20	函件、包裹汇兑、发行	606.7	347
	静 升	1948	5	30	20	函件、包裹汇兑、发行	174	124
	仁 义	1948	1			函件、包裹汇兑、发行	177	128
	夏 门	1975	7	30		函件、包裹汇兑、发行	109	90
	段 纯	1949	6	30		函件、包裹汇兑、发行	210	98
	梁家墕	1978	2			函件、包裹汇兑、发行		
	交 口	1975	1			函件、包裹汇兑、发行		
代办所	西 许	1970	1			函件、发行		
	王 禹	1985	1			函件、发行		
	坛 镇	1978	1			函件、发行		
	英 武	1978	1			函件、发行		

第 六 编

城乡建设

第一章　规划设计

第一节　城乡规划

1983 年，灵石县人民政府对县城进行了规划，总的原则是"整修旧城、兴建新城、推倒城墙、扩建城区"。次年，县城乡建设局成立，对县城、乡镇及311 个自然村进行了统一规划，并编绘了现状与规划说明图，分期实施。

县城以汾河峡谷、山势为依托，以新城为中心向东、东南、东北伸展。旧城区为居民住宅区；翠峰区为商业区；河东区为工商区；清凉区为居民住宅区；东郊区为工业区。

乡镇规划，本着"城乡结合、合理布局、节约用地、方便生活"的原则，突出各地特色。同时，县政府对乡村也作了一些必要的规划。

第二节　建筑设计

1949 年前后，县内建筑承袭古老的传统砖拱、砖木和土窑洞结构模式。20 世纪 70 年代初期，始有一些钢筋混凝土结构建筑，均为外地建筑部门所设计。1976 年 8 月，县建筑设计室成立，有 5 名设计人员，1984 年 6 月，经省、地主管部门审查，省建设厅批准并发给设计证书。1972 年，县建筑设计室首次设计县化肥厂工程，获得成功；1982 年，设计县政府办公大楼，5 层楼顶采用 18×17 米跨度的井字梁盖顶，建有可容 400 人的大会议室，此项工程为本县自行设计的高层建筑物。1985 年县招待所改造工程，设计人员拿出 6 个方案，城建局工程师姚诚设计的方案中选，并获得晋中地区优秀设计方案奖。

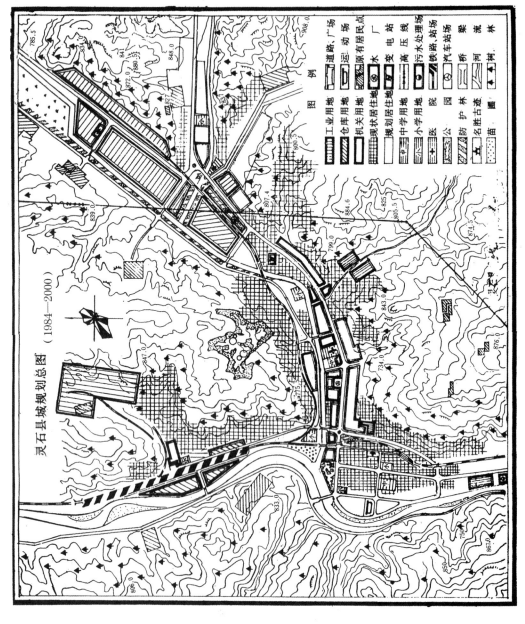

灵石县城规划总图（1984—2000）

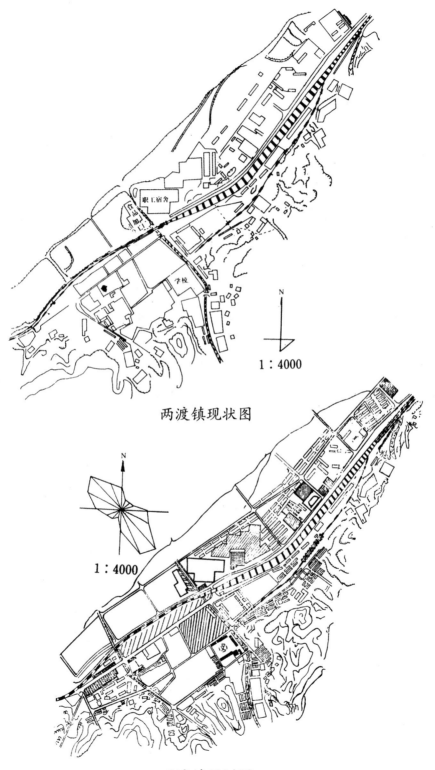

两渡镇现状图

1：4000

两渡镇规划图

1：4000

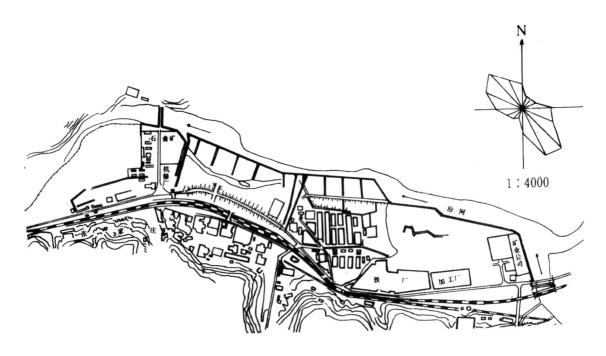

张家庄镇现状图

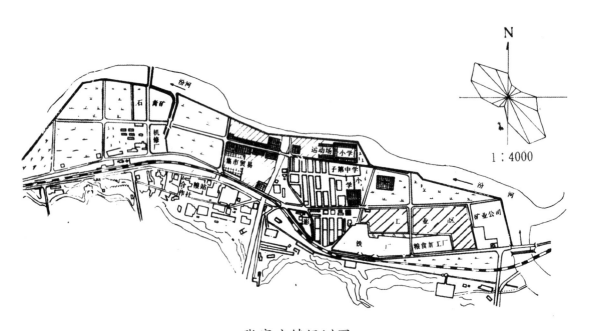

张家庄镇规划图

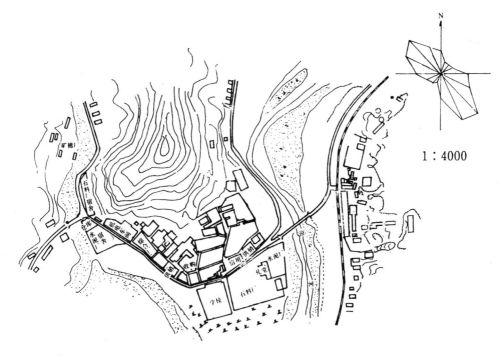

夏门镇现状图

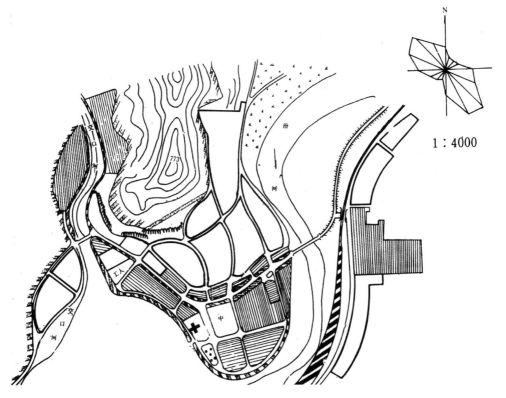

夏门镇规划图

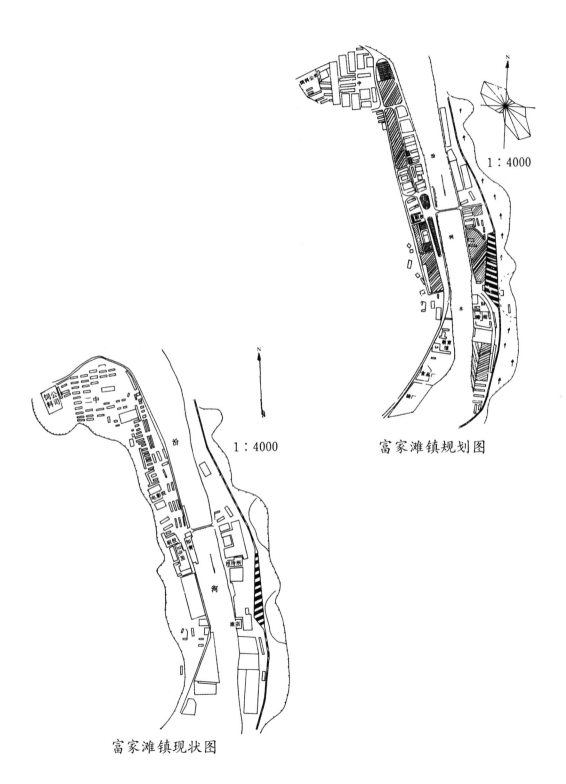

富家滩镇规划图

富家滩镇现状图

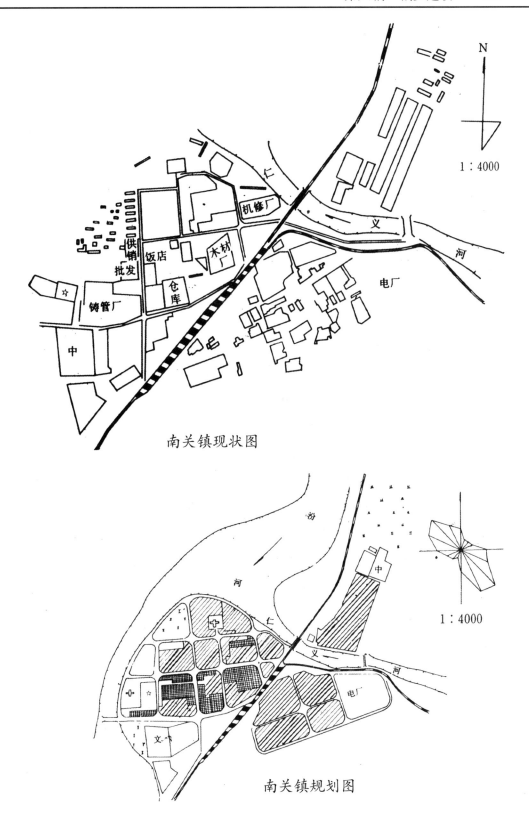

南关镇现状图

南关镇规划图

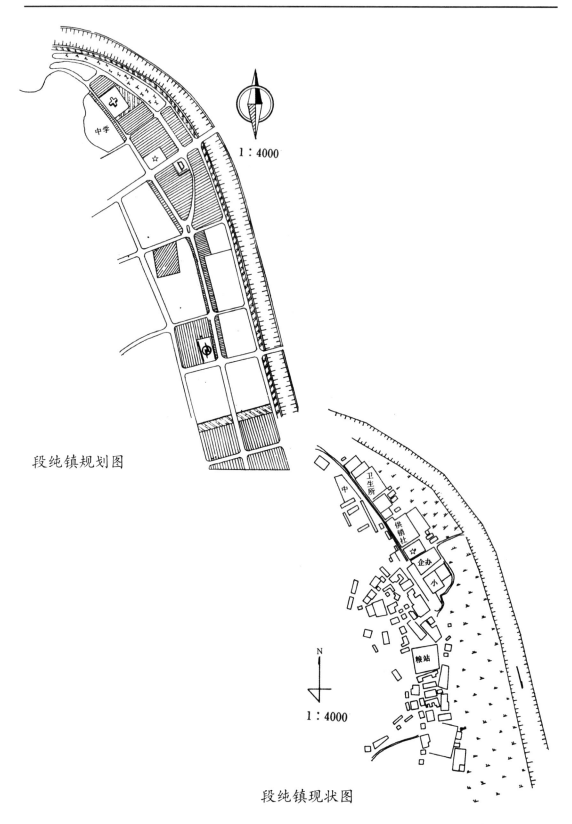

段纯镇规划图

1：4000

段纯镇现状图

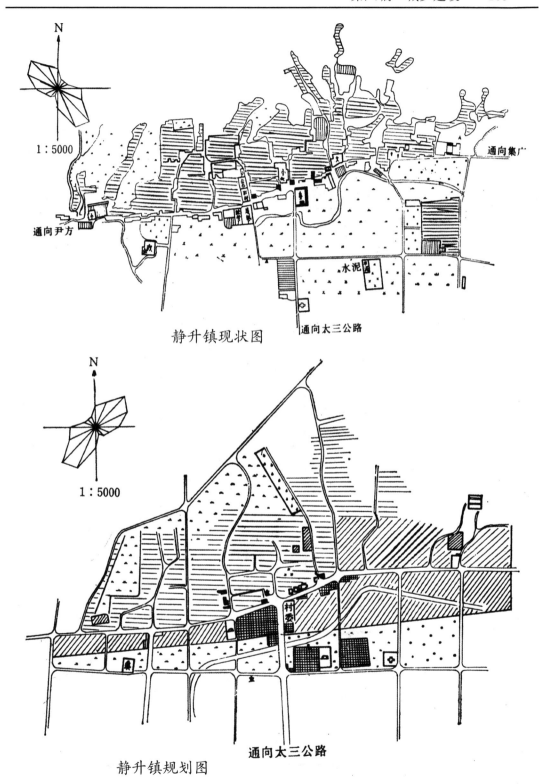

静升镇现状图

静升镇规划图

图 例

名称	现状图例	规划图例	名称	现状图例	规划图例
居住建筑			中、小学校	中、小	中、小
公共建筑			医院		
生产建筑			自来水厂	水	水
工副业建筑			居民点		
体育场地			墓地陵园		
道路			旱田		
田间道路			水田		
铁路站场			菜田		
水井	井	井	果园		
砖瓦			苗圃		
变电站			防护林		
高低压线			树林		
名胜古迹			公共绿地		
防洪堤			桥梁		
水渠			公建用地		
山丘					

图例标识图

第二章　县城建设

第一节　城　　池

县城位于汾河、静升河丁字交汇处，始建于隋代，周长约3公里，城墙高4丈5尺，城外设护城壕2道，深宽各8尺。唐、宋、金曾部分整修；元至正二十四年（1364），城墙筑高2丈，厚8尺；明正统年间（1436—1449），将城墙向北展扩300余步（三乐巷至北门），城周计三里188步；明正德年间（1506—1521），兵乱毁城，县人修建南北城楼，四隅角楼。明嘉靖二十六年（1540），重修；明隆庆三年（1569），增高城墙6尺，帮筑里城7尺，上砌砖堞，内树女墙，各门楼皆重加整饰；明万历三年（1575），山水暴溢城坏，又进行补筑，并砌城角、石堰，置4门吊桥，修敌楼4座、窝铺10座，建东城楼及南瓮城，复建穿廊；清顺治六年（1649），兵乱焚毁，复重修；康熙四十二年（1703），重建窝铺及南北门楼；民国23年（1934），重修东门及城楼；同年，修北街石坡路一段（三乐巷东口往南）。

历代城内建筑，以街道、县衙为主，兼修寺庙，各代均有增修、补修。

第二节　街　　道

旧街改造　旧城原有4街10巷，即东街长170米，西街长150米，南街长350米，北街长420米。友助巷、兴仁巷、三乐巷、六行巷、尚和巷、察院巷、仁里巷、学宫巷、东太平巷、西太平巷，最宽者6米，窄者1.5米，泥土路面，遇雨难行。1966年，4街铺设沥青路面。1979年，县城新拓粮站街，从东门至北立交桥，长420米，宽12米，车行道8米，人行道4米，砂土路面；同年，新拓五一商场至旧城北门的新西街，长300米，宽12米，车行道8米，沥青路面，人行道两边各2米，砂土路面。1980年，水头街水头桥至火车站拓宽12米，车行道8米，沥青路面，人行道4米，砂土路面。1981—1985年，常青街建成，长1300米，宽5米，砂土路面。

新街建设　翠峰街北段，水头桥至南立交桥，于 1972 年建成（原为同蒲铁路废弃路基），长 1200 米，宽 12 米，沥青路面。翠峰街南段，南立交桥至陶家山沟，于 1972 年建成，长 1200 米，宽 12 米，沥青路面。新西街，芦子坪沟至旧城北门，于 1972 年建成（原为太三公路废弃段），长 910 米，宽 30 米，1984 年将原"二板二带"（车行道、两侧人行道）改为"三板四带"（快车道、慢车道，两侧人行道），沥青路面。新东街，芦子坪沟至水峪桥，于 1972 年建成，长 1650 米，宽 12 米，沥青路面。光明巷，贸易中心至印刷厂，于 1977 年建成，长 200 米，宽 6 米，混凝土路面。广播巷，新街至广播电视局，于 1970 年建成，长 93 米，宽 5 米，砂土路面。二中路，文化馆至静升河，于 1975 年建成，长 200 米，宽 8 米，砂土路面。清凉路，水头桥至李家沟，于 1984 年建成，长 985 米，宽 12 米，砂土路面。工农路，水峪桥至化肥厂，于 1972 年建成，长 1500 米，宽 14 米，沥青路面。李家沟街，李家沟桥至李家沟村，于 1982 年建成，长 150 米，宽 6 米，砂土路面。芦子坪街，物资局至教师进修校，于 1981 年建成，长 250 米，宽 6 米，砂土路面。北王中路，化肥厂至北王中村，于 1972 年建成，长 210 米，宽 8 米，砂土路面。南井沟街，灵石煤矿办公楼至灵煤机修厂，于 1972 年建成，长 1400 米，宽 8 米，砂土路面。水头路，水头桥至灵煤办，于 1983 年建成，长 1100 米，宽 12 米，沥青路面。曹家原沟路，建材厂至曹家原村，于 1972 年建成，长 850 米，宽 6 米，砂土路面。

城区内，依山傍水，沟壑纵横，有大小桥梁 24 座，同蒲铁路自城中心贯穿南北。

第三节　公共设施

一、给水

明景泰年间（1450—1457），在县城西门里，因筑城取土，挖一大坑，后引汾水环流于内，取名乾龙池，供县城居民用水。民国 18 年（1929），耿步蟾（省农矿厅厅长，本县石柜村人）派技师来县勘查水源，经官商合资筑暗渠一道，引南王中村南之水至县城东门外，入蓄水池，解决县城居民用水。

1949 年，县里在灵石火车站，铺设地下管道，引南王中村、茹子洼交叉处水源，日涌水 500 吨，解决车站及部分单位用水。1958 年，灵石增设管道 1500 米，从车站引水至城内供居民饮用。1963 年，张家庄煤矿铺设管道 6 公里，引曹家原水供矿区饮用。1969 年，县里在翠峰山坡建蓄水池 2 个，容量为 300 吨，同时铺设 1000 米供水管道向城区送水。1973 年，县投资 40 万元，建茹子洼截水坝一处，长 120 米，铺设管道 5 公里，解决城区和附近村庄用水。1984 年，县政府投资 11 万元，在沙峪桥东建 1000 吨蓄水池一个，铺设供水管道供水。

灵石县古城区街巷一览表

单位：米、平方米、‰

街巷名	全长	红线宽度	占地面积	最大坡度	走　向	起　止　点		路面结构
						起　点	终　点	
北　街	420	5	2100	15	南北	二小学	十字街	预制混凝土块
南　街	350	5	1750	5	南北	十字街	乡镇局	200米预制混凝土砌块
东　街	150	6	900	16	东西	十字街	货栈	沥青、混凝土砌块
西　街	170	4	680	6	东西	十字街	灵中宿舍	混凝土块路面
友助巷	167	2.5	417	6	东西	粮站街	派出所	混凝土整体路面
三乐巷	174	2	348	7	东西	北街石坡	灵中北	混凝土整体路面
尚和巷	334	5	1670		南北东西	房管所西	南城墙	砂土
兴仁巷	215	2	430		南北	镇政府西	招待所	砂土
六行巷	242	2.5	605		南北	三乐巷	新西街	砂土
察院巷	86	4	344		东西	南街	仁里巷	砂土
仁里巷	250	3	750		南北	尚和巷	房管所西	砂土
学宫巷	350	3	1050		南北	三乐巷	察院巷对口	砂土
东太平巷	200	3.5	700		东西	县幼儿园	镇医院北	砂土
西太平巷	100	3	300		东西	三乐巷对口	马号	砂土
粮站街	420	12	5040	7.8	南北	房管所	北立交桥口	沥青
常青街	1300	5	6500		南北	公园预留地	常青居委院	砂土
新西街	200	21	4200		东西	北立交桥口	二小学	沥青
常青街	200	10	2000		东西	苗圃	南立交桥口	砂土
水头街	850	7	5950	6	南北	水头桥	高庙	整体混凝土
合计	6178	5.8	35734					

1985年，县里投资20万元，在供电局后院打深井2处，日出水960吨，供城内居民用水。

二、排水

旧城地势低，排水困难，历来雨后街道泥泞，行走不便。1949年后，县里逐年修通排水渠道，并在南北街，铺设混凝土下水道。1983年，灵石建造200立方米钢筋混凝土积水池，于南门口排水；1984年，建常青街1500米排水道。

三、照明

1955年前，居民用麻油灯、煤油灯照明。1956年，县政府院内始用电灯照明，利用锅驼机发电。1957年，灵石在县城东街建小型发电厂，供少数机关居民用电照明；1958年，开始安装街道路灯，之后逐年增加；1977年，安装高压汞灯、白炽灯，照明路面长6000米。1981年，灵石照明路面长6700米；1985年，照明路面长8700米。

灵石县新城区街巷一览表

单位：米、平方米、°

街巷名	全长	红线宽度	占地面积	最大坡度	走向	起止点		路面结构
						起点	终点	
翠峰街北段	900	16	14400		南北	水头桥	南立交桥	沥青
翠峰街南段	1200	12	14400		南北	南立交桥	陶家山沟	沥青
新西街	610	30	18300	15	东西	北立交桥口	芦子坪沟口	沥青
新东街	1650	12	19800	18	东西	芦子坪沟口	水峪桥	沥青
工农路	1500	12	21000	15	东西	水峪桥	化肥厂	沥青
光明巷	200	6	1200		南北	贸易中心	印刷厂	沥青
广播巷	93	5	465		南北	朋来酒家东侧	广播局大门前	砂土
长征巷	147	3	441		南北	交电门市东侧	政府宿舍河边	砂土
二中路	200	14	2800		南北	文化馆	静升河	砂土
水利路	200	8	1600		南北	供电局	李家沟桥	砂土
沙峪街	150	8	1200		南北	汽修厂	树脂厂	砂土
李家沟街	150	6	900		南北	李家沟桥	李家沟村	砂土
清凉路	985	12	11820		东西	水头桥	李家沟桥	砂土
芦子坪街	250	6	1500		南北	物资局	进修学校	砂土
北王中路	210	8	1680		南北	化肥厂	北王中村	砂土
南井沟街	1400	8	11200		东西	灵煤机修厂	灵煤办公楼	砂土
水头路	1100	12	13200	6	南北	水头桥	灵煤办公楼	沥青
高庙巷	150	8	1200		东西	水头高庙	清凉山坡脚	砂土
曹家原沟	850	6	5100		南北	建材厂	曹家原村南	砂土
合计	11945	11.9	142206					

灵石城区较大建筑物施工建设情况表

单位：平方米、万元

工程项目	建筑面积	层次	绘图设计	施工单位	开工日期	竣工日期	结构	投资
县政府大楼	6747	5	灵石县设计室姚诚、郭启明、毛新民	河南原阳中原建筑公司	1983年6月	1985年10月	混合	150
一中教学楼	3379	4	灵石县设计室姚诚、郭启明	河南林县第三工程处七队	1983年8月	1984年11月	混合	35
二中教学楼	3976	3	52949部队基建处	灵石县工程公司	1975年5月	1977年9月	混合	43
城关一小学	2090	3	灵石县设计室姚诚	河南原阳中原建筑公司	1981年5月	1982年4月	砖拱	20
招待所大楼	4838	4	灵石县设计室姚诚、郭启明、郑圣荣	灵石县建筑公司、河南夏邑胡桥工程队	1985年6月		框架、砖混	150
城关二小学	1900	2	灵石县设计室姚诚	河南内黄县中召工程队	1975年	1983年	砖拱	9
城关三小学	2428	3	何毓秀	河南原阳中原建筑	1984年	1985年	砖拱	30
机关幼儿园	660	2	何毓秀	灵石县旌介工程队	1984年	1985年	砖拱	9
工会办公楼	1202	3	灵石县设计室姚诚	山东曹县工程队	1980年9月	1981年10月	砖混	16
卫校	641	2	灵石县设计室郭启明	河南濮阳河第十工程队	1983年9月	1984年6月	混合	7
城关镇医院	700	2	曹培功、王志文	河北新乐工程队	1983年	1984年	混合	10
供电局大楼	2000	3	沁水县设计室	河南长垣县建筑公司	1984年11月	1986年8月	混合	38
党校宿舍楼	618	2	灵石县设计室姚诚、郭启明	河南濮阳工程队	1982年	1983年	混合	7
城关镇中学	1704	3	张玉堂	河南濮阳鲁河工程队	1985年8月	1986年9月	砖混	25
人民医院	4600	2	灵石县设计室	灵石县工程公司	1975年	1976年	砖木	39
河西煤矿	1903	2	灵石县设计室郭启明	河南石桥工程队	1983年		混合	27
贸易中心	2870	2	何毓秀	河北新乐工程队	1979年	1980年	砖混	30
翠峰楼	1371	3	灵石县设计室姚诚	河北新乐工程队	1980年8月	1982年6月	砖混	12
清风清	900	4	姚诚、李廷梁	河南濮阳鲁河第十工程队	1984年7月	1985年9月	混合	13
城关供销社	1440	2	何毓秀	河南原阳中原建筑公司	1980年4月	1981年5月	混合	20
常青楼	2614	4	灵石县设计室姚诚、郭启明	河南原阳中原建筑公司	1984年5月	1985年11月	砖混	35
兴华楼	1300	3	李廷梁、陈建华	河南濮阳鲁河工程队	1982年4月	1985年7月	砖混	15

第三章 村镇建设

第一节 集镇建设

两渡镇 地处汾河峡谷，古今交通要道，明末清初发展为商业集散地，仅何家（八卦院）大院占地面积达 1500 平方米。民国时期，它形成"一街、两巷、两沟"之建筑格局。一街为商业区，多砖、木结构房屋，建筑面积 8000 平方米；两巷为居民住宅区，以砖拱窑洞为主，建筑面积 30000 平方米；两沟依山筑窑，建筑面积为 5000 平方米；另有，火车站建有住宅 2000 平方米。1950—1965 年，这里兴建各类用房 15382 平方米；1966—1975 年，兴建各类住房 20312 平方米；1978—1985 年，建筑面积为 104673 平方米，其中包括机关、厂矿、学校、商店、剧院以及服务行业等用房。

1983 年，两渡镇整修主街道，铺设沥青路面、架桥、防洪渠长 890 米，两巷铺设混凝土路面。

两渡镇各单位建筑情况表

单位：平方米

单位名称	占地面积	建筑面积	单位名称	占地面积	建筑面积
镇政府	5000	3140	门市部	120	120
幼儿园	90	90	舞台	5000	400
煤矿学校	6040	3400	工商所	216	80
矿办公楼	3000	2500	商店	17200	1611
俱乐部	1500	3000	供销社	1500	1200
单身楼	2800	2500	缝纫社	18	18
家属宿舍楼	2800	2500	银行	600	470
文化楼	3000	1500	粮站	801	61
子弟校楼	5000	2900	饭店	1500	1000
村委会	4000	2000	食品站	800	300
加工厂	1300	700	总店	2500	600
电磨房	1300	750	腐殖酸厂	3000	1300
照相馆	1300	700	书店	30	30
仓库	10000	6000	税务所	250	80
饲养场	10314	5800	镇办学校	10000	3500

1985 年两渡镇主要行业建筑面积表

单位：平方米

类　别	占地面积	建筑面积	类　别	占地面积	建筑面积
行政用房	9466	5300	贸易金融	26339	6080
厂矿用房	8600	5250	仓　库	10000	6000
教育用房	21130	9890	饲养场	10314	5800
文化用房	8030	1930	职工住宅	5600	5000

南关镇　1954 年，汾西矿务局在南关镇建煤矿和发电厂，之后这里企事业单位不断增加。南关发电厂占地面积为 84129 平方米，建筑面积为 18527 平方米。南关煤矿建筑面积为 62834 平方米。

1981 年，南关镇对街道进行了拓修，建设东西街（称府东、府西街）、南北街（称镇南、镇北路），全长 1225 米，宽 8.5 米，沥青路面，同时各路设有下水道。

南关镇各单位建筑情况表

单位：平方米

单位	建筑占地	单位	建筑占地
中　　学	16000	陶　瓷　厂	54500
医　　院	3325	铸　管　厂	19480
镇 政 府	4336	运　输　社	14400
镇五七厂	3000	火　车　站	285000
小　　学	1460	林产品经销点	133333
幼 儿 园	495	银 行 营 业 所	450
工 商 所	190	食　品　站	3500
邮 电 局	450	商　　店	8404
税 务 所	444	服　装　厂	144
粮　　站	1567	药　材　站	160
饭　　店	1000	派　出　所	48
法　　庭	48	村　委　会	7665
书　　店	400	合　　计	559799

静升镇　唐贞观年间（627—649），繁荣一时；清乾隆年间（1736—1795），为鼎盛时期，农商发达；光绪三年（1877）虽不算盛期，人口尚有3000 余人。全村由九沟、八堡、十八巷组成，村中有 2.5 公里长的东西大街，街道两边店铺、摊贩林立，繁华景象至今不衰。

居民住宅以窑、瓦房为主。1985 年，全镇有住宅建筑面积 1278923 平方米，人均 27.28 平方米。

中心路、团结路、东风路、新风路是静升镇的主要街道，全长 1720 米，中心路宽为 12 米，其余均为 8 米。生活小巷约 3980 米，宽一般为 8 米。1949 年后，静升镇旧有街道历经整修，现长 2100 米，宽一般 5 米。

静升镇各单位建筑情况表

单位：平方米

单位名称	占地面积	建筑面积	单位名称	占地面积	建筑面积
镇政府	1560	738	环卫所	108	54
工商所	240	120	影剧院	1920	720
小　学	11520	3600	百货商店	1660	1220
初　中	15120	3780	综合商店	652	300
邮电所	864	432	土产、日杂商店	1800	384
卫生院	3600	1680	书店、药店	840	480
兽医站	240	120			

富家滩镇 古为乱石滩，系贫瘠之地。1938 年，日军侵占灵石后，曾在这里建厂房、修道路，掠夺煤炭资源。1950 年，汾西矿务局在这里建矿采煤，兴修楼房、宿舍、商店，建筑面积逐步增加。1985 年，全镇建筑面积 156561 平方米，人均 31.2 平方米。

富家滩镇各单位建筑情况表

单位：平方米

单　位	个数	占地面积	建筑面积	单　位	个数	占地面积	建筑面积
镇属企业	4	471	391	装卸队	1	600	270
企业公司苗圃	1	140000	340	粮站	1	500	340
汾局技校	1	11200	3400	给水所	1	30	30
商业单位	2	1775	865	服务行业	2	1475	945
居委会	1	500	450	菜站	1	723	523
邮电所	1	350	300	汾局企业	11	9126	1506
人行办事处	1	325	234	学校	3	36625	11280
派出所	1	264	180	教育馆	1	11200	3400
车站	3	6722	1404	合计	37	222106	25978
税务所	1	230	150				

张家庄镇 清乾隆年间（1736—1795），镇内富户杨家大院占地面积 5152 平方米，有拱窑 24 孔、瓦房 40 余间，并有花园 1 处，园内建有水阁凉亭，甚为壮观。1954 年，汾西矿务局在此兴建煤矿。1956 年，政府在这里设镇。1979—1985 年，这里兴建宅院 112 幢，计 365 间（孔）；企事业单位公共建筑增加，主要有石膏矿、张家庄煤矿、影剧院（2 所）、子弟学校、镇办八年制学校、医疗卫生以及村委、汽车站和火车站等。全镇建筑总面积为 282699 平方米，其中，新建 182691 平方米，人均 27.3 平方米。

南街和北街是张家庄镇的主要街道。南街长 530 米，宽 6 米，砂土路面；北街长 1530 米，宽 6 米，其中，中段 12 米，砂土路面。干道数条，总长 3430 米，宽 6 米，砂土路面。

张家庄镇各单位建筑情况表

单位：平方米

单位名称	占地面积	建筑面积	单位名称	占地面积	建筑面积
镇 办 公 用 房	2280	1093	生 产 门 市	1440	720
学 校	9600	3000	饭 馆 小 吃	1200	500
银 行 邮 电	1220	610	冷 饮 茶 室	1220	495
卫 生 院	4050	1890	理 发 、 浴 室	1040	440
防疫站、环卫所	148	74	照 相 馆	380	230
兽 医 站	270	135	服装加工、综合修理	1300	700
文化图书、青年之家	3322	1086	信 托 商 店	96	64
百 货 商 店	1800	900	旅 店	1200	600
食 品 店 、 书 店	1260	680	土产废品收购站	750	300
土 产 日 杂	300	200	税 务 所	700	350
中 西 药 店	400	200	合 计	33976	14267

夏门镇　清乾隆年间（1736—1795），富户梁家建有大量住宅，并在村东的汾河湾上修建"百尺楼"，成为夏门的盛景。1956 年，夏门石料厂在"黑龙潭"畔建，后改称夏门煤矿。1985 年，灵石水泥厂建立。1985 年，全镇建筑面积为327772 平方米，人均 26.86 平方米。

夏门镇主要行业建筑面积表

单位：平方米

行 业 单 位	建 筑 面 积	行 业 单 位	建 筑 面 积
行政单位	1120	教育单位	2614
厂矿单位		卫生单位	1000
商业单位	1363	金融单位	649

段纯镇　1983 年设镇，同年凿机井 1 眼，提水 20—40 吨，基本上解决了全镇人畜吃水问题。村民居住以砖拱窑居多。1985 年，全镇建筑面积393386 平方米，人均 28.94 平方米。

段纯镇各单位占地情况表

单位：平方米

单 位	占 地	单 位	占 地
镇 政 府	2480	邮 电 所	480
工 商 所	1624	卫 生 院	5504
税 务 所	392	粮 站	1600
小 学 校	2500	供 销 社	5000
镇 办 初 中	5000	食 品 站	1360
县 办 中 学	1600		
银 行 营 业 所	924	合 计	28464

灵石各镇政府所在地建筑情况表

单位：平方米

镇　名	公共建筑	生产建筑	居民建筑	道　路	其　他	合　计
城　关	243500	819000	697800	106100	1023350	2898500
两　渡	50783	43428	123789	33333	20000	284666
张家庄	82708	51359	336168	46023	483575	1045189
夏　门	47128	3870	62209	56416		222088
富家滩	94714	31349	168884	21611	219643	782057
南　关	49358	21344	185426	10672	66700	356845
静　升	29862	63098	298682	85180	15000	731648
段　纯	50692	4669	50360	16008	18676	270804
合　计	648745	1038117	1923318	375343	1846944	6586797

第二节　乡村建设

水峪乡　清乾隆至道光年间（1736—1850），曾一度大兴土木，修筑庭院，仅蒜峪村富户陈家建有10斋。尔后，光绪至民国年间（1875—1949），非灾即乱，村人住宅大部分是破落的砖、土窑房。1949年以后，人民得以休养生息，不断重整家园。1985年，水峪村由1950年的30户发展为235户，砖混、砖石结构的建筑面积达35521平方米。

水峪乡各单位建筑情况表

单位：平方米

单　位	占地面积	建筑面积	单　位	占地面积	建筑面积
乡政府	3400	1166	公共建筑	38211	10273
居　民	57703	20105	信用社	408	250
供销社	408	250	学　校	8146	2727
卫生院	1100	400	合　计	110968	35521

马和乡　地处绵山脚下，乡村住宅多以砖拱、土窑洞为主，1983年，县建设局设计人员协助全乡20个自然村绘出本乡的规划蓝图。同年，兴建乡政府办公楼1幢，建筑面积2001平方米，各村的砖拱窑与日俱增，至1985年，全乡建筑面积达220473平方米，人均28.3平方米。

马和乡各单位建筑情况表

单位：平方米

单　位	占地面积	建筑面积	单　位	占地面积	建筑面积
乡政府	5336	2001	信用社	380	105
学　校	6670	3335	居　民	114057	55361
供销社	910	832	合　计	127353	61634

南塌乡　地处城东南韩信岭上，1961年建置。当地民宅以土窑为主，砖拱窑为辅。1971年，乡政府办公驻地建成；1980年，进行扩建。同年，砖混结构的露天剧场落成，并兴修长250米、宽11米的街道1条。1983年，城建部门对本乡34个自然村进行规划编制。1985年，全乡建筑面积共118433平方米，人均22.75平方米。

南塌乡各单位建筑情况表

单位：平方米

单　　位	占地面积	建筑面积	单　　位	占地面积	建筑面积
乡 政 府	5338	2669	人民会场	5338	1334
供 销 社	4669	2669	村 委 会	3335	1334
卫 生 院	2669	1334	中　　学	13340	5002
兽 医 站	1667	667	小　　学	1001	500
信 用 社	1334	667	合　　计	38691	16176

1979—1985年南塌乡所辖村庄新建住宅情况表

单位：平方米

村　　名	建筑面积	村　　名	建筑面积
回　　牛	1025	南　　头	1625
高　　壁	2800	枣　　洼	1100
正 峰 原	1800	陈 家 山	675
荡 荡 岭	2425	曹 家 岭	1375
岭　　后	1075	毫 子 头	1150
西　　岭	1275	牛 王 庙	850
西　　原	975	李 家 山	800
南　　塌	3250	宋 家 山	150
古　　泊	150	沟　　南	175
赵 家 庄	500	师 家 山	75

西许乡　地处石膏山脚下，古代寺庙建筑较多，后遭破坏。居民住宅以土窑洞及砖窑洞为主，平房不多。1978年，这里兴建中学，占地面积2400平方米，建筑面积920平方米。1982年，乡政府办公驻地建成，为单层砖拱结构，建筑面积785平方米。1985年，全乡建筑面积104968平方米，人均23.71平方米。

西许乡各单位建筑情况表

单位：平方米

单　　位	占地面积	建筑面积	单　　位	占地面积	建筑面积
乡 政 府	2485	785	信 用 社	494	250
学　　校	3200	1410	医　　院	3335	1868
供 销 社	1333	1000	合　　计	10847	5303

仁义乡　地处县城东南，仁义为本县五大古镇之一。村庄分布于30里河川和南北两个山梁上。隋末唐初（615—619），名将刘武周镇守此地，依山修筑堡寨1座，高1000米、周长5000米，砖石结构，易守难攻，堡内建筑已毁，遗址仍存。清廷在此设巡检司署和驿站，并修建观音、关帝等10余座庙宇和长5000米、宽6米的土石街道1条。尔后，1840—1949年，除少数经商人家修筑庭院外，庄户人家多是修修补补，居住破旧。1982年，这里兴建剧场1座，占地面积3720平方米。1983年，乡政府协同城建局对所辖11个村委、28个自然村的建设进行规划。截至1985年，全乡建筑面积共143322平方米，人均25.04平方米，有1/3的农家住进了青砖庭院。

仁义乡各单位建筑情况表

单位：平方米

单　　位	占地面积	单　　位	占地面积
乡　政　府	2620	幼　儿　园	377
食品站、税务所	130.1	医疗系统	3195
乡　企　业	2013	服　务　社	166
文化娱乐	70	理发副食	150
剧　　场	3720	粮食饭店	3870
供　销　社	510	合　　计	17992

王禹乡　地处县城西南，相传禹王治水在此住过，古代建有禹王庙。民居住宅以砖拱窑为多。1978年以来，乡政府重视教育，新建中小学校，建筑面积达2094平方米。1985年，全乡建筑面积共220053平方米，人均27.04平方米。

王禹乡各单位建筑情况表

单位：平方米

单　　位	占地面积	建筑面积	单　　位	占地面积	建筑面积
乡　政　府	1500	600	医　　院	1500	780
学　　校	4607	2094	兽　医　站	1200	600
村　委　会	250	180	供　销　社	2800	1500
食　油　站	1035	360	乡　企　办	1600	680
信　用　社	1150	400	合　　计	15642	7194

坛镇乡　地处县城西南，民居住宅以土窑及砖拱窑为主。至1985年，全乡建筑面积共210240平方米，人均26.66平方米。1980—1985年，坛镇村有34户农家建了新房。

梁家塌乡　为本县西部的一个边沿乡，民居住宅以土窑及砖窑洞为主。为了丰富农村文化生活，1981年，这里修建露天剧场1座，占地面积2462平方米，建筑面积1166平方米；1982年，兴建工业公司一处，建筑面积805平方米，为砖混结构。1985 年，全乡建筑面积 256176 平方米，人均 27.02 平方米。

坛镇乡各单位建筑情况表

单位：平方米

单　　位	占地面积	建筑面积	单　　位	占地面积	建筑面积
乡 政 府	9338	1600	医　　院	2450	400
小　　学	1150	525	兽 医 站	640	400
供 销 社	4670	1334	信 用 社	800	448
代 销 点	172	68	其　　他	200	150
中　　学	2668	1668	合　　计	22088	6593

梁家塌乡各单位建筑情况表

单位：平方米

单　　位	占地面积	建筑面积	单　　位	占地面积	建筑面积
乡 政 府	2462	1166	兽 医 站	800	140
学　　校	260	148	卫 生 院	800	472
供 销 社	1000	800	信 用 社	800	252
			合　　计	6122	2978

交口乡　地处汾河以西的山沟中，村民住宅多为砖拱窑洞。1985 年，全乡建筑面积共 188430 平方米，人均 27.93 平方米。党的十一届三中全会以来，交口乡煤炭工业发展较快，以煤兴农取得显著成效。交口、小王庄、木瓜曲、温家沟、漫河、马家庄等村出现修房热，30% 的农民住进新房，村容村貌焕然一新。

交口乡各单位建筑情况表

单位：平方米

单　　位	占地面积	建筑面积	单　　位	占地面积	建筑面积
乡 政 府	2916	1040	兽 医 站	300	152
小 学 校	500	200	邮 电 所	30	30
供 销 社	5336	2535	食 品 站	200	90
医　　院	4669	1934	信 用 社	400	252
			合　　计	13951	6233

英武乡　地处县城西北，民居住宅以砖拱窑及土窑洞为主。1985 年，全乡建筑面积为 171846 平方米，人均 26 平方米，其中 1984 年修建窑房 144 间（孔），建筑面积为 3600 平方米；1985 年修建窑房 118 间（孔），建筑面积 2950 平方米。

英武乡各单位建筑情况表

单位：平方米

单　　位	建筑面积	单　　位	建筑面积
乡 政 府	678	医　　院	320
学　　校	1800	邮 电 所	40
供 销 社	400	兽 医 院	25
信 用 社	35	合　　计	3298

灵石各乡政府所在地建筑情况表

单位：平方米

乡　名	公共建筑	生产建筑	居民建筑	道　路	空　地	绿　化	其　他	合　计
水　峪	11930	4500	20105	12000	6700		5600	60835
马　和	8460	19700	54966	15200	4530	12000	7900	122756
南　堡	19543	914	30102	8501		3335	59136	121531
西　许	16007	6670	40020	11796	81107		15474	170974
仁　义	22203	2269	32850	24800			1722	83844
王　禹	25146	9538	45089	5069	44689		121794	251325
坛　镇	11339	6670	24679	2668	78039	3335	14007	140737
梁家堡	7193	3800	11337	7100	3000	13500		45930
交　口	8000	2672	26013	6400	3500		48000	94585
英　武	1467	2134	30717	13340	8004	12006	20010	87678
合　计	131288	58867	315878	106874	229569	44176	293643	1180295

第四章　建筑施工

第一节　施工队伍

1949 年以前，本地建筑工，多为亦农亦工，无专业施工队伍。1954 年，灵石成立木业建筑合作社，有职工 34 人，其中技工 14 人。1970 年 8 月，它改为县建筑工程队，有职工 50 人。1978 年，兴旺原、旌介村建筑工程队成立。1985 年，县工程队改称为县建筑工程公司，有职工 86 人。同年，全县注册的乡镇建筑队有 15 个，建筑工 6751 人。

第二节　建筑工程

县工程队、公司承担工程主要项目有：1975 年 5 月，县建筑工程队承揽县二中教学楼，3 层、混合结构，建筑面积 3976 平方米；同年，还承揽县人民医院门诊楼，2 层、混合结构，建筑面积 4600 平方米；1984 年以来，承担工程有南王中铁路专用线桥涵、县党校教学楼、公安局办公楼、新看守所、立交桥引道、10000 立方米蓄水池、县招待所新建住宿楼、老干部活动中心等。经工程质量检查，均达到国家规定标准。由于全县建筑工程项目较多，本县工程队、建筑公司往往承担不了，所以多请外地工程队承担。

1975—1985 年灵石外来工程队统计表

年份	工程队			承揽工程面积 / 平方米
	队数 / 个	人数 / 人	主要工程队	
1977	14	1200		8426
1978	18	1730		10000
1979	25	2060	河北新乐工程队	12000
1980	30	2400		18000
1981	38	2890		22000
1982	46	3020	河南濮阳鲁河工程队	30000
1983	41	2850	河南原阳中原公司、河南濮阳工程队	28642
1984	43	3020	河南原阳中原公司、河南长垣县建筑公司、河南濮阳鲁河十队	30216
1985	52	3350	河南濮阳队、河南夏邑胡桥队	36480

第五章　房产管理

1949 年前，本县除寺庙、学校和县署房产为公房外，其余均为私房，自为管理。1950 年，土地改革之后，政府将逃亡地主房产 485 间，以及宗祠、寺庙计 908 间，收归公有，并于 1956 年对私有房产进行社会主义改造。仅城关、南关、张家庄有 154 户，1636 间，计 18602 平方米，实行公经（原房主无产权，发给房主租金 20% 作为定息金，1966 年停发）。1961 年 5 月，县房产管理所成立，逐年对公产和公产房屋进行维修和改建。1985 年，全县有公产和公经房 2145 孔（间），建筑面积 37639 平方米，承租户 790 户，年收房费 3100 元。

公经产、公产房屋租金，根据房屋的位置、方向、好坏分等计价，20 世纪 50 年代，一般按间计收，每间 1—1.1 元。1964 年起，按平方米计价，个人租用，每平方米

0.07 元、0.08 元、0.11 元三等；单位租用，每平方米 0.16 元，1985 年 7 月 1 日起，由单位租用，每平方米按 0.50 元、0.60 元、0.70 元三等收取。

第六章　环境保护

第一节　污　　染

废气　1984 年，全县有 886 个企业，不同程度地排放二氧化硫、氮氧化物、一氧化碳、碳氢、烟尘等有害气体，年排放量为 3425.89 万立方米（不完全统计）。其中，排放最多的有冷泉铁厂、五一铁厂、建材厂、灵石化肥厂、灵石硫化厂、灵石水泥厂、灵石石膏矿、灵石树脂厂、汾局两渡煤矿、汾局张家庄煤矿、汾局南关煤矿、汾局南关发电厂等。

1984 年灵石主要厂矿废气排放量表

企业名称	废气排放总量 /（万立方米 / 年）	有毒有害物质折纯量 /（吨 / 年）					
		二氧化硫	氮氧化物	一氧化碳	碳氢	烟尘	折纯总量
冷泉铁厂	3947			2289			2289
五一铁厂	12735			1021		99	1120
建材厂	203	2	37	5		180	224
晋中灵石水泥厂	54242	2	3	7	45	223	280
晋中灵石石膏厂	81	4		2			6
灵石化肥厂	117329	239	63	35	7	186	530
灵石硫化厂	2990	427		17			444
灵石树脂厂	2535152	50	1 2	3	2	3 5 9	426
灵石木器厂	240	3					3
汾局两渡煤矿	250850	29	2 2	1 4	3	3 3	101
汾局张家庄煤矿	172032	11	1 0	6	2	1 7	46
汾局南关煤矿	229754	130	11	1	1	12	155
汾局南关发电厂	18856	874	186	8	1	23	1092
灵石汽修厂	354	15		1		3	19
合　　计	3398765	1786	344	3409	61	1135	6735

废水 污染源有二，一为汾河流经上游大量废水排入，一为本县工矿企业废水排放。其中，比较多的有灵石煤矿和南王中煤矿，日排放量为93吨，含有不同程度的汞、砷、氯、六价铬等。灵石化肥厂、灵石腐殖酸厂、灵石树脂厂、灵石印刷厂等，日排含酸碱水351吨。1984年，有关部门抽取南关地段汾河水化验，含有多种有害物质。

南关汾河水质化验表

单位：毫克／升

项目	生化需氧量	溶解氧	挥发性酚	氰化物	氟化物	硫化物	氨氮
平均浓度	9.405	5.325	0.023	0.010	1.000	4.050	8.250
检出率	100	100	100	100	100	100	100
超标率	100	0	100	0	50.000	100	100

1984年灵石主要工业废水排放情况表

企业名称	排放总量／（万吨／年）	主要物质排放量／（吨／年）				
		悬浮物	化学耗氧量	硫化物	砷	氰化物
汾局两渡煤矿	16	0.1195		0.0047		
汾局南关煤矿	20	7.87		0.016		
汾局张家庄煤矿	11	0.157		0.008		
汾局南关发电厂	15	174.41				
五一铁厂	20	131.3				
化肥厂	72	0.002	6.376	0.8	0.088	0.486
灵石煤矿	16	0.948		0.006		
南王中煤矿	19	0.27		0.067		
乡镇煤矿	20					
合　计	209	315.0765	6.376	0.9017	0.088	0.486

废渣 排放集中在工矿企业和县城、集镇，特别是煤矿、化工、食品、机械行业排放物，以及生活垃圾等。据1985年调查，县城年排放量为30920吨。

灵石县城废渣排放统计表

单位：吨

单　　位	废 渣 种 类	日 排 放 量	年 排 放 量
灵石煤矿	煤矸石炉渣	23.45	12144.75
南王中煤矿	煤矸石炉渣	1.00	300.00
汽修厂	炉　渣	0.025	7.50
化肥厂	炉　渣	9.00	2092.00
食品公司	粪　渣	0.12	4.30
建材厂	炉　渣	0.04	12.00
树脂厂	炉　渣	2.70	600.00
全城锅炉（20台）	炉　渣	30.00	10000.00
居民垃圾	炉　渣	16.00	5760.00
合计		82.335	30920.55

第二节　治　理

　　1979 年，灵石县政府设环境保护办公室，广泛宣传环境保护治理办法，重点监管排放量大的单位，坚持"谁污染、谁治理"的原则。1984 年，县化肥厂投资 6.9 万元，对造气车间废水闭路循环进行治理，节约了用水，减少了污染。县建材厂大口窑改用笼窑，废气、烟尘得到有效控制。同时，政府加强城镇环境管理，绿化美化街道，改善人居环境。

第 七 编

农 业

第一章　农业体制

第一节　土地所有制

私人占有　1948 年前，沿袭封建社会的土地私有制度，多数土地被地主、豪绅、富户所占据，土地兼并日趋严重。民国 25 年（1936），全县有农户 12463 户，其中，自耕农 7477 户，占总农户的 60%；半自耕农 1871 户，占总农户的 15.01%；佃农 1246 户，占总农户的 10.00%；雇农 1869 户，占 14.99%。民国 29 年（1940），全县有农户 10800 户，54000 人，其中，自耕农 7617 户，38085 人；半自耕农 1620 户，8100 人；佃农 1563 户，7815 人。县西乡金庄村，全村共有 78 户，284 人，土地 1951 亩，其中，地主 2 户，占有土地 153.7 亩，户均 76.85 亩；富农 4 户，占有土地 130.5 亩，户均土地 32.63 亩；中农 53 户，占有土地 848 亩，户均土地 16 亩；贫农 19 户，有土地 231 亩，户均土地 12.16 亩。县东乡尹方村，全村有 237 户，994 人，2999.84 亩土地，其中，地主 13 户，72 人，占有土地 314.72 亩，房屋 99 间，户均土地 24.21 亩，房屋 7.62 间；富农 6 户，35 人，占有土地 160.69 亩，房屋 34 间，户均土地 26.78 亩，房屋 5.67 间；富裕中农 23 户，85 人，占有土地 421.75 亩，房屋 69 间，户均土地 18.34 亩，房屋 3 间；中农 123 户，519 人，占有土地 1525.68 亩，房屋 267 间，户均土地 12.4 亩，房屋 2.17 间；贫农 68 户，273 人，占有土地 411.76 亩，房屋 66 间，户均土地 6.05 亩，房屋 0.97 间；雇农 4 户，10 人，房屋土地均无。

无地和少地农民，靠租种地主、富农土地维持生活，地主、富农收取高额地租。西铺头地主采用二八分成方法，即地主拿八，佃农拿二。佃农无法生活，只得向地主借贷，每元月息 5 分。土地高度集中的私有制，阻碍着农业生产的发展。

土地改革　1948 年 9 月，灵石县人民政府贯彻中共中央关于土地改革（简称土改）的指示。同年 11 月初，县委集中对干部进行土改培训，学习中央《怎样分析农村阶段》和《关于土地改革中一些问题的决定》精神，从 11 月 14 日

灵石一区土改前后土地、房产占有情况表

1949 年 9 月 12 日

行政村数/个						14			自然村数/个			77	
成 分		雇农	贫农	中农	富裕中农	富农	地主	商人	荣军	庙地	其他	合计
户 数/户		302	879	1321	178	45	49	84	9		76	2943
占总户数比例/%		10.26	29.87	44.89	6.05	1.53	1.66	2.85	0.31		2.58	
人 口/人		348	3453	5576	870	176	173	372	17		191	11676
占总人口比例/%		7.26	29.57	47.76	7.45	1.51	1.48	3.19	0.15		1.64	
土改前	房屋/间	65	1335	3662	1344	319	701	105		70	68	7669
	土地面积/亩	2689	7250.21	25647.81	5859.63	1483.9	2119.15	206		337.72	1305	44478.32
	占总面积比例/%	0.60	16.30	57.66	13.17	3.34	4.76	0.46		0.76	2.93	100
	人均土地/亩	0.31	2.10	4.60	6.74	8.43	12.25	0.55			6.83	3.81
土改后	房屋/间	289	1698	3673	1331	221	120	106	11		91	7540
	土地面积/亩	1840.58	16334.12	24741.39	4387.57	1123.2	461.2	116.2	58.2		230.4	49292.86
	占总面积比例/%	3.73	33.14	50.19	8.90	2.28	0.94	0.24	0.12		0.47	100
	人均土地/亩	2.17	4.73	4.44	5.04	6.38	2.67	0.31	3.42		1.21	4.22

灵石一区城关镇土改前后土地占有情况表

1949 年 9 月 27 日

成 分		雇农	贫农	中农	下中农	富裕中农	工人	手工业	贫民	自由职业	车夫	宗教职业	商人	新富农	旧富农	地主	总计
户 数/户		10	29	35	28	13	36	63	131	25	9	2	289	1	1	31	703
占总户数比例/%		1.42	4.13	4.98	3.95	1.84	5.17	8.96	18.63	3.56	1.28	0.28	41.10	0.14	0.14	4.41	100
人 口/人		23	128	161	154	67	133	228	418	88	44	6	1034	12	5	106	2607
占总人口比例/%		0.88	4.90	6.18	5.91	2.57	5.10	8.75	16.03	3.38	1.69	0.23	39.66	0.46	0.19	4.07	100
土改前	土地/亩	0	70.1	324.4	53.6	295.11		6.8	118.6	5	4.7		675.8	6.8	8.2	1360.6	2929.7
	占总土地比例/%	0	2.39	11.07	1.83	10.07		0.23	4.05	0.17	0.16		23.07	0.23	0.28	46.44	100
	人均/亩	0	0.55	2.01	0.35	4.40		0.30	0.28	0.06	0.11		0.65	0.57	1.64	12.84	1.12
土改后	土地/亩	23.35	200.6	328	186.69	295.1		6.8	118.6	5	4.7	1.9	675.8	6.8	3	25.8	1882.14
	占总土地比例/%	1.24	10.66	17.43	9.92	15.68		0.36	6.30	0.27	0.25	0.10	35.90	0.36	0.16	1.37	100
	人均/亩	1.02	1.57	2.04	1.21	4.4		0.30	0.28	0.06	0.11	0.32	0.65	0.57	0.6	0.24	0.72
备 注		城关镇在土改中接收土地1520.35亩，其中，没收地主1360.6亩，征收富农5.2亩；分配土地1520.35亩，其中，分给雇农23.35亩，贫农130.5亩，中农136.69亩，地主25.8亩，介绍到外村土地1202.11亩，其他户1.9亩。															

灵石二区土改前后土地、房产占有情况表

1949 年 9 月 12 日

行政村数 / 个		5			自然村数 / 个			25		
成 分	雇农	贫农	中农	富裕中农	富农	地主	商人	荣军	庙地	其他	合计
户 数 / 户	74	334	631	94	27	24	51			2	1237
占总户数比例 /%	5.98	27.00	51.00	7.60	2.18	1.94	4.12			0.16	100
人 口 / 人	180	1245	2852	511	108	130	131			6	5163
占总人口比例 /%	3.49	24.11	55.24	9.90	2.09	2.52	2.54			0.12	100
土改前 房屋 / 间	1	423	1797	506	158	217	19		14	14	3149
土改前 土地面积 / 亩	5.7	3210.52	15089.92	4721.24	1294.43	1264.72	168.36		163.3	878.6	26796.79
土改前 占总面积比例 /%	0.02	11.98	56.31	17.62	4.83	4.72	0.63		0.61	3.28	100
土改前 人均土地 / 亩	0.03	2.58	5.29	9.24	11.99	9.73	1.29			146.43	5.19
土改后 房屋 / 间	75.5	572.5	1864	493	79	43	19			3	3149
土改后 土地面积 / 亩	639.01	4983.07	15723.72	4032.61	561.63	401.1	188.75	36		231.9	26796.79
土改后 占总面积比例 /%	2.38	18.60	58.68	15.05	2.10	1.50	0.70	0.13		0.87	100
土改后 人均土地 / 亩	3.55	4.00	5.51	7.89	5.20	3.09	1.44			38.65	5.19

灵石四区土改前后土地、房屋占有情况表

1949 年 9 月 12 日

行政村数 / 个		9			自然村数 / 个			15		
成 分	雇农	贫农	中农	富裕中农	富农	地主	商人	荣军	庙地	其他	合计
户 数 / 户	50	284	413	63	19	14	4	2		4	853
占总户数比例 /%	5.86	33.29	48.42	7.39	2.23	1.64	0.47	0.23		0.47	100
人 口 / 人	133	1039	1765	228	94	20	8	2		4	3393
占总人口比例 /%	3.91	30.62	52.02	8.19	2.77	2.06	0.24	0.06		0.12	100
土改前 房屋 / 间	3	832	2110	586	639	228		4		27.8	4402
土改前 土地面积 / 亩	12.5	2738.16	7886.96	1854.58	823.4	545		25	286.6	27.8	14200
土改前 占总面积比例 /%	0.09	19.28	55.54	13.06	5.80	3.84		0.18	2.02	0.20	100
土改前 人均土地 / 亩	0.094	2.64	4.47	8.13	8.76	27.25		12.5		6.95	4.19
土改后 房屋 / 间	97	1096	2159	545	502	47		9			4455
土改后 土地面积 / 亩	416.61	3814.86	8135.24	1084.10	371.11	145.38		88		129.20	14185
土改后 占总面积比例 /%	2.94	26.89	57.35	7.64	2.62	1.02		0.62		0.91	
土改后 人均土地 / 亩	3.13	3.67	4.61	4.75	3.95	7.27		44		32.30	4.18

灵石六区土改前后土地、房产占有情况表

1951 年 1 月 1 日

行政村数 / 个		8				自然村数 / 个			50		
成　分	雇农	贫农	中农	富裕中农	富农	地主	手工业者	庙地	其他	合计
户　数 / 户	81	679	1222	148	12	44	8		12	2206
占总户数比例 /%	3.67	30.78	55.39	6.71	0.54	1.99	0.36		0.54	100
人　口 / 人	219	2658	5387	786	87	228	28		41	9434
占总人口比例 /%	2.32	28.18	57.10	8.33	0.92	2.42	0.30		0.43	100

		雇农	贫农	中农	富裕中农	富农	地主	手工业者	庙地	其他	合计
土改前	房屋 / 间	37	1308	4254	902.5	127	445	8	18	15	7114.5
	土地面积 / 亩	213.3	8477.77	29689.59	6144.31	736.97	2781.99	37.90	708.49	383.5	49173.82
	占总面积比例 /%	0.43	17.24	60.38	12.50	1.50	5.66	0.08	1.44	0.78	100
	人均土地 / 亩	0.97	3.19	5.51	7.82	8.47	12.20	1.35		9.35	5.21
土改后	房屋 / 间	102	1524.5	4327.5	870.5	117	172	11		19	7143.5
	土地面积 / 亩	719.29	10587.98	29217.24	6248.78	632.36	962.41	53.4	168.5	335	48924.96
	占总面积比例 /%	1.47	21.65	59.72	12.77	1.29	1.97	0.11	0.34	0.68	100
	人均土地 / 亩	3.82	3.98	5.42	7.95	7.27	4.22	1.91		8.17	5.19

备注：8 个行政村指东铺头、西铺头、道六庄、平泉、赵家庄、雷家庄、英武、朱家岭。

1950—1951 年灵石各区土地丈量情况表

项目	行政村 / 个	户　数 / 户	丈后土地 / 亩	增加土地 / 亩	合格行政村占比 /%
一　区	17	4329	69270.66	16202.67	100
二　区	15	3288	67648.8	5984.38	100
三　区	15	4397	71608.13	1015.54	100
四　区	13	3969	110356.38	2736.48	77
五　区	15	4529	127016.00	24736.40	66.6
六　区	13	3875	99998.32	22547.82	100
合　计	88	24387	545898.29	73249.82	97.7

起，以苏溪村为试点，先后在三区静升、集广、椒仲、斩断塌、集屯、靳家庄、核桃洼、帅家山、南浦、南原、许家坡底、尹方、西梧桐、草桥、北王中、南王中等 21 个自然村进行土改。县委派工作组进驻各村，召开群众大会，宣传土改政策，成立农会，依靠贫农，团结中农，中立富农，打击地主，自报公议划分阶级成分，农会出榜公布，三榜定案，对地主、富农多余土地、财产予以没收，分配给贫雇农。1949 年 2 月 15 日起，一区有 14 个行政村、77 个自然村，

二区有5个行政村、25个自然村，四区有9个行政村、42个自然村，开始土改，同年10月结束。1949年11月20日起，五区开始土改，第一批开展了8个行政村、53个自然村，1950年1月25日结束。1950年2月20日至3月28日，五区小王庄、孟家塌、金庄、庆余、峪口、交口6个行政村，六区两渡、冷泉、马家山3个行政村，共61个自然村进行土改。1950年7月至8月，县贯彻中央人民政府公布的《中华人民共和国土地改革法》和中央人民政府政务院《关于划分农村阶级成分的决定》。1950年12月至1951年1月，六区赵家庄、英武、雷家庄、景家沟、朱家岭、张村、东铺头、西铺头、道六庄9个行政村进行了最后一批土地改革。至此，全县6个区、88个行政村、518个自然村全部结束土改，彻底废除了剥削阶级的封建土地所有制，实现了耕者有其田。

集体占有 1956年1月，灵石各地由初级农业生产合作社向高级农业生产合作社转变时，逐步实现土地归集体所有。1957年，全县集体占有土地543007亩，占土地总面积的99.4%；1958年后，土地全归集体所有。

第二节　农业管理形式

互助组 1949年，全县组织成立101个季节性互助组，入组农民908户，3541人，其中，男劳力903人，女劳力330人，入组土地19068亩。1950年，全县有互助组149个，其中，常年固定性互助组15个，入组农民121户，473人（男劳力134人、女劳力49人），入组土地2587亩；有季节性互助组130个，入组农民1199户，4676人（男劳力1317人、女劳力432人），入组土地25579亩。互助组实行土地、耕畜等生产资料属农民个体私有，劳动形式采取农户之间以工换工、以畜顶工的互助形式，收获作物各归各有。互助组民主推选组长，负责平时调配劳力，年终按工结算。1952年，全县有互助组2253个，入组农民18260户，占农户总数的75.34%，其中，常年固定互助组631个，入组农民5187户，20282人（男劳力6886人、女劳力1898人），入组土地148601亩；季节性互助组1622个，入组农民13073户，51115人（男劳力14394人、女劳力5250人），入组土地278655亩。1955年，全县有互助组1267个，入组农民11789户，占全县总农户的44.21%，其中，常年固定互助组812个，入组农民7959户，32861人（男劳力8176人、女劳力6846人），入组土地176417亩；季节性互助组455个，入组农民3830户，15373人（男劳力3881人、女劳力3081人），入组土地86004亩。

初级农业生产合作社 1953年，县试办玉成、洪土、英武、交口、马和、岭后、茹泊、索洲、乐只堂、南坪头、吴家沟 11 个初级农业生产合作社（简称初级社），入社农民 184 户，758 人（男劳力 211 人、女劳力 160 人），入社土地 3753 亩。初级社实行土地、耕畜、农具等生产资料属农民个体私有，劳动组织形式是以社统一管理，分组作业，评工记分，以"按劳取酬，多劳多得"和"男女同工同酬"原则，按劳力强弱、技术水平，评定底分、死分活评，定期评工，年终以社为核算单位，按入股土地、劳动日进行收益分配。一般土地分红占到 25% 左右，劳力分红占到 75% 左右，社内使用农民牲畜及大型农具给予合理报酬。1955 年，全县有初级社 250 个，入社农民 7621 户，占全县总农户的 28.58%，入社人口 32861 人（男劳力 8256 人、女劳力 5832 人），入社土地 160867 亩。

高级农业生产合作社 1956 年 1 月 21 日，全县第一个高级农业生产合作社——水峪先锋农业社成立。至本年底，全县办起高级农业生产合作社（简称高级社）70 个，入社农民 26950 户，入社人口 98696 人（男劳力 24328 人、女劳力 21275 人），经营耕地 544045 亩，其中水地 21556 亩。高级社实行入社土地归集体所有，取消土地分红，大牲畜、成片树林、大型农具作价归社所有，社员原有屋基、坟地、四旁树，仍属个人私有。根据社员人口，每人留给一份自留地，由社员自由种植，自留地数量，一般占本社总耕地的 5% 左右，为中等地。高级社生产资料归集体，按社员人头平摊入社股份基金。高级社实行"按劳分配，多劳多得"的分配原则，劳动组织形式是以社统一领导，下设若干生产队，生产队分作业小组，以组作业。劳动计酬办法是"四定一奖"（固定土地、劳力、耕畜、农具，超产奖励）、"三包一奖"（包工、包产、包投资、超产奖励）或以产计工，定额计酬，有少数合作社仍采用死分活评计酬方法。收益分配是以农业社或生产队为核算单位，统一分配，即从集体总收入中除去生产管理费用，上缴国家税收，留取集体公积金和公益金后，剩余部分按社员所做劳动日进行分配。1957 年，全县有高级社 84 个，入社农民 28494 户，占全县总农户的 99.14%，入社人口 102629 人（男劳力 25482 人，女劳力 21481 人），入社土地 543007 亩。

人民公社 1958 年 9 月，遵照中共中央《关于在农村建立人民公社问题的决议》，全县 84 个高级社合并为卫星（城关）、东方红（静升）、前进（两渡）、钢铁（南关）、红旗（双池）、跃进（段纯）6 个人民公社，77 个管理区，下设生产大队、生产队若干个，以生产大队为基本核算单位。耕地、大型农具等农业生产资料属公社或大队集体所有，劳力由公社、大队统一调配。

1958 年 12 月，灵石县并入介休县后，原灵石县划为灵石、两渡、静升、双池、段纯、富家滩、南关 7 个人民公社，112 个管理区；1960 年，划为 84 个生产大队，887 个生产队。1961 年，恢复灵石县后，全县划为 17 个公社，198 个大队，1650 个生产队，推行"四定一奖"（固定土地、劳力、耕地、农具，超产奖励）、"三包一奖"（包工、包产、包投资、超产奖励）和评工记分的生产管理办法。1962 年，全县贯彻中共中央《农村人民公社工作条例（草案）》和《关于改变农村人民公社基本核算单位的指示》，确定（公社、生产大队、生产队）三级所有，以生产队为基础，同时恢复农民自留地（自留地占全大队总耕地面积的 5% 左右）。当年全县调整为 18 个公社，280 个生产大队，1236 个生产队，核算单位 1176 个，其中以生产大队核算的 16 个，生产队核算的 1160 个，并推行农村生产责任制，有 9 个核算单位实行"三包一奖一赔"（包产、包工、包投资、超产奖励、减产赔偿）责任制，占全县核算单位总数的 0.77%；7 个核算单位实行以产定工责任制（在包产、包工、包投资的基础上，得出每个工应产粮食数，秋后按实际产粮数计工），占全县核算单位总数的 0.59%；114 个核算单位实行常年包工（将土地、劳力、牲畜、农具固定到作业组，产量按工全部承包，秋后结算），占全县核算单位总数的 9.6%；358 个核算单位实行季节包工（将农活分季节包给作业组，完工后按质量验收计工），占全县核算单位总数的 31.04%；416 个核算单位实行临时包工（生产队进行小段作业安排，组织临时作业组包工），占核算单位总数 35%；有 272 个核算单位实行两头集体操作，中间个人负责（播种、收运集体负责，中间农田管理个人负责），占核算单位总数的 23%；对离村较远的 84 个山庄窝铺实行包产到庄。1964 年，灵石取消劳动定额管理，实行评工记分，按工分分配兑现。1971 年，双池、回龙两公社划归交口县后，全县调整为 16 个人民公社，267 个生产大队，659 个生产队，核算单位 549 个，其中以生产大队核算的 128 个。在生产管理上有少数生产队根据农事季节，实行定额管理。1975 年，全县有生产大队 206 个，生产队 808 个，核算单位 768 个，其中，以生产大队核算的 50 个，生产队核算的 718 个。1978 年，全县基本核算单位为 572 个，其中，以生产大队核算的 119 个，生产队核算的 453 个。1980 年，全县有生产大队 262 个，生产队 894 个，基本核算单位 889 个，其中，以生产大队核算的 34 个，生产队核算的 855 个。

1980 年后，全县在坚持土地等主要农业生产资料公有的基础上，逐步推行专业承包、小段包工、包干到户等多种形式的农业生产责任制。1982 年，全县有生产大队 263 个，生产队 918 个，基本核算单位 914 个，其中，生产大队核算的 32 个，以生产队核算的 882 个。1983 年，人民公社管理形式被乡镇管理形式所取代。

生产责任制 1979 年，全县贯彻中共中央《关于加快农业发展若干问题的决定》精神,有50%的生产队在统一核算和分配的前提下,推行包工到组、联产计酬、"五定一奖"(定人员、定地段、定成本、定产量、定报酬、超产奖励)等形式的农业生产责任制。1980年,全县904个核算单位中,有128个实行小段作业,定额计酬,占14%;168个实行包工到组,联产计酬,占18.6%;411个实行专业承包、联产计酬,占45.4%;90个实行包产到户,占10%;107个实行联产到户、联产到人,责任田、口粮田分离,占12%。1981年,灵石贯彻中共中央《关于进一步加强和完善农业生产责任制的几个问题》的通知,每个公社确定1—2个大队作为试点,推行土地等主要生产资料属集体所有,农户承包经营管理(大包干),全县林业、畜牧业、工副业、农机、水利等逐步实行专业承包责任制。承包者与生产队集体签订承包合同,按合同分配兑现,承包期为3—5年。1982年,全县945个生产队中,实行包产到户的28个生产队,农民1615户,占全县总农户的4.17%,大包干的863个生产队,农户32962户,占全县总农户的85.16%。1983年,灵石出现了以进行某项专业生产为主的农户(专业户)和重点进行专业生产的农户(重点户)2849户,占全县农户总数的7.4%。实行联产承包责任制的生产大队有915个,占全县生产大队总数的99.5%,其中,实行大包干责任制的生产队有859个,占全县生产队总数的93.4%。1984年,全县农村实行以农户经营为主的联产承包责任制,村委与农民重新签订承包合同,承包期延长至5年左右。1985年,灵石贯彻中共中央、国务院《关于进一步活跃农村经济的10项政策》精神,除个别产品外,取消农产品统派购任务,实行粮食合同定购和市场收购。同年,全县有从事种植、林业、畜牧、加工、建筑、运输、商业、饮食服务等专业户1135户,从业劳力1881人;经济联合体66个,从业劳力951人。

第二章　耕地劳力

第一节　耕　　地

明万历二十九年(1601),全县有耕地43.95万亩,人均21.38亩。清顺治二年(1645),全县有耕地22.31万亩,人均11.04亩。清嘉庆二十一年(1816),全县有耕地26.22万亩,人均2.01亩。民国24年(1935),全县有耕地42.09万亩,其中水地1.19万亩,人均耕地4.92亩。民国29年(1940),

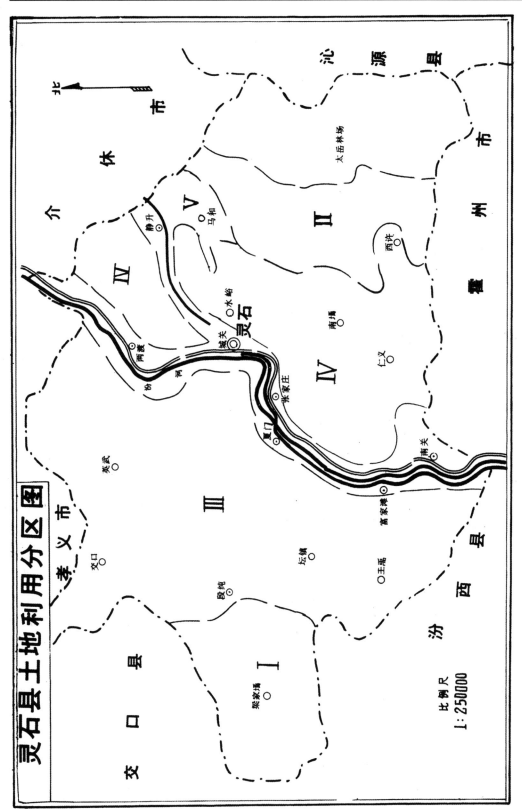

灵石县土地利用分区图

1992年灵石县土地利用分区图

比例尺
1:250000

全县有耕地 35.66 万亩，农业人口均地 6.60 亩。

1949 年，全县有耕地 53.67 万亩，其中水地 1.95 万亩，旱地 51.72 万亩，人均耕地 5.51 亩，农业人口均地 6.66 亩。1953 年，因行政区域增大，增加耕地 7.99 万亩，全县耕地变为 59.01 万亩，比 1952 年净增耕地 5.58 万亩，人均耕地 5.02 亩，农业人口均地 5.93 亩。1956 年，因行政区域缩小，减少耕地 2.46 万亩，全县耕地变为 55.82 万亩，比 1955 年净减耕地 2.68 万亩，人均耕地 4.08 亩，农业人口均地 5.60 亩。此后 9 年内，平均年减少耕地 0.78 万亩，到 1965 年，全县有耕地 48.82 万亩，其中水地 2.32 万亩，旱地 45.50 万亩，人均耕地 2.98 亩，农业人口均地 3.83 亩。1969 年，全县有耕地 48.48 万亩，人均耕地 2.66 亩，农业人口均地 3.35 亩。

1971 年，行政区域缩小，全县耕地变为 39.92 万亩，比 1970 年净减耕地 8.27 万亩，人均耕地 2.31 亩，农业人口均地 2.96 亩。此后，行政区域未变，平均每年净减耕地 378.57 亩。1975 年，全县有耕地 39.81 万亩，人均耕地 2.07 亩。1980 年，全县有耕地 39.72 万亩，人均耕地 2.02 亩。1985 年，全县有耕地 38.39 万亩，其中水地 3.48 万亩，旱地 34.91 万亩，人均耕地 1.88 亩，农业人口均地 2.42 亩。全县耕地增加因素有行政区域增大、开荒、人工造地等，耕地减少因素包括行政区域缩小、撂荒、水土流失、城镇乡村建设用地等。

第二节　劳　力

民国 25 年（1936），全县有农村劳力 3.44 万人，其中，男劳力 1.59 万人，女劳力 1.85 万人，每个劳力平均负担耕地 16.13 亩。

1949 年，全县有农村劳力 3.95 万人，其中，男劳力 1.93 万人，女劳力 2.02 万人，每个劳力平均负担耕地 13.59 亩。1953 年，全县有农村劳力 4.86 万人，其中，男劳力 2.4 万人，女劳力 2.46 万人，每个劳力平均负担耕地 12.14 亩。1956 年，全县有农村劳力 4.6 万人，其中，男劳力 2.46 万人，女劳力 2.14 万人，每个劳力平均负担耕地 12.13 亩。1961 年，全县有农村劳力 3.94 万人，其中，男劳力 2.11 万人，女劳力 1.83 万人，每个劳力平均负担耕地 12.63 亩。农村劳力中，从事种植业劳力占比 78.17%，牧业劳力占比 7.6%，工副业劳力占比 2.54%。1971 年，全县有农村劳力 4.49 万人，其中，男劳力 2.44 万人，女劳力 2.05 万人，每个劳力平均负担耕地 8.89 亩。

1975 年，全县有农村劳力 4.47 万人，其中，男劳力 2.61 万人，女劳力 1.86 万人，每个劳力平均负担耕地 8.91 亩。农村劳力中，从事农林牧副业劳力占比

86.8%，社队工业劳力占比 8.95%。1980 年，全县农村劳力 4.42 万人，其中从事农林牧副业劳力占比 88%。1985 年，全县有农村劳力 5.19 万人，其中男劳力 3.12 万人，女劳力 2.07 万人，每个劳力平均负担耕地 7.39 亩。在农村劳力中，从事农林牧副业的劳力占比 56.26%，乡村工业的劳力占比 23.96%，交通运输的劳力占比 4.4%。按从事农林牧副业实有劳力计算，每个劳力平均负担耕地 13.16 亩。

第三章 种 植 业

第一节 农 作 物

一、粮食作物

小麦 民国年间，本县小麦品种主要有四月黄、白秃麦等，年播种面积为 15 万—20 万亩，最多 26 万亩，年平均亩产 50—100 斤。

1949 年，全县播种面积 20.8 万亩，平均亩产 52.4 斤。1953 年，灵石开始引进推广蚂蚱麦、北系 11 号、红芒麦、169 红麦等小麦品种，比传统农家品种每亩增产 50% 左右。1956 年，全县小麦播种面积扩大到 25.82 万亩，平均亩产 137.84 斤。推广品种有碧玛 1 号、中苏 68 号、乌兰克、燕交 35638、北系 11 号、古成营、169 红麦、蚂蚱麦等，优种小麦种植面积为 3 万亩。1957 年之后，全县小麦播种面积逐步减少，平均亩产在百斤以下。1965 年，全县小麦播种面积减少到 19.96 万亩，平均亩产 129.06 斤。优种小麦种植面积 4.5 万亩，占小麦播种面积的 22.55%。其中，仁义、静升等沿河水地以推广种植农大 183、晋榆 1 号小麦优种为主；王禹、坛镇、南墕等地以推广种植农大 183、燕大 1817、北系 11 号品种为主；回龙、双池等高寒地区以推广种植中苏 68 号、北系 11 号和白秃麦为主。1966 年，全县小麦减产，平均亩产 43 斤。之后，小麦产量又逐年上升，1969 年平均亩产 151.05 斤。1971 年以后，因全县地域缩小，小麦播种面积随之减少。1972 年，全县小麦优种播种面积 12 万亩，小麦播种面积 16.34 万亩，平均亩产 158 斤。1974 年，小麦平均亩产 186 斤，种植小麦品种有农大 183、晋中 4 号、太原 567、北京 7 号、农大 90 号、北京 5 号、石庄 407、华北 672 号、晋榆 1 号、华北 497、华北 187、晋农 16 号、晋中 3 号等。

其中，旱地以推广种植农大 183、农大 3 号、华北 497 号为主，水地以推广晋榆 1 号、晋中 4 号、太原 567 号为主，一般增产幅度 30%。

1976 年，全县小麦优种播种面积 14 万亩，主要品种有旱选 10 号、旱选 3 号、晋农 3 号、农大 139、晋中 849、工农 12、晋农 2 号、农大 155、红旗 1 号、晋中 520 等。同年，小麦播种面积 17.03 万亩，平均亩产达 186 斤。1982 年，12 个公社建立小麦穗选提纯复壮和原种繁殖基地 500 亩，小麦优种普及全县。一般水地以种植晋中 849、农大 139、晋农 135、农大 155、农大 176、北京 10 号为主；旱垣地、条甲地以种植旱选 10 号、晋农 3 号、太幅 1 号为主；沟滩地以种植晋农 3 号、农大 176、农大 155、晋农 135 号品种为主。1983 年，全县建立小麦原种和原种 1 代繁殖田 3510 亩，小麦播种面积 17.12 万亩，平均亩产达 235 斤。亩产 400 斤以上的大队有 9 个，亩产 300—400 斤的大队有 43 个，承包农户产麦万斤以上的有 18 户，产麦 5000—10000 斤的有 526 户，人均产麦 4000 斤以上的有 2 户，人均产麦 2000—4000 斤的农民有 16 户。1984 年，全县小麦原种和原种 1 代繁殖田扩大到 5000 亩，建立小麦示范样板田 2 万亩，小麦播种面积 17.65 万亩，平均亩产达到 259 斤。亩产小麦 400 斤以上的村委有 13 个，户产万斤小麦以上的有 34 户。1985 年，全县示范推广和大面积种植的小麦品种达 70 多种，其中，骨干品种有旱选 10 号、晋农 3 号、北京 10 号、太原 633、吕旱 671、傲霜 1 号等，小麦平均亩产为 199 斤，亩产 400 斤以上的村委有 5 个，产麦万斤以上的有 7 户。

灵石部分年份小麦种植情况表

年份	播种面积/万亩	总产/万斤	亩产/斤	年份	播种面积/万亩	总产/万斤	亩产/斤
1933	15.78	947.09	60.02	1962	21.90	1531.29	69.92
1936	19.72	1694.10	85.90	1965	19.96	2576.08	129.06
1942	25.88	2484.00	95.98	1969	19.06	2879.00	151.05
1949	20.80	1090.60	52.43	1975	16.57	2636.00	159.08
1952	22.76	1079.81	47.44	1980	15.95	1466.36	91.93
1957	26.01	1826.67	70.23	1985	18.47	3673.96	198.91

注：1949—1971 年按当时区域统计。

玉米　民国年间，本县玉米品种主要有野鸡红、白八行等，年播种面积 2 万—5 万亩，年平均亩产为 100—250 斤。

1949 年，全县播种面积为 6.24 万亩，平均亩产 152.28 斤。之后，播种面积逐年扩大，平均亩产逐年提高。1953 年，本县引进美国金皇后、朝鲜白马牙等玉米品种，在静升、仁义等地推广种植。1954 年，平均亩产 365 斤，优种推广面积扩大到 5 万亩。1958 年，播种面积 6.75 万亩，平均亩产 493 斤。1962 年，全县玉米优种面积为 4.3 万亩，占玉米播种面积的 76.38%，种植的玉米品种主要有朝鲜白马牙、美国金皇后、春杂 5 号、农大 3 号、野鸡红、白八行、小玉米等。

1964 年，全县建立玉米留种地 2500 亩，其中在南浦、尹方、槐树原、东许、侯家渠 5 个大队配制玉米双杂交种 83 亩，在 10 个大队繁殖优种玉米 135 亩。1965 年，播种面积 15.84 万亩，其中优种面积 5 万亩，优种比传统品种每亩增产 100 斤以上，全县玉米优种增产 600 万斤。1968 年，本县引进玉米单杂交种，在槐树原、侯家渠、道阡、道美、静升等地推广。1970 年，玉米双杂交种推广面积 6 万亩，平均亩产 400—500 斤，比金皇后每亩增产 100 斤以上。1970—1972 年，县里选派农业技术人员到海南岛和永济县，配制晋单 6 号杂交玉米 1 万斤，在县内建立玉米育种基地。1974 年，玉米单杂交种普及全县，单杂交玉米平均亩产 400—600 斤，比双杂交种每亩增产 100 斤以上。当年，全县玉米播种面积 9.27 万亩，平均亩产 545 斤；1975 年，平均亩产 569.12 斤。

1976 年，全县有玉米杂交制种田 3000 亩，玉米亲本自交繁殖田 120 亩。1977 年，全县播种面积为 11.48 万亩，平均亩产达到 669 斤。1978 年，种植品种主要有忻黄单 9 号、忻黄单 28 号、白单 4 号、晋单 6 号、丹玉 6 号、晋单 7 号、武 105× 金 03、忻黄单 17 号、军双 1 号、忻黄单 32 号、嫩单 1 号、维尔 42 号等。1979 年，全县玉米杂交制种田 5250 亩，其中繁殖玉米自交系 250 亩。全县玉米播种面积 12.31 万亩，平均亩产 626 斤。1981 年，全县种植玉米品种水地、沟滩地以大单 2 号、中单 2 号、晋单 6 号、白单 4 号为主；条甲旱垣地以丹玉 6 号、大单 3 号为主。之后，玉米播种面积减少。1984 年，全县播种面积 8.76 万亩，平均亩产 594 斤。1985 年，播种面积 6.86 万亩，平均亩产 529.5 斤。种植的品种主要有丹玉 6 号、大单 2 号、白单 2 号、中单 2 号等。同年，全县有玉米杂交制种田 230 亩，产种 6 万斤。

灵石部分年份玉米种植情况表

年份	播种面积/万亩	总产/万斤	亩产/斤	年份	播种面积/万亩	总产/万斤	亩产/斤
1935	1.60	210.94	131.84	1965	15.84	5304.79	334.90
1941	5.70	769.50	135.00	1969	11.30	3729.53	330.05
1949	6.24	950.24	152.28	1971	8.99	4182.70	465.26
1952	6.23	1795.62	288.22	1975	11.01	6266.00	569.12
1957	6.43	2077.88	323.15	1980	11.53	6312.01	547.44
1962	5.63	1664.00	295.56	1985	6.86	3632.40	529.50

谷子 传统的谷子品种主要有打牛鞭、白流沙、九秆旗等，分硬谷、软谷两种。民国年间，全县年播种面积为 2 万—10 万亩，年平均亩产 100 余斤。

1949 年，全县谷子播种面积 8.15 万亩，平均亩产 121.02 斤。1954 年，谷子品种有白流沙、支达谷、811 谷、黄毛谷等。1955 年，全县平均亩产 204 斤。1958 年，谷子平均亩产达 228 斤。之后，谷子平均亩产在 200 斤以下。1964 年，全县建立谷子留种地 1100 亩。种植品种，河西地区以白流沙、红旗谷为主，河东地区以黄毛谷、三变化、打锣锤为主。1971 年，全县播种面积为 5.19 万亩，平均亩产 233.48 斤；1975 年，平均亩产 287.11 斤。种植品种主要有大寨谷、大白谷、山东糙谷、东风谷、69 谷、尺八量、米咀黄、60-2 谷、对只谷、67-9-10 谷、小三变化、67-9-7 谷、小青谷等。1976 年，全县推广长农 10 号、长农 12 号等优种。1977 年，全县播种面积 5.22 万亩，平均亩产 331 斤。1979 年，全县推广狗瓜软谷、沁州黄、晋中 202、晋汾 4 号、北引 1 号等品种。1984 年，全县播种面积 4.41 万亩，平均亩产 360 斤。1985 年，全县播种面积 3.9 万亩，平均亩产 355.3 斤。种植品种达 40 多种，以长农 10 号、长农 12 号、长农 18 号、晋谷 10 号、晋谷 12 号为主。

灵石部分年份谷子种植情况表

年份	播种面积/万亩	总产/万斤	亩产/斤	年份	播种面积/万亩	总产/万斤	亩产/斤
1935	2.56	229.00	89.45	1961	5.71	925.28	162.05
1939	1.58	189.50	119.94	1965	7.09	1291.77	182.20
1941	9.70	1309.00	134.95	1971	5.19	1211.74	233.48
1949	8.15	986.32	121.02	1975	4.56	1309.21	287.11
1952	9.22	1834.24	198.94	1980	4.34	1254.86	289.14
1957	8.18	1202.08	146.95	1985	3.90	1385.66	355.30

高粱 传统的高粱品种主要有铁沙帽、三尺三、木鸽窝等。民国年间，全县年播种面积为 1 万—4 万亩，年平均亩产 100 多斤。

1949 年，全县播种面积 1.63 万亩，平均亩产 135.03 斤；1953 年，平均亩产为 231 斤；1958 年，播种面积 2.28 万亩，平均亩产 260 斤。之后，高粱平均亩产一般在 200 斤以下。1964 年，全县建立高粱留种地 500 亩。河东地区以种植睁眼三、金圪垛品种为主，河西地区以种植七片叶、铁沙帽为主。1965 年，全县平均亩产303斤，品种主要有香高粱、熊岳252、洋大粒、多穗高粱、睁眼三、七片叶、大鹅黄、西藏高粱等。1966年，灵石从忻县引进晋杂5号、忆杂10号优种，种植5000亩，平均亩产500—1000斤；1970年，平均亩产330斤。1970—1972年，县里选派人员到海南岛和永济县，配制高粱杂交品种，其中晋杂5号7000斤，同年，灵石建立高粱杂交育种基地。1975年，平均亩产434斤，品种主要有晋杂5号、3197A、3197B、三尺三、忻杂7号、晋杂9号、晋杂6号、晋杂11号等。1977年，全县平均亩产434斤；1979年，平均亩产431斤；1984年，平均亩产提高到485斤；1985年，播种面积1.97万亩，平均亩产436斤。品种主要有睁眼三、七片叶、大牛心、二牛心、香高粱、牛尾巴、软高粱、忆杂10号、晋杂5号、三尺三、晋杂4号、同杂2号等，其中晋杂4号、晋杂5号、同杂2号种植面积占绝大多数。有少数偏僻村庄农民仍种植传统高粱品种，当年有高粱制种田50亩，产种9000斤。

灵石部分年份高粱种植情况表

年份	播种面积/万亩	总产/万斤	亩产/斤	年份	播种面积/万亩	总产/万斤	亩产/斤
1935	1.27	165.59	130.38	1965	1.19	361.00	303.36
1941	3.80	530.00	139.47	1971	4.65	1964.87	422.55
1949	1.63	220.10	135.03	1975	2.16	937.00	433.79
1957	1.87	362.30	193.74	1980	1.36	435.08	319.91
1961	1.78	355.33	199.62	1985	1.97	859.60	436.35

豆类 民国年间，本县豆类种植主要有黄豆、黑豆、绿豆、小豆、豇豆、豌豆等，其中以种植黄豆、黑豆、绿豆为主。各种豆子年播种面积在3000亩以上，平均亩产100—150斤。

1949年，全县豆类播种11.36万亩，平均亩产61斤，其中，大豆（黄豆、黑豆）播种5.47万亩，平均亩产57斤；绿豆播种9520亩，平均亩产72斤。1952年，全县播种面积12.36万亩，平均亩产120.1斤。1955年以后，因豆子种类繁多，大都统计在杂粮内，仅有大豆单独统计。20世纪60年代，全县种植的大豆品种有天鹅蛋、八月黄、黑眉豆、腊子扇、十月豆等。70年代，全县大豆品种有晋豆84、紫白豆、群1号、丰收12号等。到1985年，全县种植的豆子种类有大黄豆、小黄豆、绿青豆、大黑豆、小黑豆、黑眉豆、大豌豆、小豌豆、大绿豆、小绿豆、红豆、小豆、蚕豆、扁豆、豇豆等，其品种主要有羊眼睛、晋豆84、红滚豆、丹白脐、晋豆2号、海94号、克拉克、晋豆1号、紫红 4 号、晋矮 3 号、威来姆斯、7203-6、阳城白豆、寿阳青豆、寿阳黄豆、春剑舌、纳－兰豌豆、英国豌豆、天鹅蛋、八月黄、黑眉豆、十月豆等。

灵石部分年份大豆种植情况表

年份	播种面积/万亩	总产/万斤	亩产/斤	年份	播种面积/万亩	总产/万斤	亩产/斤
1935	0.29	30.85	106.37	1965	1.35	295.00	218.52
1942	0.43	45.30	105.35	1971	1.11	174.31	157.04
1949	5.47	312.94	57.21	1975	0.65	302.00	464.62
1957	5.15	536.33	104.14	1980	1.13	209.12	185.06
1962	3.49	289.69	83.01	1985	0.87	135.60	155.86

马铃薯、甘薯　俗称山药蛋、红薯。马铃薯品种有东北白、紫山药等，民国年间，每年种植面积二三千亩，平均亩产 1500 余斤；甘薯品种有本地红薯、洋红薯等，民国年间，种植面积在千亩以下，平均亩产 1500 斤以下。

1949 年，全县薯类作物播种面积 4236 亩，其中马铃薯 4206 亩。20 世纪 50 年代，全县马铃薯播种面积为四五千亩，平均亩产 1500 多斤；甘薯栽培面积在千亩以下，平均亩产 2000 斤。60 年代，全县推广胜利 3 号、五台白等马铃薯品种，每年种植薯类作物五六千亩，平均亩产 2500 斤。70 年代，薯类作物种植面积每年有七八千亩，平均亩产 3000 斤以上。1975 年，平均亩产 3498 斤，1977、1978 年两年，平均亩产 3000 多斤。80 年代，全县薯类作物播种面积在万亩以上，其中马铃薯面积占 60% 左右，薯类作物平均亩产 3500 斤。1985 年，全县马铃薯品种有沙白 15 号、紫山药、里外黄、双季 1 号等；甘薯品种有本地红薯、洋红薯、徐薯 18 号、883 红薯等。

莜麦　分大莜麦和小莜麦两种。民国 24 年（1935），全县播种面积 3835 亩，平均亩产 72 斤；1949 年，全县播种面积 5840 亩，平均亩产 50 斤。之后，播种面积逐年减少。1980 年，全县播种面积 792 亩，平均亩产 82.58 斤；1985 年，全县播种面积 805 亩，平均亩产 82.7 斤。种植分布在梁家圪、段纯、交口、水峪、南圪等地。

荞麦　分甜荞麦和苦荞麦两种。民国 24 年（1935），全县播种面积 5752 亩，平均亩产 50 斤，民国 30 年（1941），全县播种面积 1700 亩，平均亩产 70 斤。1949 年以后，播种面积逐年减少。1956 年，全县播种面积 2.79 万亩，平均亩产 59 斤；1962 年，播种面积 2.6 万亩，平均亩产 49 斤。之后，全县每年种植面积在万亩以下，平均亩产七八十斤。

稻谷 民国24年（1935），全县播种面积0.61万亩，平均亩产400斤；1958年，仅种植1亩，产稻谷70斤；1970年，种植6亩，平均亩产433斤；1973年，种植面积184亩，平均亩产651斤；1978年，种植54亩，平均亩产318斤；1981年，播种面积8亩，品种有云南黑节疤、京引14号等，平均亩产550斤。以后至1985年全县未种植稻谷。

糜黍 品种主要有白糜子、红黏糜、大红袍、灰骨碌、二青糜、糯糜、黄粘糜等。民国24年（1935），全县种植面积5433亩，平均亩产72斤；民国31年（1942），种植面积2150亩，平均亩产105斤；1956年，种植面积1.35万亩，平均亩产83斤；1965年，种植面积5879亩，平均亩产99斤。以后每年与杂粮统计在内，年播种面积5000亩左右，平均亩产100斤。

灵石粮食作物种植情况表

年份	播种面积/万亩	总产/万斤	亩产/斤	年份	播种面积/万亩	总产/万斤	亩产/斤
1933		2435.00		1965	51.57	10400.00	201.67
1936	49.92	6383.21	127.87	1966	49.83	8722.51	175.04
1939	40.73	4206.00	103.27	1967	49.03	9345.77	190.61
1941	45.38	4652.00	102.51	1968	48.73	8488.39	174.29
1942	43.09	4294.00	99.65	1969	49.04	9280.64	189.25
1949	52.80	4108.55	77.81	1970	48.71	10064.2	206.51
1950	55.70	5796.66	104.06	1971	43.30	9700.17	224.02
1951	56.21	6507.76	115.78	1972	41.55	9125.70	219.63
1952	57.01	7153.11	125.47	1973	42.12	8329.00	197.75
1953	56.93	7985.05	140.26	1974	40.60	11326.98	278.99
1954	57.74	8284.14	143.47	1975	40.29	12330.00	306.03
1955	57.17	7908.92	138.34	1976	39.12	10111.00	258.46
1956	59.91	9433.93	157.47	1977	49.03	12122.00	247.24
1957	57.99	6762.20	116.61	1978	43.08	11530.49	267.65
1958	57.92	10411.69	179.76	1979	40.73	13443.00	330.05
1959	49.37	7453.24	150.97	1980	39.65	10430.46	263.06
1960	53.49	6342.02	118.56	1981	38.46	7527.52	195.72
1961	50.86	6480.00	127.41	1982	37.81	8266.04	218.62
1962	52.37	6159.81	117.62	1983	37.62	11290.73	300.13
1963	52.93	7468.45	141.10	1984	37.90	13265.57	350.02
1964	52.81	8910.00	168.72	1985	35.92	10516.92	292.78

二、油料作物

全县油料作物主要有花生、油菜子、芝麻、胡麻子、蓖麻子、线麻子、葵花子、黄芥等。民国年间，全县年播种面积 2000—5000 亩，年平均亩产量七八十斤。1949 年，全县油料种植面积 4350 亩，总产量 35.2 万斤。此后，油料播种面积逐年扩大。1975 年，全县油料种植面积达 1.13 万亩，总产 90.41 万斤。1985 年，全县油料种植面积 1.52 万亩，总产 146.8 万斤。

灵石部分年份油料作物种植情况表

年份	油料作物		其 中									
			花生		油菜子		芝麻		胡麻子		蓖麻子		葵花子	
	总播种面积/万亩	总产量/万斤	播种面积/亩	亩产/斤	播种面积/亩	亩产/斤	播种面积/亩	亩产/斤	播种面积/亩	亩产/斤	播种面积/亩	亩产/斤	播种面积/亩	亩产/斤
1936	0.49	40	191	62	790	65	480	78	390	58	2940	91	—	—
1941	0.22	16.5	65	150	840	111	370	37	—	—	—	—	—	—
1949	0.44	35.2	121	62	1540	44	4312	80	312	49	2626	92	—	—
1957	0.96	41.71	140	174	156	37	298	56	804	50	7810	40	89	47
1965	0.38	38.19	50	182	1015	72	158	103	348	55	1738	120	—	—
1975	1.13	90.41	984	109	5970	63	696	79	207	67	3012	90	—	—
1980	0.65	40.4	98	160	792	7.32	240	51	227	77	4872	64	24	279
1985	1.52	146.8	76	124	81	69	218	98	274	64	11917	100	1478	116

三、蔬菜作物

民国年间，全县种植蔬菜品种有 10 多种，大都为夏秋两季蔬菜。1949 年后，灵石逐步引进蔬菜优种，推广科学种植，蔬菜种类增多，产量不断提高。1985 年，全县蔬菜种类增加到 30 多种，主要品种有白菜（包头白、筒子白）、白萝卜、胡萝卜、黄瓜、番茄（西红柿）、莴笋、苘子白、大葱、葱头、西葫芦、韭菜、蒜、蒜薹、辣椒、菠菜、南瓜、拉面瓜、冬瓜、芥菜、芋头、豆角、水萝卜、芹菜、香菜、蔓菁、茄子等。

灵石部分年份蔬菜种植情况表

年份	播种面积/亩	总产/万斤	亩产/斤	年份	播种面积/亩	总产/万斤	亩产/斤
1936	3721	591	1588	1969	6234	1865	2992
1949	3860	467	1210	1971	9599	3455	3599
1952	6309	938	1486	1975	7345	1922	2617
1957	12000	2942	2452	1980	8413	1859	2209
1962	8231	1484	1803	1985	8811	2914	3307

四、其他作物

棉花 民国年间，本县棉花品种有中国青梗棉和美国绿子棉、脱里司棉等。1950 年后，全县推广金字棉、斯米德棉和 517 棉等。20 世纪 60 年代，本县引进 611 波棉品种；70 年代，推广朝阳 1 号、克克 1543、晋中 169 等。1979—1984 年，全县种植面积为百亩左右；1985 年未种植棉花。

灵石部分年份棉花种植情况表

年份	播种面积/亩	总产/万斤	亩产/斤	年份	播种面积/亩	总产/万斤	亩产/斤
1929	383	0.35	9.14	1957	1541	3.87	25
1933	8473	16	18.88	1965	670	2.03	30.3
1935	9588	22.5	23.47	1971	1166	1.05	9
1941	254	1.14	45	1975	3934	7.82	19.88
1949	4532	7.25	16	1979	65	0.21	32
1952	6083	20.67	34	1984	104	0.97	93.3

瓜类 分西瓜、甜瓜两种。民国 24 年（1935），全县种植面积 1750 亩，平均亩产 2305 斤，其中，西瓜 1070 亩，平均亩产 2500 斤。1949 年，全县种植西瓜、甜瓜 193 亩；1956 年，种植面积 928 亩，平均亩产 4638 斤；1970 年，种植面积 1097 亩，平均亩产 3651 斤；1980 年，种植面积 449 亩，平均亩产 4594 斤。1985 年，全县种植西瓜、甜瓜 1289 亩，平均亩产 4985 斤。

麻类 民国 31 年（1942），全县种植线麻 36 亩，平均亩产 24 斤。1949 年，全县种植线麻 322 亩，平均亩产 13 斤。以后，每年种植面积大都在 200 亩以上，平均亩产 20 多斤；1970 年，平均亩产 95 斤。此后到 1985 年，平均每年种植面积 300 多亩，平均亩产四五十斤。

烟叶 民国年间，全县种植烟叶在 100 亩以上，平均亩产五六十斤。1949—1954 年，全县每年种植面积二三百亩，平均亩产 60 斤左右。以后，每年种植面积仅几十亩，甚至几亩，平均亩产七八十斤，有少数年份达到百斤以上。1982 年，全县种植 35 亩，平均亩产 174 斤；1985 年，种植 20 亩，平均亩产 80 斤。

甜菜 1958 年，全县种植甜菜 323 亩，以后断续种植，一般年种植面积约二三十亩，有少数年份种植面积达八九十亩，平均亩产 700—1000 斤。1983 年以后，全县不再种植甜菜。

第二节　农田管理

一、农田建设

民国 24 年（1935），全县有梯田 5.77 万亩，占总耕地面积的 13.7%；1949 年以后，每年培地埂、修地坝、漫滩地、修坝垒堰、填补圪穴、开垦荒地、建造梯田等。1953 年，全县培地埂 554 亩，淤地坝 49 道，淤漫滩地 506 亩；1955 年，培地埂 1320 亩，淤地坝 61 道，淤漫滩地 632 亩，修坝垒堰 2495 道，填圪穴 1245 个，开荒地 81 亩；1957 年，培地埂 10.89 万亩，淤地坝 1124 道，淤漫滩地 3084 亩，整修梯田 1.74 万亩。20 世纪 60 年代起，灵石修建水平梯田，加厚活土层，改造二坡地。1964 年，全县修建水平梯田 1.34 万亩，加厚活土层 3.45 万亩，二坡地里切外垫 2.62 万亩。1970 年，全县有水平梯田 6.66 万亩，当年深翻土地 10.72 万亩。1975 年，全县水平梯田有 9.40 万亩；1976 年，机械推土造田 974 亩，机械平田整地 2872 亩，水平梯田达 10.1 万亩，稳产高产田达 1.45 万亩。1978 年，全县水平梯田有 12 万亩，稳产高产粮 3.4 万亩。80 年代，灵石培地埂、填补洞穴、平田整地等小型农田建设工程以农户进行，改造二坡地、打坝造田等大型农田建设工程由村委集体组织进行。1985 年，全县有水平梯田 8.2 万亩。

二、肥料施用

传统的农家肥料是以人粪尿、畜圈肥及各种沤制肥料为主，多用作底肥，也可作油料、瓜菜等作物施追肥所用，一般亩施肥 1000—3000 斤。

1949 年，全县农作物平均亩施农家肥 1500 斤。1950 年，灵石引进硫酸铵、过磷酸钙等肥 6000 斤（俗称肥田粉），在静升、南墕、段纯等地推广使用。1955 年，全县推广施用化肥 17.64 万斤，施用追肥面积 1.51 万亩。同年，亩施农家肥 1900 斤。1957 年，施用化肥 53.55 万斤，平均亩施农家肥 2100 斤，其中秋田作物亩施农家肥 2700 斤，夏田作物亩施农家肥 1300 斤。

20 世纪 60 年代，全县推广施用磷肥，割蒿沤肥、秸秆沤肥；1963 年，推广施用磷肥 106 万斤，施磷面积 4.01 万亩，以玉米为主；1964 年，亩施农家肥 4000 斤。

1970 年，全县施用化肥 2418 吨，平均亩施化肥 10.25 斤，亩施农家肥 5000 斤；1975 年，施用化肥 6469 吨，腐殖酸肥 4460 吨，平均亩施化肥、腐殖酸肥 48.37 斤；1978 年，施用化肥 1.57 万吨，平均亩施化肥 74.25 斤，亩施农家肥 6000 斤。1980 年，全县施用氮、磷、钾及复合化肥 7175 吨，平均亩施化肥 33 斤，亩施农家肥 3660 斤。1985 年，全县施用化肥 8140 吨（其中，氮肥 5756 吨，磷肥 1166 吨，钾肥 74 吨，复合肥 1144 吨），平均亩施 41.71 斤；积沤农家肥 13.66 亿斤，亩均施农家肥 3500 斤。

三、耕作制度

轮作换茬　县传统的耕作方法，一般大豆前茬种玉米、谷子；小麦前茬种大豆；谷子前茬种大豆、小麦；玉米前茬种小麦、大豆；高粱、谷子换茬种植优于重茬。

复播　小麦收获后，一般复播荞麦、谷子、绿豆、玉米及绿肥作物等。1949 年，全县复播面积 1.3 万亩，占小麦播种面积的 6.29%，主要以豆类为主，其次是谷子、荞麦、玉米及其他杂粮。1955 年，全县复播面积 3.33 万亩，占小麦播种面积的 13.45%。1957 年，全县复播面积 6 万亩，占小麦播种面积的 23%。20 世纪 60 年代，全县每年复播面积在 3 万亩以上，占小麦播种面积的 20%。70 年代，全县复播面积保持在 6 万亩以上。1975 年，全县复播面积 6.48 万亩，占小麦播种面积的 39.09%。1978 年，全县复播面积 9.23 万亩，占小麦播种面积的 59.91%。1980 年，全县复播面积 4.38 万亩。1985 年，全县复播面积 2.68 万亩，复播品种主要有谷子、豆子、玉米、糜黍、荞麦等。

间作套种　一般玉米、高粱间作豆子、蔬菜、瓜类，小麦间作白菜，地边、地角、地埂种植高粱、豆子、蓖麻、葵花、瓜类等。20 世纪 50 年代至 60 年代，全县间作套种面积 6 万亩左右，其中以玉米间作豆子为主。70 年代，每年间作面积 4 万—5 万亩，主要是小麦套玉米、玉米套豆子、玉米套薯类作物、谷子套玉米、高粱套豆子等。1980 年，全县间作套种面积 3.6 万亩；1985 年，套种面积 2.86 万亩，多以玉米间作豆子为主。

合理密植　民国年间，全县小麦每亩下种量，旱地 7—8 斤，水地 20 斤；玉米每亩留苗 1000—1200 株；高粱每亩留苗 3500 株；谷子每亩留苗 7000—9000 株。20 世纪 50 年代至 60 年代，推广合理密植，增加留苗株数，一般玉米每亩留苗 1500—1800 株；谷子每亩留苗 1 万—1.2 万株；小麦每亩下种量，旱地 10 斤，水地 25 斤。1970 年，全县小麦每亩下种量，旱地 15 斤，水地 25 斤；玉米每亩留苗 2000—2400 株；高粱每亩留苗 7000—8000 株；谷子每亩留苗 1.5 万—3 万株。1975 年，全县玉米每亩留苗 2500—3000 株；谷子每亩留苗 0.8 万—1 万株；高粱每亩留苗 2000—3500 株；1980 年，全县小麦每亩下种量，旱地 15—20 斤，水地 20—30 斤。1985 年，全县小麦每亩下种量，旱地 16—22 斤，肥旱地 18—25 斤，水地 25—30 斤；玉米每亩留苗水地 3000—3500 株，旱地 2500—3000 株；谷子每亩留苗滩地、肥旱地 1.5 万—2 万株，旱薄地 6000—

8000株。

四、作物栽培

整地 本县一年一熟区春播作物在前茬收后，及时浅耕灭茬，耕翻土地，然后进行耙糖碾压，以保蓄雨雪。来年春天顶凌耙糖，破除土壤板结，使土壤上虚下实，抗旱保墒。若秋季未能及时翻地，则在次年春早耕早翻，随耕随耙。秋播作物在夏收后，至秋播前，进行整地耕作，饱蓄7、8月雨水，一般是麦收后及时浅耕灭茬，伏雨前深耕，当地有"头伏耕地一碗油（来年产量高），中伏耕地半碗油，末伏耕地没有油（来年小麦产量低）"之说。立秋后耙糖收墒，减少水分蒸发，少数两年三熟区（汾河沿线地区）夏熟作物收获后至夏播作物播种时间很短，故应立即浅耕耙糖。两年三熟区，春播作物与一年一熟区耕作相同。

播种 本县春播作物分早春作物和晚春作物。早春作物一般为早春玉米、春小麦、春大麦、燕麦、豌豆、甜菜、马铃薯和蓖麻等；晚春作物指玉米、豆子、甘薯、高粱、芝麻、谷子等，一般当土壤温度稳定在发芽最低温度以上时播种。夏播作物指夏玉米、夏高粱、夏谷子、夏甘薯、绿豆、荞麦、莜麦、糜黍等，一般提倡早播，以充分利用生长季节，保证及时成熟。秋播作物指冬小麦、油菜等，小麦一般在白露至秋分之间播种，阴地一般播种较早，阳地较迟。农作物播种方法主要有撒播、条播、穴播和精量播种等。

中耕 玉米、谷子、高粱、马铃薯、甘薯一般中耕锄草三次，"头遍浅、二遍深，三遍将土垅到根"。棉花一般中耕四五次，小麦在春季锄草松土一至二次，其他作物一般中耕锄草2次。

五、作物保护

病虫害 县内常见病害有小麦黑穗病（腥黑穗、散黑穗、秆黑穗）、锈病（叶锈、条锈、秆锈）、黄矮病、丛矮病、干热风（火霜）、赤霉病等；玉米黑粉病（黑霉、黑瘟）、小斑病、干腐病、花叶病；谷子白发病（看谷老）、黑穗病、红叶病；高粱黑穗病（黑霜、分丝黑穗病和散黑穗病两种）；马铃薯晚疫病；棉花炭疽病等。

常见虫害有小麦红蜘蛛（火蜘蛛或火龙）、蚜虫（麦二叉芽和麦长管蚜两种）、黏种（仔仿），玉米钻心虫（玉米螟）、黏虫，谷子粟灰螟（钻心虫），谷跳蛹，高粱条螟虫、蚜虫（油汗），棉花造桥虫、棉蚜虫、红铃虫以及农作物共同地下害虫蝼蛄、蛴螬（黑挑虫）、金钟虫（姜虫）、地老虎（黑虫）和东方金龟子（黑婆）等。

此外，本地还有黄鼠、鼢鼠（瞎老）、长尾仓鼠、子午沙鼠、岩松鼠（圪狸）、鼫鼠、花鼠及獾子和野兔等危害农作物。

防治措施 民国年间，农作物病虫害主要以人工捕打防治为主；1950 年后，采用人工防治和化学药剂防治相结合的办法。1956 年，南关、张家庄、仁义、段纯等地发生地老虎面积 8000 余亩，采取播前药剂拌种、出苗后人工捕捉基本控制。1957 年，全县农作物病虫害发生面积 47.79 万亩，主要有玉米大斑病、黑粉病、谷子白发病、小麦锈病、小麦腥黑穗病、马铃薯晚疫病、马铃薯 28 星瓢虫、玉米钻心虫、棉蚜、飞蝗、红蜘蛛等，采取农药拌种 19 万亩，出苗后喷药 7.6 万亩，人工捕捉搬除 8.6 万亩。1958 年，全县用药剂喷洒防治棉蚜 2600 亩，占棉花播种面积的 85.3%。

20 世纪 60 年代，防治病虫害主要采用沤、烧、熏、切、压、封闭等办法，处理秸秆、根茬、穗轴和药剂拌种，也采用人工捕捉等办法。1964 年，全县以防治农作物"四病"（玉米黑粉病、谷子白发病、小麦黑穗病、马铃薯晚疫病）和"六虫"（玉米螟、粟灰螟、28 星瓢虫、地下害虫、棉蚜虫、菜青虫）为重点，由四个农业技术基点站分片包干负责，效果显著。

1975 年，两渡、马和、夏门、段纯、南关等地发生谷子黏虫、高粱蚜、棉蚜、棉铃虫、玉米螟、谷子粟灰螟等害虫，县里组织 2000 人、100 架喷雾（粉）器喷洒农药，控制了虫害。1976 年，全县各种农作物发生黏虫面积 20 万亩，用手捉脚踩、开沟封埋，控制了虫害蔓延。1977 年，全县综合防治农作物病虫害面积达 38.5 万亩，其中，生物防治面积 6 万亩（白僵菌、芽霉菌），性引诱杀 1000 亩（以螵治蚜）。1978 年，全县以防治"五虫"（红蜘蛛、蚜虫、黏虫、地下害虫、螟虫）、"三病"（锈病、白发病、黑穗病）为重点，出动 2.6 万人，使用植保机械 460 台，防治面积 43.5 万亩。1979 年，全县综合防治面积达 50 万亩（其中，生物防治面积 6 万亩，化学药剂防治面积 30 万亩），两渡公社沿河 10 个大队 5500 亩麦田发生麦蚜、红蜘蛛，组织 100 余人用 40 台植保机具全部扑灭。1983 年，全县培训灭鼠技术人员 324 人，以梁家塔、段纯、交口、南垴、马和等地为主，组织灭鼠人员 1.29 万人（次），购用灭鼠器件 1340 台（件），消灭田间鼢鼠、瞎老三四万只。1985 年，全县药剂拌种达 15 万亩（次），组织 1.2 万人（次），苗期防治面积达 45 万亩（次），控制了蝼蛄、金针虫、蛴螬、地老虎、白发病、黑穗病、红蜘蛛、麦蚜、高粱蚜、菜青虫、28 星瓢虫等病虫害。

第四章　林　　业

第一节　林地林场

一、林地

1949 年，全县有林地 19.6 万亩，其中石膏山林地面积 17 万亩。1958 年，全县有林地 20 万亩，其中石膏山有林地 18.09 万亩。1961 年，经省、地、县联合勘察组勘察，全县实有林地 23.28 万亩，其中石膏山有 18.09 万亩。1970 年，有林地 23.5 万亩，占全县总面积的 8.36%，其中石膏山为 18.09 万亩。1975 年，全县有林地 6.01 万亩（不含石膏山林区），其中段纯、静升、梁家墕、南墕 4 个公社有林地面积均在 800 亩以上；宜林地面积 58.51 万亩，其中西许、水峪、梁家墕、段纯 4 个公社宜林地面积分别为 9.26 万亩、8.30 万亩、5.91 万亩、5.13 万亩，其余公社宜林地均在 1 万—5 万亩以内。同年，山西省林业局森林调查队采用数理统计抽样调查，对灵石县森林面积进行清查，全县林用地 58.56 万亩，其中，有林地 24.75 万亩（用材林 18.77 万亩，经济林 6165 亩，疏林地 5.35 万亩），荒山荒地 33.64 万亩，苗圃地 1605 亩，森林覆盖率 10.26%。

1985 年，县农业区划办公室普查，全县共有林地 32.46 万亩，其中，用材林 20.62 万亩、经济林 0.29 万亩、防护林 0.94 万亩，占林地总面积 64.4%；灌木林地 0.83 万亩，占林地总面积 2.6%；疏林地 6.92 万亩，占林地总面积 21.3%；未成林地 3.25 万亩，占林地总面积 10%；迹地 0.16 万亩，占林地总面积 0.5%；苗圃 0.38 万亩，占林地总面积 1.2%。林地分布为：太岳林局所辖各林场及本县东山林场有林地 20.18 万亩，占林地总面积 62.2%；富家滩县营林场有林地 5.3 万亩，占林地总面积 16.3%；各乡镇林地面积 6.98 万亩，占林地总面积 21.5%。全县森林覆盖率 18%。林地总面积中，天然林占比 96.9%，人工林占比 3.1%。

二、林场

省属林场　1950 年 3 月，根据山西省人民政府关于"保护山林"的指示精神，成立灵石县林业办事处，统一保护县境山林。1951 年，山林收归国有，林业办事处改名为太岳山林区石膏山经营管理区，为省林业厅直属，主要管理县境东山林区的森林。1962 年，它分为石膏山、介庙两个林场，由太岳森林管理局管辖。林地面积共 18 万亩，木材蓄积量 27 万立方米，多为杨、桦、松、柏树等。

县营林场　1961 年 6 月，灵石建立富家滩县营林场，管理夏门至南关沿汾河两岸计 5.3 万亩自然次生侧柏林。1962 年，县政府行文确定具体管辖范围，夏门林地 2.76 万亩，宜林地 1.05 万亩，东至火山，北至寨头石窑脚，西至关家庄羊道哩岭，南至鲁班寺沟；坛镇林地 0.8 万亩，宜林地 0.6 万亩，东至三湾沟河边，西至程家沟，南至孙家山背庄岭，北至程家沟梳梳沟；南关林地 0.2 万亩，宜林地 1 万亩，南至南关碑楼沟与河西毛家岭宋义沟，北至桃钮鲁班寺沟及沟峪滩杨家山坡，东至桃钮一带东山沿地边，西至王禹东庄村梨树掌。此后，县政府又在东山南墕公社和将军城一带设立林业作业处。据 1977 年森林资源清查数据显示，全县经营面积 76610 亩，其中天然森林面积 52685 亩，宜林荒山荒坡 17846 亩。1982 年 9 月，经县政府与太岳林局石膏山、介庙两林场协调，两场 14142.5 亩林地划归灵石县，并于 1984 年底正式交由富家滩县营林场管护。1985 年底，林场职工 23 人，经营管理面积 21.6 万亩，其中有林地 6.6 万亩，宜林地 15 万亩。

乡村林场　本县从 1957 年开始办乡村集体林场，至 1985 年，全县共有乡村林场 112 个，经营管理面积 5.56 万亩（有林面积 2.96 万亩，宜林地 2.6 万亩），其中，乡（镇）办林场 21 个，经营管理面积 2.89 万亩；村办林场 70 个，经营面积 2.46 万亩。管理较好的有交口乡小王庄、静升镇椒仲、夏门镇峪口、南墕乡高壁镇、牛王庙、王禹乡金马沟、两渡镇史家山、南关镇锦绣岭、南岭村林场等。校办林场 21 个，经营面积 0.22 万亩，其中，段纯镇宿龙小学于 1972 年起办林场，1985 年，成林 70 多亩，植树 3.1 万株，开辟 3 个经济林园，栽植经济林木 1500 株。

户办林场　1983 年起，本县农民以个体户或联户办林场，至 1985 年，全县共有户办林场 15 个，经营管理面积达 1.36 万亩。

第二节　采种育苗

采种　本县采集的树种有油松子、侧柏子、杜松子、刺槐子、臭椿子等。1950 年，全县采集各种树子 12041 斤，其中松子 2326 斤，柏树子 9608 斤，其他树子 107 斤；1953 年，采种 3.83 万斤，其中橡树子 3.74 万斤，白皮松子 842 斤，侧柏子 91 斤；1965 年，全县采树种子 7 万斤；1973 年，采橡树子 2.27 万斤；

1978 年，采橡树子 1.36 万斤；1983 年，采树种子 9548 斤。1985 年，全县采种 5400 斤。林木种子分布：油松子产于西许、马和一带，一般年产子 1000 斤，高产年可达 2000 斤；侧柏子产于县境南关、富家滩等中部 7 个乡镇，一般年产子 1 万斤，高产年可达 2 万斤；杜松子产于西许、马和、水峪、南墕等乡镇，一般年产子 250 斤，高产年可达 500 斤；刺槐以静升为主，各地均有，一般年产子 1 万斤，高产年可达 2 万斤；臭椿子分布全县，一般年产子 1000 斤，高产年可达 2000 斤。

育苗　民国以前，本县人工培育林木，采用插扦植树及移植野生苗等办法，多以杨、柳树为主。民国 9 年（1920），县农桑局在东滩河漕中 20 余亩漫滩地建苗圃试验场，开始育苗，苏溪村民郑耀晖培育柏苗数亩，供附近村庄栽植。民国 31 年（1942），苗圃移植面积 3 亩。1950 年，全县育苗 41.5 亩，主要树种有杨、椿、核桃树等；1955 年，育苗 42 亩，其中石膏山林区试育油松 1.9 亩。1956 年，全县育苗 482 亩，其中，国营 25 亩，民营 457 亩。1957 年，全县育苗 248 亩，其中，国营 24 亩，民营 224 亩。1963 年，县营苗圃成立，有地 160 亩由县农林局管辖，主育杨树、刺槐、黑枣、杜梨、垂柳等苗，年出圃苗 10 万余株。同年，全县育苗面积达 980 亩，并为乡村培训育苗技术人员 15 人。1970 年，全县育苗面积 320 亩；1976 年，育苗面积 3109 亩，所育品种有榆树、箭干杨、优胜杨、北京杨、小美加、毛白杨、青皮加杨、波兰 194、意大利 214、沙兰杨、大观杨、群众杨、银毛杨、新疆杨、钻天杨、欧美杨、二青杨、槐树等 20 余种。1978 年，全县育苗 2838 亩；1979 年，先后从河南、山东、陕西三省及太原、太谷等地调入榆树、刺槐、泡桐等速生良种树苗。1980 年，全县育苗面积 2696 亩，其中梁家墕、段纯、静升 3 公社育苗面积分别为 552 亩、320 亩、382 亩，当年出圃树苗 205.31 万株，其中县苗圃和静升、段纯、两渡三公社出圃树苗分别为 37 万株、25.95 万株、19 万株、18.15 万株。

1981 年，县政府规定，旱地育苗每亩资助 50—80 元，水地育苗每亩资助 80—120 元，当年从河南、山东、陕西、平定等地调入白榆、刺槐、泡桐、臭椿等种子、种根，以供培育。1984 年，灵石从西安、洪洞等地调入种根 150 万株，从太谷、平遥、介休等地调进箭美、钻天杨、杜松、龙槐等树种。当年，全县育苗 8682 亩，树苗过剩未全部销售。1985 年，全县育苗 8171 亩，20 多个树种，王禹乡育苗面积 1123 亩，其余乡镇育苗均在 200 亩以上。

此外，原新疆军区离休干部庞龙于 1983—1985 年，在牛家峪村培育杨、杏、木瓜等树苗 13.5 亩，原新疆军区张英明（本县人）于 1984—1985 年寄回本县核桃种子 1500 余斤，供全县种植。

第三节 植树造林

一、"四旁"植树

民国 22 年（1933），全县公路旁植树 8830 株，公路长度 45.76 公里，平均每公里植树 193.05 株，成活 7972 株，成活率 90%。民国 28 年（1939），全县零星植树 3630 株，其中机关植树 299 株，民众植树 3331 株。民国 31 年（1942），全县零星植树 19660 株，其中机关植树 3618 株，民众植树 16042 株。

1949 年，全县"四旁"（水渠旁、村旁、路旁、宅旁）零星种树 6.13 万株，其中木材树 5.82 万株，果树 3054 株。1952 年，"四旁"零星植树 36.73 万株，其中木材树 34.18 万株，果树 2.54 万株。1957 年，"四旁"零星植树 56.62 万株。1962 年，"四旁"零星种树 32.69 万株，其中核桃树 5.91 万株，花椒树 2.08 万株，柿树 6166 株，红枣树 2.2 万株，其他树 21.87 万株。1971 年，"四旁"零星植树 97 万株，其中枣、柿等木本粮食树 6 万株，核桃、花椒等木本油料树 7.5 万株。1978 年，全县"四旁"零星植树 136.53 万株，其中木本粮食树 10.25 万株，木本油料树 4.58 万株。1985 年，全县"四旁"零星植树 186.55 万株，其中机关植树 21.34 万株，静升、城关、段纯、马和、两渡、坛镇 6 个乡镇植树 10 万株以上。

二、荒山造林

1950 年，山西省林业厅灵石办事处进行荒山植树造林，当年，在人烟稀少地区采用针叶树直播造林；人员稠密地区采用杨、柳截杆插扞造林，全县春秋两季荒山造林 21996 亩。1953 年，全县荒山造林 85635 亩，幼林抚育面积 166 亩，封山育林 390 亩。1955 年起，全县在西许、曲陌、北王中、牛家庄等地，推广直播、移植造林。当年，全县荒山造林 754 亩，其中木材林 672 亩，幼林抚育 348 亩，封山育林 548 亩。1956 年，全县荒山造林 8089 亩（国营 1111 亩，民营 6978 亩），其中防护林 771 亩，用材林 7014 亩，其他林 304 亩；幼林抚育 1392 亩，封山育林 6152 亩。1964 年，县林业工作站在双池公社苇沟、英武公社赵家庄、荡荡岭公社岭后、梁家墕公社上庄等村推广林业生产技术；1970 年，引进泡桐、刺槐、东北白榆等树种，当年荒山造林 2600 亩。1975 年，全县荒山造林 2457 亩，年末成活率达 40%，其中用材林 891 亩，果木林 1426 亩，防护林 75 亩，其他林 65 亩；幼林抚育 1325 亩，封山育林 260 亩。1978 年，县绿化委员会成立，统一管理全县荒山、城乡绿化工作。1979 年，全县荒山造林 2574 亩，幼林抚育 871 亩。全县白榆保存面积 6134 亩，刺槐保存面积 4587 亩，杨树保存面积 7054 亩。1980 年起，荒山造林实行"谁造谁管归谁所有"的政策。1982 年，全县荒山造林 9639 亩，其中用材林 6944 亩，果木树 207 亩，防护林 2488 亩。幼林抚育 9959 亩，成林抚育 3246 亩。1985 年，全县荒山造林 4.6 万亩（国营 2052 亩，集体 6258 亩，农民个人造林 3.47 万亩），其中用材林 4.37 万亩，果木林 2342 亩。封山育林 2500 亩，幼林抚育 359 万亩，成林抚育 6100 亩，低产林改造 1720 亩。当年，荒山造林 4000 亩以上的有王禹、梁家墕、交口、两渡 4 个乡镇，交口乡、王禹乡和小王庄、旺岭、雷家庄、南岭、椒仲、石膏矿、公路养护段、灵石第二中学为造林先进单位。1985 年 4 月，县政府发文规定造林资助办法，荒山造林 300 亩以下每亩资助 3 元，造林 300—1000 亩每亩资助 5 元，造林面积 1000 亩以上者每亩资助 7 元。

第四节　经济林木

一、木材林

据明万历二十九年（1601）版《灵石县志》记载，县境内树种有松、柏、槐、椿、桑、榆、柳、檀、梧桐等树。清嘉庆二十二年（1817）版《灵石县志》中，境内增加了杨树。民国 8 年（1919），全县有林木 8100 亩，有松、柏、槐、榆、桑、椿、檀、楸、梧桐等树。民国 29 年（1940），金神山森林有 35 亩桦松，林龄 30—80 年；安崖底有 58 亩桦松，林龄 30 年；尖阳山附近有 70 亩桦松，林龄 20 年；下红窑有 70 亩松柏，林龄 30 年；东堡村有 70 亩松柏，林龄 30 年；尽林头有 170 亩松柏，林龄 200 年。

1958 年，石膏山林区成林面积 9.34 万亩，木材蓄积量 71.5 万立方米，主要有杨、榆、橡、桦、山桃、杏树等。1961 年清查，全县荒山营造林木保存面积 1524 亩，主要有柳、柏、槐、油松等树，木材蓄积量 1072 立方米。尽林头村有油松 220 亩，曹村河滩有柳树 117 亩，王禹村金马沟有柳树 45 亩，刘家庄村兰兰沟有柳树 46 亩，东方红村有柳树 20 亩，其余大都在 5 亩以下，多在 0.5—3 亩之间。零星木材 53.5 万株，木材蓄积量 2.59 万立方米。天然次生林，石膏山林区面积 18 万亩，木材蓄积量 27 万立方米，多为柏、油松、杨桦树等。汾河两侧北起夏门至南关镇毛家岭，东起仁义、荡荡岭至西许，有 4 万亩天然柏林，多在沟壑两壁的裸岩地区，坡度 20—40 度，林龄百年，生长不良。

1975 年，灵石农村采伐木材量 633 立方米，年末，实有成林木材蓄积量 2.97 万立方米（石膏山、介庙林区除外），蓄积 2000 立方米以上的有静升、马和、南关公社及县林场；1978 年，农村采伐木材量 451 立方米，年末，实有成林木材蓄积量 5.38 万立方米（不含石膏山、介庙林区），蓄积 2000 立方米以上的有城关、静升、马和、西许、南关、段纯、梁家塌公社，县林场蓄积量 1.05 万立方米；1980 年，农村采伐木材量 885 立方米；1983 年，农村采伐木材量 1654 立方米；1985 年，全县农村采伐木材量 1180.5 立方米，年末，农村实有成林木材蓄积量 3.6 万立方米（其中乡镇办林场 21 个蓄积木材 130 立方米，村办林场 70 个，蓄积 2260 立方米）。县林场蓄积量 1.3 万立方米，介庙、石膏山林区蓄积量 22.74 万立方米。

二、果木林

明万历二十九年（1601），全县果树有桃、杏、枣、李、梨、核桃、葡萄、石榴、无花果、沙果等。民国 25 年（1936），全县有果树 6.98 万株，产量 113.16 万斤。

1949 年，全县有果树 5.49 万株，产量为 102.12 万斤，其中程家沟、孙家沟、东堡、岭后、旌介、尹方等村果园产果较多。1952 年，全县有果树 7.69 万株，产量 127.29 万斤；1955 年，有果树 9.73 万株，产量 156.21 万斤；1957 年，有果树 15.87 万株，产量 176.52 万斤。1966 年，山西省农业科学院果树研究所王贵成来尹方村首次举办果树技术培训班，以后每年在灵石举办果树技术培训班一期至二期，传授果树松土、施肥、浇水、修剪、喷药、刮皮、涂白、灭虫等技术。1973 年，全县有果树 26 万株，产量 170.14 万斤；果园 52 个，面积 11428 亩。其中，300 亩以上果园有西许、王家岭；200—300 亩果园有南关、尹方、北庄、牛王庙、后背掌；150—200 亩果园有东堡、曲陌、赵家庄、郭家庄、田家洼、王禹、暖会；100—150 亩果园有马和、仁义、旌介、峪口、椒仲、静升、岭后、庆余、楼珍、南坪头、徐家庄、张家庄、常青、太西、上黄堆、田家山；50—100 亩果园有孙家沟、程家沟、原家沟、杨家山、英武、李家山、高壁镇、西梧桐、吴庄、西坡、交口、上庆和、两渡、军营坊、景家沟、泉则坪、草桥、韩家庄、集广、苏溪、下寨等村。全县有 11 种果树，102 个品种，果树管理技术人员 968 人（其中技术员 84 人）。1979 年，全县有果树 64.2 万株，其中结果树 25.6 万株，产果 266 万斤。1973—1983 年，全县培训果树技术人员 200 人次。1985 年，全县有果树 75.5 万株（零星果树 15.69 万株），结果树 35.8 万株，果园面积 3991 亩，共产果 299.11 万斤。

梨 民国 24 年（1935），全县有梨树 1752 株，产梨 1.75 万斤。1949 年，全县有梨树 1177 株，产梨 7.41 万斤；1952 年，有梨树 1720 株，产梨 8.8 万斤；1957 年，有梨树 5.52 万株，产梨 11.54 万斤。1960 年后，灵石引进酥梨、白梨、油梨、博多青等品种，至 1970 年，全县梨品种有 23 个；1971 年，有梨树 1.04

万株，其中结果 10 年以上的 2413 株，10 年以下的 834 株，未结果幼苗的 7177 株，全县产梨 18.9 万斤。1980 年，全县有梨树 3.29 万株，其中结果树 1.67 万株，产梨 38 万斤。1985 年，全县有梨园 974 亩、梨树 7 万株（零星梨树 3.71 万株），产梨 51.3 万斤。栽培数量较多的有静升、段纯、坛镇、马和、王禹、夏门等乡镇。主要有酥梨、鸭梨、雪花梨、苹果梨、猪嘴梨、博多青、风香梨、油梨、香水梨、巴梨、白梨、旦山梨、屯子梨、青皮梨、烟台梨、伏茄梨、库尔香等 20 多个品种。

苹果 1951 年，在东堡、南洼山、岭后栽培，品种以国光为主。1955 年，全县有苹果树 872 株，产苹果 6800 斤；1957 年，有苹果树 1495 株，产苹果 1.51 万斤；1962 年，产苹果 4310 斤；1971 年，有苹果树 2.71 万株，其中结果 10 年以上 4380 株，10 年以下的 1908 株，未结果幼树 2.08 万株，产苹果 3.34 万斤，坛镇公社产量 2.39 万斤；1980 年，有苹果园 1563 亩，苹果树 9.79 万株，结果树 3.62 万株，产苹果 39 万斤。1985 年，全县有苹果园 2143.5 亩，苹果树 11.5 万株（零星苹果树 6.48 万株），结果树 6 万株，产苹果 107.65 万斤。静升、南墕、马和、段纯 4 个乡镇产量均在 12 万斤以上，主要有国光、矮锦、红玉、伏花皮、黄魁、红姣、印度、赤阳、瑞香、伏锦、伏红、祝光、红星、金冠、红元帅、青香蕉、迎秋、秦光、红富士等 30 多个品种。

葡萄 民国 25 年（1936），全县有葡萄 354 架，产量 6800 斤。民国 31 年（1942），全县有葡萄 42 架，产量 4200 斤；1949 年，有葡萄 273 架，产量 5200 斤；1952 年，有葡萄 398 架，产量 6600 斤；1957 年，有葡萄 2081 架，产量 1.88 万斤。1963 年，全县葡萄产量 7.39 万斤。1971 年，全县有葡萄 10671 架（结果 10 年以上的 293 架，10 年以下的 7025 架），产量 8.9 万斤，其中，两渡、水峪公社产量分别为 2.8 万斤、1.4 万斤，其余各公社均有分布。品种以玫瑰香、龙眼和牛奶葡萄为主。1980 年，全县有葡萄园 129 亩，葡萄 6524 架，产量 12.43 万斤，品种增加了粉红太妃和巨峰等。1985 年，全县有葡萄园 95 亩，葡萄 4500 架，产量 7.78 万斤，其中两渡镇产葡萄 1.68 万斤。

红枣 民国 25 年（1936），全县有枣树 3.58 万株，产量 21.8 万斤；民国 31 年（1942），有枣树 960 株，产量 1.65 万斤。1949 年，全县有枣树 2.76 万株，产枣 8.61 万斤。1952 年，全县有枣树 3.81 万株，产枣 19.7 万斤。1955 年，全县有枣树 4.4 万株，产枣 21.5 万斤。1957 年，全县有枣树 8.59 万株，产枣 20.5 万斤。1971 年，全县有枣树 3.71 万株，其中结果 10 年以上枣树 2.32 万株，10 年以下枣树 0.41 万株，产枣 19.10 万斤。1975 年，全县产枣 25 万斤；1980 年，有枣树 8.30 万株，结果 10 年以上枣树 5.79 万株，10 年以下枣树 2.51 万株，产枣 18 万斤。1985 年，全县有枣树 9 万株，其中结果枣树 7 万株，产枣 24.47 万斤。两渡、英武、王禹、南关、城关、段纯 6 个乡镇年产枣均在 2 万斤以上，品种有木枣、糖枣、葫芦枣等。

柿子 民国 25 年（1936），全县有柿树 120 株，产柿 8900 斤，在英武等地栽植，以牛心柿为主。民国 31 年（1942），全县有柿树 10 株，产柿 1700 斤。1949 年，全县有柿树 102 株，产柿 6100 斤。1952 年，全县有柿树 119 株，产柿 8600 斤。1957 年，全县有柿树 172 株，产柿 3100 斤。1971 年，全县有柿树 6696 株，其中，结果 10 年以上的 315 株，10 年以下的 448 株，幼树 5933 株，产柿 2.58 万斤。1983 年，全县产柿 12.99 万斤。1985 年，全县有柿树 3.5 万株，其中，结果柿树 2 万株，产柿子 11.68 万斤。英武乡、两渡镇产量分别为 3.8 万斤和 1.41 万斤，其他乡镇均在 1 万斤以下，品种有牛心柿、水柿、方柿、大盘柿、小火柿等。

槟沙果 1949 年前，主要在张家庄、孙家沟、下寨、草桥等地栽植，品种以大红果、野鹊花为主。民国 24 年（1935），全县有槟沙果树 1248 株，产量 24.9 万斤。民国 25 年（1936），全县有槟沙果树 2760 株，年产槟沙果 11.9 万斤。1949 年，全县有槟沙果树 2300 株，产量 9.46 万斤；1952 年，有槟沙果树 2828 株，产量 10.8 万斤。1955 年，全县有槟沙果树 3297 株，产量 21.6 万斤；1957 年，有槟沙果树 4029 株，产量 23.1 万斤；1980 年，有槟沙果树 2540 株，结果树 1820 株，幼树 720 株，产量 2 万斤。1985 年，全县产槟沙果 1.78 万斤，主要分布于梁家墕、静升、南墕、坛镇、张家庄、水峪、交口、段纯等地。

桃 民国 31 年（1942），全县有桃树 375 株，产桃 7200 斤。1949 年，全县有桃树 5204 株，产桃 12.4 万斤；1952 年，有桃树 5680 株，产桃 13.6 万斤；1955 年，有桃树 5145 株，产桃 21 万斤；1971 年，有桃树 1.07 万株，幼树 7971 株，产桃 11.86 万斤；1980 年，有桃树 4.03 万株，结果桃树 2.79 万株，幼树 1.24 万株，产桃 40 万斤。1985 年，全县产桃 32.88 万斤，其中静升、梁家墕、马和、段纯 4 个乡镇产桃均在 3 万斤以上。品种主要有大盘桃、北京五月鲜、白凤、大久保、岗山 500 号和本地桃等。

杏 1949 年前，各村皆有，其中以尹方、段纯、温家沟等村较多，且以夏杏、秋杏为主。民国 31 年（1942），全县有杏树 240 株，产杏 3.6 万斤。1949 年，全县有杏树 1.23 万株，产杏 53.8 万斤。1952 年，全县有杏树 1.29 万株，产杏 56.8 万斤。1955 年，全县有杏树 1.28 万株，产杏 56.3 万斤。1971 年，全县有杏树 1.35 万株，其中，结果 10 年以上的 985 株，10 年以下的 7962 株，幼树 4785 株，产杏 7.90 万斤。1977 年，灵石从北京密云县调入北京大甜杏芽穗，试嫁接苦杏为甜杏树。1980 年，全县有杏树 2.12 万株，其中结果树 1.11 万株，产杏 9 万斤。1985 年，产杏 13.77 万斤，其中静升镇、马和乡产杏分别为 5 万斤和 2.52 万斤。

核桃 有绵、夹两种。民国 24 年（1935），全县有核桃树 1350 株，产核桃 6.75 万斤；民国 25 年（1936），有核桃树 7305 株，产量 15.2 万余斤。1949 年，全县有核桃树 5619 株，产核桃 5.81 万斤，以双池、回龙、梁家墕居多；1952 年，有核桃树 7788 株，产核桃 8.57 万斤；1955 年，有核桃树 9083 株，产核桃 17.69 万斤；1957 年，有核桃树 24254 株，产核桃 8.75 万斤。1958 年起，旺岭、英武、南坪头、上庆和等村重点栽培核桃树。1961 年，灵石从新疆、汾阳等地调核桃良种 6000 斤，选择本县优种 4000 斤，确定成家寨、核桃洼、庆余、楼珍、小王庄、张嵩等村为万株核桃栽培点；同年，组织现场传授剪修、整形管理技术，并举办培训班 6 期，300 人（次）参加了学习。1963 年，全县产核桃 14.95 万斤。1971 年，全县有核桃树 7.61 万株，其中结果 10 年以上的 7517 株，10 年以下的 1.28 万株，未结果幼树 5.57 万株，产核桃 13.05 万斤；同年，引进新疆薄皮核桃、穗状核桃。1980 年，全县有核桃树 27.79 万株，结果树 7.09 万株，产量 33.78 万斤。1985 年，全县有核桃树 31 万株，结果树 9 万株，年产核桃 36.74 万斤。其中，城关、英武、交口、水峪、马和 5 个乡镇产量分别为 7.7 万斤、5.4 万斤、4.75 万斤、3.1 万斤、3 万斤。

花椒 民国 25 年（1936），全县有花椒树 2700 株，产花椒 8100 斤。1949 年，全县有花椒树 2033 株，产花椒 6100 斤。1952 年，全县有花椒树 2860 株，产量 7600 斤。1955 年，全县有花椒树 3933 株，产量 1.18 万斤；1963 年，产花椒 8291 斤。1971 年，全县有花椒树 2.9 万株，其中结果 10 年以上的 3340 株，10 年以下的 2448 株，幼树 2.32 万株，产量 1.66 万斤；1980 年，有花椒树 3.98 万株，其中结果树 2.08 万株，产量 3.77 万斤。1985 年，全县有花椒树 7.5 万株，结果树 3.5 万株，产量 6.97 万斤。产量 4000 斤以上的有水峪、仁义、坛镇、交口、城关、静升 6 个乡镇，其中水峪乡产量达 1.86 万斤。

李子、玉黄 1954 年，全县有玉黄、李子树 223 株，产量 2899 斤。1956 年，全县有玉黄、李子树 738 株，产量 9860 斤。1971 年，全县有玉黄、李子树 336 株，产量 9600 斤。1980 年，全县有玉黄、李子树 2710 株，产量 1.8 万。1985 年，全县玉黄、李子产量达 1.50 万斤。

黑枣 1954 年，全县有黑枣树 149 株，产量 2500 斤。1971 年，全县有黑枣树 1.26 万株，结果 10 年以上的 1.16 万株，10 年以下的 1097 株，产量 5.1 万斤。1980 年，全县有黑枣树 9470 株，产量 4.37 万斤。1985 年，全县黑枣产量 3 万斤。

栗子、红果 1985 年，全县有红果树 200 多株，栗子树 7500 株。全县杂果产量达 2.22 万斤。

三、其他林木

1949 年，全县有少量桑树；1962 年，桑园面积 16 亩。1979 年，灵石从阳城、芮城调入伏种桑苗 23 万株，在县农场和两渡、椒仲、核桃洼、英武、旌介等 18 个村栽培。1983 年，两渡、英武、旌介、椒仲、核桃洼、庆余等村用优种桑叶养蚕，全县桑园面积 70 亩，零星桑树 20 万株。1985 年，全县有桑园面积 23 亩，零星桑树 8314 株。

第五节 林木管护

一、林权

民国 29 年（1940），县境金神山、安崖底、尖阳山（附近下红窑、尽林头）的 473 亩森林以及在荒山荒坡、房前屋后营造栽培的树木均属私有。民国 31 年（1942），金神山、尽林头的 205 亩森林收归公有。

1949 年 4 月，县颁布保护与发展林业的暂行条例，县境天然林全部收归公有。土地改革时，凡大山林由群众让出，不足 0.5 平方公里的独立小山林已分者，归分得者所有。贫农、中农的小山林未与大山森林相连的一律归原主所有，由县政府颁发土地证。若与大森林相连或与大森林有股份者，由林业机关和原主协商更换同等小山林或土地。个人在自己的土地内所植树木，土地改革时所分土地连带的树木，归本人所有；个人在公共地内造林者，地权归公，林权归私；私有地群众合伙造林者，依照当地习惯，林权自行处理。同年 10 月，东山天然林划归国有。1952 年 5 月，将介庙庙宇林及面积在 0.5 平方公里以上或与大山相连接，且在土地改革时未分给个人者，一律收归国有，不足 0.5 平方公里者归村有。个人投资营造的人工林，凡未与大山毗邻者一律归原主。土地改革时，已分得的山林，不足 0.5 平方公里者归分得者所有。凡森林所有权者，不论面积大小，一律登记发放林木所有证。1955 年 11 月，本县零星树木由农户自己经营，个人需投入较多劳动的树木，交由农业合作社统一经营，并付给个人合理报酬。1961 年 6 月，除东山天然林仍归国有外，夏门、南关、坛镇等地连片侧柏林归县所有；原划归农业合作社、生产队、大队的山林归集体所有；社员个人所有的山林归个人所有。高级社时期确定归个人所有的零星树木，个人在村前村后、房前屋后、路旁渠旁、自留地栽植的树木，均归个人所有。1962 年，县人民委员会发放林权所有证。1965 年以后，全县除房前屋后少量树木归个人所有外，其余树木均归集体所有，统一管理。

1981 年，县政府制定并实施《关于落实林业政策处理历史遗留林权争议的若干规定》后，当年 8 月，开展稳权发证工作。造林面积 1 亩以上或植树 4 行以上合计面积在 1 亩以上者，给造林单位或个人颁发林权证，零星植树给植树单位或个人颁发树权证。自留山使用证只限发给个人，造林时限为 3—5 年。1982 年，全县 264 个大队中已有 241 个大队得到稳权发证，占大队总数的 91.3%。共颁发林权证 940 份，树权证 22810 份，宜林地（或自留山）使用证 14207 份，稳定林权面积 17.77 万亩，树权 193.8 万株，划定宜林地（自留山）22193 亩。1983 年，全县下放荒山、荒坡、荒滩 21 万亩，其中责任山 10.5 万亩，义务山 1.5 万亩，自留山 9 万亩；承包农户有 8254 户，占全县总农户的 21.6%，所植树木归承包人所有。1985 年 4 月，灵石对承包的荒山、荒坡发放林地使用证，子女有继承权，可以折价转让，凡划给农民植树造林范围内的原有树木，由集体与农民协商，合理作价保本，增值部分归承包农户。

承包范围内的耕地划给承包者经营，允许农民在承包地内大苗定植及林粮间作，发展林业所需的资金以农户自筹为主，谁造林、谁投资、谁受益。农民在自留地、承包荒山荒坡、房前屋后、庭院宅地或集体指定地点所植树木可自由采伐，产品可在市场销售。

二、管理

1935 年，阎锡山修建同蒲铁路，在夏门至南关侧柏林中砍取大量枕木。1942 年，日本侵略者将介庙神林松柏砍光，计木材 10000 立方米。

1949 年，为保护森林，旌介、马和、西许、金旺等林区各村成立林牧委员会，由 5—9 人组成，蒜峪等村成立护林小组，并实行民兵武装护林。1950 年，全县有 16 个林牧委员会，203 个护林小组，计 1372 人。在封山育林区，不准放牧砍柴，搞副业生产。1956 年，全县木材市场开放，允许群众自由出售木材，其木材售价高于统一价格 10%—20%。1960 年后，林木管理不善，砍伐严重。1970 年后，介庙、石膏山林场采伐更新由太岳林局直接办理，产品按计划供应霍县木材转运站，少部分供本县使用。农村林木采伐以间伐为主，由县林业局审批。

1978 年，县护林防火指挥部和绿化委员会成立。1984—1985 年间，介庙、石膏山林区被毁坏杜松树种 1381 株，富家滩镇发生森林火灾面积 300 亩，其中，荒山 150 亩，疏林地 50 亩。西许乡、马和乡国有森林被盗伐，当地对肇事者予以经济和法律制裁，保护了林木。

三、防护

1960 年，富家滩林场侧柏明纹松发生毛虫，为害面积 4 万亩。1982 年，县境干线公路街道杨树发生柳毒蛾，局部严重地段杨树叶全被害虫吃光，地区森林防治站组织晋中平川五县联防联治，至 1984 年扑灭。1985 年，经县森林防治站普查，森林病虫有 8 种，其中主要害虫有青杨天平、杨牡蛎介壳虫、杨园蚧、榆芳香木蠹蛾、红足壮异蝽等，为害树木 50 万株以上。当年，发生森林病害面积 500 亩，后来全部得到防治，虫害（杨树）面积 1.8 万亩，用化学方法防治 0.9 万亩。

1949—1985 年灵石林业发展情况表

年份	荒山造林 / 市亩	育苗 / 市亩	零星植树 / 万株	水果产量 / 万斤	花椒产量 / 市斤	核桃产量 / 万斤
1949				51.76	6100	5.81
1950				57.48	2340	6.72
1951				74.17	2367	9.77
1952				72.70	7600	8.57
1953	1350	28.2	22.34	75.26	2637	2.82
1954	774	38	42.53	96.70	2970	11.83
1955	679	434	22.90	112.50	11800	17.69
1956	7280	224	73.20	149.71	3600	3.77
1957	4540	1396	22.30	134.22	3825	8.75
1958	1202	498	191.70	84.82	3040	18.31
1959	2126	479	20.70	139.94	2700	7.35
1960	1833	25	53.10	49.10	3150	1.51
1961	104	38	47.05	59.22	2866	4.04
1962	233	28	27.25	49.81	2451	9.63
1963	1547	785	36.86	48.38	8291	14.95
1964	4562	2668	77.56	102.00	8000	5.10
1965	12688	301	165.50	65.00	8100	15.09
1966	2100	365	180.00	60.00	7500	9.74
1967	1600	390	20.00	45.00	6000	20.74
1968	400	263	21.00	42.00	6200	6.06
1969	150	227	20.00	51.00	8200	9.26
1970	2600	417	111.00	95.00	7500	8.67
1971	3219	1438	97.00	86.37	16600	13.05
1972	2331	1380	107.11	80.40	5000	10.00
1973	2230	1442	93.60	139.87	20700	31.78
1974	3529	1212	104.20	108.87	36300	24.54
1975	2457	2336	96.58	126.00	30000	28.00
1976	3160	3109	99.00	129.00	30000	26.00
1977	6814	2316	143.45	126.00	34700	16.18
1978	2649	2838	136.53	193.01	41500	40.90
1979	2574	2310	105.24	193.00	34600	24.42
1980	4375	2696	126.24	164.00	37700	33.78
1981	10264	4462	122.28	190.46	23800	30.00
1982	9639	2928	118.00	226.23	58500	28.71
1983	15467	5080	145.79	243.53	55036	50.83
1984	41370	8682	190.95	274.32	87650	42.69
1985	46048	8171	186.55	255.41	69655	36.74

第五章 畜 牧 业

第一节 牧草饲料

一、牧草

天然牧草 据 1958 年统计，全县草地面积 14.10 万亩，占总面积的 7.8%。1970 年，全县草地面积 12.76 万亩，占总面积的 7.7%。1980 年，全县开展草地资源实地调查，草地面积 54.99 万亩，其中 100 亩以上至 300 亩以下草地1295 块，面积 80570 亩。水峪、西许、交口和梁家圪 4 个乡所属牧草地，野草旺盛，水源较好，面积 13.56 万亩，占全县牧草地总面积的 24.66%。水峪乡史家岭、横河、祁家庄、皂角圪、青阡洼，西许乡韩家洼、峪口、南家岭、车道沟、灵石庄；梁家圪乡老虎山、中华山、五龙殿，交口乡原家沟、海泉洼以及马和乡腰庄、南圪乡关家峁等地，牧草地面积均在 3000 亩以上，其中腰庄村有牧草面积 2 万亩。

根据国家草地划分标准，全县牧草地分灌木草地、亚高山草地、疏林草地和山地干旱草地四大类八级。其中：二等三级草地 2.99 万亩，二等四级草地10.31 万亩，二等五级草地 20.45 万亩，二等六级草地 4.52 万亩，三等四级草地 1.14 万亩，三等五级草地 4.17 万亩，三等六级草地 2.08 万亩，其余为五等五级草地。全年牧草总产量 2.7 亿斤，可载羊 13.63 万只，青草放牧期可载羊 18.3 万只。其中，300 亩以上牧草地可载羊 12.12 万只，青草放牧期可载羊15.5 万只；300 亩以下牧草地可载羊 1.5 万只，青草放牧期可载羊 2.7 万只。全县草种东西两山主要有白羊草、铁杆蒿、苔草、大针茅、野苜蓿、隐子草、野兰花、狗尾草、兰花棘、泰子苑、苞茎、苦菜、黄芩、委陵草、野豌豆等 20多种。河谷地带除有东西两山各种牧草外，还有蛇草、远志、仙鹤草、百里香、三刺叶、水稗草、芦苇草、芨芨草、蟋蟀草、扫帚草、打碗花、葶苈子、小蒜、沙蓬、羊蹄、灰条、千穗谷、抓地草、阳桃菜、箭舌豌豆、苏丹草、蒲公英等25 种；另外，还有荆条、黄刺玫、木兰、野皂角、绣线菊、醋柳、地丁、山桃、酸枣、猕猴桃等灌木草丛以及 70 多种既是牧草又是药用植物和未查出名称的牧草。

种植牧草 主要有紫花苜蓿、聚合草、小冠花、草木樨、水浮莲、沙打旺等。民国25年（1936），种植牧草41亩。民国28年（1939），种植紫花苜蓿35亩。1949年，种植牧草80亩。1953年，种植牧草2100亩。1956年，种植牧草3288亩，其中紫花苜蓿2570亩，草木樨718亩。1961年，种植牧草8323亩，产量661.6万斤，平均亩产794斤，其中紫花苜蓿7401亩，产量632万斤，平均亩产854斤。柳树原、椒仲、核桃洼、斩断墕等村种植苜蓿面积均达100—200亩。1965年，种植牧草1.09万亩，其中紫花苜蓿1万亩，草木樨872亩。1970年，全县种植紫花苜蓿1.47万亩。1975年，种植牧草1.61万亩。1976年，引进水浮莲，在马和村集体猪场养殖。1977年，引进聚合草在马和、水峪、静升、两渡等地种植。1978年，种植牧草1.37万亩，其中，紫花苜蓿1.35万亩，产量1825万斤，平均亩产1345斤。1980年，种植牧草1.48万亩，其中，紫花苜蓿1.34万亩，产量1136万斤，平均亩产841斤。1983年，引进小冠花，在王禹、两渡、夏门、椒仲、王家岭等地推广种植。当年，种植牧草1.28万亩，其中紫花苜蓿1.22万亩。1984年，引进沙打旺草子350斤，在县农场和坛镇、水峪等地种植。1985年，种植牧草4396亩，其中，紫花苜蓿4358亩，产量370万斤，平均亩产850斤，主要在水峪、英武、南墕、仁义、王禹、坛镇、梁家墕、南关等地及良种场种植。

二、饲料

本县传统的大牲畜饲料冬春以谷草、秸秆为主，夏秋以荒山荒坡青草为主，农忙季节适当添加黑豆、玉米、高粱、麸皮等；羊饲料常年以牧草为主，冬春添加黑豆、玉米、高粱等；猪、鸡饲料以青草（或青贮饲料）、玉米、高粱、谷糠、麸皮等为主。

1955年农业合作化后，每年由生产队提取部分集体粮食作为牲畜饲料，当年提取饲料186.6万斤，占集体提留粮食的60.21%。1957年，在马和、集广、西许等地推广玉米秆青贮，为次年春季牲畜饲用。1963年，全县提留各种饲料粮479.6万斤，占集体提留粮食的45.21%。1965年，提留饲料粮821万斤，占集体提留粮食的39.70%。当年，推广糖化发酵饲料喂猪。1969年，提留饲料粮824.74万斤，占集体提留粮食的51.81%。1972年起，在马和、静升、集广、南头等地，推广嫩树叶、野草、野菜等青贮饲料打浆喂猪。1975年，全县提留饲料粮1377万斤，占集体提留粮食的32.08%。1977年，56个队办集体猪场，利用糖化发酵饲料喂猪。1978年，提留饲料粮1120万斤，占集体提留粮食的45.69%。1980年，提留饲料粮1021万斤（农民个体户养猪饲料26.3万斤），占集体提留粮食的 46.77%。1982 年，提留饲料粮 711.3 万斤，占集体提留粮食的 54.14%。1984 年，灵石县农牧局和富家滩镇先后建立饲料加工厂，生产浓缩鸡饲料和猪鸡配合饲料。1985 年，全县共生产浓缩配合饲料 273 万斤，其中猪饲料 140 万斤。此外，全县每年还可提供秸秆、壳蔓等粗饲料 1 亿多斤以及酒糟、醋糟、豆饼、豆腐渣等 110 万斤。

第二节　家畜家禽

一、家畜

民国 22 年（1933），全县有大牲畜（牛、马、驴、骡等）3796 头，平均每头负担耕地 70.45 亩；民国 25 年（1936），有大牲畜 12427 头，平均每头负担耕地 44.64 亩。1938 年，日军侵占灵石，耕畜被宰杀万余头。1939 年，全县仅存 1612 头，比 1936 年少 10815 头，平均每头负担耕地 260.24 亩。1940 年，全县有大牲畜 2745 头，平均每头负担耕地 129.91 亩。

1949 年，全县有大牲畜 9464 头，平均每头负担耕地 56.71 亩；1955 年，有大牲畜 15343 头，平均每头负担耕地 38.12 亩；1962 年，有大牲畜 13212 头，平均每头负担耕地 36.88 亩；1965 年，有大牲畜 14373 头，平均每头负担耕地 33.96 亩；1971 年，有大牲畜 12444 头，平均每头负担耕地 32.08 亩；1975 年，有大牲畜 11544 头，平均每头负担耕地 34.49 亩；1980 年，有大牲畜 10725 头，平均每头负担耕地 37.03 亩。1985 年，全县大牲畜年末存栏 10760 头，平均每头负担耕地 35.68 亩。[①]

牛　民国 22 年（1933），全县有 1958 头。民国 25 年（1936），全县有 8706 头，其中能繁殖的母牛 2306 头。民国 28 年（1939），全县有 845 头。民国 29 年（1940），全县有 540 头。1949 年，全县有 6893 头，其中能繁殖的母牛 1823 头，当年出栏 117 头。1955 年，全县有牛 9901 头，其中能繁殖的母牛 2621 头，当年出栏肉牛 210 头。次年，灵石引进晋南万荣大黄牛 6 头；1958 年，引进荷兰奶牛 2 头；1963 年，引进晋南种公牛 10 头。1969 年，全县有 8871 头，当年出栏 491 头；1975 年，有 5439 头，其中良种牛 7 头，当年出栏肉牛 297 头；1982 年，有 5002 头，其中能繁殖的母牛 680 头，肉牛改良牛 8 头，良种牛 32 头，当年出栏 157 头。1985 年，全县有 5858 头，其中能繁殖的母牛 1009 头，肉牛改良牛 14 头，良种乳牛 22 头，当年出栏肉牛 196 头，晋南黄牛占 50%，杂交

---

①　1949—1971 年畜禽数字按当时区域统计。

牛占 20%，本地土牛占 30%。

马 民国 22 年（1933），全县有 94 匹，品种以蒙古马为主。民国 25 年（1936），全县有 396 匹，其中能繁殖的母马 120 匹。民国 29 年（1940），全县有 150 匹。民国 31 年（1942），全县有 32 匹。1949 年，全县有 43 匹，其中能繁殖的母马 19 匹。1955 年，全县有 390 匹，其中能繁殖的母马 120 匹；1962 年，有 485 匹；1965 年，有 444 匹。1971 年，灵石引进伊犁马 4 匹、顿杂马 1 匹、阿尔登杂交马 1 匹，在坛镇、交口、静升和北庄等地饲养；1972 年，引进俄罗斯重挽马 1 匹，古粗马 1 匹。1975 年，全县有 952 匹。1977 年，灵石引进关中挽马 1 匹。1978 年，全县有 1218 匹。1985 年，全县有 689 匹，其中能繁殖的母马 208 匹，其中土种马占 15%，古粗马与重挽马杂交种占 85%。

驴 民国 22 年（1933），全县有 1528 头。民国 25 年（1936），全县有 1815 头，其中能繁殖的母驴 283 头。民国 28 年（1939），全县有 663 头；次年有 1705 头。民国 31 年（1942），全县有 1785 头。1949 年，全县有 2269 头，其中能繁殖的母驴 351 头。1955 年，全县有 3945 头，其中能繁殖的母驴 729 头。1962 年，全县有 2708 头。1965 年，全县有 3240 头。次年，灵石引进晋南驴和临县驴 7 头。1969 年，全县有 3460 头。1975 年，全县有 2508 头。1982 年，全县有 1162 头，其中能繁殖的母驴 199 头。1985 年，全县有 773 头，其中能繁殖的母驴 165 头。土种驴占 30%，晋南驴与临县驴杂交种占 70%。

骡 民国 22 年（1933），全县有 216 头。民国 25 年（1936），全县有 1510 头。民国 28 年（1939），全县有 89 头；次年，有 350 头。民国 31 年（1942），全县有 305 头。1949 年，全县有 259 头。1955 年，全县有 1107 头；1962 年，有 1595 头；1965 年，有 1674 头；1969 年，有 1934 头；1975 年，有 2632 头；1980 年，有 3719 头。1985 年，全县有 3440 头，占大牲畜总数的 31.9%，以马骡居多。

骆驼 1956 年，全县有 2 头；次年，有 141 头；1961 年，有 56 头，多在段纯、梁家墕等地喂养；1970 年，有 2 头；1978 年，有 8 头，在两渡、业乐等村饲养。此后，县内再无饲养者。

羊 民国 22 年（1933），全县有 15.12 万只。民国 25 年（1936），全县 8.84 万只，其中，绵羊 4.15 万只（生殖母羊 2.28 万只），山羊 4.69 万只（生殖母羊 2.39 万只）。民国 28 年（1939），全县有 8678 只；次年，1.88 万只。民国 31 年（1942），全县有 1.46 万只。1949 年，全县有 2.76 万只，其中绵羊 1.44 万只、山羊 1.32 万只，当年出栏 3588 只；1952 年，有 7.67 万只，其中绵羊 3.58 万只，山羊 4.09 万只，当年出栏羊 8506 只。1957 年，全县有

12.24万只，其中绵羊3.73万只、山羊8.51万只，当年出栏羊1.44万只。同年，灵石引进高加索羊20只、新疆细毛羊80只，分布于坛镇、王禹、英武、南关、交口、水峪、两渡、仁义等地。1962年，全县有13.62万只，其中，山羊10.05万只，绵羊3.57万只，当年出栏羊11648只。1965年，有14.71万只，其中山羊10.89万只、绵羊3.82万只，当年出栏羊7964只。1966年，灵石从交城、方山种羊场引进细毛羊102只。1969年，全县有羊17.92万只，其中山羊13.41万只、绵羊4.51万只（细毛羊541只），当年出栏羊5194只。1974年，灵石从山东省曹县引进青山羊452只，分布于回牛、北庄、西许、张嵩、常青、小王庄、山灵聚和水峪等村。1975年，全县有16.03万只，其中，山羊12.62万只，绵羊3.41万只（细毛羊、半细毛羊63只），当年出栏羊1.52万只。1980年，灵石从河北承德地区引进燕山无角山羊105只，分布于史家岭和泊泊等村。1982年，全县有13.98万只，其中山羊11.02万只（奶山羊524只）、绵羊2.96万只（细毛羊、改良羊221只），当年出栏羊16546只。同年，为防止羊群个体退化、近亲交配，在全县范围内互换种公羊1940只，晋中地区畜牧局在灵石召开种羊调换现场会，获山西省人民政府科技推广成果二等奖。1983年，在椒仲、关家峁、业乐等71个村进行羔羊育肥试验，育肥羔羊1100只。1985年，全县有羊3.16万只，其中，山羊2.14万只，绵羊1.02万只，当年出栏羊1.56万只。

猪 民国20年（1931），全县有猪1.03万头。民国25年（1936），全县有1588头，其中390头母猪能繁殖。民国28年（1939），全县有153头；次年，有700头。民国31年（1942），全县有1240头。1949年，全县有2268头，其中母猪570头，当年出栏1810头。1956年，灵石从太原机耕农场引进乌克兰白种猪80头（纯种猪20头，杂交种猪60头）。1958年，全县有1.17万头，其中母猪0.28万头，当年出栏0.8万头。1963年，英武公社户均养猪1头，坛镇、梁家墕、回龙公社户均养猪0.8头。1965年，灵石引进新金猪105头，同年全县有2.64万头，当年出栏2.13万头；次年引进苏联大白猪150头；1967年，引进宁乡猪400余头；1969年，引进长白猪50头，约克夏30头，北京黑猪50头。1970年，梁家墕公社演义大队99户农民，养猪156头，户均1.6头。1971年，交口公社南头大队39户农民，养猪113头，户均2.8头。1972年，灵石引进内江猪60头。1975年，全县有2.31万头，其中母猪1398头，当年出栏猪8103头，有91个大队、247个生产队办起集体养猪场。1976年，南头村养猪150头，户均3.5头。

1977年，全县有猪5.48万头，农民户均养猪1.37头，当年出栏猪2.12万头，有 156 个大队、418 个生产队办起集体养猪场，曲陌村养猪 340 头，户均 4 头；乔家山村养猪 340 头，户均 4 头。1980 年，全县有 3.12 万头，当年出栏 1.91 万头。1985 年，全县有 2.29 万头，当年出栏 1.5 万头。

二、家禽

境内以饲养鸡为主。民国 22 年（1933），全县有 7.13 万只。民国 25 年（1936），全县有 6.08 万只。民国 28 年（1939），全县有 3.5 万只。民国 31 年（1942），全县有 2.27 万只。1949 年，全县有 4.24 万只，年产鸡蛋 3.39 万斤。1955 年，全县有 8.67 万只，年产鸡蛋 36 万斤，出栏 684 只。1957 年，全县有 11.61 万只，年产鸡蛋 31.4 万斤，出栏 3910 只。1962 年，全县有 4.77 万只，年产鸡蛋 20.8 万斤。1965 年，全县有 4.08 万只，年产鸡蛋 38.4 万斤，出栏 2643 只。1969 年，灵石先后引进来亨鸡 15 万只，固始鸡 4 万只，白洛克鸡 10 万只，二八八鸡 9 万只。1975 年，全县有 15 万只，年产鸡蛋 35 万斤，出栏鸡 2.16 万只。1979 年，全县有 15.5 万只，年产蛋 68.7 万斤，出栏鸡 4.28 万只。1982 年，全县有 19 万只，年产蛋 130 万斤，出栏鸡 8.81 万只。1983 年，灵石从石家庄种鸡场引进美国尼克亚京白鸡 1000 只、罗马尼亚金鸡 2000 只，在王禹、西许等地饲养。1985 年，全县有 36.7 万只，年产蛋 213.8 万斤，出栏 6.22 万只。当年，灵石引进星杂 579（加拿大）父母代 3000 只、火鸡 15 只、红布罗肉鸡 130 只、京白Ⅲ系 260 只，有 117 户农民养鸡 100 只以上，枣林、师家沟、业乐等村农民户均养鸡 50 只，静升镇农民孙开瑞全年养鸡 1000 只。

此外，还有个别村户饲养少量鹅鸭。

第三节 疫病防治

一、兽医

1949 年以前，本县有兽医 10 余人。1952 年，灵石吸收当地民间兽医 9 人，成立县兽医联营站。1956 年起，全县对在职兽医和防疫人员进行技术培训。1958 年，灵石建立 10 个公社兽医站，人员 29 人。1964 年，全县建立 16 个公社兽医站，人员 44 人。1972 年，全县有兽医 92 人。1974 年，县里编印《中兽医士单验方汇编》（包括 195 个土方、单方、验方）和牧草栽培技术资料，供全县学习推广。至 1980 年，全县累计培训防疫技术人员 500 名，其中兽医 102 人，形成县、社、队三级兽医防疫网。1985 年，全县有兽医院 1 个、乡镇兽医站 18 个，兽医 102 人。

二、防治

本县畜禽疫病主要有炭疽、鼻疽、马传贫、羊出败、羊疥癣、布鲁氏杆菌病、口蹄疫、牛结核、猪肺疫、猪瘟、猪丹毒、鸡瘟、鸡痘等。炭疽疫点主要是任家坡、碾则墕、来全、庄立、汤村、西头、回来峪、金旺、梁家圪塔、小王庄、上黄堆、下黄堆、李家山、宋家山、南墕、寨立等村；鼻疽疫点为夏门等村；马传贫疫点为斩断墕、房家庄、北庄、水峪、乐只堂等村。中华人民共和国成立后，采取"防重于治"的方针，到1985年，全县消灭了危害牲畜健康的马传贫、鼻疽等疫病，基本控制了布鲁氏杆菌病、猪瘟、鸡瘟等传染病。

自1952年起，县组织人员对炭疽、羊疥癣、羊出败、鸡瘟、猪瘟等畜禽疫病进行普查防治。1956年对2584头大牲畜和7967头猪羊，分别注射了炭疽疫苗和羊痘疫苗，同年治疗畜禽病6534头（次）。

1956年，杨家垣村炭疽发病畜145头，治愈102头；侯家渠村炭疽发病畜108头，治愈95头；双池、回龙、南坪头等地炭疽发病畜805头，压制95头，治愈209头；上庄等村气肿疽发病畜102头，治愈88头，压制14头；水峪等地鼻疽发病畜5头，治愈2头，压制3头；双池、城关等地羊痘发病畜288头，治愈148头，压制140头；高壁等地羊出败发病畜1150只，治愈750只，压制140只；太西等村猪瘟发病畜260头，压制230头；城关等地猪肺疫发病畜258头，治愈80头，压制178头；双池等地羊疥癣发病畜3500只，治愈980只，压制220只。1957年，灵石对全县家畜家禽注射猪瘟疫苗5320支（头），猪丹毒疫苗1940支（头），猪肺疫苗692支（头），羊痘疫苗2075支（只），大牲畜炭疽疫苗4883支（头），羊炭疽疫苗2297支（只），气肿疽疫苗3195支（头），马莱因点眼916支（头），鸡瘟疫苗13566支（只）。1962年，全县对家畜家禽注射大牲畜炭疽疫苗2669支（头），羊炭疽疫苗328支（只），猪肺疫苗134支（头），羊快疫苗337支（只），马莱因点眼66支（头），大牲畜灌服季节药669支（头）；全年治疗大牲畜4452头，治疗小家畜536头。1963年，全县检疫马鼻疽206头，注射大牲畜炭疽疫苗287支（头），中药预防大家畜炭疽980支（头），预防羊疥癣1101支（只），治疗大牲畜疾病265头，发病猪204头，发病羊113只。1964年，全县出动56名兽医，注射猪瘟疫苗27371支（头），占当时存栏数29643头的92.3%；对大牲畜灌服预防药物456支（头），用敌百虫预防羊疥癣5634头，大牲畜炭疽1235头，猪瘟2144头，羊快疫1114只，鸡新城疫500余只，马莱因点眼804头；用封锁、隔离、消毒、深埋尸体等方法控制了牛肺疫传染；全年治疗发病大牲畜834头。

1966年，全县注射大牲畜炭疽疫苗1210支（头），鸡瘟疫苗3820支（只），猪瘟疫苗 2.15 万支（头），检疫大牲畜鼻疽 132 头，羊布鲁氏杆菌病 9420 只。全县组织 7 名兽医，对西头、靳村、枣庄、来全、梁家圪塔队的 476 头大牲畜、2739 只羊进行疫苗注射，扑灭病害。1967 年，梁家圪塔村发生炭疽病，死羊 90 只，省、地、县联合防疫队扑灭疫病。1974 年，全县开展各种牲畜防疫治疗 10 万头次。1975 年，全县开展各种牲畜防疫 12000 头，治疗发病大牲畜 18800 头、猪 9300 头、羊 13450 只、鸡 560 只。1976 年，全县发生马传贫疾病 2 次，发病牲畜 36 头，扑杀 34 头，治疗 2 头。1977 年，梁家圪塔村炭疽发病死羊 20 只，及时将羊尸体深埋，病羊隔离、畜圈消毒，对本村 110 人、22 头大牲畜、150 头猪、708 只羊和后庄、燕家庄、杨桃岭三村的 20 头大牲畜、1182 只羊注射炭疽疫苗。全县全年预防注射瘟疫疫苗 32100 支（头），猪肺疫 4512 支（头），猪丹毒疫苗 4380 支（头）。

1979 年，全县组织 108 名畜牧兽医注射马属动物 3 号疫苗 5803 支（头），猪瘟疫苗 15002 支（头），羊 5 号疫苗 135984 支（只），猪丹毒疫苗 10013 支（头），仔猪副伤寒疫苗 2046 支（头），羊炭疽疫苗 4900 支（只），羊痘疫苗 4700 支（只），灌服猪肺疫苗 14730 支（头）。1981 年，全县注射猪瘟、猪肺疫、猪丹毒、仔猪副伤寒疫苗 37738 支（头），羊 5 号疫苗 98684 支（只），羊炭疽疫苗 2000 支（只），骡、马 3 号病疫苗 3263 支（头），鸡瘟疫苗 17 万支（只），检疫马鼻疽 4320 头（马 1060 匹，骡 3260 头），马菜因点眼 8627 头次。全县开展家畜寄生虫普查，羊寄生虫有线虫，感染区总羊数 12 万只，其中感染率 28%；腹腔吸虫感染区总羊数 15580 只，其中感染率 10%，肝片吸虫感染区总羊数 2681 只，其中感染率 1.8%；鞭虫感染区总羊数 22629 只，其中感染率 16%；疥癣感染区总羊数 470 只，其中感染率 0.3%。牛寄生虫有线虫感染区总牛数 2971 头，其中感染率 68%；腹腔吸虫感染区总头数 22 头，其中感染率 0.5%。全县猪瘟发病大队 12 个，发病猪 336 头，死亡 203 头；猪传染性肠胃炎发病大队 5 个，发病猪 256 头，死亡 80 头；羊痘发病大队 9 个，发病羊 1617 只，死亡 88 只；羊布鲁氏杆菌病发病大队 1 个，发病羊 50 只，死亡 7 只；鸡新城疫发病大队 31 个，发病鸡 10895 只，死亡 10568 只；鸡霍乱发病大队 3 个，发病鸡 1050 只，死亡 700 只；破伤风发病大队 9 个，发病牲畜 9 头，死亡 3 头，治疗 6 头。

1985 年，全县注射猪瘟疫苗 18812 支（头），猪丹毒疫苗 3267 支（头），羊 5 号疫苗 1940 支（只），羊炭疽疫苗 1470 支（只），羊痘疫苗 741 支（只），鸡 II 系疫苗滴鼻 16060 支（只），鸡瘟疫苗 19.4 万支（只），大牲畜 3 号疫苗 3000 支（头）。当年，全县鸡瘟发病 7380 只，死亡 7350 只；王禹乡圪塔村、南关镇董家岭村发生猪瘟病，死猪 184 头（董家岭死猪 25 头、圪塔村死猪 159 头），感染猪 195 头，因控制及时，未传播开来。

灵石部分年份大牲畜分布情况表

单位：头、匹

类别	1952年				1962年				1970年				1978年				1985年			
	牛	马	骡	驴	牛	马	骡	驴	牛	马	骡	驴	牛	马	骡	驴	牛	马	骡	驴
合　计	7819	361	1079	3892	6434	485	1595	2708	6717	500	2001	3082	4612	1218	3276	2333	5858	689	3440	773
水峪乡	358	12	44	212	273	30	47	186	273	25	118	189	154	66	203	149	145	23	323	31
马和乡	169	17	127	364	147	24	141	25	132	23	195	176	84	84	236	118	101	82	315	57
英武乡	287	11	21	142	340	15	44	142	327	14	48	142	250	38	106	96	310	32	150	20
南墕乡	320	9	14	115	251	22	32	133	259	17	100	154	191	57	138	90	338	36	129	32
仁义乡	165	18	62	283	141	30	104	188	161	40	126	169	92	61	167	113	264	44	123	76
西许乡	171	10	43	221	157	16	52	112	176	25	106	87	128	43	152	35	317	14	102	17
王禹乡	538	18	16	157	516	21	65	169	485	13	99	237	287	70	183	186	462	36	227	55
坛镇乡	564	13	55	199	501	8	48	88	508	2	36	112	427	6	70	143	517	20	72	30
梁家墕乡	933	11	29	180	716	22	62	168	716	14	24	258	601	81	80	192	822	75	96	57
交口乡	500	1	3	78	428	6	12	67	453	15	5	98	259	22	77	64	354	13	24	14
城关镇	419	43	122	235	344	60	290	120	325	58	160	141	159	106	297	114	118	19	335	9
静升镇	331	86	228	539	244	85	220	376	228	70	354	430	113	123	463	311	83	78	571	101
两渡镇	607	53	123	163	468	60	161	150	529	53	137	184	283	196	268	156	321	69	355	76
夏门镇	885	22	80	473	698	29	66	211	780	25	71	217	609	145	246	145	535	32	213	33
南关镇	526	14	47	276	441	38	197	196	426	25	115	234	273	42	246	283	165	26	197	59
段纯镇	1046	23	65	255	775	19	54	151	904	11	13	206	687	33	64	129	747	31	86	13
张家庄镇																	111	14	68	10
富家滩镇																	125	2	30	12
其他单位									35	70	294	48	15	45	280	9	23	43	24	71

灵石部分年份猪、羊分布情况表

单位：头、只

类别	1952年		1962年		1970年		1978年		1985年	
	生猪	羊	生猪	羊	生猪	羊	生猪	羊	生猪	羊
合　计	5860	88277	7048	121820	22003	155704	35466	14797	22870	31695
水峪乡	237	5424	162	9673	904	9022	1713	8838	668	2315
马和乡	228	2946	213	4347	1657	5558	2336	4783	1594	1257
英武乡	275	4004	223	5567	1099	6269	1340	6317	1527	2160
南墕乡	105	3966	180	7061	354	8324	844	8075	482	2340
仁义乡	97	4350	110	6593	354	7062	621	6903	325	1772
西许乡	142	5017	125	5655	396	6192	1040	5864	364	979
王禹乡	329	3798	470	9988	1021	8950	2258	9445	2801	852
坛镇乡	452	5092	689	6969	1558	9117	2385	8340	1872	2650
梁家墕乡	549	6506	899	9080	1772	11743	2405	11716	2045	2009
交口乡	244	4723	366	4824	1094	7601	1707	7543	872	1260
城关镇	318	6638	190	7121	1102	10826	2458	9557	684	1390
静升镇	525	4939	666	5772	2555	8164	4029	6958	2469	2880
两渡镇	368	6479	391	10630	2208	11445	3295	11061	1493	4425
夏门镇	758	12916	613	13110	2041	20134	3153	18295	1368	1570
南关镇	416	5454	251	10334	711	13307	1940	12621	1033	1150
段纯镇	817	6025	859	8090	2316	11990	3594	11591	1979	1783
张家庄镇									540	340
富家滩镇									206	545
其他单位			641		862		348	72	548	

第六章 副 业

第一节 养 殖 业

兔 民国 25 年（1936），全县养兔 448 只，品种多为本地长毛兔。1949 年，全县养兔 287 只。1952 年，全县养兔 354 只，品种有本地长毛兔、青紫蓝、黑油兔等。1955 年，全县养兔 552 只。1958 年，全县养兔 4248 只。1965 年，灵石从杭州、南京调进长毛兔 300 只，扶持农民饲养。1969 年，全县养兔 6500 只，出栏 4756 只。1971 年起，本县饲养皮肉两用兔，从祁县调进种兔 1000 余只，从上海、榆次调进日本大耳白和法国熊猫优种兔，推广杂交，改良兔种，科学饲养。1975 年，全县养兔 22.35 万只，出栏 14.90 万只。饲养量较多的有梁家塌、段纯、南关、静升、仁义、两渡、夏门、坛镇等公社。1979 年，全县养兔 28.2 万只，出栏 25.6 万只，农业人口人均商品兔 1.7 只。1981 年，全县养兔 14.55 万只，出栏 9.55 万只。1983 年，全县养兔 8.32 万只，出栏 8.3 万只。静升公社土黄坡村有户农民养兔 523 只，出栏 503 只。1985 年，全县养兔 4.53 万只，出栏 4.4 万只，其中梁家塌乡饲养量 1 万多只。

蜂 本县属土石山区，气候温和，汾河两岸及东西两山蜜源植物主要有荆条、狼牙、洋槐、荞花等。辅助蜜粉源植物有地寸草、尘头草、益母草、野菊花、葵花、马茹、伏里条、酸枣、枣树、榆树、杨树、柳树和各种果树等 20 余种，东山林区还有圪尖、椴树、苔条、山荆芥等几十种蜜粉源植物。其次，本县毗邻晋中盆地有大面积油菜、枣花、棉花、葵花等主要蜜源。沁源县有大面积圪尖和狼牙，均可供小转地采集。尤其本县荆条蜜源，为全省三大荆花蜂蜜之重点产区，所产荆花蜂蜜色鲜味好，浓度大，质量高。按照蜜粉植物资源计算，全县可养蜂 2 万箱，其中荆花蜂蜜在低产年可产 20 万斤，中等年产量 40 万斤，高产年可产 60 万斤，若全部利用，一般产量可达 100 万斤以上。

民国 25 年（1936），全县养蜂 843 箱，品种有中蜂和意大利蜂，分布于仁义、桃钮等地。民国 33 年（1944），全县养蜂 253 箱。1948 年，全县养蜂 500 余箱，其中有饲养百余箱的农户。1949年，全县养蜂643箱，产蜂蜜2.25万斤。1952年，全县养蜂857箱，产蜂蜜52.99万斤。1955年，全县养蜂1124箱，产蜂蜜3.93万斤。1957年，灵石成立县国营蜂场，举办3期养蜂技术培训班，学员70余人。1958年，全县养蜂1679箱，产蜂蜜5.87万斤。1959年，公社办起集体养蜂场，全县养蜂6000箱，产蜜19.2万斤。1975年，全县养蜂2800箱，产蜜8.68万斤。1982年，灵石从吉林省养蜂研究所种蜂场引进法国喀尼阿兰蜂，全县养蜂1680箱，产蜂蜜4.83万斤。1984年，灵石引进罗马尼亚喀尔巴阡蜂和美国意蜂。1985年，全县养蜂1517箱，实现蜂群良种化，年产蜂蜜6.68万斤，蜂蜡6700斤，饲养量较多的有两渡、城关、夏门、富家滩、南关、交口、段纯、仁义等乡镇，其中饲养100箱以上的个体户有8户。此外，自1975年起，每年夏季有江苏、浙江、安徽、湖南、湖北、陕西等省地的国营、集体及个体户计3000—5000箱蜂群到本县境内采酿荆花蜂蜜。

鹿、貂　1977年，灵石从蒲县引进公鹿3只，母鹿7只，由梁家墕乡泊泊村鹿场饲养。1982年，英武乡侯木村办起养鹿场，全县养鹿23只。1984年，英武乡侯木村农户饲养12只。1985年，全县养鹿37只，其中公鹿20只，母鹿17只，产茸30斤。

1981年，马和公社杨家原村农民养貂15只。1982年，交口公社等也有养殖，全县共养貂31只，1983—1985年未养。

鱼　1961年，旌介村西水塘试放鱼苗1万尾。1962年，旌介村西南角2个水池内试放鱼苗2万尾。当年，全县产鱼4000斤，每条鱼重2斤以上。

1971年，镇威村农民在水库内试放鱼苗7万尾，当年产鱼1500斤。此后，相继有玉城水池、南岭水库、田家洼水库、南村水库、深井水库、刘家掌池塘、军寨水池、安家庄高灌站蓄水池等处养鱼。1976年，全县产鱼1万斤。1979年，灵石从河南省驻马店渔场调进种鱼10万尾，分放到各鱼池塘内。1982年，旌介、马和、镇威等地经营较好。1985年，本县旌介（1户）、马和（3户）、镇威（1户）村5户农民养鱼，年产鱼6000斤。

蚕　民国25年（1936），全县养蚕136张，产丝500斤。1949年，全县养蚕9张，产丝300斤。1952年，全县养蚕27张，产丝800斤。1955年，全县养蚕50张，产丝（夏家蚕）1500斤。1957年，全县产丝2500斤。1965年，全县桑园面积4亩，养蚕43张，产丝1158斤。1975年，全县有桑园面积1700亩，养蚕13张，产丝（桑蚕）400斤。1983年，全县桑园面积70亩，零星桑树2000株，养蚕179张，产丝7900斤。1985年，全县桑园面积23亩，零星桑树8314株，养蚕9张，产丝211斤。

第二节 采 集 业

药材 明万历二十九年（1601）《灵石县志》记载，境内采集药材有枸杞、石膏、防风、荆芥、大黄、苍术、益母、百草等。清嘉庆二十二年（1817）《灵石县志》记载，境内药材采集品种增加了黄芪、茵陈、藿香、黄精、菖蒲、槐花、杏仁、木贼、五灵脂、鬼羽箭、酸枣仁、蒲公英、苍耳、龙骨、山楂等。民国23年（1934）《灵石县志》记载，境内药材采集品种又添了远志、何首乌、黄参、葳蕤（茹茹核）。民国25年（1936），全县采集药材29.4万斤，其中，党参6500斤，大黄2.5万斤，黄芩5.2万斤，苍术2.3万斤，连翘1500斤，土龙骨4.5万斤，柴胡3.8万斤，地骨皮5500斤，甘草7.5万斤，其他2.3万斤。民国29年（1940），全县采集药材9680斤，其中，甘草500斤，远志2000斤，黄芩400斤，杏仁1000斤，大黄5000斤，赤芍500斤，麻黄200斤，龙胆80斤。民国33年（1944），全县采集药材24万斤，其中，猪苓7万斤，升麻5万斤，紫云木1.8万斤，苍术7000斤，大黄3万斤，秦艽372斤，柴胡3000斤，茹茹核650斤，独活3万斤，黄芪1.5万斤，黄芩1.5万斤。

1949年，全县采集药材有80多种，25万斤，其中，党参220斤，黄芩3.5万斤，苍术2.5万斤，连翘1200斤，土龙骨4万斤，柴胡2.6万斤，大黄1.1万斤，地骨皮5400斤，甘草7万斤，其他3.68万斤。1952年，全县采集药材28.8万斤，其中，党参270斤，黄芩3.8万斤，苍术2.6万斤，五加皮2.1万斤，连翘1200斤，土龙骨3.9万斤，柴胡3万斤，大黄11万斤，地骨皮4200斤，甘草7.2万斤，山杏仁8万斤，槐米1万斤，其他2.72万斤。1957年，全县采集药材20.19万斤，其中，党参350斤，黄芩2.5万斤，苍术1.15万斤，五加皮2.1万斤，连翘700斤，土龙骨4万斤，柴胡8000斤，大黄7000斤，地皮骨3500斤，甘草4.3万斤，山杏仁1.6万斤，槐米9000斤，其他药材16.35万斤。1967年，全县采集药材33万斤；1970年，采集药材11万斤，其中山杏仁5000斤、槐米8000斤。

1975年，全县采集药材36万斤，其中，山杏仁6000斤，槐米1.1万斤；1976年，采集药材94万斤；1980年，采集药材20万斤，其中，山杏仁1万斤，槐米1万斤。1985年，全县采集药材17万斤，品种有川贝、冬虫草、豹骨、麝香、元胡、羊耳兰、竹节人参、猪苓、五灵脂、升麻、乌头、白头翁、连翘、天南星、菖蒲、藜芦、五味子、党参、河参、血参、苦参、黄芪、黄芩、黄精、玉竹、续断、半枝莲、猫爪草、防风、香附、景天三七、冬花、车前、蒲公英、茵陈、苍术、大黄、秦艽、木贼、远志、山桃仁、柏子仁、槐米、土龙骨、土龙齿、天冬、赤芍、寄生、桑枝、茜草、玫瑰花、洋金花、麻黄、薏仁、赤芍、山杏仁、甘草、枸杞等100余种。

野生油料　主要有苍耳子及木瓜等。1955年，全县采集2.6万斤；1960年，采集2.3万斤；1964年，采集8000斤；1973年，采集5000斤；1975年，采集1万斤；1978年，采集2.09万斤；1982年，采集2.62万斤；1985年，采集野生油料7000斤。

柄把抬杆　据资料记载，1947年，全县采集抬杆2305根；1952年，采集7万根；1957年，采集12万根；1966年，采集13万根；1970年，采集7万根；1975年，采集9万根；1980年，采集7万根；1985年，采集14万根。

草子　从1952年起，本县村民采集荆条子、苜蓿子等草子，除本地种植外，支援边疆种植。1985年，全县采集荆条子3.9万斤。

第三节　编　织　业

本县编织业主要有荆条编织、芦苇编织和柳条编织三种。荆条自然生长在东西两山灌木丛中，编织品有耙、耱、箩、筐、筛、篓、笼、粮囤等。芦苇分布于西许、南关、梁家墕、段纯、交口等地，编织品有炕席、囤席、棚席等。柳条少数村庄栽植，编织品有簸箕等。民国25年（1936），全县荆条、芦苇编织共有8130件。民国33年（1944），全县编织9700件，其中苇席1400件。

1949年，全县编织苇席、箩筐、条笼等1.14万件，其中编织苇席1200件。1952年，全县编织1.21万件，其中编织苇席1100件。1955年全县编织1.3万件，其中编织苇席7800件。1957年，全县编织1.43万件，其中编织苇席1.3万件。1965年，全县编织1.2万件，其中编织苇席6500件。1970年，全县编织12.35万件，其中编织苇席9000件。1975年，全县编织1.2万件，其中编织苇席7700件。1980年，全县编织2.12万件，其中编织苇席6700件。1985年，全县编织3.4万件，其中编织苇席7200件。

第四节　猎　　狩

本县居民利用冬闲时间上山捕猎狐狸、野兔、山鸡、山羊、山猪等，兽皮出售，兽肉食用。1971年，全县捕猎山鸡、野兔等1.56万只；1975年捕猎2.60万只；1978年，全县捕猎5044只，其中，捕猎黄鼠狼24只，狐狸274只，野兔819只，野禽3912只，其他15只；1980年，捕猎各种禽兽1.68万只，其中，黄鼠狼72

只，狐狸 175 只，野兔 2400 只，野禽 4680 只，其他 8446 只；1982 年，捕猎 2.81
万只，其中，黄鼠狼 79 只，狐狸 31 只，野兔 4086 只，其他 23929 只；1985 年，
捕猎 5052 只，其中，黄鼠狼 28 只，狐狸 2 只，野兔 3580 只，其他 1442 只。

第七章 水 利

第一节 水利工程

一、引水

据明万历二十九年（1601）《灵石县志》载，知县路一麟新开小水北渠，
长 7.5 公里，灌溉 300 余亩。

民国 22 年（1933），全县有水渠 53 条，总长 230 公里，引水灌溉面积 825 亩。
民国 25 年（1936），全县有水渠 38 条，引水灌溉面积 19722 亩。

1949 年，全县有水渠 38 条，引水灌溉面积 19475 亩；1952 年，有水渠 51
条，引水灌溉面积 21724 亩；1955 年，有水渠 51 条，引水灌溉面积 29935 亩，
蒜峪村组织劳力投工修筑石坝 1 条，长 30 米，开山洞 1 个，深 400 米，修引
水渠道 1.5 公里，引青阡洼洪水增加灌溉面积 500 亩。1956 年，全县有引水
渠 155 条，灌溉面积 32086 亩。1957 年，温家沟、崖底、马家庄、下庄、峪口
5 村联合在崖底村开山洞 1 个，在寨立沟砖砌渡槽，修筑"幸福渠"1 条，长
5 公里，引交口河水灌兴国寺滩和峪口村滩地 500 亩。1964 年，南头、下寨、
葫芦头 3 村联合改造引水防渗渠 1 条，长 3 公里，清洪水两用，引水灌溉面积
300 亩。1965 年，军寨、曲陌、杨家原、梧桐 4 村联合改造沟水渠为防渗渠 1 条，
长 6 公里，清洪水两用，引水灌溉面积 400 亩。1970 年，峪口村在河东修筑水
渠 1 条，长 2 公里，浇灌本村后滩地 90 余亩。1970—1972 年，西许公社组织
人工挖筑西许南干渠 1 条，长 4 公里，增加灌溉面积 100 亩。1972 年，静升公
社组织静升、尹方村民修筑引水渠 1 条，长 3 公里，从许家坡底引水灌溉两村
土地 200 余亩。当年，县组织村民在马家沟至峪口村之间修筑"前进渠"，计
划引水灌溉西许、仁义、南关、南塌、夏门、城关、马和、水峪 8 个公社 5 万
亩耕地，动工 2 年多，因工程浩大，无力继续施工而下马。1969—1972 年间，

县组织民工在西许、南关间改筑防渗渠（称"北干渠"）1条，长20公里。1975年，水峪公社组织劳力砌石修筑防渗渠1条，长7公里，引水灌溉霍口、上庄土地200余亩。1977年，马和公社组织马和、尽林头2村联合修筑防渗渠1条，长2公里，引三齐沟水库蓄水灌溉100余亩。1982年，县里在岩沟开工搞截流工程修干渠1条，旌介村部分土地受益。

1985年，全县引水灌溉面积2万余亩，受益村庄汾河沿线有索洲、下庄、河洲、刘家庄、水头、常青、玉成、张家庄、梁家圪塔、夏门、许家店、沟峪滩、南关、道美、石柜等；静升河沿线有旌介、集广、静升、尹方、宋家圪塔、苏溪、南浦、大柏沟、小柏沟、张嵩、马和、尽林头、军寨、曲陌、杨家原、南头、下寨、葫芦头、南王中、草桥、下庄、北王中、上村、王家圪塔、李家沟、沙峪等；仁义河沿线有二沟、峪口、东许、西许、湾立、前庄、后庄、师家沟、金旺、道阡、窑上、逍遥、王家沟、三教、南关等；交口河沿线有东逻、金庄、交口、漫河、温家沟、崖底、马家庄、下庄、峪口等村；段纯河沿线有段纯、杜家滩、云义、志家庄等村。

二、提水

本县使用传统杠杆提水浇灌农作物。民国年间，西许等村采用多级杠杆将河水提至高处浇灌土地。

1949年，全县有水车26部，提水灌溉426亩；灌井26眼，浇地182亩。1953年，全县有水车49部，灌溉977亩；灌井7眼，浇地465亩。1955年，全县有水车51部，灌溉951亩；灌井107眼，浇地465亩。1956年，灵石建立电灌站2处，浇地700亩。1957年，梁家圪塔、许家店、夏门、峪口、后河底、沟峪滩、南关、石柜、蒜峪、霍口等村使用锅驼机带动水泵抽水灌溉土地。1964年，全县有电灌站32处，电灌井4眼，提水灌溉面积3600亩。1966年起，灵石开始建立机灌站，时为3处，浇地500亩。1970年，全县有电灌站55处。1971年，全县有电灌站60处，机灌站7处，电灌井3眼，机灌井1眼，机电灌溉面积1万亩。1974年，灵石建成夏门4级高灌站，引下庄泉水至寨头原顶，总扬程520.5米，净扬程274米，管道总长6072米，装机5台，235千瓦。1975年，全县机电灌溉面积为1.15万亩，其中，电灌站80处，灌溉9100亩；机灌站15处，灌溉600亩；机电灌井44眼，灌溉1800亩；当年，由国家投资，开始在马和、南村、上庄、西原、交口、田家洼、徐家庄、毫子头等村搞喷灌试验。1977年，全县喷灌面积2310亩。1978年，全县机电灌溉面积2.26万亩（喷灌面积2912亩），其中，电灌站142处，灌溉1.67万亩；机灌站19处，灌溉1100亩；电灌井90眼，灌溉4500亩；机灌井10眼，灌溉300亩。1979

年，全县有机电灌站150处，机电井129眼（配套107眼），喷灌工程55处（固定8处，半固定8处，流动39处），机电灌溉面积2.15万亩，其中喷灌面积5382亩。1985年，全县有机电灌站95处，机电灌井124眼，灌溉面积为1.04万亩。

机电灌站分布于全县8个乡镇，其中10处以上的有城关、两渡、夏门、静升4个镇。

三、蓄水

据明万历二十九年（1601）《灵石县志》载，乾龙池在学宫北隅，因筑城取土遂成深池，万历三年（1575年），知县白夏从城东引水注池内，西通城下暗渠，再引洪水聚满。民国年间，文殊原、姚家山、王禹、罗汉等村在高垣上人工挖筑蓄水池，积蓄雨水供人畜饮用。

1957年，静升乡抽调各村劳力在集广和旌介村西之间修建小型水库（土坝）1座，蓄水量6万余立方米，以调节静升河水，灌溉土地。1963年，全县各村组织劳力挖旱井蓄水浇地抗旱，后因防渗性能差而报废。

1976年，马和、尽林头两村联合修建三齐沟水库（石坝）1个，蓄水量30万立方米，以调节自流引水，灌溉两村土地。段纯公社田家洼村在逯家庄沟修筑土坝水库1个，蓄水量70万立方米，因渠道工程未配套，仅能调节水量和灌溉少量土地。

1977—1979年，灵石先后在石村沟、圪台河、托子洼、原西沟等10余处修筑水库，因投资投工较大而停工，工程报废。

1979—1980年，段纯公社组织劳力在深井沟修筑石坝水库1座，蓄水量140万方，因排泥沙能力差，渠道工程未配套，仅能灌溉少量土地和调节水量。

四、治河

汾河治理　据民国23年（1934）《灵石县志》载，始筑城时，北门外筑小水河堤以护城。明万历三年（1575），加固易名"万金堤"。清雍正十二年（1734）补修，并在堤外筑小堰八九十丈，立石为"胡公堤"。历代多补修。

1950—1959年，灵石在北门外静升河入汾河口处，在原"胡公提"修护城石坝1条，长400米，底宽2米，高7米，顶宽1.2米。1964年，景家沟在圪台河打坝70米。1966年，曹村、军营坊集资在汾河岸边修筑石坝长600米，底宽2米，高3米，其中，有铅丝笼石坝300米，堵截曹村河及汾河洪水，并在河湾空出滩地近千亩。

1970年12月至1971年4月，由山西省治理汾河指挥部拨款，晋中地区主办，组织灵石、介休、平遥、祁县、太谷、汾阳、孝义7个县民工2万余人，其中灵石县遣派青壮劳力 2000 余人，历时 5 个月，投资 180 万元，开挖降低义棠桥至崔家沟汾河河槽。原河段长 14.7 公里，落差 10.68 米，纵坡为两渡桥上游 1/2320、下游 1/440，经治理后变为河段长 14.3 公里，落差 9.53 米，纵坡 1/1500，平均挖深 4 米，宽 30 米，实际开挖义棠桥至崔家沟 10 公里长，动用土石 100 万立方米，投工 140 万个。原计划降低河道及地下水位，加大浅水量，解决防洪问题，改变盐碱地，并在上游空出 5 万亩耕地，但因河岸沟道水土流失尚未治理，所挖河道又渐淤积，计划未能实现。

1971—1975 年，玉成村组织劳力在石佛庙前至村后打石坝 800 米，漫地 100 亩。

灵石汾河两岸主要防洪工程

单位：米

地　　点	工程名称	长×宽×高	完成年份	受　　益　　情　　况
索　　洲	石坝	100×6×3	1973	护地 50 亩，漫地 1250 亩
下　　庄	石坝	120×6×3	1973	护地 100 亩，漫地 30 亩
张　家　峪	石坝	80×5×2	1974	护地 30 亩，漫地 30 亩
河　　洲	石坝	200×5×2	1974	护村护地 300 亩，漫地 50 亩
刘　家　庄	石坝	50×6×3	1974	护地 100 亩
燕　家　原	石坝	200×4×2	1975	护地 100 亩，漫地 150 亩
西　门　外	石坝	300×7×2	1971	改河漫地 500 亩
张　家　庄	石坝	200×4×2	1972	漫地 80 亩
梁　家　圪塔	石坝	100×3×1	1971	漫地 50 亩
后庄夏门	石坝	200×4×2	1975	护村护地 200 余亩，漫地 100 亩
后　河　底	石坝	100×5×2	1980	护村护地 150 亩，漫地 30 亩
沟　峪　滩	石坝	200×5×2	1974	护村护地 100 亩，漫地 80 亩
南　　关	石坝	500×6×2	1972	护地 500 亩，漫地 400 亩
道　　美	石坝	150×5×2	1973	护村护地 700 亩，漫地 50 亩
石　　柜	石坝	200×5×2	1974	护地 400 亩
石　　桥	石坝	150×6×2	1980	护地 150 亩，漫地 50 亩

静升河治理　1963 年，水峪公社组织劳力进行改河道工程，在河滩上打坝 50 米，挖河槽 300 米，漫地 70 亩。1971—1980 年，静升公社组织民工疏通静升至南浦村间河道，在河两岸修砌石坝，空出耕地 300 亩。1972—1975 年，城关公社组织民工疏通延安至北王中之间河道，两岸修砌石坝，空出耕地 200 亩。1977 年，水峪公社组织茹子洼、南王中劳力在静升河支流后悔沟下游打坝长 600 米，垫漫土地 180 亩。1965—1985 年间，县、乡、村三级组织民工从上村至汾河口处疏通河道，两岸修筑护河石坝，保护城镇、村庄耕地，防治静升河水患。

仁义河治理　1964—1972 年，仁义公社组织民工在窑上至仁义村之间河槽北岸修筑石坝 2500 米，漫地 800 亩。1964—1978 年，以道阡村为主，县调集民工支援，修筑防洪石坝 1 条，长 1500 米，保护原有耕地 200 亩，新漫地 200 亩。1965—1977 年，以王家沟村为主，县调集民工支援，在王家沟村外修筑石坝 600 米，漫地 100 亩。1975 年，县办西许大学组织学生在仁义河支流七盘沟打坝 300 米，垫地 100 亩。1977 年，县组织民工 1000 余人在逍遥村边挖河 1500 米，后因工程未完而停，毁良田 101 亩，耗资 10 余万元。1977—1978 年，西许公社组织民工在西许、前庄、后庄、师家沟修筑防洪石坝以保护耕地。1978 年，县调集民工在金旺村西改河道 1000 米，漫地 400 亩。1979 年，柏圪塔村修筑防洪石坝 1100 米，围滩 100 亩。

1950—1985 年，汾西矿务局南关煤矿在三教至南关之间河道两岸修筑石坝，保护矿区及附近村庄。

交口河治理 1972 年，交口公社组织劳力在交口河支流孙义河筑坝，试图穿山洞改河入金庄河，历经 2 年，因工程较大无力继续而停工。

1975—1979 年，灵石调集全县各公社民工 2000 余人，在交口河木瓜曲至温家沟河道，截弯取直，顺西岸开挖新河，修筑石坝，旧河槽打坝垫地，后因工程未完而停，所打石坝除庆余沟北侧胜天坝完好外，其余石坝及新造粮田大都被洪水冲毁，并冲毁原有耕地数百亩。

段纯河治理 1970 年，吴家沟、段纯等村组织劳力筑坝漫地。1974 年，段纯公社组织沿河各村劳力截弯取直治理段纯河道，打石坝 5 条，总长 4 公里，坝内垒堰垫地；1977 年，从交口河工程上抽调民工 500 余人支援修坝垫地。1974—1979 年，5 年间新增滩地 1500 亩。

此外，1958—1959 年，县组织青壮劳力 300 人参加太谷县郭堡水库建设，组织青壮劳力 500 人参加汾河水库建设。1959—1961 年，县组织青壮劳力 500 人，参加文峪河水库建设，组织青壮劳力 2000 人参加孝义县张家庄水库建设。

五、凿井

民国年间，两渡上游各村因河低地高，自流引水不便，挖大口井用辘轳引地下水灌溉耕地，在河边挖透河井引汾河水浇灌；1949 年后，改为畜力水车、动力水泵、机电灌溉站等。1957 年，灵石用"五六"打井机在旌介村南打成自流灌井 1 眼，此后，打井工程在全县各地迅速发展，先以人工挖井为主，1970 年以后，国家投资改凿深井，用深井泵提水灌溉。1974 年，县成立机械凿井队，配备钻机 2 部，当年凿井 6 眼，后逐年凿井，深度由几米增加至百米以上，全县井灌面积逐渐扩大，至 1985 年，共机械凿井 126 眼（配套 124 眼），其中百米以上深井 34 眼，井灌面积为 4940 亩。凿井队有职工 20 人，钻机 4 部。全县灌井使用较好的汾河沿岸有南关、道美、石柜、石桥等地 58 眼；静升河沿岸有旌介等地 35 眼；交口河沿岸有程家庄、温家沟等 13 眼；段纯河沿岸有云义、志家庄、堡子塘等地 7 眼。

1974—1985 年灵石机械凿井队历年钻井数量

年份	钻孔数／眼	年份	钻孔数／眼	年份	钻孔数／眼
1974	6	1978	34	1982	6
1975	6	1979	22	1983	5
1976	10	1980	7	1984	4
1977	18	1981	4	1985	4

第二节　水土保持

一、水土流失

县境水土流失的形式主要有面蚀、沟蚀、滑坡、泻溜、陷穴等。土石山区侵蚀模数为 2000 吨／平方公里，丘陵残垣区侵蚀模数为 2800—3500 吨／平方公里。细沟状面蚀普遍发生于坡耕地，降雨之后冲毁地埂、地堰、淤漫沟坪地和水库，使肥沃表土流失，侵蚀沟逐步发展为侵蚀沟系，沟底大多切到基岩，深切垣面和梁峁，沟坡多陡直，部分沟头有明显跌水，且接近分水岭，沟蚀由向深发展变为向宽侵蚀，继续切割吞食耕地粮田。

全县水土流失面积 130 万亩（约 866 平方公里），占全县总面积的 71.8%。水土流失原因除洪水泛滥、暴雨冲刷外，还有人为破坏植被、堵塞河道、毁伐山林、盲目开垦等原因。

二、综合治理

1953 年，全县培地埂 554 亩，淤地坝 49 道，修谷坊 167 个，种牧草 220 亩，控制面积 1.98 万亩。1956 年，全县培地埂 1.91 万亩，淤地坝 95 道，修谷坊 663 个，种牧草 2496 亩，造防护林 771 亩，初步控制面积 12.33 万亩。1957 年，全县修梯田培地埂 9.08 万亩，淤地坝 836 道，修谷坊 3342 个，种牧草 2554 亩，挖鱼鳞坑 1149 亩，造防护林 1487 亩，全县水土流失控制面积 27.43 万亩。1963 年，全县培地埂 3.57 万亩，修梯田 2584 亩，淤地坝 914 条，造防护林 2761 亩，种牧草 2.06 万亩，水土流失治理面积 4.59 万亩。1978 年，全县累计造防护林 2.2 万亩，封山育林 2.5 万亩，种草 1.7 万亩，修梯田 11 万亩，沟坝淤地 3.3 万亩，滩地 2.1 万亩，累计控制面积 27 万亩。

1983 年，全县有 1299 户农民承包治理小流域沟道 650 条，流域面积 4.29 万亩，管护面积 3516 亩。1984 年，灵石在石桥、核桃洼、火山等村种植黄花菜。

1985 年，灵石调进草莓 1150 株以及小冠花、沙打旺、苜蓿、红豆草、野豌豆、草木樨、银条等草子，扶持承包小流域农民种植。至 1985 年，全县小流域治理重点区有十里沟、椒仲沟、南岭、中华山、小王庄、贺家山 6 个，流域面积 8.13 万亩，水土流失面积 6.78 万亩，治理面积 2.47 万亩。十里沟（包括夏门镇、英武乡的 16 个自然村），流域面积 27211 亩，水土流失面积 21627 亩，已治理面积 6095 亩，其中，梯田 220 亩，坝地 100 亩，旱坪垣地 1050 亩，造林 4445 亩，种草 280 亩；椒仲沟（包括静升镇 15 个自然村），流域面积 21825 亩，流失面积 1.6 万亩，已治理 9550 亩。其中，梯田 1120 亩，坝地 21 亩，旱坪垣地 414 亩，造林 7295 亩，种草 700 亩；南岭村流域面积 6015 亩，流失面积 5600 亩，已治理 2426 亩，其中，梯田 280 亩，坝地 125 亩，旱坪垣地 160 亩，造林 1811 亩，种草 50 亩；小王庄流域面积 7000 亩，流失面积 6000 亩，已治理 3343 亩，其中，梯田 115 亩，坝地 250 亩，滩地 300 亩，旱坪垣地 200 亩，造林 2328 亩，种草 150 亩；贺家山流域面积 5000 亩，流失面积 5000 亩，已治理 1660 亩，其中，造林 1610 亩，种草 50 亩；中华山流域面积 1.43 万亩，流失面积 1.4 万亩，已治理 1640 亩，其中，梯田 50 亩，造林 1220 亩，种草 370 亩。全县 1299 户农民户承包治理小流域，完成治理面积 3.22 万亩，其中，梯田 362 亩，坝地 373 亩，滩地 37 亩，旱坪垣地 323 亩，造林 3 万亩，种草 526 亩。

第三节 乡村用水

本县多数村庄坐落在原顶、山腰、圪梁，水源分布于深沟峡谷，人畜用水十分困难。1949 年以前，全县 598 个自然村中就有 376 个村，挑水一次往返 1—2 公里，或至取水点垂直高度百米以上，尤其是汤村、靳村、文殊原、王禹、罗汉、兴旺原等村，挑水一次需往返两三公里坡路，这一带村庄流传着"有女不嫁汤靳村，担水磨烂脚后跟""宁愿让您吃个馍，不肯给人喝碗汤"的民谣，多数靠近河岸的村庄饮用河水。

自 1950 年起，本县先后有汾西矿务局两渡、张家庄、富家滩、南关 4 个煤矿打深井、建水塔，解决矿区及附近村庄农民的饮用水问题。1957 年，县里完成了云义村瓷管引水工程，全长 2.5 公里。1967 年，全县开始装机配套人畜饮水工程，时为 7 处（用电 1 处，用机 6 处），解决了 7 个生产大队、3598 人、315 头大牲畜的饮用水问题。至 1969 年，国家 3 年投资 35.8 万元，装机配套人畜饮水工程 21 处，解决了汾河沿线 25 个大队、1.08 万人、1088 头大牲畜的饮水问题。1973 年，仁义村将柳沟煤矿泉水提至东圪塔，供全村饮用。1975 年，全县累计装机配套人畜饮水工程153处（用电67处，用机86处），解决了136个生产大队、8.5万人、5000头大牲畜的饮用水问题。1976年，国家投资在梁家圪塔打深井1眼，补充了夏门、梁家圪塔、后庄、许家店4村的饮水不足。1977年，仁义村在柳沟口打深井1眼，提水至东圪塔，进一步改善本村饮水条件。1978年，全县累计装机配套人畜饮水工程220处，解决了172个生产大队、10.03万人、6600头大牲畜饮用水问题。1982年，灵石在段纯镇打深井1眼，深度296米，当年配套提水改善段纯村民的饮水条件。1983年，经省、地部门化验，发现马和乡腰庄村水源含氟量2.85毫克／升，比1959年建筑工程部和卫生部制定的《生活饮用水卫生规程》中规定含氟量必须低于1.5毫克／升的标准超过1.35毫克／升，当年，国家投资完成龙王滩引水入村工程，保证全村农民健康饮水。1985年，全县累计装机配套人畜饮水工程319处，缓解了358个自然村、108206人、7567头大牲畜的饮用水问题，占到全县饮水困难村庄总数的75.21%。

灵石解决人畜用水主要乡村名录

乡（镇）名称	村数／个	自　　然　　村　　名
城　关	10	郜家庄、延安、高崖上、大泉岭、下庄、胡家岭、芦子坪、回来峪、双泉峪、玉成
静　升	9	核桃洼、椒仲、土黄坡、静升、耿家庄、后南原、斩断塬、后沟、师家山
水　峪	12	曹家原、山灵聚、上庄、碾塬、良子塬、青阡洼、吴家山头、赵家山、霍口、祁家庄、水峪、朱家圪垛
两　渡	10	两渡、崔家沟、贺家沟、老人圪梁、桑平峪、冷泉、小贺家沟、前庄、后庄、任家坡
英　武	8	业乐、雷家庄、建新原、张家山、原头、彭家原、王家圪塔、英武
南　关	13	南关、董家岭、南岭、王家岭、三教、栾卜崖底、柏沟、南沟、庄子上、沙腰、石桥、道美、石柜
夏　门	18	夏门、许家店、梁家圪塔、南村、北庄、陈家岭、社底洼、王家岭、瓦窑汕、迦道洼、燕家庄、堡上、沟东、曲村、鹿坡岭、堡只上、关家庄、后庄
张家庄	1	靳村
富家滩	5	苏家庄、许家岭、后河底、秋牧、沟峪滩
仁　义	5	王家沟、逍遥、安姓庄、南坡、仁义
马　和	4	腰庄、尽林头、曲陌、杨家原
南　塬	17	西岭、岭后、陈家山、荡荡岭、牛王庙、吴庄、毫子头、关家峁、羊道坡、香山战、古泊、西原、赵家庄、南塬、南头、高壁、正峰原
西　许	5	乔家山、东许、西许、后庄、黄家岭
王　禹	4	南庄、罗汉、枣岭、王禹
坛　镇	8	槐树原、堡子塘、堂端、任家掌、孙家山、原西沟、前庄、杨家山
交　口	6	交口、小王庄、庆余、圪塔、东逻、龙池
段　纯	9	云义、志家庄、兑九塬、吴家沟、张志、前进庄、翟家山、堡则上、段纯
梁家塬	10	窑上、殿头、田家山、野场、王家沟、下东掌、梁家塬、温家岭、光原上、西崖底

1954—1985 年灵石县国家水利投资及水浇地统计表

年份	投资 / 万元	水浇地 / 万亩	年份	投资 / 万元	水浇地 / 万亩
1954	0.07	2.40	1970	35.42	2.50
1955	11.52	2.30	1971	90.50	3.06
1956	7.08	2.40	1972	67.00	3.15
1957	5.64	2.30	1973	46.50	3.20
1958	13.99	2.50	1974	49.85	3.40
1959	34.50	2.20	1975	71.89	3.66
1960	20.50	2.21	1976	67.90	3.80
1961	16.48	2.22	1977	82.20	4.20
1962	26.26	2.12	1978	134.70	4.70
1963	30.50	2.50	1979	121.00	3.50
1964	17.90	2.50	1980	64.50	3.58
1965	13.42	2.50	1981	54.40	3.53
1966	11.20	2.60	1982	47.30	3.53
1967	46.00	2.30	1983	49.00	3.53
1968	23.42	2.50	1984	75.25	3.53
1969	16.40	2.40	1985	88.80	3.49

第四节 水利管理

行政管理 1950 年，县人民政府设农水科，管理水利和农业；同年，组建防汛指挥部。1955 年，农水科改名为农林水利局；1957 年，改称农建局；1961 年，在静升河、仁义河分设灌溉管理工作站。1963 年，水利独立设局，次年，改为水保林业局，同年设水保工作站（1980 年并入水利局）；1972 年，恢复水利局；1974 年 4 月，组建机械凿井队；1981 年，恢复水保站。1984 年，水利局改为水利水保局；同年 4 月，组建县水资源管理委员会办公室。

各乡镇除分管农业的行政领导分管外，还设立水利委员会并责成专人负责。

用水管理 民国年间，沿河各村多用村规民约这一方式，对于用水作了具体规定，以避免村民间用水纠纷，保证用水正常秩序。

1952 年，县政府召开水利代表会议，制定《改革封建水规加强灌溉管理初步规划》，规定水浇地 500 亩以上村庄成立水利委员会，500 亩以下设水利管理员，各灌溉渠道设管理员，并且以河系定期召开代表会议，协商水利事宜。20 世纪 60 年代至 70 年代，随着全县水利工程的逐步发展，凡解决人畜吃水工程的村庄，各机电灌站、机电灌井都配备专人负责管理，根据农事季节、农民需要，定期定时供水，保证人畜饮用，适时灌溉。1962—1965 年，静升灌区在所辖范围内计收水费，规定灌溉每亩收费 0.3 元。

1980年以后，人畜饮水工程，灌溉渠道及机电灌站均实行单项承包责任制，建立"五定一奖罚"制度，定人员、定任务、定油电消耗、定收入、定计酬、达标者奖励，差者惩罚。1981年，县人民政府发文规定，任何单位或个人不准在河床、沟道、渠道修建筑物，乱倒灰渣、垃圾，对未经批准，已建和正在修建的建筑物，严重影响市容，堵塞交通水道者，由城建部门或镇人民政府指令立即停工，限期拆除。

1983年，县人民政府发文规定，放宽政策鼓励农民搞好小流域治理，对以户承包的小流域，所有权归集体，实行谁治谁管谁受益，承包者的继承人有继承权，集体与承包户签订30—50年的长期合同，将权益用合同的形式固定。对水库大坝、水闸、堤防、渠道、水井等水利工程及其各项附属设施，任何单位或个人不得以任何借口损坏水利工程设施，严禁在水库、闸坝、泉源及水利工程建筑物安全管理范围内炸鱼、毒鱼、电鱼、开山、爆破、取土、挖沙、垦殖、放牧等，严禁偷砍滥伐库区、泉源及渠道两侧树木。凡因开矿建厂及其他基本建设造成水源变化、水质污染，导致农民饮水困难的，由修建者或污染者负责。各种饮水设施谁建谁用谁管，农民所打旱井所修水库、水池，所有权归个人所有，蓄水为个人所有，任何单位或个人不得平调和侵占。对玩忽职守造成水利工程设施损坏或丢失者，根据情节给予行政纪律处分或追究刑事责任。

自1983年7月起，全县对城镇居民及单位用水开始计收水费，收费标准：居民生活用水每担收费0.005元，单位及机关团体用水每吨收费0.1—0.6元，生产企业用水每吨收费0.2元，施工单位用水每吨收费0.22元，学校用水每吨收费0.125元，绿化用水每吨收费0.9元。至1985年，全县3年共收水资源管理费18万元。

第八章　农业机具

第一节　农　具

一、传统农具

耕地农具以木犁、铁犁为主；耙地以片耙、糖、齿耙为主；播种农具以耧为主（有单腿、双腿、三腿耧）；中耕使用耘锄、耧锄等；收获工具为镰刀；运输工具有扁担、箩筐、车、（木轮、铁轮）、驮架等；打场农具有碌碡、木杈、铁杈、扇车、刮板、簸箕、扫帚、连枷等；切草工具为铡刀；农产品加工工具有石碾、石磨、木榨、石榨等；辅助农具有锹、钁、镐等。连枷、石磨、石碾现已淘汰，其他农具沿用至今。

二、新式农具

步犁 1950年开始使用五寸、七寸（1寸≈3.3厘米）步犁，较木犁轻便、省力、易操作，但不能改变翻土方向。1952年，全县有288部，自1955年起，逐步被淘汰。

双轮双铧犁 1954年引进，日耕地6亩左右，可调节耕作深度，但笨重，需双马牵引。1956年，全县有621部；1958年为500部；此后逐渐被淘汰。

山地犁 1957年，引进双向山地步犁（双向步犁）分14寸、16寸两种。可改变翻土方向，轻便省力，能深耕，易操作。1958年，全县有2500部。1960年后普遍使用。1985年，全县有3448部。

喷雾（粉）器 1950年，引进手动喷雾（粉）器。1956年，全县有234部；1970年，有488部；1975年，引进机动喷雾（粉）器。是年，全县有1台、1.6马力。1985年，全县共有手动喷雾（粉）器481部，机动喷雾（粉）器15台、33马力。

棉麦播种耧 1972年，从洪洞县引进，分两行、三行两种。1980年，全县有414部；1985年，有615部。1977年，半机械化播种面积为5.77万亩，1985年，半机械化播种面积为4.77万亩，均以播种小麦为主。

小平车 1955年，全县有74辆；1958年，有467辆；1965年，有1945辆；1975年，有3251辆；1985年，有8610辆。

胶轮大车 1955年，全县有26辆；1958年，有78辆；1965年，有176辆；1970年，有230辆；1980年，有314辆；1985年，有145辆。

水车 1949年，全县有畜力水车3部。1950年后，它分马拉链条（大小五轮、新月牙）和手摇两种类型，少部分村庄使用，1965年后被淘汰。

第二节 农 机

拖拉机 1958年11月，静升公社购买捷克6马力和东德5马力拖拉机6台（混合台）。1961年，全县有3台（混合台）、162马力。1970年，全县有56台（混合台）、1279马力，其中大中型（20马力）以上拖拉机31台、1110马力。1975年，全县有 158 台（混合台）、4543 马力，其中大中型拖拉机 104 台、3998 马力。1980 年，全县有 470 台（混合台）、1.19 万马力，其中大中型拖拉机 248 台，9279 马力。1985 年，全县有各种拖拉机 1080 台（混合台）、1.99 万马力，其中小型拖拉机（不足 20 马力）839 台、1.05 万马力（小四轮拖拉机 816 台、10247 马力）。全县个体、联户经营的拖拉机有 985 台（混合台）、16833 马力。

主要机型有东方红 -75 型、东方红 -60 型、铁牛 -55 型、泰山 -50 型、江淮 -50 型、东方红 -30 型、东方红 -28 型、丰收 -27 型、跃进 -20 型、开封 -40 型、千里马 -28 型、晋阳 -10 型、晋中 -12 型、晋中 -15 型、五台山 -12 型、五台山 -15 型、泰山 -12 型、邯郸 -12 型、晋阳 -12 型、双菱 -12 型、长春 -12 型、东方红 -15 型、潍坊 -12 型等。

拖拉机总作业量，1972 年全县为 30.11 万标准亩（农作业 24.53 万标准亩、非农作业 5.58 万标准亩）；1974 年为 66.35 万标准亩（农作业 46.19 万标准亩、非农作业 20.16 万标准亩）；1976 年为 116.84 万标准亩（农作业 82.80 万标准亩、非农作业 34.04 万标准亩）；1979 年为 216.50 万标准亩（农作业 124.15 万标准亩、非农作业 92.35 万标准亩）；1983 年为 186.20 万标准亩（农作业 60.10 万标准亩、非农作业 126.10 万标准亩）；1985 年为 261.00 万标准亩（农作业 62.00 万标准亩、非农作业 199 万标准亩）。

机引犁 1958 年，全县引进与手扶拖拉机配套的机引犁 3 部；1960 年，引进与大中型拖拉机配套的机引犁 3 部（五铧犁 1 部、三铧犁 2 部）。1958 年，全县有机引犁 7 部。1972 年，全县有 62 部（41 部与大中型拖拉机配套）。1980 年，全县有 352 部（237 部与大中型拖拉机配套）。1985 年，全县有 426 部（226 部与大中型拖拉机配套）。

机引耙 1970 年，全县有与大中型拖拉机配套的牵引耙 1 部；1980 年，有 50 部；1985 年，有 54 部。

旋耕机 1958 年，全县有与小型拖拉机配套的旋耕机 3 部。1962 年中断。后于 1976 年又开始配套，时为 50 部（30 部与大中型拖拉机配套）。1980 年，全县有 105 部。1985 年，全县有 76 部（30 部与大中型拖拉机配套）。

机耕面积全县 1961 年为 7800 亩，主要分布在韩信岭、荡荡岭、文殊原、王禹原、寨头原等地；1970 年为 2.96 万亩；1975 年为 13.94 万亩；1979 年为 17.62 万亩；1985 年为 11.43 万亩，占总耕地面积的 30%。

播种机 1973 年，全县引进与大中型拖拉机配套的播种机 1 台。1977 年，全县有 10 台；1980 年，有 42 台；1985 年，有 15 台。全县机播面积 1975 年为 200 亩，1978 年为 1900 亩，1985 年为 300 亩。

收割机 1955 年，灵石引进马拉收割机；1975 年，引进与手扶拖拉机配套的割晒机 2 台。1979 年，全县有收割机 35 台（2 台自走式机动收割机，合 6 马力）。1985 年，全县有 25 台（220 型、190 型、108 型和 140 型 4 种）。

全县机收面积 1975 年为 160 亩，1979 年为 5370 亩，1985 年为 4841 亩。

拖车 1958 年，全县引进 0.5 吨拖车 6 辆。1970 年，全县有拖车 48 辆（载重 1.5 吨以上拖车 23 辆）；1975 年，有拖车 144 辆（载重 1.5 吨以上拖车 94 辆）；1980 年，有拖车 420 辆（载重 1.5 吨以上拖车 229 辆）；1985 年，有拖车 1112 辆（载重 1.5 吨以上拖车 275 辆）。

脱粒机 1950 年，灵石引进手摇玉米脱粒机。1952 年，全县有脱粒机 19 台；1957 年，引进机动脱粒机；1965 年，有机动脱粒机 36 台；1970 年，有 81 台；1975 年，有 274 台；1980 年，有 627 台，普及全县。1985 年，全县有机动脱粒机 817 台，拥有量较多的是静升、王禹、夏门三个乡镇，分别为 85 台、75 台和 74 台。全县个体农户经营的脱粒机有 106 台。

机械脱粒粮食从 1957 年开始推广。1979 年，全县机脱粮食 7596 万斤，占粮食总产量 1.34 亿斤的 59%；1985 年，机脱粮食 4562 万斤，占粮食总产量 1.05 亿斤的 43%。

水泵 1955 年，全县引进离心水泵 5 台；1965 年，引进三联水泵 6 台。1970 年，全县有各种水泵 113 台；1972 年，引进潜水泵 19 台；1973 年，引进深井泵、机井泵等。1979 年，全县有水泵 857 台（离心泵 486 台）；1985 年，有各种水泵 787 台。

喷灌机械 1975，全县引进喷灌车 1 辆，喷头 20 个，喷灌管道 1977 米，在南村、马和、上庄、西原、交口、田家洼、徐家庄、亳子头等村搞喷灌试验。1979 年，全县有喷灌机械 72 套；1985 年，有 25 套。

机电灌溉面积 1956 年为 700 亩，1965 年为 2500 亩，1970 年为 1 万亩，1975 年为 1.15 万亩，1977 年为 1.77 万亩（喷灌面积 2310 亩），1980 年为 2.15 万亩（喷灌面积 5400 亩），1985 为 1.05 万亩（喷灌面积 300 亩）。

磨面机 1956 年，全县引进小型面粉机 4 台；1965 年，有面粉机 46 台；1970 年，有 274 台；1975 年，有各种面粉机 690 台；1980 年，有 982 台，普及全县；1985 年，有 992 台。

碾米机 1957 年引进，1965 年，全县有 30 台。1969 年起，全县推广 330 型、220 型、200 型碾米机。1970 年，全县有各种碾米机 82 台；1975 年，有 303 台；1980 年，有 450 台；1985 年，有 515 台。

榨油机 1963 年，全县引进 3 台；1979 年，有 38 台；1985 年，有 73 台。

棉花加工机械　1963年，全县引进轧花机13台；1964年，引进弹花机5台。1985年，全县有棉花加工机械21台。

切脱（铡草）机　1962年，引进切脱机（铡草机）。1965年，全县有25台；1970年，有198台；1975年，有378台；1980年，有610台；1985年，有456台。

饲料粉碎机　1963年引进。1979年，全县有322台；1985年，有380台。

农用汽车　1956年，全县引进1辆匈牙利却贝尔350型农用载重汽车。1972年，全县有农用载重汽车5辆、450马力；1978年，有28辆、2275马力；1982年，有288辆、2.89万马力（汽油车229辆、2.23万马力）。1985年，全县有农用载重汽车472辆、5.23万马力（汽油车197辆、2.24万马力）。全县农民独户、联户经营的汽车有216辆、2.37万马力。

锅驼机　1956年，全县引进12台。1958年，全县有33台、495马力；1964年，有各种锅驼机25台，后逐渐被淘汰。

柴油机　1957年，全县引进4台、110马力，用于发电。1958年，全县有36台、404马力，用于炼铁等；1965年，有46台、459马力；1970年，有196台、1897马力；1975年，有397台、4277马力；1980年，有584台、6880马力；1985年，有各种柴油机625台、8335马力，用于农副产品加工的148台、1988马力，用于人畜吃水的157台、1875马力，用于机电灌溉的49台、663马力。

电动机　1956年，全县引进10台、122马力；1960年，有58台、621马力；1965年，有173台、1873马力；1970年，有432台、3848马力；1975年，有1229台、1.03万马力；1980年，有2720台、2.73万马力；1985年，有各种电动机3271台、3.089万马力，用于农副产品加工的1403台、1.02万马力，用于人畜吃水的321台、2951马力，用于机电灌溉的387台、6162马力，用于粮食脱粒机的385台、3406马力。

此外，1972年始使用推土铲、三用筑埂机、铲运机。1979年，全县有推土铲33部，三用筑埂机4部，铲运机4部；1982年，有农田专用推土机2台、120马力；1985年，有农田专用推土机19台、1180马力，推土铲38部。

全县农业机械总动力，1956年有212马力，1966年有1153马力，1970年有7264马力，1975年有20270马力，1980年有5.85万马力，1985年有11.25万马力（包括拖拉机、农用汽车、柴油机、电动机、推土机等动力）。

全县各种农机技术、管理人员，1958年有60余人（拖拉机驾驶员23人）；1972年有848人（拖拉机驾驶员129人）；1978年，有1500人（拖拉机驾驶员525人）；1985年，有3054人，其中拖拉机驾驶员1800人、农用汽车司机982人、其他272人。

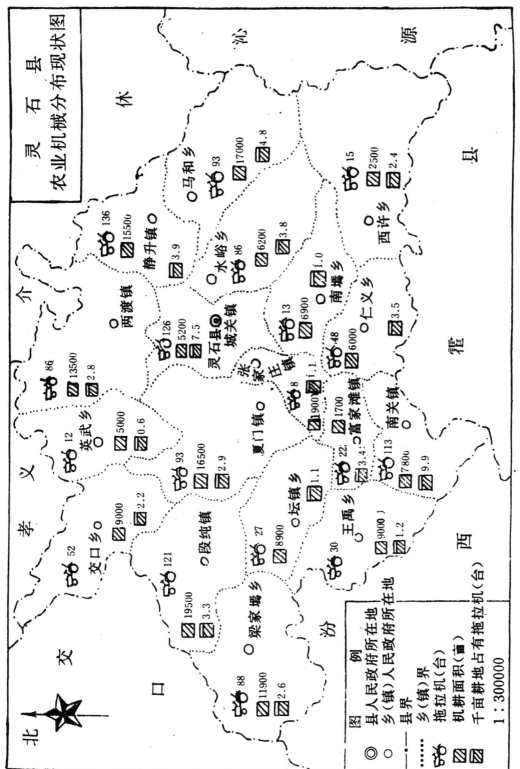

灵石农业机械分部现状图

1956—1985 年灵石主要农用机械表

年份	机引犁/部	碾米机/台	磨面机/台	脱粒机/台	水泵/台	粉碎机/台	拖拉机/台	柴油机/台	电动机/台
1956			4		6				10
1957		1	6	2	11			4	23
1958	3	1	9	2	14		6	36	36
1959	3	1	14	2	23		6	12	46
1960	3	1	20	2	28		6	24	58
1961	3	1	22	2	33		3	12	89
1962	3	1	26	3	70		3	16	56
1963	4	4	33	8	48	2	4	28	82
1964	4	4	41		50	4	5	39	95
1965	5	30	46	36	65	7	7	46	173
1966	5	33	113	23	69	43	8	69	291
1967	5	23	144	28	77	70	18	104	241
1968	7	31	137	40	83	36	22	140	262
1969	12	48	160	60	103	41	24	159	340
1970	19	82	274	81	113	85	56	196	432
1971	26	149	346	103	221	84	67	278	457
1972	62	171	464	169	274	120	83	242	684
1973	89	218	556	167	371	133	113	333	950
1974	118	246	623	193	361	140	137	355	1030
1975	193	303	690	274	253	209	158	397	1229
1976	192	356	797	382	253	253	196	475	1627
1977	210	380	851	425	418	323	250	500	2189
1978	287	408	917	475	769	320	347	548	2250
1979	338	438	967	614	857	322	404	593	2607
1980	352	450	982	627	851	341	470	584	2720
1981	300	456	1011	650	899	356	504	600	2749
1982	374	498	1049	696	917	383	550	593	2927
1983	334	481	1024	661	743	328	721	492	3005
1984	361	496	1084	768	755	347	981	556	3097
1985	426	515	992	817	787	380	1080	625	3271

第九章 收益分配

第一节 收 益

1954年以前，农民个体劳动，除缴纳各种税费外，收入全部归己。1955年起开始计算农业收入，当年全县初级农业合作社总收入173.18万元，其中，种植业收入为150万元，副业收入21.5万元，其他收入1.6万元。1956年，农业社总收入987.9万元，其中，种植业收入877.6万元，林业收入1.7万元，牧业收入12万元，副业收入76万元，其他收入为20.5万元。至1982年，农村经济收入以农业为主。1983年起，增加了多种经营成分。1985年，农村经济总收入12196万元，其中，农业收入2930万元，农村工业收入6021万元，建筑业收入450万元，交通运输业收入1390万元，商业、饮食业收入297万元，服务业收入773万元，其他收入335万元。

第二节 分 配

一、现金分配

1955年起，农业社实行集体分配，当年费用支出36.96万元，其中生产费用32.6万元，占农村经济总收入的21.34%；国家税收11.33万元，占6.54%；集体提留5.3万元，占8.04%；农民所得119.60万元，占69.03%；农业社人均40.49元。1956年，费用支出为238.18万元，其中生产费用224.9万元，占24.11%；国家税收82.44万元，占8.34%；集体提留45.44万元，占4.6%；农民所得621.87万元，占62.95%；农业社人均63元。1970年，费用支出373万元，其中，生产费用335万元，占25.43%；国家税收71万元，占4.84%；集体提留173万元，占11.79%；农民所得850万元，占57.94%；人均65元。1985年，费用支出4399万元，其中生产费用2233万元，占36.07%；国家税收495万元，占4.06%；集体提留906万元，占7.43%；农民所得6396万元，占52.44%；人均404元。

1958—1985 年灵石农村总收入表

单位：万元

年份	农村总收入	种植业	林 业	牧 业	副 业	工业及其他收入
1958	1244	1102	4	36	78	24
1959	1005	764	8	50	132	51
1960	813	640	7	62	96	8
1961	937	719	10	39	121	48
1962	712	563	4	22	95	28
1963	736	601	2	12	100	21
1964	916	760	2	14	113	27
1965	1131	921	10	15	149	36
1966	1125	846	16	17	205	41
1967	1320	933	8	24	324	31
1968	1421	851	7	20	508	35
1969	1480	952	6	19	463	40
1970	1467	1079	13	22	302	51
1971	1486	1111	13	25	278	59
1972	1629	1102	18	29	415	65
1973	1529	941	21	29	474	64
1974	1962	1274	19	28	579	62
1975	2047	1386	18	29	531	83
1976	1933	1224	20	29	569	91
1977	2123	1497	21	31	489	85
1978	2285	1370	42	35	728	110
1979	2663	1462	27	33	636	505
1980	2254	1125	26	24	511	568
1981	2257	788	23	12	797	637
1982	2428	1094	33	37	435	829
1983	3882	1744	64	104	1558	412
1984	10391	2337	133	311	1136	6474
1985	12196	2314	132	477	7	9266

二、粮食分配

1955 年，农业社集体分配粮食 1956.67 万斤，其中，交售国家 672.84 万斤，占分配粮食总量的 34.39%；集体提留 309.97 万斤，占分配粮食总量的 15.84%；分给农民 973.86 万斤，占分配粮食总量的 49.77%；农业社人均粮食 329.70 斤。1958 年，全县人民公社集体分配粮食 8188 万斤，其中，交售国家 2454 万斤，占集体分配粮的 29.97%；集体提留（包括种子、饲料、储备粮、生产专用粮及其他集体用粮）974 万斤，占集体分配粮的 11.90%；分给农民 4760 万斤，占集体分配粮的 58.13%；人民公社社员每人平均 522 斤。1970 年，集体分配粮食 8021 万斤，其中，交售国家 2226 万斤，占集体分配粮食的 27.75%；集体提留 1449 万斤，占集体分配粮食的 18.07%；分给农民

4346万斤，占集体分配粮食的54.18%；农民人均332斤。1983年，集体分配粮食11715万斤，其中，交售国家2045万斤，占集体分配粮的17.46%；集体提留1646万斤，农户生产用粮1567万斤，占集体分配粮的14.05%；分给农民8024万斤，占集体分配粮的68.49%；人均507斤。1984年，全县向国家售粮万斤以上的农民154户，售粮202.41万斤。1985年，全县向国家售粮万斤以上的农民28户，售粮354.4万斤。当年集体分配粮食10517万斤，其中，交售国家2566万斤，占集体分配粮食的24.40%；集体提留1418万斤（农户生产用粮1358万斤），占集体分配粮食的13.48%；分给农民6533万斤，占集体分配粮食的62.12%；人均413斤。

1958—1985年灵石农村集体收入分配表

年份	费用支出 / 万元		国家税收 / 万元	集体提留 / 万元	农 民 所 得	
	合　　计	其中：生产费用			合计 / 万元	人均 / 元
1958	371	329	69	120	684	75
1959	307	274	64	91	543	59
1960	284	254	62	33	434	47
1961	268	240	54	59	556	58
1962	210	193	49	26	427	41
1963	197	182	57	37	445	42
1964	218	200	60	86	552	51
1965	231	212	60	149	691	62
1966	255	231	68	114	688	60
1967	259	231	67	153	841	71
1968	275	247	63	144	939	77
1969	288	255	72	203	917	72
1970	373	335	71	173	850	65
1971	383	336	70	144	889	66
1972	461	402	68	148	952	69
1973	477	427	68	125	859	61
1974	566	507	71	239	1086	75
1975	583	516	71	295	1098	75
1976	615	531	71	221	1026	69
1977	681	595	69	254	1119	73
1978	842	754	68	204	1171	76
1979	816	720	83	293	1471	95
1980	720	603	71	224	1239	81
1981	709	560	83	182	1283	83
1982	623	510	95	202	1508	100
1983	801	670	108	229	3321	210
1984	3520	1750	480	541	5850	371
1985	4399	2233	495	906	6396	404

1958—1985 年灵石集体粮食分配统计表

年份	粮食分配总计/万斤	交售国家/万斤	集体提留/万斤	分给农民	
				合计/万斤	人均/斤
1958	8188	2454	974	4760	522
1959	6288	2251	1092	2885	316
1960	5567	2124	1019	2424	262
1961	5012	2124	917	1971	205
1962	4464	1619	848	1997	193
1963	5534	2073	970	2491	237
1964	7281	2287	1307	3687	342
1965	9002	2420	2402	4180	375
1966	7168	2012	1258	3898	340
1967	7527	2193	1271	4063	344
1968	6654	1231	1230	4193	345
1969	7361	1885	1362	4114	324
1970	8021	2226	1449	4346	332
1971	8970	2057	1913	5000	373
1972	3449	1937	1676	4836	352
1973	7519	1575	1272	4672	333
1974	10279	2085	2562	5632	391
1975	11152	2136	2965	6051	410
1976	9247	1776	2102	5369	359
1977	11333	2686	2740	5907	386
1978	10876	2193	2452	6231	405
1979	12164	2109	2810	7245	470
1980	9732	1101	2138	6493	422
1981	6766	1080	1270	4166	269
1982	7499	1789	1314	4396	280
1983	11715	2045	1641	8024	507
1984	13266	2842	2123	8301	526
1985	10517	2566	1418	6533	413

灵石部分年份人均主要农副产品量表

单位：斤

类别	粮食	油料	肉类	鲜蛋	蔬菜	水果
1949	369.2	3.39	1.98	2.64	48.4	6.27
1952	704.7	3.92	2.56	0.72	89.6	7.68
1957	507.6	2.63	3.27	1.13	89.5	11.2
1965	650.6	2.26	15.9	2.04	83.1	4.41
1978	590.0	1.66	14.08	1.21	132.9	9.88
1980	529.7	2.05	14.18	3.39	94.42	8.33
1985	514.2	7.18	15.1	10.4	142.4	12.4

第十章 土特产品

一、西山核桃

本县核桃栽培有 1000 多年的历史。静升镇核桃洼村，以核桃取名，这里古代盛产核桃。目前，全县核桃栽培面积很广，共计 50 万株，尤以西山为多，是山西省核桃林基地之一。

西山核桃，品种多，质量好，具有个大、皮薄、仁饱、味香四大优点。核桃营养价值高，含有 60%—70% 的脂肪，15%—25% 的蛋白质，还有维生素 A、B、C 及钙、铁、钾等多种营养物质。核桃仁性甘，常食之，可以温胃定喘，补肾固精，治疗肺虚、腰酸、阳痿等症，具有很高的药用价值，是人们普遍喜爱的干果之一。

核桃是本县传统的出口商品，民国时期，有商人采购送汾阳加工，经天津出口，销往国外。中华人民共和国成立后，供销部门和外贸公司负责核桃的收购、加工，并组织出口，销往苏联、英国、德国、加拿大、西班牙等国。1985 年，全县出口核桃 267.8 吨。

二、景家沟甜瓜

景家沟地处本县两渡镇，汾河西岸，水源充足，沙土地多，种植甜瓜历史悠久。传统品种有"花皮""黑皮""绿皮""香瓜"等，其特点是清脆、香甜、味美，是止渴利水、防暑降温的佳品，在本县久获盛誉，闻名遐迩。民国时期和 20 世纪 50 年代，其种植面积可观，亩产达 5000 斤以上，经济效益高于种植粮食的 3—5 倍。

三、荆条蜂蜜

灵石蜜源丰富，有着得天独厚的养蜂条件，所产荆条蜜为华北三大主产区之一，素以产量高、质量优著称。荆条蜜的特点是色泽乳白，浓度适中（41—42 度），结晶细腻，香甜可口，营养丰富，是强身益寿之佳品。

荆条蜂蜜含有大量的葡萄糖、果糖、蛋白质、矿物质及多种维生素，是理想的滋补营养品，不仅可以治疗多种疾病，还是深受群众欢迎的防暑饮料。

本县养蜂历史悠久。1984 年，全县产荆条蜜 25 万斤，创之前的最好水平。荆条蜂蜜是灵石传统的出口商品，1960 年出口量达到 7 万斤。1952—1985 年，全县共出口蜂蜜 64.944 万斤，居晋中地区之首。1982 年，在国家颁布的标准中，灵石荆条蜂蜜被评为一等产品。

四、绵山五灵脂

五灵脂，是由寒号鸟排泄的粪便加工而成的一种名贵中药材，其药性温味甘苦，具有舒筋活血、清热解毒、消炎止痛的功能，对治疗心腹疼痛、妇女经痛、冠心病疼痛、跌打损伤、毒蛇咬伤等均有较好的疗效。

寒候鸟，官名鼯鼠，栖于高山深崖之中。绵山海拔 1800 米以上，是山西省鼯鼠最多的地方。绵山脚下的马和、柏沟、曲陌、尽林头一带的村民，自古以来素有采集五灵脂的习惯和技能，他们在冬闲时常到绵山深崖之中采集五灵脂。因为采集五灵脂非常危险，要从山顶上攀绳下崖去采，故必须是父子兵、兄弟兵才能胜任。

1949 年以前，河北涿州和安国县的药商，每年都到本县东山一带收购五灵脂，运往天津出口，年收购量在 1000 斤以上。1949 年后，五灵脂由供销部门和药材公司收购并组织出口，出口量居全省之首。20 世纪 80 年代以来，人工开始饲养鼯鼠，生产五灵脂，以后产量逐渐增多。

五、东堡苹果

东堡村地处坛镇乡丘陵山区，栽培苹果树已有 30 多年的历史，主要品种有国光、红星、金冠、香蕉、红玉等。东堡苹果，色泽鲜艳，清脆味美，酸甜可口，誉满乡里，上市之后，人们争相采购。

东堡苹果，营养丰富，含糖量 10%—14%，含苹果酸 0.4%—0.6%，含蛋白质 0.3%—0.5%，还有维生素 A、B、C 等成分。久食苹果，可以帮助消化，增加营养，增进健康，又是招待宾客和馈赠亲友的上佳礼品。

六、灵石杏仁

本县生产杏仁历史悠久，主要产区在交口河一带。杏仁分苦杏仁和甜杏仁两种，是中药材和制作糕点的原料，杏仁的药用价值很高，理气、止咳、去痰、润肺效果良好。

杏仁，是本县传统出口商品之一。民国年间，河北药商在本县收购杏仁，运往天津出口，年收购量达 1 万斤以上。1949 年后，杏仁由供销社、外贸公司收购，并组织出口。1956 年，全县出口 6.65 万斤，占晋中地区首位，主要销往英国、德国、瑞典、芬兰等西欧国家。

第 八 编

商　业

第一章　商业体制

第一节　私营商业

在漫长的封建社会里，私营商业是社会贸易的主体，也可以说是全部。明清时期，境内各集镇早已形成贸易中心，生意兴隆。同时，灵石人还到河北、河南、山东、安徽、天津、北京、上海等地，开办银号、店铺。

1948年6月灵石解放后，共产党和人民政府采取保护商业的政策，私营商业很快得到恢复和发展。到1952年，全县有私营商业422户，从业人员628人，其中，县城212户、340人，农村210户、288人。中华人民共和国成立初期，私营商业的发展，对全县经济恢复起到积极作用，但有些私商为了个人发财，采取投机取巧、哄抬物价、偷税漏税、囤积居奇等不法手段，对市场管理和商品的正常流通造成一些混乱。为了确保国民经济的健康发展，遵照中央关于对私营商业"利用、限制、改造"的有关政策，从1953年开始，灵石采取公私合营的形式，对境内私营商业进行社会主义改造，到1956年为止，县城组成公私合营棉布、百货、饮食、福利总店8个、76户、176人，经销代销者46户、47人，自营者64户、82人，转业26户、35人；农村过渡到供销社的84户、152人，代购代销者44户、47人，自营者41户、48人，转农业者36户、41人。城乡走上公私合营和合作社道路的占到70%以上，私营者尚保留17%。

1978年以后，政策放宽，允许多种经济并存，个体商业和饮食服务业又得到迅速发展。1985年，全县有个体商业和饮食服务业1474户，从业人员2677人。

第二节　集体商业

1949年10月，本县遵照中央关于"发展经济、保障供给"的方针，建立供销合作社，在乡村积极发展供销事业。它系集体所有制商业，工作重点面向农村，主要任务是组织工业品下乡，满足农民生产和生活的需要，收购农副产品，支援工业建设。

供销社吸收农民入股当社员，社员是企业的主人，通过社员代表大会产生理事会和监事会，实行民主管理。社员可以享受物资供应和价格方面的优惠待遇，并凭股金参与分红。自建社以来，入股社员不断增加，1949年，有6472股，股米67702斤；1958年，有35131股，股金73873元；1985年，有82179股，股金40.68万元。

1982年，遵照中央精神，供销体制进行改革，克服官商作风，恢复合作性质，改善农商关系，进行清股分红，扩股增股，整顿机构，增设网点，使农村商品流通更趋合理，县里将供销社进一步办成农村综合商业的服务中心。到1985年，全县共有4个公司，16个基层社，42个分销店，126个零售网点，231个供销店，形成一个遍布全县的农村商业网，共有供销职工784人，商品纯销售达到2003万元。1975—1985年，集体商业上缴国税392万元，年均35万元。

1979年10月，灵石成立县劳动服务公司，为安置城镇待业青年开创新的途径，其性质为集体所有制。到1985年，全县发展新集体企业100个，从业人员1860人，生产经营总额2216.6万元，实现利润142.3万元，上缴国税74.7万元，成为灵石国民经济新的组成部分。

第三节　国营商业

本县国营商业始于1940年，在鱼儿泉建立第一个国营商店，负责抗日根据地的商品供应。1948年灵石解放后，人民政府为了迅速占领市场，平抑物价，保障人民生活，于1949—1952年国民经济恢复时期，先后建立百货公司、花纱布公司、贸易公司、专卖公司等国营商业企业，成为全县商业经济的主体。1953年，灵石开始有计划地发展经济建设，糖酒公司、石油公司、蔬菜公司、食品公司、饮食服务公司等各种专业公司和南关、富家滩、张家庄、两渡4个矿区的国营零售门市部先后成立开张，对于活跃贸易市场、服务人民生活、支援工农业生产起到主渠道作用。

1958年，全县公私合营商业、合作商业、私营商业全部并入国营商业，同时关闭贸易市场，变多种经济为单一的国营经济，形成流通渠道不畅，商业供应紧张，人民生活困难。1963—1965年，经过经济调整，状况开始有所好转。1966年，"文化大革命"开始，本县继续走单一经济的老路，一直延续到1977年。

1978年，党的十一届三中全会以后，在中央关于"解放思想，放宽政策，搞活经济"的方针指导下，灵石按照经济规律办事，改革商业体制，贯彻"以计划经济为主，市场调节为辅"的政策，实行多种经济成分、多条流通渠道、多种经营方式并存的商业体制。企业内部班组、柜台，分别实行逐级承包、专业承包和个人承包，在分配制度上克服平均主义的弊端，经济效益成倍增长。1985 年，全县社会商品零售总额达到 7844 万元，比 1978 年的 3820 万元翻了一番。

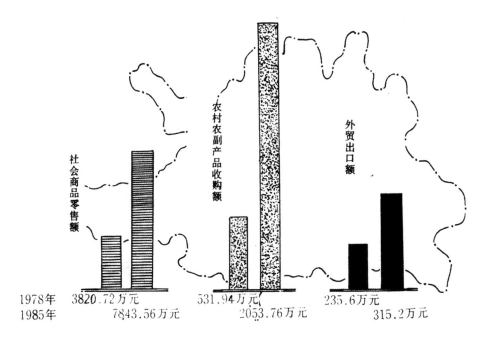

商业发展示意图

第二章 渠道网点

第一节 店 铺

本县冷泉关至南关，自古即为山西南北交通要道，沿途商业兴起较早，明清时期较为兴盛。据石膏山清道光年间（1821—1850）所立石碑记载，维修铁佛崖时，仁义镇商号捐钱的有 28 户，还有在河南省开办的灵石商户 77 户募捐银两。开业于清道光年间的城内"裕顺"商号，在曲沃设有烟厂，所产"裕丰皮"包烟，选料精良，加工精细，味香性绵，质量稳定，在县内和周围县城，久负盛名。当时有这样的顺口溜："客人来家里，先吸裕丰皮。"创立于清道光年间的"大顺"药店经营有方，讲求信誉，泡制药材认真仔细，聘有坐堂医生，有请即到，病人买药有钱现付，没钱记账。药店生意兴隆，历久不衰，一直延续到 1955 年改为公私合营大众药房。创办于清道光年间的"天元"饭馆，经营具有地方风味的酱扒肉、过油肉、虾酱炒豆腐、肉炒掐疙瘩等佳肴，深受人们喜爱，誉满三晋，历经 120 余年历史，于 1956 年改为公私合营饭店。开办于清朝年间的"德和源"醋铺，所产之醋，畅销全县，颇有名气。清末民初，灵石外出到北平、天津、河北、山东、河南、安徽、江苏、四川等地经商者多达三四千人，当时全县商业收入相当于农业收入的总和。

民国初年，灵石县城、静升、两渡、仁义、南关商业兴盛，银号、布庄、杂货、盐店、粮店、饭铺等各种店铺繁多，生意兴隆。据《山西省统计年鉴》记载，民国 22 年（1933），全县共有商号 189 户，从业人员 939 人，拥有资本 12.6 万余元。民国 27 年（1938），日军入侵后，烧杀抢掠，对灵石商业破坏极大。阎锡山统治后期，统治者对商人敲诈勒索，横征暴敛，使全县商业日趋衰落，有 80% 的店铺倒闭，商人失业，仅有少数小本经营者设摊经营，勉为生计。

1948 年 6 月灵石县城解放前夕，县城内共有坐商 79 户，摊贩 66 户，总计从业人员 177 人。灵石解放后，人民政府采取积极措施恢复商业，宣布地主经营的工商业也不在没收之列，通过调查对 90 户商号给予贷款扶持。号召外逃商人返乡营业，恢复因战争影响停办的古庙会，全县商业迅速发展。到 1949 年 3 月，城关地区私营工商业户达到 304 户，从业人员增至 445 人。

1952 年底，全县开始对私营商业进行社会主义改造。第一步是实行经销代销，即私营商业从国营和合作批发单位进货，按照国家规定的价格出售，赚取批零差价，或受国营和合作商业的委托代销指定商品，赚取手续费。到 1955 年 7 月，经营百货、杂货、中西药和饮食的 24 户私营商户实行了初步合作。第二步是 1956 年 2 月，实行了全行业公私合营，当时全县城镇共有私营商户 210 户，从业人员 339 人，资金总额 85117 元，其中，75 户组成 9 个公私合营总店，实行统一核算、统一经营、固定工资、资金定息，经理由政府派出人员担任；对 107 户实行不定股定息，但挂公私合营牌子；另有 28 户转业。当时分布在农村的私营商户共 210 户，从业人员 288 人，资金 55818 元。这些私营商户全部一步过渡到基层供销社，有代表性的私方人员安排为门市部主任。对整个私方人员，采取分行归口、量才使用的原则，全部安排了工作。到1956年3月，全县城乡改造私营商业的工作基本结束，除城镇矿区保留了18户小商贩外，其余全部实行了公私合营。

此后，私营商业长期不允许发展。党的十一届三中全会之后，我国推行改革开放政策，私营商业又蓬勃兴起。1985年，全县城乡，有商业、饮食服务业个体户1474户，从业人员2677人。

1949年灵石主要集镇私营商业基本情况表

项目	合计			城关			静升			仁义			双池		
	户数/户	人员/人	流动资金/万元	户数/户	人员/人	流动资金/万元	户数/户	人员/人	流动资金/万元	户数/户	人员/人	流动资金/万元	户数/户	人员/人	流动资金/万元
京货	68	81	3373	40	47	2090	14	17	868	13	16	385	1	1	30
杂货	149	193	3013	69	82	1078	24	40	954				56	71	98
粮店	12	49	4210	7	25	4020							5	24	190
磨坊	52	80	2005	34	48	760	5	11	270	2	5	20	11	16	950
客店	41	88	648	25	52	243				2	5	30	14	33	375
饭铺	19	35	553	8	8	52				4	9	91	7	18	410
零食	32	33	166	32	33	166									
药铺	17	34	581.5	9	13	300	2	3	160	3	3	1.5	3	14	120
文具	3	5		3	5										
麻铁器	5	9	170	3	6	160	1	1	10	1	2				
照相镶牙	4	6	98.5	3	5	53.5							1	1	45
澡堂	1	2		1	2										
成衣	3	3		3	3										
醋坊	8	20	1044	7	14	815	5	8	156	1	1	50	3	5	23
油坊	8	20	415	6	15	425	1	2	30	1	3	60			
理发	2	33				30	1	1					1	2	
制鞋	3	5	75	2	3	50							1	2	25
粉坊	1	4	60		2	50	1	2	10						
其他	88	134	714.59	49	79	12.59	15	22	370	8	13	63	16	20	269
合计	527	815	18586.5	304	445	11521.5	69	107	2828	35	56	814	119	207	3423

1981—1985年灵石个体商业发展情况表

年份	合计			城镇			乡村		
	户数/户	人员/人	资金/元	户数/户	人员/人	资金/元	户数/户	人员/人	资金/元
1981	75	90	13820	27	30	3320	48	60	10500
1982	127	162	50100	35	44	5100	32	118	45000
1983	450	609	221419	68	94	29184	382	515	192235
1984	712	1160	1851039	201	452	124875	511	708	1726164
1985	1474	2677	1772390	326	526	294115	1148	2151	1478275

第二节　社　点

　　1942年，灵东抗日根据地在峪口村办过消费合作社，名为东升厚群众消费合作社；1943年还办过民兵合作社。1944年，东许、郑家山、石台办有合作社。1945—1947年，仁义也组织办过消费合作社。1949年7月，太岳区拨800担小米，筹建县供销社。同年9月，金庄供销社建立，当时有股米7180斤。1950年1月，县供销社正式成立，领导机构为社务委员会。之后相继建社的有：旌介、南关、罗铺、静升、双池、仁义、坛镇、野场、夏门、马和、尹方、文殊原、英武、上庄、峪口、段纯、王禹、城关、两渡、碾则墕、富家滩、蒜峪、泉则坪、东许、荡荡岭、沟峪滩、道美、椒仲、牛家庄、北王中、苏溪、雷家庄等。1955年底，全县有28个基层社。1956年3月，灵石召开第一届第一次社员代表会，选举产生理事会和监事会。同年年底，全县有基层供销社16个。1957年7月，灵石召开第二次社员代表会，通过县供销社与县商业局合并的方案，之后即合署办公，一套人员，两块牌子，保留县社机构名称。1958年，基层实行以公社建社的原则，全县合并为6个公社供销总店。1962年，县社独立设置，同年，有18个公社供销合作社。1969年，撤销县社，统属县商业办公室。1971年，双池、回龙2个供销合作社划归交口县。同年，全县有16个公社供销社。1975年，恢复县供销社建制。1983年3月，灵石召开第三届社员代表会，会议通过将原灵石县供销合作社改为灵石县供销合作社县联合社的决议。1984年，基层供销社改称为乡镇供销社。1985年，全县有16个乡镇供销社，下设40个分销店和256个代购供销店。

1985年灵石基层供销社分销店

社　名	店　数/个	店　名
城　关	2	延安　张家庄
水　峪	3	蒜峪　良子墕　上庄
马　和	1	张嵩
静　升	4	旌介　苏溪　集广　南浦
两　渡	3	杨家垣　景家沟　徐家山
英　武	3	雷家庄　平泉　建新原
交　口	3	温家沟　小王庄　金庄
夏　门	7	西峪口　庄立　碾则墕　文殊原　梁家圪塔　来全　靳村
段　纯	3	兴旺原　郝家川　南坪头
坛　镇	1	杨家山
梁家墕	5	泉则坪　上庄　泊泊　野场　茹泊
南　关	3	石柜　道美　富家滩
南　墕	2	荡荡岭　高壁

1985 年灵石代购代销店情况表

单位：个

社名	店数				服务人口数			资金情况			
	合计	1人店	2人店	3人店	200人以下	200—300人	300人以上	300元以下	300—500元	500—1000元	1000元以上
合 计	256	226	25	5	33	47	176	61	63	62	70
城 关	15	15				2	13	2	3	6	4
水 峪	11	9	2		1	4	6	2	1	4	4
静 升	10	8	2		1	1	8		2	4	4
马 和	13	10	2	1	1	2	10	2	3	2	6
两 渡	22	19	3			3	19	3	10	5	4
英 武	10	9	1		1		9	1	2	4	3
夏 门	27	25	2		3	6	18	22	3		2
荡荡岭	11	11			4	1	6	3	2	3	3
仁 义	10	10			1	2	7	4	2	2	2
西 许	8	4	3	1	1	1	6	1	1	2	4
南 关	16	12	3	1		2	14		1	6	9
王 禹	21	18	1	2	5	7	9	7	8	3	3
坛 镇	17	14	3		2	4	11		3	7	7
段 纯	29	29			2	5	22	12	11	3	3
梁家圪	25	24	1		10	5	10	2	7	11	5
交 口	11	9	2		2	1	8		3	1	7

灵石基层供销社扩股情况表

单位：股、元

| 社名 | 原有总金额 | 1984年扩股情况 | | | | | | | | | | 股金数额分类 | | |
| | | 合计 | | 集体户 | | 专业户 | | 村民户 | | 职工（本企业） | | 万元以上 | 千元以上 | 千元以下 |
		股数	金额	股数	金额	股数	金额	股数	金额	股数	金额			
合 计	414861	1375	236989	28	75680	48	30885	799	90014	500	40410	2	48	270
城 关	43077	141	23400	1	20000			80	300	60	3100	1		6
水 峪	10130	148	1350			2	700	118	240	28	410			3
静 升	29928	124	16165			1	1000	69	8365	54	6800		1	18
马 和	32387	110	22381	1	5000			85	16261	24	1120		3	28
两 渡	71574	124	52025	5	10700	20	6500	50	25425	49	9400		13	41
英 武	24850	43	17110			4	10750	17	360	22	6000		5	12
夏 门	23500	37	5500					27	4850	10	650		2	5
南 圪	20861	130	11548	12	8010	1	100	98	2138	19	1300			6
仁 义	15620	52	10640	2	920	1	5000	31	1180	18	5540		4	40
西 许	17996	46	2765	3	2050	2	245	19	260	22	210		2	1
南 关	51884	79	43320	1	20000			34	20990	44	2330	1	6	62
王 禹	14635	52	2420			5	1890	24	150	23	380		1	4
坛 镇	12764	51	2965			1	2000	24	95	26	870		2	1
段 纯	16553	93	6015					47	4815	46	1200			6
梁家圪	14100	75	5400					40	3600	35	1800		1	7
交 口	24999	70	13985	3	9000	11	2700	36	985	20	1300		3	30

第三节　公　　司

1940 年，灵东抗日民主政府成立贸易公司，并在鱼儿泉建立公营商店，主要在东许、横河、南头、腰庄、曲陌、军寨等地进行商业活动。1942 年，贸易公司驻东许村。1948 年，县城组建公营贸易公司；1950 年 2 月，组建县百货批发小组，同年，富家滩建"配给部"；1952 年，组建专卖事业公司，并在南关、双池设批发部。1954 年，县百货公司成立，同年 10 月，中国花纱布公司灵石县分公司成立，是年，两渡综合商店开业。1955 年，县食品公司成立。1956 年，部分私营商业归入县百货公司，并在北街、水头建百货一、二门市部。同年，县木材公司成立。1957 年 9 月，县副食杂货公司成立，并在富家滩、南关、张家庄、两渡建立商店。1961 年，山西省交通电工器材公司灵石分公司成立（后改为五金交电化工商店、生产资料采购供应站、五交化公司）。次年 11 月，县糖业烟酒公司成立。1963 年，县饮食服务公司成立。同年，纺织品商店开业。1964 年初，县里成立石油商店。1968 年，新街百货第三门市部开业。1973 年，县蔬菜公司成立。同年，五一百货大楼、灵石煤矿商店建成开业。1975 年，石油商店改为石油公司。1981 年，新街综合营业楼建成开业。1983 年，县烟草公司成立。同年，糖业烟酒公司改为副食品公司。1984 年 9 月，县百货公司、县交电公司、副食品公司合并为灵石贸易中心，并建立零售公司。1985 年，全县有批发点 16 个，从业人员 171 人；零售门市（店）39 个，从业人员 444 人；管理机构 10 个，从业人员 99 人。同年，商业用房总面积为 59608 平方米，总固定资产为 229.6 万元。

第四节　集　　市

集市贸易是境内贸易的主要形式之一。早在明代，境内南关、段纯、两渡、城关、夏门等地，已形成较大规模的贸易市场，加之固定的古庙会，成为固定地点、时间的交易场所。集市贸易开市时间不一，有一日集，有二三日集，规模有大有小。每逢集期，境内外经商者前来，时有文娱节目助兴。1938 年，日军侵占灵石后，集市贸易受到严重影响，不少集市关闭。1949 年后，县人民政府重视集市贸易，各地集市贸易得到恢复。20 世纪 60 年代之后，受"左倾"路线的影响，恢复的集市贸易一度关闭。1979 年后，传统的古集、古会（庙会）得到恢复和发展，现有恢复、新立物资交流会 40 余处。

据城关、南关、段纯、静升、两渡、仁义、夏门7个集贸市场统计，1979年，总成交额27.8万元，其中，牲畜成交358头，成交额4.47万元；粮食成交额5.94万元；油料成交额1.91万元；蔬菜成交额2.14万元；其他成交额13.34万元。1985年，总成交额1492.6万元，其中，牲畜成交1586头，成交额61.94万元；粮食成交额176万元；油料成交额91.03万元；蔬菜成交额233.73万元；其他成交额929.9万元。

灵石各地交易会时间表

地　点	时间（农历）	地　点	时间（农历）
县城	三月初三至初九	仁　义	四月初五至初七
	六月初六至十三	南　塔	正月十五至十七
	九月初九至十五		四月初九至十一
	腊月初八至十四		八月初五至十七
静升镇	三月十八至二十	交口乡	二月初十至十二
	六月十九至二十一		七月初五至初七
	九月十五至十七	夏门镇	三月十二至十四
	十月初一至十三		八月十二至十四
段纯镇	二月初二至初四	峪　口	腊月十二
	三月初十至十二	梁家塔	三月十五至十七
	四月十一至十三		四月十五至十七
	六月二十二至二十四	上庄村	正月二十五
	七月初二至初四		十月二十五
	八月十六至十八	南泊村	三月二十日
	十月十五至十七	泉则坪	九月十七日
南关镇	三月初九至十一	王　禹	二月十七至十九
	九月十九至二十一		九月十五至十七
英武卧牛神	三月初三	回　祖	五月初五
	腊月初八	坛　镇	四月初八

第三章　商品购销

第一节　收　购

民国时期，本县商人购货，小宗去平遥，大宗去太原、天津。有信誉的商号，凭信函即可调货，并互报市场信息。

民国 15 年（1926），县城代销煤油的义聚号由太原祥记煤油公司调进煤油 48000 斤。民国 32 年（1943），县城永泰裕等 10 家京货、杂货铺从太原调进京津百货、文具纸张、日用杂货等总值 9.14 万元。

民国 33 年（1944），灵东抗日根据地从介休、天津等地购入大小电池、蜡纸、誊写纸、火柴、白布、食盐等日用品，总值冀钞 1057 万元。

1949 年后，全县通过没收官僚资本，改造私营工商业，确立以社会主义公有制经济为主的商品流通渠道。

一、计划调拨

20 世纪五六十年代，国营商业所购商品主要靠计划调拨。1958—1976 年，百货系统按计划调拨商品，主要有棉布、针织品、毛线、呢绒、绸缎、缝纫机等；五交化系统有自行车、收音机、电视机、洗衣机等；副食系统有糖、烟酒、盐、碱面、奶粉等；食品系统有猪、鸡、牛、羊、鱼肉、鲜蛋等；蔬菜系统有白菜、大葱、胡萝卜、白萝卜；物资系统有木材、石油、钢材等产品。计划调拨方法由县根据社会购买力和群众消费特点，参照历年实况制订商品调入计划，通过上级审查平衡下达指令计划，从二级批发站或指定地点进货。1950 年，全县购进 9 万元；1958 年，购进 394 万元；1963 年，购进 949 万元，其中计划调拨 787 万元，占到 82%；1980 年，购进 2446 万元；1985 年，购进 3011 万元，计划调拨数下降到 43%。

二、农副产品收购

国营商业购进商品的第二个渠道是收购农副产品，由粮食系统收购粮食和油料；商业系统收购蔬菜、药材和猪羊；供销系统收购棉花、干鲜果品、土特产及废旧物资等。1949—1985 年，全县收购鸡蛋 681.1 万斤，其中，1979 年，收购 68.32 万斤，是历年最高年份，每年平均收购 18.4 万斤。1952—1985 年，全县收购棉花 72.55 万斤，蜂蜜 1132.28 万斤，野生油料 37.91 万斤，苹果 117.09 万斤，梨 2207.08 万斤，花椒 54.4 万斤。1952—1985 年，全县购进总额共 9440 万元，其中，农副产品收购总值 4157 万元。

1978—1985 年，收购蔬菜总量 6113.8 万斤。同期，从外地调进 1955 万斤。每收购 1 斤蔬菜，国家补贴四分八厘八。1949—1985 年，全县收购生猪 28.44 万头，其中，20 世纪 50 年代 26424 头，60 年代 11.2 万头，70 年代 10.82 万头，80 年代前 5 年 3.72 万头。

1952—1985 年灵石供销社商业收购情况表

单位：万元

年 份	总 额	其 中农副产品收购额	年 份	总 额	其 中农副产品收购额
1952	46	32	1969	98	40
1953	147	101	1970	102	53
1954	124	65	1971	137	54
1955	94	52	1972	153	68
1956	165	82	1973	195	90
1957	151	58	1974	237	103
1958	394	92	1975	269	114
1959	368	200	1976	275	136
1960	348	193	1977	358	156
1961	340	141	1978	470	182
1962	229	114	1979	530	229
1963	219	133	1980	433	240
1964	186	92	1981	442	198
1965	153	84	1982	562	105
1966	112	61	1983	536	208
1967	130	73	1984	618	228
1968	128	55	1985	664	219

三、工业产品收购

本县 20 世纪 50 年代的轻工业产品有日用铁器、陶瓷、铁木农具等，到 70 年代，发展有鞋帽、服装、油布等产品，由商业部门提供原料，实行包销。1977—1980 年，全县采购油布 10.3 万米，服装 9.64 万件，帽子 1.66 万顶，布鞋 6.44 万双，劳动布 46.82 万米，共值 254.6 万元。

四、自由选购

20 世纪 50—60 年代，自由选购商品是一种补充形式，80 年代为主要形式。在方式上有的直接到产地选购，有的在交易会上选购。本县中心商场是灵石最大的商业窗口，同省内外 187 个厂家有业务联系。1976—1985 年，本县商业系统由省内外调入商品价值总额 17634 万元，年均 1763.4 万元。1983—1984 年，县供销社自采商品总值 709 万元，其中，自行车 951 辆，缝纫机 440 架，卷烟 36.51 万条，各种服装 4.63 万件，大米 12.36 万斤。

第二节　销　售

一、批发

1950 年，县成立百货批发小组，负责日用百货、棉布的批发业务。

1954 年，百货批发组改为百货公司，批发业务逐步扩大。是年，全县批发总额为 810.86 万元，其中，商业和供销系统批发 564.53 万元，占商业、供销系统销售总额的 70%；私营商业批发 246.33 万元，占私营商业销售总额的 30%。

1957 年，全县批发额 1465.07 万元，其中，国营、供销、公私合营商业批发额为 1427.91 万元，占销售总额的 97.5%；私营商业批发额 37.16 万元，占销售总额的 2.5%。

1958 年，商业部门的百货、副食、食品、石油、药材、木材和供销系统的生产资料、土产废品等专业公司相继建立，形成工农之间、城乡之间、地区之间的商品流通渠道。

1985 年，全县有国营商业批发机构 16 个，人员 171 人。批发对象是集体、个体商业和农业生产部门，供销合作社是批发的主要对象。农村急需的 8 种商品，在批发时供销社可享受回扣优惠，其中，食盐、中成药回扣 3%，铅丝、圆钉、木材、麻袋回扣 4%，煤油回扣 5%，煤炭回扣 6%。

1976 年以后，随着经济体制的改革，国营商业的批发业务逐渐下降。县商业系统对供销社的商品批发量由 20 世纪 50 年代的 50% 降至 70 年代的 30%，1985 年降到 11.6%。

1976—1985 年灵石商业对供销社批发量

年份	批发货物总额/ 万元	占总销售 /%	年份	批发货物总额/ 万元	占总销售 /%
1976	812	30.66	1981	820	29.68
1977	658	29.53	1982	760	27.57
1978	653	28.56	1983	677	32.30
1979	747	30.53	1984	485	16.04
1980	804	29.8	1985	442	11.60

二、零售

（一）城市零售

根据国营和供销按地区分工的原则，国营商业负责县城和两渡、张家庄、富家滩、南关四大矿区非农人口的商品销售，占全县总人口1/4；供销系统负责全县农村的商品销售，占总人口的3/4。

1949年，全县商品零售额246.16万元，其中，生产资料2.71万元，生活资料243.45万元，包括吃的109.55万元、穿的29.31万元、日用品104.59万元。1958年，全县商品零售总额1857.04万元，其中，生产资料215.97万元、生活资料1641.07万元，生活资料零售额中包括吃的836.95万元、穿的229.75万元、日用品474.37万元。

20世纪60年代初期，国民经济出现严重困难，市场供应紧张。县人民政府采取对醋、酒、火柴、盐、碱等日用品发购买号，按月、按季、按户定量供应；豆腐、肉蛋，逢年过节按人口供应；卷烟按户、吸烟人数凭烟号供应；石油、手表、呢绒、绸缎、毛线、毛毯、毛衣、麻袋等由政府领导和财、经两委分配；肥皂、纯碱、雨鞋、布鞋、圆钉、电线、铁丝、煤油、自行车等23种商品和农产品完成任务留成部分的棉花、皮麻、蜂蜜、粉条、鸡蛋、酒、红白糖等19种共计42种商品由商业局分配供应；部分商品酌情分配或敞开销售，从而稳定了市场。

1961年，县里对少数商品实行高价销售，在县城和矿区设专柜供应，有糕点、水果糖、针织品、照相机、进口卷烟等11种商品。1962年，全县社会商品零售总额1186.24万元，其中，生活资料零售总额1076.16万元，生产资料零售总额110.8万元；1965年，社会商品零售总额上升到1512.47万元，其中，生活资料1363.49万元，生产资料148.98万元；1976年，社会商品零售总额3224万元，其中，生活资料2506.5万元，生产资料285.1万元。1981—1985年，全县社会零售额共计18689.5万元，年均3739.7万元。

（二）农村零售

生产资料 供销社的销售任务是为农村社员供应生产、生活资料，改善城乡物资交换关系，帮助恢复和发展生产，实现国营经济对小生产者的领导，使农业、手工业者的个体经济通过合作化组织起来，逐步走向集体化道路。

1952年，灵石开始供应农村生产资料，当年销售额11万元；1959年，上升到110万元；1962年，降到52万元；1980年，为175万元；1985年，达210万元。1952—1985年，全县生产资料总值4336万元，年均131.4万元，其中，化肥11.26万元，年均3314吨；农药378吨，年均11.20吨；铁木农具166.8万件；各种柄把、抬杆等156.17万件；耕畜5056头。

1952—1985 年供销社生产资料供应总值表

单位：万元

年份	金额	年份	金额	年份	金额
1952	11	1964	43	1976	170
1953	6	1965	112	1977	263
1954	31	1966	81	1978	282
1955	54	1967	70	1979	227
1956	91	1968	68	1980	175
1957	48	1969	61	1981	120
1958	78	1970	151	1982	142
1959	110	1971	169	1983	193
1960	124	1972	146	1984	231
1961	78	1973	198	1985	210
1962	52	1974	220	合计	3726
1963	45	1975	226		

生活资料　供销社是农民群众的后勤部门，每年要将经久耐用、美观大方的消费品及时送到农民手中，既可促进工农业生产的发展，又可回笼货币、稳定物价。

1949 年，全县生活资料销售额 1 万元；1950 年，销售额 17 万元；1952 年，销售额 97 万元；1957 年，销售额 442 万元。

1961 年，本县商业、供销系统按照"调整、充实、巩固、提高"的八字方针，实行奖售、对流、换购、议购凭证供应及开放自由市场等一系列的政策、措施，到 1963 年市场情况开始好转。1965 年，全县纯销售额 502 万元，其中生活资料供应 390 万元。1975 年，全县销售额上升到 970 万元，其中生活资料供应 722 万元。

1979 年，商业职工解放思想，改进服务，延长营业时间，增加货物品种，拆整卖零，方便群众，销售额逐年上升。1981 年，全县纯销售额 1628 万元，其中生产资料供应 1463 万元。

1983 年，全县开展商业体制改革，实行多种形式的承包责任制，在商品购销中开始多渠道进货，多网点销售，设固定摊、流动摊，组织职工送货下乡。1985 年，市场纯销售 2003 万元，其中生活资料供应 1731 万元。1949—1985 年，全县市场销售总额 29315 万元，年均 792.4 万元，其中，生活资料供应总值 24315 万元，年均 715.15 万元。1952—1985 年，供销系统商品纯销售额以类统计，农业生产资料 4336 万元，棉麻 602 万元，土产 668 万元，干鲜果 396

万元，干菜调味 481 万元，茶叶 235 万元，盐 833 万元，日用杂品 1632 万元，废旧物资 261 万元。1952—1985 年，全县主要商品销售量具体如下：自行车 22386 辆，收音机 8630 台，手表 23768 块，挂钟 10904 架，缝纫机 12969 台，糖果 895 吨，红白糖 3095 吨，糕点 2022 吨，酒 3212 吨，卷烟 24002 箱。

灵石部分年份国营商业发展情况表

年份	企业数 /个	职工人数 /人	购进总额 /万元	零售总额 /万元	利　润 /万元		流动资金 /万元	固定资产 /万元
					总　额	其中上缴		
1962	14	459	155	452.2	48.29	17.45	9.30	63.72
1965	14	549	332	632.2	33.85	43.05	209.11	78.57
1966	14	549	246	684.2	37.14	41.79	34.35	78.71
1970	15	664	188	865.7	70.14	67.34	308.87	82.41
1975	17	708	1782.4	1017.6	90.03	84.36	324.10	121.86
1977	17	734	2151.1	1257.8	111.00	104.41	33.01	159.08
1978	17	752	2153.3	1292.4	85.86	91.67	299.05	153.49
1980	17	843	2437.8	1415.7	102.10	88.75	284.49	199.05
1981	17	876	2596.4	1379.1	109.61	71.12	292.83	252.30
1985	64	1009	2887.6	620.4	61.60	80.07	287.9	348.3

1985 年国营商业企业情况表

名　称	成立时间	职工人数 /人	经营范围	营业总额 /万元	实现利润 /万元	固定资产 /万元
百货公司	1954.5	53	批发零售纺织、百货、文具	1097.3	28.37	12.06
食品公司	1955.9	89	猪、禽、肉、蛋	170.3	-29.8	48.4
蔬菜公司	1973.10	89	收购加工、供应蔬菜	181.3	-1.08	30
五金交电公司	1961	38	批发零售五金、交电、化工	623.9	15.3	10.1
饮食服务公司	1963.2	172	旅店、理发、照相、信托、饭店等	85.1	7	86.6
副食公司	1957	16	批发零售糕点、调味品	275.5	6.7	
糖酒公司	1962.11	25	批发零售糖、酒	275.5	6.7	8.4
烟草公司	1983	I6	批发零售烟草	487	9.5	4.4
石油公司	1964	42	汽油、柴油	486	14	19.3
药材公司	1955	52	中西药、医疗器械	216.5	7.2	19.3
物资公司	1968	45	金属材料	689	12.7	51.4
木材公司	1956	43	省内外圆木、板材	272.5	6.9	20

灵石部分年份商业系统主要商品销售情况表

商　品	1952 年	1957 年	1962 年	1965 年	1978 年	1980 年	1985 年
棉布（米）	8154	10445	4663	8118	13010.6	13897	9851
呢绒绸缎（米）	0.4	104	124	385	82994	529.26	1397
棉毛衫裤（件）	2400	10800	2400	8400	4353	78560	146400
服装（件）							140300
皮鞋（双）							27500
自行车（辆）		694	206	900	2751	2556	5318
手表（块）					3807	5901	13554
缝纫机（架）		51	451	697	1022	1458	1546
收音机（台）		53	278	171	2251		3759
电视机（台）							3139
洗衣机（台）							1803
鲜蛋（公斤）	21050	16000	18300	49650	61900	108350	278000
卷烟（箱）	890	1470	626	2573	5377	6897	7347
酒（公斤）	95250	187800	83900	103000	237664	465087	763000
食糖（公斤）	41136	108737	98626	162787	348463	310624	680000
苹果（市担）					2029		
柴油（吨）			28	49	1359	1662	2160
汽油（吨）			70	153	1687	1924	3710
录音机（台）							1010
电风扇（台）							864
电冰箱（台）							98

1952—1985 年灵石供销社销售情况表

年　份	总　额	生产资料	生活资料	年　份	总　额	生产资料	生活资料
1952	108	11	97	1969	510	61	441
1953	131	6	123	1970	614	151	411
1954	327	31	293	1971	776	169	588
1955	468	54	410	1972	802	146	618
1956	619	91	524	1973	911	198	688
1957	496	48	442	1974	931	220	690
1958	582	78	452	1975	970	226	723
1959	612	110	472	1976	1085	170	880
1960	788	124	604	1977	1133	263	885
1961	608	78	436	1978	1293	282	954
1962	475	52	402	1979	1465	227	1135
1963	524	45	463	1980	1569	175	1343
1964	554	43	511	1981	1128	120	1463
1965	502	112	390	1982	1636	142	1458
1966	513	81	418	1983	1705	193	1484
1967	521	70	443	1984	1900	231	1608
1968	515	68	437	1985	2003	210	1731

1952—1985 年灵石供销系统各类商品销售统计表

单位：万元

年份	生产资料类	棉麻类	土产类	干鲜果类	调味类	茶叶类	盐类	日用杂品类	废旧物资类
1952	11				2	1	5	2	
1953	6	3			5	1	11	6	
1954	31	10	4	3	12	1	17	16	
1955	54	19	9	4	29	2	16	42	2
1956	91	14	6	2	31	3	26	44	1
1957	48	9	8	3	24	2	12	27	
1958	78	18	7	7	21	1	22	40	1
1959	110	17	7	8	22	1	16	21	1
1960	124	14	17	7	28	5	24	60	2
1961	78	8	30	11	18	1	35	40	6
1962	52	7	20	2	17	1	18	38	3
1963	45	11	30	6	14		15	32	1
1964	43	10	58	11	14	2	20	28	1
1965	112	12	22	4	1	3	16	29	1
1966	81	3	7	1	1	3	17	31	2
1967	70	7	9	2		3	18	32	3
1968	68	4	6	3		3	18	33	3
1969	61	10	7	2	1	6	20	35	2
1970	151	22	17	45	2	6	22	61	2
1971	169	18	21	59	5	5	36	50	6
1972	146	17	26	74	7	5	31	63	7
1973	198	17	21	42	7	5	34	54	7
1974	220	14	19	79	6	14	42	68	11
1975	226	16	23	51	6	7	36	69	9
1976	170	12	16	23	9	8	35	51	14
1977	263	13	24	29	10	12	37	61	16
1978	282	14	32	23	19	12	38	58	20
1979	227	48	32	23	14	14	31	54	16
1980	175	58	25	24	26	16	36	65	14
1981	210	71	20	26	14	16	33	67	12
1982	142	24	25	22	16	18	34	72	15
1983	193	25	27	17	28	19	41	75	25
1984	281	20	37	30	33	20	42	92	26
1985	210	37	56	27	39	19	35	116	32
合计	4336	602	668	596	481	235	883	1632	261

灵石供销系统历年几种主要商品销售数量统计表

年份	自行车/辆	收音机/台	手表/只	钟/个	缝纫机/台	糖果/吨	食糖/吨	糕点/吨	酒/吨	卷烟/箱
1952	8						5		24	172
1953	50						22		38	213
1954	60						25		42	860
1955	85						83		63	1235
1956	175						84		66	1420
1957	82	5			13		56		126	2045
1958	137	5			80		73		66	1275
1959	264	19			22		28		81	1625
1960	239	34			82		29		46	1224
1961	152	7			326		85		53	734
1962	184	60			259		46		25	213
1963	85				537		51		31	727
1964	102				370	34	78		44	1123
1965	78				318	42	81		56	1584
1966	118			312	205	45	60	61	51	1591
1967	132			221	263	49	86	69	54	1581
1968	220			381	193	53	133	78	55	1374
1969	354			330	219		135	57	44	1734
1970	412	55	323	345	225		146	60	47	1721
1971	517	72	375	356	234		125		51	1930
1972	620	88	396	385	246		116		47	1826
1973	615	113		412	273		121		60	2234
1974	524	122		477	153		84		55	1926
1975	844	185		494	347		98		89	3064
1976	1103	680	894	781	319	13	91	134	117	3820
1977	1124	1126	733	437	438	54	100	235	113	2525
1978	1520	740	987	476	598	95	179	190	121	3117
1979	1145	1305	1318	777	584	97	163	206	134	3688
1980	1226	2505	2162	932	854	112	182	197	165	4415
1981	1850	3488	2281	973	1367	114	188	189	192	4203
1982	1904	2950	3295	976	2085	99	184	174	168	4071
1983	2184	2135	3181	811	1092	101	220	136	215	3384
1984	2014	1723	4545	472	706	91	300	114	301	3209
1985	2249	1213	3278	556	652	96	258	122	372	2600
合计	22386	8630	23768	10904	12969	895	3095	2022	3212	24002

1985 年县联社直属企业情况表

单位：万元

单　　位	成立时间	职工人数	经营范围	商品购进	商品销售	固定资产
棉麻土产公司	1955.12	68	棉麻、木产、日杂、废品四大类商品	97.1	142.5	21.274
生产资料公司	1954.10	38	化肥、农药、中小农具等	67.61	98.8	21.89
副食果品公司	1957.2	58	副食、果品、食盐、茶叶、调味	76.7	142.9	14.33
贸易货栈	1962.6	21	农副产品、百货、副食、家电等	88.7	117.2	15.7
合　　计		185		330.11	373.15	73.194

第四章　粮食贸易

第一节　征　　收

明代之前，田赋征实物，缴纳粮食和丝、绢、布、银，明清两代改为折征银两。明万历二十九年（1601），全县田赋征银 13159 两；清雍正十二年（1734）为 16745 两；清光绪十八年（1892）为 20904 两。民国初年改征银圆，民国 5 年（1916）为 38589 元，民国 10 年（1921）为 43265 元。民国 25 年（1936）为 34776 元。

1938 年，阎锡山统治区将田赋征银改为征实物，每两官银"征一购二附加三，马料征四帮差一"，计亩实征两石八斗，最高时增至八石六斗。

1940 年，日本侵略者在占领区推行粮食派购，按粮食播种面积估产确定征购量，限期缴纳。1940 年至 1945 年 8 月，日本侵略者共掠夺本县粮食 13000 余万斤。

抗日民主政府在广大农村实行合理负担，统一累进征收救国公粮。1945 年，人均负担 3.8 斤，公粮占粮食总产量的 1%；1948 年，略有增加。1949 年，人均负担 25 斤，公粮占粮食总产量的 2%。同年冬至 1950 年，全县对土地进行丈量，以实有土地（36.63 余万亩）征收爱国粮。1951 年，亩征 20.9 斤，附加粮征收标准为公粮的 20%。1953 年，亩征 21.5 斤，同年改附加粮征收标准为公粮的 15%。1956 年以后，亩征 20.5 斤。

第二节 购 销

一、市场交易

据 1919 年《山西省经济统计》载，当时灵石有私人粮店 16 家，从业人员 122 人，共拥有资金 1.3 万元。

1936 年，全县有粮店 20 家。道美村是南关地区粮食集散地，有粮店 3 家，从业人员 30 人，有资金 1 万余元，年经营粮食 4 万余斤。城关、静升、仁义都设有私人粮店。较为兴盛的"志诚德"粮店有职工 30 余人，资金 2 万余元，年经营粮食 1.3 万余斤。其粮食来源是向集镇粮店和农民收购，销往平遥、介休、太谷、太原等地。

1938 年，日军入侵灵石后，城乡粮店都先后歇业，从业人员各谋生计。1941 年以后，抗日根据地东许、军寨等地先后建立集市，粮食上市量逐步增加。1943 年，小麦上市 11 万余斤，秋粮 7 万余斤。1945 年，粮食上市 15 万斤。1948 年灵石解放后，新成立私人粮店 4 家，加上原有的 8 家，共有 12 家，各地集会恢复，市场活跃。

1949 年，粮食形势一度紧张，市场紊乱，粮价飞涨，抢购成风，人心不安。小麦每百斤从 14.5 元涨到 20 多元。为了打击粮食投机商，稳定市场，平抑物价，当年秋，县供销社成立合作粮站，中央粮库在灵石建立分粮库，中国粮食公司平遥分公司在灵石设立粮食小组，1950 年成立粮食交易所，这些机构成立后，大批粮食掌握在国家手中，私人粮店经营量逐步下降。1952 年 10 月，分粮库和粮食小组合并成立灵石县粮食局，先后在城关、两渡、张家庄、富家滩、南关、仁义、段纯、静升、交口建立粮食管理站，负责全县的粮食管理、购销、供应事宜。1953 年之后，私营粮店逐步关闭，全县粮食购销统一由粮食部门经营。20 世纪 80 年代，市场开放，农民剩余粮食可以进入市场自由销售。

二、统购统销

统购 1953 年 11 月 23 日，县人民政府实施中央人民政府政务院发布的《关于实行粮食计划收购和计划供应的命令》，同时成立粮食统购统销办公室，抽调干部下乡，宣传政策，调查摸底，当年，完成统购粮 2410 万斤。

粮食统购包括农业税征粮、统购粮（除口粮、种子、饲料等的剩余部分，按比例确定收购量）、超购粮（除上述两项外收购的部分），以及委托代购和零散收购粮食。1955 年，灵石实行"三定"（定产、定购、定销）的统购办法，1956 年，征购 3557 万斤；1957—1962 年，平均年征购 2800 万斤；1965 年，为 2434 万斤；1967—1970 年，年均 1815 万斤。

　　1972年，粮食征收由一定三年改为一定五年，即征收基数5年不变。1971—1975年的5年中，全县征收9310万斤，年均1862万斤。

　　1976—1979年的4年中，全县征收7916万斤，年均1979万斤，在统购中局部地区一度出现征过头粮，村民口粮人均小麦2.5斤。1981年，根据管理形式的变化，征购征收采取预付定金，落实到队、到组、到户签订合同，一定3年不变。承包时，增加5%的机动数。如遭受自然灾害，予以核减当年任务，但须在下年补齐，3年统一结算。全县签订合同的征购数量为1800万斤，其中超购为100万斤。1981—1983年，全县实际完成征收4804万斤。

　　1985年，灵石取消粮食统购政策，实行合同定购，由粮食部门与村民委员会或村民小组和农户，直接签订粮食订购合同，并由当地乡镇人民政府监督执行。当年，全县签订征购合同数额为1600万斤，实际完成1306万斤，因灾减免124万斤。

1953—1985年灵石粮油征收征购情况表

单位：万斤

年　份	粮食征购		油料收购	年　份	粮食征购		油料收购
	征购	议购			征购	议购	
1953	1959	—	—	1970	1928	198	0.2
1954	2524	—	—	1971	1876	7	0.42
1955	2511	—	—	1972	1839	84	4.32
1956	2727	—	19.40	1973	1421	2	0.83
1957	1740	—	10.75	1974	1877	118	3.81
1958	3305	—	1.40	1975	1962	53	5.96
1959	4067	—	2.1	1976	1664	34	8.33
1960	2190	—	1	1977	2350	159	1.19
1961	1910	—	0.62	1978	1915	25	0.21
1962	1483	—	0.33	1979	1744	296	0.18
1963	1985	91	0.39	1980	1061	1005	0.06
1964	2177	142	0.68	1981	778	49	0.02
1965	2839	218	0.36	1982	1437	63	0.78
1966	1781	—	0.2	1983	2359	675	0.1
1967	2048	8	0.14	1984	2061	188	—
1968	1061	6	0.04	1985	1270	674	0.16
1969	1995	1	0.34				

　　统销　1953年12月，县人民政府制定《粮食计划供应工作草案》。对非农业人口18907人和农业人口中的缺粮户10729人，以及熟食、酿造业和旅店，实行计划供应，职工每人每月粗粮40斤，细粮按工种的不同供给18斤、8斤；市民每人每月粗粮30斤，细粮4斤。供应的步骤是先城市，后农村；先集体，

后个人。对各行各业的有关情况进行澄清，登记造册，发放购粮证。城关地区由县粮食局直接供应，其余由各基层供销社代供。

1955 年 8 月，灵石对城镇粮食统销发证工作进行了整顿，压缩不合理供应人口 1775 人，并按照国务院《市镇粮食定量供应办法》和省政府制定的实施细则，将供应办法由初期的计划供应改为定量供应，市镇居民口粮实行分等定量。粮食供应工作的混乱状况得到克服，走上了正轨。

1960 年，灵石对城镇居民供应的标准量作了调整。全县分为六等、二十二级，特重体力劳动者，甲级 53 斤，乙级 48 斤，丙级 44 斤；重体力劳动者，甲级 42 斤，乙级 39 斤，丙级 37 斤；轻体力劳动者甲级 35 斤，乙级 32 斤，丙级 30 斤；大中学生甲级 36 斤，乙级 34 斤，丙级 33 斤；脑力劳动者甲级 29 斤，乙级 28 斤；市民 10 周岁以上 28 斤，8—10 周岁 27 斤，6—8 周岁 25 斤，5—6 周岁 21 斤，3—5 周岁 18 斤，2—3 周岁 13 斤，1—2 周岁 11 斤，不满周岁者 9 斤。一人一份口粮，干什么工种吃什么定量，按人定量，归户计算，凭证凭票供应。此标准和办法一直沿用至 20 世纪 80 年代。

粗细粮供应比例，1984 年之前为 7∶3。从 1984 年 9 月 1 日开始，改为 4∶6，煤矿井下工人的细粮标准为 60%。

1985 年，全县受国家供应的非农业人口为 46481 人，年供应总量为 1872 万斤。向农村菜队供应 384 万斤；针对农村缺粮户，粮食部门也给予一定数量的供应。什么时候缺粮就什么时候供应，当地有什么粮就供应什么粮。1957—1962 年的 6 年中，农村缺粮供应总计 1816 万斤，年均 302 万斤。1971—1975 年的 5 年中，农村缺粮供应总计 1282 万斤，年均 256 万斤。1976—1979 年的 4 年中，农村缺粮供应 1828 万斤，年均 457 万斤。1981—1982 年，农村缺粮供应 1443 万斤，年均 721 万斤。

1956 年，灵石实行粮食定量供应后，随之实行粮、料票制度。粮票种类有：全国通用粮票、山西省粮票、山西省地方粮票。灵石县也曾印制本县粮票（1958 年 1 月停用）。城镇居民需要外出时，可在自己的供应标准内领取粮票，农业人口外出需要粮票时，拿粮食到粮食部门进行兑换。

三、议购议销

1963 年，灵石开始实行粮食议购，对完成国家分配的征购、超购任务后，农民的余粮进行收购，价格随行就市。1963—1975 年，全县议购粮食 856 万斤。1976—1980 年，议购粮食 598 万斤。

1984 年，县粮食局成立粮油议购议销公司，1984—1985 年，共议购粮食 5699 万斤，议购油料 65 万斤。

1984 年之前，议购的粮食基本上都纳入计划供应。1984 年之后，按照高进高出的原则，投放市场。

1953—1985 年灵石粮油销售情况表

单位：万斤

| 年份 | 粮　食　销　售 | | | | | | | 食油销售 |
| | 合　计 | 其　　中 | | | | | | |
		市民供应	农村返销	工业用粮	饮食用粮	饲料用粮	其　他	
1953	598	436	55		56	34	17	
1954	1401	742	516		68	52	23	
1955	1480	1015	293	5	75	70	22	—
1956	1919	1341	334		107	104	33	40.55
1957	2363	1883	205	1	130	106	38	35.73
1958	2309	1847	41	1	96	193	131	48.23
1959	3677	1992	1186	5	50	196	248	48.24
1960	2421	1926	167	10	30	179	109	23.28
1961	2027	1559	225		16	84	143	17.11
1962	1829	1338	279	1	13	74	124	16.68
1963	1784	1376	236	1	9	72	90	16.7
1964	1956	1423	258		44	78	153	24
1965	1957	1447	284		56	81	89	29.22
1966	1878	1366	258		88	78	88	31.19
1967	1858	1290	255	1	115	69	128	30.58
1968	1869	1387	187	1	61	72	161	27.42
1969	1916	1434	255	1	38	69	119	16.81
1970	2425	1591	506		85	65	178	22.3
1971	2469	1745	363		122	78	161	24.16
1972	2425	1793	285		104	72	171	9.79
1973	2430	1769	318		100	88	155	4.72
1974	2367	1745	310		75	85	152	15.8
1975	2373	1732	325	2	89	49	176	19.9
1976	2477	1719	423	1	97	74	163	22.33
1977	2536	1816	384	1	111	57	167	17.21
1978	2859	1808	715	1	116	75	144	26.92
1979	2379	1554	488	1	96	53	187	21.60
1980	2426	1487	597	2	115	63	162	51.99
1981	3017	1562	1061	2	162	48	182	73.51
1982	2039	1328	355	2	156	32	166	76.02
1983	2718	1908	507	1	121	26	155	59.37
1984	3157	2365	296	2	101	21	372	66.43
1985	3202	1947	755		50	10	440	48.96
合计	76581	51671	25444	42	2752	2507	4518	966.06

第三节　储　运

一、仓储

清雍正六年（1728），灵石始设义仓，用奖励的方法，鼓励好义者捐献粮食。所捐之粮，储于各村，选择老实可靠的人予以保存，负责出纳，年终统一盘查。全县共有义仓24处，存谷2802石。

清乾隆十三年（1748），灵石设立社仓，从群众中凑集粮食，储于村中，推选公正之人管理，在青黄不接之际发放给无粮户，待有了收获之后再行收回。当时，全县有社仓25处，储谷4488余石。

清嘉庆十三年（1808），全县积谷达13000石，年生息3000石。息谷用以煮粥赈灾。

清光绪三年（1877）大灾后，全县各种仓储粮食发放殆尽，后来虽屡年积储，到民国年间，积存不足千石。民国16年（1927），全县仅余9石。民国20年（1931），官绅公议再筹款买谷，后因收成不好未能办成，之后再无进展。1938年，日军入侵后，传统的仓储制度归于消逝。

抗日战争期间，革命根据地的粮食，是利用空闲民房，就地保管，简易存放。为避免敌人抢掠，有时埋入地下，石膏山的崖洞中也存放过粮食。日军投降后，人民政府在东许、西许、腰庄、柏沟、红崖底等村设过粮库。后来随着形势的好转，粮库日益增多。

1948年灵石解放后，政府用火车站一座简易仓库作粮库，并利用祠堂、庙宇及租赁私人闲空院落储粮。

1953年，实行统购统销后，粮食收购数量急剧增大，原有仓库远不够用，只好露天囤积储存。1954年以后，灵石连续在城关、富家滩、南关、两渡等地兴建了一批粮库，总容量为2946万吨。

二、调运

抗日战争期间，人民向民主政府缴纳的粮食，都是靠人担畜驮，送往指定地点。

1948年，灵石解放后，边远村庄的公粮就近送往政府指定地点，大部分村庄的公粮均送入县城统一接收。农业合作化后，一些地方开始用上小平车，有的以户送交，有的联户送交；人民公社化后，由社队统一送交。随着拖拉机、汽车的使用，逐步取代人畜运送。凡需调出县境或调入县境的粮油，提前向火车站报送车皮计划，一般均能及时完成调运任务。1979年，县粮食局成立汽车队，方便短途调运。

统购统销之后，粮食的调拨执行统一计划。1984 年之后，地方有了一定的机动权力，但大部分还是属于国家计划调拨。

三、民间储粮

农业集体化之后，生产队每年都储备一定数量的粮食。这种储备粮可由生产队自行保管，也可以委托国家粮库代为保管。1980 年以后，多数村已无集体储粮，但农民家庭储备的粮食有所增加。有部分农户存储粮食可以用一至二年。

1953—1985 年灵石粮食储、调情况表

单位：万斤

年份	调入	调出	年末库存	年份	调入	调出	年末库存
1953	484	1331	873	1970	970	1691	833
1954	840	1857	780	1971	1140	556	1235
1955	954	2355	546	1972	889	968	725
1956	1564	2573	891	1973	1317	345	621
1957	1550	951	931	1974	1462	810	961
1958	1270	1837	1394	1975	1121	933	936
1959	1911	3488	1166	1976	1388	1021	612
1960	1292	1307	623	1977	1790	627	1769
1961	689	547	846	1978	1051	467	1584
1962	446	447	755	1979	1633	864	1851
1963	95	76	1384	1980	2021	330	1642
1964	927	2016	1025	1981	625	61	182
1965	998	2558	907	1982	903.5	222.5	1033
1966	873	1100	1025	1983	743.5	254	1590
1967	738	1312	836	1984	1005	89	2119
1968	543	615	288	1985	118.5	119.5	2094
1969	1233	472	1206	合计	34584.5	34200	35269

灵石粮站（库）基本情况表

单位：间、万吨

站（库）名	建立时间	间数	库容量	站（库）名	建立时间	间数	库容量
两渡粮站	1955.7	33	371	静升粮站	1961	10	168
城关粮站	1955.7	13	511	仁义粮站	1955.12	12	118
张家庄粮站	1955.7	23	347	交口粮站	1971		118
富家滩粮站	1955.7	40	353	直属库			1090
南关粮站	1955.7	40	472				
段纯粮站	1955.7	20	488	合计		191	2946

第五章　专卖物资

第一节　石　　油

　　清末民初，县内一些商号经销煤油；1949年后，由公营商店经销。1961年，全县销售汽油51吨，煤油159吨，柴油73吨，润滑油15吨，合计283吨。1975年，石油公司成立的第一年，销售收入79万元，利润0.9万元，固定资金8.5万元，流动资金8万元。1976年，全县销售总额159.6万元，费用总额4.95万元，商品毛利润7.6万元，流动资金14.9万元，固定资产9.6万元，利润总额8.7万元，职工平均劳效9.98万元。1980年，全县销售总额244万元，费用总额8.1万元，商品毛利润7.54万元，流动资金29万元，固定资产19.2万元，利润总额10.98万元，职工平均劳效9.76万元。1985年，全县销售石油6309吨，销售总额595.6万元，费用总额为22.2万元，商品毛利润6.92万元，流动资金35万元，固定资产49.3万元，利润总额14万元，职工平均劳效17.5万元。1985年比1961年，石油销售量增加122.7倍，利润增加14.5倍。

第二节　木　　材

　　1950年2月至1956年8月，县木材收购站收购农民自产木材2400余立方米，雇佣民工在石膏山林场砍伐坑木6000余立方米，砍手榴弹把400万根，共计8400余立方米，其中坑木全部销往南关、富家滩、西山、阳泉煤矿；手榴弹把全部销往阳泉兵工厂。1956年9月至1961年12月，全县调进木材16000余立方米，销售15000余立方米，主要销往汾西矿务局南关、富家滩、张家庄、两渡4个煤矿，总营业额132万元，每立方米平均88元，利润2.8万元，年均利润5600元。1962年1月至1979年12月，全县调进木材82000余立方米，销售80000余立方米，坑木主要销至农村社队煤矿，部分木材销至国家基建单位，销售额960万元，年均53.3万元，利润总额15万元，年均8300元。1980年后，工业木材（特别是坑木）和民用木材大量增加，市场需求上升。至1985

1961—1985 年灵石石油销售情况表

单位：吨

年　份	合　计	其　　中			
		汽　油	煤　油	柴　油	润滑油
1961	298	51	159	73	15
1962	269	70	160	28	11
1963	236	46	110	37	43
1964	322	106	143	35	38
1965	395	153	155	49	38
1966	401	147	152	74	28
1967	451	162	172	86	31
1968	429	154	136	110	29
1969	417	108	148	134	27
1970	730	233	159	276	62
1971	1019	372	168	372	107
1972	1348	542	134	520	152
1973	1621	749	131	560	181
1974	2052	887	104	834	227
1975	2176	915	128	880	253
1976	2514	1132	119	1058	205
1977	2814	1362	36	1131	285
1978	3345	1687	33	1359	266
1979	3896	1996	18	1650	232
1980	3914	1924	93	1662	235
1981	3854	2074	95	1465	220
1982	4074	2364	115	1383	212
1983	4726	2665	153	1681	227
1984	6076	3395	135	2254	292
1985	6309	3710	152	2160	287

年，全县调进 71000 余立方米，销售 70000 立方米，年均销售 11666 立方米，销售总额 1200 万元，年均销售 200 万元，每立方米 170 元，利润 44 万元，年均 73000 元。35 年间，经营效果最好的是 1982 年，年调进 11250 立方米，销售 11200 立方米，经营额为 26.63 万元，每立方米均 200 元，利润 94984 元。其中县内全民所有制单位消费 4935 立方米，集体所有制单位消费 1180 立方米。

县木材公司历年进销情况表

类　别	购进数量／立方米			销售数量／立方米			销售金额／万元	平均每立方米金额／元	利润／万元
	合计	省外材	省内材	合计	坑木	市场材（圆木）			
1950 年 2 月至 1956 年 8 月	8400		8400	8400		8400	35	45	
年平均数	1296		1296	1296		1296	5.38		
1956 年 9 月至 1961 年 12 月	16000	15500	500	15000	13000	2000	132	88	2.8
年平均数	3200	3100	100	3000	2600	400	26.4		0.56
1962 年 1 月至 1979 年 12 月	82000	76600	5400	80000	70000	10000	960	120	15
年平均数	4560	4260	300	4450	3900	550	53.3		0.83
1980 年 1 月至 1985 年 12 月	71000	67400	3600	70000	61000	9000	1200	170	44
年平均数	11830	11230	600	11830	10166	1500	200		7.3

第三节　钢　　材

　　本县钢材主要包括重轨、轻轨、大中小型钢、带钢、线材、特厚钢板、中厚钢板、薄钢板、优质型材（包括碳素结构钢）、无缝钢管、焊接钢管等。1961 年，全县全民所有制企业购买钢材 30.47 吨，基本建设单位消费钢材 109.05 吨。1970 年，全县生产单位消费钢材 117.45 吨，基本建设单位消费钢材 170.37 吨。1971 年，全县钢材消费，全民所有制生产单位 123.79 吨，基建单位 199 吨；集体所有制生产单位 94.12 吨，基建单位 97.78 吨；农村人民公社消费 49 吨。1975 年，全县全民、集体生产、基建单位和农村人民公社消费钢材 894.66 吨，其中人民公社消费 75 吨。1979 年，全民、集体生产、基建单位消费各种钢材 1506 余吨，其中重轨 152.53 吨，轻轨 90.56 吨，大型型钢 23.93 吨，中型型钢 219.14 吨，小型型钢 302.59 吨，带钢 3 吨，线材 121.33 吨，中厚钢板 187.67 吨，薄钢板 115 吨，优质型材 30.31 吨（其中碳素结构钢 17.13 吨），无缝钢管 64.81 吨，焊接钢管 72.24 吨，其他钢材 123.06 吨。1985 年，全民、集体单位消费钢材 2089 吨，其中轻轨 174 吨，大型型钢 6 吨，中型型钢 223 吨，小型型钢 443 吨，带钢 12 吨，线材 400 吨，特厚钢板 2 吨，中厚钢板 191 吨，薄钢板 118 吨，优质型材 28 吨（碳素结构钢 7 吨），无缝钢管 80 吨，焊接钢管 247 吨，其他钢材 165 吨。

1961—1985 年灵石钢材、水泥销售量表

单位：吨

年 份	钢 材	生 铁	水 泥
1961	139.52	23.82	275.45
1962	161.54	24.00	61.30
1963	93.3	10.00	161.85
1964	205.66	—	127.17
1965	232	32.00	650.00
1966	134.77	4.21	622.84
1967	127	5.00	641.00
1968	158	17.00	382.00
1969	85	14.00	340.00
1970	287.82	923.00	1706.00
1971	514.69	2356	1397
1972	915.00	3215	2457
1973	719.60	3423	1412
1974	1045.5	3366	2378
1975	819.66	2779.14	1314
1976	807	1337	1963
1977	1070	2537	1741
1978	1234	3194	5544
1979	1506	3179	1465
1980	1027	2004	1315
1981	776	1276	1615
1982	1244	1278	3392
1983	1592	1935	4687
1984	2714	1587	5300
1985	2089	1832	3245

第六章　饮食服务

第一节　饮　　食

民国 22 年（1933），城内有黄、白酒馆各一家。饭铺有天元馆、天兴馆，操办喜庆宴席，风味独特。1949 年 3 月，全县申请开业的饭铺有 8 家，从业人员 12 人；零食铺 32 家，从业人员 33 人。双池镇有饭铺 7 家，从业人员 18 人；仁义镇有饭铺 4 家，从业人员 9 人。1952 年，县供销社在城内南街创办第一个公营人民食堂，专向工农群众服务，以销售面食为主。1956 年 2 月，县城和富家滩矿区分别组建饮食总店，有网点 6 个，从业人员 26 人。1961 年 6 月，县城和 4 个矿区设饭店 11 个，从业人员 83 人，其中，县城 3 个，从业人员 46 人；南关 4 个，从业人员 12 人；富家滩 2 个，从业人员 13 人；张家庄 1 个，从业人员 8 人；两渡 1 个，从业人员 4 人。1978 年，国营、集体、个体饮食业在改革开放政策中同步发展，各饭店以烹调、服务相互竞争，至年底，全县饮食业共 27 户，从业人员 155 人。1982 年，翠峰楼饭店建成开业，有职工 40 余人，其中名厨师 1 人。1985 年，全县有饮食业 279 户，从业人员 1031 人。同年，翠峰楼饭店有职工 42 人，其中厨师 3 人，设有高级雅座 6 套，普通餐厅 2 个，可同时接待 480 名顾客，年营业收入 40.8 万元，利润 3.92 万元，日均营业额 1000 元，是山西省 34 家名餐馆之一。

第二节　服　　务

民国 22 年（1933），城内有旅店 11 个，其中三和店从业人员 5 人；有货栈 1 个，商号是生茂隆客商货栈，从业人员 8 人；有理发店 3 个，从业人员 6 人；仁义、静升、双池镇亦有理发、照相、旅店（馆）。1948 年 6 月灵石解放后，县城开业客店 25 个，人员 52 人；仁义、静升、双池镇共有照相、镶牙、理发、客店 20 个，从业人员 39 人。

1979—1985 年灵石饮食业网点、人员统计表

类　别		合　　计		其　　　　中			
		网点／个	人员／人	县　城		乡　镇	
				网点／个	人员／人	网点／个	人员／人
1979 年	合计	27	155	19	129	8	26
	国营	18	121	18	121		
	集体	9	34	1	8	8	26
	个体						
1980 年	合计	32	167	20	115	12	52
	国营	17	120	11	99	6	21
	集体	7	39	1	8	6	31
	个体	8	8	8	8		
1983 年	合计	46	161	19	96	27	65
	国营	10	74	10	74		
	集体	6	18	1	4	5	14
	个体	30	69	8	18	22	51
1984 年	合计	117	431	33	179	84	252
	国营	10	121	4	79	6	42
	集体	39	141	10	44	29	97
	个体	68	169	19	56	49	113
1985 年	合计	279	1031	76	370	203	661
	国营	6	70	6	70		
	集体	108	494	41	221	67	273
	个体	165	467	29	79	136	388

1956 年公私合营后，县城和 4 个矿区组建福利总店，下设网点 12 个，人员 32 人。1979 年，服务网点发展到 32 个，人员 92 人。1985 年，全县共有服务业 217 个，从业人员 419 人，其中，个体 174 个，人员 282 人；集体 26 个，人员 79 人；国营 17 个，人员 58 人。

旅店　1956 年公私合营后，旅店设备逐步改善，全县国营旅店有大小客房 83 间，床位 219 个。1982 年，翠峰楼饭店附设旅馆业务，客房设备高档化，有沙发、电风扇、彩色电视机和卫生间。1985 年，全县有旅店 43 家，从业人员 137 人。

照相　1956—1961 年，全县有照相馆 5 个，从业人员 17 人，照相设备使用三脚架照相机，可拍黑白相、上油彩。20 世纪 80 年代，县内照相馆增设放大机、闪光照相机，摄影技术不断提高。1985 年，全县有公私照相业 10 户，从业人员 24 人。

浴池　1948 年前，个体经营，大锅烧水，自备浴巾，通铺招待。1956 年，本县在翠峰街东侧（二轻商场），建起国营澡堂 1 个，职工 4 人，床位 30 个。1980 年，本县在水头桥筹建 600 平方米澡堂，1983 年竣工开业，设有男女浴池，由城关劳动服务公司经营。

理发　1956 年，公私合营初期，本县有网点 3 个，从业人员 8 人。所用工

具是刀、剪、推子、定向椅，后来增加吹风机和电推子。1985年，全县有理发网点12个，从业人员22人，其中县城7个，从业人员16人。

修表 1956年，本县有修表店1个，技工2人。1970年后，手表普及，品种多、花样新，修表人员增多，技术亦在提高。1985年，全县有修表网点44个，技工52人，其中县城10个，从业人员18人。

刻字 1949年后，县城有刻字门店1个，人员3人，可用正、草、隶、篆字体刻制竹、木、玉、骨、化学等材料的公、私印章。多年来，本县刻字行业维持现状。1980年以后，个体刻字者增加，到1985年，全县刻字业13户15人，其中个体12户12人。

信托 信托门市部始建于1957年，当时有职工8人。经营业务主要是为群众代买代卖，并收购古董、玉器，代购代售衣服和家具及日用杂品，从中赚取手续费。1985年，全县有职工3人，营业收入3.19万元，利润0.25万元。

自行车修理 民国初期，县城有1户修理自行车铺，后来增加华兴修车行。1956年，城内有修自行车铺2户，人员7人，以后并入手工业合作社。1961年手工业归队，成立自行车修理社，1973年，并入五金厂，设自行车修理车间1个。1980年，待业女青年崔金花申请开业修车，由于她收费合理，修车认真，群众十分信任，多次评为先进生产者，并受到中央部门、省、地的嘉奖。1985年，全县修理自行车网点发展到46户、修理工64人，其中，县城6户，人员14人。

灵石部分年份服务业网点、人员情况表

类　别		合　　计		其　　　　　　中			
		网点／个	人员／人	县　　城		乡　　镇	
				网点／个	人员／人	网点／个	人员／人
1979年	合计	30	92	25	83	5	9
	国营	24	71	24	71		
	集体	6	21	1	12	5	9
	个体						
1980年	合计	38	143	33	134	5	9
	国营	27	104	22	95	5	9
	集体	7	34	7	34		
	个体	4	5	4	5		
1983年	合计	310	758	61	148	249	610
	国营	24	75	24	75		
	集体	4	10	2	8	2	2
	个体	282	673	35	65	247	608
1985年	合计	217	419	55	146	162	273
	国营						
	集体	43	137	26	89	17	48
	个体	174	282	29	57	145	225

第七章 对外贸易

第一节 出口商品收购

境内在唐代已是商贾云集之地，特别是贾胡堡一带。从事商贾者，以市场需求为目标，收购本地货物远销外地。据《中国交通史料汇编》载："清末西人在山西霍州、灵石地方掘得罗马古铜钺10枚，钺面镌文，盖悉为罗马皇帝梯拜流斯时代所铸。"

民国初年，县城的"王聚公""公义和""五合之"，静升的"自盛公"等商号，收购羊皮1万余张，鸡蛋10万余斤，以及肠衣、羊毛等；民国15年（1926），收购羊皮1052张；次年，收购羊皮5280张。民国21年（1932），河北省涿州张坊镇瑞昌号山货庄，派员来境内收购杏仁1万斤。

1949—1951年，出口商品由供销社收购；1957年，由省、地外贸公司驻灵石小组收购。1961年，县外贸公司成立，出口商品由外贸公司直接收购。主要收购商品有：石膏、硫黄、电石、腐殖酸、陶瓷、麻袋、油料、杏仁、瓜子、鸡蛋、家兔、蜂蜜、毛皮、毛绒以及药材、珠宝等。1968年，全县外贸商品收购总额29万余元。1973年，县外贸收购总额38万余元。1978年，县外贸收购总额为180万余元。1985年，全县外贸收购总额为260万余元。

1968—1985年灵石外贸商品收购情况表

单位：元

年份	收购额	年份	收购额	年份	收购额
1968	291589	1974	600502	1980	1807766
1969	350302	1975	1158714	1981	1366535
1970	472131	1976	1274009	1982	1669421
1971	277018	1977	1344633	1983	1382011
1972	336045	1978	1731432	1984	1102355
1973	381218	1979	1771669	1985	2606900

第二节　主要出口商品

石膏　1958年，开始向朝鲜出口，年出口量2000吨。1977年，开始向柬埔寨出口，当年出口2900吨，最高年为3700吨。供货单位有灵石石膏矿、石膏白灰厂和乡镇企业。

电石　1982年，开始向印度尼西亚和我国香港地区出口，1982年出口量为300吨，1983年为190吨，1985年为351吨。

腐殖酸　1977—1980年，连续4年出口，主销日本。1977年出口量为65吨，1978年为716吨，1979年为1185吨，1980年为438吨。1985年，又向马来西亚出口230吨，由两渡腐殖酸厂供货。

麻线绳　1974年，向外试销。1975年，正式订货出口，销往伊拉克和中东地区。1974年出口量为18.25吨，1975年为160吨，1976年为161吨，1977年为212吨，1978年为140吨，1979年，停止出口。供货单位县麻纺厂。

硫黄　1957年，开始出口，主销苏联和东欧各国。1961年出口量为1108吨，1962年为405吨，1963年为100吨，1964年为230吨，1965年为850吨，1966年为1007吨，1967年为1000吨，1968年为10吨，1970年停止出口，1985年，向我国香港地区出口1720吨。

核桃和核桃仁　民国初年即有私商收购出口。1949年后，由供销社收购，发送至天津加工出口。1961年，由外贸公司收购，并进行水洗加工。1976年，改为氯化铵漂洗。1979年，开始加工核桃仁，调天津出口。核桃主销西德、英国、西班牙、苏联等国，核桃仁主销加拿大、英国、苏联和我国香港地区。1949—1985年，全县共收购出口核桃2072吨，核桃仁427吨。

杏仁、瓜子　民国21年（1932），河北省涿州张坊镇瑞昌号山货庄，派人到灵石收购杏仁1万余斤，直运天津春记货栈转洋行出口。1951年，供销社收购杏仁，调往太原北营加工，于晋中地区组织出口。1961年，外贸公司收购白瓜子发送至祁县加工后出口。1976年后，县外贸公司加工成品调往天津出口，主销西欧国家。

粮食、油料　1963年，向日本出口玉米250吨，1965年2136吨，1970年1035吨。1972年，向英国出口谷穗13吨。1982年，出口蓖麻子220吨，1983年出口82吨，1984年出口178吨，1985年出口186吨。

活家兔　1965年开始出口，当年只收购出口17只。1975年达到14.9万只，1979年收购出口25.7万只，1985年为4.4万只。

皮张 民国初年，灵石皮行商号有县城的天聚公、公义和、五合元，静升的自盛公，还有仁义的一家。这些商号收购的皮张，大部分运往交城，由中外皮商修整后分路调往天津出口，年收购羊皮1万张以上。《山西省政府经济统计》记载，1926年，灵石收购各种皮张1052张；1927年，为5280张；1949—1985年，共收购出口皮张66.8万张，其中，绵羊皮14.7万张，山羊皮40.2万张，还有狐皮、豹皮等少量野生动物皮张。

毛绒 灵石出口的毛绒有绵羊毛、山羊毛、羊绒、猪鬃等。羊毛在20世纪30年代前即有出口，当时是通过皮行运往交城，再运往天津出口；1951年，直接调往天津出口。1951—1985年，全县共收购出口绵羊毛12439担，山羊毛4714担。羊绒从1961年开始出口，1961—1985年，全县共收购出口311担。猪鬃从1961年开始出口，到1985年，全县共收购出口692担。

肠衣 1919年，静升就有人收购肠衣加工后转运天津出口。1949—1985年，全县共加工出口猪羊肠衣22.9万根。

鸡蛋 民国初年，灵石每年收购10万斤鸡蛋运往平遥和离石的蛋厂加工后出口。1950—1968年，灵石曾向离石蛋厂输送鲜蛋供加工出口。

蜂蜜 1952年开始出口，到1984年全县共出口324吨。

陶瓷 1967年，南关陶瓷厂生产的黑釉瓷器开始出口，1984年，停止出口。1967—1984年，全县共出口瓷器270.95万件。

药材 灵石采集的猪苓、山大黄、美人子等野生药材，有部分出口。

1968—1985年灵石外贸销售利润情况表

单位：元

年份	销售金额	利润	固定资产	年份	销售金额	利润	固定资产
1968	547677	32825	38115	1977	1862642	22486	148098
1969	452659	15029	69231	1978	2356611	46793	145422
1970	642112	20856	60231	1979	2466931	80025	154622
1971	468492	22707	58270	1980	2415812	71683	194072
1972	474334	11166	40711	1981	1769903	55722	197918
1973	636218	26505	40711	1982	2604211	61702	202418
1974	925467	17238	40711	1983	2432581	60084	214516
1975	1461960	-24103	59783	1984	1815017	26913	225056
1976	1721655	-3160	146378	1985	3151577	23970	275056

说明：利润栏内"-"是亏损。

灵石历年出口商品一览表

时间	工业品			农副产品										珠宝/元
	石膏/万吨	硫黄/吨	陶瓷/万件	核桃/吨	核桃仁/吨	杏仁/担	瓜子/担	皮张/万张	猪鬃/担	肠衣/万根	羊绒/担	家兔/万只	蜂蜜/吨	
1949—1960				324.8	231.3	1828	—	14.44		2.00			67.45	
1961	1.23	1108		12.7	4.1	12	24	0.75	3	0.38	5.9		8	
1962		405		—	25.9	100	52	1.83	1	0.451	3.04		—	
1963	1.5	100		—	17.2	250	49	1.84	13	0.96	2.69		9.8	
1964	1.1	230		—	12.4	180	46	13.33	23	1.02	3.05		10	
1965	1.60	850			30.8	75	60	1.60	32	1.30	22.72	0.17	13.5	9198
1966	1.55	1007			11.6	40	23	1.416	30	1.43	11.78	0.180	31	419
1967	1.50	1000	0.05	59.6	6.4	160	66	1.704	27	1.45	25.48	0.694	24	
1968	1.00	10	3.16	28.1	—	40	23	1.604	28	1.04	11.80	0.4721	20.6	
1969	1.00		1.52	54.2	—	15	22	1.74	57	1.01	9.69	0.4756	9.5	
1970	0.44	45	3.09	36.1	—	20	51	1.70		0.84	8.46	0.162	2.7	
1971	1.07		9.02	31	0.5	24	48	1.72	24	0.82	8.16	0.1383	—	
1972	1.35		8.59	66.1	1.05	11	155	1.46	29	0.85	14.79	1.211	—	
1973	0.82		18.56	96.87	2.6	44	98	1.61	26	0.68	14.08	3.04	—	8666
1974	1.25		13.40	110.84	2.8	77	162	2.43	26	0.18	15	9.19	—	16028
1975	1.50		13.44	100.51	2.9	43	228	2.67	21	0.50	13.07	14.90	—	1637
1976	2.00		14.02	98.51	2.8	28	151	1.47	35	0.84	14.55	17.41	—	
1977	2.00		12.95	29.8	0.4	24	42	1.96	62	1.63	13.12	16.77	21.3	
1978	2.40		29.11	15.0	2.5	25	115	2.12	47	1.53	14.09	19.76	3.4	295
1979	3.25		20.59	119.5	1.4	37	327	1.64	38	0.68	17.54	25.69	5.2	1592
1980	2.54		72.52	124.5	20.5	85	386	1.82	30	1.15	20.65	20.81	14.5	
1981	2.58		34.07	122	15.54	47	206	1.77	39	1.10	21.34	9.55	22.19	1.748
1982	3.74		12.25	93.4	20.43	152	95	2.04	35	0.68	17.36	7.73	—	1.942
1983	3.04		4.71	126.66	4.97	32	146	1.12	21	0.11	14.3	8.32	25.58	1.671
1984	2.30			154.32	5	50	65	0.92	16	0.16	7.49	7.95	—	
1985	2.28	1720		2678		8.3	92	0.03	7	—	1.08	4.40	36	
	43.04	6475	271.05	4482.51	423.09	3407.3	2732	66.734	692	22.791	311.23	169.023	324.72	37840.361
合计	43	6475	270	2072	427	2407	2732	66	692	29	311	117	324	43136

第 九 编

财政金融

第一章 财 政

明清时期，本县财政收支以银两计算，收入主要有田赋、丁赋、站银、屯田、税收等，支出主要是上缴国税和地方开支。抗日战争时期，财政收入以农税为主，初期收款，后改征实物。中华人民共和国成立后，1950—1952 年，财政为国家统收统支，收入全部上缴，支出全部下拨，结余上缴中央。1953 年，实行分级管理，县为一级财政，开始编制全面预决算。1964 年，实行收支挂钩、总额分成，比例包干、三年不变，县财政自主权有所扩大。1968 年，收支两条线，不再挂钩。1971 年，改为定收定支，收支包干。1974 年，实行固定比例留成。1980 年，改为划分收支，分级包干。规定本县的固定收入为企业收入、农业税、工商税、其他收入 4 项。工商税为分成收入，规定本县所留比例为 33.9%。县财政对全县行政、事业单位的经费支出，实行包干，一年一定，节约留用，超支不补。1983 年，实行除其他工商税以外各项收入总额分成的办法，本县分成比例核定为 54%。1985 年，实行划分税种，核定收支，分级包干。省级煤炭税、中央电力税全部上划，建筑税留县使用，其余各税参与分成。灵石分成比例为 58%。1949—1985 年，除 1976 年外，收入年年有超，支出岁岁有增，收支平衡，略有节余。

第一节 收 入

一、总收入

《灵石县志》（万历本）记载，明万历二十九年（1601），本县的收入为赋役征银 14345 两，其中，田赋 13159 两，丁赋 103 两，站银 995 两，屯田 88 两，税收征银 381 两（其中，钢银 305 两，炭窑 27 两，铁炉 20 两，酒课 29 两；其他征银 225 两，其中，课租超额 103 两，水磨 16 两，桑枣 106 两），总计收入 14951 两。清康熙十一年（1672），共征银 14336 两；雍正十二年（1734），共征银 21410 两；乾隆四十五年（1780），共征银 21652 两；嘉庆二十一年（1816），共征银 24974 两；光绪七年（1881），共征银 54652 两；民国 10 年（1921），征收银圆总计 65956 元；民国 23 年（1934），为 76611 元；民国 25 年（1936），为 61817 元。日伪统治时期的 1942 年，共征收 11.90 万元（伪币）。

中华人民共和国成立后，财政制度逐步健全，财政收入直线上升。1949年，全县财政收入仅36.8万元，1985年，达到1579万元。1949—1985年的37年中，全县财政收入共计16700万元，其中，企业收入1643万元，占9.8%；工商各税126万元，占76%；农业税2116万元，占12.6%；其他收入248万元，占1.6%。

1949—1984年灵石预算内财政收入总表

单位：元

年　份	预　算　收　入				上　级 补助收入	总　计
	企业收入	工商各税	农业税	其他收入		
1949		10000	356000	2000		368000
1950		124000	257000	8000		389000
1951		328000	472000	28000		828000
1952		609000	655000	31000		1295000
1953		880000	758000	40000		1678000
1954		1346000	734000	22333	266567	2743191
1955	91532	1747000	699000	15443	28500	2816666
1956	94068	2042000	680000	16162	80000	3268786
1957	168185	2555000	523000	16154		3686905
1958	1037000	2678000	1555000	81000		5621000
1959	3355000	3360000	601000	29000		7429000
1960	3729000	3675000	560000	16000		8037000
1961	60718	3477393	537814	19005	1358997	5544929
1962	107132	2917857	472000	31374	701420	4396412
1963	130560	2930506	552851	32935	782078	4501866
1964	65581	3047457	558968	82762	693738	4555420
1965	438849	1559803	540000	64146	942778	3630066
1966	470722	1359756	564980	16807	811486	3345859
1967	490283	1223880	625200	6131	916725	3329344
1968	609869	1308225	550000	6316	1505608	4145697
1969	534832	1243438	658000	11736	755137	3778576
1970	809586	3620129	741369	29030	914821	6466937
1971	497976	4035068	528734	54447		5545694
1972	701106	4168883	515834	68457	622664	6147196
1973	768981	3963166	539693	6863	1328215	7029976
1974	−508569	4081057	536922	18770	1714924	6266285
1975	34737	4931739	541855	10355	1563657	7285258
1976	−1229741	3876668	539399	64289	3506822	7155191
1977	251584	4838737	494000	37527	223024	5844872
1978	788991	5263365	504104	42203		7214327
1979	−235440	6019010	603200	602		7086690
1980	760986	5785455	547002	12654	2046817	9539901
1981	509820	6836824	477000	45399	2275888	11016963
1982	456215	7836325	547000	234950	2729755	12701612
1983	580208	10262388	587648	79667	3047345	15942726
1984	863036	12988716	548353	109697	3130008	19844189
累计	16432807	126929845	21161926	1391214	31946974	210476534

1961—1984 年灵石历年预算外财政收入表

单位：元

年份	工商税附加	农业税附加	城市公用事业附加	集中企业折旧基金	事业收入	其他收入	财政集中其他资金	合　计	上年结余	总　计
1961	31376	16855		55025	48977	545		152778	95622	248400
1962	27638	9440				424		37502	102360	139862
1963	14078	5000	1828			658		21564	56939	78503
1964	14752	13178						27930	8789	36719
1965	7001	14800		185	80375	55733		158094	4146	162240
1966	6317							6317	6737	13054
1967	11638	13000						24638	6399	31037
1968	12497	12000						24497	19592	44089
1969	11852	50000						61852	18956	80808
1970	32249							32249	66622	98871
1971	10035					150213		160248	66093	226341
1972	36205	20000		17043				73248	223804	297052
1973	39137			23836	164296	55842		283111	77627	360774
1974	40674			88509				129183	116975	266158
1975	49120			63997		30000		143117	87467	230584
1976	38605			61489				100094	81501	181595
1977	48439	75000		485682		81281	90856	781258	92085	873343
1978	52524	46000		94046		7049	200000	399619	87737	487356
1979	60011	42000	138968	-74610		10000	150000	326369	212783	539152
1980	57783	20000	236066	106210				420059	178628	598687
1981	68166		180121	-49294			39123	238116	298984	537100
1982	78147		149134	19565			28794	275640	210247	485887
1983	102355	40000	307778	5761				455894	278971	734865
1984	127127	44000	396345	153427				720899	319918	1040817
累计	977762	421273	1410240	1050871	293648	391745	508773	5054312	2718982	7773291

灵石各时期预算内三项收入比重表

| 时　间 | 合　计/元 | 其　　　　中 | | | | | |
		企业收入/元	占收入/%	工商各税/元	占收入/%	农业税/元	占收入/%
1949	368000			10000	3	356000	97
1950—1952	2512000			1061000	42	1384000	55
1953—1957	13301877	353000	3	8570000	65	3394000	26
1958—1962	28511293	8288850	29	16108250	57	3725814	13
1963—1965	10004418	634990	6	7537766	75	1651819	17
1966—1970	14880289	2915292	20	8755428	55	3139549	21
1971—1975	25496074	1494231	6	21179913	83	2663038	10
1976—1980	28964595	336380	1	25783235	89	2687705	9
1981—1985	42963246	2409279	5	37924253	88	2160001	5
总　　计	167001792	16432807	10	126929845	76	21161926	13

（一）税收

农业税　明万历二十九年（1601），全县核定为439543亩地，负担田赋13159两，亩均0.03两；役丁核定为7401人，负担人丁银1201两，人均0.16两。

清康熙十一年（1672），本县地亩核定为223111亩，负担田赋银13177两，亩均0.059两；役丁核定为7451人，负担人丁银3512两，人均0.47两。

清乾隆四十五年（1780），本县地亩核定为262192亩，负担田赋17901两，亩均0.068两；役丁核定为7541人，负担银两3512两，人均0.47两。

清嘉庆二十一年（1816），本县地亩核定为262192亩，负担田赋17901两，亩均0.068两；役丁核定为7457人，负担人丁银4503两，人均0.6两。

清光绪七年（1881），本县地亩核定为245816亩，负担田赋18251两，亩均0.074两；役丁核定为7457人，负担人丁银4503两，人均0.6两。清末田赋正额为21420两，实际征收42929两。

民国时期，田赋沿用清末册籍征收。田赋、丁赋合并入正税征收，并废两改元。本县田赋省款每两征2.5元。另外县附加1.84元，总计每两征收4.34元。民国22年（1933），田赋附加款达6.36万元，居全省之首，附加为正税的1.66倍。

1939年起，阎锡山统治区征收实物，每两正银折征小麦一市石（155市斤），无小麦者，折征其他杂粮，一石小麦折米一石，折征莜麦一石二斗，折小豆、豌豆、绿豆、扁豆一石五斗，折谷子、黑豆二石。

抗日革命根据地，实行合理负担，对贫雇农给予照顾。1949年后，征收公粮。1951年，亩征公粮20.9斤（小麦）。1952年，进行查田定产，确定负担亩366356亩，税率定为21.5斤（小麦）。1956年的税率定为20.5斤，农业税征收实行灾歉减免，一等灾（即歉收六成以上）给予全免；二等灾（即歉收五成以上到六成者）免七成；三等灾（即歉收四成以上到五成者）免五成；四等灾（即歉收三成以上到四成者）免三成半；五等灾（即歉收二成以上到三成者）免二成半；歉收不到二成者不予减免。农业税征收，以小米为主粮，统一计算标准。1953年后，公粮随统购粮一起入库，分别结算，财政部门以货币单位入账。1953—1978年，每斤标准粮价为人民币0.1236元。1979—1983年，每斤标准粮价为人民币0.1507元。1984年按倒三七计算，单价为0.215元。

工商税　明万历年间，本县工商税收项目有钢银、炭窑、铁炉、酒课等，年收入白银30005两。

清代设厘金局，归清源局领导，税捐种类有当税、牙帖、矿课、落地税、畜税、田房契税、厘金等。

民国初年，设有税收稽征所，归平（遥）介（休）灵（石）沁（源）煤厘局管辖。民国 10 年（1921），税收科目有营业税、牙税、屠宰税、畜税、当税 5 种，年收入为 27300 元。税款征收方法有投标免税和代征包交两种，前者系私人承包，后者为稽征所征缴。日伪时期，配有稽征人员，隶属财政科。阎锡山统治区设有税捐稽征处。

抗日战争和解放战争时期，革命根据地废除了反动统治者的一切苛捐杂税，实行了合理负担。革命根据地的工商税收主要开征的是入口货物税和交易税两种。太岳区开征的还有营业税、烟酒税等。征收方法是：有信实账簿可查者，依其账簿计征，无信实账簿可查者，由调查评议委员会评议征收。入口货物的税率有 5 种：日用品、文具、纸张等为 5%；棉织品、灯烛等为 10%；中外颜料、乐器等为 20%；干鲜果类和部分杂食品为 30%；毛皮制品为 40%—50%。出口货物的税率为 5%—40%。交易税率为：牲畜 5%，粮棉 2%，土布 2%—4%。其他大宗产品为 2%—5%。专营或兼营工商业及小贩，小手工业及临时经营收入，均按全年平均市价，折米计算征收，其税率是：收入在 10 市斗以内者 5%，10—20 市斗者为 8%，20—50 市斗者为 12%，50—100 市斗者为 16%，100—200 市斗者为 20%，200—300 市斗者为 25%，300—500 市斗者为 30%，500 市斗以上者为 35%。烟产税率为：烟叶 10%，水旱烟 20%。1948 年之前，解放区的工商各税收入不及农业税的 1/10。

1949 年 11 月，县贯彻国家统一规定的 14 种税收；1953 年，按国家修订的 12 种税收执行，1962 年开始征集市场交易税，1965 年 9 月停征；1966 年 10 月，停征文化娱乐税；1973 年 1 月，试行工商税；1983 年下半年至 1984 年上半年，完成了国营企业的利改税工作。1985 年，灵石开征的税种共 17 种，即产品税、增值税、营业税、资源税、国营企业所得税、调节税、屠宰税、牲畜交易税、建筑税、奖金税、城市维护建设税、国营企业工资调节税、事业单位奖金税、集体企业所得税、集体企业奖金税、烧油特别税、盐税。

其他税　明万历二十九年（1601），征收税银 225 两，其中，课租钞额 103 两，水磨 16 两，桑枣 106 两。清康熙十一年（1672），征收其他税银 146 两，其中，课租钞额 103 两，桑枣窑磨 43 两。清雍正十二年（1734），征收织造绫绢 15 两。乾隆四十五年（1780），征收其他税银 239 两。嘉庆二十一年（1816），征收其他税银 61 两，其中，桑枣窑磨 45 两，织造绫绢 16 两。光绪十三年（1887），征收其他税银 1925 两，其中，运盐征银 1757 两。民国时期，军阀混战，军费增加，各种苛捐杂税接踵而来。民国 10 年（1921），全县各种杂税有验契税、当税、牙税、牲畜税、屠宰税、烟酒税、印花税等共计 19359 元。民国 13 年（1924），杂税有牲畜捐、铺捐、煤厘捐、烟叶捐、磨捐、皮毛捐、婚书及契纸捐、戏捐、肉捐、军捐、当酒行捐、田房交易、农产收益、违警罚金、行政罚金、采烟经费等。民国25年（1936），契税收入5721元，牙税收入6320元。

1949年后，执行的契税为6%，典契3%，国家、集体购买或征用房地免税。个人买典立草契后，半年内未换正契者，酌收罚款。

（二）企业收入

1955年起，企业向财政缴纳利润，列入缴纳利润的行业有工业、农机、建筑、交通、商业、供销、饮食、木材、交电、物资、电信、外贸和其他企业等。1955年，全县企业向财政缴纳收入9.15万元，1965年收入43.88万元，1975年收入3.47万元，1978年收入78.89万元，1984年收入86.3万元。

第二节　支　　出

总支出　明万历二十九年（1601），全县总支出银13349两。

清康熙十一年（1672），全县总支出银9431两；嘉庆二十一年（1816），为9961两；光绪十八年（1892），为10512两；民国11年（1922），全县总支出为16049元；次年，为14784元。

1949年，全县财政总支出36.8万元；1955年，支出281.6万元；1965年，支出363万元；1975年，支出728.5万元；1985年，支出1239.2万元。

上解　清光绪二十八年（1902），实行国、地收支划分，分内销、外销两项。内销收入中，除核定留支部分外，余款上解；外销收入全部留县使用。全县内外销收入总计银38010两，核定留县支用7860两，上解30150两。

民国11年（1922），田赋、商税等全部上解，年上解5万元。

中华人民共和国成立初期，收入全部上缴，支出全部下拨。1953年，支出包干使用，其余上缴。1961年起，地营厂矿企业的收入全部上划。1980年，实行"划分收支、分级包干"的办法，规定本县的固定收入为：企业收入、农业税、工商所得税、其他工商税、其他收入5项。工商税为分成收入，核定县留比例为33.9%，其余上缴。1983年，除其他工商税（屠宰税、牲畜交易税）不参与分成外，其他各项收入，实行总额分成的办法，县比例为54%，其余上缴。1985年，省级煤炭税、中央电力税全部上划，建筑税留县使用，其余各税参与分成，县留成比例为58%，其余上缴。

基本建设支出　中华人民共和国成立以来，县财政用于基本建设的支出，1970年为23.19万元，1982年为22.27万元，1983年为46.7万元，1984年为 49.2 万元，1985 年为 53.30 万元。

行政管理支出　明万历二十九年（1601），行政管理支出包括俸薪、力差、马政、夫役、抬券、马头、银差等，共计银 13339 两。

清康熙十一年（1672），行政管理支出为 9421 两；嘉庆二十一年（1816），为 9961 两。光绪十三年（1887），为 13053 两；光绪十八年（1892），为 10512 两。

民国 11 年（1922），巡警经费、典礼费、支应兵流差费、边防警饷、办理村范旅杂费、化菀所经费、保卫团会操奖金、询政会议费、戒烟局经费、稽查经费、财务费等支出共计 8388 元；民国 13 年（1924），为 7683 元。

1949 年，全县行政费支出 48000 元，1955 年支出 28 万元，1965 年支出 50.8 万元，1975 年支出 61.13 万元，1980 年支出 124.6 万元，1985 年支出 228.1 万元。

文教科学卫生支出　民国 11 年（1922），核定灵石支出预算中，教育科学卫生方面的支出为 6355 元。支出项目有：高小、模范国民学校、女子国民学校、半日学校经费，劝学所经费，医学研究会经费，留省、留京医学士、蚕桑女生及其他学生津贴，教育会、阅报社津贴，教育奖金，林业技术员旅费，女子蚕桑使用所经费等。民国 13 年（1924），这方面的支出为 6203 元。

1949 年，本县用于文教、科学、卫生方面的财政支出为 5000 元；1955 年支出 25.37 万元；1965 年支出 59.34 万元；1975 年支出 108.9 万元；1980 年支出 199.4 万元；1985 年支出 268.3 万元。

农业支出　民国 11 年（1922），核定灵石支出预算中，农业方面的支出 1460 元；民国 13 年（1924），为 1335 万元。支出项目包括：农务局经费、林业技术员旅费、农会津贴、苗圃经费及地租等。

1949 年支出 1000 元。1955 年支出 36000 元。1965 年支出 13.82 万元。1975 年支出 74.55 万元。1980 年支出 104.5 万元。1985 年支出 105.6 万元。

其他支出　明万历二十九年（1601），支出款项中有孤老花布银 10 两；清康熙十一年（1672）10 两；光绪十三年（1887）2 两。光绪二十八年（1902）的支出银两中，有迎春土牛 1 两、行香讲书 6 两、贡生旗扁 6 两、坛庙祭品 127 两、文职养廉 1120 两、孤老花布 2 两等。

1949 年后，党和政府努力推进各项事业的全面发展，财政支出除了行政经费、基本建设、农业、教育科学卫生等大宗开支外，还用于企业挖潜改造、新产品试制、企业流动资金、五小企业改造、工交商及其他事业费、城市维护费、城镇人口下乡费、干部下放劳动费、抚恤救济等。企业挖潜改造，1955—1984

年共支出 373.7 万元。新产品试制，1971—1984 年共支出 13.45 万元。企业流动资金，1971—1984 年共支出 146.6 万元。五小企业改造，1971—1977 年共支出 81.5 万元。工交商及其他事业费，1975—1984 年共支出 79.6 万元。城市维护费，1962—1984 年共支出 156.9 万元。城镇人口下乡费，1969—1984 年共支出 139.3 万元。干部下放劳动费，1971—1975 年共支出 44.8 万元。抚恤救济费，1953—1984 年共支出 840.7 万元。

1949—1985 年灵石预算内财政支出表

单位：元

年　　份	上解支出	预　算　支　出				总　　计
		支农支出	文教科学卫生支出	行政管理费	其他支出	
1949	314000	1000	5000	48000		368000
1950	322000	1000	7000	59000		389000
1951	732000	1000	8000	87000		828000
1952	1068000	1000	68000	154000	4000	1295000
1953	1115709	15000	233270	223000		1678000
1954	1933632	21000	291562	300000	10368	2743191
1955	1940519	36000	253700	280000	1591	2816666
1956	2202310	44000	406990	385000	2910	3268786
1957	2621335	61000	421029	350000	31570	3686905
1958	3384000	120000	372211	345000	5000	5621000
1959	5370000	515000	400000	335000	15000	7429000
1960	4905998	145000	500000	325000	4000	8037000
1961	3275944	892908	633274	409080	11390	5544929
1962	2828758	216557	551587	399999	24585	4396412
1963	2922140	295013	527968	455368	21450	4501866
1964	2816076	306638	549203	509645	100446	4555420
1965	1985943	138298	593465	508325	109567	3630066
1966	1690984	117784	680102	503689	119481	3345859
1967	1641846	180180	685086	431944	48399	3329344
1968	2474410	286007	622908	448829	44360	4145697
1969	1713604	96205	610854	489470	20638	3778576
1970	3885578	257071	705789	585573	158068	6466937
1971	2670140	558091	832633	603468	111664	5545694
1972	3568218	382740	837827	559929	17725	6147196
1973	3404476	721451	954889	555111	12684	7029976
1974	2683317	865614	1031833	612773	47406	6266285
1975	3587146	745548	1089768	611130	19369	7285258
1976	4198692	787963	1184997	672766	38942	7155191
1977	1728979	1154739	1229072	709682	22001	5844872
1978	1821299	1492883	1451983	838327	44071	7214327
1979	1505252	1816512	1643005	924145	101723	7086690
1980	3552632	1045424	1994298	1246776	206610	9539901
1981	4075000	926490	2101010	1342728	385308	11016963
1982	4355732	862512	2365476	1480161	559743	12701612
1983	5280479	1207164	3379896	1794250	554646	15942726
1984	6678240	1901129	4011957	2698254	1321945	19844189
累计	100254388	18215921	33635642	22282422	4176660	210476534

1961—1984 年灵石预算外财政支出表

单位：元

年　份	更新改造支　　出	城市维护支　　出	卫　生支　出	教育支出	广播电视支　　出	行政支出
1961	78500			27460		
1962	2450	5362			3000	222
1963		45109		3500		6175
1964		4214		2000		21359
1965	3200	3609		2500		10085
1966		6155				500
1967		2972		3000		2242
1968		10517				14466
1969		14186				
1970		3808			7500	21470
1971		2079			1500	11160
1972		1827				
1973		19399	1700	101661	4350	48483
1974	83400	33092		25000	18000	10000
1975	87995	7788			15000	
1976	13500	50500			10510	15000
1977	70000	7255		7740	13600	302253
1978	80700	27824		4000	12000	42000
1979	67000	141929		7700	12700	122740
1980	55728	161052		3000	14380	43000
1981	28653	195500	1200	50000	30500	17000
1982	7246	165000	1200		27000	6470
1983	10000	300000	1449	20000	43000	3000
1984	66871	360000	2000	30000	37190	4000
累计	655243	1569177	7549	287561	250230	701625

续表

年　份	其他支出	事业支出	上　解支　出	合　　计	年终结余	总　　计
1961		40080		146040	102360	248400
1962	56419	1625	13845	82923	56939	139862
1963	14930			69714	8789	78503
1964	5000			32573	4146	36719
1965	64649	71460		155503	6737	162240
1966				6655	6399	13054
1967	3231			11445	19592	31037
1968	150			25133	18956	44089
1969				14186	66622	80808
1970				32778	66093	98871
1971	800	10000		25539	200802	226341
1972		197598		199425	77627	277052
1973	9346	58860		243799	116975	360774
1974	9199			178691	87467	266158
1975	38300			149083	81501	230584
1976				89510	92085	181595
1977	13000	371758		785606	87737	873343
1978		108049		274573	212783	487356
1979	8455			360524	178628	539152
1980	22543			299703	298984	598687
1981	4000			326853	210247	537100
1982				206916	278971	485887
1983	37498			414947	319918	734865
1984	708593			570920	469897	1040817
累计	358379	859430	13845	4703039	3070255	7773294

灵石各时期预算内主要支出及比重表

单位：元

时间	合计	企业挖潜改造	占支出%	支援农业支出	占支出%	文教科学卫生支出	占支出%	抚恤救济支出	占支出%	行政支出	占支出%
		其					中				
1949	54000			1000	2	5000	9			48000	89
1950—1952	390000			3000	1	83000	21			300000	77
1953—1957	3805439	58000	2	177000	5	1606551	42	379449	10	1538000	40
1958—1962	10707880	3586000	36	1889465	18	2457072	23	901289	8	1814079	17
1963—1965	4647923			739949	16	1670636	36	532537	11	1473338	32
1966—1970	8131176			937247	12	3304739	41	968404	10	2459505	30
1971—1975	11722394			3273444	22	4746950	32	1104535	8	2942411	20
1976—1980	21929278	93500	0.4	6291521	29	7503355	34	2002400	9	4391696	20
1981—1985	32452436			4897295	15	12258339	38	2382816	7	7315393	23
合计	96840521	3737500	4	18215921	19	33635642	35	8071430	8	22282422	23

第三节 债 券

中华人民共和国成立后，国家为了尽快医治战争的创伤，解决暂时困难，于1950年发行人民胜利折实公债，并于1955年起开始办理还本付息工作。1954—1958年，为聚集资金，支援经济建设，我国每年发行国家经济建设公债，还本期限为8年，年利率4厘；从1962年起，开始办理各期经济建设公债的还本付息工作，至1965年，人民胜利折实公债和国家经济建设公债的还本付息工作基本结束。

1981年，为了调整与稳定国民经济，适当集中各方面的财力，进行社会主义现代化建设，国务院决定向单位及个人发行中华人民共和国国库券，1981—1985年，全县共认购295万元。

灵石债券发行情况表

单位：万元

债券名称	年份	发行数量	债券名称	年份	发行数量
人民胜利折实公债	1951		国 库 券	1981	20.9
经济建设公债	1954	27.04	国 库 券	1982	61.8
经济建设公债	1955	22.96	国 库 券	1983	62.1
经济建设公债	1956	27.62	国 库 券	1984	64.0
经济建设公债	1957	71.24	国 库 券	1985	86.2
经济建设公债	1958	10.77			

第二章　金　　融

第一节　机　　构

一、当铺、钱庄

明万历版《灵石县志》记载，当时全县有当铺 46 家。设在县城东门外的"五福当"，曾有 100 余年的历史；张家庄杨家的当铺，从灵石到北京开设 100 余处，后来当铺倒闭，其后代依靠拍卖金珠宝玉生活数十年。清光绪十三年（1887），全县有当铺 19 家；民国 10 年（1921）有 7 家；民国 23 年（1934）有 6 家；民国 26 年（1937）有 2 家。民国 31 年（1942），当铺全部消亡。当时较为有名的有县城北街的"德裕当"，资本 5000 元，架本 2 万元；县城东门外的"裕庆当"，资本 2 万元，借入资本 10 万元，架本 12 万元；静升的"公义当"，资本 6000 元。

民国 7 年（1918），县城南门里的"信义当"，南门外的"乾升福""志诚德"开业，均系粮店兼营钱庄业务；专营钱庄的有北街"正光银号"，这几家钱庄均于 1938 年前倒闭停业。

二、银行

冀南银行灵石办事处　1943 年初，在鱼儿泉成立；1945 年，改称冀南银行灵石支行。

中国人民银行灵石县支行　1949 年成立，有职工 26 人，营业地址在旧城北街，1969 年，迁入新街；1985 年，有职工 100 人，内设人事秘书股、工商信贷股、会计股、出纳股、储蓄股。基层设有南关、富家滩、张家庄、两渡 4 个办事处，还有城关、新街、水头 3 个储蓄所。

中国农业银行灵石县支行　建于 1955 年，1956 年并入人民银行；1964 年，再次分设；1965 年底，在精简机构时再次并入人民银行；1980 年初，又分设。1985 年，该行有职工 72 人，内设办公室、农业信贷股、企业信贷股、社队财务股、会计出纳股、计划统计股、信用合作股，营业地址在沙峪沟口。基层设有城关、静升、段纯、仁义 4 个营业所。

中国建设银行灵石县支行　建于 1981 年 9 月。

中国人民保险公司灵石县支公司　建于 1953 年，1954 年撤销，1984 年恢复。

三、农村信用合作社

1951 年，在仁义试办信用合作社。1955 年，全县发展到 54 个，达到乡乡有社；1956 年，合并为 30 个；1962 年，调整为 18 个；1971 年，双池、回龙划入交口县，全县有信用社 16 个，隶属农业银行领导。

灵石金融机构一览表

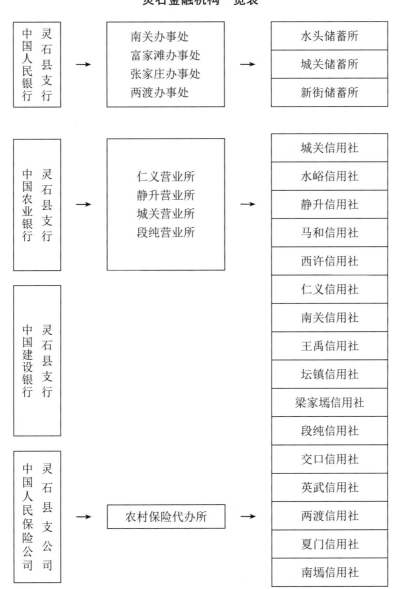

1949—1985 年灵石人民银行历年收支损益表

单位：万元

年份	收入	支出	损益	年份	收入	支出	损益
1949	2.5	0.3	2.2	1968	16	26	-10
1950	3	1	2	1969	20	25	16
1951	4	3	1	1970	45	29	-5
1952	6	4	2	1971	44	21	23
1953	4	6	-2	1972	43	23	20
1954	3	8	-5	1973	43	22	21
1955	8	8	0.0003	1974	58	22	36
1956	15	9	6	1975	64	26	38
1957	25	14	11	1976	69	26	43
1958				1977	92	26	66
1959	72	12	60	1978	99	32	67
1960	99	16	83	1979	107	50	57
1961	129	16	113	1980	113	46	67
1962	102	15	87	1981	212	157	55
1963	77	14	63	1982	313	191	122
1964	48	17	31	1983	394	298	96
1965	36	19	17	1984	225	159	66
1966	21	24	7	1985	383	271	112
1967	21	23	-2				

第二节 货 币

明清以来，本县境内流通的货币主要是白银和制钱。白银有元宝、银锭、银圆、碎银等。在流通中，大额用银，小额用钱。至晚清，本县出现外国银圆（站人洋）、大清银币、光绪元宝即龙洋。辛亥革命后，本县出现铸有袁世凯头像的袁头银洋、孙中山纪念币和船币，还有从南方流入的铜圆。同时，山西省银行发行的纸币（晋钞）——银圆券和铜圆券也进入流通。之后，铁路、垦业、盐业三银号发行的纸币亦在本县流通。1937 年前，东门外"裕庆当"发行过找零钞票 2000 元。阎锡山在晋西发行的纸币（群众称大花脸、二花脸、三花脸）在灵石汾河西部地区流通过。1935 年后，中国银行、中央银行、交通银行、中国农业银行发行的钞票也流入境内。1938 年，日本侵略军入侵后，"中国联合准备银行"发行的钞票（伪钞）也随之流入。

抗日战争期间，革命根据地发行的晋察冀边区银行币、冀南银行币、西北农民银行币、上党票等（统称抗币），曾在本县部分地区流通。

1948 年 12 月至 1949 年 9 月 30 日，中国人民银行发行的人民币和革命根据地发行的边区币同时在境内流通。

　　中华人民共和国成立之后，中央决定以人民币为本值币，对原革命根据地发行的各种货币进行收兑，当时人民币的券额有5元、10元、20元、50元、100元、1000元、5000元、1万元、5万元9种。从1955年3月1日起，全国改用新的人民币，旧人民币停止流通，由人民银行统一兑换，兑换比值为旧人民币1万元兑换新人民币1元。新人民币分主币和辅币两种，主币有1元、2元、3元、5元、10元5种；辅币有1角、2角、5角、1分、2分、5分6种。人民币兑换全县共收回旧人民币137.34亿元，折合新人民币137.34万元。1964年，灵石对市场上流通的苏制版3元、5元、10元3种人民币进行收兑，以我国自己印制的5元、10元券取代，停止了对3元券的发行，同时还发行1分、2分、5分3种铝质硬币。

　　在抗日战争时期，边区人民政府规定，金银由国家统一管理，不得进行投机倒贩，不得在市场流通，出售时，须到当地银行兑换，中华人民共和国成立后，党和政府又重申上述规定。

1953—1985年灵石市场货币流通量统计表

年份	货币投差/万元	货币净外流/万元	货币流通量/万元	集团库存/万元	人　口　持　币　量			
					城市/万元	人均/元	农村/万元	人均/元
1953	118	43	106	5	25	13.8	76	8
1954	163	148	121	6	31	14.7	84	8.7
1955	140	124	137	7	36	15.1	94	9.5
1956	287	252	172	8	61	16.5	103	10.2
1957	451	456	173	9	63	16.2	101	9.8
1958	603	610	166	8	65	15.5	93	8.6
1959	1046	1058	154	9	62	15.2	83	7.5
1960	709	640	223	18	82	19.4	123	11.2
1961	908	861	270	24	92	22	154	14
1962	819	857	232	26	86	20	120	11
1963	571	590	213	29	82	19	102	9.2
1964	396	409	200	33	71	17.3	96	7.7
1965	395	390	205	37	67	16.8	101	8.1
1966	313	316	202	41	70	17.4	91	7.1
1967	333	370	186	50	55	14.2	81	6.1
1968	547	536	197	53	59	14.4	85	6.3
1969	584	586	194	55	57	14.1	82	6.1
1970	434	439	189	61	52	13.5	76	5.7
1971	466	470	185	65	48	12.9	72	5.5
1972	518	556	147	21	50	13.3	76	5.6
1973	581	534	194	32	68	15.9	94	6.8
1974	569	509	254	36	90	21.8	128	8.8
1975	643	647	250	33	78	18.8	139	9.2
1976	604	588	266	32	82	20.6	152	9.9
1977	419	401	284	20	93	22.5	171	11.3
1978	548	479	353	29	107	24	217	14

续表

年份	货币投差/万元	货币净外流/万元	货币流通量/万元	集团库存/万元	人 口 持 币 量			
					城市/万元	人均/元	农村/万元	人均/元
1979	905	717	487	36	135	31	316	20
1980	1010	969	528	41	146	34	341	22
1981	1103	1038	593	46	159	36	388	25
1982	1172	1041	724	60	180	40	484	35
1983	1472	1341	855	62	204	44	589	37
1984	2439	2017	1277	105	337	73	935	53
1985	3400	3099	1578	207	423	92	948	60

1953—1985年现金回笼投差统计表

单位：万元

年 份	现 金 回 笼 项 目								绝对投差
	合计	商品销售	服务事业	农村信用	税款收入	城镇储蓄	汇兑收入	其他收入	
1953	477	290	78	18	22	39	10	13	118
1954	769	511	54	37	44	64	19	40	163
1955	1143	767	61	53	42	120	23	77	140
1956	7547	1021	76	61	31	256	30	72	287
1957	2077	1179	115	124	36	404	97	122	451
1958	2683	1345	127	133	25	698	108	147	603
1959	3253	1705	188	184	5	745	152	274	1046
1960	2418	1066	141	138	9	806	119	139	709
1961	1886	824	219	115	7	516	108	98	908
1962	1562	890	185	45	14	201	95	132	819
1963	1995	910	120	48	18	172	94	133	512
1964	1593	1021	119	49	18	151	94	135	390
1965	1639	1112	105	42	14	155	87	124	395
1966	1691	1146	107	28	9	161	75	165	313
1967	1672	1200	129	22	5	135	64	117	363
1968	1670	1143	115	22	5	141	66	178	547
1969	1558	953	125	13	9	155	84	219	583
1970	1868	1190	102	30	9	168	88	271	434
1971	1860	1288	126	28	8	152	91	167	466
1972	1980	1279	168	21	7	165	110	230	518
1973	2134	1404	154	21	5	172	106	272	581
1974	2208	1478	145	17	7	190	116	255	569
1975	2277	1570	109	16	5	192	127	258	643
1976	2449	1725	91	29	6	206	133	259	604
1977	2037	1837	97	24	6	239	115	321	419
1978	2786	1932	147	16	5	331	127	228	548
1979	3213	2227	147	19	6	510	145	159	905
1980	4019	2842	164	22	4	662	176	149	1010
1981	4378	3108	162	29	7	705	187	180	1103
1982	4351	3406	195	32	15	824	187	192	1172
1983	5361	3624	209	51	29	1024	187	237	1472
1984	6541	4178	243	104	42	1431	237	360	2439
1985	7810	4335	327	244	55	2123	285	441	3400

1949—1985 年灵石金银收兑情况表

单位：元／克

年　份	黄　金	白　银	银　圆	金　额	备　　注
1949				299	
1950			1771	116132	
1951				1899	
1952				41580	1973 年 10 月 1 日，
1953				13589	白银调价为 0.10 元／克，
1954				5842	银圆 2.5 元／枚
1955				4847	
1956				11037	
1957				4714	
1958					
1959					
1960					
1961					
1962					1980 年 5 月 1 日，黄
1963					金调价为 13 元／克，白银
1964	18		236		0.2 元／克，银圆 5 元／枚
1965	24	1760	2010		
1966	781	61305	2543	4111	
1967	195	9152	938		
1968	90	6510	417		
1969	248	12647	1142		
1970	226	882	530		
1971	168	7611	468		
1972	50	5193	1075		1983 年 7 月 1 日，黄
1973	574	127168	11929	48276	金调价为 16.20 元／克
1974	508	64470	8468	32637	
1975	393	25938	4724	16343	
1976	120	16651	2150	7882	
1977	171	17579	3245	11547	
1978	131	21021	4431	14616	
1979	237	33329	5384	18965	
1980	2133	153092	8885	111094	1985 年 7 月 1 日，黄
1981	237	27114	589	11445	金调价为 22.40 元／克
1982	175	15489	387	7308	
1983	66	5225	574	5040	
1984	146	4331	157	3638	
1985	24	641	46	896	

第三节 储 蓄

中华人民共和国成立以来，县银行积极开展城乡人民储蓄业务，举办过的储蓄种类有以下 8 种：

保本保值定期储蓄 这种存款是由人民生活 5 种必需品，即小米 1 斤、市布 1 尺、食盐 1 斤、煤炭 1 斤、食油 1 两组成，银行逐日挂牌公布市价。存款人到期取款时，如物价上涨，超过原存金额时，按物价计算给付，物价下落不足原存金额时，按原存金额给付。

单一折实储蓄 其办法类似于保本保值定期储蓄，只是以小米 1 种实物兑换为尺度计算。

定额储蓄 面额有 5 元、10 元、20 元 3 种，不记名，不挂失，不准在市场流通。

定额定期有奖储蓄 确定存款总额与期限，然后收存，存折有统一编号，收存达到规定总额时，实行当众开奖。存折号码与开奖号码相符者，即中奖。

优待售粮储蓄 农民出售余粮后的价款，可办此项存款，利息优惠。

整存整取定期储蓄 一次存入定期支取，分 3 个月、半年、1 年、3 年、5 年、8 年几种。

零存整取定期储蓄 分 1 年、3 年、5 年 3 种。

活期储蓄 1 元以上即可开户，可随存随取，利率较低。

全县城乡储蓄存款，1955 年为 48 万元，1965 年为 126 万元，1975 年为 320 万元。1985 年，全县城乡储蓄存款达 3226 万元，为 1955 年的 67.2 倍，其中，城镇储蓄 1944 万元，非农业人口人均储蓄 420 元，农村储蓄 1282 万元，农业人口人均储蓄 81 元。

第四节 信 贷

农业贷款 中华人民共和国成立初期，主要是发放个体农民贷款、手工副业贷款和生产互助组贷款。1956 年，农业合作化以后，扩大为社员生产贷款、社员生活贷款、贫农合作基金贷款、灾区口粮无息贷款、国营农业贷款、集体生产费用贷款和生产设备贷款、农田水利贷款、长期无息贷款、农机专项无息贷款。随着社队企业的出现，又增设了社队企业生产费用贷款和生产设备贷款。1978 年以后，对社员贷款增设了工商服务贩运业贷款以及个人修房、购买耐用消费品、婚丧事贷款。1949—1985 年，国家银行和农村信用合作社共发放农业

1950—1985 年灵石城乡储蓄年末余额表

单位：万元

年份	合　计	城镇储蓄	乡村储蓄	年份	合　计	城镇储蓄	乡村储蓄
1950	2.2	2	0.2	1968	130	116	64
1951	3.2	3	0.2	1969	160	112	54
1952	7.3	7	0.3	1970	174	115	59
1953	12.4	12	0.4	1971	191	128	62
1954	24	23	1	1972	210	147	67
1955	48	32	16	1973	239	162	77
1956	78	68	10	1974	275	187	88
1957	137	112	25	1975	320	221	108
1958	154	111	43	1976	348	228	120
1959	242	16	76	1977	429	221	158
1960	180	121	59	1978	477	319	158
1961	142	85	57	1979	578	389	189
1962	83	51	32	1980	879	557	322
1963	96	62	34	1981	1145	691	454
1964	109	75	34	1982	1409	842	567
1965	126	88	38	1983	1788	1069	719
1966	126	88	38	1984	2456	1500	856
1967	126	86	40	1985	3226	1944	1282

贷款 10568.7 万元，平均每年发放 286 万元。国民经济恢复时期，银行干部深入农村，帮助农民解决困难发展生产，这一时期共发放贷款 25.7 万元，年均 8.5 万元。1953—1957 年，农业贷款的对象由个体农民、互助组转为以合作社为主。额度由过去的短期小额贷款转变为较长期的大额贷款，这一期间共发放贷款 239 万元，年均 46 万元。1958—1962 年，农业贷款主要是支持粮食生产，扶植社办工业，发展多种经营，这一期间共发放贷款 410 万元，年均 82 万元。1963—1965 年，农业贷款进一步贯彻"以农业为基础"的方针，巩固发展集体经济，支援农业生产，由于处在调整时期，3 年共发放贷款 147 万元，年均 49 万元，较前有所下降。1966—1976 年，在"文化大革命"期间，金融部门继续发放贷款，支持生产，这一期间，共发放贷款 1109 万元，年均 100 万元。1977—1978 年，贷款额度较大，有相当一部分贷款支持了开山劈岭，改河造田，打坝漫地，使部分贷款造成沉淀，这两年共发放贷款 653 万元，年均 327 万元。1979—1985 年，农业贷款大力支持农村经济改革，支持集体和个人发展商品生产，此期间，共发放贷款 8031 万元，年均 1147 万元。1963—1965 年，全县对

1961 年以前的旧贷款做了清理豁免，共免掉 44.25 万元，其中社员贷款 5.1977 万元。1984 年，全县又核销 1978 年底前农田水利报废工程贷款 23.676 万元。

1949—1985 年灵石发放农业贷款表

单位：万元

年　　份	合　　计	生产费用	生产设备	社队企业	社员贷款
1949	2				2
1950	5				5
1951	11.3				11.3
1952	7.4				7.4
1953	9				9
1954	23.7	12	7.7		4
1955	51.3	21	12.3		18
1956	79	13	23		43
1957	66	16	22		28
1958	72	38	22		12
1959	100	42	27		31
1960	96	51	36		9
1961	92	47	36		9
1962	50	19	21		10
1963	62	14	38		10
1964	30	15	4		11
1965	55	18	22		15
1966	51	15	19		17
1967	30	10	10		10
1968	14	4	5		5
1969	22	16	2		4
1970	66	46	13		7
1971	136	76	39	11	10
1972	30	41	32	11	6
1973	160	95	45	14	6
1974	157	114	29	8	6
1975	173	113	49	16	5
1976	210	105	74	26	5
1977	237	170	75	21	7
1978	380	246	81	48	5
1979	414	245	96	65	8
1980	578	299	86	179	14
1981	889	291	112	423	63
1982	742	156	46	407	133
1983	1090	44	129	602	315
1984	2638	226		1762	650
1985	1680	67		1287	326

1950—1985 年灵石信用社历年发放农业贷款总额表

单位：万元

年　份	合　计	集　体　贷　款			社员贷款
		生产费用	生产设备	社队企业	
1950					
1951	0.3				0.3
1952	0.4				0.4
1953	1				1
1954	11.7	8	0.7		3
1955	25.3	17	1.3		7
1956	20	3	2		15
1957	32	5	4		23
1958	26	11	3		12
1959	39	17	14		8
1960	68	38	21		9
1961	66	37	20		9
1962	22	10	2		10
1963	18	8			10
1964	18	7			11
1965	30	13	2		15
1966	43	15	12		16
1967	27	10	7		10
1968	13	4	4		5
1969	21	15	2		4
1970	56	42	7		7
1971	135	76	39	10	10
1972	70	41	18	5	6
1973	118	95	12	5	6
1974	132	114	7	5	6
1975	127	101	10	11	5
1976	153	105	25	18	5
1977	168	138	12	11	7
1878	227	194	7	21	5
1979	245	176	22	39	8
1980	420	220	49	119	14
1981	653	245	26	319	63
1982	577	91	27	327	132
1983	745	44	7	380	314
1984	1620	129		844	647
1985	1039	64		650	325

灵石各个时期农业贷款放出收回统计表

单位：万元

时　　间	放　　出		收　　回		期　末　余　额	
	金　额	年均放出	金　额	年均收回	年　份	金　额
1949—1952	25.7	6.4	21.5	5.4	1952	4.2
1953—1957	229	46	170	34	1957	92
1958—1962	410	82	366	73	1962	108
1963—1965	147	49	186	62	1965	68
1966—1970	183	36.6	172	34.4	1970	78
1971—1975	716	143	532	106	1975	282
1976—1980	1819	364	139	278	1980	734
1981—1985	7039	1408	5599	1120	1985	2248
合　　计	10568.7	286	7185.5	194	—	—

工业贷款　1955年，灵石开始办理工商业信贷业务。在此之前，由省、地银行办理，本县办理少数私营工商业放款。1955年，灵石从富家滩煤矿开始，实行银行同国营企业的信贷业务。随着国营企业的相继建立，业务逐步扩大，对于工业和私营工业也给以贷款，数额小，期限短，逐笔核贷，到期收回，严格执行贷前调查，贷时审查，贷后检查的"三查"制度。1958年，从国营企业到手工业企业全面推行金额信贷办法，把企业合理和不合理的资金占用全部包下来，实行一季一次的限额契约贷款，形成贷款大敞口、资金大撒手的局面，使市场货币流通量增加。1962年，灵石恢复分类贷款办法，手工业合作社归队，资金退赔，严格划分国营工业和手工业贷款指标的管理，不准相互乱用，工业信贷管理得到加强，货币流通量恢复正常。1970年，工业信贷积极支持"五小"工业，使之得到发展。铁厂、化肥厂、南王中煤矿、农机修造厂、磷肥厂相继建立。1978年之后，工业信贷工作逐步完善，并且日趋活跃。

商业贷款　1955年，银行商业信贷业务逐步开展，对国营商业单位实行短期放款办法，对粮食收购站实行下贷上转办法，对基层供销社实行供应业务和采购农副产品放款办法。1958年，灵石对商业企业实行全额信贷、存贷账户合一的办法，对企业的资金需要全部包下来，致使企业收购了一些质次价高甚至残损变质商品，造成商品库存的大量积压。1962年，灵石严格管理各项信贷资金，核定企业流动资金定额。1964年，灵石对全县国营商业全面地进行核定流动资金定额工作。由财政按定额拨足流动资金，银行贷款只解决临时之需。到1965年，商业信贷工作恢复正常。"文化大革命"期间，本县出现了商业信贷大敞口的局面，各商业企业不合理库存不断增加，不合理挪（占）用资金不断上升。1978年以后，灵石取消了对商业企业"吃大锅饭"的办法，实行存贷分户，执行过期放款加收罚息等规定，信贷工作支持企业扩大经营，对企业发放增设网点的小型设备贷款，并发放了知青商店和个体商业户贷款，对于繁荣市场起到促进作用。

1949—1985年灵石工业贷款余额表

单位：万元

年　份	贷款合计	国营工业	手工业	物资部门	结算贷款	个体私营
1949	1.2					1.2
1950	0.1					0.1
1951	0.4					1.4
1952	0.2					0.2
1953	10	10				
1954	15.5	14	0.1			1.4
1955	12	1	2			9
1956	20	8				12
1957	139	123	4			12
1958	250		25			
1959	850	825	25			
1960	1175	1175	18			
1961	226	779	31	16		
1962	632	614	8	10		
1963	329	317	2	10		
1964	239	238		1		
1965	40	35	1	4		
1966	51	39	1	11		
1967	48	42	2	4		
1968	101	90	3	8		
1969	150	125	20	5		
1970	251	302	39	10		
1971	495	421	55	19		
1972	477	373	51	48		
1973	699	390	53	69	187	
1974	775	470	63	69	173	
1975	759	488	90	75	106	
1976	1104	710	91	58	245	
1977	1018	637	90	70	221	
1978	1146	785	86	85	190	
1979	1254	759	96	107	292	
1980	1447	1144	146	57	200	
1981	1754	1230	171	53	300	
1982	1987	1386	213	49	340	
1983	1838	1038	329	62	409	
1984	1640	772	538	212	82	
1985	1913	949	609	317	38	

1949—1985 年灵石商业贷款余额表

单位：万元

年份	合计	国营商业	供销合作	粮食	外贸	其他商业	预购定金	私营个体
1949	0.4		0.2			0.2		
1950	1.9		0.5			1.4		
1951	5.5	0.5	3			2		
1952	2.6	1	1			0.6		
1953	27.3	3	15	9		0.3		
1954	73.3		61	12		0.3		
1955	172.3	9	72	90		1.3		
1956	270	105	79	82		2		
1957	301	168	27	55		51		
1958	496	186	120	125		55		
1959	552	211	144	196			1	
1960	600	356	132	110			2	
1961	876	419	136	139	135	47		
1962	852	399	272	41	110	32		
1963	658	299	156	114	46	43		
1964	471	213	127	118	1	12		
1965	458	187	130	121	6	14		
1966	208	64	28	83	8	5	20	
1967	199	26	85	51	2	10	25	
1968	141	8	77	26		6	24	
1969	283	13	102	142	4	15	7	
1970	379	48	103	192	4	16	16	
1971	388	220		102	3	41	22	
1972	474	277		49	6	62	10	
1973	500	254		71	5	77	13	
1974	345	362		91	23	61	8	
1975	585	191	138	44	27	88	7	
1976	618	184	181	114	43	85	11	
1977	901	285	12	245	27	130	2	
1978	918	314	255	117	31	192	9	
1979	969	420	228	180	28	108	3	
1980	1097	414	340	641	35	28	6	33
1981	1107	456	308	210	28	32	2	71
1982	1244	527	320	273	28	31	1	64
1983	1350	505	370	370	30	30	1	44
1984	1709	754	440	262	30	167	3	53
1985	2114	914	545	340	55	228		32

第五节　保　险

1951年，本县开办保险业务，由人民银行代理。1953年，县保险公司成立。由于当时的经济条件有限，除在城镇地区办理少量的财产保险外，主要开展的保险业务是农村大牲畜保险。具体办法是以一个村，或以村分组集体承包，投保时经民主评定，确定可保后，再以牲畜价值填列投保清单，并正式签发保单，保期为1年，到期再办续保手续，费率根据牲畜种类和用途的不同分为2%、4%、5%、6%，并分不同情况作保。为防止畜疫，保险公司还专派1名兽医负责检查。1954年3月，灵石奉上级指示，停办保险业务并撤销保险机构。

1984年，中国人民保险公司恢复办理国内业务后，县保险公司于同年8月恢复营业。公司边筹建，边开展工作，当年接收介休县保险公司移交县境内企业财产和机动车辆保险费73570元，到年底保险费收入增加到87000元。

1985年，县保险公司遵照"为生产建设服务，为社会群众提供保险"的原则，积极开展保险业务。

灵石境内矿产丰富，工矿企业较多，1984年底，全县有工商企业、事业、机关、团体等单位200多家，总资产2.3亿余元，各种汽车千余辆，拖拉机近千辆，城镇人口45800多人，自行车、电视机、洗衣机等家用电器初步普及。加之近几年经济责任制的推行，工商企业自主权的扩大，为保险业务的开展，创造极为有利的条件。1985年，保险公司首先开办企业财产保险、机动车辆及第三者责任保险，保险的范围：凡是全民所有制和集体所有制企业的财产，包括固定资产、流动资产，都可以自愿参加保险，国家机关、团体、事业单位也可以根据需要参加保险，参加保险的财产发生保险责任范围内的损失时，由保险公司按照规定负责赔偿。

机动车辆及第三者责任保险：1985年3月10日，经山西省人民政府批准，对本县国家机关、人民团体、企业事业单位和集体企业、个体或联户的机动车辆，实行第三者责任法定保险（即强制保险）。

保险费的列支：根据1984年3月5日国务院颁布的《国营企业成本管理条例》规定和财政部有关规定，企业财产保险费应列入成本摊销。机关、团体、事业单位的保险费支出在本单位经费内开支。

保险费率是根据投保财产的各种条件和保险程度而定，企业财产保险费率可分为工业险、企业险、普通险3类16个级次。最低0.5‰，最高7‰，一般在1‰—3‰，保险期为1年。

机动车辆及第三者责任保险费率按 17 种车辆，分为车辆损失险和第三者责任险两大部分。各部分又按照自用和营业分为不等的款限，保险期限 1 年。1985 年 4 月，根据机动车辆的价格因素和第三者责任补偿费的提高，机动车辆及第三者责任保险费率作了相应的提高。

1985 年，本县先后有不少投保企业发生意外事故，均获得经济补偿。南王中煤矿 2 次事故损失 13000 元，树脂厂 2 次事故损失 3000 元，五一商场失盗损失近 600 元，灵石煤矿洪水冲走原煤损失 4700 元，县保险公司都及时给予经济补偿。在机动车辆及第三者责任保险中，1985 年先后共有 116 辆机动车辆发生事故，县保险公司支付经济补偿费 12.6 万元。

保险的广泛宣传和对投保单位经济补偿的及时兑现，逐步扩大了保险事业在社会上的影响。到 1985 年底，本县保险公司先后开办 11 个险种，48 家工矿企业中有 45 家参加企业财产保险，全县机动车辆及第三者责任保险承保 988 辆，并在县境内的灵石、南关、富家滩、冷泉、两渡 5 个火车站全面开办铁路货物运输保险，全县共计收入保费 57.89 万元，赔款 15.28 万元，为国家积累了一定的补偿基金。

1985 年灵石各类投保情况表

项　　目	投保户数 / 户	投保金额 / 万元	保险费 / 万元	理　　　赔	
				起　数 / 起	金　额 / 万元
企业财产保险	45	72.313	14.43	11	2.61
机动车辆保险	988	19.593	34.63	116	12.66
铁路运输保险	4871	79717	5.79		
家庭财产保险	42	53	0.0169		
人　身　保险	834	1694	2.75		
自行车保险	--	--	0.0033		
乡镇企业保险	--	--	0.27		
合　　　计			57.89	127	15.27

第十编

党派团体

第一章　中国共产党

第一节　组织建设

一、第一个党支部

1936年3月，中国共产党领导的工农红军东征抗日，来到灵石双池镇（现划归交口县）。红军地方工作委员会在双池、石口一带发动群众，宣传抗日，发展党员。第一批加入共产党的有侯德长、赵家声、刘子聪等人。由地方工作委员会负责人马佩勋主持，在明志沟成立第一个中共党支部，赵家声任支部书记，侯德长任组织委员，刘子聪任宣传委员，并发展了一批党员，入党的有孟云贤、宋相雄、宋达川等。

二、中共灵西县委

1936年5月，红军回师陕北，多数党员跟随红军到了延安，只留下少数党员坚持斗争。1937年7月，中共中央组织部委派赵家声、郭万胜、张德义、孟云贤等从陕北分别回到灵石开展党建与抗日工作。8月初，他们在本县沟二里村召开第一次隰县、灵石、汾西三县建党秘密会议，成立三县领导小组，选举郭万胜为组长。10月，中共成立隰（县）、灵（石）、汾（西）中心县委；12月，撤销中心县委，分别成立隰县、灵石、汾西县委。从此，本县诞生第一个中国共产党灵石县委员会（即灵西县委），归晋西特委领导，由郭万胜任县委书记。

1938年2月，中共洪赵特委派遣温某任县委书记，王磊任组织部部长，魏耀德任宣传部部长，组成灵石县委。县委驻县城内，日军侵占县城后迁到河西，这一时期，河西有两个中共灵石县委。

1938年5月，经晋西、洪赵特委同意，灵西共存的两个县委被合并为一个县委，归晋西南区党委直属，由刘文珍任县委书记，孟云贤任组织部部长，魏耀德任宣传部部长，蔡福勤任社会部部长。嗣后，梁树棠、郭万胜先后担任县委书记。1939年，晋西事变后，灵西地区成为游击区。1940年7月，灵西县委遵照上级指示，率党政军600余人，撤出灵西，转移灵东。此后，灵西基层党组织大部被阎锡山政权破坏。

中共灵西县委撤离灵西后，1942—1943年，中共晋西南工委派金石、吴玉章、张有典等人到灵西开展地下党的工作，金石为县委负责人，隐蔽到镇威一带，以当雇工牧羊为掩护，开展工作。后因形势紧张，他被调回工委机关，上级另派陈新华负责地下斗争。

1945年，日军投降后，中共灵西县委恢复，归晋绥九地委所辖，先后由蔡福勤、郭万胜、梁生林任县委书记，吴子奇、雷林、丁忠新任组织部部长，李林为县委委员，一直到1948年9月。

三、中共灵东县委

1938年，日军占据县城和铁路沿线后，同年六七月间，中共六专署河东工委派韩嵩来灵东开展党建工作。因日军频繁出动，残酷"清剿"，形势不利，韩嵩来无法开展工作，遂调走。1939年初，河东工委派刘宪（王辉）来灵东开展工作，6月间，正式成立了中共灵东县委，刘宪任县委书记，赵源任组织部部长，董峰任宣传部部长。县委成立后，深入基层组建党的区、村组织，不久，相继建立了一、二、三区党的分委。各区在主要村庄建立了党支部，每个支部都有三四名党员。一区的良子塌、吴家山头，二区的静升、马和、苏溪、尹方、旌介，三区的河南等村都是当时建党最早的村庄。1940年夏，赵家声接替刘宪任县委书记。1941年1月赵家声被调往太岳区，由周力任县委书记。

1942年5月，灵石（河东）与介休（铁南）合并为介灵联合县委，周力任县委书记，冯谊任县委副书记，戴彦任组织部部长，郭鹏飞任宣传部部长，张子才任县委秘书。这一时期，斗争十分尖锐，县委机关无固定驻地，处于游击状态。

1943年6月，介灵联合县委奉命恢复原建置，复建中共灵东县委，归太岳一地委领导，冯谊任县委书记，张兴、王辉任副书记，廉恩普任组织部部长，康丁任宣传部部长。1946年4月，张兴继任县委书记。1947年4月，张兴牺牲后，由王辉主持县委工作，不久由王连生继任县委书记，直至1948年6月灵石县城解放。

四、中共灵石县委

1948年6月，灵石县城解放，结束了战争分割十年之久的局面。9月，灵东县委和灵西县委合并，建立中共灵石县委员会，归太岳一地委管辖；1949年9月，归榆次专区管辖，王连生任书记，后有雷林、王力行、陈建发、胡光隆、张学珍等继任；1958年11月与介休、孝义合并归晋中专区管辖。1961年春分，恢复中共灵石县委，由芦炳生任书记，1962年由柳成继任。1967年元月，在"文化大革命"中被"造反派"夺权，县委一度瘫痪。同年10月，中共灵石县核心小组成立，郝长际任组长。1969年10月，中共灵石县核心小组由宁建国（军代表）任组长。1971年4月，中共灵石县第五次党代表大会召开，选举李修明（军代表）为县委书记。嗣后，郭守忠、张灵芝先后任书记。1978 年 11 月，中共灵石县第六次党代表大会召开，选举胡良奇为县委书记；以后由吴宝琼、杨大椿、白纯洲任书记。

五、县委机关

在抗日战争和解放战争时期，县委由书记、副书记组成县的领导核心；1948—1957 年，继续沿用。1958 年 5 月，县委设书记处，有第一书记、第二书记各 1 人和书记处书记若干人，组成集体领导和个人分工负责的党委制；1962 年 12 月，改为常务委员制，直至 1985 年，一般有书记 1 人，副书记 2 人，常务委员若干人。本县多以 9 人组成常委会，主持县委工作。

1937—1948 年，县委机关工作机构设有办公室、组织部、宣传部、城工部等。

1948 年 6 月灵石县城解放后，办事机构有秘书处、组织部、宣传部等。30 多年来，随着社会的发展，工作的需要，县委机关所属机构屡经变动。至 1985 年底，县委机关常设机构有办公室、组织部、宣传部、统战部、农村工作部、工交政治部、财贸政治部、政策研究室、党史办公室、信访办公室、对台办公室、保密委员会、政法委员会、老干部局、党校、通讯组等。

灵石县委机关机构设置情况表

单　位	成立时间	变　迁　情　况	基　本　职　能
组织部	1937 年 12 月	1967 年，改为核心小组组干组，1969 年，改为县革委组织办公室，1975 年 9 月，恢复组织部	组织建设、干部教育、考核、调配、使用
宣传部	1937 年 12 月	1969 年，改为县革委宣传办公室，1979 年 9 月，恢复宣传部	宣传教育、思想建设
办公室	1949 年	1969 年县革委成立办事组，1975 年恢复办公室	处理日常事务
纪检委	1952 年 10 月	1955 年 8 月，改为监察委员会，1969 年撤销，1978 年恢复纪检委	协助县委整顿党风、对党员进行党纪教育，检查和处理党员违纪案件
统战部	1953 年 1 月	1966 年停止，1975 年 9 月恢复	负责少数民族、知识分子、工商业、台胞台属、华侨、民主党派的统战工作
农工部	1954 年 10 月	1965 年，改为农村政治部，1966 年停止，1975 年恢复，1983 年撤销，1985 年恢复	保证党在农村方针、政策的贯彻执行
财贸部	1954 年 10 月	1965 年，改为财贸政治部，1983 年撤销，1985 年恢复	贯彻党的财贸改革和财贸干部职工的思想政治工作
工　交政治部	1963 年 4 月	1965 年 5 月，工业部改为工交政治部，1983 年撤销，1985 年恢复	负责工业、交通战线，贯彻党的政策，指导工业企业的生产计划以及工交、职工的思想政治工作
通讯组	1965 年 10 月	“文化大革命”停设，1969 年恢复	向上级报刊投稿，反映政治、经济方面的情况
政　策研究室	1983 年 12 月		负责调查研究党的政策及在本县的贯彻执行情况

续表

单　位	成立时间	变　迁　情　况	基　本　职　能
对台办公室	1981 年		负责台胞台属的工作
老干部局	1983 年 12 月		负责地、师级老干部的管理工作和县级离休干部的工作
信访办公室	1970 年 2 月		负责接待处理来信和来访
党史办公室	1982 年 4 月		负责地方党史资料的征集研究工作
党　校	1959 年 1 月	1959 年成立，"文化大革命"停办，1972 年，由五七干校改为党校	负责党员培训和党的基本知识的教育
政法委员会	1985 年		负责本县公、检、法、司的全面综合指导工作

六、基层组织

1948 年前，灵西、灵东先后共建立了 7 个区分委：灵东 4 个区委：仁义一带为一区委，水峪一带为二区委，静升一带为三区委，石台一带为四区委；灵西三个区分委：王禹、坛镇一带为三区委，双池、回龙一带为四区委，交口、英武一带为五区委。各区委均配有书记、组宣委员、武装委员。各区委所辖行政村设有党的支部，每个支部有党员少则三五人，多则 10 余人。1948 年 10 月，全县共有党支部 34 个，独立小组 28 个，党员 442 人，其中男 371 人，女 71 人。

1949 年后，全县统一划为 6 个区委，即一区（城关）、二区（仁义）、三区（静升）、四区（坛镇）、五区（双池）、六区（两渡）。各区派有区委书记、副书记、组织、宣传、武装等专职干部。随着行政区划的变更，由区划为乡，由乡变为人民公社，公社又改为乡（镇），虽几经变更，但均设有党委书记、副书记、党委成员和相应的办事机构。

区、乡、公社党委所辖行政村（大队）和县委机关、厂矿、学校、团体，凡有 3 名以上正式党员者均设立党支部，50 人以上者设立党总支部，各总支、支部均按党章选举书记、副书记、组、宣、纪检、青、妇等支部成员。

1978 年，大队建支部，生产队建小组，1984 年，改为以村委建支部，自然村设小组。各乡镇企业设总支或支部，便于党组织活动。

全县党组织基本情况一览表

年份	基层党委/个	党总支/个	党支部/个	党员总数/人	其中		性 别	
					正式/人	预备/人	男/人	女/人
1947	4		38	392				
1948	6		34	442				
1949	6		67	777				
1950	6		94	1556	1187	369	1176	380
1951	6		93	1460	1281	179	1135	325
1952			98	1491	1400	91	1172	319
1953			75	1529	1398	131	1248	281
1954		7	64	1600	1509	91		
1955		7	106	1947	1648	299	1648	299
1956				2367	1801	566	2017	350
1961	19	9	381	3585	3157	428	3123	462
1962	20	7	372	3716	3465	251	3236	480
1963	20	8	405	3749	3585	164	3268	481
1964	20	8	411	3737	3623	114	3257	480
1965	19	7	405	3589	3490	99	3104	485
1971	20	1	367	4622	4622		3958	664
1972	20	4	395	4832	4832		4130	702
1973	20	5	413	5114	5114		4375	739
1974	22	6	433	5159	5159		4401	758
1975	22	8	446	5420	5420		4621	799
1976	22	8	472	5545	5545		4740	805
1977	22	13	475	5758	5741	17	4934	824
1978	20	15	481	6028	5792	236	5163	865
1979	20	15	476	6151	5915	236	5285	866
1980	21	14	502	6360	6160	200	5487	873
1981	21	20	520	6389	6261	128	5509	880
1982	21	20	525	6427	6283	144	5567	860
1983	21	20	521	6495	6361	134	5628	867
1984	20	22	540	6605	6403	202	5730	875
1985	22	22	558	7029	6547	482	6120	909

注：1957—1960年并县，1966—1970年数字缺。

灵石部分年份中共党员素质概况

单位：人

年份	党员总数	年 龄 素 质				职 业 结 构				文 化 素 质				
		25岁及以下	26岁至45岁	46岁至60岁	60岁以上	工人	农民	干部	其他	大学	高中	初中	小学	文盲
1965	3589	140	2799	584	66	192	2423	945	29	5	47	402	2739	396
1978	6028	347	3299	1840	542	1315	3258	1322	133	60	329	1566	3489	584
1985	7029	221	3358	2807	643	1700	3503	1728	98	186	840	2220	3148	635

七、历届党代表大会

1949 年 10 月至 1954 年 12 月，灵石共开过 3 次党代表会议，1955—1985 年共开过 6 次党代表大会。

第一次党代表会议 1949 年 10 月 9 日至 10 月 18 日，在县城召开。县委书记雷林作了工作报告；王彪作了全县土改工作的报告；县长柳成作了冬季生产工作与丈地评产、发放土地证及民主建设的报告；王新民作了冬季整党工作计划的报告。

第二次党代表会议 1951 年 8 月 6 日至 12 日召开，出席代表 149 人，会议作出开展整党、加强党内外宣传教育工作，深入开展抗美援朝爱国运动，巩固镇反成果三个决议。

第三次党代表会议 1952 年 9 月 3 日至 9 日召开，出席代表 146 人。县委书记胡光隆作了关于贯彻农村生产方针政策的报告；县长原耀先作了秋季生产工作的报告；会议通过关于贯彻农村生产方针政策的决议。

第一次党代表大会 1955 年 1 月 11 日至 17 日，在县城召开，出席大会的正式代表 128 人，列席代表 85 人，主席团由 15 人组成。县委书记李文明作了目前形势和工作任务的报告；县委委员韩培道、连一明分别作了 1955 年农业生产和征集兵员工作的报告；大会通过《反对美蒋条约，支援解放台湾》的决议；选举李文明继任书记；同时，选举李文明、王炳荣、刘玉亭为出席中共山西省首届党代表大会的代表。

第二次党代表大会 1958 年 2 月 22 日至 3 月 3 日，在县城召开，出席正式代表 149 人，列席代表 130 人。大会前四天预备会传达了毛泽东主席关于《工作方法六十条》报告的精神，并检查了上届委员会的工作。后五天为正式会议，主要议程有：县委第一书记李文明作了工作报告；第二书记尹宗典作了全县 10 年规划的说明。大会通过三项决议：关于全县 10 年规划，提交县人代会讨论实施的决议；关于改进党内领导作风的决议；三年来工作总结的决议。大会选举李文明、尹宗典、许大华、李树玘、连一明、韩培道、马明元为常务委员，李文明、尹宗典、许大华、李树玘、连一明为书记。同年 5 月，省委批准成立灵石县委书记处，李文明任第一书记，尹宗典、胡正、李树玘、许大华 4 人为书记处书记。

第三次党代表大会 1960 年 5 月 18 日至 24 日，在介休县城召开，出席正式代表 515 人，其中灵石代表 151 人。1961 年 11 月，灵石县委召开了第三次二届党代表大会，针对分县后机构情况，增补 19 名代表，共出席代表 170 人，会议总结和部署了工作，补选县委委员。

第四次党代表大会 1965 年 6 月 17 日至 19 日召开，到会正式代表 229 人，列席代表 161 人。县委副书记、县长陈耀清作生产工作报告。大会选举柳成、暴生和、韩继荣、温永山为出席山西省第二次党代表大会的正式代表，郭桂根为候补代表。

第五次党代表大会 1971 年 4 月 3 日至 5 日，在县城召开，到会正式代表 278 人，列席代表 208 人。县核心小组组长李修明作《高举毛泽东思想伟大红旗，沿着毛主席革命路线奋勇前进》的报告。大会通过"进一步开展农业学大寨运动，尽快把我县建设成大寨式的县""认真学习毛主席的哲学思想，努力改造世界观，提高执行毛泽东革命路线的自觉性"两个决议，选举委员、候补委员，选举李修明、李保奎、张春贵、张润槐、段秀峰、郭天成、康发为常务委员，李修明为县委书记。

第六次党代表大会 1978 年 11 月 6 日至 9 日，在县城召开，到会代表 378 人。县委书记胡良奇作《坚持党的十一大路线，为加快实现新时期的总任务，把我县建成大寨县而奋斗》的报告。大会选举产生委员、候补委员、常务委员，选举胡良奇为县委书记。大会选举出中共灵石县纪律检查委员会，郝应有为纪检书记。

中共灵西县委历任书记名录

姓名	任　职　时　间	籍贯	备注
郭万胜	1937 年 11 月至 1938 年 11 月	沟二里村	
刘文珍	1938 年 11 月至 1939 年 1 月	霍　县	
梁树棠	1939 年 1 月至 1940 年 5 月	双池镇	
郭万胜	1940 年 5 月至 1940 年 7 月	沟二里村	1940 年 7 月转移灵东
蔡福勤（蔡连生）	1945 年 10 月至 1946 年 7 月	蔡家沟	1946 年 8 月牺牲
郭万胜	1946 年 8 月至 1947 年 7 月	沟二里村	
梁生林	1947 年 7 月至 1948 年 9 月	洪洞县	至灵石县全境解放后，灵东、灵西两县委合并

中共灵东县委历任书记名录

姓名	任　职　时　间	籍贯	备注
刘宪（王辉）	1939 年 6 月至 1940 年 4 月	霍　县	
赵家声（赵起）	1940 年 4 月至 1941 年 1 月	西逻村	
周　力	1941 年 1 月至 1943 年 6 月	沁源县王陶村	1942 年 5 月至 1943 年 6 月任介灵联合县委书记
冯　谊（赵子固）	1943 年 6 月至 1946 年 4 月	霍　县	
张　兴（张元隆）	1946 年 4 月至 1947 年 4 月	武家洼村	1947 年 4 月牺牲
王连生	1947 年 5 月至 1948 年 8 月	沁县	

中共灵石县委历任书记名录

姓名	任 职 时 间	籍贯	备注
王连生	1948 年 9 月至 1949 年春	山西沁县	
雷 林	1949 年春至 1950 年春	灵石云家庄	
王力行	1950 年春至 1951 年 9 月	河北定县	
陈建发	1951 年 9 月至 1952 年春	太 谷 县	富家滩煤矿党委书记（兼）
胡光隆	1952 年春至 1952 年 11 月	武 乡 县	
张学珍	1953 年 3 月至 1954 年夏	和 顺 县	
李文明	1954 年夏至 1958 年秋	山　　西	1958—1961 年介（休）、孝（义）、灵（石）三县合并（略）
芦炳生	1961 年 11 月至 1962 年 12 月	陕西省清涧县	
柳 成	1962 年 12 月至 1967 年 1 月	永 和 县	
郝长际	1967 年 10 月至 1969 年 7 月	灵 石 县	核心小组组长
宁建国	1969 年 10 月至 1971 年 8 月	河北省肥乡县	核心小组组长
李修明	1971 年 9 月至 1974 年 1 月	河 曲 县	
郭守忠	1974 年 1 月至 1976 年 7 月	汾 阳 县	
张灵芝（女）	1976 年 7 月至 1977 年 9 月	灵石县七家原村	
胡良奇	1977 年 9 月至 1980 年 4 月	太 谷 县	
吴宝琮	1980 年 4 月至 1983 年 9 月	灵石县逍遥村	
杨大椿	1983 年 9 月至 1985 年 9 月	祁 县	
白纯洲	1985 年 9 月	介 休 县	

第二节　思想建设

一、宣传教育

县委的宣传工作，紧紧围绕党中央在各个时期的路线、方针、政策进行，新民主主义革命时期，宣传无产阶级夺取政权的革命理论；中华人民共和国成立后，则以社会主义革命和社会主义现代化建设为主。

20 世纪 50 年代，全县城乡共有 500 多名义务宣传员，每当党的中心工作开展前，都集中回县城召开宣传员会议，学习方针政策，布置宣传任务，印发宣传提纲，然后在各条战线开展广泛的宣传工作。在土地改革、镇压反革命、抗美援朝、三大改造（农业、手工业、工商业）运动中，宣传工作都起了很大作用。

20 世纪六七十年代，宣传工作以读书为主，县委宣传部配有专职理论教员，不断组织"学习毛主席著作讲用会""讲用团""读书报告会"等多种形式来推动干部、群众的读书活动，提高马列主义水平。

进入 20 世纪 80 年代，党的工作重点由阶级斗争转移到经济建设上，县委在宣传部配备 9 名支部教员和理论教员，专管党员教育和干部的理论学习。根据改革开放的总方针，开展文明单位、文明村镇的建设和文化事业工作。1985 年，县委所属的各级党组织共有报告员 400 多人，县委有领导组，乡（镇）党委有辅导站，村党支部有辅导员，形成全县的思想政治工作网，有效地把党的宣传教育、思想政治工作融于各项工作之中。

二、整党整风

1947 年 12 月 12 日至 1948 年 1 月，灵西县委在陶上村集中县、区、村党员干部共 63 人进行整党。这次整党主要是开展"三查"（查阶级、查思想、查作风），清除阶级异己分子 20 人，并分别作了处理。

1951 年春，灵石结合抗美援朝和镇反运动，开展整党，参加的有 79 个党支部，1243 名党员。揭露出少数支部被反革命分子利用、掌握，有的党员包庇地、富和伪顽人员；经过学习、审查、登记、处理四个阶段，提高了党员觉悟，同时对犯有错误的 22 名党员，分别作了处理；加强了党对各项工作的指导，为全县进行大规模的社会主义革命和建设作了重要的思想和组织准备。

1970 年，灵石对全县的党组织进行整顿。这次整党突出思想、组织整顿，组建整党工作队，深入公社、大队、机关、厂矿协助整党。经过整顿，全县清除了一批党员，并发展了 900 名新党员。

1985 年秋，灵石对全县党组织分县、乡、村三批进行整党。这次整党，主要解决党内存在的思想、作风和组织严重不纯的问题，加强了党的纪律，实现党风的好转。全县 6179 名党员，准予登记的 5933 人，缓登记的 48 人，暂缓登记的 76 人，不予登记的 38 人，受到党纪处分的 84 人。

三、党校教育

在战争年代，灵石针对党员的教育主要采用县、区两级短期培训，以武装党员的思想，提高党的战斗力。

1955 年春，榆次专区在介休县成立了第三基点干部训练班，训练祁县、平遥、介休、灵石 4 个县的党员、干部，训练内容以党的基本知识、党的路线和政策为主课。

1956 年，介休、灵石两县党员训练班举办，共 7 期，培训人数达 1000 多人。1957 年 5 月，训练班停办。

1961 年，县委在两渡建立党校，有教职员四五人，配合中心工作，对全县农村干部，分青年、妇女、武装等系统的党员进行短期训练，后于 1964 年迁回县城。

1966 年，"文化大革命"开始后，党校停办。1972 年，县革命委员会在旌介村建立五七干校，以后迁回县城，改为党校，配备校长，教职员五六人，举办干部读书班数期。

党的十一届三中全会以后，党校教育走向正规化，1979—1983 年，每年冬季分批轮训农村党员干部。训练内容，以新时期党的路线方针、政策和党的基本知识教育为主。从 1984 年开始，每年冬季集中各乡镇干部到党校训练 10 天左右，然后再由各乡镇党委集中所有党员训练 5—7 天，农村党员受教育人数可达 87% 以上。

1985 年，全县 18 个乡镇党委和县级各大系统党总支，先后建立 30 所党校，分别由党委书记兼校长，由教务委员会负责教学工作，同时，在全县各基层党支部普遍建立了党员活动室，开展"一课三会"（党课、党员大会、支委会和民主生活会）活动。

进入 20 世纪 80 年代以来，党员教育的内容主要是《党章》《准则》和党在新时期的路线、方针、政策为主。通过教育，广大党员的思想认识不断提高，保证党中央的路线、方针、政策在全县范围内正确贯彻执行。

第三节　纪律检查

中共灵石县纪律检查委员会建于 1952 年，设纪检书记一人，由李树玘担任，配备干事三四人。1955 年，党的全国代表大会决定，将党的各级纪律检查委员会改名为监察委员会，灵石在同年召开的党代表大会上选举产生了中共灵石县监察委员会，赵勃当选为书记，配备 3 名监察员；1958 年，并入介休县；1961 年，分县后恢复中共灵石县监察委员会，乔洪月任书记，有监察员 3 人。1966 年，"文化大革命"开始，纪检工作受到干扰。1969 年，县革命委员会成立后，纪检工作由政工组代行；1976 年，由组织部分管；1978 年，恢复中共灵石县纪律检查委员会，由郝应有任书记。

中华人民共和国成立初期，县纪律检查委员会的工作重点是检查处理党员违纪案件，加强党的纪律，维护党内团结和统一，在具体查处案件中，始终坚持实事求是、有错必纠的原则，及时纠正工作中的偏差和错误。从 1957 年的整风"反右"到 1958 年的"大跃进"，1959 年的"反右倾"，1965 年的社会主义教育运动，县纪委的工作一直围绕政治运动进行，出现了阶级斗争扩大化，错误地处分了一批党员、干部，在 1962 年作了大量的甄别平反工作。1978 年，党的十一届三中全会后，为了清除"左倾"影响，县纪律检查委员会对"文化大革命"中受"四人帮"迫害的人和事进行复查，对冤、假、错案作了彻底的平反、昭雪工作。

党的十二大之后，县纪委依据中纪委的指示，在县委的正确领导下，维护党的章程、制度，检查党的路线、方针、政策执行情况，从严整顿党纪、党风，查处一批破坏党纪党风的案件，处分一批违纪党员，为端正党风作出应有的努力。

1978—1985 年灵石处理党员情况表

单位：人

年 份	处分党员	开除党籍	留党察看	撤 职	严重警告	警 告
1978	11	8	3			
1979						
1980	4	1	1	1		1
1981	5	1	2		1	1
1982	9		5		1	3
1983	26	4	12	2	1	7
1984	17	4	9		3	1
1985	49	5	29	2	8	5
合 计	122	23	62	5	14	18

第四节 统一战线

抗日战争时期，灵东县委和灵西县委，始终贯彻党的抗日民族统一战线政策，团结一切爱国力量，积极投入抗日战争，打击日军，保卫人民，为驱逐外患、拯救中华作出应有贡献。抗战胜利后，县委又联合全县被压迫阶级、进步人士，组成新的统一战线，打倒蒋、阎反动政权，直至全国解放。

中华人民共和国成立后，随着党的工作任务和重点的转移，县委相应地于1953 年成立统一战线工作部，委任正、副部长各 1 人，负责社会主义革命和社会主义建设时期的统战工作；相继成立工商业联合会，团结教育改造私营工商业者。1956 年，在县委的领导下，全县对私营工商业进行社会主义改造，之后，通过各代会、人代会团结各界人士为全县的大政方针出谋献策。

从 1957 年之后，受极"左"的路线影响，特别是在"文化大革命"中，"左"倾错误更为严重，在重大理论和政策问题上混淆是非，导致敌我不分，使统战工作受到一定影响。1975 年，灵石恢复统战部；1978 年，统战工作正常化。根据党的路线、方针，灵石积极稳妥地落实统一战线政策，解决历史遗留问题。至 1985 年，全县共改正错划右派 88 人；认定战争时期敌军起义投诚人员 205人，并颁发了证书；落实"文化大革命"期间查抄财物 12173 件，现金 5839 元；落实各个时期没收、代管、挤占党派团体和私人房屋 18 间，面积达 4662 平方米。

在新的历史时期，本县统战工作有了很大发展，特别是经济体制改革，城乡产业结构的变化，使统一战线越来越广泛，统战任务越来越大。20世纪80年代初，县委对民族政策、知识分子政策以及宗教、台属等政策十分重视，认真落实。据1985年统计，全县有非党知识分子1308人，少数民族69人，宗教信徒700多人，台属85人，个体工商业者5443人，集体工商业者2323人。

县委于1981年增设对台办公室，配专职干部。在清除"左"的影响，宣传对台政策以及加强海峡两岸同胞的通信，落实台属政策和帮助台属解决困难等方面做了大量工作，增强在台人员对祖国的向心力。1985年统计，全县在台人员有22户、37人，台属21户、88人，帮助通信者已达77%。

第五节　革命记略

一、新民主主义革命

建立红色苏维埃政权　1936年3月，毛泽东主席率领中国工农红军从陕北出发，东渡黄河，北上抗日，进入本县西山地区，在双池、梁家墕、南关、道美、文殊原一带进行扩红、筹款、打土豪活动。以马佩勋为首的红军地方工作组吸收赵家声、侯德长、刘子聪等为中国共产党党员，在明志沟成立中共灵石县第一个党支部，在双池建立苏维埃政权。灵石有志青年踊跃参加红军，红军游击队很快发展到6个连队，共1000多人，同年5月随红军回师陕北。红军在灵石期间，积极宣传革命主张，唤醒民众起来抗日，发展党员，建立组织，在灵石地区撒下革命种子。

赶走日本侵略者　1937年9月，朱德总司令率领八路军北上抗日，路居本县水头镇，发表演说，号召民众抗日。10月，中共中央组织部委派贾长明、郭万胜、赵家声等到灵石地区建立中共灵西县委，由郭万胜担任县委书记，领导灵石县的抗日斗争。1938年2月，日本帝国主义侵占灵石县城，到处杀人放火，蹂躏百姓。1939年6月，中共灵东县委成立。在中共灵东县委和灵东抗日民主政府的领导下，灵石发动全县工农兵学商，一起来救亡，在韩信岭、罗汉原、绵山脚下、汾河之滨、同蒲沿线、县城周围，到处摆下抗击侵略者的战场，经过多年艰苦奋斗，流血牺牲，痛歼顽敌，收复失地，终于在1945年取得抗日战争辉煌胜利。在抗日战争中，灵石涌现出抗日县长李承锟、杀敌英雄王虎安、吴来全，民兵英雄裴金旺、张耀飞等许多杰出人物。全县共有405名烈士为国献身，他们为中华民族独立的神圣事业立下不朽功绩。

打倒国民党反动派　1945年9月，抗日战争胜利后，一贯消极抗日积极反共的国民党反动派蒋介石和阎锡山，企图侵吞人民的胜利果实，一面伪装和平谈判，欺骗人民，一面调兵遣将，准备内战。针对反动派的阴谋，灵石县委坚持自卫反击的正义立场，采取针锋相对的方针，党、政、军团结一致，放手发动群众，壮大人民力量，动员全县人民一致行动起来，揭露敌人阴谋，粉碎敌人进攻，发展解放运动，争取民主自由。经过3年艰苦卓绝的斗争，灵石人民付出一定代价，蔡福勤、张兴两位县委书记为争取灵石解放献出宝贵的生命，用烈士的鲜血换来解放战争的彻底胜利，用人民的斗争迎来新中国的诞生。

打倒封建主义 1948年6月12日，灵石县城解放。11月，中共灵石县委遵照中央指示，组织土地改革工作队，先在三区苏溪村进行土改试点，然后分批在全县开展土地改革运动（简称土改）。土改工作队深入各村，成立农会，根据土改政策，依靠贫农，团结中农，中立富农，打击地主，自报公议划分阶级成分，平分土地。至1951年1月，全县6个区、88个行政村、518个自然村，全部完成土地改革的任务。从此，灵石彻底废除2000余年的封建土地所有制，实行劳动群众土地所有制，建立乡村人民政权。1951年4月，县人民政府在全县进行土地丈量，给25061户居民颁发土地房产所有证，确立地权，平均负担，实现耕者有其田，极大地解放生产力，发展农业生产。

二、社会主义革命

镇压反革命 抗美援朝 1950年6月，美帝国主义发动侵略朝鲜的战争，战火烧到我国的鸭绿江边。县内反革命残余势力，认为"复辟"时机到来，组织反革命集团，乘机进行破坏捣乱。他们破坏交通，抢劫国家资财，组织武装暴动，妄图推翻新生的人民政权。为了保障人民生命财产的安全，巩固人民政权，县委于1951年1月，在全县开展镇压反革命运动，遵照中华人民共和国《惩治反革命条例》规定，发动群众检举揭发，组织公安部门侦查核实，给予严厉打击。镇反运动历时3年，经过三个阶段，全县共查处各类反革命分子1262人，占全县总人口的0.1%，其中依法处决143人，判决死缓19人，判处无期和有期徒刑306人，转外地处理23人，交由群众管制717人，教育释放51人。镇反运动，安定了社会秩序，巩固了人民政权，激发了群众的爱国热情，促进了国民经济迅速恢复和发展。全县城乡掀起增产节约、捐献物资、抗美援朝、保家卫国群众运动的热潮，先后有500名青年踊跃报名参加中国人民志愿军，赴朝作战，表现出高度的爱国主义和国际主义精神。

"三反""五反" 1952年1月，遵照中央指示，在县内党政机关干部中开展反贪污、反浪费、反官僚主义的"三反"运动。全县共有571名干部职工参加，通过大会动员、学习文件、检举揭发，共查出有贪污问题的干部职工89人，其中9人受刑事处分。但是在运动中也搞了扩大化，错整了一部分干部，县长柳成、干部刘珊、杨本礼、王钰等被错整拘捕入狱，于同年秋平反调离。同年2月，在工商界开展反行贿、反偷税漏税、反盗窃国家财产、反偷工减料、反盗窃国家经济情报的"五反"运动，对不法工商业者进行反击。经过"三反"、"五反"运动，整顿了干部作风，打击了资产阶级在经济领域向无产阶级的进攻，纯洁了革命队伍。

一化三改 1952—1956年，根据党在社会主义过渡时期的总路线，在全县逐步实现社会主义工业化和对农业、手工业、私营工商业进行社会主义改造（简称一化三改）。1953年，国营汾西矿务局在富家滩成立，南关、张家庄、两渡中型煤矿相继建成投产，这是全民所有制性质的社会主义工业企业。同时开始农业合作化运动，经过互助组、初级农业生产合作社、高级农业生产合作社三个发展阶段。1952年，全县有互助组2253个，入组农民18260户，占总农户的75.3%；1955年，全县有初级社250个，入社农民7621户，占总农户的28.5%；1957年，全县有高级社84个，入社农民28494户，占总农户的99.1%，基本实现农业合作化。同时，对城乡手工业、私营工商业通过互助合作和公私合营形式进行社会主义改造，全县组织手工业生产合作社（组）30个，从业人员1326人，占总人数的48.4%；转入其他部门及农业的185户，人员1363人，占50%；公私合营工业企业17个，从业人员1741人，占总人数的99%；城乡公私合营及代购代销商业250户，从业人员422人，占总人数的70%；另有62户、76人弃商归农。至1956年3月，全县三大改造胜利完成，生产资料统归全民和集体所有，结束了几千年生产资料私有制的历史，极大地调动了广大工农群众的生产积极性，全县生产力得到迅速发展。1957年，全县工农业总产值达到2426万元，比1949年增长1.16倍；社会商品零售总额1465万元，比1949年增长6倍。

肃反　反右 1955年，根据中央部署，灵石在全县机关、学校、企事业单位进行肃清反革命分子的政治运动。县委发动群众检举揭发、组织专案队伍内查外调，把混入革命阵营内部的阶级敌人清查出来，依法予以惩办。1957年4月，党内开展反对官僚主义、宗派主义和主观主义的整风运动，全县开展大鸣、大放、大辩论。同年7月，灵石遵照党中央指示，开展反击资产阶级右派的斗争，全县共有68个单位，6619名干部职工参加，各行各业发动群众声讨右派罪行。在反右斗争中，全县有78名干部职工被错划为右派分子，开除公职，进行长期批斗。1979年遵照中央通知，给错划的右派摘帽纠正、恢复公职。

四清运动　农业学大寨 灵石1964年5月，根据中央指示，开展城乡社会主义教育运动（简称四清运动），本县组织四清野战军于1964—1965年，分别到祁县、平遥参加四清运动，并在本县农村进行以清经济为主的当年"四清"，清理大小队干部多吃多占、拖欠公款等问题，对纠正干部作风、改善经营管理起到一定作用。同时，由于搞扩大化，挫伤了部分干部的积极性。1964年，昔阳县大寨大队坚持自力更生、艰苦奋斗建设山区，成为农业战线先进典型，本县响应中央号召，开展学大寨运动，大搞农田建设，改善生产条件，取得一定成绩。

拨乱反正落实党的政策　1978年12月，党的十一届三中全会之后，县委遵照中央决定，领导全县干部群众开展真理标准的讨论，分清界限、明辨是非，恢复党的实事求是的思想路线，纠正极"左"思想错误，落实党的政策。对在"文化大革命"期间发生的事件，进行了认真核实，实事求是地作了处理。至1985年，全县共复查历史案件92起，平反纠正53起，使长期冤假错案得到甄别。党的政策调动起全县人民建设社会主义的积极性。

全面开展社会主义经济建设　党的十一届三中全会决定，把全党工作重点转移到经济建设上来。1981年，县委根据中央精神，首先在农村落实新的经济政策，坚持土地等生产资料集体所有，实行以户联产承包责任制和林业、牧业、农机、运输、加工等乡镇企业专业承包责任制，进一步放宽经营政策，调整产业结构，发展商品经济，推动农业生产的发展。1983年，进行政治体制改革，党政分家，精简机构，压缩编制，调整干部，强化职能，实行干部专业化、知识化、年轻化、革命化。1984年，进行工业和商业体制改革，实行厂长（经理）负责制和车间、班组、柜台租赁承包责任制，使责、权、利有机结合，打破过去平均分配的"铁饭碗"，调动了广大职工的生产积极性，全县国民经济出现新的发展局面。

第二章　其他党派

第一节　中国国民党

1926年夏季，国民党山西省党部在灵石建立县党部，开展活动，当时共有党员35人，多以小学教员和公职人员为主。县城实验小学、城关一高、静升二高、道美三高、双池四高、两渡五高都有部分教员和少量学生参加国民党，县城机关内亦有个别公职人员加入。

县党部设在县城文庙内，曾召开过党员大会和代表大会，胡荣棠、侯懋棠、杨友三、赵恒雨先后被选任为县党部常务委员。

1930年，国民党山西省党部人员被阎锡山扣押，后驱逐出晋，全省国民党各级组织关闭，灵石县党部也随之关闭。1934年，灵石县城挂起党员通信处的牌子，准备恢复党务工作，但仅有毛达三、王文良2人工作，没有具体开展活动，为时不久即自然消失。

1939年9月1日，县党部恢复，省党部六区指导委员会委派任松坡为国民党灵石县党部书记长，县党部设在灵石河西，执行国民党的政纲，协同阎锡山政权进行活动。1940—1942年，县党部有干事1人，助理干事1人，秘书1人。1942年，增补张志修为县党部副书记长。1943年，县党部召开一次全县党员代表大会，成立执行委员会和监察委员会，大会选举任松坡、牛俊堂、任振梧为执行委员会委员，胡荣辉、牛梅奎、赵岐武等为监察委员会委员。执委会成立后，进行清理党籍，号召全县的国民党员报到，结果原有的35名党员，仅有5人报到。1940—1945年，国民党员在阎管区发展为300余人，编为3个区党部、12个区分部和3个直属区分部，进行反共活动。

1945年，日本侵略者投降后，国民党灵石县党部，随同阎县政府机关进驻县城，协同阎政权进行反人民活动。

1947年12月至1948年3月，县党部奉国民党省党部命令对党员进行总清查，让国民党员到县党部填写清查登记表，全县有300多人进行登记。

1947年3月，蒋介石为缓和党团矛盾，下令实行党、团合并，三民主义青年团灵石分团和县党部合并，分团部主任改为县党部副书记，团员转为党员，团证代表党证。全县有100余名三青团员转为国民党员。

1948年6月，灵石县城解放，国民党灵石县党部及所属机构全部溃散。

第二节　中国国民党革命委员会灵石县支部

1981年，中国国民党革命委员会（简称民革）山西省直属灵石小组建立，王维祯任组长。

1985年8月，民革山西省委批准，将民革直属灵石小组改为民革灵石县支部，共有成员3人，设主任委员1人，由王维祯担任，副主任委员1人。

民革灵石支部自建立以来，在中共灵石县委的领导下，以服务于社会主义现代化建设为中心，以促进祖国统一为重点，为振兴中华、振兴灵石开展了多方面的工作，作出应有贡献。

第三节　中国民主同盟灵石县支部筹委会

中国民主同盟是中国共产党领导的爱国统一战线组织，是以从事教育工作的知识分子为主的劳动者和拥护社会主义爱国者的政治同盟，是为社会主义服务的党派。1982年，灵石有盟员3名，组成直属小组，之后，又发展了5名盟员。1985年，经民盟山西省委批准，中国民主同盟灵石县支部筹委会成立，由赵贵书等负责支部筹建工作。

第三章　团　　体

第一节　政治团体

一、灵石县牺牲救国同盟会

1937年6月，牺牲救国同盟会（简称牺盟会）洪赵中心区委派高希铭、王江山担任本县牺盟特派员，同年10月间，委派施林杉到灵西任特派员；不久，委派王磊、魏耀德、王怀章等来灵石开展牺盟工作（均系中共党员）。

1937年10月，灵石牺盟会成立，先后有高希铭、王江山、施林杉、王磊、魏耀德等担任特派员。1938年4月，灵东牺盟会成立，先后由余茂洲、王奋生、蒲立达担任特派员。接着双池、王禹、坛镇、静升、两渡、仁义等区、村普遍建立牺盟会组织，发展会员，培养骨干，成立农救会、青救会、妇救会等组织，开展抗日救亡工作。

1938年7月，牺盟会在双池镇火神庙召开纪念"七七事变"一周年大会，到会群众当场指控阎政府县长燕铭义压制民主，不执行合理负担政策，不积极抗日的罪行。在事实面前，燕无言答对，最后被群众赶下台，由第六行政公署委派王磊担任灵西县政府县长。

1939年晋西事变后，牺盟会员遭到阎政权的追捕杀害，牺盟会活动被迫停止。

二、灵石县中苏友好协会

1950年，灵石县中苏友好协会成立，在全县各行各业发展会员，每个会员均佩戴中苏友好协会徽章。1960年，中苏关系破裂，协会停止活动。

三、工人组织

县总工会　1942年，两渡车站曾在中国共产党的领导下建立铁路工会，与日伪进行斗争。同年，抗日斗争根据地马和村一带，组建手工业者工会，为抗日救亡服务。

1949年8月，富家滩煤矿首建工会委员会。10月间，县委派王彪等筹建县工会组织。

1951年3月，王彪调离，赵联富继任。同年12月1日，全县第一届工人代表大会召开，灵石县工会联合会正式成立，选举赵联富为主席；1961年，改称"灵石县总工会"，杨国才任主席，1966年后，工会停止活动，由工代会取代；1973年，恢复县总工会，张生来任主席。1975年，县委派郭碧海任主席。1979年，杨国才继任主席，1983年，县委派陈发长任主席。

基层工会　1951年12月，县工会成立时，共有11个基层工会，6个直属小组，会员仅有388人；1958年，发展为47个基层工会和2个联合基层工会，会员3251人。1969年，全县共有基层工会57个。1984年，为加强对基层工会的领导，进行体制改革，系统工会建立，各基层工会按行业归口，全县有工业、手工业、交通、商业、供销、教育、卫生、劳动服务公司8个系统工会，均配有专职工会主席，分别管辖97个基层工会和7691名会员。至1985年，全县有系统工会8个，基层工会126个，共有会员8833人，其中女会员3258人。

活动纪事　1951年，县工会联合会成立后，在社会主义革命和建设中，

部分年份工会组织基本情况表

年　份	基层工会/个	工会小组数/个	职工/人		会员/人		文　体　设　施/个			
			总数	其中女工	总数	女会员	业余学校	图书室	文宣队	体工队
1951	11	6	1336		388					
1953	10	8	1823		890		3	3	1	2
1955	29	7	2927	101	1392	45	3	5	1	3
1957	35	220	3820	155	2825	121	4		2	3
1958	47	302	4419	235	3251	170	15	3	5	
1973	47	220	5470	1029	3329					
1974	52		5971	961	4311	706				
1977	90	239	6354	2615	4705	1050				

续表

年　份	基层工会数/个	工会小组数/个	职　工/人		会　员/人		文　体　设　施/个			
			总数	其中女工	总数	女会员	业余学校	图书室	文宣队	体工队
1980	101		5797	2019	4390	1310				
1981	104	332	6767	2363	4947	1631				13
1982	107	395	7101	2447	5829	2224				
1983	110		8943	3257	6185	2380				
1984	111	450	9691	3674	7691	2630	49	58	10	26
1985	126	545	9788	3674	8833	3258				

紧紧围绕党在各个时期的路线，组织和带领职工开展各项活动，动员广大职工医治战争创伤，积极恢复生产，发展生产，参加政治运动，提高职工的政治觉悟。在第一个五年计划时期，县总工会认真贯彻全总七大精神，带领全县职工积极投入社会主义建设和对私营工商业、手工业的改造运动。经过经济改组，企业性质发生了变化，全县私营工商业和手工业，均纳入公私合营的轨道。广大职工成为企业的主人，迸发出社会主义劳动的热情，学习先进，提高技术，改进企业管理，深入开展增产节约的劳动竞赛，保证全县提前完成第一个五年计划指标。与此同时，职工的物质文化生活也得到相应改善。工矿企业的食堂、澡堂、职工学校、俱乐部、图书室均进一步有了发展，劳保待遇也开始实施。从中华人民共和国初期到1958年初，全县工会工作发展健康，是工会发展史上的"黄金时代"。

1958年下半年，从全总到省、地、县工会组织内部大批"工团主义""经济主义"。这场批判挫伤了工会干部的积极性，抑制了工会组织的发展。接着，1966年"文化大革命"开始，工会工作处于停顿状态，直至1969年宣告解散。

1973年，根据中央指示，灵石恢复县总工会，对基层工会作了整顿，当时共建立厂级工会47个，车间工会34个，小组220个，并通过政治审查，三榜定案组织新旧会员3329人，此后，工会工作逐步走上正轨。

1976年，粉碎"四人帮"后，全县各级工会组织，批其罪行，肃其流毒，整顿劳动纪律，安定社会秩序，开展真理标准的讨论，解脱束缚工会干部的"工团主义"枷锁。1978年以后，县工会发动全县基层工会，团结广大职工、会员，围绕"四化"建设，把企业不断建设为新型的企业。

1981年，随着经济体制的改革，全县各级工会把推行职工代表大会作为加强企业民主管理的重点，把民主管理企业作为基本形式、基本制度。全县应建职代会的单位112个，已建职代会95个，占92%。并有80%的职代会能够行使审议、监督、维护"三权"，进而改善职工的劳动、生活条件，加强安全生产设施建设，注重劳动保护，提高福利待遇。各基层工会还成立女工委员会，有效地保护女工的特殊权益。同时，工会在全县范围内开展"为四化立功""创先进、学先进、赶先进"等社会主义劳动竞赛，广大会员和职工为物质文明、精神文明建设争作贡献，促进企业利润不断增长，效益逐年提高，使一些亏损企业转为盈利单位。1982年，全县涌现出先进基层工会43个，先进班组69个，先进个人531人。

1983年，全总十大召开，通过新的工会章程。全县各级工会工作以四化建设为中心，为职工说话、办事、维护职工的合法权益，加强职工的思想政治教育和文化技术教育，真正把工会办成全心全意为职工服务的"职工之家"。

1984年，根据全总决定，县工会开展建立"职工之家"活动。全县有126个基层工会建立"职工之家"，经过验收达到合格标准的有118个，占96%。为了提高职工的政治思想和文化素质，各基层工会举办文化、法制、技术等培训班96期，受教育的青工达4000多人次。据当年统计，各级工会为职工办好事、实事1024件。

灵石县历次工会会员代表大会一览表

次第	召开时间	会议地点	代表人数／人	会议议题	选举结果	
					委员人数／人	主席
第一届	1951年12月1日	县城	11	（1）选举第一届工会联合会委员会。 （2）贯彻工人福利、工资、安全生产等规定。 （3）贯彻有关监督资产的政策	7	赵联富
第二届	1955年3月15日	县城	37	（1）选举第二届工会联合会委员会。 （2）公布第一届联合会财务收支情况。 （3）贯彻职工遵守操作规程，劳动纪律和劳动竞赛等条例	7	郭子岐
第三届	1957年6月26日	县城	72	（1）选举第三届工会联合会委员会。 （2）贯彻党的八届三中全会精神。 （3）部署动员开展增产节约运动，组织劳动竞赛，提高生产率和完成社会主义改造工作	13	曹继源（副主席）
第四届		介休县		灵（石）、介（休）、孝（义）三县合并后召开（略）	7	杨国才
第五届	1962年9月	县城	60	（1）选举第五届工会联合会委员会。 （2）改县工会联合会为县总工会。 （3）拨款17000元，支援贫困工厂。 （4）通过修建县工会和职工俱乐部的决定		
第六届	1973年5月16日	县城	219	（1）大会恢复县总工会。 （2）选举第六届总工会委员会。 （3）贯彻党在社会主义历史阶段的基本路线	27	张生来

灵石工会积极分子代表会情况一览表

次　第	召开时间	地点	出席代表／人				会议内容	附注
			合计	正式	列席	特邀		
先进工作者代表会	1958年2月24日	县城	57	57			（1）1957年县总工会工作总结报告。 （2）传达全总八大决议。 （3）选举出席省总工会第四次代表大会代表	薛佩兰当选出省代表
积极分子代表会	1978年5月1日	县城	69	69				
第一次积代会	1980年1月17日	县城	77	77			（1）传达全总九届二次扩大会议的讲话和报告。 （2）传达省总工会六届二次全委扩大会议精神	
第二次积代会	1982年2月26日	县城	194	99	56	39	（1）贯彻党的十一届六中全会精神。 （2）贯彻省总工会六届四次扩大会议精神	
第三次积代会	1983年4月24日	县城	256	168	58	30	（1）贯彻三个条例、学习中央办公厅〔83〕13号文件。 （2）通过发出"胸怀伟大理想　努力工作争当一代新人"的倡议	
第四次积代会	1985年4月25日	县城	225	185	30	10	学习中共中央总书记对工会工作的六条指示	

四、农民组织

农民救国会　1938年夏，在中共灵东县委和灵西县委领导下，农民救国会（简称农救会）建立，灵西农救会由韩子仪任秘书，灵东农救会由刘光、阎宗茂任秘书。当时抗日根据地和游击地区、村村都建有农救会组织，其主要任务是发动农民参军参战，抗日除奸，完成合理负担，搞好生产。

1946—1948年，解放区县、区两级曾一度把工、农、青、妇等群团组织合并为联合会。

1949年10月，县工、农、青、妇联合会撤销，工会、青年团、妇联会均在县和基层建立各自的单设机构。县、区农会没有建立，村农会普遍建立，并直接领导了各村的土地改革，直至1955年农业合作化为止。

贫下中农协会　1974年，县设立贫下中农协会，由张巨庭任县贫协主任，1983年撤销，基层未设贫协机构。

五、妇女组织

妇女抗日救国会　1937年冬，建立县妇女抗日救国联合会（简称妇救会），各区、村亦相应建立妇救会组织。县妇救会秘书由县委指派，并配秘书1名，委员3—4人，下设组织、宣传、动员等机构，开展妇救会工作，直至抗日战争胜利。

1946年6月，县妇救会和其他群团组织合并为灵石县工农青妇联合会，同年县、区脱产妇女干部有30多人。

妇女联合会 1952年7月，灵石县第一次妇女代表会召开，选举产生县民主妇女联合会。各区、村也相继建立妇女组织。1957年12月，改为县妇女联合会。

1970年，县革命委员会设妇女办公室。1973年2月，全县第五届妇女代表大会召开，恢复县妇女联合会；16个公社先后建立妇联会。1985年底，县妇联设有办公室、少年儿童部等办事机构。

灵石历次妇代会简况

次第	召开时间	地点	代表人数／人	会议议题	选举结果 主 任
第一次	1952年7月	县城		（1）总结1949年以来的妇女工作。 （2）制定妇女工作计划。 （3）选举县妇联执行委员会	王玉香
第二次	1955年10月	县城	127	（1）总结上届妇女工作。 （2）选举县二届妇联执行委员会	王玉香
第三次	1956年9月	县城		（1）总结1956年工作。 （2）交流经验，布置任务。 （3）选举县三届妇联执行委员会	郭景英
第四次	1963年8月	县城	250	（1）总结1958年来妇女工作。 （2）讨论通过妇女工作意见。 （3）选举县四届妇联执行委员会。 （4）选举出席省三次妇代会代表	郭景英
第五次	1973年2月	县城	402	（1）总结交流工作经验。 （2）通过上届工作报告和倡议书。 （3）选举县五届妇联执行委员会。 （4）选举出席地区一次妇代会代表	郭景英
第六次	1979年4月	县城	379	（1）总结上届妇女工作。 （2）选举县六届妇联执行委员会	张金娥

活动纪事 灵石县妇女组织在抗日战争、解放战争时期，主要是领导和组织发动全县妇女反帝反封建，争取自由民主，投身于抗日救亡和民族解放事业，她们踊跃支援前线参军参战，直接为战争服务。在根据地和解放区，广大妇女积极除奸反特，开荒种地，纺纱织布，拥军支前，配合抗日游击队和解放军打败日本帝国主义，消灭蒋、阎反动军队，换来自由民主的新中国。

1948年灵石解放后，县妇联团结和带领全县妇女，积极参加社会主义革命和社会主义建设。中华人民共和国成立初期，全县妇女认真贯彻落实《婚姻法》，积极参加抗美援朝运动，在社会主义三大改造中，积极参加互助合作。1956年，全县 20584 名妇女劳力，加入农业社的就有 18850 人，占有率达 86%。为了解放妇女劳力，全县共创办 73 所托儿所，381 个托儿组，开始打破男耕女织的传统观念，基本上实现男女同工同酬，为社会创造了财富，也改善了家庭关系。同时，经过扫除文盲，广大妇女学到文化知识，为走向社会创造了条件，据1956 年统计，全县乡级干部中有 30 名女正、副乡长，社级干部中有 214 名女正、副社长，大大提高妇女的政治地位。

1978 年 9 月，全国第四次妇女代表大会之后，县妇联组织广大妇女群众积极投入社会主义现代化建设。在各条战线上充分发挥"半边天"作用。20 世纪80 年代初期，县妇联组织全县妇女相继开展争当"女能人""三八红旗手""争创五好家庭"及"五讲四美、三热爱"等竞赛活动，取得较好效果。据 1983年统计，全县有 25800 名妇女进入商品生产领域，占到全县妇女总数的 78%。同年 6 月，县妇联召开"女能人"表彰大会，有 153 名女能人和 25 名女标兵、女企业家获奖。1985 年，全县有 7 名女能人出席晋中地区"百名妇女企业家表彰大会"，其中女企业家崔金花出席全国个体劳动者代表大会并受到表彰。

六、青年组织

青年救国会　1937—1938 年，在中共灵石县委领导下，县、区、村先后建立青年抗日救国会（简称青救会），下设组织、宣传、动员等机构，组织、发动全县青年开展抗日救亡工作，动员青年参加民兵、参加决死队、参加八路军，全县共有 3000 多名青年加入抗日队伍。

1945 年 8 月，抗日战争胜利后，县、区、村三级青救会，经过整顿，至1948 年 6 月灵石县城解放，又有 1000 多名青年，投入自卫反击的解放战争，参加中国人民解放军，在临汾战役、晋中战役和太原战役中流血牺牲，建功立业。

中国新民主主义青年团灵石县委员会　1948 年 10 月，中国新民主主义青年团灵石县筹委会成立，李林任团委书记。不久，李林调离，刘政接替。1949年 6 月，陈珍任团县委书记。全县 6 个区均选派了团委书记，并在试点村和民高建立 7 个基层团支部，6 个团小组，发展团员 117 人（其中，女团员 39 人）。1950 年，首次团代会召开，选举产生了团县委。

中国共产主义青年团灵石县委员会　中国新民主主义青年团于 1957 年改名为中国共产主义青年团灵石县委员会，1958—1961 年，并入介休县；1961年分县，恢复灵石团县委；"文化大革命"中停止活动；1975 年 9 月，恢复活动；1985 年，有基层团委 21 个，团支部 679 个，团员 6412 人。

1973—1985 年灵石基层团组织和团员情况表

年　份	基层团委/个	团总支/个	团支部/个	团员数/人	青年总数/人	团员占青年/%
1973				5564	25053	22.2
1974	21	12	477	8040	42380	18.97
1975	19	11	451	8166	28934	28.22
1976	21	14	511	7847	27759	28.27
1977	22	16	524	9064	26855	33.75
1978			498	8396	30039	27.95
1979	23	10	518	8916	32560	27.38
1980	24	7	497	7836	30858	25.39
1981	20	6	461	6813	30608	22.26
1982	19		450	5480	35256	15.54
1983	19	10	424	6078	38286	15.88
1984	19	15	437	4909	40653	12.08
1985	21	44	635	6412	44958	14.26

灵石历次团代会简表

次第	召开时间	会议地点	代表数/人	会　议　议　题	选举结果	
					委员人数/人	主席
第一次	1950 年 3 月 15 日	县城	35	（1）中共灵石县委书记作政治报告。 （2）县长作当前生产任务报告。 （3）团县委书记作团纲领、今后工作报告。 （4）选举一届团县委委员会	5	陈珍
第二次	1950 年 11 月 5 日	县城	84	（1）团县委书记作半年工作总结，布置冬季团的任务。 （2）学习讨论团的章程。 （3）县委宣传部部长作时事报告		
第三次	1953 年 4 月 16 日	县城	42	（1）中共灵石县委书记作政治、生产报告。 （2）团县委作 1952 年工作总结。 （3）选举三届团县委委员会和省团代会代表	3	张希俊
第四次	1954 年 3 月 6 日	县城	109	（1）县委书记作政治报告。 （2）团县委书记总结布置工作。 （3）县委组织部部长作党员八条标准的报告。 （4）选举四届团县委委员会	5	张希俊
第五次	1955 年 3 月 26 日	县城	120	（1）县委书记作政治报告。 （2）团县委作 1954 年工作总结和兵役法草案的报告。 （3）作出抗美援朝，搞好春耕生产和健全整顿团支部的三项决议。 （4）选举五届团县委委员会		张希俊
第六次	1956 年 6 月 3 日	县城	183	（1）县委作政治工作报告。 （2）团县委总结上届工作。 （3）选举六届团县委委员会	7	吴宝琮

续表

次第	召开时间	会议地点	代表数/人	会　议　议　题	选举结果	
					委员人数/人	主席
第七次				（1）传达团第三次全国代表大会精神。 （2）听取上届团县委工作报告。 （3）选举七届团县委委员会		吴宝琮
第八次	1961年12月25日	县城	163	（1）县委副书记作政治报告。 （2）团县委副书记作上届团委工作报告。 （3）传达团中央、团省委工作会议精神。 （4）选举八届团县委委员	9	
第九次	1963年5月16日		205	（1）传达团中央工作会议精神。团委副书记作上届工作报告。 （2）选举九届县委员会和出省团代会代表		郭桂根
第十次	1971年8月8日	灵石县城和昔阳大寨	420	（1）地、县委领导作形势报告。 （2）昔阳团县委书记刘万德介绍经验。 （3）选举十届团县委委员会	10	孙新
第十一次	1978年12月23日	县城	373	（1）上届团工作报告。 （2）号召全县青年争当新长征突击手	17	李奋田

出席省团代会代表

1950年，陈　珍。

1953年，陈　珍、段春云、郭桂根。

1955年，张希俊、郭继生、左连山。

活动纪事　团县委建立后，领导全县各级团组织配合党的中心工作，积极开展团的活动，在社会主义革命和社会主义建设中充分发挥助手作用。特别是全党工作重点转移到经济建设之后，青年运动方向和任务紧紧围绕"四化"大业，在新的历史时期为经济改革作出应有贡献。

1950年6月25日，朝鲜战争爆发后，团县委对全县青年进行抗美援朝保家卫国的爱国主义和国际主义教育，团员青年普遍提高了认识，增强了团组织的战斗力。当年，全县有909名团员成为各条战线的积极分子，218名团员提拔为村干部，308名团员当了义务宣传员，341名团员参加民兵，14名团员参加县公安队，20名团员参军，并有1508名团员捐献人民币730万元；同时，在抗美援朝教育中发展新团员584人。

1950年冬，农村展开大规模的土地改革运动，全县团员带领青年积极参加，广泛宣传党的政策，有70%以上的青年参加农会，投入土改，在土改运动中团组织进一步得到壮大，仅6区团委新建团支部6个，发展团员217人。

1951年9月，《中共中央关于农业生产互助合作的决议（草案）》发表后，团县委号召全县团员、青年组织起来走互助合作道路，团员带领青年踊跃入社形成高潮。至1954年底，全县加入互助组的团员达1570人，加入初级农业社的团员973人，担任正、副社长的团员有129人，担任互助组长的团员有287人。截至1955年，全县2869名农村团员全部加入农业合作社，农村青年入社的比例达到青年总数的98%。

1956年12月，团县委响应党中央勤俭建国的号召，广泛发动全县青年开展"努力增产、厉行节约"的运动。广大团员青年投入轰轰烈烈的农、副业生产。据当时统计，有4050名团员和青年带头出售余粮20.13万斤。

1963年3月15日，毛泽东主席关于《向雷锋同志学习》的题词发表后，《人民日报》相继发表了《伟大的普通一兵》等文章、社论。县委向全县发出学习雷锋的通知，接着团县委和县人民武装部联合发出通知，要求在全县以青年、民兵为主力军开展声势浩大的"人人学雷锋，事事赶雷锋，个个争当雷锋式人物"的活动。各公社、大队、机关、学校的团组织纷纷响应，采取忆家史、忆村史、忆革命斗争史等多种形式，开展学雷锋活动，出现许多先人后己、助人为乐、礼貌待人的新人新事新风尚。全县有11565名青少年写下1000多万字的学习日记。

1964年，全县广大团员青年掀起学习毛主席著作的高潮，共组织起学习小组1971个，参加的青年达14728人。通过学习，普遍提高团员、青年的政治觉悟和理论水平，促进各项工作的发展。

1965年，针对灵石山区的特点，团县委为探索山地稳产高产的途径，在生产队建立青年科学种田小组，组织758名团员，589名青年，在746亩土地上进行试验。当年试验结果，平均亩产403.5斤，比同年全县秋田平均亩产204.4斤提高97.7%，个别地块亩产达到1000斤以上。通过试验，全县有1300名农村团员、青年掌握了农业科学知识。

1982年3月，在"文明礼貌月"活动中，各级团组织普遍建立"青年之家"，号召团员带头树新风、办好事，优质服务，争当有文化、有理想、有道德、守纪律的好青年。全县城乡出现讲文明、讲礼貌、讲道德、讲卫生、讲秩序和环境美、语言美、心灵美、行为美的新气象。

中华人民共和国成立以来，全县团员青年响应党的号召，以绿化祖国为己任，美化家乡为职责，每年春、秋开展植树造林活动，收到明显效益，建起"青年林""少年林""五四林"。1983年，全县青年采集树子10000斤支援大西北，超额52.1%完成采集任务，受到团地委、团省委表彰。1985年，全县团员参加团地委开展的"达标准、创最佳、争夺绿龙杯"竞赛活动，并获得最佳成绩。

七、少年组织

1938 年 2 月，灵东抗日根据地内，各村小学成立儿童团，同年 12 月，选举产生县儿童救国会，组织少年儿童站岗放哨，宣传抗日救国。

1950 年 4 月，灵石建立首支少年儿童队，1951 年 6 月，全县已有 12 所小学建立少年儿童队，发展队员 389 人。同年 8 月 20 日至 24 日，团县委召开少年儿童队干部扩大会议，学习贯彻中国少年儿童队队章（草案）。

1953 年 6 月，中国少年儿童队改称"中国少年先锋队"。截至年底，全县已建立 16 个大队，59 个中队，703 个小队，有队员 2688 人和辅导员 88 人。1955 年，全县有少年先锋大队 24 个，中队 244 个，小队 877 个，有少先队员 8717 人，并有辅导员 308 人。

1966 年，少先队被"红小兵"组织取代，1978 年恢复少先队组织。1985 年 6 月 5 日，全县召开少先队代表会，表彰优秀少先队集体和个人，并颁发奖旗、奖品。

1985 年底，全县有 483 所小学、24 所中学建立少先队组织，入队儿童 22271 人，有大队辅导员 167 人，中队辅导员 674 人，其中，专职辅导员 10 人，校外辅导员 35 人。

第二节 经济团体

一、商会

民国十年（1921），灵石县商会成立，设在县城北街财神庙内（现中医院内），第一任会长赵子莹，同年全县 4 个区、镇都建立分会。民国 27 年（1938），县商会改为委员会制，设常务委员。1945 年，会长改称理事长。商会办理工商登记，协助政府催收会费，摊派税款，为驻军捐款，组织庙会活动以及调解商户之间的纠纷。

1944 年，灵东抗日民主政府成立商人联合会（简称商联会），并在一区（东许）和三区（马和）成立分会，分会均由商人推选主席。当时商人联合会的主要职能是恢复市场，宣传工商政策，向敌占区开展经济斗争，加强市场建设，创办商人学校，提高商人的文化政治素质，同时建立健全各级商联会组织。

二、工商联合会

1948 年 10 月，通过民主选举产生灵石县工商业联合会，张岐山任主席，1949 年后，随着经济恢复，县工商联合会的工作得到加强；1956 年，实现对资本主义工商业的社会主义改造，私营工商业者积极走公私合营之路。1966 年，

"文化大革命"开始，工商联活动停止。

1985年，县委、县政府抽调专人负责筹建恢复工商联合会的准备工作。

三、个体劳动者协会

1983年7月21日，个体劳动者第一次代表会议召开，决定成立灵石县个体劳动者协会（简称个协），会议通过协会的总则和章程，选举县个协第一届委员会成员，吴瑞生当选为主任。1985年1月，全县个体劳动者第二次代表会议召开，选举余生权为主任。同年底，全县有8个基层分会，发展个体协会会员达万人。

第三节　学术团体

1956年初，灵石县科学技术普及协会筹建，发展会员。同年8月，灵石县第一次科学技术工作者代表大会召开，选举田华堂为主席。

1958年9月，其改称灵石县科学技术协会，1964年撤销；1976年恢复科协组织。1978年12月，灵石县科学技术工作者第二次代表大会召开，选举刘贤杰任主席。

1985年，全县有农学会、林学会、水利学会、农机学会、畜牧兽医学会、建筑学会、数理化学会、养蜂学会、电子学会、化工学会等学术团体，各学会设理事长1人。

灵石各种学会组织情况一览表

学会名称	成立时间	会员人数／人	理事长	理事人数／人
卫生工作者协会	1950年	324	王成德	
养蜂协会	1982年	90	段继远	5
农学会	1980年	35	王纯	5
医学会	1980年	209	吴芳生	7
化工学会	1984年	41	王能富	3
电子学会	1985年	22	史振齐	3
建筑学会	1980年12月	29	李志唐	5
畜牧兽医学会	1980年	81	李双来	5
农机学会	1980年	39	任守田	5
林学会	1984年	19	李芳园	5
水利学会	1980年	28	孟汝珍	5
数理化学会	1981年	65	王天兰	5

第十一编

政权政法

第一章　政　　权

第一节　权力机构

中华人民共和国成立后，本县权力机关初为各界人民代表会议（简称各代会），其常务委员会为常设机构。首届各代会没有行使县人民代表大会的职权。1953 年 4 月 9 日，第二届各代会第四次会议召开，根据中央有关规定，县各代会和常务委员会宣布结束。1954 年 6 月，首届县人民代表大会召开，未成立常设机构。到 1981 年 6 月 8 日召开的县第七届人民代表大会，才选举产生了县人民代表大会常务委员会，依法行使其职权。

一、人民代表

中华人民共和国是人民当家作主的国家。本县从 1949 年开始，选举人民代表管理国家大事，至 1985 年，共进行过 2 次各界代表选举、8 次人民代表选举。每次选举一般分选民登记、乡镇选举和县级选举三个过程。

第一次普选于 1953 年 9 月进行，在广泛宣传的基础上进行选民登记，获得选民资格的有 71773 人（其中包括地主、富农、反革命分子获得选民资格的 1337 人），占总人口的 61.2%。本次乡镇选举先在张家庄乡搞试点，1954 年 1 月，全面铺开，圆满完成 64 个乡镇的基层选举工作。这次选举分三个阶段：一是选民登记；二是酝酿代表候选人，召开选民大会选举乡镇代表；三是召开乡镇人民代表大会，选举乡、镇人民政府乡镇长和委员。参加普选的选民共 66804 人，占选民总数的 93.7%。通过选举，全县共选出乡镇人民代表 1227 人，选出正、副乡（镇）长和委员 823 人，选出县人民代表 112 人。据统计，有 65% 的原任干部继续当选，有 93 名干部落选。

第二次普选于 1956 年 9 月进行，依法获得选民资格的有 85743 人，占总人口的 62.7%（其中有地主、富农、反革命和刑事犯罪分子 967 人恢复了选民资格）。乡镇选举 9 月 20 日开始，11 月 5 日结束。参加普选的选民 76509 人，占选民总数的 89.2%。这次选举共选出乡镇人民代表 910 人，乡（镇）长 30 人，副乡（镇）长 66 人（其中，女 8 人）；乡镇人民委员会委员 300 人；县人民代表 130 人（其中，女 30 人）。

第三次普选于 1958 年 2 月进行，共有选民 92437 人，占总人口的 62%。参加选民 82513 人，占选民总数的 89.2%，全县划分 457 个选区，选出乡镇人民代表 954 人，县人民代表 145 人。

第四次普选于 1960 年 4 月进行。（同介休并县期间）

第五次普选于 1963 年 5 月 15 日至 6 月 5 日进行，获得选民资格的有 93600 人，占总人口的 66.5%。全县 18 个公社共划分选区 704 个，选出公社代表 1466 人，县人民代表 187 人；选出公社管委会委员 220 人，监察委员会委员 108 人，人民陪审员 128 人。

第六次普选于 1965 年 7 月 21 日至 8 月 31 日进行，获得选民资格的有 94794 人，占总人口的 64.3%。实际参加选举的选民有 83229 人，占选民总数的 87.7%，全县 18 个公社 5 个镇划分选区 870 个，选出公社、镇人民代表 1758 人，县人民代表 197 人；同时，选出公社、镇的管委会成员。

第七次普选于 1981 年 3 月 25 日至 6 月 15 日进行，获得选民资格的有 107253 人，占总人口的 54.5%。全县 16 个公社 5 个镇共划 100 个选区，选出公社、镇人民代表 831 人，县人民代表 198 人；选举公社、镇管委会委员 110 人，公社主任 16 人，副主任 40 人，镇长 5 人，副镇长 6 人。

第八次普选于 1983 年 12 月 23 日至 1984 年 5 月 1 日进行，获得选民资格的有 115044 人，占全县总人口的 56%。参加选民 107970 人，占选民总数的 93.8%。全县 10 乡 8 镇共划分 125 个选区，选出乡镇代表 820 人，县人民代表 237 人。各乡镇先后召开了人代会，选举乡长 10 人，副乡长 21 人；镇长 8 人，副镇长 20 人。

二、各界人民代表大会

灵石县第一届各界人民代表大会（简称各代会）于 1949 年 10 月 22 日至 27 日召开。到会代表 110 人，县委书记雷林就土地改革、整党整风和当前生产任务作报告，县长柳成作施政情况报告。

1950 年，各代会第一届四次会议召开，选举产生县各代会常务委员会，王力行为常务主席，柳成、张长华、孟克智为副主席。本届曾召开过 9 次会议。

第二届各代会于 1952 年 9 月 26 日至 10 月 2 日召开，应到代表 135 人，实到代表 132 人。会议听取县政府的工作报告，审查政府财政收支、预算、决算和秋季工作计划，选举产生县人民政府组成人员，原耀先为县长，彭林、梁子言为副县长；还选举第二届各代会常务委员会，胡光隆为主席，原耀先、郭蠹亭为副主席。

1953 年 4 月 9 日召开二届四次会议，根据中央有关规定，各界人民代表会议及其常务委员会的职权，由县人民代表大会替代，县各代会及常务委员会机构宣告结束。本届共召开 4 次会议。

三、人民代表大会

第一届灵石县人民代表大会于 1954 年 6 月 29 日至 7 月 3 日召开，出席代表 112 人。县委书记李文明作《宪法》草案的传达报告，县长史平作《关于1954 年工作方向及当前工作计划的报告》和《1953 年财政收支决算及 1954 年财政收支预算和提案审查的报告》，副县长梁子言就 1954 年上半年政府工作作报告。会议通过致毛泽东主席的电文，并作出以实际行动拥护《宪法》草案的决议。大会选举特等工业劳模康永祥、农业劳模庞东虎为出席山西省第一届人民代表大会的代表。

本届分别于 1954 年至 1956 年召开 4 次会议，在第三次会议上选举县人民委员会组成人员和县人民法院院长。王炳荣当选为县长，田祝三、赵彦、梁子言当选为副县长，李玉琦当选为法院院长。

第二届人民代表大会于 1956 年 12 月 13 日至 18 日召开，出席代表 130 人。县委书记李文明作《动员全县人民开展增产节约运动，为建设社会主义新农村而奋斗》的报告。副县长赵彦作《关于两年政府工作成就和当前增产节约主要任务》和《1955 年财政收支决算和 1956 年财政预算执行情况的报告》。法院院长秦耀堂作《法院工作报告》。大会通过在全县范围内开展增产节约运动和有关当前工作的决议。大会选举第二届人民委员会组成人员，尹宗典当选县长，田祝三、赵彦、梁子言当选副县长。

本届分别于 1956、1957 年召开 2 次代表会议。

第三届人民代表大会于 1958 年 4 月 15 日至 19 日召开，应到代表 145 人，实到 129 人。大会听取并通过县长尹宗典作的《政府工作报告》、副县长梁子言作的《1957 年财政决算和 1958 年财政预算的报告》和副县长赵彦作的《全县工农财贸工作初步规划报告》，并对上述报告作出决议。大会选举第三届人民委员会组成人员和法院院长。尹宗典当选县长，赵彦、梁子言当选为副县长，秦耀堂当选为法院院长。

大会选出尹宗典、庞东虎、庞湘川、李云铁为出席山西省第二届人民代表大会的代表。

第四届人民代表大会因三县合并在介休召开（略）。

第五届人民代表大会于 1963 年 8 月 3 日至 7 日召开，应到代表 187 人，实到 158 人。大会听取和审议代县长陈耀清所作的《政府工作报告》，并作出加强秋季作物后期管理，力争实现全年生产粮食 7500 万斤和大力发展养猪事业的决议，副县长郭天成作《1962 年财政决算和 1963 年财政预算的报告》，县委书记柳成、法院院长孙新伦分别作《政治报告》和《法院工作报告》。大会选举第五届人民委员会组成人员和法院院长，陈耀清当选县长，郭天成、暴生和当选副县长，孙新伦当选法院院长。

大会选举陈耀清、庞东虎、王六全、王能香、李进、左丕伦为出席山西省第三届人民代表大会的代表。

第六届人民代表大会于 1965 年 12 月 1 日至 4 日召开，应到代表 197 人，实到 143 人。县长陈耀清作《政府工作报告》，副县长郭天成作《1964 年财政决算和 1965 年财政预算的报告》，法院院长孙新伦作《法院工作报告》。大会选举第六届人民委员会组成人员，陈耀清当选县长，郭天成、段秀峰、韩继荣当选副县长。

第七届人民代表大会于 1981 年 6 月 8 日至 16 日召开，出席大会的代表 198 人。会议决定恢复灵石县人民政府，撤销灵石县革命委员会。县革命委员会主任陈喜旺作《政府工作报告》，县财税局副局长王三亮作《1980 年财政决算和 1981 年财政预算的报告》，法院院长燕能亮、检察长褚瑶分别作报告。大会作出《大力发展多种经营尽快使农民富裕起来的决议》，并选举第七届县人民代表大会常务委员会组成人员和县人民政府县长、副县长、人民法院院长、人民检察院检察长。赵彦当选人大常委会主任，韩培道、郭景英、韩来管、高虎生、范周、张生来当选副主任；陈喜旺当选县长，刘珊、权恒达、王荣科、刘敏、赵佐武当选副县长；燕能亮当选法院院长；褚瑶当选检察长。

本届分别于 1981、1982 年和 1983 年，召开 3 次会议，在第三次会议上选举梁玉成、武海棠、尤新亮、马铁喜、韩国栋、赵贵书为出席山西省第六届人民代表大会的代表。

第八届人民代表大会于 1984 年 4 月 9 日至 12 日召开，出席代表 230 人。代县长张棨作《政府工作报告》，财税局局长李槐笔作《1983 年财政决算和 1984 年财政预算的报告》，法院院长燕能亮、检察长褚瑶分别向大会作工作报告，人大常委会副主任韩培道作《人大常委会的工作报告》。大会选举第八届县人大常务委员会成员及县政府正、副县长和两院院长，王荣科当选人大常委会主任，权恒达、褚瑶当选副主任；张棨当选县长，范浩里、赵佐武、李秉毅、申守中、傅一元当选副县长；燕能亮当选法院院长；张建祥当选检察长。

本届分别于 1984 年 4 月、1985 年 4 月、1986 年 4 月召开 3 次会议。

四、人大常委会

本县人大常委会于 1981 年 6 月第七届人民代表大会选举产生，由主任、副主任和委员组成，下设办公室，1985 年 6 月增设农村工作、财政经济工作、教科文卫工作和政法工作四个委员会。

县人大常委会自成立以来，依照法律规定，研究、讨论、决定和监督本县的各项大政方针，接待处理各界代表提案和人民来信来访，正确行使其权力。1981—1985 年审议县人民政府有关地方大事的报告 55 个，并根据需要分别作出决定、决议；依法任免县人民政府局长、主任 147 人；接受 4 名县长、副县长和 1 名县人大常委会副主任的辞职；决定任命 2 名副县长、1 名代县长；任免县检察院副检察长、检察委员会委员和检察员 33 人；任免县人民法院副院长、审判委员会主任、副主任、委员、法庭庭长、副庭长、审判员 54 人。

1981 年 11 月 8 日至 15 日，第七届县人大常委会组织省人大代表马铁喜、李灵虎、王兰花、赵鳌对部分农村、厂矿进行视察，代表们通过视察，对城乡的改革，尤其是农村推行生产责任制以后发生的深刻变化表示满意，并将视察情况向省人大常委会作书面报告。

1982 年 11 月 15 日至 20 日，县人大常委会副主任范周、郭景英和 3 名委员、6 名省人大代表，分 2 个组对本县农村、城镇进行视察。一组深入英武公社，听取公社和 7 个生产队的汇报，走访 35 个专业户；二组深入城关、张家庄、两渡听取公安局等 22 个单位的汇报，召开 3 次座谈会，重点视察社会治安等工作。委员和代表通过视察，对全县安定团结的好形势感到满意，同时，指出农村广播、电话线路不通，交通不便，部分村庄不通车，不通电，个别村庄人畜吃水困难，一些村庄校舍紧张，影响儿童就学，师资偏低，误人子弟等问题。县人大常委会综合起来，将群众意见反映给政府有关职能部门解决。

1984 年 11 月，县八届人大常委会主任王荣科、副主任褚瑶、权恒达同县交通局领导，视察全县公路建设和养护情况，并进行座谈，提出公路建设中存在的问题和今后建路养路的意见。

灵石县人大常委会主任名录

姓　名	任职时间	籍　　贯
赵　彦	1981 年 6 月至 1984 年 4 月	安泽县
王荣科	1984 年 4 月至 1985 年 12 月	灵石县

第二节 行政机构

一、县衙、县署、县府

县衙：明清时期，本地设知县、县丞、主簿、典史、教谕、训导，下设三班（快、壮、皂）、六房（吏、户、兵、工、礼、刑）。

县署：民国元年（1912），县衙改为县公署，下设警察所、劝学所、征收局、公安局、差缉局、巡缉队等。

县府：民国16年（1927），县公署改称县政府，下设财政科、司法科、建设科、教育科、公安局、城防保卫团、巡缉队等。1938年日军入侵，县政府逃往河西驻西庄村，1945年8月，日军投降后，迁驻县城至1948年6月。

二、县人民政府

灵西抗日民主政府：1938年7月，由王磊任县长（中共党员），驻宿龙村。下设民政科、财政科、教育科、司法科、建设科、公安局，还有总务股、承审员、工作员、协助员。县政府下辖三、四、五3个区公所。1939年12月晋西事变后，王磊调离，由李承锟代理县长职务。灵西抗日县政府于1940年7月转移到灵石河东，编入洪赵支队。

1945年9月，晋绥七专署任命景廷瑞任灵西县长，从东许村出发，打回灵西，恢复灵西县政府，下设民政科、财政科、教育科、司法科、建设科、公安局；同时恢复所辖三、四、五区公所，县、区政府没有固定驻地。1948年9月与灵东抗日民主政府合并。

灵东抗日民主政府：1938年4月，灵石县总动员实施委员会河东办事处在介庙成立，秦述尧任主任，下设总务科、教育科、民政科、武装科等。办事处组织爱国青年通过短期培训后，分配到各编村担任工作员，进行抗日工作。同年12月，办事处迁驻皂角墕，由段嘉绂继任主任。1939年夏，办事处撤销，改称灵东抗日民主政府，由赵源任县长，县政府下设民政科、财政科、教育科、司法科、武装科、公安局等机构。1940年8月，李承锟担任灵东县长。1942年5月，介休（铁南）、灵石（灵东）两县奉命合并为介（休）灵（石）联合县，驻大小柏沟，李承锟继任县长。1943年5月分县，李承锟仍任灵东县长。1945年9月，李承锟调离，先后由廉恩普、吴道乙、李学敏继任县长。1948年9月，灵西和灵东合并。

灵石县人民政府：1948年6月，县城解放，9月，灵西抗日民主政府与灵东抗日民主政府在县城会师，合并为灵石县人民政府。1955年，县人民政府改为县人民委员会，下设秘书处、人事科、财政科、民政科、教育科、司法科、工商科、农业科、战勤科、公安局、税务局、邮电局等。1958 年 10 月，灵石、介休、孝义三县合并为介休县，县人委驻介休城，灵石设协作区，有少量工作人员。1961 年，三县恢复原建置，灵石县人民委员会由王良厚任县长。1963 年陈耀清任县长。1967 年 1 月 22 日，"造反派"夺权，县人委所属机构停止办公。1969 年 9 月，成立有干部代表、群众代表、解放军代表"三结合"的灵石县革命委员会，下设政工组、办事组、生产组、保卫组，具体承办全县各项工作。1981 年 6 月，撤销灵石县革命委员会，改名为灵石县人民政府，由陈喜旺任县长。1984 年 4 月，张棨继任县长。

1985 年灵石县级机构一览表

单　位		建立年月	工作人员／人		内设机构	下属单位
			编制	实有		
政府办公室		1948	6	14	秘书室、机要室、文印室	行政科
人　事　局		1951	10	12	办公室	
审　计　局		1983	9	7	办公室	审计事务所
档　案　局		1985	7	4		档案馆
县 志 编 委		1981	5	5	办公室	
计委系统	计　划委员会	1956	16	7	办公室、经济股、发展股、研究室	9 个
	劳动局		9	11	办公室	劳动服务公司
	建设局	1971	22	21	办公室、城建股、村镇股、环保股	工程队、环卫绿化队、房管所、水电所
	物资局	1968	31	31	办公室、财务科	
	物价局	1979	8	9	办公室	物价所
	统计局	1956	16	11	办公室、综合室、农村调查队	
	区划办	1984	7	6		
	协作办	1984	3	7	办公室	平州无线电厂、驻太原办事处
	木　材公　司	1950	40	40	办公室、业务股、财务股、资源股、保卫股	木材加工厂
	石　油公　司	1975	11	45	财务股、业务股、车队、办公室、加油站	知青门市部
科委系统	科　学技　术委员会	1970	12	8	办公室、业务科、情报科	
	计量所	1950	10	11	管理科、标准科、质量科、办公室、财务室	测试所

续表1

单 位		建立年月	工作人员／人		内设机构	下属单位
			编制	实有		
政法系统	公安局	1948	114	89	治安股、政保股、消防股、预审股、刑侦队	城关、静升、南关等11个派出所、看守所、拘留所
	检察院	1951		21	刑侦科、经济科、法纪科、批捕科、监察科、执行科	
	法 院	1952		26	刑庭、民庭、经济庭、行政庭、执行庭	城关、南关、两渡、静升、段纯5个法庭
	司法局	1985	19	13	办公室、宣教股、民调股	公证处、律师事务所
	民政局	1949	10	9	办公室	光荣院
文卫系统	文化局	1975	4	5	办公室	文化馆、图书馆、文管所、剧院、电影公司
	教育局	1948	8	8	办公室、人事股、计财股、师资股、职教股、教研室	灵石一、二、三中、道美中学、段纯中学、静升职校、进修校、幼儿园
	卫生局	1951	8	7	办公室	人民医院、中医院、防疫站、妇幼站、卫校、牙所、乡镇卫生院
	广播局	1956	31	34	办公室、编播室、机电组、外线组	乡、镇放大站
	体育运动委员会	1955	6	5	办公室	少年体校
	爱国卫生委员会	1951	4	3	办公室	乡、镇爱委会
	计划生育委员会	1963	6	21	办公室	计划生育指导站
	新华书店	1948	18	18	财务、农供、流供、科技、批发、业务	两渡分店
工交系统	经济委员会	1962	23	12	办公室	铁厂、化肥厂、农机厂、建材厂、石膏水泥厂、三灵焦化厂、印刷厂
	工业局	1956	8	16	财务股、生产技术股、劳组股、办公室	
	煤管局	1985	65	63	财务股、矿管股、安监股、运销股	县营煤矿（一、二、三矿）乡镇煤矿、煤炭运销公司、洗煤厂
	交通局	1956	53	53	公路股、企业股、计统室、征费室	运输站、一运、二运、三运、汽修厂
	二轻局	1962	34	19	生产股、企管股、科技股、财务股、劳资股、安监股、职校股	树脂厂、硫化厂等二轻企业，供销公司、矿产品公司、建安公司、二轻商场
	乡镇局	1975	25	27	办公室、生产股、计统股、财务股	供销公司、腐殖酸公司。
	邮电局	1949	164	147	邮政组、话务组、报务组、机线组、财统组	南关、两渡、富家滩支局、张家庄、静升、仁义、夏门、段纯、交口、梁家墒邮电所
	电业局	1957	112	138	办公室、调度室、技术股、用电所	灵石、夏门、段纯变电站

续表2

单位		建立年月	工作人员/人		内设机构	下属单位
			编制	实有		
金融系统	工商银行	1984.11	106	105	信贷股、储蓄股、办公室	两渡、张家庄、南关营业所
	人民银行	1948.6	32	27	秘书股、计划股、统计、信贷、出纳股、储蓄股	南关、富家滩、两渡、段纯办事处
	农业银行	1955.11	73	70	人事股、计划股、信贷、存款股	城关、南关、夏门、两渡、静升、段纯营业所、18个乡镇信用社
	建设银行	1981		10	人事秘书股、储蓄股、计划股、信贷股	两渡、张家庄、南关办事处、城关储蓄所、水头信用社
	保险公司	1984	6	8	办公室、财务股、保险股。	保险所
农业系统	农委	1960	12	11	办公室、营业科	5个局级单位
	农牧局	1949	8	13	农业办、畜牧办	农牧技术推广中心、良种场、种子公司、畜禽繁殖站、鸡场
	林业局	1953	16	12	办公室、林管股	林业站、苗圃、富家滩林场、林产品经销公司
	水利局	1954	21	36	办公室、财务股、工程股	打井队、石膏山水电站
	农机局	1972		24	办公室、管理站、监理站、农机推广站	农机公司
	土地局	1984		3	办公室、地籍站	土地开发服务站
财贸系统	财委	1964	5	5	办公室	8个局级单位
	财政局	1949	55	52	预算股、农财股、工商股、基金股、监察股、综合股	城关、静升、两渡、南关、段纯等18个乡镇财务所
	税务局	1949	140	127	税务股、征管股、监察股、人教股、会计股	城关、南关、富家滩、两渡、张家庄、段纯、静升等11个税务所
	商业局	1950	16	18	业务股、人事股、财务股、统计股、调研室	贸易中心、五一商场、食品公司、蔬菜公司、饮食服务公司、各商店
	粮食局	1952	32	28	购销股、储运股、财务股、统计股、审计股	城关、两渡、南关等9个粮站、加工厂、仪价公司、饲料公司、直属库、车队、劳动服务公司
	县供销合作社	1949	30	28	办公室、业务股、基层股、财务股、统计股、多种经营股	生产资料公司、土产、日杂公司、果品公司、贸易货栈、16个基层社
	工商局	1980	56	59	企业股、市管股、人事股、财务股、个体股、合同股	城关、南关、富家滩、两渡、张家庄、静升、夏门、段纯工商所
	外贸公司	1961		25	办公室、业务股、财统股	外贸服务站
	烟草公司	1983		19	专卖办、业务股、财务股	

三、基层政权

清代，设里甲，有里长、甲首，自然村首领称公直。

民国初期，沿用里甲制，后为闾村取代，村级政务由村长、闾长管理。

1938年前后，实行编村制，设村公所，村政权由村长负责。

在抗日民主政府所辖区，实行区、编村制。灵西辖三区、四区、五区；灵东辖一区、二区、三区、四区。

1949年，实行区、行政村制，全县辖6个区，下设1镇87个行政村。一区驻城关，辖17个行政村；二区驻仁义，辖15个行政村；三区驻静升，辖15个行政村；四区驻坛镇，辖13个行政村；五区驻双池，辖15个行政村；六区驻两渡，辖13个行政村。区设正、副区长，村设行政村村委会主任。

1953年，实行区乡制，全县设7个区、2个镇、62个乡，同时撤销区公所。

1958年，撤销乡政府，实行人民公社制。同年，三县合并。1961年，恢复县制。1963年，全县设18个人民公社管理委员会。公社管委会设主任、副主任、青年、武装、妇女、民政、司法、财会统计等。公社管委会下辖生产大队，大队下辖生产小队，大队设主任，小队设队长。

1967年初，社、队管理机构被"造反派"夺权，1969年10月成立社、队革命委员会。1981年，恢复公社管委会、大队管委会。1983年，撤销人民公社制，实行乡（镇）村制。1985年底，全县有10乡、8镇、301个村民委员会。

附：日伪县公署

1938年2月，日军侵占县城后，由日军"宣抚班"负责组建日伪机构；同年5月成立伪灵石县公署，之后不久，改为县政府，第一任知事祁启堂因罪大恶极被判处死刑，到1945年8月15日军投降告终，先后有7人担任过伪知事（或县长），伪县公署下设民政科、财政科、教育科、建设科、司法科、宣传科。

伪县政权在所占领的地方划分了5个区，各设区公所，任有区长，一区驻城关，二区驻静升，三区驻南关，四区驻双池，五区驻两渡。

灵石明代知县名录

姓　名	任期时间	学历	籍　贯
朱赓	洪武七年（1374）		
张先	洪武十一年（1378）		
李尚文	洪武十六年（1383）		济　南
马进	宣德九年（1434）	贡士	获　鹿
文盛	正统三年（1438）		
李𫍽	正统五年（1440）		
张翼	正统七年（1442）		
范宁	景泰七年（1456）		即　墨
王珏	天顺五年（1461）		
李瑛	成化三年（1467）		
张腾	成化五年（1469）		涿　州
王雄	成化十一年（1475）		
梁揩	成化十九年（1483）		西　安
杨懋	成化二十三年（1487）		
刘嵩	弘治七年（1494）	举人	盐　山
阎谊	弘治十二年（1499）	举人	邠　州
黄鑑	弘治十七年（1504）		
程伦	正德元年（1506）		
宋恺	正德三年（1508）	举人	广　平
韩德	正德三年（1508）		新　蔡
孙璲	正德七年（1512）	举人	韩　城
杨龙	正德十年（1515）	举人	易　州
陈元	正德十四年（1519）	监生	延庆卫
刘颖	正德十五年（1520）		寿　光
吴深	嘉靖元年（1522）		定　陶
稍腾汉	嘉靖四年（1525）		安　定
王敏	嘉靖九年（1530）	监生	龙门卫
刘应祥	嘉靖十三年（1534）	举人	开　州
种奎	嘉靖十七年（1538）	监生	阶　州
汪文炤	嘉靖二十三年（1544）	监生	胶　州
吴府	嘉靖二十六年（1547）	举人	青州卫
李微	嘉靖二十七年（1548）	举人	宁　夏
赵炳	嘉靖三十三年（1554）	监生	阳　曲
曾汝舟	嘉靖三十四年（1555）	举人	富　顺
董大经	嘉靖三十五年（1556）	举人	临　潼
王植	嘉靖三十八年（1559）	举人	安　定
蔡钟灵	嘉靖三十九年（1560）	监生	瑞　昌
谢永昌	嘉靖四十一年（1562）	监生	招　远
陈嘉谟	嘉靖四十三年（1564）	举人	伏　羌
申嘉言	嘉靖四十四年（1565）	举人	安　化
曹乾	隆庆五年（1571）	监生	保安卫

续表

姓　名	任期时间	学历	籍　贯
白　夏	万历二年（1574）		颍川卫
林　蕴	万历七年（1579）	恩贡	郾　城
周守正	万历九年（1581）	恩贡	丰　润
万嘉会	万历十三年（1585）	恩贡	太　康
何　锦	万历二十年（1592）	选贡	安　州
赵民容	万历二十四年（1596）	举人	巴　县
袁应春	万历二十四年（1596）	举人	凤　翔
路一麟	万历二十七年（1599）	进士	柏　乡
潘凤梧	万历三十二年（1604）	举人	普　安
李　登	万历三十四年（1606）	岁贡	灵　寿
马国籓	万历三十六年（1608）	举人	平　乡
杨于庭	万历三十八年（1610）	选贡	陇　西
沈复礼	万历四十二年（1614）	恩贡	仁　和
卜应第	万历四十七年（1619）	举人	唐　山
丁仕俊	天启二年（1622）	举人	武　功
赵民徵	天启二年（1622）	举人	获　鹿
齐士斌	天启四年（1624）	恩贡	昌　黎
史臣赞	崇祯元年（1628）	恩选	济　南
赵一龙	崇祯五年（1632）	恩贡	辽　东
王维衡	崇祯十年（1637）	恩贡	滑　县
孙　敬	崇祯十七年（1644）		

灵石清代知县名录

姓　名	任期时间	学历	籍　贯
张　曝	顺治二年（1645）	举人	赵　州
徐来麟	顺治三年（1646）	生员	奉　天
张世绶	顺治五年（1648）	生员	奉　天
赵希普	顺治六年（1649）	贡生	奉　天
狄其麟	顺治十年（1653）	岁贡	溧　阳
孟　嵃	顺治十二年（1655）	进士	泾　阳
徐用华	顺治十六年（1659）	拔贡	江　山
李广生	顺治十七年（1660）	拔贡	大　兴
侯荣圭	康熙十年（1671）	举人	济　源
任　枫	康熙十三年（1674）	进士	汝　州
金玉衡	康熙十九年（1680）	贡生	奉　天
李元白	康熙二十五年（1686）	举人	枣　强
张　琪	康熙二十五年（1686）	监生	奉　天
郎国祯	康熙三十二年（1693）	监生	奉　天
唐　健	康熙三十八年（1699）	监生	奉　天
梁国光	康熙三十九年（1700）	监生	奉　天

续表 1

姓　名	任期时间	学历	籍　贯
袁守待	康熙五十五年（1716）	进士	兴　国
李迪霖	康熙五十八年（1719）	举人	南　昌
李　溁	雍正元年（1723）	举人	高　陵
梁应宸	雍正二年（1724）	岁贡	宁　夏
王一辅	雍正八年（1730）	岁贡	大　兴
蔺　煜	雍正十一年（1733）	监生	正白旗
胡承泽	雍正十二年（1734）	进士	桐　城
程先民	乾隆六年（1741）	举人	巴　县
王思义	乾隆八年（1743）	举人	高　密
杨龙文	乾隆十一年（1746）	贡生	历　城
黄有恒	乾隆十八年（1753）	举人	芦　陵
徐应衡	乾隆二十二年（1757）	副榜	钱　塘
龙应时	乾隆二十四年（1759）	进士	顺　德
张学洙	乾隆二十八年（1763）	举人	三　原
林闱阶	乾隆三十二年（1767）	进士	吴　川
张曾敏	乾隆三十二年（1767）	禀贡	桐　城
刘若雨	乾隆三十七年（1772）	举人	镶红旗
鹿　荃	乾隆四十一年（1776）	拔贡	定　兴
徐希高	乾隆四十三年（1778）	贡生	德庆州
汪志伊	乾隆四十七年（1782）	举人	桐　城
陈绍贵	乾隆四十九年（1784）	举人	宛　平
周　汉	乾隆五十年（1785）	进士	黄　陂
蒋荣昌	乾隆五十一年（1786）	举人	睢　州
虞奕绶	乾隆五十四年（1789）	举人	金　坛
王　简	乾隆五十七年（1792）	进士	新　郑
明　贵	乾隆五十七年（1792）	举人	正黄旗
侯长熺	乾隆五十八年（1793）	拔贡	郯　城
佟谨思	乾隆五十九年（1794）	举人	丰　润
龙品绩	嘉庆元年（1796）	举人	义　宁
胡殿襄	嘉庆五年（1800）	拔贡	汝　阳
戴先第	嘉庆六年（1801）	举人	太　潮
边龙骧	嘉庆七年（1802）	进士	任　邱
张国钧	嘉庆十年（1805）	举人	抚　宁
陶廷飏	嘉庆十年（1805）	进士	都　匀
张光禄	嘉庆十四年（1809）	举人	济　源
王志澍	嘉庆十四年（1809）	举人	华　州
邓　本	嘉庆二十二年（1817）	举人	宿　松
汤可受	嘉庆二十二年（1817）	举人	临　桂
蒋心筠	嘉庆二十四年（1819）	举人	新　城
陈正颐	道光二年（1822）	进士	玉　山
赵　铨	道光七年（1827）	举人	南　丰

续表 2

姓 名	任期时间	学历	籍 贯
顾 夒	道光九年（1829）	进士	华 亭
何 愚	道光十四年（1834）	进士	邰 阳
祥 玉	道光十四年（1834）	进士	正 蓝 旗
潘兆桐	道光二十二年（1842）	监生	大 兴
朱 焕	咸丰元年（1851）	举人	临 桂
俞云锦	咸丰四年（1854）	进士	泰 州
秦文源	咸丰十年（1860）	监生	大 兴
谢 均	同治八年（1869）	监生	涿 州
陈缵清	光绪元年（1875）	捐班	直 隶
杨鼎昌	光绪二年（1876）	翰林	陕 西
叶焕昌	光绪四年（1878）	举人	河 南
孙鸿恩	光绪五年（1879）	军功	山 东
董庆贤	光绪六年（1880）	拔贡	甘 肃
张炳垣	光绪六年（1880）	解元	四 川
李汝霖	光绪七年（1881）	进士	直 隶
赵冠卿	光绪八年（1882）	进士	直 隶
祝 裕	光绪九年（1883）	附生	河 南
李延恩	光绪十五年（1889）	举人	贵 州
程长春	光绪十六年（1890）	附贡生	安 徽
刘懋基	光绪十七年（1891）	吏员	直 隶
易尚勤	光绪十八年（1892）	举人	山 东
赵尔颐	光绪十九年（1893）	进士	旗 人
袁文焕	光绪二十二年（1896）	举人	河 南
朱善元	光绪二十三年（1897）	附贡	浙 江
项则龄	光绪二十四年（1898）	举人	江 西
何如灏	光绪二十五年（1899）	捐班	安 徽
张熙堂	光绪二十六年（1900）	举人	河 南
汪敦元	光绪二十七年（1901）	举人	江 苏
瑞 徵	光绪二十九年（1903）	邢名	旗 人
姚廷献	光绪三十二年（1906）	吏员	河 南
陈祖绶	宣统元年（1909）	进士	江 苏
恒 玉	宣统三年（1911）	进士	旗 人

灵石民国时期历任县长名录

姓　名	任期时间	学历	籍　贯
徐光弼	民国元年（1912）	附生	直　隶
胡足刚	民国二年（1913）	毕业生	虞乡县
贾宇熙	民国三年（1914）	优贡	直隶蔚州
刘肇文	民国四年（1915）	举人	宁　武
赵魁续	民国五年（1916）	举人	旗　人
俞钦谟	民国六年（1917）	附生	江　苏
杨　诇	民国七年（1918）	举人	江　苏
黎　密	民国八年（1919）	军功	河　南
骆　斐	民国九年（1920）	毕业生	浙　江
张化鹏	民国十三年（1924）	举人	河　南
彭承祖	民国十四年（1925）	附贡	云　南
周九龄	民国十五年（1926）	举人	江　西
尚　德	民国十五年（1926）		虞　乡
王　璋	民国十六年（1927）	军功	黎　城
陶封锡	民国十七年（1928）		壶　关
刘翰池	民国十八年（1929）		临　县
田奎耀	民国十八年（1929）		盂　县
赵良贵	民国十九年（1930）		浑源县
李凯朋	民国二十年（1931）		榆社县
陈国宝	民国二十四年（1935）		晋北人
尹必有	民国二十五年（1936）		平定县
李可祯	民国二十六年（1937）		晋北人
燕铭义	民国二十七年（1938）		
王　哲	民国二十九年（1940）		新绛县
陈士舫	民国三十年（1941）		汾西县
张仁轩	民国三十一年（1942）		应　县
周天声	民国三十二年（1943）		安邑县
刘国祯	民国三十三年（1944）		赵　城
武耀英	民国三十七年（1948）		汾西县

灵西、灵东历任县长名录

	姓　名	任期时间	籍贯	备　　注
灵西	王　磊	1938 年 8 月至 1940 年 5 月	山东省	
	景廷瑞	1945 年 10 月至 1946 年 8 月	军营坊	
	李　林	1946 年 8 月至 1947 年 9 月	东铺头	东铺头划归孝义县
	智泽民	1947 年底至 1948 年 9 月		
灵东	秦述尧	1938 年 3 月至 1939 年春		对外称动委会办事处主任
	段嘉绂	1939 年春至 1939 年夏	临　汾	办事处主任
	赵　源	1939 年夏至 1940 年春	霍　县	
	李承锟	1940 年夏至 1945 年 9 月	辽宁省辽阳市	1942 年 5 月至 1943 年 5 月为介灵联合县县长
	廉恩普	1945 年 9 月至 1946 年 7 月	霍县成庄	
	吴道乙	1946 年 10 月至 1947 年 10 月	静升镇	
	李学敏	1948 年 1 月至 1949 年 2 月	河北武邑县	1948 年灵东、灵西合并仍为县长

灵石县人民政府历任县长名录

姓　名	任期时间	籍贯	备　　注
李学敏	1948 年 1 月—1949 年	河北武邑县	
柳　成	1950 年 5 月—1952 年 3 月	永　和　县	
原耀先	1952 年 4 月—1954 年 3 月	榆　社　县	
史　平	1954 年 4 月—1955 年 3 月	汾　阳　县	
王炳荣	1955 年 3 月—1956 年 11 月	离　石　县	代县长
尹宗典	1956 年 12 月—1958 年秋	昔　阳　县	三县合并后略
王良厚	1961 年 11 月—1963 年 6 月	河南博爱县	分县后任命
陈耀清	1963 年 7 月—1967 年 1 月	榆　社　县	至"文革"夺权
宁建国	1969 年 9 月—1971 年 9 月	河北省肥乡县	县革委主任
李修明	1971 年 10 月—1972 年 5 月	河　曲　县	县革委主任
张润槐	1972 年 6 月—1974 年 1 月	盂　　　县	县革委主任
杨巨春	1974 年 2 月—1976 年 2 月	古　　　县	代革委主任
雷振一	1976 年 3 月—1976 年 7 月	左　权　县	县革委主任
陈喜旺	1976 年 8 月—1983 年 9 月	和　顺　县	1981 年 6 月由革委主任当选县长
张　棨	1983 年 10 月—1985 年	桑平峪村	1983 年 9 月任代县长，1984 年 4 月当选县长

第三节　议政机构

民国初年，本县赵子瑷为出席山西省参议会的参议员。县设县参议员，由田万棠（县公署财政科科长）兼任。

1945年3月，抗日县政府由群众选举李承锟（县长）、王晋三（工商局局长）为出席晋冀鲁豫边区参议会参议员；李承锟调离灵石后，增补梁厚斋为本县的边区参议员。1946年3月，本县参议员参加边区参议会一届二次会议（河北邯郸）。

1945年8月，阎县政府进驻县城后，设参议会，有议员20人，牛云为议长，李寿亭任副议长。

第四节　人民政协

1983年，组成中国人民政治协商会议灵石县筹备委员会，成员有：杨大椿（县委书记）为主任，路生玉（县纪检委书记）、刘贤杰（县委组织部部长）、吴仁成（县委统战部部长）为副主任。

同年3月17日，筹委会第一次会议召开，通过县政协第一届委员会候选人名单。

1984年4月8日，中国人民政治协商会议灵石县第一届委员会在县城召开，出席59人，其中，中国共产党3人，中国国民党革命委员会1人，无党派爱国人士1人，灵石团县委1人，灵石县总工会1人，灵石县妇女联合会1人，台属1人，文化艺术界3人，科学技术界12人，农林界4人，教育界4人，医药卫生界7人，工商界5人，宗教界1人，少数民族1人，社会福利团体1人，体育界1人，特邀10人。

会议听取讨论中共灵石县委书记杨大椿的政治报告；列席灵石县第八届人民代表大会，听取、审议县政府工作报告；酝酿、协商、选举第一届政协委员会主席、副主席和常务委员；听取、讨论第一届委员会工作意见；通过提案审查报告和会议决议。

会议选举刘贤杰任常务委员会主席，吴仁成、韩国栋、赵贵书任副主席，常务委员有21人。

会议收到提案71件，其中落实政策10件，政法1件，干部作风4件，交通3件，城建环保9件。大会之后，提案审查委员会逐案审查并签署意见，会同有关部门研究处理。

县政协下设 3 个委员会，10 个小组，即学习委员会、提案审查委员会、文史资料委员会，工业工作组、统一祖国工作组、医药卫生工作组、商业财贸工作组、农林工作组、文教工作组、夏门综合工作组、灵石一中工作组、静升综合工作组、南关综合工作组。

县政协自 1984 年 4 月成立以后，开设咨询服务站，向群众传授农业技术、卫生保健计划生育等知识，积极倡导开发石膏山旅游区，征集编写 30 余万字的文史资料。

第二章 政 法

在旧社会，政法机关是为封建统治阶段服务的，案件均由县令亲审。阎锡山政权为了维护其反动统治，设公安、法院、检察机构，强化政法工具，矛头对准共产党及人民群众。中华人民共和国成立后，政法机关属于人民，对人民实行民主，对敌人实行专政，为加强人民民主专政，县设公安局、人民法院、人民检察院、司法局。公安局负责刑事案件的侦查、拘捕、预审，担负着打击敌人、惩罚犯罪、维护社会治安之责；人民法院负责刑事、民事案件的审判；人民检察院负责批捕、起诉、检察及经济案件的侦查，对公安的侦破活动及法院的审判活动是否合法实行监督；司法局负责法治教育、民事调解、法律顾问、公证之责。公、检、法、司彼此分工负责，互相配合、互相制约，保证国家法律有效行施，保障人民合法权益，促使社会主义建设的顺利进行。

第一节 治 安

一、治安机构

巡检司署 明洪武八年（1375），县设有典史 1 人，负责掌管缉捕、狱囚。明正统元年（1436），县设巡检司署，有巡检 1 人，驻冷泉镇；清顺治十六年（1659）裁撤；后于清乾隆二十八年（1763）复设巡检司署，改驻仁义镇，有巡检 1 人。

警察所 清光绪三十四年（1908），裁撤典史和巡检，成立警察所。民国元年（1912），扩大警察所，设警长 1 人，警兵 40 人，以后增为 60 人。全县 5 个区，由区长兼警长，每区设区警若干名，一区驻城内，附设于警察所内；二区驻静升，有区警 10 人；三区驻仁义，有区警 8 人；四区驻双池，有区警 8 人；五区驻两渡，有区警 6 人。

民国 15 年（1926）、民国 16 年（1927），因土匪扰乱，县增设巡缉队，有队员 105 人。

公安局　民国 19 年（1930），警察所改为公安局，设局长 1 人，巡官 1 人，马警兵 6 人，步警兵 54 人，仍留巡缉队 105 人，在西许、南关、汽车站、西峪口增设 4 个卡，各驻警兵数人。民国 27 年（1938），日军占领县城，县政府、公安局随之逃散。民国 29 年（1940），阎锡山政权在大宁县成立灵石县公安局。1941 年春，公安局从大宁县迁驻本县西庄，设局长 1 人，巡官 3 人，全局 70 余人，配备枪支 60 余件。

警察局　民国 33 年（1944），公安局改为警察局，设局长 1 人，督察长 1 人，训练员 1 人，巡官 4 人。全局有 120 余人，编为 4 个分队。民国 34 年（1945）8 月，日军投降后，阎县政府抢占县城，警察局接收了日伪警察所的全部武器装备，人员扩大到 150 人，设局长、督察长、训练员各 1 人，巡官 4 人。下设总务股、行政股、户籍股、刑事侦缉队、看守所，另有保警大队 175 人，编为 4 个分队，12 个班。1948 年 6 月灵石县城解放，阎警察局消亡。

人民公安　1938 年 7 月，灵西抗日民主县政府成立，下设公安局，刘学武任局长，顾丰节（中共党员）任第一巡官，肃东任第二巡官。1939 年，晋西事变后，刘学武坚持反动立场被人民镇压，顾丰节任代理局长。1940 年 3 月，公安局奉令编入洪赵支队。1945 年 10 月，灵西公安局恢复，韩家庆任局长，下设公安队，开展武装斗争，负责灵西地区的社会治安。

1938 年 4 月，中国共产党在介庙成立灵石县总动员实施委员会河东办事处，下设公安队，有队员五六十人，开展游击斗争，并负责灵东地区的治安保卫工作。1939 年 7 月，公安队改为公安局，李尚勤任局长。1942 年 5 月，灵石（河东）与介休（铁南）奉令合并为介（休）灵（石）联合县，公安局亦随之合并。1943 年 5 月，介（休）灵（石）联合县撤销，仍恢复灵石（河东）县制，公安局随之恢复，直至 1948 年 6 月灵石县城解放。9 月间，灵东、灵西公安局合并为灵石县公安局。

1949 年 10 月 1 日，中华人民共和国成立，之后，公安局机构逐步完善，有局长 1 人，副局长 2 人，秘书 1 人，设治安股、侦察股、预审股、办公室、看守所和派出所等职能机构。1967 年 1 月 22 日，县公安局被"造反派"夺权，同年2月，中国人民解放军介入地方支左，成立灵石县无产阶级专政委员会，行使公、检、法职权；3月又宣布撤销，成立灵石县革命委员会筹委会政治办公室，行使公安局职权，原公安人员大部分被调离。1969年8月，中国人民解放军对政法机关实行军事管制，行使公、检、法、司机关职能。1975年，撤销军事管制，恢复县公安局。1978年，县委将过去调离的一批老公安人员重新调回公安机关，恢复公安工作，并逐步走向正轨。

中国共产党第十一届三中全会以后，全县城乡经济体制改革全面展开，为保证改革的顺利进行，开创良好的治安环境，1985年，灵石按照年轻化、知识化、专业化和革命化的干部标准，调整充实公安队伍。公安局设行政办公室、政工办公室、刑侦队、治安股、政保股、经文保股、预审股、交通股、消防股、技术股、看守所和行政拘留所，装备有吉普车、消防车、囚车、摩托车、电警棍、警笛、红外线摄像机、化验设备等。

派出机构 1949—1958年，各区设公安助理员。1961—1985年，各公社（乡镇）设公安特派员。1949年，城关、两渡、富家滩、南关、张家庄设5个公安派出所。1985年，静升、夏门、段纯、交口、梁家墕、王禹、仁义增设7个公安派出所，每所设所长1人，公安员3—7人。

基层治安保卫组织 1951年，县城机关、工厂、学校、街道和农村行政村，分别建立治安保卫委员会，设兼职治保员3—7人；1958年公社化后，在生产大队建立治安保卫委员会，生产小队建治保小组，负责基层治保工作。1980年，城镇居民委员会及工厂、学校、家长、派出所等联合建立帮教小组300多个，对违纪青少年进行遵纪守法教育。1984年，县城地区分片建立城东、城南、城北3个公安联防指挥部，每片由所驻单位抽调专人，组成治安联防队，轮流值勤，负责本地区的治安防范。农村以村民委员会为基础建立治保组织。

二、治安管理

取缔反动会道门 中华人民共和国成立初期，一贯道等反动会道门仇视人民政权，造谣惑众，破坏生产。1950年12月，本县遵照中央指示，对反动会道门实行登记，明令取缔。全县各会道徒登记者19600余人，其中，一贯道13000余人，黄香道4000余人，先天道700余人，后天道600余人，末后道400余人，桥梁教500余人，乾坤道200人，九宫道200人，共有28种反动会道门组织。这些道徒分布在全县的592个村庄。全县对坛主以上各类道首共200人集中训练，使其悔过自新，对少数罪大恶极者，予以法律制裁，一般道徒主动声明退道，既往不咎。

严禁烟毒 1952年，根据中华人民共和国政务院《关于严禁鸦片烟毒的通令》，灵石成立禁毒委员会，在公安局设禁烟办公室，抽调力量，以烟毒流行严重的城关、仁义、双池为重点，在全县范围内，广泛发动群众，教育群众，开展声势较大的禁止鸦片烟毒运动。至1953年底，全县共收缴烟土1472两。对拒不悔改的烟毒贩运者，依法予以严厉制裁，全县先后逮捕毒品犯137人，依法判刑44人，罚款48人，转外地处理15人，教育释放30人。从此，流行已久的鸦片烟毒在全县得以根绝。

户口管理　1949年后，遵照《中华人民共和国户口登记条例》，灵石对全县户口进行管理，做好人口出生、死亡、迁入、迁出、常住、暂住等项登记工作。城镇非农业人口由公安派出所负责管理，乡村农业人口由乡镇（公社、大队）负责管理。各派出所和乡镇政府有户口册，人口如有变动，须随时向管理单位申报，管理单位每年分前半年和后半年两次进行人口统计，并向县公安局治安管理股报告。为准确掌握人口状况，于1953、1964、1982年先后进行3次全县人口普查。农村户口转城镇户口或城镇户口转农村户口，需经有关单位审批，一般不能互转。

灵石部分年份户口变化情况表

年　份	户　　　　数／户			人　　　　口／人		
	农业户	非农业户	合　计	农业人口	非农业人口	合　计
1949	19504	3551	23055	70216	12782	82998
1953	22680	4585	27265	83909	16973	100882
1964	29751	6889	36640	108875	34691	143566
1982	38707	11657	50364	157434	46232	203666
1985	37840	13487	51327	158639	45889	204528

爆炸物品管理　1957年，根据《爆炸物品管理规则》，灵石采取一系列的管理措施，有效地控制和减少爆炸事故的发生。1981年以来，随着经济改革，全县采掘业迅速发展，炸药、雷管、导火线等易燃、易爆物品的使用量日渐增多。县上严格执行关于爆炸物品的生产、购买、运输、保管、使用等制度，加强对生产证、购买证、储存证、作业证的管理，防止事故发生，保障社会安全。

消防管理　灵石遵照1957年11月全国人大常委会批准试行的《消防监督条例》，普遍审查各单位制定的具体防火办法和技术规范，进行消防安全检查；指导专职、兼职、义务消防组织的业务工作；统一指挥火场扑救。1984年，灵石根据国务院公布的《中华人民共和国消防条例》，进一步加强新时期的消防工作，在认真搞好全县范围的防火、灭火的同时，重点加强对中央广播局七二五台工作站、山西省三五微波工作站、县委、县政府办公大楼、资寿寺、粮食局、贸易中心、石油站、木材公司、化肥厂、北王中制氧厂等单位的消防工作，做到厂、库、车间、班、组都有领导干部负责，建立有义务的消防组织和严格的安全防火制度。各单位均备有灭火器、水桶、沙袋、火钩、铁锹等灭火器材，有效地防止和减少火灾事故的发生。

三、打击犯罪

1950年9月，南关地区破获"大同社会党"反革命组织，成员共9人，罪犯被依法惩办。1951年1月，在县政府大院，召开有6000余人参加的宣判大会，依法严惩冯二小、段明恩等罪大恶极的反革命分子。同年2月，段纯地区破获"青红同盟救国军"反革命集团，成员80余人，缴获步枪13支、手枪1支、子弹147发、照相机1台，对主犯杜则、陈光先等依法严惩。同年3月，反革命分子阎世昌等3人，在南同蒲铁路线两渡火车站外将铁轨接口处插入道钉，使由临汾开往太原的406次货车出轨，损坏机车1辆，车厢3节，造成严重损失，罪犯被依法惩办。同年8月，富家滩矿区破获"独立老虎队"反革命集团，成员共21人，对主犯冀振刚依法严惩。1959年8月，张家庄矿区破获"及时雨义队"反革命集团，成员30余人，缴获手枪1支、子弹10发，他们企图夺取派出所枪支、抢劫人民银行、杀害干部，上山为王，对其主犯张维儿等依法严惩。1962年2月，破获流窜盗窃集团一案，成员24人，他们在灵石、介休、汾西先后作案36起，盗窃集体粮食6500余斤，羊65只，对主犯燕云堂依法惩办。1964年12月，侦破杀人案1起，此案经过1年时间的专案侦查，先后到4个省、26个县、10个矿区、158个村庄，调查1122个嫌疑对象，终于在洪洞县捕获杀人凶手刘百顺，罪犯被依法惩处。1966年8月，梁家墕公社破获"夜战黑军"反革命集团，成员33人，涉及汾西、隰县、安泽、晋城4县，罪犯自命师长、团长，企图伺机暴动，对主犯成元锁等依法严惩。同年10月，双池一带破获"中华民国三民主义兴中同志会"反革命集团，成员共21人，自命主席、副主席、司令、副司令、组织部部长、军事部长等，从1962年即开始秘密活动，企图配合蒋介石反攻大陆武装暴动，对主犯苟忠义等依法严惩。1975年2月，两渡煤矿查处强奸幼女一案。1976年1月，旌介村查处强奸幼女一案，碾则墕查处诱奸少女一案。同年5月，延安村查处强奸养女一案。有关机关先后对罪犯依法予以严惩。

1980年12月，静升地区社会秩序混乱，不断发生抢劫、强奸、杀人等重大案情，公、检、法协同配合，抽调15名政法干部深入该地区进行整顿，历时4个月，破获各种刑事案件28起，其中重大案件13起，打掉犯罪团伙4个，成员 27 人，使静升地区的治安秩序大有好转。1981 年，南关、富家滩、张家庄、两渡地区进行重点整顿，全年破获政治案 3 起，刑事案 245 起，打掉犯罪团伙 55 个，成员 257 人。1983 年，灵石遵照六届全国人大二次会议通过的《关于严惩严重危害社会治安的犯罪分子的决定》，贯彻从重从快一网打尽的方针，经过 3 年时间，打了 3 个战役，取得重大胜利。据 1985 年 7 月统计，全县共抓捕各种刑事犯罪分子 470 人，打掉重大犯罪团伙 52 个，成员 225 人，其中，流氓团伙 23 个，成员 142 人；盗窃团伙 9 个，成员 49 人；抢劫团伙 4 个，成员 19 人；其他团伙 6 个，成员 15 人。缴获作案凶器匕首 70 余件、炸药 521 公斤、雷管 1145 个、导火线 60 米；赃物有电视机 8 台、收录机 7 台、手表 18 块、自行车 9 辆、赌具 8 副；赃款 18 万余元。至 1985 年底，全县刑事发案率大幅度下降，社会秩序明显好转。

四、改造罪犯

1949 年 4 月，灵石遵照太岳区党委社会部《关于执行对还乡人员登记管理办法》的指示，开始对还乡的国民党，阎锡山反动党、团、军、政、警、宪人员进行登记。截至 6 月，全县登记 2432 人，对其中重点人物加强教育管理。1951 年 7 月，根据上级指示，灵石成立劳动改造罪犯工作队，由郭守礼任队长，张子煌任指导员，调配劳改干部 5 人，武装公安干警 15 人，负责对罪犯进行劳动改造工作。同年 8 月，农村以行政村建立治保组织，负责对在村的地主分子、富农分子、反革命分子、坏分子（简称四类分子）进行管制和教育。管制工作坚持行政管制与群众监督相结合、思想教育与劳动改造相结合。1953 年 9 月，灵石结合人口普查和选民登记，对四类分子普遍进行严格的甄别和清理。经过审查，改造好的 1337 人被撤销管制，并取得选民资格。1956 年 9 月，灵石结合普选，对四类分子进行评审，全县摘掉帽子、撤销管制获得选民资格者 967 人。

1979 年 3 月至 5 月，根据中央指示，灵石对四类分子最后进行评审，对遵守法令、老实劳动、不做坏事者一律摘掉帽子。全县原有四类分子 316 人，给予平反纠正者 16 人，摘帽 290 人，继续戴帽者 10 人。

附：日伪警察局

1938 年，日军侵占灵石县城后，推行"以华治华"政策，利用汉奸成立伪警察局，专以镇压国人抗日救国为责。全局 30 余人，有局长 1 人，下设总务股、警务股、司法股。1939 年，警察局改为警务所，人员增加到 70 余人，所内设经济、保安、特务、警务 4 个系，下设静升、两渡、南关、水头 4 个分所。这些日伪机构配合日军到处搜捕、摧残、镇压爱国同胞，直到 1945 年 8 月日本投降为止。

1985 年灵石各乡镇社会治安情况统计表

乡　镇	刑事案件		治保调解责任制			评出"两户"		
	发　案 /起	占总人口 /%	应建立 /个	实建立 /个	占应建比例 /%	遵纪守法光荣户 /户	五好家庭 /户	占总户数 /%
合　计	66	3	350	162	46.3	10260	10728	45.5
马和乡	1	1.3	16	12	75	970	582	80
水峪乡	3	4.1	22	17	80	888	518	79
英武乡	1	1.5	14			780	461	80
交口乡	2	3.2	17	15	88.2	500	502	65
梁家墕乡	2	2.1	27			992	624	73.4
坛镇乡	1	1.3	17			810	496	71.5
王禹乡	3	3.7	32	32	100	676	536	66.3
两渡镇	2	0.87	29	24	82.7	600	1512	39.8
富家滩镇	2	3.8	23	23	100	385	285	85
南关镇	3	3.2	13	12	92.3	300	1288	67.9
仁义乡			11			520	352	64.6
西许乡	1	2.3	11			320	319	59
城关镇	27	8.4	19	16	84.2	408	185	6.3
张家庄镇	3	3	8	6	75	213	265	48.1
夏门镇	5	4.1	22			385	1018	48.3
段纯镇	5	3.7	40	5	31.3		897	25.3
静升镇	4	2.2	16			1398	550	41.7
南墕乡	1	1.9	13			115	338	37.6

第二节　检　察

　　检察机构　魏晋南北朝时期，中央始设监察御史，专事监督百官之责，县设典史，以后各代沿用。民国 16 年（1927），国民党政府改设检察厅，监督刑事及民事诉讼的执行，基层未设。1938 年，灵东抗日民主政府成立后，在根据地实行审判权和检察权合一的原则，直至 1950 年。1951 年 9 月，中央人民政府颁布《各级地方人民检察署组织通则》，同年 12 月，灵石县人民检察署成立，由县公安局局长兼检察长，有工作人员 3—5 人。从此，县人民检察署成为独立的地方法律监督机关。1955 年 1 月，根据《中华人民共和国检察院组织法》规定，县人民检察署改名为人民检察院，设检察长、副检察长、检察员、书记员等，承担刑事案件批审及部分案件的起诉和出庭公诉之责。1957 年，工作人员增至 9 人。1958 年 8 月至 1961 年 4 月，并入介休县，1961 年 5 月恢复灵石县人民检察院，增设办公室、办案组及劳改组，开始行使人民检察的基本职能。1967 年，"造反派"夺权，检察职能中断。1969—1975 年，检察院由人民解放军实行军事管制。1975 年，县检察院撤销，检察职能由公安机关行使。1978 年 10 月，根据新《宪法》规定，灵石县人民检察院重新恢复，增设刑事、经济、法纪、监所 4 个检察科，检察长由县人民代表大会选举，报省人大任命。检察员由检察长提名，报县人大常委会批准。1985 年，县检察院工作人员增至 28 人。

刑事检察　凡刑事案件，检察院负有审查批捕、审查决定起诉、出庭支持公诉之责，发挥侦查监督、审判监督的职能作用；公安机关负责侦察；人民法院负责审判。在案件诉讼过程中，公、检、法各司其职，各负其责，互相配合，互相制约，不错不漏，不枉不纵，以提高办案质量，保证准确有效地执行国家法律。1980 年，国家《刑法》《刑事诉讼法》颁布实施后，遵照两法规定，1980—1985 年，全县受理公安机关提请逮捕的各类刑事案 294 件、600 人，批捕 266 件、540 人，不批捕的占 10%。对于法院开庭审判的案件，检察院全部出庭支持公诉。

经济检察　根据国家法律规定，检察机关直接受理侦查贪污、行贿受贿、偷税抗税、挪用公款等经济犯罪案件，1980—1985 年，共受理 97 件，批准立案 24 件。

法纪检察　根据法律规定，负责对国家工作人员的违法犯罪行为行使检察权。凡国家权力机关、行政机关、司法机关、军队、国营企业、事业机构中的工作人员，以及其他依照法律或受国家机关、团体、企业、事业单位委托从事公务活动的工作人员违反法纪的，检察院均有权进行侦查并转请有关部门处理。1980—1985 年，全县受理法纪案件 14 件，涉及 17 人，批准立案 12 件，审结 12 件。

监所检察　本县有看守所 1 处，设所长 1 人，看守员若干人，并有县武警中队，负责看守所警卫。县看守所主要关押依法逮捕和拘留的反革命犯和其他刑事犯罪分子。1952 年，遵照中央人民政府颁布的《检察署监所及劳动改造机关监督试行制度》，县检察机关担负起监所检察任务，主要对看守所实行法律监督，检察其对在押人犯是否具有法定手续、符合法定条件、遵守法定时间，严格区分行政拘留与刑事关押的界限，纠正以拘代侦、以拘代捕，以拘代惩和刑讯逼供、虐待犯人等违法行为。1956 年，通过监所检察，发现有辱骂、殴打犯人、延长劳改时间等现象，予以纠正。1957 年，发现看守所的卫生条件较差，及时采取措施，予以改善。1983 年，根据《监所检察工作试行细则》，制定看守人员责任制，加强看守所管理，重视对犯人进行思想教育、形势教育和法治教育，杜绝在押人犯逃跑、行凶、自杀等事故发生。

第三节　审　判

一、审判机构

本县自隋置县到清末，均未设专职司法机构。司法权统归行政机关行使，行政官吏就是司法长官，刑事、民事的审判由县令亲自审处。县设典史，专管缉捕、狱囚。清末宣统元年（1909），始设审判庭，司法与行政分家。嗣后，审判庭改为司法科、法院。

司法科 民国政府县署设承审员，负责审理刑事、民事诉讼案件，后又改为司法科，专管司法。1937—1939年，灵西、灵东抗日民主县政府相继成立，政府内均设有司法科，行使审判权，除依法审理反革命案件外，并审理一般刑事、民事案件。从此，人民政权开始运用法制手段打击汉奸、反革命势力，保卫抗日成果，保护工农利益，支持群众的革命斗争。1949年，县人民政府仍设司法科，行使审判职能。

人民法院 1952年10月1日，灵石县人民法院成立，至1958年10月介（休）灵（石）孝（义）三县合并，有杜子明、李玉琦、秦耀堂先后任法院院长。并县后，设灵石人民法庭和双池人民法庭，是隶属于介休县人民法院的派出机构。1961年5月分县后，灵石县人民法院恢复，有秦耀堂、孙新伦先后任院长。1967年1月，"造反派"夺权，其职权由灵石县无产阶级专政委员会所取代。1969年9月，县人民法院由中国人民解放军实行军事管制，由军管组代行司法职权。

1974年7月，灵石县人民法院恢复；至1985年，先后由马震汉、燕能亮担任院长。法院下设刑事审判庭、民事审判庭、办公室3个职能机构，1981年4月，增设经济审判庭。

人民法庭 为了方便人民诉讼，法院在全县较大的集镇设立5个人民法庭，分别审理各辖区内的刑事、民事案件。1955年7月，双池人民法庭（1971年划归交口县）设立。1964年12月，南关人民法庭设立。1979年6月，段纯人民法庭设立。1983年4月，静升、两渡人民法庭设立。1985年8月，城关人民法庭设立。

审判委员会 1955年4月11日，审判委员会成立，由院长、副院长等7人组成，院长李玉琦任主任委员。1980年10月14日，由燕能亮、张建祥等6人组成审判委员会，燕能亮任主任委员。1982年，灵石县人大常委会任命燕能亮、张建祥、吴金海等8人组成审判委员会，由燕能亮任主任委员。

二、案件审判

明清两代，县令直接审案。国民党县政府的审判，初用四级三审制，后改为三级三审制。

抗日战争和解放战争时期，共产党领导的抗日民主县政府设司法科，负责审理案件，定罪、划刑由县政务会议集体审理，判决后，由县长划刑，司法科执行。

中华人民共和国成立初期，仍沿用定罪、划刑由县政务会议集体审理判定；

1952 年，设立人民法院，审理案件采用三级三审制；1954 年改为两审终判制。

刑事审判　审判刑事案件实行公诉、陪审、回避、辩护、合议等程序，保障公民在法律上一律平等。

县人民检察院对侦查终结的案件，经审认为必须对被告追究刑事责任时，由检察长或其指定的检察员，代表国家向法院提起公诉，并出席法庭支持公诉。按法律规定，人民陪审员出庭参加审判，陪审员均由地方人民代表大会选举产生。1985 年底，全县共有陪审员 54 人。司法人员不参与审理与自己有利害关系或其他关系的案件，防止徇私舞弊、避其嫌疑。被告人有权获得辩护，辩护人根据事实和法律，提出有利于被告人的材料、意见、反驳控诉或对控诉的内容进行申诉和辩解，证明被告人无罪、罪轻或减轻，甚至免除刑事责任；便于审案人员客观地了解案情真相，分清是非，作出正确判决，不致造成冤案、错案。法院评议案件，按民主集中制的原则办事，遇有重大疑难案件，由院长提交审判委员会决定，合议庭执行审判委员会的决定。

为使法院的审判工作置于广大人民群众的监督之下，有利于提高审判人员的责任感，改进审判作风，提高办案质量，必要时召开规模较大的公判大会，震慑犯罪分子，教育人民遵纪守法。

民事审判　民事案件大量属于人民内部矛盾性质，本县司法人员在审理民事案件中，贯彻"依靠群众、调查研究、就地解决、调解为主"的方针。始终以事实为依据，以法律为准绳进行调解，调解一经成立，与生效的判决具有同等法律效力，调解无效时才用判决的方法解决。民事审判分为审判和执行两个阶段。审判阶段，分为第一审程序、第二审程序和审判监督程序。第一审程序应用较多，包括起诉和受理、审理前的准备、诉讼保全、先行给付、调解、开庭审理等。第二审程序是上一级人民法院，根据事实和法律，对案件重新进行审理和判决的程序。审判监督程序是人民法院对已经发生法律效力的判决裁定，发现在认定事实上、应用法律上确有错误时，依法进行审理，并作出裁判的再行审判程序。

三、司法纪事

清代、民国时期，本县的司法审判工作缺乏史料记载。

中华人民共和国成立后，县司法科、人民法院依照国家的政策法令，行使刑事、民事案件的审判权，并与公安、检察机关既紧密配合又互相制约，运用审判职能打击敌人，保护人民，惩治犯罪，保卫党在各个时期的中心工作顺利开展，有效地调整人民内部关系，增强人民内部团结。

在土地改革、镇压反革命、"三反""五反""反右"等运动和贯彻婚姻法以及 20 世纪 80 年代的积极严打斗争中，都体现出法律的尊严和威力。

1951 年 2 月，中央发布《中华人民共和国惩治反革命条例》，本县司法机关在县委的领导下，开展镇反运动，由于组织严密，分工具体，力量集中，批核迅速，沉重打击反革命气焰，有力保卫土改成果，稳定了社会秩序。

1952 年，本县司法人员遵照中央指示，普遍检查所有审理过的刑事、民事案件中存在的问题，对旧法观点、衙门作风进行批判，从而改进审判作风，提高办案效率和质量。

1954 年，遵照中央颁布的《法院组织法》，县人民法院独立行使审判权，并实行人民陪审制度，在审判案件中，坚持公开审判、辩护、回避、合议、监督等制度和程序，维护公民的合法权益。

1980 年以来，《刑法》《民诉法》等各种法规陆续公布实施，审判工作有了新的准绳，县人民法院全体人员认真学习，慎重实践，审理案件的程序、作风趋于正规化，办案技术不断熟练，审判质量日益提高。

1983 年，中央发出从重从快严厉打击刑事犯罪活动的决定后，本县政法部门在广大群众的配合下，对社会治安进行综合治理，做了大量工作，从重从快依法判处一批严重刑事犯罪分子，同时，教育挽救一批失足青年，使社会治安得到明显好转，安定团结的政治局面得到巩固和发展。

灵石部分年份审理案件统计表

单位：起

年 份	合 计		刑 事		民 事	
	受 理	审 结	受 理	审 结	受 理	审 结
1950	962	823	443	397	519	426
1951	796	786	379	379	417	407
1959	1085	987	455	357	630	630
1960	1208	1208	822	822	386	386
1961	237	224	112	112	125	112
1964	344	341	69	66	275	275
1981	529	491	51	51	478	440
1982	440	436	32	32	408	404
1983	519	519	99	99	420	420
1984	557	553	59	59	498	494
1985	385	372	28	28	357	344

第四节　司法行政

1955年，本县设司法行政管理科和公证室，隶属县人民法院；1957年上半年，设法律顾问处，1958年，并入介休县，1961年，分县后停办。1981年8月，法律顾问处恢复，同年成立公证处。1985年3月15日，灵石县司法局正式成立，下设办公室、宣传教育股、调解股、会计股，全局有9名工作人员。同时，18个乡镇组建法律服务室，有32名工作人员。

一、法制教育

法制宣传教育股有收录机、扩大器、照相机等宣传器材，义务法制宣传队伍1047人。1981—1985年，法制宣传教育股共印发宣传资料14.65万册，放映幻灯318场，法制专题广播1563次，出动宣传车74次，为机关、厂矿作法制报告383场，协助40多所中学、500多所小学开设法纪教育课。全县涌现出遵纪守法光荣户10260户，五好家庭10728户，并为其颁挂牌匾，以资颂扬。

二、公证业务

1955年，县人民法院设公证室，配公证员1名，当时公证重点是国家机关、国营企业和私营工商业之间签订加工、订货、经销、代销等经济合同，共办理经济合同28件，修建合同2件。

1981年，公证处成立，公证工作在全县迅速展开，并有效地服务于经济建设。至1985年底，公证劳务合同5467件，买卖房屋608件，经济合同311件，收养39件，遗嘱34件，其他公证688件，共收费36670元。公证处受到晋中地委、行署和山西省委、省政府的表彰。

三、律师业务

本县法律顾问处自设立以来，积极为国家机关、企事业单位、社会团体和公民提供法律帮助。在辩护中，律师坚持以事实为依据，法律为准绳的原则，伸张正义，支持有理，秉公办案，不畏权势，维护法律的正确实施，维护国家、集体利益和公民的合法权益。

1957年1月，法律顾问处设立，至1958年下半年，为100多名刑事被告进行辩护，代写诉状250多件，进行法律咨询1500人次。律师通过自己的业务活动，宣传法制，教育人民，其作用和影响开始被社会公认和赞许。

1981年，法律顾问处恢复，至1985年之间，为138案、174名刑事被告人辩护，担任民事代理57件，参与非诉讼调解46件，代写各类诉讼文书280件，先后为7个企事业单位担任法律顾问，解答法律咨询1991人次，共收费11763元。

四、人民调解

1951—1955 年，灵石先后在 2 个区、65 个乡、1 个街道办事处、567 个村建立调解委员会和调解小组，5 年内共调解人数达 900 人，调解纠纷 18000 多件。1958 年公社化后，调解委员会并入治安调处委员会，以后逐渐消失。

1980 年，国家重新公布《人民调解委员会暂行组织通则》，县司法局于 1985 年设立人民调解工作股，配备干部 2 人，并在 18 个乡镇配备司法助理员，在全县城乡共建调解委员会 320 个，其中农村 308 个、城镇 12 个，有调解人员 965 个，共调解各类纠纷 1802 件，调解有效率达 85%。

第 十 二 编

人劳民政

第一章　劳动人事

第一节　劳动就业

自古以来，本县人民以劳动为生。1948 年以前，全县 90% 的人从事农业生产，10% 的人经商务工。1948 年灵石解放后，农村实行土地改革，广大农民实现耕者有其田，劳动在自己的土地上，从事农业生产。一部分农村剩余劳动力和城镇市民被招收到工商企业和其他行业，非农业人口逐年增多。从 1964 年起，城镇知识青年到农村插场、插队，进行劳动锻炼。1972 年，县城开始安置知识青年，至 1985 年，共安置 3500 人就业。

招工　1949 年，全县有职工 435 人，1950—1952 年，在国民经济恢复时期，本县安置失业人员 482 人。1953—1957 年第一个五年计划期间，实行政府介绍就业和群众自行就业相结合的办法，解决就业问题。至 1957 年底，全县共有职工 5404 人（其中接收私有工商业过渡人员 1715 人），比 1949 年增长 11.4 倍。

1956 年，国家对企业、事业单位实行定编定员、统一招工、统一调配的劳动制度，招收固定工、合同工、临时工，以解决城乡人民的就业问题，有计划地发展工商业和其他事业，制止私招乱用现象。1958 年，招工权力放开，农村青年大量流入城镇，职工人数剧增。1960 年底，全县有职工 10077 人。1961—1963 年，国民经济实行调整，大批精简职工，至 1965 年，全县共有职工 4682 人。1966—1976 年，由于受极"左"思想影响，定编定员制度不能认真执行。1980 年，劳动就业制度实行改革，在国家统筹规划的指导下，实行劳动部门介绍就业，自愿组织起来就业和自谋职业三结合的就业方针。用工形式有固定工、合同工、临时工、季节工、农民轮换工、亦农亦工等多种，打破"铁饭碗"，克服了由国家和集体统包的弊端。1978—1985 年，随着经济体制的改革和生产的发展，职工人数逐年增加，1985 年，全县共有全民所有制职工 11563 人，比 1965 年增长 187.5%，为 1949 年的 26 倍。

知青安置　1964 年，本县首批城镇知识青年 161 人（其中女青年 61 人），响应国家号召，分别到双池公社的苇沟大队、讲里大队、梁家沟大队、西庄大队、官桑园大队和城关公社的水头大队、曹家庄生产队插队劳动。1964—1978 年，灵石先后有 2187 名知识青年采取集体与分散插队、插场的形式，到 152 个知青点劳动锻炼，其中，本省知青 2002 人，天津知青 86 人，北京知青 9 人，其他省市知青 50 人，转插知青 40 人。

1978 年 10 月，国务院规定县以下城镇知识青年不再列入上山下乡范围，并对过去下乡插队的知青先后进行了安置，至 1981 年安置完毕，其中，招工 1723 人，升学 70 人，参军 99 人，转插外地 156 人，其他形式安置 139 人。

1981 年，中共中央和国务院发出《关于广开门路，搞活经济，解决城镇就业问题的若干决定》后，县成立劳动服务公司，开办劳务市场，统筹安排城镇待业青年。至 1985 年，全县成立各级各类劳动服务公司 32 个，新集体企业 76 个，服务网点 226 个，安置从业人员 4894 人。

1985 年灵石全民所有制职工人数与工资汇总表

类　　别	单位数/个	年末人数/人						工资总额/万元				
		合计		固定职工	合同制职工	其他职工	其中临时职工	合计	固定职工	合同制职工	其他职工	其中临时职工
		计	其中女性									
总　　　　计	731	11563	2897	9541	233	1789	611	1281.1	1090.9	34.8	155.4	56.5
一、按领导关系分组												
中央单位	6	333	104	301	17	15	5	31.4	29.8	0.6	1.0	0.3
省直属单位	4	138	59	115	9	14	1	11.3	10.1	0.5	0.7	0.1
地属单位	4	3489	507	3235	83	171	171	477.4	442.3	13.6	21.5	21.3
县及县以下单位	717	7603	2227	5890	124	1589	434	761	608.7	20.1	132.2	34.9
二、按国民经济分组												
1. 农、林、牧、渔、水利业	8	258	26	183	—	75	—	23	17.3	—	5.7	
2. 工业	16	6047	939	4796	202	1049	492	743	604.9	33.4	104.7	48.4
3. 建筑业	1	73	16	61	—	12	—	9.5	6.4	—	3.1	1.5
4. 交通运输、邮电通信业	6	583	123	490	14	79	1	59.9	52.5	0.4	7	0.1
5. 商业、公共饮食业、物资供销仓储业	47	1283	576	959	5	319	89	110.3	88.6	0.4	21.3	4.3
6. 房地产管理、公用事业、居民服务和咨询服务业	19	158	80	116	—	42	22	12.8	9.6	—	3.2	1.8
7. 卫生、体育和社会福利	13	265	128	249	1	15	—	25.8	29.6	0.1	1.1	—
8. 教育、文化、艺术和广播电视业	541	1293	668	1249	—	43	5	140.7	138.9	—	1.7	0.2
9. 科学研究和综合服务事业	3	23	7	22	1	—	—	2.6	2.5	0.1	—	—
10. 金融保险业	3	188	67	173	—	9	1	16.9	16.1	0.2	0.6	0.1
11. 国家机关、政党机关和社会团体	74		267	1243	3	146	1	136.6	129.5	0.1	7	0.1

1976—1985 年灵石全民所有制职工增减人数表

年份	增加数/人								减少数/人							
	合计	农村招收	城镇招收	分配复转军人	分配大中专生	临时工转正	由集体单位转入	其他	合计	退休	退职	离休	转入集体单位	开除	死亡	其他
1976	396	283	7	28	63			15	167	147	—	—		—	9	11
1977	165	47	16	13	71			18	97	43	4	—		19	19	12
1978	411	216	32	72	13	43		35	75	24	—	—	16	6	22	7
1979	431	268	63	21	12		2	65	81	59	1		1	1	19	—
1980	614	247	130	13	123	9		92	212	189	2	—	—		20	1
1981	138				88	16	10	24	192	156	4	—	1	2	22	7
1982	366	114	47	43	137	1	11	13	85	45	—	—	8	11	16	5
1983	378	214	39	21	94	10			223	169	4	6	2	9	26	7
1984	662	399	121	38	86		7	11	220	96	2	53	—	4	20	45
1985	519	216	86	17	98	22	38	42	285	175	11	25	13	11	23	24
总　计	4080	2004	541	276	785	101	68	315	1637	1103	28	84	41	63	216	119

1985 年城镇集体所有制职工人数与工资汇总表

类别	单位数/个	年末人数/人			工资总额/万元					城镇个体劳动者年末人数/人
		总计	女性	县（区）级以上主管部门直属单位	总计	其中：县（区）级以上主管部门直属单位	各种奖金	计件超额工资	各种津贴	
总　　计	149	8823	2368	5183	730.5	502.5	43.4	94.3	45.4	694
一、农、林、牧、渔、水利业	—	—	—	—	—	—	—	—	—	—
二、工业	49	6335	1178	3987	586.1	418.3	31.1	91.7	38.3	184
三、交通运输、邮电通信业	6	180	20	151	12	10.3	0.4	1.1	1.3	67
四、商业、公共饮食业、物资供销和仓储业	64	1830	1102	835	100.5	58.4	7.1	1.1	4.2	443
五、房地产管理、公用事业、居民服务和咨询服务业	10	268	—		16.4		1.6			—
六、卫生、体育和社会福利事业	2	24	12	24	1.8	1.8			0.1	—
七、教育、文化、艺术和广播电视事业	2	80	25	80	5.1	5.1	0.6	0.4	0.1	—
八、金融、保险业	16	106	31	106	8.6	8.6	2.6	—	1.4	—

灵石插队知青安置情况表

单位：人

年　份	安置人数	安 置 形 式				
		招　工	招　生	参　军	转插外地	其　他
1972 年以前	240	114	10	7	71	38
1973	11				11	
1974	104	87	10	1	5	1
1975	76	25	5		9	37
1976	263	246	6	4		7
1977	170	130	3	10	22	5
1978	358	226	28	71	23	10
1979	326	295	2	5	4	20
1980	618	579	6	1	11	21
1981	21	21				
合　　计	2187	1723	70	99	156	139

第二节　干部管理

干部来源　为了管理国家公务、行政机关和人民团体的工作人员，中华人民共和国成立初期，灵石主要从工人、农民和复员军人中选拔，以后不断从大中专学校毕业生和军转干部中补充；1964 年，增加四清借调干部 198 人；1984年，以工代干转正 332 人。1949 年，全县有国家干部 60 人，1951 年有 108 人，1961 年有 537 人，1971 年有 798 人，1981 年有 979 人，1985 年增至 1392 人，比 1949 年增加 21.7 倍。

干部素质　中华人民共和国成立初期，工农干部较多，文化程度偏低。1955 年，全县有干部 447 人，其中大学文化程度 4 人，高中 15 人，初中 89 人，小学 339 人。以后通过文化补习，在职进修，脱岗轮训，干部文化、业务素质逐步提高。1971 年，全县有干部 2073 人（包括企业干部），其中大专文化程度 140 人，高中（包括中专）364 人，初中 795 人，小学 774 人。为了适应社会主义现代化建设的需要，从 1980 年以来，强调干部队伍逐步实现革命化、年轻化、专业化、知识化。1980—1985 年，全县共选拔、招聘、录用干部 405人，平均年龄为 30 岁。大学、中专毕业生增多，全县干部的文化素质和年龄结构均发生显著变化。据 1985 年底统计，全县行政干部 1756 人（包括集体所有制干部在内），其中大专文化程度 191 人，占 10.9%；中专文化程度 377 人，占 21.6%；高中文化程度 273 人，占 15.8%；初中文化程度 907 人，占 51.7%。年龄在 30 岁以下 402 人，占 25%；31—40 岁 456 人，占 26.3%；41—50 岁 461

人，占 26.7%；50 岁以上 387 人，占 22%。

干部任免　中华人民共和国成立后，县委主要干部由省委任免，县委各部门部级干部由县委任免，报地委备案，一般干部由县委组织部任免。1952 年以后，县长、副县长、法院院长、检察院检察长由县人民代表大会选举产生，县正局级干部由县人大常委会任免。1981 年以后，县副局级干部由县长任免，县政府一般干部的任免、调配由人事局办理。

考察奖惩　1949—1965 年，考察干部由县委组织部负责。考察标准，主要看立场观点、政治思想、群众路线和工作成绩。考察方法采取群众鉴定、查阅档案和察看工作实绩。对政治可靠、工作成绩显著者给予表扬奖励，颁发奖状，以精神奖励为主。对表现不好的给予批评教育，犯错误者，给予处罚。

1978—1985 年，考察干部由县人大常委会、县委组织部和政府人事局共同负责。考察标准，以革命化、年轻化、知识化、专业化为主，考察方法采取民意测验，群众推荐，领导评议等。对符合"四化"标准者委以重任，成绩突出的评选先进工作者，给予精神和物质奖励，贡献大的提升一级工资。违法乱纪者，依法给予惩处。

第三节　工资待遇

本县古代政府官员实行薪金制，分三等九级，按等级领取俸禄，以银两计算。

1941 年，解放区机关干部实行供给制，不分职务高低，每人每天供给小米 2.5 斤，3 个月 1 双鞋，1 年 1 套单衣，2 年 1 套棉衣。1949 年，实行"小包干"。1950 年，实行"大包干"，按职务高低供给小米，每人每月最低 180 斤，最高 300 斤，除保留子女的供给外，伙食、衣服、津贴费都由本人自由支配。

1952 年，进行第一次工资改革，实行以工资分为计算单位的等级工资制。按粮食、棉花、白布、食油、食盐、煤炭、火柴 7 种实物的平均单价折合工资分值，以职务定等级，以等级定工资分，以工资分定工资。通过这次改革，彻底废除旧的工资制度，全县职工工资平均增加 27%。

1956 年，进行第二次工资改革，取消工资分制和物价津贴，实行货币工资制。工人按技术高低评定八级工资；干部按职务区分，实行等级工资。全国划分十一类工资区，本县农村执行三类工资区，城镇执行四类工资区。通过这次改革，调整地区、产业、部门之间以及各类人员之间的工资关系。至 1957 年底，全县职工年平均工资达到 625 元，比 1952 年增长 58.6%。

1963—1983 年，在 20 年中，国家先后给职工进行过 5 次调资。1963 年给部分干部职工进行调资，全县有 2031 人升级，占职工总数的 67%。1972、1977、1979 年，给工作多年、工资偏低的职工调资，升级面为 40%。1982 年，给教育、卫生、体育、国家机关、企事业职工普遍调资，重点解决知识分子工资偏低的问题。

1985 年，进行第三次工资改革，实行以职务工资为主要内容的结构工资制。新的工资制由基础工资、职务工资、工龄工资、奖励工资四个部分组成。本县由四类工资区改为五类工资区，执行五类地区的工资标准。这次全县参加工资套改的人数，全民所有制职工 3075 人，占总人数的 52.9%，增资总额 55885 元，每人每月平均增资 12.15 元；集体所有制职工 2832 人，占总人数的 58.3%，增资总额 50206 元，每人每月平均增资 10.95 元。

1976—1985 年灵石集体所有制单位职工工资情况表

年份	单位数／个	年 末 人 数／人		工资总额／万元	平均人数／人	平均工资／元	城镇个体劳动者年末人数／元
		合计	其中女性				
1976		5548		284.74		0.0513	4
1977		6860		251.06		0.0313	
1978		3346		230.74		0.0689	
1979		3752		212.41		0.0566	
1980		3778		238.35		0.0630	27
1981	66	4058	1592	264.79	3904	0.0678	254
1982	65	4223	1519	310.92	4156	0.0748	401
1983	122	6091	2648	439.8	5648	0.0778	260
1984	142	8448	3496	708.6	8173	0.0960	867
1985	149	8843	2368	730.5	8557	0.0853	701

第四节　劳保福利

劳动保护　全县国营企业、事业单位从 1953 年起，执行《中华人民共和国劳动保险条例》，根据不同的行业，不同工种，建立安全设施，改善劳动条件，发放劳保用品，保护劳动者的安全。1952 年，县安全委员会成立，下设办公室，承办全县劳保安全事宜。1980 年，国家规定：5 月为安全月，每年县安委会组织有关单位安全技术人员深入井下、车间、机房进行安全检查，发现隐患，及时解决，严格控制伤亡事故发生。1978—1985 年，全县矿山事故死亡 134 人，平均每产 100 万吨原煤死亡 5 人。

困难救济　行政机关、人民团体、事业单位的工作人员，按国家规定，每年从工资总额的 2.5%，支领职工福利金，用于天灾人祸、困难补助、慰问病残人员、独生子女保健等。使用办法由本人申请，群众评议，领导批准，人事局承办，年终一次性解决。企业职工困难救济办法同上，福利费由单位公益金支付。

节假日休息　在旧社会，职工一年四季终日辛劳，每天劳动多达 10 小时以上，累得筋疲力尽，安全无保障。1948 年灵石解放后，干部、工人一律实行一周工作 6 天，星期日休息，一天工作 8 小时的劳动制度，从时间上保证职工的身心健康。根据国务院规定，干部职工探亲、看病、女工生产、元旦、春节、五一劳动节、十一国庆节、三八妇女节、五四青年节，均给予一定的节假日，节假日期间，仍享受一定的福利待遇。

公费医疗　为了保证职工的身体健康，行政干部、事业人员享受公费医疗；企业根据劳保条例，享受一定比例的公费医疗。本县从 1952 年开始对干部、职工实行公费医疗。

退休、离休　按国家规定，干部职工男性年满 60 周岁、女性年满 55 周岁，可以享受退休、离休待遇。1949 年 10 月 1 日以前参加工作者可以离休，中华人民共和国成立以后参加工作者，实行退休。本县从 1956 年开始办理职工退休手续。至 1985 年，共退休干部 306 人，工人 1414 人；从 1978 年开始，办理离休手续，至 1985 年有离休干部 257 人。离休干部享受原工资待遇，退休职工按工龄长短享受 70%—95% 的工资待遇。

伤残抚恤　国家规定，工人、职工因工致残，不能工作，可享受本人工资的 75%，付至死亡为止。因公死亡，发给丧葬费，数额为全员平均 3 个月的工资。直系亲属抚恤费，数额为本人月工资的 25%—50%，子女发至 16 岁，配偶发至死亡。

工人、职工因病死亡，发给 2 个月工资的丧葬补助费，及直系亲属生活救济费，一次性解决。

1981—1985年灵石全民所有制单位职工劳保福利费用情况表

单位：万元

年份	全劳福费总额	年保利用额	离退休退职费	职死丧抚恤费	工亡葬	医疗卫生费	职生活难补助费	工困补助	文体宣费	娱育传费	集福事补费	体利业助	集福设费	体利施	其他补助费
总计	924.1		431.78	39.67		294.9	34.63		19.41		30.66		61.39		41.06
1981	267.4		150.7	8.0		74.1	5.1		6.1		15.2		27.2		10.4
1982	196.3		97.7	7.2		53.9	5.4		4.5		1.3		9.4		16.9
1983	117.6		80.3	10.6		59.8	7.1		3.5		8.8		2.3		5.2
1984	143		56	6		58	7		3		2		5		6
1985	139.8		47.08	7.87		49.1	10.03		2.31		3.36		17.49		2.56

第二章　民　　政

清代，县未设民政机构。民国初，始设民政科。

1938年，灵西、灵东成立抗日民主县政府，设有民政科。1948年，县人民政府设民政科，配有科长、副科长、干事二三人；1961年，改为民政局，1969年11月，县革命委员会成立后，撤销民政局，由县革委办事组代办民政业务；1978年，恢复民政局。

1949年，灵石开始设区、乡民政助理员。1958—1983年，人民公社设民政助理员，1984年，改为乡镇民政助理员，专理民政事宜。

第一节　优抚安置

根据国家规定，优抚对象为：革命烈士家属，因公牺牲、病故、失踪军人家属，现役军人家属，革命伤残军人、复员军人、退伍军人。

一、慰问

1938—1948年，在抗日根据地、解放区，逢年过节和人民子弟兵凯旋时，地方政府和人民群众都携带丰盛物品到部队驻地进行慰问。1949年后，人民政府和群众继承战争时期的传统，在八一、元旦、春节等重大节日，向烈军属、老红军、革命伤残军人、复员、退伍军人进行慰问，印发慰问信，馈赠慰问品，各级领导并登门看望，征求意见，同时，前往驻军营房进行慰问、联欢、座谈，进行军政、军民互访活动。

二、优待

1950年，根据内务部制定的《革命烈士家属、革命军人家属优待暂行条例》，对全县优抚对象实行社会优待。具体办法如下：

代耕 战争年代到1956年之前，农村实行代耕，由乡政府、村委发给被优抚对象工票，并派劳动力替烈军属耕地、种、收，优抚对象赋予代耕者工票。对县城无土地又无劳力者，拨给部分优待钱粮，无地有劳力者，给予贷款，扶助其生产。1950年，全县享受代耕的烈、军属有2440户，其中，包耕的813户，包产的125户，发给工票的1502户。

1954年，有1771户享受代耕。是年冬，下拨修补房屋、购买牲畜款12964元，共修补房屋124间，购买大牲畜9头，羊125只，猪103头。

1955年，全县享受代耕的共1276户，代耕土地13442亩。同年，对25个乡实行财力补助，补助小米17.37万斤，并对全县238户贫困烈军属，县财政以每年下拨10336元作为实物补助；同年，对166名烈军属子女，每年补助483元的入学补助费，此外，还给困难烈军属购买一些豆饼、麻渣、牲畜、猪、羊等，扶助其生产。

优待劳动日 1956年后，由农业社实行优待劳动日，确保烈军属生活水平不低于群众的平均水平。

1958年后，各生产大队评定劳动日，全社平衡后，超过部分由县给予补助。同年，全县享受劳动日补差为8000—10000元。

1971—1979年，对困难较大的优抚对象发给定期补助款70702元。1979年，全县优抚对象共有6137户、9380人，占全县总户数的12.9%，享受优待劳动日者984户，占优抚对象总户数的16%，共享受优待劳动日12.87万个。

补助 1981年，灵石贯彻中央《全县农村工作会议纪要》，对全县义务兵家属实行普遍补助，由社（乡、镇）和大队（村委）统筹补发，每人每年补助幅度在200—500元之间。

1976年，全县优抚对象被评为优秀社员的有1354人，占优抚对象总数的14.4%。

1983年，全县有222名优抚对象被评为先进模范，涌现出47个优抚工作先进集体和11名先进个人,以及9名优抚先进民政干部。

褒扬 据1985年统计,全县共有革命烈士942人,其中红军时期的25人,抗日战争时期的403人,解放战争时期的400人,抗美援朝时期的37人,未查清烈士77人。1948年和1984年,灵石2次为全县烈军属挂了光荣牌匾,以资褒扬;并以烈士吴来全、裴金旺的名字命名他们的家乡,以资纪念;还修建张兴、吴来全烈士纪念碑,以供后人瞻仰。

抚恤 牺牲病故抚恤,根据国家优抚规定,革命军人、革命工作人员、参战民兵和民工病故后,除由政府妥善安葬并对其家属的生活切实照顾好外,还发给家属一次性抚恤金。

残疾抚恤 县民政部门按国家规定,根据残疾军人伤残程度评为四等,二、三等分为甲、乙两级,分别发给其残疾军人等级证书,凭证由民政部门发给定期抚恤金和临时补助金。随着国民经济的逐步发展,抚恤金在不断提高,全县1985年的抚恤金比1953年提高15倍。

截至1985年统计,全县共有伤残军人346人,在乡的203人,其中,一等4人,二等甲级24人,乙级45人,三等甲级76人,乙级54人;在职的143人,其中,一等2人,二等甲级9人,乙级19人,三等甲级67人,乙级46人。

1953—1985年灵石牺牲烈士抚恤表

单位:人、元

年 份	人 数	金 额	年 份	人 数	金 额
1953	51	8970	1970	3	380
1954	29	5430	1971	4	1130
1955	12	2600	1972	2	460
1956	24	5380	1973	1	200
1957		3307	1974	3	870
1958	并县		1975		
1959	并县		1976	2	380
1960	并县		1977	11	2430
1961	1	180	1978	5	1220
1962	83	1734	1979	3	1030
1963	1	280	1980	8	4630
1964	27	5270	1981	6	2850
1965	2	460	1982	4	2000
1966			1983	4	2050
1967	2	380	1984	8	4150
1968	1	230	1985	6	2850
1969	3	280			

灵石部分年份革命残疾军人抚恤表

单位：人、元

年份	合计	在乡残疾军人抚恤费		在职残疾军人抚恤费		定期定量补助费		临时救济	其他支出
		人数	金额	人数	金额	人数	金额		
1953	20730	71	5236	30	834		3460	7000	4200
1955	54715	151	14134	61	1800		30017		7798
1958	57114	151	14289	67	2011		38290		2524
1965	62346	232	20564	155	4360	355	15567	20791	1064
1970	68678	266	21351	154	4386	252	10803	31231	907
1975	109052	215	17008	150	4274	129	8061	75989	3720
1978	156023	197	29312	154	4666	168	7644	107635	6766
1979	183122	199	29343	161	5438	200	11402	127370	9569
1980	285248	207	40311	166	4731	625	71710	104840	63656
1981	280067	207	37166	151	4519	628	75046	135600	27736
1982	298007	209	37385	147	6894	1005	105243	126807	21678
1983	333264	210	40096	145	6476	1025	120936	112361	53395
1984	338710	210	45340	145	8572	1079	126085	127401	29312
1985	379449	203	60240	143	10340	1075	156027	111557	41285

三、安置

1950年8月，县复员委员会成立，负责对复员、退伍军人的安置，同年安置复退军人164人，其中2人介绍参加工作。1951—1955年，安置复退军人965人，其中122人介绍参加工作。1956—1960年，安置复退军人501人，其中105人介绍参加工作。1961—1965年，安置复退军人379人，其中110人介绍参加工作。1966—1970年，安置复退军人264人，其中116人介绍参加工作。1971—1975年，安置复退军人712人，其中114人介绍参加工作。1976—1980年，安置复退军人739人，其中161人介绍参加工作。1981—1985年，安置复退军人465人，其中135人介绍参加工作。

1979年3月，根据有关规定，对红军战士进行安置工作。经调查摸底，全县在乡老红军有12人，享受红军待遇。1985年底，全县有18人享受红军待遇。

第二节　社会救济

中华人民共和国成立后，政府对社会福利救济十分重视，根据国家有关规定，及时发放灾害救济、困难户救济、烈军属和残疾军人救济款，以解决城乡人民之困难。

自然灾害救济 每逢旱、洪、雹灾后，县、区、乡各级政府的领导及时赶赴灾区，紧紧依靠群众，依靠集体力量，组织生产自救，并发放必要的救灾款和生产生活物资，解决灾区人民吃饭、穿衣、住房、医药、生产等困难。

困难户、五保户救济 对家庭人口多、劳力少或主要劳力患病以及遭到天灾人祸而发生困难的农民、城市居民，特别是无依无靠的老、弱、孤、寡均采取生产队（村委）补助和国家救济相结合的方法，使其得以温饱。做到保吃、保穿、保医、保教、保葬，使五保户生养死葬有保障。1982 年，全县对 2559 户困难户发放救济款 42508 元。1985 年，全县共有五保户 477 户、552 人，有集体保的 194 人，亲友保的 224 人，有生活来源不需保的 134 人。

光荣院 1981 年 9 月，县城创建第一所光荣院，接收全县无依无靠的孤独烈军属 18 人入院，其中有烈士之母、老红军战士、伤残军人、复员军人，年龄最大者 96 岁。生活费由本人所在村委补贴每人每年 160 元，其余部分由县民政事业费支付，每人每月生活费 20 元，零用钱 5 元，衣服、被褥由光荣院统一制发、洗涤、更换，还配备生活车 1 辆。

1982 年 11 月，县建立光荣院福利间，接收生活难以自理的孤独老人 9 人，每人每月生活费 15 元，衣服、被褥、生活用品和医疗均由县供给，并配备护理人员照顾。

扶贫致富 1983 年，县政府成立"双扶中心"，负责对优抚对象和贫困户筹集资金、提供信息、发展生产、推销产品、洽谈业务。截至 1985 年，全县共有 2318 户贫困户得到不同方式的扶持。当年，投资 13 万元，办起各种类型的经济实体 16 个，从业人员达到 366 人。县农业银行为 680 户贫困户贷款 30 万元。同时，县级机关单位也积极筹集资金扶贫致富，年底已有 1377 户基本脱贫。

第三节　婚姻管理

婚姻管理是在中华人民共和国成立后开始的，民政部门负责办理男女双方婚姻登记，包括结婚、离婚和复婚。

1950 年开始，结婚登记由县人民政府民政局和各区公所办理并发给双方结婚证书。离婚一直由县民政局和各区公所（后为公社、乡镇）发给离婚证。属于判决离婚案，由法院办理。凡要求离婚的，登记离婚的机关经过严格询问、调查，进行调解，调解无效，给予离婚登记，并严格依法保护军婚。

1955年，按内务部《婚姻登记办法》的规定，结婚登记由乡（镇）办理；离婚仍由县民政局办理。

婚姻登记机关，在办理登记中要依法对登记双方进行审查，若不符合规定者，一律不予登记，严禁血亲和有生理缺陷者结婚。

1954年，全县结婚登记1715对，其中初婚1318对，复婚26对。要求结婚未予批准登记122对。这122对的情况是，包办买卖婚姻21对，不够结婚年龄的77对，其他情况的24对。离婚291对，其中，感情破裂的265对，一方受虐的16对，重婚的1对，其他情况的9对。

1982年，全县结婚登记1714对，要求离婚的253对，经调解和好的179对，调解无效登记离婚的74对。

1981—1985年灵石结婚、离婚情况表

单位：对

年份	结婚	离婚	复婚	年份	结婚	离婚	复婚
1981	2003	73	16	1984	1550	65	15
1982	1714	74	32	1985	2455	64	28
1983	1720	70	35				

第四节　人民信访

中华人民共和国成立后，县人民政府设立人民来信来访接待室，隶属于政府秘书处，设有专人办理信访工作，并根据信访问题按类分别转呈县委、县政府领导以及职能部门具体处理。

1970年2月，县革命委员会设立信访办公室，设主任1人，副主任1人，干事2人。

1983年，信访办公室隶属于县委职能机构，接受县委、县政府的双重领导，设主任1人，副主任2人，干事增至4人。

1978年以来，县委、县政府对群众来信来访工作比较重视，从20世纪80年代开始，每月固定2天的接待日，县委书记、副书记、常委、县长、副县长等领导轮流接待来访群众。对于群众来信来访，信访办规定了严格的工作流程，有来信来访登记簿、文明接待公约和来信阅处、复信等制度。规定上级批示要结果的大案、要案在2个月内查清上报；县级领导批示要结果的案件，在3个月之内查清上报，并建立了县、乡、村三级信访网。

1970—1973年，信访办公室接受信访130件，来访50人（次）；1974—1978年，接受信访200件，来访80人（次）；1979年接受信访300件，来访

200人（次）；1980—1983年，接受信访180件。所有信访、来访均做到件件有着落，处理程度达到95%以上。

第十三编

军 事

第十三编 军 事

灵石历为兵家相争之地，据旧志载：汉朝陈豨曾驻兵于此；唐朝李渊起兵太原，于此大战隋将宋老生；明末李自成领导的农民起义军也曾挥师城垣、斩关夺隘、杀富济贫……石灵在现代战争史上重大兵事甚多，1936年春，毛泽东主席率领红军东征，在灵石境内转战1月有余；1937年秋，朱德总司令率领十八集团军总部北上抗日，路居本县水头村，宣传抗日救国的革命主张；1938年2月，国民党将领卫立煌率领数万大军在韩信岭与日军奋战数日，给日军以迎头痛击。

灵石人民具有反侵略、反压迫的光荣传统。在抗日战争和解放战争中，全县人民在中国共产党的领导下，组织农救会、青救会、妇救会、区分队、县大队、民兵游击队，团结战斗，创造人民战争的伟大奇迹。经过艰苦奋斗，流血牺牲，同敌人进行殊死搏斗，灵石终于在1948年求得全县解放。灵石人民从此翻身做主人，开始进行史无前例的社会主义物质文明和精神文明建设。

第一章 军事要地

第一节 地形特征

本县地形特征，从军事角度看，可概括为：山多川多、沟壑纵横、地形险要、易守难攻。

县境内有二岭、三山、五大原，即韩信岭、秦王岭；石膏山、绵山、老虎山；文殊原、建新原、兴旺原、罗汉原、椒仲原。崇山、峻岭、高原，是古今兵家多次交锋之地。

汾河自北向南中穿而过，将县境分为两半，抗战时期，汾河以东简称灵东，汾河以西简称灵西。汾河谷地十分险隘，两山高而中间低，这就是古代著名的雀鼠谷，也叫灵石口。汾河谷地北端之冷泉，南端之南关，是灵石之南北大门。同蒲铁路、太三公路两大交通干线沿雀鼠谷自北向南通过，交通方便，是晋中通往晋南的咽喉、华北通往西北之要冲。

县境东部，系太岳山西麓，地势自东向西倾斜，东部边缘群峰壁立，高耸入云，为天然屏障。石膏山、绵山系制高点，展望良好，并有静升河、仁义河，养田济民，便于屯兵积粮。

县境西部为吕梁山区，地势自西向东倾斜，有段纯河、交口河穿谷流入汾河，整个山区土地肥沃，农产、矿产丰富，是灵石米粮之乡，矿藏宝地。制高点有老虎山、建新原，展望良好，便于屯兵积粮。

县境中部，韩信岭雄踞汾河东岸，秦王岭位于汾河西岸，占据两岭，对防卫同蒲铁路、太三公路两大交通干线和扼守县城具有十分重要的战略意义。

第二节　关　隘

南关　即古代阴凉南关，又名阴地关，位于县城南24.5公里处，是南关镇政府、南关火车站和汾西矿务局南关煤矿、南关电厂所在地。南关东沿仁义河经西许到沁源，西经王禹到汾西，南通霍县，北达县城，均有公路相通，交通便利，并有同蒲铁路、太三公路中穿向南，为晋中地区出入之门户。

冷泉关　即古代阳凉北关，今名冷泉村，位于县城北16.5公里处，在两渡镇境内。关内左山右河，铁路中穿，地势险要，历代置关设卡，驻兵防守，视为要塞。在现代战争中，它也是控制铁路、公路交通之重要关隘。

汾水关　位于县城南10公里处，在夏门镇境内，该地河谷狭窄，东西两侧群山重叠，峻岭耸立。同蒲铁路和太三公路由河谷两岸中贯向南延伸，灵回公路、解木公路都要通过这里，是灵石县内交通中枢，东有韩信岭，西有秦王岭为天然屏障，在战争中占据重要位置。

第二章 兵役制度

第一节 府兵募兵

招募兵役制，始于汉朝。愿为兵者，给予一定军饷，可长期服役，为职业兵，服役年龄一般为20—50岁。本县自隋朝建县以来，至清朝，1000多年间，历代兵源，大都沿用募兵制，只有唐朝实行府兵制，用以扩充地方和国家的兵员来御敌安邦。

第二节 志愿兵役

志愿兵役制是中国共产党实行的兵役制度。本县自1936年红军东征时开始实行这种制度，一直延续到1954年。20年间，灵石共出现过5次志愿参军高潮。1936年，红军东征来到灵石，宣传抗日，唤醒民众，在灵石西山地区掀起自愿参加红军的热潮，这次参加红军者共6个连队1000余人。1937年抗日战争开始到1939年晋西事变前，本县掀起第二次参军高潮，在这短短2年多时间里，全县自愿参加抗日区分队、县大队、决死纵队、洪赵支队、陈支队等正规军和地方武装者达2000余人。1945年8月，日本投降后，为了保卫抗战胜利果实，支援解放全中国，灵石地区出现第三次参军高潮，在3年解放战争期间，灵石县加入解放军者近千人。1948年，灵石解放，全县人民为了过上安居乐业的生活，掀起第四次参军热潮，出现父送子、妻送郎、兄弟相争上战场的动人事例，这次全县入伍新兵共1070人。1950年，美帝国主义发动侵略朝鲜战争，我国组织中国人民志愿军抗美援朝，1951—1953年，全县参加中国人民志愿军者共800余人，这是第五次志愿参军的高潮。

凡志愿参军者，都有一个为祖国、为人民的崇高理想，他们把参军当作神圣的事业，为了祖国的安全和人民的翻身，不惜牺牲自己的宝贵生命，迎来了胜利和幸福。

第三节 义务兵役

义务兵役制是中华人民共和国通过法律形式确定下来的兵役制度，从 1955 年起实行。《兵役法》规定，除被剥夺政治权利的人外，凡年满 18 周岁以上的公民，不分民族、种族、职业、社会出身、宗教信仰和教育程度都有服兵役的义务。一般情况下，一年一次征兵，多在冬季进行，在特殊情况下，可一年征 2 次，或不征。

实行义务兵役制度是我国军事制度上的一次重大改革，它关系着国家的安定和人民的利益。义务兵役服役期限短，一般陆军 3 年，海军 4 年，空军 5 年，期满即可复员。这样能够使广大青年到部队受到军事训练，培养更多具有一定军事素养的兵员，克服过去有的常当兵、有的不当兵的不合理状况。特别是可以寓兵于民，平时养兵少，战时兵源足，召之能来，来之能战，战之能胜，这是义务兵役制的最大优越性。

自实行义务兵役制度以来，本县广大青年把参军看作是自己保卫祖国的神圣职责和光荣义务，每年征兵，踊跃报名，应征入伍。经过体格检查和政治审查，把合格的兵员，输送给人民军队。从 1972 年以来，连续 14 年，未发现退兵现象，受到省地和国防部的嘉奖。1955—1985 年，30 年间，本县历年征兵任务都能圆满完成。

第四节 兵农合一

1943 年 8 月，阎锡山在吉县克难坡召开行政会议决定，在其辖区实行"兵农合一"制度，把 18—48 岁的役龄百姓，编为预备兵役，每三人编一组，其中一人当兵，称为常备兵，二人种地，称为国民兵，国民兵要为常备兵家属优待粮、花，每人每年出小麦 500 斤、棉花 10 斤，并规定三人轮流当兵，三年一换。1946 年，本县阎管区开始实行，先后共征兵 1000 余人，造成人人怕当兵，到处逃躲，土地无人种并大都荒芜。农业生产遭到严重破坏，人民生活极端贫困，农村 90% 以上的农户吞糠咽菜，难以度日，百姓怨声载道，反抗情绪日增。

1938 年 2 月至 1945 年 8 月，在日军占领期间，日本侵略者为了控制县城及城外据点，弥补其兵力之不足，用抓丁的办法，大量扩充伪军，群众称"二黄人"，用收买的办法招收地痞流氓为其服役，充当汉奸，干尽坏事。人民遭受其害，恨之入骨。

灵石部分年度兵员征集、复转情况统计表

单位：人

年 份	征集数	复 转 数				
		复退数	转业数	合 计	其中志愿兵	其中义务兵
1955	220		320	320	320	
1964	290	141		141		141
1968	310	123		123		123
1976	179	239	17	256		256
1978	185	127	29	156		156
1981	182	267	13	280		280
1985	145	138	12	150		150

第三章 防务驻军

第一节 防 务

一、古代防务设施

古代防务以县城为重点，筑墙修堡，加以防范。

城郭 灵石县城，始建于隋，唐、宋多次复修无考，元至正二十四年（1364），城墙加高2丈，厚8尺。明正统六年（1441）建南北城楼，四隅角楼。明万历三年（1575）重修城池，始建东西城楼及南门雍洞，并砌城角石堰以防水，筑4门吊桥以防敌，时城周三里108步，高3丈9尺；城外挖重壕2道，深宽各8尺；4门加敌楼，南门有重楼。后因水患、兵患，曾多次复修。1949年后拆除，现无遗迹。

堡寨 堡寨筑于城外主要村镇，为防守和避兵用，本县古代有五寨六堡。主要堡寨有：

五寨：三清寨、曲陌峪寨、送饭子寨、马迹崖寨、禅房岩寨。

六堡：冷泉堡、桑平峪堡、索洲堡、上村堡、静升堡、仁义堡。

墩铺 墩为通信联络用，铺为传递公文要件用。

主要墩有：冷泉墩、桑平峪墩、两渡墩、索洲墩、河洲墩、胡家岭墩、大泉岭墩、高壁镇墩、常家山墩、仁义墩、逍遥墩。

主要铺有：冷泉铺（接介休界）、两渡铺、索洲铺、河洲铺、竹竿铺、高壁铺、常家山铺、仁义铺、大会头铺（接霍县界）、道美铺（接汾西县界）。

演武场 在县城小水河北岸，明嘉靖二十二年（1543）所建，为平时操练兵校及选拔武举用。

军火械 据旧志载，明万历年间，本县贮存军械有：

盔 292 顶	蒺藜炮 942 筒	木马子 1600 个
弩弓 2 张	药箭 60 枝	火箭 846 枝
铅子 137 斤	铁子 240 斤	快枪 1415 杆
铜神枪 27 杆	钩头炮 118 杆	三虎炮 9 杆
铁炮 34 杆	熟铁甬珠炮 29 位	连珠炮 35 位
火线 300 余根	虎尾炮 98 杆	盏口炮 22 位
将车炮 56 位	生铁炸炮 580 个	黑枪 155 杆
红枪 50 杆	斩马刀 100 把	腰刀 100 口
红杆绒斧 100 把	黑杆绒斧 100 把	石堪甲 373 领
石堪弓 71 张	石堪箭 71 枝	大小绣旗 25 面　佛朗机 9 副

清康熙年间，本县贮存军械有：

将军炮 2 位	灭贼炮 30 位	生铁炮 32 位
铁子 500 个	火药 500 斤	封口铅子 200 个
二号铅子 200 个	三号铅子 110000 个	四号铅子 500 个

二、现代防务设施

抗战时期，本县有战壕、碉堡，20 世纪 70 年代仍有地道。

战壕 抗日战争初期，日军进犯本县，各村居民为了防御日军进村烧杀，在交通要道处挖沟堑壕，切断交通，阻止日军通行。八路军、国民政府军和晋绥军，在本县同日军作战，也筑过野战工事，挖战壕和日军对垒。

碉堡 日军进驻县境后，在铁路沿线城乡交通要道及制高点，修筑碉堡，设立据点，派兵驻守，有两渡、城关、张家庄、许家店、富家滩、南关、仁义、李家山、延安、静升、张嵩等据点筑过碉堡。阎锡山军队也仿效日军，到处碉堡林立。

地道 1969 年，毛泽东主席发出"深挖洞、广积粮、不称霸"的号召，本县积极响应，成立人民防空指挥部，下设办公室，先驻县革委大院后驻人武部，领导全县军民广挖地道，以防敌机空袭。各机关、厂矿、学校、街道一齐行动起来，声势甚大。所挖之洞，至今有的尚在，有的已塌。

第二节 驻 军

一、古代驻军

据旧志载，本县驻军，历代多在冷泉关设营。清嘉庆年间，灵石设千总一员，驻冷泉；外委把总二员，一员驻县城，一员驻霍州；额外外委一员，驻水头镇。当时本县共有马、步、守兵161人，其中马兵21人、步兵23人、守兵117人。兵力拨防：霍州城守步兵5人，守兵47人；县城步兵2人，守兵8人。

存营：冷泉关马兵16人，步兵16人，守兵4人。分防：仁义镇马步兵5人，墩守兵55人，志家庄墩守兵3人。另有驿站、递铺，每铺设铺司兵4人，全县南北10铺，共有司兵40人，马77匹，夫38人。

二、现代驻军

清末民初，本县驻兵不多。从1937年抗日战争全面爆发，到1948年灵石解放，在这短短10余年间，灵石经历了抗日战争和解放战争两个历史时期。灵石地处秦晋要冲，戎马交驰，驻军繁多，现择其要者而录。

（一）人民军队

中国人民红军抗日先锋军 1936年2月下旬，由毛泽东、彭德怀、叶剑英率领红军东渡黄河抗日，总部曾驻本县双池镇西庄村，由徐海东率领的红十五军团，在文殊原、雷家庄、平泉、原头一带驻扎；红1军团、红2师、红73师由肖华、宋时轮率领，在双池、回龙、梁家塌、王禹、南关一带活动。红军是共产党领导的人民子弟兵，军队纪律严明，买卖公平，不白拿群众的一针一线。红军在灵石地区宣传革命主张，发动群众抗日，发展党的组织，组建革命政权。在境内活动2个多月，给灵石播下革命火种。

山西新军决死二纵队 1937年冬，由张文昂、韩钧率领进抵本县境内，开展抗日活动，灵石青年踊跃参加决死队者甚多，双池地区在张文昂的领导下，以共产党员赵家声、侯德长为首组织的抗日少年先锋队，以双池高小校长毛达三为首组织的抗日学生连，参加了决死二纵队，编入5团1营，活跃在灵石山区，成为一支抗日劲旅。

八路军晋西独立支队（简称陈支队） 1939年，由支队长陈士榘、副支队长黄华、政委林枫率领进驻本县西山地区，本县青年学生和农民加入陈支队者不少。赵家声在灵石县组建的"赤锋部"共100人和洪赵支队灵石大队400余人，全部编入陈支队，于1940年夏渡过汾河，开赴山东抗日前线。

洪赵支队（代号陇海部） 1938年成立，是洪赵特委领导下的一支抗日武装，1000余人，活动在灵石、汾西、隰县一带。1939年"十二月政变"后，配合本县人民武装开展反顽斗争作出贡献。1940年，共产党与阎锡山达成协议，以汾离公路为界，实行南北分治。当时，灵西县委为了保存实力，开展游击战争，将县区干部、公安队、游击队改编为小洪赵支队，共4个连，500余人，于1940年6月撤离灵西，转移到灵石东山地区军寨、曲陌一带开展游击活动。到1941年9月，并入晋西南工委领导下的洪赵纵队，继续在灵石地区进行游击战争，保护党政机关和群众生产，开展敌占区的武装斗争，直到1945年抗日战争胜利。

太岳一分区新七团 1945年8月日本投降后，灵石、霍县、赵城县大队改编为太岳一分区新七团，共有3个营，团政委周力、团长徐生芳、副团长李成春，1营为原赵城大队，2营为原霍县大队，3营为原灵石大队。3营营长夏金仁（四川人，老红军）、教导员张耕夫（本县张家庄人）、7连连长王虎安、指导员白尚壁，8连连长郭子安、指导员韩福旺、9连连长冯文达、指导员王海，全营共300余人。新七团活动地区在灵石、介休、沁源、霍县一带，于1947年改编为中国人民解放军22旅64团，以后调离山西，渡过黄河，参加了淮海战役。

中国人民解放军4603部队 1969年8月进驻县城，遵照党中央"七·二三"布告，实现"文化大革命"中的两派大联合，成立县革命委员会，稳定当时的混乱局势，于1970年3月撤离。

中国人民解放军1855部队 1970年进驻本县梧桐村，在此建立炮兵营地，1983年改编为52949部队。

（二）阎锡山军队

1939年晋西事变后，李子法叛变人民，投靠阎锡山，于1941年，在灵石成立阻击队，以后改为保安团，下属3个营，每个营辖2个连，共有800余人。在抗日战争初期，日军占据县城，该军随阎政府驻双池镇西庄村。这支反动武装经常活动在灵西地区。1945年日军投降时，此军随阎锡山县政府进城受降。以后，依仗阎锡山的权势，在灵石不断扩充部队，1947年4月，改编为阎锡山的34军45师1团，全团共1000余人。解放战争时期，这支反动武装常驻灵石县城，并经常出发到东、西两山骚扰，与人民解放军作对，袭击人民政府、地方武装及民兵，杀害革命干部和人民群众，对灵石人民犯下不可饶恕的罪行。

附：日伪驻军

侵华日军 1938年2月27日，侵华日军第20师团（川岸师团）占据灵石县城，并在同蒲沿线重要村镇设立据点派兵驻守。1939 年，驻灵石日军为独立混成第 3 旅团三元支队，相当 1 个团的编制。1942—1945 年，驻灵石日军为第 69 师团的目泽大队，相当 1 个营的编制。驻灵日军，平时除在县城驻扎外，还在铁路沿线以及东乡、西乡、南乡修碉堡，设据点，每个据点派驻日军一个班 7—10 人，伪军一个排 20—30 人；另外，还有日本宪兵队，专管抓人、审讯、杀人。

伪警备队　日军侵占县城后，于 1938 年 5 月，成立伪县公署，后改为伪县政府，同时成立伪警备队，以后改为伪保安大队，有 300 余人，下设 3 个中队，分一中队、二中队、三中队，直到日军投降。

第四章　地方武装

第一节　县区武装

古代地方武装　唐、宋、元无考，明、清县设千总，统领全县营伍 100 余人，分驻县城及重要关隘、墩铺防守，装备古式。

民国初期，灵石未专设地方武装，地方防卫由武装警察兼办，当时县设警察公署，有警兵 60 人，各区设警察分署，区长兼警长，有区警若干人；民国 16 年（1927），增设巡缉队 105 人，驻县城及各区，负责地方治安、防卫；民国 25 年（1936），红军东征进入山西，阎锡山指示各县成立防共保卫团，从事防共反共活动。民国 27 年（1938）二月，日军侵占县城，巡缉队、保卫团逃散。

从 1937 年抗日战争开始，到 1945 年日军投降，在共产党的领导下，灵石人民为了救国，为了生存，先后建立了自己的武装力量，组织起来，抗击日军入侵和反抗蒋介石、阎锡山的暴政。其主要武装力量有：

灵石县人民武装自卫队　1937 年组建，有七八十人，于 1938 年 1 月，在水头镇蟠龙庵集中，召开大会，宣布灵石县人民武装抗日自卫队成立，总队长由共产党员王江山担任，下编 3 个分队，武器主要是法国造老毛瑟步枪和汉阳造步枪，日军进驻县城后，自卫队移驻河西庆余村，后来编入灵西公安队。

灵西游击大队　1937 年 10 月至 1939 年 12 月，灵西抗日县政府的武装叫游击大队。初建时，队长由张德义担任，后由张有典担任，游击队员由 100 多人发展到五六百人。各区有区分队，编村有自卫队，自然村有游击小组，地方抗日武装日益壮大，有力地配合正规军，打击日伪军。1939 年"晋西事变"后，游击大队编入陈支队。

灵石抗日游击十二分队 1939 年成立，由李林负责（尧仲村人，共产党员），队伍发展到 70 多人，活动在灵石五区东铺头、西铺头、高仁、尧仲一带；1940 年，在反顽斗争中坚定顽强，英勇作战，于 1940 年 6 月，编入洪赵支队。

灵西公安队 1938 年 7 月 1 日，灵西县委决定成立公安队，由顾丰节（共产党员）任第一巡官，肃东任第二巡官，先驻四区宿龙村，后驻吴家西庄。同年，阎锡山政府派刘学武到灵西担任公安局局长，薛开山任指导员。晋西事变后，薛开山逃跑，刘学武与人民为敌，被公安队处决。此后，顾丰节任公安局局长，公安队队长由县长兼任。1940 年 3 月，洪赵特委武装部部长解学恭到灵石，指示将公安队改编为洪赵支队，县长任支队长，顾丰节任一连连长，肃东任二连连长，主要任务是保护县委、县政府并执行原公安任务，接送过往干部，开展反顽斗争；以后，转移到灵东地区进行游击活动。

1945 年 9 月，灵西重建公安队，由韩家庆负责组建，在对敌斗争中，机智勇敢，艰苦奋斗，与敌人进行针锋相对的斗争，至 1948 年灵石解放。

灵孝独立营 1945 年 9 月，晋绥九地委派李林回灵西地区开展武装斗争，在东许村整顿，组织难民游击队，编为 3 个连，有 200 多人，同年冬从道美桥过汾河，开赴双池、交口、庆余一带进行游击活动，1946 年夏，灵西难民游击队与孝义县大队合并，改称灵（石）孝（义）独立营，营长燕德久，政委李林，下属 3 个连队，共 400 余人，后编入晋绥九分区部队。

灵东公安队 1938 年夏，在皂角墕成立灵东公安队，队长李尚勤（公安局局长），指导员李锡山，有队员 50 人，编为 3 个班，主要任务是武装斗争，保卫抗日政权，保障人民安全。1939 年 2 月（阴历正月初五），日军进犯东山，将抗日县政府驻地皂角墕包围，公安队与当地驻军国民党军队 84 师，合力抵抗，顽强战斗，掩护行政人员安全转移，中国军队伤亡较重，84 师一个连被打垮，公安队牺牲五六人，大部分撤退。此后，灵东县政府移驻到南山石台一带，坚持游击战争。1939 年 11 月，杨荣任灵东公安局局长兼公安队长，郝力光任指导员，公安队发展到 120 余人，编为 3 个分队。1940 年 5 月，杨荣带队在荡荡墕与日军打了一次伏击战，俘虏日军 1 人（直道吉川），缴获战马 4 匹，还有军用物资，全部送到根据地，受到太岳军分区的表扬。1940 年 12 月，根据抗日形势的需要，县委决定成立灵东县大队，公安队大部分编入灵东县大队，整编后公安队只有 50 余人，编为 3 个班，公安队历任队长先后由马运来、江涛、史洁、曹云汉等担任。

灵东县大队 1939年秋，建立政治保卫队，简称政卫队，队长郝明斋，有队员30多人，编为3个班，主要任务是保卫县委、县政府，这是灵东县大队的前身。1940年12月，政卫队和公安队改编为县大队，县委书记兼政委，县长兼大队长，下设2个连队，1连连长杨荣，2连连长郝明斋，各区有区分队，各村有自卫队，武装斗争比较活跃。县大队和区分队都是脱产的地方武装，1942年并入介（休）灵（石）联合县大队。1943年5月，介休灵石分县后，灵东县大队恢复原建制，下设基干连，连长王虎安，副连长温侃，编为5个班，共有战士100多人，有机枪3挺，步枪七八十支。基干连紧紧依靠人民群众，配合民兵，配合正规军，有力地打击敌人，保护人民。1943—1945年，灵东县大队进行大小战斗百余次，为抗日战争的胜利作出很大贡献。1945年9月，灵东县大队扩大到5个连队，同年，2个连队编入正规军24旅，2个连编入太岳一分区新7团，此后重新组建县大队，坚持自卫战争，直到全县解放。

第二节 民 兵

民兵是中国共产党领导下不脱产的群众武装组织，是对外防御侵略，对内实行人民民主专政的有力工具。民兵在平时以生产为主，进行必要的军事训练，维护社会治安，战时输送兵员，参军参战，是正规军和地方部队的补充力量。本县从抗日战争时期开始，即在灵西灵东地区，组建民兵组织，当时叫游击小组、自卫队和民兵游击队。1948年灵石解放后，在全县范围内建立民兵组织。灵石民兵在抗日战争、解放战争和社会主义革命与社会主义建设事业中作出重大贡献。

民兵组建 1938年，日军侵占灵石后，到处抢粮抓丁，杀人放火，蹂躏百姓，引起极大的民族义愤。本县人民在共产党的领导下自愿报名参加民兵，拿起枪杆，反抗侵略。一区良子塌、蒜峪，二区峪口、河南村，三区静升、马和、张嵩等村组建民兵，由少到多，逐步发展壮大起来。1940年以后，各村建立了民兵组织。当时的民兵工作，县、区两级由人民武装委员会（简称武委会）领导，村民兵队，由党支部直接领导。1945年8月，日本投降后，灵东、灵西各村的民兵队伍，配合区分队、县大队，打击阎锡山的部队及其地方武装民卫军起了很大的作用。1948年后，行政村设武委会，自然村建立民兵队部。

1955年《兵役法》颁布后，村武委会改为民兵连，设连长、指导员，下设若干排、班，凡年满18周岁至45周岁的男性公民和18周岁至35周岁的女性公民，身体健康，政治合格，都有义务参加民兵组织；其中男性18周岁至

35 周岁，女性 18 周岁至 30 周岁者为基干民兵，其余为普通民兵。

1958 年，大办民兵师。公社建民兵团，管理区建民兵营，大队建民兵连，自然村建民兵排。机关、厂矿、企事业、学校等单位，根据人数的多少，分别建立营、连、排、班。

1970 年，为了适应战备的需要，加强民兵"三落实"（组织落实、政治落实、军事落实），对全县民兵组织普遍进行整顿，经过整顿，全县共有民兵 40900 人，其中基干民兵 21752 人、普通民兵 19148 人。民兵建制有：1 个团，21 个营，326 个连，917 个排，其中基干连 28 个、排 364 个、班 1168 个。共有民兵干部 3106 人，其中，正、副营级 91 人，正、副连级 1231 人，正、副排级 1784 人。民兵干部中，有共产党员 248 人、共青团员 512 人、复员退伍军人 303 人、贫下中农 972 人。民兵独立团，下设 3 个营，31 个连（包括团直属工兵连、炮兵连、特务连、卫生连），94 个排，331 个班。武装基干民兵 3872 人，其中，女民兵 100 人，共产党员 138 人，共青团员 654 人，复转军人 315 人，贫下中农 2165 人。干部配备：连职 107 人，排职 210 人；武器配备：重机枪、轻机枪、步枪等。

1980 年，遵照中央指示精神，简化民兵组织层次，调整民兵年龄，普通民兵为 18—35 周岁，基干民兵为 18—28 周岁，女性不编普通民兵。民兵建制，统一以县建团，公社及较大的企事业单位建营，大队建连。

民兵训练 1940 年，组建初期，以战地训练为主，学习射击、铣雷、装雷、

灵石民兵情况统计表

年 份	民 兵 总 数/人			民 兵 建 制/个				排以上民兵干部/人
	合 计	基 干	普 通	团	营	连	排	
1948	9648	7160	2488					
1954	11836	8612	3224					
1958	12555	8947	3608					
1964	15280	10163	5117	1				
1969	20790	13844	6946	1				
1970	40900	21752	19148	1	21	326	971	3106
1978	33996	19678	14368	1	17	250	524	
1979	46407	26959	19448	1	5	333	961	2969
1981	23718	13000	10718		12	251	517	1628
1985	18862	9000	9862	1	12	272	352	1873

埋雷、排雷等。1945 年春，县武委会在东许村举行石雷爆炸表演，共有 10 个民兵单位 262 人参加表演，观众甚多，韩家洼民兵成绩优秀，名列第一，峪口

女民兵队长王玉香、金旺女民兵杨雨秀、下寨女民兵马明珍成绩突出，受到县政府和武委会的表彰与奖励。从 1954 年起，每年训练一次，将训练制度化，训练时间、内容和方法，根据各个时期的形势需要而定。

20 世纪 50 年代，民兵训练坚持劳武结合，农忙分散训，农闲集中训。训练内容以政治思想教育和军事训练并重，以提高民兵的军政素质。针对基干民兵，以五爱教育、列队、射击、战术及三防知识为主。

1964 年，灵石对全县民兵普遍进行军事训练，训练对象以民兵干部和武装基干民兵为重点，以"五会"为主要内容，参训民兵达到 19970 余人，占到应参训人数的 60% 以上。经过训练，民兵基本达到会射击、会投弹、会爆破、会打坦克、会打空降，各种军事技术和战术都有不同程度的提高，为战时参军参战打下一定基础，也为平时维护社会治安，加强战备创造了条件。1978 年，根据总参关于《民兵军事训练纲要》的要求，分别对民兵干部和民兵进行集训，时间 30 天，大队民兵营长由县统一培训，时间 15 天；排以上干部由公社武装部培训，时间 7 天；普通民兵以连、排为单位培训，时间 20 天。训练内容有：射击、投弹、战术、打坦克、地雷爆破等。这次训练，由于逐级重视，成绩较好。

灵石基干民兵训练情况表

单位：人、%

类 别		1979	1980	1981—1982	1983—1984	1985
射击	参加人数	6300	7500	2000	2400	560
	优 秀	4200	4800	945	1350	385
	良 好	1515	1818	655	685	105
	及 格	585	850	351	345	70
	及格率	100	99	96	99	100
投弹	参加人数	6300	7500	2000	2400	560
	优 秀	4450	5100	1300	1350	358
	良 好	1350	1900	550	225	132
	及 格	480	485	135	397	70
	及格率	99	99	99	96	100
战术	参加人数	6600	7700	2580	2580	650
	优 秀	2815	2400	985	1215	290
	良 好	2485	3700	1115	935	302
	及 格	1250	1300	450	410	58
	及格率	99	96	98	99	100
年度实训人数		8294	3256	2325	2715	820

注：年度实训人数包括专职武装干部和专业技术兵种的训练在内。

民兵参战 灵石民兵自组建以来，在各个时期，充分利用自己的有利条件，机智勇敢，英勇顽强，配合人民军队，浴血奋战，发挥了重大作用，为灵石人民立下丰功伟绩。

1940 年 8 月，灵石民兵为配合"百团大战"，消灭敌人有生力量，战斗在铁路、公路沿线及日伪据点，炸桥梁、割电线、翻火车、抓便衣，到处袭击日伪军，使南同蒲铁路从富家滩至霍县间中断 1 个月，严重影响日军运行。一区良子墕行政村民兵在城南鏊子沟铁路线上用 40 斤重的大石雷，炸毁日军用火车一列，在燕家岭据点，诱敌出击，用石雷、地枪炸伤日军 10 余人，炸死 3 人，炸毁机枪 1 挺，步枪 3 支。二区仁义、逍遥等村民兵配合区分队，深入南关据点，全歼伪警备队，将警备队长齐玉锁枪决在三教村，为民除了一害。

1941 年 8 月，本县民兵积极配合八路军主力向日军发动"八月攻势"，开展为期 1 月的交通大破击，取得辉煌战绩，据太岳区统计，仅灵石、霍县、介休、平遥民兵进行战斗 30 余次，破路破线 50 余次，割电线 27500 斤，炸毁桥梁 4 座，毙伤日军近百人，散发宣传品 3200 份。

1942 年 9 月，灵东二区抗日政府制定民兵联防公约，组织群众实行空室清野，集中民兵站岗放哨，开展游击活动。1943 年 2 月，李家山据点日伪军袭击河南村，干部群众 20 余人被围困在一个院子里，青年民兵裴金旺从屋内冲杀出来，奋力抵抗，掩护大家撤退，干部群众乘机脱险，裴金旺光荣牺牲，为纪念烈士，经太岳军分区批准，将河南村改名为金旺村，让英雄事迹名传千秋。

1947 年，解放区人民开展"反奸清算"和"减租减息"的群众运动。当年端午节，驻灵阎军出发荡荡岭，伏击民兵武装，南墕民兵队长张双根带领民兵向荡荡岭进发，误入敌人伏击区，不幸中弹被抓，敌人问张双根："你还打不打？"张双根果断地回答："打！把你们这些豺狼消灭完就不打了。"敌人连击数枪，张双根高喊共产党万岁！毛主席万岁！阎匪必亡！最后他倒在血泊中，壮烈牺牲，为人民的解放事业献出宝贵生命，时年 20 岁。

1947 年 6 月，草桥村反动富农韩宗维充当反动武装奋斗团团长，联合其外甥冯二小，对人民群众进行反攻倒算，无恶不作，民愤极大，灵东县委决定除掉韩、冯二害，派民兵康占虎等 5 人打入敌人内部，里应外合，伺机行事。奋斗团 50 余人出发到东山一带骚扰，进入梧桐沟时，被民兵包围，将韩宗维击毙，打死打伤敌人 10 余人，俘虏 30 余人，康占虎荣立战功，太岳军分区授予民兵英雄光荣称号。

民兵治安 维护治安是民兵的任务之一。中华人民共和国成立初期，全县民兵在各级党委和政府的领导下，积极参加土地改革、镇压反革命、"三反""五反"等运动，以及平时的治安防范，配合公安机关破获藏在铁路沿线及河西地区的"大同社会党""天下义勇纵队""及时雨义队""夜战黑军""新中会"等反革命集团，维护社会秩序，使人民群众得以安心生产建设。

民兵生产　参加生产是民兵的主要任务。在战争年代，本县民兵实行劳武结合，一边生产，一边打仗，战胜了战时的困难，获得抗日战争和解放战争的胜利。中华人民共和国成立后，灵石民兵响应党的号召，积极参加社会主义的建设，在工业、农业、商业、文教等各条战线上发挥突击队、工作队、战斗队的作用。在建设文峪河水库、修建灵回公路、三段公路、太风公路和前进渠等工程中不怕苦、不怕累，出力流汗，苦干实干，作出一定贡献。1969 年冬，县人武部政委张春贵带领城关地区的民兵 5000 余人（包括机关干部、厂矿职工、学校师生和城关公社农民）组成治河大军，大战常青河滩，打坝造地，挖河送水，经过两个多月的紧张劳动，日夜苦战，造地达 1000 余亩，并疏通河道，使汾河水顺流而下。

第五章　兵役机构

本县兵役机构，明代以前，无详细记载。明代役政由知县掌管，下设兵房、营寨；清沿明制；民国初期沿用清制。抗日战争全面爆发后，兵事繁多，根据地从 1941 年起，县、区设武委会，专管役政；1951 年改为人民武装部，1954年改称兵役局，1961 年恢复人民武装部。

第一节　武　委　会

1938 年，抗日县政府成立，下设武装科，组织自卫队，进行抗日活动。1941 年，抗日战争进入相持阶段，县、区、村三级抗日队伍相继成立，兵事繁多。为了加强民兵建设，维护社会治安，搞好参军参战，经上级批准，县、区两级成立武委会，系县、区两级的兵役机构。武委会由主任、副主任、委员 5—7 人组成，下设组织部、训练部、作战部等机构，并有干事若干。1944 年，抗日战争进入反攻阶段，武委会的任务加重，既要领导游击队、区分队进行军事训练，随时准备打击敌人，又要组织广大民兵生产、支前、参军参战。由于县武委会工作成绩突出，经常受到上级表彰。1948年6月，灵石县城解放后，县、区武委会机构健全，干部加强，一直延续到1951年。

灵东武委会受灵东县委、县政府和太岳军分区的领导，灵西武委会受灵西县委、县政府和晋绥九分区的领导。

第二节　武　装　部

1951年2月，根据中央指示，将地方武装机构编入军队序列，武委会改称中国人民解放军山西省灵石县人民武装部，编制有政委1人，副政委2人，部长1人，副部长2人，下设军事股和政治股，并有干事若干人；1954年，改设动员科、民兵科、预备役科和统计科；1961年，增设政工科；1979年，增设装备科；1981年，改设作训科、动员科、政工科，各科派科长1人，副科长1人，干事若干人，管理本科事宜。

1951—1958年，县人民武装部受榆次军分区和灵石县委、县政府领导；1958—1985年，受晋中军分区和灵石县委、县政府领导。武装部第一政委由县委书记兼任，第二政委配专职，部长、副部长、科长、干事，均系专职。

县人民武装部的经费，在组建初期，装备由部队供给，津贴由地方支付；从1954年以后，均由部队供给。

中华人民共和国成立初期，区政府设人民武装部，配部长1人，干事2—3人。1958年人民公社成立后，公社设武装部，配专职部长1人，负责本社的民兵建设及兵役事宜。1983年，撤销公社，改乡镇制后，乡镇政府设人民武装部，配专职部长1人，为乡镇政府的兵役干部。人民武装部是地方政府的兵役机构，在上级军事机关和同级人民政府的领导下，负责办理本区域的兵役工作。其主要职责是：

（1）搞好每年的征兵工作；

（2）负责民兵的组织建设、政治教育和军事训练；

（3）协助教育部门对青年学生实施军事训练；

（4）做好各项战备工作；

（5）协助民政部门，做好复员退伍军人的安置和烈军属的优抚工作；

（6）组织民兵参加社会主义物质文明和精神文明文明建设，维护社会秩序，打击敌人的破坏活动。

第三节 兵 役 局

1954年10月，根据《兵役法》规定，县人民武装部改称兵役局，配局长1人，副局长1人，下设动员科、民兵科、预备役科、统计科、各配科长1人，另有参谋、助理员若干人，负责全县民兵征集、民兵组训、预备役军官登记等事宜，仍保留武装部建制，一个机构两块牌子，一直至1958年，并入介休县兵役局。兵役局隶属人民解放军晋中军分区领导，是地方政府的兵役机构。在此期间，军队实行义务兵役制、军官服役制、军衔制、薪金制四大制度。1961年，介休、灵石分县后，复称灵石县人民武装部。

灵石武装部历任部长名录

职 别	姓 名	籍 贯	任职时间	任命机关	说 明
部 长	刘效成		1951.8		
	连一民	武 乡 县	1953.10—1959	华北军区	
	李向荣	榆 社 县	1961.1—1964.7	北京军区	
	王宜随		1964.7—1968	北京军区	
	宁建国	河北永年县	1969.4—1971.11	北京军区	
	刘左清		1970.2	山西省军区	第二部长
	李保奎	洪 洞 县	1971.3—1978.9	北京军区	
	王仁和	和 顺 县	1978.9—1981.8	北京军区	
	高进顺	河北保定县	1981.8—1983.6	北京军区	
	王玉录	河北曲周县	1983.6—1985	山西省军区	
副部长	牛峻云		1950.3	山西省军区	
	史一明		1951.9	山西省军区	
	王治育		1958.5	山西省军区	副局长
	邵风珍		1966.8	山西省军区	副局长
	左在信	河 北	1969.4—1979.5	山西省军区	副局长
	刘战福	大 同 市	1978.4	山西省军区	副局长
	王来喜	灵 石 县	1975.12—1981.6	山西省军区	副局长
	李风鸣	河北保定	1976.5—1978.9	山西省军区	副局长
	武成贤	霍 县	1978.4	山西省军区	副局长
	王玉录	河北曲周	1981.8—1983.6	山西省军区	副局长
	孙新伦	河北唐山	1983.6—1984.11	山西省军区	副局长
	刘启明	河 北	1984.11—1986.3	山西省军区	副局长

灵石武装部历任政委名录

职　别	姓　名	籍　贯	任职时间	任命机关	说　明
第二政委	田忠信	太　谷　县	1967.6		
政　　委	李保奎	洪　洞　县	1969.4	北京军区	
	张春贵	河 南 巩 县	1970—1971.11		
	李修明	河　曲　县	1970.12—1978.9	北京军区	
	弓义才	太 原 古 交	1975.4—1978.9		
	梁保德	榆　社　县	1978.9—1981.8		
	魏庆琛	河北石家庄市	1981.8—1983.6		
	郭守祥	平　定　县	1983.6—1985.4		
副政委	郝福伟		1956.3		
	田忠信	太　谷　县	1956.3—1959.7	华北军区	
	渠志凯		1960—1968.12		
	张春贵	河 南 巩 县	1969.4—1970		
	康　发	太　谷　县	1970.2	山西省军区	
	郭培栓	孟　　县	1971.2—1978.4	山西省军区	
	张连科	河 北 房 山 县	1973.5	山西省军区	
	郭文杰	古　　县	1975.3—1978.4	山西省军区	
	毕成士	宁　武　县	1978.12—1982.2	山西省军区	

第六章　兵事纪要

第一节　古代兵事

一、贾胡堡之战

隋大业十三年（617），太原留守李渊率兵3万，分三军为左右，命长子建成为陇西公、左领大都督、左领军隶，次子世民为敦煌公、右领大都督、右领军隶，令裴寂为大将军，刘文静为司马，孙顺德、刘弘基、窦琮等为左右统军，从太原发兵南下，于同年 7 月兵至灵石县，营于贾胡堡有隋武牙郎将宋老生率精兵 2 万屯于霍邑拒之。时霖雨积旬，因久雨粮尽，馈运不给，李渊准备回师太原，以图后举。年仅 18 岁的李世民对其父谏曰："本兴大义，以救苍生，当须先入咸阳，号令天下，遇小敌即班师，将恐从义之徒一朝解体，还守太原一城之地，此为贼耳，何以自全。"李渊不纳，世民号泣于帐外。李渊召问其故，答曰："今以义动，进战则必克，退还则必散，众散于前，敌乘于后，死亡须臾而至，是以悲耳！"李渊乃悟。8 月雨止，李渊领兵南进，与隋将宋老生大战于灵石和霍邑之间的高壁店、仁义镇、千里径一带，宋老生大败，李渊斩宋老生于霍邑，而后取平阳（今临汾），克绛州，西渡龙门，入据长安。次年李渊称帝，灭隋朝，建唐朝。

二、雀鼠谷之战

唐武德二年（619），义军首领刘武周与部将宋金刚、尉迟敬德率兵 2 万由雁门郡南下，入图晋阳，连克娄烦，取定襄，侵并州，破榆次，陷介州，兵锋甚锐，军威益震。唐高祖李渊闻讯，立即派太常少卿李仲文率众讨之，李兵败还；又派右仆射裴寂拒之，复败，右骁卫大将军战殁；又徐崇茂反于夏县，河东王行本据蒲州，徐、王均与宋金刚联合。此时，晋、浍二州相继被占，关中大惊。李渊视刘、宋之势难与争锋，宜弃河东之地，谨守关中而已。其子李世民上奏曰："太原王业所基，国之根本，河东殷实，京邑所资，若举而弃之，臣窃愤恨，愿借精英三万，必能平殄武周，克服汾晋。"李渊准奏，遂发关中兵以益之。同年 11 月，李世民率兵趋龙门关，履冰渡过黄河屯兵柏壁，与宋金刚兵相持，后大战于美粮川（今闻喜县），金刚兵败，李世民复还柏壁。众将请战，李曰："金刚悬军千里，深入吾地，精兵骁将皆在于此，武周据太原专持金刚以为捍，兵卒虽众，内实空虚，意在速战，我坚营蓄锐以挫其锋，待粮尽计穷，自当遁走。"到次年 2 月，宋金刚果因众馁自遁，李世民率兵追击其于雀鼠谷，一日八战，皆破之，俘斩数万人，获辎重千余辆，宋金刚败走，同刘武周、尉迟敬德会师介州（今介休）。李世民追至介州，双方大战一场，刘、宋败走，北降突厥，唐遂平定并州。

三、阴地关之战

唐朝末年，沙陀部李克用兵据并州，以侵河东，唐大顺元年（890），唐昭宗委任张浚为河东行营兵马都招讨宣抚使，以京兆尹孙揆副之，授揆为昭义节度使，李匡威、赫连铎为东北面招讨使，全忠以汴军 3000 人为浚牙队。同年 6 月，张浚统军 52 都，兼邠宁鄜夏杂虏共 5 万人骑，从京师出发，东渡黄河，与李克用义子李存孝之兵交战。张浚令孙揆兵伐潞州，孙兵败，揆被李存孝擒送太原。张浚亲率唐兵于 10 月至阴地关，与李克用兵战于阴地，唐兵三战三败，张浚逃走，晋州从此陷入沙陀，形成后来与唐长期对立的局面。

四、高壁店之战

北宋靖康元年（1126），金统治者诏左副元帅宗翰、右副元帅宗望伐宋，由河北、山西向南入侵，平阳府叛卒导引金兵入南北关（今灵石县冷泉村及南关），宋将张灏率兵出汾州，望风逃窜，金兵所到之处，肆行掠杀，生灵无辜被害甚之，河东人民处于水深火热之中。广大民众不甘心屈服于金人的统治，到处组织义军抵抗金兵，收复失地。宋朝统治者迫于形势，想利用义军解危，便接受抗战派的意见，下诏号令义军"勤王"，对力战破贼者，当议其勋庸，授以节钺，并在河东设置经制使，以便与义军联络。义军首领李武功，曾任灵石县尉，后升为右武大夫、河东路军马都统制，他仗义自奋招集和指挥义兵，掩杀金兵，收复河东州县，深受乡众拥护。其部将李实，在灵石一带发展义兵数千人，声势浩大，于南宋建炎二年（1128）在高壁店（今高壁镇，亦名韩信岭）连营结寨，与金兵大战，冲锋陷阵，英勇杀敌，荡平高壁店金兵大寨，荣立军功，因李斗敌有功，宋朝廷将李实由保义郎擢升为正九品成忠郎。

第二节　红军东征

毛泽东主席到西庄　1936 年 3 月 10 日，毛主席率领红军东征，亲自指挥兑九峪（孝义）战斗后，从孝义县郭家掌动身，率领东征红军后勤总部及保卫部队为中路军，经范石滩、温泉庙、西泉、桃红坡、石口、梁家沟、火山、龙棚来到本县双池镇西庄村。毛主席在西庄期间，听取了地方工作委员会马佩勋的工作汇报，并为当地挖出一处泉水，解决了群众吃水难的问题。3 月中旬，毛主席离开西庄，向隰县康城进军，一路牵制敌军行动，为左路红军和右路红军顺利进军创造条件。

南关镇袭击战　1936 年 3 月 10 日，兑九峪会战后，阎锡山惊慌失措，急电向蒋介石求援，蒋介石早欲伸手山西，视有机可乘，立即调兵遣将，派汤恩伯、商震、关麟征、朱怀冰、李仙洲部共 7 个师的兵力，分三路开赴山西，企图消灭红军于晋。3 月中旬，关麟征的 25 师进驻霍县，其先头部队 75 团的一个骑兵营驻南关，配合晋军在同蒲线设防，阎锡山增派一列铁甲车沿同蒲路巡逻，在富家滩、南关一带堵截红军南下。

3 月 18 日，红 15 军团由徐海东率领进抵县城附近周宿、草地一带，佯攻灵石，掩护红 1 军团南进。红 1 军团 81 师沿西山经王禹罗汉，向富家滩、南关进发。

在南关镇与关麟征部骑兵营交战，双方激战数小时，红军英勇奋战，关部骑兵营全部被歼。缴获战马100余匹，重机枪2挺，小炮1门，其他枪支弹药、军需物品甚多。战斗结束后，红1军团胜利南下，向霍县、赵城、洪洞挺进。南关袭击战大挫关麟征部的锐气及蒋介石、阎锡山的反共气焰，大振红军的威风，军民扬眉吐气，高兴万分。

双池镇歼灭战　双池镇自古为灵石县的西大门，是红军东征途中的一个重镇。阎锡山在镇内驻有区公所和防共保卫团，配合其主力部队设防，企图阻止红军东征。1936年4月5日，红军某部转战双池镇，在当地群众的大力配合下，痛击盘踞在双池镇之敌。据当时《红色中华》1936年4月5日第一版刊载："本月5日拂晓，我东征红军之另一部袭击灵石县属双池镇，将该地防共保卫团全部消灭，俘虏100余人，缴获步枪45支，子弹数千发。"

第三节　抗日战争

朱德总司令过灵石　"七七事变"揭开了我国全面抗战的序幕，中国工农红军改编为国民革命军第八路军（简称八路军），以后又改编为第18集团军，于1937年9月，由朱总司令率领从陕西韩城芝川镇渡过黄河，北上抗日。9月21日，八路军路经灵石水头村，受到当地群众的欢迎，朱总司令向大家挥手致意，并作简短讲话，他说："日本侵略者占我国土，害我人民，将中华民族推向灾难的深渊。国难当头，或抵抗，或投降，二者必居其一，投降就是亡国，抵抗才有希望。只要全国军民团结起来，一致抗日，最后胜利一定是我们的。"总司令的讲话，极大地鼓舞了人心。

韩信岭阻击战　1937年，"七七事变"后，国共两党处于合作阶段，同年11月，太原失陷。山西的战局是，晋绥军伤亡与失踪7/10，阎锡山被迫西逃，主持山西战局的责任表面上落在蒋系卫立煌身上，实际在共产党八路军肩上。卫任第二战区副司令兼前敌总指挥，朱德任副总指挥，忻口战役后，卫的中央军、杂牌军由原来20万人，已伤亡逃散近半数。

1938年2月17日，第二战区在临汾召开军事会议，讨论如何共同抵御日军由太原向晋南进攻的问题，参加会议的有朱德、卫立煌、阎锡山等。会上，国民党军官多数人认为日军主力南侵，主要途径是沿同蒲铁路用兵，从晋中到晋南还有韩信岭天险可守，把这里的阵地加强一下，等待日军主力进入后加以歼灭。朱德主张，坚守华北不过黄河，韩信岭可守还是要守，但是不能光靠韩信岭，应当改变战略战术。他主张主力部队用于侧面，采取包围迂回战术，才能保全自己，消灭敌人。卫立煌谋求在韩信岭好好打一仗的意愿甚为坚定，朱德表示尽力配合。

1938年2月下旬，日军向南进攻，卫立煌司令部驻霍县城外，向韩信岭阵地靠近，其主力摆在韩信岭一带，构筑工事，采取阵地战的打法，阻击日军南侵。日军集结以川岸为首的20师团，板桥为首的109师团等4个师团10万兵力，由太原南下，企图一举攻下晋南，实现占领整个山西、整个华北之目的。狡猾的日军，不从正面突破，却从侧面来了个大迂回，其20师团由河南武安、涉县进攻山西黎城占领东阳关，突破太行山的天险，进入上党地区，然后直扑风陵渡，晋南尽失，韩信岭陷于腹背受敌的境地。2月24日，日军向灵石发动总攻，韩信岭战斗的前沿阵地在摩天岭、霍口、皂角塌一带。战斗开始，日军来势凶猛，上有飞机，下有重炮，担负阻击任务的卫部第10师官兵坚守阵地，英勇抵抗，双方反复争夺，甚为激烈，经过七天七夜的浴血奋战，白刃肉搏，双方伤亡惨重。卫军终因久战疲劳，最后被迫主动退却，分成数路突围，渡过汾河，进入吕梁山区。

在韩信岭战斗期间，朱德率领集总东进太行山区，阻击大批日军迟滞占领临汾的行动，掩护临汾党政机关和群众的转移，并命令八路军主力部队，在同蒲沿线，积极配合友军，抗击日军南进。129师一部兵分两路向敌反击，一路攻静升镇，一路攻两渡镇，敌不及防范，经数小时的战斗，毙敌200人，敌不支溃退。同时，115师343旅在同蒲路以西之石口、川口与日军第20师团一部激战，毙敌200余人。

夜袭两渡镇　两渡镇位于太岳和吕梁两大山脉中间，汾河的东岸，南距县城20里，北距义棠镇20里，系古代重要关隘，现代交通要塞，同蒲铁路中穿，两义公路相通。日军占领后，设据点，修碉堡，驻军防守。

1938年5月，八路军115师追歼日军于吕梁山区、汾河西岸，师政治部副主任兼343旅政委肖华和旅长陈光率领343旅，于5月中旬驻两渡镇西岸孟家南庄一带。5月15日清晨，肖、陈决定当晚派部队袭击两渡、义棠镇，破坏两镇之间的同蒲铁路，并向师部报告。为了打好这一仗，早饭后，肖、陈带了4名骑兵通信员，携带地图，化装成游击队模样，由当地老乡当向导，在河对岸观察两渡镇敌情。日军驻守在镇南的一座碉堡内，在桥头筑有工事，经常有哨兵把守，据老乡讲，每日上午和下午有火车各来往一次。肖、陈沿汾河两岸向义棠镇方向移动，发现义棠桥敌人也有工事和哨兵，不易通过，只有两渡和义棠之间的冷泉村附近，河床平坦，河水又浅，可徒涉过河。

肖、陈根据敌情，拟定战斗部署：步兵一营、工兵一连袭击义棠镇，破坏由介休至冷泉村之间的交通，佯攻介休，阻击敌人增援部队；一个营袭击两渡镇，破坏两渡至冷泉村之间的交通；驻河东的 686 团、补充团及特务团，沿同蒲路东袭击灵石、夏门之敌，钳制敌人的增援部队。十五的月色分外明亮，各部队按计划行事，至零时，战斗告捷，炸毁铁路桥 1 座，破坏铁道 10 余里，火烧 2 个车站，毁坏电线七八里，并占领义棠车站。

同蒲路破击战 1938 年前半年，决死二纵队担负南同蒲铁路中段灵石至霍县之间的破路任务。3 月间，五总队二大队和三大队袭击两渡、义棠车站，击毙日伪站长，毙伤日伪军多人，烧车站，断路轨，使敌铁路运输中断半个多月，初战告捷。5 月间，五总队四大队袭击许家店车站。日军在该站筑有碉堡，驻 2 个班的兵力守护，经常出动骚扰附近村庄百姓。四大队从温家庄出发，于当日下午进入阵地，埋伏在许家店车站两侧山上，等一列军用火车通过时，遂发起攻击，敌火车冒烟驶走，据点内日军出击，被决死队全歼，计消灭日军 20 余人，缴获六五式步枪 20 余支，子弹数千发，掷弹筒 1 个，还有军衣、大米等物资，最后放火烧了许家店车站和碉堡。同年 6 月底，即抗战一周年前夕，五团组成约 50 人的奋勇队，深入县城附近伏击从灵石出扰之敌，生俘日军后藤得治，这是决死队第一次捉到日军俘虏。

韩信岭伏击战 1938 年 4 月 28 日，决死二纵队五总队从沟西村出发，经梁家圪塔桥过汾河，拂晓到达韩信岭，据群众报告，有日军 30 多辆汽车从仁义方向驶来，三中队长王何全（江西人、红军）立即将部队埋伏在韩信岭天险郭家沟一带公路两旁，准备伏击。当日军汽车进入伏击地段后，决死队战士居高临下，猛烈射击，有 10 余辆日本军车被击毁，日军死伤狼藉。在战士收缴战利品之际，被日军从高壁、仁义两边赶来增援的部队包围，三中队指战员奋不顾身，勇斗顽敌，用手榴弹和刺刀向敌人冲杀。两方激战数小时，中队长王何全左臂受伤，指导员赵广山、排长张廷瑜（南泊村）、吴风山（北枣园村人）、战士乔龙鼠、张俊伟、严计锁等 10 余人壮烈牺牲。韩信岭一战，烧掉日军车 4 辆，击毁 10 余辆，击毙日军 60 余人，伤百余人，死伤者装了 4 辆汽车运走。

秦王岭伏击战 1938 年 6 月 30 日，日军 2000 余人从孝义出发路经灵石，增援临汾。山西新军政卫队在汾水关两侧秦王岭和南关西侧道美村部署兵力，伏击日军。次日晚上，敌乘车南下，在南关车站有四五百日军下车，遭到政卫队伏击，毙伤日军 20 余人。7 月初，政卫队在秦王岭设伏，击毙在汾河洗澡的日军数人，敌调 200 余人攻打秦王岭，又遭伏击，双方都有伤亡，班长马志礼英勇杀敌，光荣牺牲，战士任孝友等负伤。

罗汉原阵地战 1939 年 4 月，日军调集步、炮联合队 400 余人，从南关出发，向王禹、罗汉进犯。山西新军决死二纵队得知，调5团从灵西地区的泉则坪、上黄堆、下黄堆出发，向王禹、罗汉、柏明一带推进，在王禹、罗汉之间布置兵力，迎击日军。团部和2营、4营在正面设伏，分布在王禹、罗汉之间的主要通道两侧。一营在罗汉村北红土坡埋伏，3营在柏明村埋伏。纵队派出山炮连配属5团作战，战前作了较充分的准备，各营战士在罗汉原构筑工事，隐蔽兵力，沉着应战。4月18日清晨，日军400余众进入伏击区，决死队用山炮和迫击炮向日军轰击，日军遭到迎头痛击，被打得死伤遍地，叫苦不迭，活着的分别向罗汉、柏明村逃窜，日军在村内铺设路障，抢修工事，与我军对垒。决死队兵力向罗汉靠拢，形成包围之态，下午4时许，我军在团炮兵火力掩护下向被围之敌发起总攻，4营11连指导员陈宝新带领一个班的战士，冲向敌军阵地，不幸中弹身亡。由于我军缺乏攻坚训练，无法解决战斗，到夜幕降临时，主动撤退。次日拂晓，三元联队调集大批日军，附炮10余门，从东、南、北三个方向向决死队反包围。经3小时激战，日军伤亡300余人，决死队伤亡100余人。这次战斗，充分显示了中华儿女热爱祖国、热爱民族的爱国主义精神。从此，人们把老五团叫作"老虎团"。

战斗结束后，纵队在泉则坪村召开隆重的祝捷暨追悼阵亡战士大会，会后为阵亡战士树立烈士纪念碑。

宿龙夜袭战 晋西事变后，阎锡山消极抗日，积极反共，把枪口对准抗日军民，白色恐怖一时笼罩灵石。1940年2月间，阎19军300余人进驻宿龙村（抗日村公所驻地），严重威胁抗日军民的安全。灵西县委和洪赵地委取得联系，决定由解学恭领导的三大队配合灵西地方武装作战。部队从金庄河出发，至王家洼堡口集中，由周连长和刘兴旺带领4连主攻，张有典带领宿龙编村游击组配合，顾丰杰带领公安队在郝家川堵击。战斗在夜间打响，先摸了阎军哨兵，然后包围营部住处，用机枪和手榴弹猛烈打击，阎军措手不及，大部缴械，消灭一个主力连，俘虏30余人，缴获机枪1挺，步枪40余支。

金庄保卫战 1940年3月间，上级党委派朱熹同志来灵石传达解决晋西事变指示，当时，灵西县委由梁树棠带领从梁家塌村转移到金庄村，另有山西新军政卫队五六十名武装也住在金庄村，参加金庄会议的有洪赵地委和汾西、隰县、永和、石楼、蒲县、大宁等县的干部，共50余人。

一日清晨，阎19军100余人，将金庄村包围，与政卫队发生战斗，正在危急之际，张有典带领游击组，在楼珍山头接火，向阎军猛烈射击，阎军恐有重兵包围，即慌忙退走。金庄战斗后，晋西南区的50名干部安全转移到晋西北。

韩信岭袭击战 1943年，日军推行"蚕食"政策，扩大敌占区，缩小游击区，

摧毁根据地；在韩信岭修筑碉堡，碉堡内驻有日军和伪警备队。太岳军区派 38
团配合灵东县大队，于 1943 年 10 月的一个夜晚，进军韩信岭，把日军据点包围，
割断铁丝网，干掉哨兵，架起云梯，冲进韩信庙，用机枪、步枪、手榴弹猛烈
袭击，打得日伪军抬不起头来，因夜战搞错主攻目标，未攻下碉堡，唯恐敌兵
增援，于天亮前撤退。经过这次战斗，伪警备队再不敢横行乡里，还暗地里为
八路军送情报、运弹药。

巧袭静升镇 静升是灵石产粮区，日军在静升镇东南堡修筑 4 个碉堡，
分别为日军、伪保安队、伪警察所驻守，并有伪区公所、合作社等地方组织。
1944 年 7 月 24 日夜晚，向金仁、温侃、王新民率领灵东县大队及三区武装和
民工数百人进入据点，由翟金贵打开堡门，通过里应外合缴了伪军保安队的枪，
伪军小队长王留柱负隅顽抗，被刺了一枪，束手就擒，随后又袭击了伪区公所
和合作社，共缴获长短枪 40 余支，手榴弹 36 箱，日本钞票、白市布、食盐、
纸烟等大量物资，俘虏伪军 20 余人。灵东抗日政府在峪口村召开万人庆功大会，
给翟金贵、郭永祥、张天生披红挂绿，进行表彰。

第四节 解放战争

解放南关镇 1945 年 9 月，阎军 46 师进驻灵石，占领南关、两渡等同蒲
铁路沿线重镇，作为向解放区进攻的基地。人民解放军自从上党战役后，迅速
转战同蒲线，晋冀鲁豫野战军 11 旅 38 团在蔡爱卿团长的指挥下，于 9 月 23
日向南关阎军发起攻击，解放军首先占领南关东面小原上，集中火力向南关堡
内敌人射击。在炮火掩护下，战士们猛冲猛打，迅速将南关镇攻克，这是抗日
战争胜利后，人民解放军在南同蒲铁路线上首先解放的重镇之一。这次战斗，
破坏敌人铁路 20 余里，使阎军的军事运输不能畅通；同时，缴获战利品甚多，
主要是铁轨，县政府动用民工数千人，将战利品全部运往根据地，解放南关镇
的第三天，灵东县政府和部队共同召开万人大会，庆祝这次战斗的胜利。

红门堡歼灭战 1946 年 6 月 26 日，国民党反动派公开撕毁国共两党的停
战协定，调动大军向解放区进攻。从此，国民党施加在中国人民头上的内战爆
发了。阎锡山驻灵石的地方武装保安团，荷枪实弹，出发到灵石东、西两乡袭扰，
并在静升镇红门堡驻扎 1 个营，还有反动地主武装"复仇团"及区、村武装等
杂牌军数百余人。他们不断到附近村庄抢粮抓丁，残害百姓，群众苦不堪言。

6 月下旬，晋冀鲁豫野战军八纵队 24 旅，调主力团将静升镇包围，先控制
了制高点辘辘圪塔，然后将红门堡团团围住。静升镇红门堡是古代建筑，堡墙

高耸，堡门坚固，并有堡楼可登高瞭望，敌军凭借这些优势，企图坚守此堡。24 旅指战员深入群众，调查研究，掌握堡内敌情，决定用地道战术挖壕进堡，用一口棺木装入 999 斤炸药，点燃爆破线，一声巨响，将堡门炸毁，堡内敌人全部被歼。

第一次解放县城 1946 年 7 月，蒋介石破坏停战协定，调嫡系胡宗南部和山西阎锡山部共 7 万余人，以南北夹攻之势，企图在 1 个月之内打通南同蒲，席卷晋南，消灭解放军主力。7 月 20 日，党中央发出毛泽东起草的指示"以自卫战争粉碎蒋介石的进攻"。遵照中央指示，解放军部署同蒲战役，由陈赓、王新亭指挥太岳部队发起攻击，四纵队 11 旅和八纵队 24 旅于 8 月 23 日攻克霍县，11 旅在解放霍县后进攻灵石，在太岳一分区部队的配合下，于 8 月 28 日解放灵石县城。守城敌军在解放军大军压境、兵临城下之际，仓皇应战后西逃。

解放富家滩矿区 富家滩是南同蒲铁路线上的一个重镇，富家滩煤矿是山西著名的煤矿之一。抗日战争时期，日本侵略者为了掠夺我国的煤炭资源，在富家滩建立采矿所，后扩大为煤炭公司，长期派兵驻守。日军投降后，阎锡山政权接收煤矿，继续派兵驻守。1946 年 9 月 8 日，太岳部队 11 旅 33 团解放富家滩矿区，阎军 30 师 2 团及伪矿警千余人于深夜西逃，富家滩之役，我军生俘日本人 2 人，阎军 360 余人，缴获山炮 1 门，迫击炮 2 门，小炮 6 门，机枪 7 挺，步枪 200 余支，子弹 25000 余发，炮弹 200 余发，炸药千余箱，以及富家滩煤矿全部机器，发电机 4 个，火车头 3 个，车皮 40 节，其他军用品甚多。

曲陌伏击战 1946 年 9 月，人民解放军在闻夏战役后又发起临浮战役，阎锡山为了接应胡宗南军队北上，将平遥、介休间的 34 军集结在义棠附近，于 9 月 13 日南进，企图占据灵石。太岳部队抢先控制了灵石有利地形，阻止由平遥、介休南犯之敌，保证了临浮战役的胜利。当时驻在旌介、马和一带的青年近卫军是国民党胡宗南的部队，气焰十分嚣张。太岳一分区司令员刘巨魁率领新七团和灵东县大队于 9 月某日在三区的曲陌、军寨组织战场，1 营隐蔽在曲陌村，2 营隐蔽在军寨村，3 营摆在腰庄村，指挥部和迫击炮连驻南头村制高点，严阵以待。特令县民兵轮战队到马和村引诱敌军出击，一发现敌人，民兵就向敌人开枪，当敌人听到是民兵的枪声，就一边打、一边追，而民兵轮战队却是一边打、一边退，沿杨家垣、曲陌、军寨往腰庄撤退。敌人追至腰庄，全连进入伏击区，指挥部命令各营同时出击，激战中双方拼了刺刀，最后敌军被歼，抓到的俘虏大都是学生兵。

第二次解放县城 1947 年 1 月下旬，为了配合汾孝战役，太岳部队于 1 月 30 日一举攻克灵石县城。这次战斗由 22 旅负责主攻，晋五团打静升，截击援城之敌，新七团、独一团攻城，新八团在燕家垣设伏。城内守敌系阎军保安团及阎县政府官员和乡村民卫军共 2000 余人。城东制高点田家庄筑有碉堡，派兵驻守。解放军于 1 月 29 日下午来到县城附近，独一团先占领玉城桥，从小南关向南门进攻，新七团攻占田家庄碉堡，向东门进攻，战斗在晚上 10 时打响，七连勇猛顽强，八连奋勇当先，打开东门进入城内，展开巷战；经过一夜激战，于次日 8 时结束战斗，共歼守敌 1000 余人，缴获小炮 8 门，轻机枪 19 挺，冲锋枪、步枪 300 余支，骡马 94 匹，其他军用物资甚多。为了祝贺这次胜利，灵东县长吴道乙亲自题字，代表灵石县人民政府赠给部队一面锦旗，上书"猛扑顽敌，直捣城垣"8 个大字。

李家山追击战 1947 年 4 月 21 日，灵东县委在一区东许村召开群英会，驻灵阎军保安队从李家山据点出发，企图破坏大会召开。为保护来自全县的劳动模范和杀敌英雄，保护人民群众和干部的安全，县委书记张兴亲自率领民兵武装向敌人反击。他不畏强敌，身先士卒，直冲敌阵，英勇作战，在乘胜追击中，不幸中弹倒下，壮烈牺牲，为灵石人民的翻身和祖国解放事业流尽最后一滴血。同年 6 月 24 日，灵石人民为了继承先烈遗志，将革命进行到底，特为张兴烈士刻石树碑，以资纪念。

兴旺原围攻战 1947 年 10 月，阎 34 军 45 师 1 团 1000 余人到灵西四区进行骚扰，团部驻兴旺原，1 营驻兴旺村，2 营和机枪连驻罗铺村，3 营驻牛郎岭。人民解放军吕梁军区部队得知后，由军区司令员彭绍辉率领吕梁部队 16 团、50 团、51 团、新十团共 2000 余人，分三路围攻驻兴旺原之敌。16 团系主攻部队，从孝义西泉出发，经孙义、交口、漫河、直达兴旺原，在村外主要路口作指挥所，灵西四区武工队为向导，参加这次战斗。侧攻部队 50 团从毛家上庄出发，经段纯、兰家堂直达罗铺村，攻打阎 2 营及机枪连；新十团从双池出发，直达朱家岭，打山郎庙守敌一营（实际未到）；打援部队 51 团从柏坡底出发，经峪口、寨立直达圪针原，打从灵石城内增援之敌。

战斗于 10 月某日夜间 12 时打响。兴旺原、牛郎岭、罗铺同时发生战斗，解放军主攻部队 16 团某营到达牛郎岭，与敌 3 营七连接火，激战半小时，击溃阎军，生俘连长郑某某。解放军侧攻部队 50 团，从罗铺村南进攻 2 营，双方激战半小时，敌失掉阵地，退回团部附近。解放军主攻部队 16 团，逼近敌区部队驻地，阎军团长李某某慌忙应战，调 2 营和机枪连，从兴旺原东门冲出，进攻解放军指挥所，经过 2 个多小时的夜战，到天明结束战斗，双方伤亡较重。次日早饭后，敌首李某某带领残部向灵石城撤退，在圪针原遇上解放军打援部队 51 团，双方又展开了激烈的战斗，敌军连冲 3 次，不能脱围，共伤亡 89 人。

敌 3 营 8 连连长王某某当场被解放军击毙，其余多数受伤。第三日，阎军从灵石城内调来援兵，才接应李团败兵返城。

第三次解放县城　1948 年 5 月，临汾战役结束后，华北军区根据中央军委指示，决定组织晋中战役，由徐向前司令员、周士第副司令员率领部队从南往北挺进，保卫晋中夏收，解救晋中人民，大量削弱阎军有生力量，创造解放太原的有利条件。灵石是晋中地区的南大门、南同蒲铁路的咽喉。晋中战役开始，太岳部队担负先锋任务，于 6 月上旬进驻灵石东山一带。大军压境，阎县长刘某某提前溜走，驻守县城的阎军望风而逃。1948 年 6 月 12 日，灵东县政府进驻县城，灵西县政府随后进城，灵石县城从此宣告解放。阎军地方武装民卫军在匪首马某某的带领下逃往灵石西山垂死挣扎，被县大队到处追剿，最后全歼。

附：日军罪行记

1938 年 2 月，日本帝国主义侵略者入境，至 1945 年 8 月投降，在灵石境内实行杀光、烧光、抢光的"三光"政策，到处杀人放火，奸淫掳掠，犯下滔天罪行，置灵石人民于战火灾难之中。日本侵略者为了推行其殖民统治，在县城设置宣抚班、新民会、县政府、警察所、宪兵队、警备队、保安团等反动机构，并在灵东、灵西重要村镇设立据点 18 处，在铁路沿线修筑碉堡 47 个，他们网罗社会渣滓和民族败类充当汉奸，编入其各种组织之中为其效劳。日军和伪军经常出发到乡村烧杀抢掠，残害百姓，无恶不作，弄得民不聊生，人民群众奋起反抗，斗争不断发生。侵略者为了镇压人民的反抗，对抓到的中国军民实行极野蛮的刑法，如"坐老虎凳""灌辣椒水""狼狗咬""断四肢""刺刀捅""活埋人"等，真是惨绝人寰，令人发指。抗战期间，据调查统计，日军在全县境内共出动和扫荡 15000 余次，杀死本县军民 1649 人，伤残 495 人，俘虏 166 人，死伤俘共计 2310 人；烧毁房屋 5840 余间，掠夺粮食 130 余万石、煤炭 100 余万吨、木材 1 万立方米；宰杀牲畜 1780 余头，猪羊 4 万余只，鸡鸭不计其数；抢夺各种财物折款 2.5 亿元。日本侵略者的罪行有目共睹，永远难忘，这是国耻，是血债。侵华历史，不容涂改，日军在灵石罪行累累，兹择其要者记述如下：

马和暴行　1938 年 2 月 18 日，侵华日军第 20 师团 1 部南下，向静升、马和一带进犯，窜入村舍，进行绝灭人性的烧杀抢掠，许多来不及躲藏的平民百姓惨死在日军的枪和屠刀之下。18 岁的阎振文被枪杀，50 岁的张二成被日军用火活活烧死；当天，日军在马和村共残杀村民 17 人，烧毁古庙 1 座，民房 10 余间，宰杀牲畜 100 多头。

同日，凶恶的日军窜到离马和村不远的葫芦头村，村里人闻讯，大部分逃走，只有老人、妇女、小孩和行动困难的人守在家里。日军进村后，抓住吴双保、蔺福柱等 6 人，拉到柏树院内用刺刀捅死；抓住某位年轻妇女拉到庙内强行轮奸后杀害。60 多岁的老汉吴元，目睹日军暴行非常气愤，拿起扁担、镢头和日军相拼，最后因寡不敌众，被敌杀死。这一天，日军在葫芦头村，残杀村民共27 人，烧毁民房 25 间，宰杀牲畜 47 头。

双池大屠杀　1938 年 2 月 19 日，日军侵占双池镇，在双池进行灭绝人性的大屠杀。双池村民刘立功一家 7 人，均遭杀害；村民刘长旺等 30 余人一齐被日军绑到村外，用大火烧死。据调查统计，日军在双池镇共杀害百姓 150 余人，烧毁商行店铺 80 余家，民房 200 多间，宰杀牲畜 100 余头，掠夺财物无数，并将双池著名的古建筑二郎庙烧为瓦砾。

血洗赵家庄　水峪乡赵家庄，住着乔、董两户共 20 余人，是个小山庄。日军于 1938 年 2 月 26 日，冲入赵家庄挨门逐户进行搜查，用机枪封锁庄户人家的院门，扫射手无寸铁的村民。乔留小的父亲乔玉贵、母亲高氏、大伯乔玉山、伯母张氏，二伯乔玉林，大兄乔大富、二兄乔二富，还有本村姓董的 2 人，共10 人，躲在乔家的一孔窑洞里，被日军用机枪从门窗乱射而死，有的倒在炕上，有的死在地上，尸横满屋，血流遍地，残忍至极，只有 8 岁的乔留小趴在炉坑里幸存下来。同一天，日军在村外还杀死姓董的 2 人，在一个仅有 2 户人家的小山庄，就杀害 11 人。日军走后的第四天，外躲的人才回到村里，死了这么多人，没有棺木埋葬，只得把 11 具尸体抬到村外一个山圈里寄葬，三四年后才按户分葬的。遗孤乔留小父母双亡，无人抚育，由姑母收养，改名张吉清，住在观音堂村。

玉成惨案　1938 年 3 月 25 日，驻县城日军在旅团长海老名的指挥下来到玉成村，见人就杀，见东西就抢，杀光、抢杀之后再倒上汽油烧房烧人，玉成村火光四起，浓烟冲天，全村变成一片火海。村民扶老携幼在烈火中挣扎，残暴的日军把他们抓起来，押到吴家窑背上用机枪扫射。村民吴根生、吴长云、宋二小、刘双贵等 7 人一齐被杀。人们逃到大泉岭，日军赶到大泉岭，在大泉岭杀害 20 多人。最残忍的是，把人杀个半死，再扔进火里烧，直至烧死、烧焦，没有人样。日军把梁秃儿一家 3 口全部杀害，连 3 岁的小儿梁根生也不放过；还有吴留小父子和郑洪生父子，均遭杀害，使梁、吴、郑三户绝门断后。此次玉成惨案，日军共杀我同胞 39 人。日军走后，幸存下来的乡亲们回到村里，掩埋了死难者的尸体，哭别家乡，有的参加人民军队，杀敌报仇；有的逃难他乡，谋求生路。在很长一段时间，玉成村白天不见炊烟，夜晚没有灯光，成了"无人村"。

火烧苏溪、尹方　灵石县城沦陷后，离城附近的村庄常遭日军骚扰，弄得四乡不安，鸡犬不宁。1938 年 3 月 28 日，日军调集 300 余人将苏溪、尹方两村包围，以搜寻八路军为名，进行血腥的大烧杀，给两村人民造成深重的灾难。日军在苏溪村杀死村民 6 人，和尚 3 人，烧毁著名古建筑资寿寺，还烧毁民房 20 间，窑洞 19 孔；在尹方村放火烧了古建筑关帝庙、山神庙、龙王庙、三官庙，还有乔家祠院、陈家祠院、郑家祠院、翟家祠院、宋家祠院、陶家祠院等庙、院 11 处，房 64 间；另外还烧毁民房 84 间，窑 48 孔。两村劳动人民精心营建的古迹和家园，被日本侵略者毁于一旦。

富家滩万人坑 富家滩地处城南 20 公里处，这里煤炭资源丰富，煤质精优，开采历史悠久，是中外有名的矿区之一，战前私人集股在此开设桃钮煤炭公司。1938 年 2 月，日军侵占富家滩矿区，派以池田为首的军管人员接管煤矿，改名为富家滩采矿所，至 1945 年 8 月日本投降。抗日战争期间，日本侵略者为了掠夺中国的煤炭资源，从河南、山东、河北、阳泉、晋城等地招来难民充当矿工，矿工在恶劣的生产和生活条件下为其卖命，每天在井下劳动 12 小时以上，所得寥寥，衣不遮体，食不饱肚，过着饥寒交迫的生活，挣扎在死亡线上。矿工们为了生存，不断进行罢工，同侵略者展开斗争。日军为了镇压矿工的反抗，成立矿警队，建炮楼，架铁丝网，对矿工实行军管，置成千上万的矿工于人间地狱。许多矿工因矿井冒顶、塌方、瓦斯爆炸等事故死亡，饿死、冻死、病死和被日军杀死者也不计其数。1941 年，第三坑一次大冒顶压死 100 多人，矿工们群起反抗。当局以"煽动闹事，危害治安"的罪名，将 37 名矿工杀害。1942 年冬，新四坑一次冒顶事故，当场压死矿工 5 人，当局害怕矿工反抗，采用封锁消息的办法，使坑下 47 名矿工全部窒息死亡。1945 年夏，瘟疫流行，80% 的矿工染病，日军强迫矿工用石炭酸水洗身，不少矿工全身腐烂，病情加重，每天死亡在 10 人以上，2 个月内矿工惨死数百人。矿工死后，"拉尸队"将尸体扔进红苗谷地乱坟坑，死者家属连尸体都无法寻找。抗战期间，日本侵略者在富家滩掠夺煤炭 103 万吨，平均每出煤 1000 吨，就有 1 名矿工死亡，实际上是以人换煤，死亡矿工总计达 1000 余人，尸体除少数由家属领走外，大部分被扔进乱坟坑，人们称它为"万人坑"。

灵石被日军杀害人数统计表

单位：人

地　　区	被杀人数	说　明	地　　区	被杀人数	说　明
城 关 镇	77	含玉成惨案	马 和 乡	64	
两 渡 镇	26		英 武 乡	3	
静 升 镇	52		交 口 乡	10	
夏 门 镇	16		段 纯 镇	8	
张家庄镇	14		梁家塌乡	15	
南 关 镇	39		坛 镇 乡	5	
仁 义 乡	30		王 禹 乡	45	包括罗汉战斗死亡
西 许 乡	27		富家滩矿区	1000	
南 塌 乡	30		双 池 镇	150	划交口县
水 峪 乡	38		合　　计	1649	

　　神林被劫　神林在县东20公里处，绵山脚下，马和乡境内，晋介子推墓地和介庙在此。古代这里庙宇宏丽，林木茂密，是古迹圣地，谓之介庙神林。明代傅山先生曾赋诗颂之，曰："青松白松十里周，松青松白祠堂幽。晋霸园林迷草木，绵田香火动春秋。"本县历代劳动人民在此栽种林木，营建林地，历史悠久。至抗战前，神木面积达5平方公里，松柏居多，长势茂盛，有的树高20多米。1942年10月，日本侵略者为了掠夺神林的木材资源，从汾阳、孝义、介休等地抓来许多民工，进行砍伐，用马车、汽车将砍伐的木材拉到灵石火车站运往日本，整整伐运了2年之久，共劫走木材10000立方米以上，整个神林被劫一空。本县军民曾多次用武力阻击，未能挡之。

第 十 四 编

教育科技

第一章 教 育

　　清末废科举，立学堂。民国以后，现代小学教育逐步建立。《灵石县志》（民国版）记载："民国改革以来，学堂林立，家无子弟者亦出学费，素称丰富者亦分津贴，对于教育不为不注重矣！"抗战前夕，全县有高小8所，国民学校236所，初高小教师268人，学生2500人。当时，灵石尚无中学，富家子弟上中学须到外地。日军入侵，烧杀抢掠，学校破坏，学生失学。

　　中华人民共和国成立后，灵石大力发展教育事业，恢复和增设小学，创立中学，同时对广大工人、农民进行"扫盲"教育。1949年，全县有小学309所，学生5851人，教师319人。1965年"文化大革命"前夕，全县有小学502所，学生26014人；中学5所，学生1477人；中小学教师1198人，绝大多数青壮年达到"脱盲"标准。

　　"文化大革命"期间，教育是重灾区，学校停课闹革命，使国家和人民蒙受重大损失。党的十一届三中全会后，拨乱反正，改革开放，全县教育形成三教（普通教育、职业教育、成人教育）统筹，量力发展，合理布局，稳步前进的格局。到1985年底，全县有小学493所，学生28365人，教师1532人，学生、教师比1949年都增加了5倍。中学从无到有，1985年，全县有高中3所，初中33所，学生13119人，教师1100人。全县平均每7人中有一个在校小学生，每15人中有一个在校中学生。职业教育、成人教育也在蓬勃发展，取得可喜成果。

第一节 儒学教育

　　私塾　本县自隋朝建县开始实行科举教育，县内富豪之家及文人学士自立私塾，聘请名师教育子女，攻书成才，历代沿袭。明清时期，私塾增多，其种类有：①富户独家聘请名师教育其子女的家塾；②饱学文人无志仕进自办私塾，招收学童入学，收取束脩；③全村联户合立私塾，有常年、冬春两种，聘请教师教学。清末县城有私塾4座，四乡有百余座，教学内容以认字为主，教材有《三字经》《百家姓》《千字文》《千家诗》《幼学琼林》《朱子格言》等；学完识字课，再学"四书""五经"；平时背书、写字，两三年后再开讲。书院学生的程度较高，有的是准备参加乡试的生员，有的是有志科举考试的富户子弟（童生）。书院教学以"四书""五经"为主，兼学诗赋，练习写时文（八股文）。

书院 本县书院自清代创办以来，出名的有二贤书院、双腾书院、竹林书院、修身书院，聘请名师讲学收受束脩。

双腾书院于清乾隆年间，为富户何氏所办，聘名士讲学，一时举人、进士人才辈出，从清乾隆四十年（1775）到光绪六年（1880），近百年的时间，何氏一门竟有14人得中进士，"何门多桃李，灵色增光辉"，一时传为佳话。

竹林书院于清咸丰三年（1853）创立夏门村梁鹿热心教育，捐钱两万串，拟建书院，病故后由其妻梁武氏及其子梁秀钟在城内察院巷修建竹林书院。至光绪年间，邑绅赵子瑗发起募捐，集银两千两，聘请名师讲学，学风大振。光绪三十三年（1907），竹林书院被改为高等小学堂。

修身书院于光绪年间由枣岭村秀才胡良卿所办。胡无志仕进，设帐授徒，召四乡学童教学诗文。光绪二十一年（1895），书院有30多名学徒参加县考，多数中选，并通过州试、院试，考取秀才。学生为感谢师恩，在道美村通济桥头立教泽碑，称赞他"春风化雨恩浩荡，身教言传德崇隆"。

义学 清雍正十二年（1734），知县胡承泽在县城东门外瑞云观建义学，收贫家子弟就读。夏门、道美、西河底、柏沟等村也曾设过义学，经费来自社地的收入。

县学 元大德十一年（1307），县城西街建文庙，时称学宫。明清设儒学，又名县学，设文庙内。从元创建起，文庙历经修葺增补，清乾隆二十三年（1758）有大成殿、名宦祠、乡贤祠、东庑西庑等建筑。殿后有明伦堂为讲学之所，东西斋为生员读书起居之处。当时官定本县学额，收廪膳生20人，每科考、岁考原额录取附学生员12人。乾隆五十四年（1789），山西学政郑际唐见灵石文人辈出，学额不符，遂经朝廷批准，从大同府裁额中拨增本县学额3人，从此增至15人。生员有学田280亩2分，此租额充儒学经费。宋、元、明、清四朝，本县考取文进士30人，武进士7人，文举人124人，武举人26人，副贡21人，拔贡31人，恩贡44人，岁贡241人。

灵石历代进士、举人、贡生统计表

朝代	文进士	武进士	文举人	武举人	副贡	拔贡	恩贡	岁贡
宋	3							
元	1							
明	4	1	25	4	2	2	1	92
清	22	6	99	22	19	29	43	149
合计	30	7	124	26	21	31	44	241

第二节　幼儿教育

民国23年（1934），灵石成立实验小学，设在文庙西厢的忠义祠内，始设幼稚园。五六周岁幼儿入园40余人，配备女教养员1人。教学内容有看图识字、简单识数、唱歌游戏、手工等。孩子学习一年后转入小学一年级。它于1938年2月日军入侵后停办。

中华人民共和国成立后，1952年教育部颁发《幼儿园暂行规程（草案）》，1954年，城关初小在文庙内附设幼儿班2个，招收6周岁儿童七八十人，课程有识字、识数、唱歌、游戏等，每班配备幼儿教师1人。

1956年，商业系统在加工厂院内创办城关幼儿园，招收学龄前儿童70人，分为2个班，配备幼儿教师4人。不久，东滩农业社在大队院创办幼儿园1所，招收幼儿69人，配备教养员3人，教学内容同前。

1958年，为解决妇女下地劳动的拖累问题，全县各村一哄而起办起幼儿园（班）424所，入园幼儿13973人，教养员、保育员人数达518人，由于校舍设备较差，多数教养员不懂幼儿教育，只起到托儿所的作用，于1960年后逐步解散。1962年，全县仅存城关幼儿园1所。

1965年，城关幼儿园改名为县级机关幼儿园，在园幼儿87人，分设大班、中班、小班各1个，配备园长1人，教养员4人。

1972年，张家庄煤矿、富家滩煤矿、南关煤矿、石膏矿等厂矿分别设立幼儿园（班）。

1984年，城关一、二小学各增设学前班2个，年招收幼儿200人。各乡村小学也先后增设学前班（有的附设复式班），全县幼儿园、学前班统一采用人民教育出版社出版的幼儿教材，开设语言、计算、常识、音乐、游戏等课程。1985年，全县有幼儿园27所，学前班76个，在园幼儿达2760人，幼儿教职工共123人，其中受过幼儿教育专业训练的达24人。

第三节　小学教育

清朝末年，废科举，兴学堂。光绪三十二年（1906），本县绅士赵子莹、吴济忠、石廷祯等人筹集银洋8000元，将竹林书院改办为灵石县高等小学堂，光绪三十三年（1907）开学。当时守旧势力很难接受，考生人数不多，加之缺乏现代师资，仅在讲经之余，增加古文、珠算、体操等科目。宣统二年（1910），学堂毕业生有 9 人。乡村社学、私塾名义为初等学堂，教学内容和方法还是私塾老一套。

高级小学 民国元年（1912），学堂改为学校，县高等学堂改为第一高等小学校。小学改为"四、三分段制"，初等小学开设国文、算术、修身、常识、唱歌、体操；高等小学增设历史、地理、自然、图画、手工等科目。同年，灵石在双池镇二郎庙筹建西乡高等小学校；次年，在城内子孙庙内创办东城女子小学校；民国 8 年（1919），在静升镇上巷创办静升高等小学校；同年，在文庙西侧创办西城女子小学校；民国 9 年（1920），在两渡镇文昌宫和道美村玉帝庙各开办高级小学校 1 所。民国 11 年（1922），西城女校合并于东城女校，增设高级班，改名为女子两级小学校。同年，小学改为"四、二分段制"。按照行政区划，将县城、静升、道美、双池、两渡 5 所公办高级小学分别排列为一高、二高、三高、四高、五高。

民国 8 年（1919），介庙执事绅士石廷祯、闫树滋、乔凤梧等人利用神林出售柏树资金开办介林高小，民国 12 年（1923）并入静升高小。民国 21 年（1932），静升村侯茂堂、侯应堂弟兄在静升关帝庙创办 1 所私立育英小学校，设高小班、补习班各 1 个，招收男女学生 80 余人，打破男女不同校的旧俗。由于各高级小学陆续聘任师范毕业学生任教，逐步推行新学制，采用新教材，使小学教育面貌一新。

1907—1937 年灵石高级小学情况表

校 名	班数/人	教职员数/人		毕业数		建校时间	校 址
		校长	教员	班数/个	人数/人		
第一高级小学校	2	1	5	21	350	1907 年	竹林书院
第二高级小学校	2	1	3	13	210	1919 年	静升村上巷
第三高级小学校	2	1	5	10	160	1920 年	道美村玉帝庙
第四高级小学校	2	1	3	18	260	1912 年	双池二郎庙
第五高级小学校	2	1	3	8	160	1920 年	两渡文昌宫
女子两级小学校	高级 2	1	4	8	140	1913 年	城内子孙庙
介林高级小学校	2	1	3	1	40	1919 年	张嵩介庙
私立育英小学校	2	1	3	1	30	1932 年	静升关帝庙

初级小学 民国初年，灵石在县城东门里节孝祠成立东城初等小学堂，在文庙成立西城初等小学堂，实行新学制后，改称国民初级小学校。民国 7 年（1918），梁履恒在双池梁家崖办过 1 所女子学校，民国 8 年（1919），曹毓仲在河南村（现名金旺村）也办起 1 所女子学校，均为初级小学。民国 9 年（1920），东城初级小学并入西城初级小学校，改称模范初级小学校，由塾师张熊诏、张映南（皆为优廪生员）充任校长，推行新学制进行教学革新，在全县起先行示范作用。偏僻山区仍有私塾，采用《三字经》《百家姓》等教材教学。民国 21

年（1932），模范小学改称实验小学后，推行注音字母和标点符号，高小毕业学生逐步取代乡村塾师，乡村小学逐步革新，实行分级分科授课，采用新教材，较大村庄实行二级复式，大部分村庄实行多级复式，即一村一校一教员。据民国 24 年（1935）县教育科统计，全县有初级国民小学校 236 所，教员 239 人，入学儿童 2500 余人。

两级小学　民国 27 年（1938），侵华日军占领县城和交通沿线，从此，本县形成灵东、灵西的割据局面。

灵东地区：1938 年 3 月，在中国共产党领导下建立区村抗日政权。同年 5 月，通过考试招收高小程度以上的爱国青年 50 余人担任教员，恢复乡村初小 70 余所，划分为 18 个中心校，各区分设文教助理员。同年 7 月，在马和、磻河（现属沁源县）建立 2 个高级小学校。1939 年，日军驻扎静升后，马和高小因常受骚扰遂与磻河高小合并。不久日军又侵扰磻河，火烧磻河高小校址——磻河大庙，学校被迫停办。1940 年 9 月，灵东抗日民主政府在石台村（现属沁源县）建立民族革命高级小学校（简称石台民高），招收高小班 2 个，学生 60 余人。1942 年 7 月，为了精兵简政，介休县铁南抗日民主政府与灵东抗日民主政府合并为介（休）灵（石）联合抗日民主政府，学校改名为介灵民高，学生百余人，教职工 11 人。1943 年，介休、灵石县分治，学校仍恢复原名。1945 年，抗日战争胜利后，学校随政府迁往山下峪口村，学校改名为灵石县第一民主高级小学校（简称一民高）。1946—1947 年，阎锡山军队进攻解放区，学校先后在石膏山、东许、圪塔、韩家洼等地流动教学。在游击战争的环境里，师生一面教学，一面生产，还参加战斗支前，保持了艰苦奋斗的革命传统，培养了一批革命干部。1948 年 6 月，灵石县城解放，学校迁往仁义村，前后共毕业 10 个班，学生 300 多人（其中两个简师班，学生 60 余人）。当时，灵东根据地有小学教师百余人。

灵西地区：1938 年 2 月，县城沦陷后，县城一高和女子两级小学部分师生转移到庆余村，在道西大院办起灵石县抗日民族革命第一小学校（简称庆余高小），从城里来的学生编为甲班，又在附近招收一个班，称为乙班。1939 年春，双池高小为回避日军扫荡，先后迁往蔡家沟、楼珍村、圪塔村，学校更名为灵石县抗日民族革命第二小学校。1938 年 7 月，王禹村曾创办高小 1 所，招收 1 个班，称为灵石县抗日民族革命第三小学校。这几所学校在战争环境中坚持抗日救国教育，许多学生参加革命队伍。1939 年晋西事变后，学校停办，部分师生转到灵（石）东或晋西抗日根据地。

"晋西事变"后，1940 年阎锡山统治灵（石）西地区，先后在南泊、西庄、庆余、铺头各建立高小 1 所，各设高小班 2 个，在校学生 90 人；有沙圪村知识分子张祥瑞自办私立高小班 1 个 (毕业 1 个班, 25 人); 并在各村办起初级小学。

1945 年 8 月日军投降后, 阎锡山政权抢占县城和交通沿线。西庄高小迁入县城, 成立灵石县城关中心国民学校。1946 年, 庆余高小先迁往温家沟玉皇庙, 后迁到西河底村, 改名为西河底中心国民学校。南泊高小先迁到南关镇, 1947 年迁回灵石城内北街, 改名中正小学, 半年后并入城关中心国民学校。这些学校到 1948 年灵石全县解放时全部被解散。

1948 年 6 月, 灵石县城解放。7 月, 县政府在察院巷原灵石中学校址开办高级小学, 定名灵石县第二高级小学校 (仁义一民高为第一高级小学), 招收学生 3 个班; 同时在文庙办起灵石县城关初级小学校, 招收学龄儿童入学; 8 月, 在双池成立第三高级小学校; 9 月, 在城内集训新旧教师, 通过考试录用初小教师 191 人, 恢复初小 191 所; 10 月, 在静升成立第四高级小学校; 1949 年 7 月, 在沟峪滩开办第一完全小学校 (简称 "一完小")。中华人民共和国成立时, 全县初级小学恢复和发展为 304 所, 高完小 5 所, 在校学生 5851 人 (其中高小生 501 人), 共有教师 319 人。

1952 年 1 月, 县政府在两渡开办第二完全小学校 (简称二完小)。1952 年 8 月, 为方便群众子女入学, 县政府在碾则墕、道美、蒜峪、西许、安生增设 5 所完全小学。1953 年, 根据中央 "整顿巩固, 重点发展, 提高质量, 稳步前进" 的文教工作方针, 灵石对全县小学进行整顿调整, 在全县 6 个区中设立联校 54 个, 轮回校 14 所, "一揽子校" 35 所, 便利了学龄儿童就近入学。同年, 灵石将二高改名为城关高小, 将仁义、静升、双池 3 所高小和当地初小合并改为完全小学, 将一完小迁到镇威村, 改为镇威完小, 二完小改为两渡完小, 在文殊原村办起西河底乡六一联合小学校。

1953 年, 城关镇工商界捐款在三乐巷办起城关民办高小, 到 1956 年并入城关高小。1954 年 9 月, 文殊原、苏溪、王禹、温家沟村办起民办高小班各 1 个 (次年温家沟民办高级班并入双池完小)。1956 年初, 第六区所辖铺头乡划归孝义县, 安生完小和 9 所农村初小被划走。1956 年 9 月, 张家庄、岭后、马和、英武、延安、回龙、上庄、段纯、沟二里、金庄、夏门等村增设 11 所完全小学。1958 年, 城关高小开始招收初小班, 改名为城关一小学。城关初小增设高级班, 改为城关二小学。全县小学发展为 363 所, 其中高完小 (包括民办高级班) 增加到 30 所, 小学教师发展为 605 人 (其中民办教师 140 人)。

20 世纪 50 年代初期, 汾西矿务局富家滩煤矿、南关煤矿、张家庄煤矿、两渡煤矿先后办起职工子弟小学, 增设高小班 (富矿子弟小学开办于 1949 年, 1954 年增设高小班), 厂矿办学的积极性大增。

1962 年，我国在"调整、巩固、充实、提高"的方针指导下，再次进行教育整顿，坚持两条腿走路，提倡民办和民办公助，以减轻国家的经济负担。1965 年，城关一小学、静升小学、南关小学、双池小学开始试行五年一贯制。到 1966 年初，全县有小学 502 所，其中完小 36 所，高小 2 所，初小 261 所，耕读小学 203 所，学生总数 26014 人。

1966 年下半年，"文化大革命"开始，教育机构瘫痪，小学全部停课，1967 年复课后没有教材，以学习《毛泽东语录》《老三篇》①为主，教学秩序仍不正常，1969 年，在"学制要缩短，教育要革命"的口号下，小学全部改为五年一贯制，不顾教师和校舍条件，盲目提出"上小学不出村，上初中不出队，上高中不出社"，小学骨干教师被抽到初中代课，教学质量大大下降。1976 年，粉碎"四人帮"，结束"文化大革命"，开始拨乱反正。1979 年，按照"压缩高中，合并初中，加强小学"的原则进行整顿。到 1984 年，灵石通过调整布局，开办 46 所寄宿小学，减少农村初小的复式教学层次。本年，新建的城关三小学竣工，9 月 1 日开学，将李家沟、上村、王家圪塔 3 所小学和二中小学都并入三小学，小学教育逐步走上正轨。小学由村委管理，发动群众集资，改善办学条件，至 1985 年，全县基本实现普及小学教育的目标，为普及九年制义务教育奠定了基础。

1949—1985 年灵石小学教育发展情况表

年 份	学 校/个		教 职 工/人		学 生/人				
	总数	其中：高完小	总数	其中：民办	总数	其 中			
						高小生	女生	毕业数	招生数
1949	309	5	319		5851	501		72	
1950	334	5	396		11320	1171	621	1346	163
1951	363	6	393		12251	1758	4052	114	
1952	356	11	424	18	13159	1530	5868	278	
1953	305	13	493	7	14824	1931	6433	780	
1954	325	17	515	22	14573	2570	6404	737	1490
1955	313	18	530	32	14930	2828	6644	866	1501
1956	313	25	496		16115	3516		1161	
1957	320	25	484		15806	3485		1308	
1958	363	30	605	140	17920	3979		1724	
1959	427	28	541	153	15610	3604		1485	
1960	410	25	688	116	18260	3508	6427	1327	2068
1961	391	35	866	115	22704	3620	9880	1863	2279
1962	452	34	875	157	22521	3698	9801	1603	2154
1963	477	35	939	196	20405	3720		1391	1932
1964	498	36	1013	225	23004	4200	9660	1262	2201

---

① 《老三篇》，即毛泽东著《为人民服务》《纪念白求恩》《愚公移山》。

续表

年　份	学　校／个		教　职　工／人		学	生／人			
	总数	其中：高完小	总数	其中：民办	总数	其		中	
						高小生	女生	毕业数	招生数
1965	502	38	1073	289	26014	5398	11579	1657	3096
1966	441		984	269	24553	5420		1957	1892
1967	451		1016	294	24703	5534		1786	3702
1968	460		1095	338	25063	3918		1767	4081
1969	472		1168	386	28149	3294		3402	3983
1970	467		1315	528	28524	8187		3921	6229
1971	486		1167	621	31505			3798	8549
1972	425		1248	681	32728			3880	7431
1973	441		1175	731	33112	4238	15528	3874	6029
1974	454		1280	765	33829	6452	15997	4161	5855
1975	440		1224	813	33506	7002	15001	5965	6652
1976	405		1227	744	33456	6558		6711	6686
1977	405		1173	757	31562	5686	14797	6163	6891
1978	432		1252	818	33315	5420	15753	4872	7947
1979	449		1383	891	33696	5459	15839	5487	7088
1980	467		1423	942	33636	5536	16288	5140	6344
1981	473		1413	855	34130	5832	16612	5470	6615
1982	494		1547	920	33307	6372	16816	5360	6418
1983	498		1439	811	32229	6101	15228	5598	6259
1984	510		1448	777	30980	6102	14660	5382	5291
1985	493		1532	970	28365	5502	13412	5465	4214

1985 年灵石各乡镇普及小学教育情况表

单位：人、%

乡镇	入　学　率			巩　固　率			毕　业　率			普　及　率				
	学龄儿童	己入学	比率	学年初	学年末	比率	应毕业	实毕业	比率	12—15岁	小学已毕业	正在校	识200字	比率
合　计	22393	22085	99.4	28414	28196	99.9	4444	4253	95.7	17427	8543	7366	1287	99.8
城　关	3314	3310	100	4700	4747	100	850	845	99.4	1955	503	1324	120	99.9
水　峪	989	971	99.6	1289	1252	100	209	190	90.9	789	506	238	39	99.4
马　和	951	935	100	1209	1175	99.6	182	172	90.5	734	296	400	26	99.7
静　升	2377	2338	99.9	2916	2900	99.7	414	381	92	1934	1112	725	70	99.4
两　渡	2140	2090	98.9	2792	2723	99.9	388	368	94.8	1881	1178	577	108	99.8
英　武	858	832	99.9	1086	1061	99	160	150	93.7	654	331	277	43	99.5
交　口	842	834	99.8	1056	1055	99.9	150	145	96.6	750	440	227	880	99.9
夏　门	1740	1718	99.8	2157	2153	99.9	342	332	97	1030	507	487	53	99.9
段　纯	1651	1679	99.6	2087	206	99.7	308	301	97.7	1358	436	761	143	99.7
梁家墕	1158	1139	100	1402	1398	100	203	193	95.1	1002	679	194	125	100

续表

乡镇	入 学 率			巩 固 率			毕 业 率			普 及 率				
	学龄儿童	已入学	比率	学年初	学年末	比率	应毕业	实毕业	比率	12—15岁	小学已毕业	正在校	识200字	比率
坛　镇	830	822	99.4	1214	1197	99	148	140	98.6	1116	440	407	262	99.7
王　禹	987	974	99.4	1126	1125	99	165	160	99.4	8115	610	125	40	99.6
南　关	1534	1528	99.9	685	683	99.8	280	265	94.6	830	339	476	10	99.8
仁　义	726	726	100	972	972	99.7	163	158	96.9	525	141	378	5	99.8
南　堡	741	741	100	910	892	100	147	139	94.5	456	192	217	53	100
西　许	571	529	95.9	667	646	99.7	114	112	98.2	438	436	99	324	99.8
富家滩	331	331	100	443	443	100	97	93	95.8	339	679	138	198	100
张家庄	603	598	99.7	748	748	100	124	119	96	441	442	108	319	100

第四节　中学教育

1945 年 8 月，日军投降，阎锡山县政府进城，成立山西省立灵石初级中学校，先后由傅家珍、那溥泉任校长。一部分在外地上学的学生转回，又从灵石西山招来一部分高小毕业生插入班内。1947 年，第二次解放县城，一部分学生参加解放军，一部分学生转学到介休、太原等地。至 1948 年县城最后解放时，学校已自行解散，始终未曾毕业过学生。

1952 年，县人民政府根据各界人民代表会议的决定，在县城文庙内兴办初级中学，报请专署批准，派来校长陈彭年（临汾人），聘请吴星任政治教师、董子斌（太原师范毕业）、郑子明（太原一师毕业）、任恒德（山西大学毕业）、梁子言（太原师范毕业）、王文良（太原师范毕业）等任教师，于 9 月招收新生 3 个班，学生 165 人；1953 年招收 1 个班 45 人，1954 年又招收 3 个班 154 人，教职员工增加到 11 人。

1956 年，静升镇成立第二初级中学，后改称静升中学。至 1957 年，中学共有学生 893 人，教职工 35 人。

1958 年，灵石中学增设高中班，招收 2 个班，学生 94 人，至此，灵石中学成为完全中学。同年，灵石在全县原来高完小的基础上，增设双池、段纯、道美、两渡、仁义、上庄、峪口、坛镇、卧牛神、蒜峪等 10 所初级中学，将原来高完小骨干教师选拔到初中任教，在校学生达 2248 人，教职工增加到 104 人。1959 年，根据中央关于"整顿、巩固、提高、有重点地发展"的方针，上庄中学合并到段纯中学，峪口中学学生分散到双池、灵石中学，蒜峪中学合并到静升中学；卧牛神中学合并到两渡中学，仁义中学、坛镇中学并入道美中学，段纯中学并入双池中学。全县仅留灵石中学、静升中学、双池中学、道美中学（民办公助）、两渡中学（民办）5所中学，在校学生为1074人，教职工121人。

1966年，"文化大革命"开始，学校停课闹"革命"。1969年，在"学制要缩短，教育要革命"的号召下，全县16个公社的所有高完小都增设初中班，共办起18所七年制学校。1970年，全县乡村七年制学校发展到61所。同年，上庄七年制学校增办高中班，办起九年制学校。1971年随着行政区划的变更，双池、回龙公社4所七年制学校被划归交口县。9月，灵石中学、静升中学、道美中学、两渡中学改为单一的高级中学。当时，提出"上初中不出队，上高中不出社"的冒进口号，教师层层拔高，到1971年底，全县乡村七年制学校发展到107所，九年制学校发展到29所。

粉碎"四人帮"后，结束了"文化大革命"的混乱状态，根据中央提出的"调整、改革、充实、提高"的方针，从1978年起，我国提出了"压缩高中，合并初中，加强小学"的改革方案。灵石经过调整合并，实行"县办高中，乡镇办初中，村办小学"三级办学、两级管理的办法。

1979年，全县高中班集中到灵石中学，改名为灵石一中，城关三小学改名为县直第二初级中学（另设第三小学），段纯中学改为县直初级中学。1981年，灵石一中恢复招收初中班，成为完全中学的格局。静升中学、道美中学、两渡中学改办职业高中。同年调整的，还有：

城关镇：撤销玉成、姚家山、河洲、胡家岭初中班，在西门外建立城关初级中学，暂时保留水头、延安和城关一小学戴帽初中班。

水峪乡：撤销靳家岭、上庄、碾碥、蒜峪初中班，建立水峪初级中学。

马和乡：撤销张嵩、梧桐、葫芦头、杨家塬的初中班，建立马和初级中学。

静升镇：撤销柳树原、核桃洼、椒仲、帅家山、草桥、南浦、尹方、集广初中班，建立静升初级中学，暂时保留旌介、苏溪戴帽初中班。

两渡镇：撤销景家沟、杨家垣、曹村、徐家山、冷泉、新庄、桑平峪初中班，建立两渡初级中学和军营坊初级中学。

英武乡：撤销原头、平泉、英武、彭家原初中班，建立赵家庄初级中学和雷家庄初级中学。

段纯镇：撤销云义、王家洼、南坪头初中班，建立段纯初级中学和武家洼初级中学，暂时保留兰家堂戴帽初中班。

交口乡：撤销温家沟、金庄、小王庄初中班，建立交口初级中学。

夏门镇：撤销文殊原、梁家圪塔、庄立、峪口、北庄、碾则墕初中班，建立夏门初级中学。

　　梁家墕乡：撤销上庄、茹泊、梁家墕、上黄堆、泉则坪初中班，建立西崖底初级中学，暂时保留沟二里戴帽初中班。

　　坛镇乡：撤销镇威、杨家山、西堡、塔上、原西沟、东堡初中班，建立坛镇初级中学。

　　王禹乡：撤销洪土、南庄、秋泉、后沟、回祖、罗汉初中班，建立王禹初级中学。

　　南关镇：撤销道美、石柜、王家岭、沙腰、董家岭、南岭初中班，建立南关初级中学。

　　仁义乡：撤销王家沟、道阡、沟东初中班，建立仁义初级中学。

　　西许乡：撤销东许、金旺初中班，建立西许初级中学。

　　南墕乡：撤销陈家山、荡荡岭、李家山初中班，建立南墕初级中学。

　　张家庄镇：撤销靳村、来全初中班，建立张家庄初级中学。

　　富家滩镇：撤销桃钮初中班，在沟峪滩建立富家滩初级中学。

　　1983年，南关镇自筹经费创办民办栋梁中学，招收初中1个班，后因师资、校舍等困难而停办。

　　1985年，全县有灵石一中完全中学1所，王禹中学暂时保留戴帽高中班，县直初级中学2所（灵石二中、段纯中学）、乡镇中学21所（另有暂时保留戴帽初中7所）。

　　重点中学　灵石一中校址在旧城西街文庙，创办于1952年。

　　初名灵石县初级中学，1952年9月1日开学，招收初中3个班，次年招收1个班。1954年招收3个班，全校初一至初三共7个教学班，在校学生370人，教职员工29人。1955年，首届初中学生毕业。1956年增收6个班。1955—1957年3年毕业的初中生，部分考入平遥中学和介休中学高中部，其余参加社会各项工作。1958年，扩招初中7个班（其中2个为试办二年制班），在校初中班达17个。同年，开始增设高中班2个，招收94人，至此，成为完全中学，改名为灵石中学。1959、1960年两年招收高中班各2个。1960年8月，晋中20个县42所中学组织大会考，灵石中学排名第一。1961年首届高中班毕业，通过高考21人升入大学，1962—1966年，"文化大革命"前，灵石每年高考均有一批学生考入大学，部分考入清华大学、北京大学、南开大学、北京师范大学等重点大学。1964年，全县高考录取人数达到参考人数的51.1%。这一阶段，灵石中学定型为每年例招初中6个班、高中2个班，以初中为主体的完全中学。

　　"文化大革命"开始后，学校"停课闹革命"，教学秩序大乱，校舍、设备遭到空前破坏，1966—1970 年没有招生。

1970 年 9 月，灵石中学恢复招生，招收初中 3 个班（当时称为"排"）。1971 年 9 月，招收高中 4 个班，初中 7 个班，学制均为 2 年，开设政治、语文、数学、工业基础知识、农业基础知识、外语、地理、历史以及体育和革命文艺。1972、1973 年分别招收初、高中各 4 个班。1972 年后初中停止招生，1973 年初中班全部毕业，至此灵石中学变成单一的高级中学。1974 年以后，受极"左"思潮冲击，学生劳动过多，教学秩序又趋混乱。1976 年，粉碎"四人帮"后，教育形势逐步好转。1977 年恢复高考，仍有部分学生考入清华大学、北京大学、北京师范大学、天津大学等重点大学。1979 年，灵石中学因县城建立二中而更名为灵石一中，国家拨款修建教学大楼和增购教学设备。1981 年 9 月，恢复初中招生，学校恢复为完全中学。1982 年起，初、高中学制改为"三三制"，每年例招初中 2 个班、高中 6 个班，学校变为以高中班为主体的完全中学。

1985 年，灵石一中建校 33 年，共招收初中班 76 个，毕业学生 4120 人；招收高中班 98 个，毕业学生 5038 人；向大专院校输送学生 550 人，向中专和中等技术学校输送学生 1090 人。1985 年，学校有 24 个教学班（初中 6 个，高中 18 个），在校学生 1300 人，教职工 120 余人，是全县规模最大的普通中学。

1985 年，县内有厂矿办的中学 6 所，汾西矿务局富家滩煤矿设第二中学，南关煤矿、张家庄煤矿、两渡煤矿、石膏矿、灵石煤矿分别设立职工子弟中学。

附：日伪办冀宁道灵石中学 民国 32 年（1943）八月，日伪政权冀宁道（驻临汾）拟在辖区内兴办一所中学，本县士绅郭矞亭、赵怀仁、张玉书等闻讯积极活动，多方打点，争得在察院巷竹林书院旧址办起山西省冀宁道立灵石中学，由伪山西省政府委派段锡森为校长（北京师范大学国文系毕业生），延聘张士杰（北京师范大学数理系毕业）、曹玉蓉（北京师范大学国文系毕业）、程伯武（北京师范大学西洋文学系毕业）、王休云（北京师范大学西洋文学系毕业）以及赵云峰（山西大学毕业）、王文良（太原第一师范毕业）、张士淘（太原师范毕业）、杨元昌（清优廪生员）、曹鸿俊（国术教员）等人担任教师，招收本县和霍县、赵城、洪洞等县学生 2 个班计 100 人；次年再招 2 个班，至 1945 年共招 6 个班，计 300 人左右；开设国文、数学、英文、物理、化学、动物、植物、音乐、美术、体育、国术等科。1945 年 8 月，日本投降，学生修业未满，学校停办。

1952—1985年灵石中学教育基本情况表

单位：个、人

年份	校数		班数		学生		初中		高中		考入				教师
	初中	高中	初中	高中	初中	高中	毕业数	招生数	毕业数	招生数	大专	中专	技工	合计	
1952	1		3		165			165							6
1953	1		4		210			45							8
1954	1		7		364			150							14
1955	1		8		440		150								18
1956	2		15		847		57								26
1957	2		18		893		151								35
1958	11	1	41	2	2060	94	191			94					98
1959	8	1		4	910	210	280			110					110
1960	8	1	51	6	2535	264	296	859		100					210
1961	6	1	33	5	1654	249	950	310	60	51	36			36	162
1962	6	1	28	5	1315	246	459	453	93	100	8			8	135
1963	5	1	23	4	1120	184	481	514	93	45	28			28	123
1964	4	1	21	4	1229	173	210	413	46	45	28			28	128
1965	4	1	26	3	1335	142	331	475	78	50	46			46	125
1966	3	1			974	92	315	350	46	50					118
1967	3	1			676	48	342	300	44	55					112
1968	3	1			1747	50	310	300	48	50					145
1969	3	1			4680	—	274	1900	—	—					161
1970	63	1			5407	47	1758	4008	—	47					116
1971	63	10			6601	728	1770	3641	—	697					474
1972	77	10			7041	1717	3042	3748	46	874					577
1973	62	11	167	43	6646	2038	3131	3272	766	1124					646
1974	61	13	168	45	6875	2260	3106	3735	850	1178					740
1975	63	13	212	51	9093	2549	3150	5290	1286	1274					767
1976	95	19	276	65	11768	3207	3465	6421	1165	1222					1036
1977	80	36	296	97	12204	5185	4248	6147	1300	3393	36	100	52	188	1230
1978	70	31	282	90	11786	4544	4434	5291	1688	1675	31	76	45	152	1286
1979	67	19	239	57	11555	2857	3881	4270	2883	1533	62	78	25	165	1287
1980	69	8	288	36	14807	2275	995	4918	1163	432	33	36	10	79	1263
1981	58	5	259	31	10850	1472	4839	4048	1662	958	32	95	68	195	1106
1982	42	5	234	29	10297	1389	2785	4376	519	664	33	73	21	127	1088
1983	39	4	220	23	10316	1161	2472	3723	717	554	51	77	25	153	1025
1984	25	3	236	29	10984	1563	2531	3890	107	599	58	82	44	184	916
1985	33	3	244	31	11511	1608	2963	4097	390	529	58	89	6	153	1100

灵石历年考入各类大学人数汇总表

单位：人

年　份	1949年前	1949—1960	1961	1962	1963	1964	1965	1977	1978	1979	1980	1981	1982	1983	1984	1985	合计
北京大学	10	2					1			1	1						15
清华大学								1	1	2							4
天津大学					1	1		1									3
南开大学			1		2	1				1		1				1	7
重庆大学	2															2	4
同济大学																1	1
复旦大学						1											1
山西大学	22	6	6	1	4	2	13	2	1	5	2	2	7	5	3	3	84
军医大学		3								1							4
兰州大学													1			1	2
北京师大	1	1		1	4												7
山西师院		2				1	1	14		3	2	2	2	3	5	2	37
北京矿院				1	3		1									1	6
山西矿院					1	1	2	3	1	2	3	2			1	5	21
西安交大						1				2			1	1			5
太原工大	1	5	3		2	3	13	1	3	13	7	2	4	6	10	5	78
铁道学院		1			1						1			2	1		6
太原重机			1	1					4	3	2	2	1	3	3	2	22
山西农大		3	1		2	3	8	7	5	6		3	2	2	2	1	45
山西医学院	2	4	3	2		4	3	2	1	4	1		1	2	5	1	35
其　他	18	31	13	2	8	18	19	8	14	19	14	18	13	24	28	64	311
合　计	56	58	28	8	28	36	61	39	30	62	33	32	32	48	58	89	698

1985年灵石乡镇初中基本情况表

单位：个、人

项　目	班　数		学　生　数		教　职　工　数			
	初中	高中	初中	高中	计	其中：专任教师		
						其中：民办	其中：大专程度	不及大专
合　计	169	1	7803	50	490	195	16	474
城关初中	7		361		21			21
一小学初中	4		172		12	1		12
水头初中	2		78		18	6	1	17
延安初中	5		205		19	13		19
玉成初中	1		40					
水峪初中	9		455		30	15	1	29
马和初中	6		270		16	8	1	15
静升初中	13		591		36	16	1	35
旌介初中	3		129		8	5		8
苏溪初中	6		281		16	7	2	14
两渡初中	13		643		32	11	2	30
军营坊初中	6		230		16	9		16
雷家庄初中	4		147		10	2		10
赵家庄初中	3		112		8	2		8
交口初中	6		275		18	9	1	17
夏门初中	11		560		31	14	2	29
段纯初中	7		332		18	9		18
武家洼初中	3		134		7	4		7
兰家堂初中	2		93		6	3		6
西崖底初中	4		205		16	8	1	15
沟二里初中	2		90		9	3		9
坛镇初中	8		343		23	12		23
王禹初中	9	1	390	50	29	6	1	28
南关初中	13		650		38	11	2	36
仁义初中	6		290		21	4		21
西许初中	6		249		13	6		13
南墕初中	6		285		10	5		10
张家庄初中	3		139		6	4		6
富家滩初中	1		54		3	2	1	2

1985年灵石厂矿办中学基本情况表

单位：个、人

项　目	班　数		学　生　数		教　职　工　数			
	初中	高中	初中	高中	计	其中：专任教师		
						其中：民办	其中：大专程度	不及大专
灵石煤矿职工子弟中学	5		220		18	16	2	14
灵石石膏矿子弟中学	3		94		11	9		9
两渡矿子弟中学	10	3	459	117	59	51	7	44
张家庄矿子弟中学	12		536		34	31	3	28
汾西矿务局二中	6	9	269	421	82	47	29	18
南关矿子弟学校	11		516		27	19	1	18
合　计	47	12	2094	538	231	173	42	131

第五节　职业教育

师范学校　民国 14 年（1925），城内第一高级小学增设一年制简易师范班 1 个，招收高小毕业学生 30 余人，开设国语、算术、中国历史、中国地理、教育概论、音乐、体育、图画等课程，毕业后由县教育局介绍担任乡村小学教员。民国 18 年（1929）和民国 22 年（1933），该校招收 2 期同样的简易师范班，每期各 30 余人，毕业后去向同前。

民国 24 年（1935），双池高小在校长毛达三的倡导下，开办 1 期简易师范班，招收 40 余名高小毕业生，学制课程与第一高级小学所办的师范班相同，为第四区培养了一批能够胜任新学制、新教材的小学教员。

民国 32 年（1943），阎锡山县政府在双池西庄（现属交口县）第一民族革命小学增设一年制师资训练班，招收高小毕业生 32 人，毕业后又招第二期 35 人，2 期毕业生都担任了乡村初小教员。1945 年，阎锡山县政府进城后，在城关中心国民学校招收 40 余人，称"师训班"，学生毕业后充任小学教员。

1946 年秋，灵东抗日民主政府为了适应新解放区的需要，在第一民族革命小学增设 1 个简师班，招收民高毕业生 30 余人，开设语文、算术、语算教学法和陶行知教育学等课程，学生 1 年后毕业，由县政府分配担任小学教员或区村干部。1948 年秋，灵石县城解放后，为解决新区师资短缺问题，在灵石二高开办 1 期短期师范班，招收具有高小毕业以上程度的学生 40 余人，开设语文、算术、政治、社会发展简史、地理、自然以及各科教学法，聘请战前师范毕业生梁子言、韩文升任教。这些人于 1949 年 6 月毕业，由县人民政府委任小学教员。

1984 年，按照灵石县人民政府决定，招收乡高中的毕业生 100 人在灵石县教师进修校两渡分校，进行 1 年的文化业务培训，开设语文、数学、教育学、心理学和各科教学法等，毕业后委派代理小学教员。同年 9 月，经省、地教育行政部门批准备案，灵石在县教师进修学校（校址在芦子坪沟）举行考试，招收在职公民办教师 34 人，开办中师班；1985 年又招收第二班，学生 29 人，学制均为二年，开设语文、数学、政治、历史、地理、自然、心理学、教育学和各科教学法等课程，与中等师范设置课程基本相同。进修学校共有教职员工 19 人，其中，大学本科生 4 人，专科 7 人，中专 6 人，初中 2 人。

1985 年 9 月，县教育局在静升职业高中开办幼师班 1 个，招收初中生 47 人，设语文、数学、政治、历史、地理、幼儿心理学、卫生学、教育学、音乐、舞蹈、体育、图画和幼儿各科教学法等课程，修业期限 2 年，学生毕业后分派担任幼儿教师。

农业学校 1958年，为了满足大批高小毕业生求学的要求，全县各乡相继办起45所半耕半读的农业中学，招收高小毕业生1870人，学习时间规定每年5—7个月，学制三年。教师从小学教师中抽调，开设语文、数学和农业常识等课程。办学经费由乡村自行解决，校舍占用庙宇或民房，教学条件十分简陋。由于劳动时间过多，教学时间不能保证，这些农业中学大多自行解散，至年底仅存14所，在校学生750人，教职工共15人。1961年，灵石通过整顿，将静升、段纯、仁义3所定为重点农业中学，配备8名公办教师、1名民办教师，工资由教育经费中支付，办学经费由各办学单位解决。1962年，全县农业中学仅存静升1所，学生30人，教师2人。

1963年，英武公社在卧牛神庙创办半日制农业中学，招收高小生38人，借调公办教师2人任教。1964年，段纯、仁义、西许、双池各设农业中学1所。1965年，全县发展农业中学10所，蒜峪、上庄、西堡、红洼、金庄、陈家山6所为社办，马和、旌介、碾则墕、延安4所为队办，在校学生1019人，教职工45人。虽然课程开设不全，但是还能保证一定教学时间。1966年"文化大革命"开始后，农业中学"停课闹革命"，随之解散。

1983年，县教育局将夏门镇北庄七年制学校改为初级农业中学，每年招收1个班；又在马和张嵩村创办1所初级农业中学，招收学生36人，2所农业中学课程与普通中学相同，并增加1门农业技术知识，至1985年底，两校共有7个教学班，240名学生，21名教职工。

1975年7月至8月，灵石先后在水峪、静升、马和、两渡、夏门开办5所五七农校，学制2年，在校学生172人，专任教师17人，兼职教师7人。1976年，县教育局在马和召开现场会，全县相继办起17所农校，各校均有农场和林场，共种土地1265亩。梁家墕公社泊泊农校办了养鹿场，开设课程有政治、语文、数学、农业基础知识和林业基础知识。办学不到3年，由于教师数量不足，办学经费困难，许多实际问题得不到解决，1977年逐渐减少，1980年全部停办。

1958年，县城曾创办一所"综合大学"，招收的学生是初中和高小毕业生，校舍、教师条件均不具备，不到一年就停办了，它实质上是一所农业学校。

1976年7月，县革命委员会在段纯公社枣园沟村创办1所五七农业大学，招收回乡的七年制和九年制学校毕业的农村青年90人，分2个班，学制二年。办学经费由县革委筹集，教育局资助，暑假后，学校迁往西许公社东许村，开设政治、语文、数学、理化、农业知识、体育课等，教师5人，其中，大专毕业2人，中师生3人。1977年，这所五七农业大学开办拖拉机驾驶员、水利员、兽医等短期培训班。这所学校相当于一个农业职业学校，由于经费不足，教学质量低，学不到实际本领，学生大量流失，后于 1980 年 10 月停办。

1983 年，根据国务院关于中等教育结构改革的精神，灵石将道美中学改为农业职业学校，招收农职高中班 1 个，学生 27 人；1984 年 9 月，改名为灵石县职业总校道美农业分校，又招收初中毕业生 64 人。至 1985 年底，学校共有 3 个年级 3 个班，学生 110 人，教职工 24 人，其中，专任教师 9 人，行政人员 2 人，工勤人员 3 人，另有兼职老师 2 人，设置高中语文、数学、政治、物理、化学、生物、体育、专业技术等课程，学制为三年。

卫生学校 1965 年，县卫生局在县城北街友助巷办过 1 所半工半读的卫生学校，招收初中毕业生 40 人，设 1 个教学班，配备专职教师 1 人，兼职教师 6 人，修业期限 2 年，开设高中语文、数学、理化、生物和卫生医护专业课程。1966 年"文化大革命"开始后，学校停课，并于 1968 年停办。

1971 年，在教学改革中，灵石中学附设过 1 个"红医班"，招收初中毕业生 53 人，学制一年，学习中专医士教材，由人民医院医生讲解专业课。学习期满后，一部分学生留到医院当护士，大部分回到公社医院和大队保健站从事医护工作。

1975 年 3 月，县教育局将灵石中学高中二年级 2 个班改为"红医班"，学生 125 人，学习中专医士教材，学制一年半，聘请老中医吴蓬仙讲解针灸学、关晋平讲解中医学，学生毕业后回村担任村医（赤脚医生）。

1984 年 9 月，为给乡村培养初级卫生人员和专业学校输送合格新生，灵石县城创办卫生职业分校，招收 1 个班，学生 50 人，至 1985 年共有 2 个班，学生 95 人，教职工 8 人。课程设置除高中课程外，增设医药专业知识，学制为三年。这所学校专业课理论联系实际，经常组织学生到医院实习，使他们的知识得到巩固，是当时办得较好的一所专业学校。

工业学校 1978 年，县手管局在城东沙峪煤矿成立职工技术学校。1979 年 1 月，学校招收在职职工 23 人，编为机电班，开设机械零件、机械制图、高等数学、电工学、理论力学、材料力学、政治等课程，1981 年 1 月，毕业后返回原单位工作。1980 年 2 月，学校招收第二个机电班，学员 40 人，于 1981 年 12 月毕业，课程设置同上一班，这一班学员除 6 名正式职工以外，其余为待业青年。1980 年七八月间，手管局下达招工指标，这些学员大部分被招工，毕业时仅有 7 人。

1982 年，县经委牵头，手管局、工业局、交通局、社队局联合办校，办学经费由各局职工工资的 5% 提取。1982 年，学校开办采煤班，招收学员 21 人，培养采煤技术员，开设煤矿地质、煤矿测量、井巷工程、采煤方法、高等数学、固定机械、机械制图、材料力学、电工学、理论力学、政治等课程，聘请灵石煤矿等单位工程技术人员讲课，至 1984 年 2 月，学生毕业回原单位担任技术员。同时，学校举办会计班 1 个，招收 4 个局选送的学员 40 人，开设会计原理、工业会计、数学、珠算、政治课程，学习 8 个月，学生 1982 年 9 月毕业回原单位担任会计工作。

1983 年 3 月，学校招收统计班 1 个，开设工业企业统计、统计原理、珠算、数学、政治等课程，学习半年，当年 8 月底毕业，回所在单位从事统计工作。

1984 年教育体制改革中，工业学校改为工业职业分校和二轻职业分校，经费由县每班拨款 5000 元，其余由主管局自筹；1984 年各招收 1 个班，共有学员 86 人，开设高中语文、数学、物理、化学、政治和专业技术等课程，学制为三年，属于正规职业高中。

商业供销学校　1984 年，县商业局在原静升中学开办商业会计班 1 个，学员 50 人；1985 年，又招收 1 个班 45 人，在校学员共 95 人，教职工 13 人，开设高中语文、数学、物理、化学、政治、历史和专业技术等课程，学制三年。同时，县供销社举办供销班 1 个，招收学生 50 人，教职工 7 人，其中专职教师 3 人，所学课程与商业职业分校相同。

体育学校　1978 年，县体委举办少年体育学校，吸收城关地区在校学生，在课余进行体育训练；1984 年，创办体育职业分校，招生 40 人；1985 年招生 27 人，都是 14 周岁以下的小学毕业生，学习课程为初中语文、数学、外语、政治、音乐、体育课等，学制为二年。

艺术学校　1984 年 12 月，县文化局在旧文化馆院内成立艺术学校，招收 45 名小学毕业生，配备晋剧乐器和服装道具，开设初中语文、数学和专业课程，学制为三年，培养晋剧和演奏人员，有专职教师 3 人，兼职教师 2 人。

第六节　成人教育

农民业余教育　20 世纪 40 年代，灵东根据地开办冬学、民校，对农民进行文化政治教育。

中华人民共和国成立以后，县人民政府指示各村开办冬学、民校。1951 年，全县参加文化学习的农民达 19637 人。

1952 年，推行祁建华速成识字法，县成立速成识字运动委员会，全县所有村庄都办起常年民校，参加学习人数达到 24200 人。1955 年 4 月，县成立扫盲协会，制定扫盲规划，集训义务教员 439 人成为扫盲工作的骨干队伍。1956 年 11 月，灵石召开全县扫盲积极分子会议，通过表彰奖励，推动扫盲工作的发展，据年底统计，参加扫盲学习的人数达 35530 人，县扫盲协会进行考核，有 30340 人扫盲毕业。各地民校继续组织扫盲毕业生和回乡青年学习，进入高小班学习的 4776 人，参加初中学习的 397 人，绝大多数青壮年中的文盲、半文盲识到 1500 个常用汉字，摘掉文盲帽子。

"文化大革命"期间，农民业余教育处于停滞状态。

1979 年 8 月，县建立工农业余教育委员会，对全县农民文化程度进行普查，全县 67816 名青壮年中脱盲人数达 64420 人，占青壮年总数的 95%。

1980 年，县提出农民业余教育工作转入扫文盲与扫科盲同步进行的轨道，各地办起农民技术夜校和科普班（组），学习内容有农林、养殖、采矿、培育优种等；1984 年 11 月，经过考核，为 621 名脱盲农民颁发了证书。

1985 年，全县有农民技术夜校 40 所，科普班（组）121 个，参加学习的 7912 人，政治教育班 381 个，参加学习的 20389 人。

工人业余教育　1951 年，全县各厂矿参加业余学习的职工 129 人，1952 年推广祁建华速成识字法时，发展到 798 人。

1956 年 1 月，县手工业联社办起手工业职工学校，参加学习的 100 余人，分为干部班和扫盲班，每天晚上学习 2 小时，许多工人通过刻苦学习脱掉文盲帽子，有的成为企业的领导骨干。

20 世纪 50 年代，县教育局抽调 20 名小学教师到灵石煤矿、夏门石料厂、灵石石膏矿等厂矿职工业余学校担任专职教师。至 1958 年，全县职工业余学习人数达到 2630 人。1961 年，灵石通过汉语拼音教学，帮助职工识字学文化，加快扫盲速度，年底各厂矿青壮年文盲全部达到脱盲标准。

"文化大革命"期间，职工业余教育基本处于中断状态。

1979 年 8 月，县成立工农教育委员会，恢复职工业余教育。1982 年 12 月，工农教育委员会同劳动局、教育局、团县委、县总工会联合发出通知，规定凡 1958—1980 年毕业的初高中学生，实际水平达不到初中文化程度的职工均应进行补课。1983 年，全县工业、手工业、交通运输、粮食等系统 30 个单位办起职工业余学校，对青壮年职工进行文化技术教育，全县有 1027 人参加补课学习并取得了合格证。1984 年，参加补课学习的职工 1619 人，取得合格证的 1202 人，1985 年参加补课学习的 1817 人，累计取得合格证的职工 2821 人。

干部业余教育　中华人民共和国成立初期，从老解放区来的参加各级各部门领导工作的干部，多数是文化程度不达高小程度的工农干部，为了迅速提高干部的文化知识水平，1950 年 4 月，灵石在城内文庙办起干部文化补习学校（简称文补校），由教育局抽调 2 名教师担任文化教师，参加学习者达 100 余人。

1951 年，文补校迁到东门外"理教分会"院内，参加学习的干部共 264 人，按初、中、高三级编班，开设语文、算术、政治 3 门课程，教师增加到 3 人，每天进行 2 小时课堂教学。1952 年，教师增加到 5 人，改为单科学习、单科结业。1953 年，校址迁到小南关，参加学习的干部达 270 人。1956 年，教员增加到 6 人，学员达 560 人，高小语文全部结业。1957 年，文补校因政治运动停课；1961 年恢复后，设高小班 1 个，初中班 2 个，高中班 1 个，学员 260 余人，仍是以班为主，单科进行；1964 年停办。

教师业余进修 1950 年 10 月，灵石教师进修校成立，配备领导和教职员 4 人，主要进行初师函授教学，开设语文、数学、自然常识三科，每月分片面授一次，并检查作业，至 1958 年，三科教学任务全部完成（结业），随即开始中师函授教学。1960 年，中师语文结业，开始数学函授教学。

"文化大革命"期间，函授教育中断。

1977 年，根据上级指示，灵石恢复教师进修学校。1983 年，灵石由省里拨款，在芦子坪沟新建校舍，先后利用假期举办初中各科教材教法的辅导讲座及英语培训班 7 期。

1979 年，灵石在中小学教师中招收 416 人参加省教育学院高师专科函授；1984 年又招收中文专业 30 人；1981 年，招收中师函授学员 756 人，经过几年函授教学，至 1984 年，中师语文单科结业 205 人；1984 年又招收中师函授学员 22 人。至 1985 年，全县参加中师函授学习的教师 756 人，高师函授学习的教师 35 人。

1979—1985 年灵石参加师专函授生统计表

单位：人

年份	1979	1980	1981	1982	1983	1984	1985	毕业人数
中文	169	100	69	66	60	41	38	26
数学	185	100	59	58	48	40	31	
物理	36	16	8	8	0	3	3	
化学	26	18	14	8	7	1	1	
合计	416	234	150	140	123	85	73	

广播电视大学 1975 年，广播电视大学在本县开始招生，由县教师进修校代办。1979、1980 年两届招收的学员都是个人自学，按规定时间到外县参加考试。

1982 年，学校设专人负责管理，招收学员 28 人，其中文科 10 人，理科 16 人，外语 2 人；1983 年，招收学员 38 人，分为商品、工业 2 个班，工业管理专业 6 人，工业会计专业 5 人。

1984 年，学校招收党政干部专业班 1 个，学员 19 人，教学以自学与播放教学录音带为主要形式。

1985 年，学校招收 3 个班，法律专业班 1 个，学员 20 人，开设法律基础理论、写作基础、哲学 3 门课程；汉语文学班 2 个，学员 66 人，一个班集中播放录音带进行教学，另一个班分散在南关、两渡、苏溪 3 个小组学习，开设哲学、写作基础、中国通史 3 门必修课和中国当代文学 1 门选修课，按中央广播电视大学教学计划进行。

1985 年，参加电大学习的共 110 人，已有 2 人（外语、数学）取得结业证书。

成人自学考试 1984 年，灵石开始举办成人自学考试，由县招生办公室具体承办，6 月 14 日，在灵石二中举行首次考试，参加考试的 93 人；同年 12 月，进行第二次考试，参加考试者 100 人；1985 年 5 月，进行第三次考试，参加考试者 108 人。3 次报名参考人员有干部、工人、战士、教师、社会青年等，共 310 人，取得 6 科合格证者 2 人，5 科合格证者 4 人，4 科合格证者 15 人，3 科合格证者 10 人，2 科合格证者 24 人。

第七节　勤工俭学

教育产生于实践活动，我国旧社会长期推行"劳心者治人、劳力者治于人"的封建教育，一贯轻视劳动，把教育与生产劳动长期分离。

20 世纪 40 年代，共产党在东山根据地开办的学校，重视劳动教育，开设劳动课，每周 2 节。学校师生自己动手，开荒种地，增强劳动观念，补助办学经费，改善师生生活。

1949 年，中华人民共和国成立后，党和政府把培养有社会主义觉悟的有文化的劳动者作为教育方针，加强劳动教育，建立劳动基地，办工厂、农场、林牧场，组织学生积极开展勤工俭学活动，从多方面培养学生树立劳动观念，养成劳动习惯，学习劳动技能，为参加祖国建设打好基础。

20 世纪 50 年代，小学开设手工劳动课、农业常识课，每周 2 节；中学开设实习课、工业基础知识课，每周 2 节。80 年代，小学生每周劳动 1 课时，初中生每年劳动 2 周，高中生每年劳动 4 周，县教研室根据新的规定统一编印劳动技术课教材，分发各校使用。

为了实现教育与生产劳动相结合，从 1958 年开始，校办工厂、农场、林牧场逐渐增多。灵石中学机械厂、广播喇叭厂、印刷厂、静升中学造纸厂、城关一小学粉笔厂、马和小学磷肥厂、段纯小学中药厂、金庄小学翻砂厂、水头小学制糖厂等校办工厂均收到一定效益。至1985年，全县共有校办工厂35个，年产值79.5万元，纯收入20.6万元；校办农场299个，总产粮5万斤，总收入9421元；校办林场309个，占地面积14477亩，共有林木33.21万株。校办工厂、农场的开办，为学生建立劳动生产实习基地，开辟第二课堂，创造了有利的条件。

1976—1985年灵石勤工俭学基本情况表

年 份	校 办 厂 场/万元				经 济 收 入				
	工 厂	农 场	林 场	饲养场	工业/万元	农业/万元	饲养/元	其他/万元	合计/万元
1976	12	435	178	27	3.20	14.23	1520	11.58	29.17
1977	11	534	530	54	8.52	10.50	5009	8.82	28.34
1978	5	303	334	41	3.80	7.65	3250	7.05	18.83
1979	8	292	321	11	1.65	1.06	1001	7.43	10.24
1980	8	132	321	4	6.90	1.12	240	2.03	10.08
1981	9	108	80	28	3.36	3.10	1023	2.38	8.95
1982	18	187	244	4	12.42	2.13	1311	1.15	15.84
1983	25	227	271	4	19.94	1.57	210	0.91	22.45
1984	41	299	271	14	18.50	1.50	400	3.50	24.54
1985	35	299	309	7	20.60	0.94	103	1.04	22.59

第八节 教育管理

行政管理 元大德十一年（1307），本县建文庙，立学署，内设教谕、训导，主管县内教育事宜，明沿元制；清光绪三十三年（1907），改学署为劝学所，内设视学，由省委派办理全县学务；民国13年（1924），改劝学所为教育局，设局长1人，督学数人，专管全县教育事宜。1937—1948年的战争年代，灵西、灵东抗日民主县政府设有教育科，管理所属区、村教育工作。1948年6月灵石解放后，县人民政府设教育科，以后改为文教科、文教局、文教卫生局、文卫办公室；1975年10月，恢复教育局，下设办公室、人事股、师资股、职教股、教学研究室、招生办公室、财会室等职能机构，负责管理全县各类学校教育事业。各乡镇设有教育委员会，管理本乡镇的教育工作。

教师队伍 明清两代，私塾教师采用聘请制。民国时期，学校教师采用招聘和委派相结合的办法。中华人民共和国成立后，各类学校公办教师均由政府统一任用，统一调配，民办教师由主办单位聘用，报县教育局备案。1949 年，全县共有教师 289 人，1959 年发展为 651 人，其中，小学教师 541 人，中学教师 110 人；1965 年，有教师 1066 人，其中，小学教师 945 人，中学教师 121 人；1978 年，有教师 2538 人，其中，小学教师 1252 人，中学教师 1286 人。1985 年，全县共有教师 2249 人，其中小学教师 1487 人，中学教师 862 人，比 1949 年增长 6.7 倍。

1949—1985 年全县中小学教师人数统计表

单位：人

年　份	中 学 教 师 数			小 学 教 师 数			其中民办教师数
	计	初　　中	高　　中	计	初　　小	高　　小	
1949	-	-	-	289	281	8	
1950	-	-	-	353	348	15	
1951	-	-	-	360	343	17	
1952	6	6	-	378	334	44	
1953	8	8	-	435	380	55	15
1954	14	14	-	425	361	64	
1955	18	18	-	431	356	75	
1956	26	26	-	417	352	65	
1957	35	35	-	399	325	74	
1958	104	98	6	520	409	111	140
1959	110	98	12	541	420	121	158
1960	116	104	12	559	440	129	162
1961	121	109	12	640	509	131	179
1962	122	110	12	757	612	145	198
1963	123	111	12	884	-	-	215
1964	124	112	12	893	-	-	225
1965	121	109	12	945	-	-	234
1966	118	106	12	984	-	-	269
1967	122	107	15	1016	-	-	294
1968	145	130	15	1095	-	-	338
1969	161	141	20	1168	-	-	386
1970	116	116	-	1315	-	-	528
1971	434	375	59	1167	-	-	621
1972	497	398	99	1248	-	-	681
1973	485	367	118	1175	-	-	731

续表

年　份	中　学　教　师　数			小　学　教　师　数			其中民办教师数
	计	初　中	高　中	计	初　小	高　小	
1974	490	373	117	1280	－	－	765
1975	575	460	118	1224	－	－	813
1976	758	612	126	1216	－	－	744
1977	861	641	220	1173	－	－	757
1978	1286	1050	236	1252	－	－	818
1979	1287	1113	174	1388	－	－	891
1980	1263	1134	129	1423	－	－	942
1981	1106	1002	104	1413	－	－	855
1982	1088	983	105	1474	－	－	920
1983	1085	941	84	1439	－	－	811
1984	878	825	59	1448	－	－	777
1985	862	812	50	1487	－	－	753

1985 年灵石各乡镇厂矿小学专任教师情况表

单位：人

类　别	专任教师	文　化　程　度			教　　龄				
		大专以上	中师毕业	不及中师	5年以下	5年至10年	10年至15年	15年至20年	20年以上
合　　计	1377	4	878	495	457	287	267	144	222
城 关 镇	151	2	98	51	44	37	21	21	28
水 峪 乡	65	1	42	23	20	17	14	4	10
马 和 乡	56		38	18	16	15	11	5	9
静 升 镇	122		74	48	30	23	34	19	16
两 渡 镇	123		73	50	39	31	27	7	19
英 武 乡	54		41	13	16	16	11	5	6
交 口 乡	51		28	23	24	5	10	5	7
夏 门 镇	65		33	32	5	8	20	16	16
段 纯 镇	88		59	29	33	19	14	8	14
梁家墕乡	77		49	28	33	15	6	7	16
坛 镇 乡	58		41	17	28	10	6	4	10
王 禹 乡	62		50	12	33	14	9	2	4
南 关 镇	68		47	21	15	16	20	5	12
仁 义 乡	54		35	19	18	9	15	5	7
西 许 乡	33		21	12	15	12	3	1	2
南 墕 乡	25		11	14	1	2	7	7	8
张家庄镇	26		18	8	8	12	3	1	2
富家滩镇	26		18	8	11	4	7	3	1
城关二小学	35	1	25	9	16	7	3	4	5
灵煤子弟校	14		9	5	7	2	3	1	1
石膏矿张家庄校	4		2	2	2		2		

续表

类　别	专任教师	文　化　程　度			教　　　龄				
		大专以上	中师毕业	不及中师	5年以下	5年至10年	10年至15年	15年至20年	20年以上
石膏矿车站学校	6		4	2			3	2	1
两渡矿子弟学校	43		20	23	25	3	5	4	6
张家庄矿子弟学校	25		13	12	7	2	7	1	8
富家滩矿子弟学校	16	1	10	5	6	2	3		5
南关矿子弟学校	24		11	13	5	4	1	5	9
七二五台子弟学校	1			1			1		
化肥厂子弟学校	5		4	1		2	1	2	

注：本表数据含上限，不含下限。

部分年份全县教师平均工资表

年份	人均月工资		年份		人均月工资	
	中　学	小　学			中　学	小　学
1952	36.86 元	23.10 元	1981		52.43 元	48.89 元
1954	40.56 元	24.59 元	1985	基职工资	68.52 元	66.35 元
1956	50.40 元	36.46 元		工龄工资	7.78 元	9.36 元
1963	52.50 元	37.80 元		教龄工资	5.43 元	7.09 元
1979	44.45 元	39.12 元		基职工龄工资	76.30 元	75.73 元

教学研究　1954 年 4 月，县文教科设视导室，有主任 1 人，小教、业教视导员各 3 人，负责对全县小学教育和业余教育的视导检查工作；1955 年 3 月改为教研室，各学校以科设立教研组，加强教学研究。当时，全县推广苏联教育经验，组织教师普遍学习普希金和凯洛夫的教育学，大兴教材、教法研究，重视直观教学和启发式教学，实行教劳结合和因材施教，克服脱离社会、脱离政治、脱离实际的现象，学校教育质量有显著提高。"文化大革命"时期，教学研究受到影响。1973 年，教研组改为教改组，1979 年，恢复教研室，下设幼教组、小教组、中教组、业教组、电教组等，共有工作人员 13 人。20 世纪 80 年代以来，全面贯彻党的教育方针，继续加强教学研究，认真学习和推广先进经验，全县涌现出各科教学能手 33 人，在省以上教育报刊发表文章 10 余篇，城关二

小学李灵丹被评为全国优秀教师，受到国家教委的嘉奖。

灵石教师在省以上报刊发表文章情况表

发表时间	文　章	作　者	报　刊　名　称
1962	转化特殊儿童	吴志常	《山西教育通讯》
1964	勤工俭学经验	吴志常	《山西教育》
1982	我们是怎样管理和研究复式教学的	教育局	《中学复式教学材料汇编》
1983	学会与会学	王德谦	《人民教育》
1984	从繁与简教学，看知识的衔接 灵石县改革小学行政管理体制 预习也要讲究质量	王德谦 续云亮 任贵兔	《教与学》 《教育简报》 《教研通讯》
1985	小学数学教学初探 说说"寄宿制"的好处	杨永泰 教研室	《教与学》 《教与学》

　　教育经费　明清两代，学署经费由县支付，义学、庙学由学田收入和捐资解决，私塾由学生家长负担。民国时期，县立学校经费，由县支付，村办学校经费由村摊派。1949 年以后，全县教育经费正式纳入地方财政预算，开支项目主要有教师工资、办公费、业务费、基建费、福利费等，每年由县财政根据需要，及时拨付。1949 年，全县教育经费实支 4500 元，1965 年增至 46877 元，1985 年上升到 268.3 万元，占当年全县财政总支出的 21.6%，1949—1985 年 36 年间，共支出教育经费 2426.62 万元，人均 118 元。

1973—1985 年教育经费支付情况表

单位：万元

年份	财政拨款	支　出						
		工　资	福　利	修　缮	购　置	公　务	业　务	其　他
1973	66.6	41.0	1.37	9.34	0.59	2.18		12.0
1974	72.1	40.0	1.21	8.22	0.30	1.96		20.4
1975	76.8	39.9	1.16	9.14	1.6	1.77	0.30	22.8
1976	80.4	43.1	1.32	4.08	2.61	2.41	0.18	26.7
1977	84.3	46.2	1.33	7.40	2.14	6.00	0.70	20.4
1978	97.3	50.7	1.40	9.43	5.40	4.33	1.92	24.1
1979	107.1	57.7	2.57	15.0	2.91	10.37	3.07	15.4
1980	130.7	84.7	3.25	17.1	4.06	10.05	2.49	8.90
1981	138.8							
1982	187.5	104.5	4.44	35.9	1.86	5.08	6.63	29.0
1983	205.9	125.2	3.69	44.0	12.3	5.21	8.24	7.169
1984	259.7	136.7	6.93	60.3	22.4	19.2	6.56	7.45
1985	269.3	183.8	4.73	21.2	13.5	16.3	6.44	17.1

第二章 科 技

第一节 科技组织

1956年初，县文教局着手筹建科技组织，发展会员。同年8月，灵石县第一次科学技术工作者代表大会召开，产生灵石县科学技术普及协会委员会；1958年9月，改称为灵石县科学技术协会。同年，介休、灵石、孝义三县合并后，它并入介休县科学技术协会。1961年分县，它于1963年科协编制并入教育局。"文化大革命"期间，其办事机构撤销，科技工作停顿。党的十一届三中全会以后，灵石重新设立科技领导组，成立专门职能机构，称为灵石县科学技术委员会。同时，科学技术协会也恢复活动。1978年12月，灵石县科学技术工作者第二次代表大会召开，选举产生灵石县科学技术协会第二届委员会。

科学技术委员会是政府的职能机构，主要职责是统筹规划科技工作，组织研究攻关项目，管理全县科技事宜。

科学技术协会是科技群众团体，主要职责是团结、组织科技工作者，调动他们的积极性，通过科学技术的交流和普及为经济建设服务。

从1978年开始，科学技术协会先后组建养蜂、农业、化工、农机、林业、水利、数理化、畜牧、电子、建筑、医学等县直学术协会，计有会员781人。

为促进群众性的科研活动，直接为广大农村服务，从1984年开始到1985年5月，科学技术协会先后建立乡镇科研技术协会18个，并在有条件的自然村、镇建立科普分会、小组共132个，参加会员2718人。县、乡（镇）、村三级科研网形成。

1981年，灵石对全县各类专业技术干部476人进行考核，给216名科技人员评定了技术职称。中级职称有：工程师19人、农艺师5人、会计师6人、主治医师5人、畜牧兽医师3人。1984年，灵石对在农村科研活动中涌现的农业技术人才，经考试考核合格后，发给技术员证书，有一级技术员7人、二级技术员14人、三级技术员18人。

第二节　科技普及

科技宣传　中华人民共和国成立初期，灵石大力进行科学知识宣传，通过黑板报、文艺宣传、科技展览等多种形式，开展科学知识学习，破除封建迷信的宣传，使广大群众认识常见的自然科学，收到良好的效果。之后，随着生产的发展，全县大力宣传农业生产的科学知识，如化肥、农药的使用、优种的培育技术等，同时利用夜校进行讲解，搞样板进行示范，促进农业生产的发展。

1974 年，县科学技术委员会建立情报室，创办不定期刊物《科技交流》。1977 年，它改为定期刊物《灵石科技》，与全国部分地、市、县建立情报往来，沟通信息，相互学习。自 1974 年以来，本县科研成果应用在工农业方面的达 20 多项，这些项目获得省、地科研推广奖，有的被其他省、地、县推广使用。

为使科技走向社会化，县科学技术委员会（简称县科委）和科学技术协会组织科技咨询服务站，1984、1985 年两年，接待群众 3000 多人次；同时，多次邀请外地学者、教授到灵石进行讲授，组织科技人员深入基层，直接传授科学技术。1985 年，他们开展活动 20 余次，并给 18 个乡镇 400 多个自然村印发科技资料 1800 余份。

从 1983 年开始，灵石新街设立了《科普画廊》，使用面积 8 平方米，进行科学宣传，县广播站办起《学技术》专题节目，进行科普宣传。

科技推广　1971 年以来，县科委着重农业科技的推广普及，其中效益好的项目有：①早春玉米，针对灵石十年九旱的气候特点，对玉米早春播种进行科研试验。利用早春解冻墒情，满足玉米种子发芽出苗对水分的要求，同时，随着表层土壤水分的蒸发，促使玉米幼苗根系下扎，解决春旱难以下种捉全苗的问题，对玉米稳产高产奠定了良好基础，于 1977 年推广。②旱地小麦丰产栽培技术，这是灵石农业科技重点推广项目。县科委在多年多点应用闻喜县东观庄旱地小麦生产实行"伏雨春用"经验的基础上，于 1981 年总结编写了《关于灵石县旱地小麦亩产突破双百斤的建议》，县政府立即组织实施，县科委和县农科所重点在 8 万亩大田进行示范，1982 年取得平均亩产 216 斤的可喜成果。1983 年，县政府制定规划，在全县范围推广，实现旱地小麦平均亩产首次突破双百斤大关。③晋庄谷子高产栽培技术，也是灵石农业科技重点推广项目。多年来，本地谷子产量不高不稳，播种面积从中华人民共和国成立初期 4 万多亩下降到 20 世纪 70 年代的 2 万多亩。为此，县科委和农业局从 1976 年开始，进行本省壶关县晋庄谷子高产栽培技术的试验。1978 年，此项目被正式列入晋中地区科技成果推广项目，县科委经多年多点试验，总结出适合本地推广的一整套栽培管理技术，在全县谷子大田中推广应用。1982 年，全县种了 3 万亩，占谷子总面积的 70%，平均亩产达到 272 斤。交口乡小王庄种的 200 亩，总产 16 万斤，亩产 800 斤；坛镇乡槐树塬种的 200 亩，总产 12 万斤，亩产 605 斤。在此基础上，1983 年，全县推广播种 4.4 万亩谷子大田，平均亩产 322 斤，其中 3 万亩田亩产 405 斤。④引进"徐薯 18 号"并推广。1983 年，县科委从郑州引进"徐薯 18 号"，在坛镇乡槐树塬农科队、南关镇道美农科队进行试种，亩产达 7500 斤，比大红袍增产 50%。槐树塬农民丁兆瑞种了 0.2 亩，共收 2000 斤，亩产 10000 斤。1984 年，县科委又从河北定县引种 60 万株，在全县 8 个乡镇进行试验，结果表明，其产量比当地品种成倍增长，"徐薯 18 号"质优抗逆、产量高，在全县 16 个乡（镇）均有种植，推广面积达 1 万亩，占全县总面积的 70% 以上。

第三节　科研成果

人工饲养鼯鼠　1978 年，获省三等奖，获奖单位为小柏沟大队。

1977 年 5 月，县科委协同马和公社小柏沟大队开始对鼯鼠进行人工饲养，取得成功。鼯鼠系野生动物，经人工饲养成功，使得灵石人在研究鼯鼠的生理习性及获取名贵中药五灵脂的原料方面有了宝贵的经验。

小麦新品种　6670-1 小麦，1978 年获地区一等奖，获奖单位为道美大队。

6670-1 小麦，是用晋中 849 小麦作父本，三尺三高粱作母本，进行胚芽嫁接。1972 年秋，灵石将培育出 400 粒种子种上，第二年收获 6 穗；1973 年，又种 8000 粒，1974 年收 300 余穗；1975 年分离选育，其中发现 2 个变异穗型，与父本 849 号比较有明显差异，其余的全部淘汰；1976 年又进行了分离选育，1977 年性状基本稳定。同年，道美农科队种了 9 亩，亩产 963.3 斤，1978 年，种 3.5 亩，亩产 1018 斤，比晋中 849 小麦亩产 850.9 斤增产 19.6%，1979 年，全大队种植 243 亩，亩产 877.7 斤，比晋中 849 小麦亩产 710 斤增产 23.6%。6670-1 小麦属于冬性、中熟、高水肥品种，长芒颈壳棕红，红粒，千粒重 46 克，晋中 849 为 44.5 克。6670-1 小麦成为道美村的主要品种。

亩产吨粮栽培技术　1978 年，获地区三等奖，获奖单位为道美大队。

1978 年，道美大队在 100 亩地块，通过三种、三收，亩产超过吨粮。100 亩总产 20.17 万斤，亩产 2017.3 斤。

其具体做法是：一丈二尺一带，九尺内种小麦，六寸行距，小麦品种为晋中849、6670-1小麦、北京10号，小麦平均亩产835—940斤。三尺内种两行玉米，3月28日至4月5日下种，双株双行，亩留苗1500—2000株，中茬玉米平均亩产435—565斤。小麦收后，在6月15日至20日复播玉米，品种Ⅴ门、Ⅴ铁和白单4号，亩留苗2500—3000株，平均亩产620—877斤，三茬合计亩产为2017.3斤。

液压摇摆式双向犁　1978年，获地区三等奖，获奖单位为王禹企业组。

1977年5月开始研究，1978年2月试耕成功，技术达到省内水平。

该犁长1500厘米、宽1030厘米、高1130厘米，整机重235公斤，耕幅700厘米，配套动力东方红30型拖拉机，耕深250厘米。其液压系统输油畅通，切油清楚，安装整齐，连接牢固，不汤不漏，全部螺丝上垫有弹簧垫，摆动灵活，左右转向，两面翻土，深浅一致，复土严密。

该双向犁适宜山坡、小田块耕作，山坡地块作业，可起到起高垫低之效。

液氮冷冻治疗宫颈糜烂　1978年，获地区三等奖，获奖单位为城关卫生院。

1975年12月至1977年12月，试验成功，技术达到省内水平。成果内容有：采用液氮冷冻剂，通过自制的简便手持式喷枪装置，对宫颈糜烂面进行接触冷冻，达到治愈。

液氮冷冻治疗宫颈糜烂，是一种安全、高效、经济、简便、并发症少的有效疗法，对于普治妇科病、促进计划生育具有积极的作用。

电视差转机自动开关技术　1978年，获地区三等奖，获奖者为灵石广播站史振齐。

1978年6月至10月，研究成功，技术达到国内水平。

电视差转机自动开关是利用上级的电视信号，经过高效，变频中放，然后检波取出直流分量，去控制开关电路，吸动灵敏继电器，再吸动中间继电器，将差转机电源打开，使机器工作。该机体积小，重量轻，经加保护装置，配以人工电源，便可悬挂于山沟，以解决沟内看不到电视的问题。这项技术对于普及电视教育、提高百姓的文化水平具有普遍意义。

果丹皮生产新工艺　1984年，获地区二等奖，获奖者为灵石果品公司余敬文。

果丹皮可分为单组份和复合组份两种类型，该厂生产的果丹皮属复合组份的，系色、形、味俱佳的精制果丹皮，分别于1981年和1982年荣获山西省果制品优质产品第一名。这一生产工艺于1984年2月28日正式通过鉴定，并于1984年6月参加全国农副产品加工贮藏和保鲜技术成果交流会。每加工100斤精制果丹皮，可处理分落残果600斤，价值90元，变废为宝，增加果农收入。

SZ-1 型铸铁焊条 1980 年，获地区一等奖，获奖者为坛镇电焊器材厂张士雄。

1978—1979 年，研制成功，经晋中地区科委、晋中地区社队局于 1980 年 4 月 26 日鉴定。

SZ-1 型铸铁焊条经过 360 多次反复研制，突破原定型配方，成功研制一种综合性能良好、抗裂可加工、工艺性能均好的铸铁芯石墨化焊条，技术达到国家水平。

SZ-1 型铸铁焊条适用于质口铸铁的补焊、修理，也可用于球铸铁的补焊，中小件可冷焊、大型铸件热焊，均可获得良好效果。

TG 型氧化铁二次脱硫 1984 年，获地区科技进步奖，获奖单位为灵石化肥厂。

1984 年 4 月，研制成功，1985 年 5 月 15 日，经省化肥工业公司、太原工业大学鉴定。

TG 型氧化铁脱硫剂是利用废料研制成功的一种高效脱硫剂。

该厂原设计能力为 3000 吨合成氨／年。经 1982 年技术改造，其设计能力增为 5000 吨氨／年，实际达到 6000 吨氨／年，利用本地土焦为原料，使用氨水中和脱硫后，气体中硫化氢一般为 0.23 克／立方米左右，脱硫效果不佳，硫化物沉淀相当多，因而带液、微量高的事故不断发生，直接影响正常生产，而且铜耗高得惊人。

1984 年，该厂采用太原工学院研制的 TG 型氧化铁脱硫剂通过改进投入生产，经过测定，硫化氢为零，低于化工部 0.01 克／立方米的标准，铜液中的总铜在很短时间内由 1.5 克分子／升上升到 2.0 克分子／升左右。

该厂自 1984 年 4 月起使用脱硫剂，截至 1984 年 9 月底，共节约紫铜 14.548 千克，价值 87258 元，达到省内同行业先进水平。

旱地小麦栽培技术推广 获山西省 1982 年科技成果推广四等奖，推广单位为灵石县科委、农科所。

县科委总结闻喜东关庄旱地小麦"伏雨春用"的生产经验，于 1981 年在全县推广。8 万亩旱地麦田实行以蓄水保墒为中心的技术措施，做到早深耕、早磙耙，耕三耙四。合理调整作物布局，扩大正茬面积，扩大机播，重施底肥，氮、磷配合，8 万亩旱地小麦平均亩产 210 斤，提高 30%。

晋庄谷子高产栽培技术推广 获 1982 年山西省科技推广三等奖。

灵石县科委和灵石县农业局牵头，于 1983 年在全县 16 个公社进行 3 万亩晋庄谷子大面积丰产栽培技术示范，占全县谷子总面积的 70%。3 万亩晋庄谷子总产量 1215 万斤，亩产 405 斤，提高 25.8%。

玉米京白"16"示范成功　随着农业生产结构的调整，以及市场的需要，1985 年 3 月，县科委从北京引进玉米新品种京白"16"，在全县试验示范，列入晋中地区科研项目。试验示范以旱田为主，分别在坛镇、仁义、静升、水峪、梁家墕 5 个乡镇进行试验示范。示范结果表明，这些田地都取得较好收成，坛镇乡槐树塬村农民尤学刚播种 1.8 亩京白"16"，亩产 1111.1 斤，比 1984 年中单二号增产 500 斤；梁家墕乡牛家峪村农民庞侯保播种 0.8 亩，亩产 1282 斤；水峪乡山灵聚村农民李春和播种 1 亩，亩产 1331 斤。

光呼吸抑制剂在农作物上的增产效应研究成功　绿色植物有光呼吸现象，它们在白天进行光合作用的同时，也要进行呼吸，并因此消耗 1/3—2/3 的营养。为了抑制光呼吸，我国从 20 世纪 70 年代开始使用光呼吸抑制剂亚硫酸氢钠，对小麦、大豆、水稻都有明显的增产效应。县科委于 1984—1985 年，对此进行研究试验，并列入晋中科研技术项目。示范结果表明，大豆比（CK）增产 9.7%—10.8%，小麦比（CK）增产 17%—17.4%，经济效益每亩为 11.38—16.5 元。可见，光呼吸抑制剂是农业增产的新课题，对农业生产有明显的增产效益，光呼吸抑制剂投资少，见效快，每亩喷洒一次成本约 0.5 元，操作简便，好掌握、易推广，深受广大农民欢迎。

1978—1985 年灵石获奖科技成果汇总表

年份	科技成果名称	完成单位	协作单位	获奖等级
1978	人工饲养鼢鼠	柏沟大队	县科委药材公司	省级三等奖
1982	旱地小麦栽培技术推广	县科委	县农科所	省级四等奖
1982	晋庄谷子高产栽培技术推广	县科委	县农业局	省级三等奖
1978	6670-1 小麦新品种	道美大队		地级一等奖
1978	亩产吨粮栽培技术	道美大队		地级三等奖
1978	液压摇摆式双向犁	王禹企业组	县农机所	地级三等奖
1978	液氮冷冻治疗宫颈糜烂	城关卫生院		地级三等奖
1978	电视差转机自动开关	县广播站史振齐		地级三等奖
1980	SZ-1 型铸铁焊条	坛镇焊条厂张士雄		地级一等奖
1984	果丹皮生产新工艺	县果品公司余敬文		地级二等奖
1984	TG 型氧化铁二次脱硫	县化肥厂	太原工业大学	地级科技进步奖

第十五编

文化新闻

第十五编 文化新闻

本县文化遗产较为丰富，有商代旌介墓群、春秋时期介子祠庙、汉代韩信墓丘、隋代"灵石"问世、宋代抗金文存、清代耿文光的《万卷精华楼藏书记》和《目录学》等，群众文化历史悠久，民间艺术形式多样，戏剧以晋剧为主。

古代文化无专门机构，多由民间自发组织进行，常见的有说书、唱戏、社火、书画等。1948年，灵石全县解放后，随着国民经济的发展，文化事业呈现出百花齐放的局面。1975年9月，县文化局单独建制，为全县文化事业的行政管理机构。1985年，全县共有文化事业单位16个，乡、镇文化站18个。

中华人民共和国成立以来，党和人民政府比较重视文艺队伍的建设，从20世纪50年代开始，县上分期分批举办各种培训班，培养各类专业人才。至1985年，全县共有专业和业余文艺骨干2400余人，参加地区级文艺工作者协会的有22人，其中，文协5人，美协5人，书法协会12人，参加省级及以上文艺工作者协会的有21人。

1949—1985年，本县创作的文艺作品，在县级报刊发表的有：小说450篇、散文310篇、诗词520首、歌曲200首、剧本80个、曲艺105件、民间故事35篇、文艺理论25篇、美术作品350件；在地、市报刊发表的有：小说30篇、散文40篇、诗词21首、歌曲55首、剧本18个、曲艺25件、民间故事6篇、报告文学11篇、美术作品310件；在省级及以上报刊发表的有：小说28篇、散文65篇、民间故事5篇、诗歌70首、美术作品270件。

第一章 文化设施

第一节 网 络

文化馆 1950年建立，当时有干部4人，主要任务是组织、辅导群众开展文化活动，宣传时事、政策，通过文艺形式，对人民群众进行爱国主义、社会主义和革命传统教育。建馆初期，全馆的人员分片下乡深入基层进行辅导，并编印《黑板报资料》《春节文艺演唱材料》等油印刊物，供群众活动使用。1951年，馆内设立图书室、阅览室、文物展览室、文娱活动室，以后不断举办音乐、美术培训班共193期，吸收工农业余爱好者参加，为城乡培训文艺骨干5980人次。自从1979年乡镇建立文化站以后，文化馆人员不再分片下乡辅导，而是按文学、美术、音乐等不同专业进行重点辅导。1983年，新文化馆大楼建成，开设创作、阅览、展览等活动室。

文化站　文化站是乡（镇）办的文化事业单位，站长由乡（镇）政府分管领导兼任，成员有共青团、妇联、武装等方面负责人参加，另配专职文化辅导员1人，工资由县财政拨付。职能是建立文化阵地，培养文艺骨干，组织、辅导所属乡（镇）、村两级的文化活动，丰富农民群众的文化生活。1979年，乡（镇）首批建站的有静升公社、城关镇、坛镇公社3个；1983年，第二批建站的有段纯镇、夏门镇、两渡镇、英武乡、西许乡5个；其余10个乡镇，于1984年底全部建站，受到山西省文化厅的表彰。静升镇于1983年投资85800元，建成文化中心；段纯镇于1984年投资15.6万元，建成文化中心。

俱乐部　县总工会俱乐部建于1956年8月，原地址在旧城南街，开始有管理员1人，设图书阅览、文体活动、周末舞会等。1962年，俱乐部被迁至翠峰山下，图书增至万余册，文体活动逐步增多；1967年，因"文化大革命"而停止活动。1981年5月，俱乐部迁入新街工会大楼，有专业培训、文体活动、图书阅览等。

厂矿俱乐部，如国营富家滩煤矿、南关煤矿、张家庄煤矿、两渡煤矿和石膏矿俱乐部于20世纪50年代先后建立，其他地营和县营厂矿俱乐部大多在50年代和70年代建立。厂矿俱乐部活动繁多，形式多样，对丰富职工的文化生活，增进矿区的社会主义精神文明建设起到一定作用。

1956年，县政府发出发展农村俱乐部的指示，乡村俱乐部发展到165个，大部分有图书室、读报组，有的还有业余剧团，于每年冬、春进行活动，表演民间喜闻乐见的文艺节目，深受群众欢迎。至1962年，全县尚有较大的农村俱乐部36个，业余剧团16个。1980年以后，农村俱乐部由文化室代替。

第二节　场　　地

本县古代演出场地主要是戏台，较大的村庄均有，全县共200多个戏台，系砖木结构，建筑精致，台前演出，台后化妆，多为露天戏场。有的戏台两边建有厢房、阁楼，观众可在楼上观看，现在这些古代戏台保存不多。

中华人民共和国成立后，随着文化事业的发展，新的大型影剧院及露天剧场逐年增加，至1985年底，全县有灵石剧院、灵石电影院各1座，厂矿影剧院9座，乡村剧场17座。

灵石剧院　于1957年在新街建成，初为简易板凳，1960年换成新式座位，有1170个座位，1977年安装了暖气。1985年因大墙裂缝，县财政拨款250万元，拆旧建新，灵石剧院供文艺演出和县里开会使用，用户缴纳一定费用，供剧院开支，文艺演出按每场收入的25%交费，放映电影按每场收入10%交费，开会每天交40元。剧院管理人员初有3人，后增为5人，负责剧院的日常管理事宜。

灵石电影院　于1983年建成，坐落在新街，占地600平方米，有1000个座位，总投资45万元，设备较好，可昼夜放映，夏日能排风，冬天有暖气。

灵石厂矿影剧院一览表

名　　称	面积／平方米	座位／个	建成时间	投资／元
南关矿文化宫	2463	1500	1960年	36500
富家滩矿文化宫	1348	1500	1961年	17892
张家庄矿俱乐部	2500	1200	1970年	20000
两渡矿俱乐部	1200	1275	1976年	40000
石膏矿俱乐部	1927	1060	1983年	650000
灵石煤矿影剧院	1600	1700	1982年	420000
夏门水泥厂俱乐部	1000	1250	1958年	100000
梧桐军人俱乐部	1454	1295	1973年	100000

灵石乡村剧场一览表

名　　称	面积／平方米	建成时间	投资／元
马和乡剧场	3000	1972年	23000
仁义乡剧场	3280	1982年	70000
南墕乡剧场	3300	1980年	70000
水峪乡剧场	500	1981年	50000
王禹乡剧场	400	1970年	50000
坛镇乡剧场	1000	1975年	40000
交口乡剧场	1000	1976年	70000
梁家墕乡剧场	700	1979年	60000
段纯镇剧场	430	1985年	47000
静升镇剧场	7000	1980年	87000
苏溪村剧场	3000	1983年	27000
延安村剧场	250	1980年	43000
北王中剧场	250	1984年	80000
两渡村剧场	400	1984年	65000
崔家沟剧场	500	1984年	70000
玉成村剧场	360	1975年	16000
南峪村剧场	300	1981年	50000
靳村剧场	1500	1982年	5000

第二章　戏剧曲艺

第一节　戏　　剧

剧种　本县流行剧种有晋剧、歌剧、话剧、歌舞剧。

晋剧：清代后期盛行，道光十八年（1838），苏溪村"双庆班"不但在县内演唱，且到平遥、介休等地演出。到清末民初，全县曾有10余个戏班，如静升戏班、双池戏班、两渡戏班、回祖戏班、要桥戏班等。1948年灵石解放后，县人民政府重视群众文化，多次发文组织活动，城乡业余剧团增多。人民群众喜爱晋剧表演，晋剧又逐渐兴盛起来，晋剧演员遍及城乡。

歌剧：抗日战争和解放战争时期盛行。20世纪50年代，业余剧团多以歌剧形式进行表演，演唱节目有《白毛女》《刘胡兰》《小二黑结婚》《李双双》等。群众喜闻乐见，很受欢迎。

话剧：20世纪50年代从外地传入，多为业余剧团采用，是以反映现代社会生活为主要内容的新型戏剧，表现手段是对话，以表情动作和语言艺术来刻画人物性格，表演难度较大，70年代以后表演者逐渐减少。

歌舞剧：1948年灵石解放后，在本县城乡盛行，是歌唱、音乐、舞蹈三种艺术形式相结合的综合戏剧，专业和业余剧团均采用，多演少数民族歌舞，唱腔嘹亮，舞姿优美，受人欢迎。

剧团　1949年以前，本县无常年专业剧团。1949年，县人民政府把双池镇刘双成戏班接收过来，建立第一个县级专业剧团，取名光明晋剧团，共有演职人员80余人。中华人民共和国成立初期，剧团除在本县演出外，曾到介休、孝义、汾阳等地进行演出，以后因管理不善而解散。1951年，本县吸收沁源县新生剧团和汾阳县演武镇文宣队共50余人，组成灵石新生剧团，县里委派政治指导员、专职团长及编导，剧团经过多次整顿，逐步走上正轨。1957年，剧团购置了新戏装、道具、灯光、布景等。演员开始实行按艺术水平评定底分制度，调动了演职人员的积极性，演出质量不断提高，剧团收入逐年增加，年收入多达10万元，少则3万元，不足部分由县财政适当补助。1961年，灵石新生剧团改名为灵石县晋剧团,用剧团积累的资金在新街修建团部、排练厅、职工宿舍,从此,剧团有了立足之地。剧团自成立以来,比较重视艺术培训,先后举办 10 多期训练班,培养演职人员 200 余人,1970 年,吸收 45 名青年学员参加培训,全部留团使用,为剧团充实了新生力量。

20 世纪 50 年代,灵石主要演员有韩培珍、齐见喜、张家耀、白翠香(女)。60 年代,主要演员有:马生贵、徐云香、郭曼云、王秀兰。马生贵擅长演武生,主要演出《长坂坡》《战宛城》《九江口》《盗御马》《铁公鸡》等剧目;徐云香擅长演小旦,主要演出《游西湖》《梅降雪》《八姐盗刀》《六月雪》等剧目;郭曼云擅长演胡生,主要演出《金沙滩》《走雪山》等剧目;王秀兰擅长演青衣,主要演出《穆桂英挂帅》《樊王宫》《御河桥》等剧目。

20 世纪 70 年代,灵石主要演员有范玉英,擅长演须生,主要演出《黄鹤楼》《三关排宴》《逼上梁山》等剧目;还有李慧芹(青衣),胡桂花(小旦)、南巧英(小旦)、任广文(老生)、王兴瑞(大花脸)等。

1962 年,县剧团参加晋中地区文艺会演,演出的现代剧《槐树庄》获优秀集体一等奖。

1985 年,县剧团共有演职人员 85 人,有团长、副团长、指导员,下设艺委会、编导股、剧务股、舞美股、音乐股、总务股等。

剧目 1949—1985 年,全县共计演出现代剧 25 部,其中自编的有《青山牧歌》等;演出历史剧 80 部,其中本县改编的有《罗通扫北》《困贤王》《薛丁山征西》《王莽赶刘秀》等。主要演出剧目有:

现代剧:《槐树庄》《白毛女》《万山千水》《农奴戟》《红嫂》《沙家浜》《欧阳海》《奇袭白虎团》《杜鹃山》《南海长城》《龙江颂》《梁秋燕》《金色的道路》《山村售货员》《三上桃峰》《李双双》《焦裕禄》《平原作战》《艳阳天》《南方烈火》等。

历史剧:《赶韩信》《黄鹤楼》《空城计》《忠报国》《回荆川》《长坂坡》《白门楼》《金沙滩》《反徐州》《取洛阳》《穆桂英挂帅》《呼家将》《八姐盗刀》《海瑞驯虎》《战宛城》《朱元璋》《孙鹏会》《算粮登殿》《古城会》《武松打虎》《劈山救母》《游西湖》《梅降雪》《麟骨床》《春秋配》《明公断》《大堂见皇姑》《乾坤带》《樊梨花》《九件衣》《梁祝姻缘》《蝴蝶杯》《游龟山》《红霞关》《铁弓缘》《阴阳斗宝传》《雏凤凌空》《桃李梅》《逼婚记》《打金枝》《李天保吊孝》《卧虎岭》《对金瓶》《三关排宴》《逼上梁山》等。

折子戏:《走雪山》《三岔口》《金水桥》《拣柴》《杀庙》《青风寨》《蜈

蚰岭》《九江口》《铁公鸡》《卖水》《白水滩》《塔子沟》《连营寨》《断桥》《舍饭》《八义庄》《盗御马》《御河桥》等。

第二节　曲　艺

本县有较为丰富的曲艺，流行于民间，主要曲艺有：鼓书、相声、快板、莲花落、灵石评说、山东快书等。

鼓书　也叫说唱，是一种自弹自唱、自拉、自演的曲艺形式，后来发展为多人，多系盲人说唱。其伴奏乐器有板胡、二胡、三弦、四弦、碰铃、铜钗、扁鼓、竹板（一种缚在腿上的击拍器）等。表演时，艺人边奏、边说、边唱，弹中有说，说中有唱，多演唱历史戏及民间故事，曲调幽雅，表情感人，听众陶醉其中。旧社会，说书艺人走庄串户，多演《求子书》《满月书》《祝寿书》《丰收书》《平安书》等。1949 年以后，人民政府将盲人组织起来进行训练，编成宣传队，深入乡村，宣传时事政策、好人好事、计划生育、五讲四美等。

相声　起源北京，20 世纪 50 年代传入本县，用普通话表演，以说、学、逗、唱为手段，引人发笑，表演形式有单口、对口、多口三种。农村、厂矿、学校业余文娱活动惯用，内容以宣传时事、政策为主。

快板　表演时用竹板打击，边打边说，很有节奏，形式活泼、通俗、顺口、易传。1949 年以后，快板在县城、乡村流行甚广。杨明远（柏坡底人）自编自演，内容新颖，口齿流利，受人欢迎。

莲花落　是一种说唱的艺术形式，旧社会多为乞讨人所唱，演唱者触景生情，随兴编词，进行表演。1949 年以后，赋予新的内容，群众业余表演中也时有应用。

灵石评说　是用灵石方言顺口而成的一种曲艺形式，以说为主，不用乐器，方言韵白，且有节奏，语言生动，很有风趣。表演时，单口、对口均可，节目有《两对好夫妻》《计划生育好》等。

山东快书　1949 年以后从山东传入本县，城乡均有流传，表演时，一人手持铜板（竹板）击拍，间以说白，多演传统节目。

第三章　电影电视

第一节　电　影

　　1953年，山西省电影放映第71队，分配到本县放映《钢铁战士》，时间1个月。

　　1955年，山西省电影放映第71队，固定在本县巡回演出，全县划分4片，确定55个放映点，因当时通电的村庄很少，放映队自带发电机，各点按时接送放映机器，此时，大村群众每月可看上一次电影。1957年3月，山西省电影放映第71队放映设备下放，本县成立第一个城镇电影放映队，有放映员4人，此时，城乡居民每周可看到两三次电影。1959年，灵石增加了静升、双池、坛镇、南关4个电影队，丰富了矿区职工的文化生活。1963年，随着电影队的增加，县上成立电影管理站，负责管理全县电影放映事宜。1970年以后，各人民公社和较大的厂矿都成立了电影队。从1980年开始，经济条件较好的大村，如静升、旌介、马和、延安、玉成、崔家沟、石柜、董家岭、尹家庄、沟二里等村自筹资金，购置电影放映机，为群众演出。1985年，本县还出现一批电影放映专业户，如交口景双堂、苏溪郑梦泉、段纯徐计明等。1981年，县电影管理站改为电影发行公司，下设发行股、放管股、技术股、宣传股、财务股等，工作人员增至24人。1983年，新电影院建成，增设35毫米座机1部，城市队固定在影院放映。至1985年底，全县有厂矿电影队9个，乡镇电影队9个，村户电影队8个，共有放映员38人。全县有35毫米影机7部，16毫米影机21部，8.75毫米影机1部。电影放映总场次为6228场，观众达477.76万人（次），发行收入122.8万元，放映收入161.1万元，总收入283.9万元。

电影队发展情况表

单位：个

年份	县队		工矿		乡镇		村户	合计	
	35毫米影机型号	16毫米影机型号	35毫米影机型号	16毫米影机型号	35毫米影机型号	16毫米影机型号	16毫米影机型号	35毫米影机型号	16毫米影机型号
1957年		1							1
1965年	1	4		6				1	10
1978年	1	1	5	6		16		6	23
1985年	1		6	5		13	7	1	31

部分年份电影放映收入一览表

单位：元

年份	发行收入	放映收入	利润	年份	发行收入	放映收入	利润
1961		22649	1062	1979	17395	38271	12009
1962		12707	1245	1980	17945	46183	9878
1968		7447	-7512	1981	17519	59541	20687
1971		23698	-6300	1982	18514	74504	20020
1975	3039	11995	-2200	1983	18225	75675	17393
1976	2410			1984	21281	91454	18322
1977	4633	8657	4138	1985	20563	104885	19034
1978	5822	12267	7432				

第二节　电　　视

　　1970年，县广播站购进"北京牌"14英寸黑白电视机2台，在站院架设27米高的天线，接收霍山三二八台转播的第二频道节目，这是本县第一次引进电视机。同年，县交电公司、城关公社也购进同样型号的电视机，进行收看。之后，本县电视机逐渐增多。1978年以后，黑白电视机成倍增长，彩色电视机大批引进。1985年，全县拥有各种型号的电视机达1万台，30%的农户和50%的市民家庭有了电视机。有的村户户有电视，被称为"电视村"，比如，南关镇的南岭村，是全县出现的第一个"电视村"。

　　为了提高电视机的接收效果，1973年，县广播站技术员史振齐自己设计，自行安装，自制50W电视转播机1台，在草地安装使用，建成本县第一个电视转播台，接收二频道，发射一、五频道，覆盖县城、张家庄、夏门地区，性能良好。根据本县山峦起伏、沟壑纵横的地理条件，电视转播台须小点多布，方能扩大覆盖面。1976—1985年，南王中煤矿、梧桐驻军、张家庄和两渡煤矿、石膏山林场、段纯镇、七二五台先后安装了电视差转机。1985 年，全县 70% 的地区都可以收看电视节目。

本县地处三二八和二二八台场区，仅能收看山西电视台节目。1985 年，二〇二微波站将微波信号输入草地转播台。从此，草地转播台可以转播中央电视台节目，满足了群众自由选择中央台和山西台节目的要求。

录像是电视事业的补充。1983 年，本县开始放映录像。至 1985 年底，全县共有录像机 15 部，其中教育局和王禹学校各 1 部，作为电化教学专用。南关驻军、梧桐驻军、铁十二局、两渡煤矿、张家庄煤矿企业公司、富家滩矿企业公司、南关车站企业公司各有 1 部，为单位内部使用；曹家原、李家沟、芦子坪 3 个录像放映专业户各有 1 部，系营业性放映。

第三节　幻　灯　片

1950 年，县文化馆以煤气灯为光源，制作本县第一部幻灯机，下乡演出，群众谓之"土电影"。之后，厂矿、农村俱乐部也自制幻灯片进行宣传。1952 年，本县制作的幻灯片参加山西省举办的艺术展览。1953 年，山西省文化局给县文化馆分配了 7 部幻灯机、7 盏手提汽灯，便于文艺宣传。城镇电影队自 1957 年成立以来，自制幻灯片，结合当时形势，在电影放映之前，先加演幻灯片，宣传时事政策及当地好人好事，效果良好。

第四章　音乐　美术

第一节　音　乐

乐谱　灵石境内，古代以"工尺谱"记谱，现存有清代使用的"工尺谱"手抄本，它和现在通用的音乐简谱，读法不一，写法不同。"工尺谱"中的"上、尺、工、凡、合、四、壹"七声七调，便是简谱中的"1、2、3、4、5、6、7"。"工尺谱"较简谱简单易学，是凭着师傅的手传口授而学的。据清代"工尺谱"手抄本记载，本地有《小开门》《南瓜蔓》《鬼拉腿》《绣荷包》等曲牌，至今，民间音乐爱好者仍沿用这些曲牌。民国初期，本县中、小学开设音乐课程，由音乐教师给学生讲授基础乐谱、乐理，初步普及音乐基础知识。本县音乐工作者赵云亮（系省音乐协会会员）的音乐作品《五讲四美开新花》被《山西农民报》刊载。

乐器　本县常用的乐器主要有锣鼓、弦乐、管乐、军乐4种。锣鼓有云锣、大锣、小锣、铙钹、大鼓、小鼓、板鼓、腰鼓等；弦乐有板胡、二胡、三弦、四弦、提琴、风琴等；管乐有笙、笛、箫、唢呐、口琴等；军乐有小号、拉管、贝斯、双簧管、萨克斯等。

演奏　本县流传的演奏形式有鼓班音乐和戏剧音乐两种。演奏曲套分为大打、勾吹、乱弹三种。大打吹奏古套曲，还可以穿插其他曲牌；勾吹，是一曲勾引一曲，专唱民歌小调；乱弹，俗称开戏，始于民国年间。

鼓班音乐：俗称"自乐班"，在本县源远流长，世代相传，久传不衰。自乐班由爱好音乐者自由组合，每班少则七八人，多则十几人，内有班主，多服务于婚丧、喜庆、节日、宴会。自乐班使用管弦和打击乐，常以唢呐吹奏为主，用板鼓、二胡、小钗、大锣伴奏。演奏曲牌甚多，红白喜事，各有所别，婚嫁演奏《打金枝》《小二黑结婚》，丧葬演奏《走雪山》《哭灵堂》等，很能反映欢乐与悲伤之感。由于其演奏结构紧密，音韵和谐，曲调优雅，深受群众欢迎。1955年，全县分静升、仁义、峪口、坛镇、双池5个片，共有自乐班96个；1985年，仍保留30多个，其中，城关镇有延安和周宿自乐班，段纯镇有武家洼和兰家堂自乐班，英武乡有赵家庄和业乐自乐班，梁家墕乡有泉则坪和上黄堆自乐班，这些自乐班均较稳定。

戏剧音乐：分文场和武场两类，管弦乐属文场、打击乐属武场。本县戏剧音乐一直为中路梆子。所用乐器，文场有晋胡、二胡、底胡、三弦、四弦、唢呐、笛子、大小提琴及铜管乐器；武场有鼓、锣、铙、钹、吊钗、梆子等，演奏曲谱随剧目而异。

歌咏　本县歌咏分独唱、对唱、合唱三种形式，在抗日战争和解放战争年代，革命歌曲盛行民间，《抗日战歌》《大刀进行曲》《十二月小唱》等，为群众喜闻乐唱，这些歌曲确实起到团结人民、教育人民、打击敌人、消灭敌人的战斗作用。20世纪50年代，冬学、民校大唱革命歌曲，群众性的歌咏活动普及全县，《没有共产党就没有新中国》《社会主义好》《咱们工人有力量》《学习雷锋好榜样》等歌曲，老幼皆学，人人会唱，工厂、农村、学校、军营到处歌声嘹亮，呈现一派欢乐景象。"文化大革命"期间，样板戏独占舞台，语录歌遍及城乡，群众歌咏无人教唱。1980年以后，流行歌曲在青少年中盛行，革命歌曲又被唱起来。

第二节　美　术

绘画　本县绘画历史悠久，古代有壁画、建筑画、殿宇画、炕围画、坛罐画、盘碗画、玻璃画等，历代作品各有特色，皆图案优美、色调鲜明、工艺精致。现保存有资寿寺的元代壁画，系省级重点保护文物。

现代绘画有素描、写生、国画、版画、油画、漫画、水彩画等，其中版画、国画作者和作品居多，力群、牛文系全国著名版画家。1949—1985年，全县发表在省级以上报刊的美术作品有120余件，力群的版画作品曾先后在苏联、日本、法国等50多个国家展出，《黎明》在苏联、《林间》在美国、《北国早春》在法国展出。牛文的版画作品，《朝阳》在罗马尼亚、《赛马图》在波兰、《草地新征》在法国展出。张明的美术作品，《清品》在新加坡、《鹭鸶》在加拿大展出。

灵石出国展览美术作品表

类别	作　品	作者	展览时间	展　出　国　家
版画	《太行山风景》	力群	1957	苏　联
版画	《黎明》	力群	1958	苏联、英国
版画	《北京雪景》	力群	1958	苏联（莫斯科）
版画	《窗外歌声》	力群	1959	民主德国
版画	《鲁迅像》	力群	1981	法　国
版画	《清泉》	力群	1981	法　国
版画	《饮》	力群	1981	法　国
版画	《帮助群众修理纺车》	力群	1981	法　国
版画	《林间》	力群	1982、1984	法国、美国、加纳、坦桑尼亚
版画	《北国早春》	力群	1982	法　国
版画	《小熊猫》	力群	1983	丹　麦
版画	《鹿园》	力群	1983	丹　麦
版画	《为包拯画像》	牛文	1980	挪　威
版画	《草地新征》	牛文	1981	南斯拉夫
版画	《草地新征》	牛文	1982	法　国
版画	《芳草地》	牛文	1981	南斯拉夫
版画	《芳草地》	牛文	1984	日　本
版画	《朝阳》	牛文	1985	罗马尼亚、波兰
版画	《赛马图》	牛文	1985	波兰、美国
国画	《鹭鸶》	张明	1981	加拿大
国画	《清品》	张明	1985	新加坡

雕塑　县内雕塑有木雕、石雕、泥塑等，皆用于古建筑。唐、宋雕塑无考，

元、明、清均有遗迹。静升村《鲤鱼跃龙门》石雕和杨家山多宝寺木雕，刻工精细，富有神采，对研究古代艺术很有价值。苏溪村资寿寺内的《十八罗汉》泥塑形体秀美，姿态翔雅，衣饰变化不拘一格，系元代泥塑艺术师所作。现在雕塑艺人甚少，本县青年雕刻者赵宝琴，是山西雕刻艺术界的新秀，现在太原晋祠文物研究所工作，晋祠门首新建的晋祠公园木刻由赵宝琴雕刻。

刺绣 是本县民间传统工艺之一，历史悠久，用途广泛，品种繁多，久传不衰，据考有1000多年的历史。古代用手工操作，近代用缝纫机操作，民间仍以手工为主，技法有网绣、乱针绣、错针绣、桃花、锁丝、铺绒、戳纱等。刺绣多用于服装、鞋帽、枕套、台布、门帘、床围等装饰。作品有花鸟、山水、人物、字画等，花色多样，工艺优美。其中，《孔雀开屏》《喜鹊登梅》《蝴蝶朝花》《鲤鱼跃龙门》《鸟语花香》《吉祥如意》《凤穿牡丹》等作品流传甚广，为人们生活增添一定的色彩。

剪纸 是本县具有民族特色的传统艺术，始于唐代，明清时期盛行，制作工具有剪刀或刻刀，材料用色纸或塑料布，作品有喜花、礼花、门花等类型。全县城乡逢年过节，家家户户都要在窗上贴些各式各样的窗花，以增加喜庆的气氛。剪纸题材极为丰富，能够反映现实生活，内容各代有别，技巧因人而异。古代作品《悟空闹天宫》《五谷丰收》《龙凤呈祥》《喜庆有余》《仙女散花》很有特色。现代作品有《喜送公粮》《植树造林》《开拓前进》《劳武结合》《工农联盟》等。本县静升镇杨来香、龙爱姣的剪纸作品于1983年参加山西、四川两省剪纸艺术展览。

第五章 书法摄影

第一节 书 法

书法在本县历史上流传甚广，历代文人皆善书，著名者已无记载。清乾隆年间，陈思贤（蒜峪村人），自幼学书法，工柳体，擅长楷书，遗墨有石刻碑文，现藏晋祠文管所及故乡蒜峪村《陈氏家谱》手抄本（家藏）。清道光年间，杨尚文，号墨林，张家庄村人，一生研究文史，兼工书法，创办《墨林书画笔墨庄》，自制优良笔墨，研究真、草、隶、篆四体书，系晚清名传京师的文人。中华人民共和国成立以来，县内习工书法者甚多，其中，张铭新的小楷，申宝华的行书，温述光的隶体，续明远的行草和薛发祥的真、草、隶、篆等，均有一定造诣。

1949 年以后，全县共举办书法展览 28 次，展出作品 2280 件。续明远的书法作品草书《早发白帝城》，于 1981 年参加山西省书法作品展览。

第二节　摄　影

人像摄影　民国 9 年（1920），灵石城内创办别有天照相馆，人像摄影在本县兴起，当时设备简陋，摄影用玻璃作为底板，显影借阳光作为光源，只能照 8、12 寸大的相片，多系新婚相、庆寿相。1946 年，城内南街协昌照相馆和北街维新照相馆开办，始用化学底板，但仍不能上色。1956 年，公私合营成立照相服务社，以后改名为灵石照相馆。1957 年，本县始有水彩相；1970 年，有了油彩相；1980 年以后，开始使用彩页胶卷，拍摄彩色照片。人像摄影除专业人士从事外，不少私人购买照相机，从事业余拍照，使人像摄影技术得以广泛传播。1974 年，县文化馆冯文林拍摄的人像艺术《地委委员》曾参加山西省人像摄影艺术展览。

新闻摄影　1950 年，县文化馆武嘉禄拍摄的《秋收》《打井工具》在《山西日报》刊登。1970 年，县宣传办公室通讯组开始配备摄影员，专门负责新闻报道。之后，通讯组摄影员不断调换，摄影技术不断提高，至 1985 年，已涌现出不少摄影艺术工作者。张应康、侯升翔系中国摄影家协会山西分会会员。1950—1985 年，全县在省级及以上报刊刊登摄影作品 150 余件，其中参加省级及以上摄影作品展览和获奖的有张应康、侯升翔、秦少林。

灵石参加省级及以上摄影作品展览和获奖者汇总表

展出时间	品　类	作　　品	姓　名	展出、授奖情况
1982	摄影	生命的活力	张应康	山西摄影铜牌
1982	摄影	晨　读	张应康	山西"春节"摄影奖
1982	摄影	两代媳妇	张应康	山西新闻比赛奖
1983	摄影	飞向远方	侯升翔	山西省第十届摄影艺术展览
1983	摄影	春日遨游	侯升翔	山西省第十届摄影艺术展览
1983	摄影	军民同唱一盘棋	侯升翔	山西省第十届摄影艺术展览
1985	摄影	秋色空蒙	侯升翔	华北五省市摄影艺术巡回展览
1985	摄影	河湾的早春	侯升翔	山西省第一届青年摄影艺术展览
1985	摄影	津津有味	侯升翔	山西省第一届青年摄影艺术展览
1984	摄影	女炮手	秦少林	福建省摄影展览
1984	摄影	追　求	秦少林	福建省摄影展览
1984	摄影	战　友	秦少林	福建省摄影展览
1984	摄影	送子投案	秦少林	福建省摄影展览
1984	摄影	赃物还家	秦少林	福建省摄影展览

第六章　民间文艺

第一节　秧　歌

灵石秧歌，亦称"干调秧歌""绵山秧歌"，清代及民国年间盛行。灵石秧歌以清唱为主，人物出场时有鼓乐伴奏，演唱时不动乐器，演员边唱、边演、边道白，主要用嘹亮的腔调和动人的表情来吸引观众。

灵石秧歌起源于民间，具有浓厚的山乡风味，演员多系农民，他们没有剧本，全靠师傅手传口授，世代相传，秧歌艺人遍布全县。民国初年，静升镇王谋娃，艺名红公鸡，是全县出名的秧歌师傅；玉成村张三儿，艺名大架红；张玲珑，艺名二架红，是有名的胡生，常到本县南乡、西乡传艺。如今，现有秧歌艺人，均年逾花甲，青年艺人寥寥无几。灵石秧歌由广场表演发展到登台表演，由演折子戏发展到演本戏，由乡村演到城镇，久传不衰。表演的传统剧目有：《打渔杀家》《武松杀嫂》《三娘教子》《翠屏山》《牧羊圈》《大观灯》《小放牛》《桑园会》《岳母送亲》《小姑贤》《绣荷包》《钉缸》《杀狗》《卖花》《戏凤》等，现存秧歌戏箱有：周宿戏箱、景家沟戏箱、南堡戏箱、阁老洼戏箱、姚家坡戏箱等。

第二节　民　歌

战争年代，民歌甚多，灵石人民用民歌这种形式，唱祖国，唱社会，唱光明，唱革命，唱翻身，歌曲唱出了万民的心声，鼓舞了人们的斗志，指引了前进的道路，是历史的宝贵遗产。现选择在本县流行的数首，记录如下：

送 儿 参 军

今天天气真清凉，我去常家山看一看，
看看老孟动员得怎么样。
老孟同志你认识清，

自告奋勇送儿去参军，

你看光荣不光荣，

他是咱们全区的模范老英雄。

送　郎　参　军

送啊才郎送到大门口呀，

一出门就看见张灯结彩呀，

奴有心，手握才郎哥问……

军号响，总司令来了说不得知心话，吆依呀哟。

送呀才郎送到十里亭呀，

抬头看一对对抗日军呀，

看他们的样子多么威武，

上前线打胜仗要杀鬼子兵，吆依呀哟。

送呀才郎送到军营前呀，

尊一声小英雄勇敢上前线呀，

后方的工作我来担承，

家里的事情莫要挂念，

要向鬼子冲，吆依呀哟。

石　雷　战

一颗石头蛋呀，当中钻眼眼！

先装上四两药，再把木塞子安！

木塞子留个眼呀，爆发管装中间。

又方便，又简单，大家齐来干。

敌人来扫荡呀，石雷到处响。

打死鬼子兵，得了他的机关枪！

哥　哥　要　去　打　东　洋

骑白马，挎洋枪，哥哥吃了八路军的粮，

一心要去打东洋，打走鬼子保家乡。

桃花红，李花白，妹妹我在家把荒开，

多打粮食多织布，支援哥哥你打日寇。
红菊花，朵朵红，白菊花，如雪白，
地雷、地炮到处埋，打得鬼子不敢来。

一 齐 来 救 亡

工、农、兵、学、商，
一齐来救亡，
拿起我们的武器刀枪，
走出工厂田间课堂，
到前线去吧，
走向民族解放的战场。
脚步和着脚步，
臂膀靠着臂膀，
我们的队伍广大强壮，
全世界被压迫者的斗争朝着一个方向，
千万人的呼声高呼着反抗，
千万人的歌声为革命斗争而歌唱。
我们要建设大众的国防，
大家武装起来，
打倒汉奸走狗，
枪口朝外响，
要收复失地，
打走日本帝国主义，
将旧世界的强盗杀光。

十 二 月 小 唱

正月里来正月正，子弟兵们真辛勤；
身背枪弹几十斤，日夜奔跑打日本。
二月里来龙抬头，八路军冲在最前头；
子弹打完交手仗，打得日寇撂尸首。
三月里来是清明，老百姓们去上坟；
烈士墓前磕三头，你们牺牲为俺们。
四月里来四月八，子弟兵们齐出发；

扛"三八"骑洋马，为了太平打天下。

五月里来五端阳，江米粽子包砂糖；

左邻右舍都慰劳，解放区里喜洋洋。

六月里来六月六，宰羊正是开刀肉；

包子饺子包羊肉，吃好吃饱打日寇。

七月里来豆角菜，八路军打仗转回来；

胜利品、浑身带，有枪有弹有钢盔。

八月里来月儿圆，龙王庙召开庆功会；

哥哥胸前带红花，妹妹喜得嘴难合。

九月里来九重阳，队伍出发到太行；

山高路远怕挨饿，带上油糕当干粮。

十月里来天气寒，家家户户做鞋忙；

村长带队到旅部，不收俺们不回返。

十一月里来立了冬，八路军埋伏在山岭；

居高临下齐扫射，小日本打成龟孙孙。

十二月里来一年整，父亲送子去当兵；

临上马儿又吩咐，奋勇杀敌立大功。

军 民 一 条 心

冰天雪地这么冷，

那是什么人的队伍上了阵？

叫一声老乡听分明，

那是咱坚持抗日的八路军。

八路军来爱百姓，

百姓也要帮助八路军，

军民合作一条心，

赶走日本鬼子享太平。

妇 女 放 哨 歌

起床五点钟，太阳往上升；

妇女来放哨，盘查行路人。

东瞅瞅，西看看，忽听脚步声；

来了个老百姓，拿出你的路条让我看分明。

抬头往东看，是个当兵人；
妇女开口问：同志你是哪部分？
从哪里来？上哪去？去干什么事？
这位女同志呀，
俺是八路军，要到前方杀敌人。

唱 翻 身

我的名字叫爱卿，哎哟——
今年一十八岁整，
住在灵石马和村，
全家共有五口人，
自从来了共产党，
我家才得翻了身。

我的爹爹把地种，哎哟——
哥哥去年参了军，
妈妈纺花又织布，
嫂嫂劳动是英雄，
剩下我一个娇女女，
自找对象在本村。

扫 盲 歌

太阳落山收工早，
拿着课本上民校，
民校不分男女和老少，
识字、唱歌样样教。

三四十岁不算晚，
鼓起勇气往前赶，
受苦人学会新本领，
科学种田有希望。

民校老师实在好，

不收学费，包学又包教，

下决心摘掉咱的文盲帽，

后半辈子再不用受苦恼。

自　由　结　婚　好

妇女同胞们，婚姻头一宗，

找不下好对象呀，一辈子不称心。

一不要靠爹娘，二不要靠媒人，

婚姻本是自己的事呀，为啥要靠人？

父母包办了，二人都苦恼，

三日吵来两日闹呀，光景过不好。

第三节　舞　　蹈

县内民间流行舞蹈主要有：歌舞、狮子舞、龙舞、大头舞。

歌舞　1949年后由老区传入本县，男女成双，手系红绿彩绸，以舞步在街头进行表演，伴以四步鼓点，翩翩起舞，非常活跃，城乡均有，多在节日活动。

狮子舞　用麻皮制成大、小不同的雄狮，大狮由二人表演，一人演头，一人演身；小狮由一人表演。另一人扮成青年武生，手执绣球，在狮子前后舞动，引逗狮子追捕；并制作一个圆球，让狮子站在圆球上转动，名曰：狮子滚绣球。

龙舞　用竹、木、布扎成长20余米、粗50厘米的一条大龙，有龙头、龙身、龙尾，由多人表演。一人手举龙头在街头舞动，数人举着龙身，一人手执龙尾随舞，另一人手持彩球戏龙作舞，表演时，并有锣鼓伴奏，气势澎湃，极为壮观。

大头舞　每人头戴各色多样的大头面具，成群结队地在街头进行表演，或两人头戴男女面具，以舞表演相爱之情，表演时有锣鼓伴奏。

第四节　社　　火

每年农历正月十五日元宵节，全县城乡居民进行丰富多彩的文艺活动，简称社火，十五日为正日，前后延续3—5天，热闹非凡。本县流传的社火项目主要有：花灯、串黄河、十八罗汉、锣鼓车、背棍、抬阁、旱船、竹马、高跷、推车、打腰鼓、霸王鞭等。

花灯 自古代就流传下来，每逢春节、元宵节，城乡居民多在门庭张挂，显示红火热闹。20世纪80年代以来，县工会和文化局组织灯赛，机关、商店、学校、工厂、农村制作各色各样的彩灯（有五谷丰收灯、十二相属灯、卫星灯、火箭灯）踊跃参赛，品种鲜艳繁多，巧中有俏，节日街巷点缀得粲然光亮，十分壮观。

串黄河 从古传下来，在汾河一带两渡、军营坊等村庄盛行，多在正月二十、二十五日天仓节举办。用高粱秆作架布阵，每根秆上装一彩灯，共有数千盏，灯用红、黄、蓝、绿等色纸包装，内有瓷盅油灯，布成八卦阵、天门阵等阵式。它有入口、出口，周围乡民争相参游，名为串黄河。

十八罗汉 清代从晋南地区传入本县南关、道美、石柜等村，20世纪80年代盛行，表演者少则4人，多则数十人或百余人，每人头扎白毛巾，戴墨镜，使用的乐器有大鼓、大锣、小钹、铰4种，每件乐器上系着红绸子。表演时，各种乐器按统一鼓点交错打击，要求动作统一，神态一致，颇为壮观。

锣鼓车 20世纪80年代，从外地传入城关地区，开始有矿业站、树脂厂、铁厂、石膏矿等单位举办，以后表演单位逐渐增多。锣鼓车是将汽车装饰成各色各样的彩车，车上装有三四面大鼓，击鼓者10人以上，有铙钹伴奏，表演者服装统一，动作一致，各种乐器有分有合，声音悦耳动听，很吸引观众。

背棍 从古代流传下来，静升地区盛行。表演时做一个数尺高的铁架，绑在艺人身上，铁架顶端绑一童男或童女，其下肢固定，上肢可以自由摆动，通过艺人的各种舞步，让童男童女大显舞姿。其内容可随意扮演，并有管弦乐伴奏，甚为幽雅。

抬阁 从古代流传下来，静升地区盛行。表演时按图案制一木架，上坐5—7个小孩，化妆成戏剧人物，如《仙女下凡》《白蛇传》等，由8—16人抬上，用统一的步调行进，架上人物演出各种舞姿，十分迷人。

旱船 历史悠久，县境城乡流行甚广，城关、静升、两渡、南关地区盛行，用木扎船形，彩布包裹，表演者多系女郎，端坐船中，另有一船夫划之，表演者变换步法花样，另有管弦乐伴奏，很吸引观众。

竹马 从古代流传下来，在城关、张家庄、两渡等地盛行，用竹扎马形，彩画马身，人立中间，似骑马状，表演古代或现代题材，8—10骑均可，并有乐器伴奏，甚为活跃。

高跷 历史悠久，县境城乡各地流传，高跷高三四尺，表演者双脚踩木质高跷，扮成各种人物，手执道具，在街头表演，有打击乐伴奏。

推车 20世纪50年代在本县兴起，南关、两渡盛行，表演时制作一独轮车，由 3 人扮演，前面有 1 人拉车，中间 1 人坐车，后面 1 人推车，3 人衣着有别，多演送公粮、庆丰收之内容。

打腰鼓 20 世纪 50 年代兴起，在城关、南关、两渡盛行，表演者 30—50 人均可，每人腰系一花鼓，有打击乐和管弦乐伴奏，随乐器节奏击鼓起步，同时伴唱民歌或表演好人好事。

霸王鞭 20 世纪 50 年代兴起，在城关、南关、两渡、英武等地盛行，将 1 米长的木棍，用花布紧缠，两端系铜铃，表演者 30—50 人均可，每人手执花鞭，随乐器节奏做各种打击动作，步调一致，很是气派。

第七章　著述作品

第一节　著　述

灵石古籍著作明细表

作品名称	卷本	作者	刊印时间	现存处
《方雪斋诗集》	12 卷	何道生	清嘉庆刊本	运城省图书馆
《懦岩诗稿》	4 卷	梁绘章	清嘉庆六年	山西省图书馆
《山右馆选题名录》	2 卷	梁绘章	清道光四年	山西省图书馆
《方雪斋试帖》	1 卷	何元烺	清道光八年	山西省图书馆
《连筠簃丛书》	113 卷	杨尚文	清道光二十八年	山西省图书馆
《澹静斋印存》	1 卷	杨尚文	清道光铅印本	北京图书馆
《岚溪诗抄》	2 卷	王如玉	清道光十四年	山西省图书馆
《治学一得篇》	1 卷	何耿绳	清道光二十二年	山西省图书馆
《牧令书四种》	1 卷	何耿绳	清道光刊本	北京图书馆
《退学斋诗集》	5 卷	何耿绳	清同治十二年	山西省图书馆
《四声纂句》	1 卷	王鉴	清代刊本	北京图书馆
《醉经草堂文集》	1 卷	王鉴	清代刊本	北京大学图书馆
《午阴清舍诗抄》	16 卷	何福堃	清光绪刊本	山西省图书馆
《竹枝词百首》	1 卷	何庆澜	清代刊本	民间
《芬响阁初稿》	10 卷	王聚	清同治七年	
《万卷精华楼藏书记》	146 卷	耿文光	清光绪十四年	山西省图书馆
《苏溪渔隐读书谱》	4 卷	耿文光	清光绪十五年	山西省图书馆
《目录学》	9 卷	耿文光	清光绪二十年	山西省图书馆
《耿氏丛书》	1 卷	耿文光	清光绪二十年	山西省图书馆
《姓氏通考》	2 卷	张文焕	未刊印	藏于家中
《天文二本》	2 本	赵子璨	未刊印	藏于家中

灵石有关著作、作品明细表

作品名称	卷本	作者	出版时间	出版社
《新闻之理论与现实》	1本	张友渔	1935年	
《日本新闻发达史》	1本	张友渔	1936年	天津新知识社
《日本国力再估计》	1本	张友渔	1942年	桂林新知识社
《东京统治者》	1本	张友渔	1945年	重庆出版社
《中国宪政论》	1本	张友渔	1946年	北京法律出版社
《社会主义法制若干问题》	1本	张友渔		北京法律出版社
《论公民的权利与义务》	1本	张友渔		天津出版社
《宪政论丛》	1本	张友渔		北京群众出版社
《军事丛书》	10本	裴光	1980—1985年	湖北人民出版社
《力群木刻选》	1本	力群		天津出版社
《木刻讲座》	1本	力群	1957年	朝花出版社
《齐白石研究》	1本	力群	1959年	上海美术社
《力群美术论文选》	1本	力群	1958年	人民美术社
《梅花香自苦寒来》	1本	力群	1985年	四川美术出版社
《我的乐园》	1本	力群	1984年	少年儿童出版社
《牛文版画集》	1本	牛文	1958年	四川民族出版社
《雪山红日》	1本	牛文	1960年	重庆出版社
《越南现代美术作品选》	1本	牛文	1962年	人民美术出版社
《牛文作品选集》	1本	牛文	1963年	四川人民美术出版社
《人体发生学》	1本	何泽涌	1982年	人民卫生出版社
《组织学与胚胎学》	1本	何泽涌	1983年	人民卫生出版社
《中国猿人》		赵莹	1969年编导	上海科教影片厂
《麦类黑穗病》		赵莹	1965年编导	北京科教影片厂
《借腹怀胎》		赵莹	1980年编导	北京科教影片厂
《森林公园石膏山》	1本	张棨		山西人民出版社
《傅山拳法》	1本	张耀龙		山西人民出版社
《昔日铭贤今增辉》	1本	张应康		长城出版社
《山西矿物志略》	1本	耿步蟾	1920年	山西出版社
《验矿学》	1册	耿步蟾	1950年	上海中华书局

第二节　作　品

一、咏灵诗文

扈从南出雀鼠谷

[唐] 张　说①

豫动三灵赞，时巡四海威。
陕关凌曙出，平路半春归。
霍镇迎云罕，汾河送羽旗。
山南柳半密，谷北草全稀。
迟日宜华盖，和风入裕衣。
上林千里近，应见百花飞。

南出雀鼠谷答张说

[唐] 李隆基②

雷出应乾象，风行顺国人。
川途犹在晋，车马渐归秦。
背陕关山险，横汾鼓吹频。
草依阳谷变，花待北岩春。
闻有鹓鸾客，清词雅调新。
求音思欲报，心迹竟难陈。

奉和圣制同二相南出雀鼠谷

[唐] 张九龄③

设险诸侯地，承平圣主巡。
东君朝二月，南旆拥三辰。
寒出重关尽，年随行漏新。
瑞云丛棒日，芳树曲迎春。

---

①张　说（667—730），字道济，河南洛阳人，官至尚书左丞相。
②李隆基（685—762），即唐玄宗，此诗为唐开元十一年（723）出巡山西时所作。
③张九龄（678—740），广东曲江人，官至中书令。

　　舞泳先驰道，恩华及从臣。
　　汾川花鸟意，并奉属车尘。

奉和圣制答张说扈从南出雀鼠谷

〔唐〕宋　璟[1]

　　秦地雄西夏，并州近北胡。
　　禹行山启路，舜在邑为都。
　　忽视寒暄隔，深思险易殊。
　　四时宗伯叙，六义宰臣铺。
　　征作宫常应，星环日每纡。
　　盛哉逢道合，良以致亨衢。

阴地关崇徽公主手迹

〔唐〕李山甫

　　一拓纤痕更不收，翠微苍藓几经秋。
　　谁陈帝子和番策，我是男儿为国羞。
　　寒雨洗来香已尽，澹烟笼着恨长留。
　　可怜汾水知人意，旁与吞声未忍休。

寒食行次冷泉驿

〔唐〕李商隐[2]

　　驿途仍近节，旅宿倍思家。
　　独夜三更月，空庭一树花。
　　介山当驿秀，汾水绕关斜。
　　自怯春寒苦，那堪禁火赊。

游　　绵　　山

〔宋〕张商英[3]

　　夕阳返照影流东，点点寒鸦过远峰。
　　渔叟罢竿收钓饵，牧童吹笛弄秋风。

---

①宋　璟（663—737），河北南和人，唐进士，官至监察御史。
②李商隐（813—1121），号玉溪生，河南沁阳县人，进士，晚唐著名诗人。
③张商英（1043—1121），四川新津人，官至尚书左仆射。

日光隐隐沉沧海，山色青青耸碧空。
万壑千崖增秀丽，往来人在画图中。

过 韩 侯 祠

〔明〕于　谦①

蹑足危机肇子房，将军不解避锋芒。
功成自合归真主，守土何须乞假王。
汉帝规模应豁达，蒯生筹策岂忠良。
荒坟埋骨腰山路，驻马令人一叹伤。

绵 山 怨

〔明〕李东阳②

五蛇上天一蛇蛰，绵山经月火不灭。
君侯恩重翻为仇，不如放作山中囚。
君侯有臣一非少，贪天之徒但自保。
臣心见母不见君，谁言母死非君恩。
今辰何辰夕何夕，留与千年作寒食。

过 汾 河

〔明〕李梦阳③

太行西游浊汾流，芦荻萧萧八月秋。
汉武楼船今不见，雄词歌罢使人愁。

介 子 庙

〔明〕谢　榛④

绵山忆介子，殁后几千春。
独有英明主，终怜患难臣。
断霞余古烧，悲鸟自荒榛。
岁岁逢寒食，其如惆怅人。

---

①于　谦（1398—1457），杭州人，官至监察御史，山西巡抚。
②李东阳（1447—1518），河南茶陵人，官至礼部侍郎。
③李梦阳，号空同子，甘肃庆阳人，明进士，官至户部主事。
④谢　榛（1495—1575），号四溟山人，山东临清人，"后七子"之一。

寒食题介子祠

[明] 林　魁①

年年寒食动春愁，生不明心死便休。

但使亡人能返国，耻将股肉易封侯。

山中松柏难烧尽，身后封旌草自秋。

千古清风祠下水，东风停旆瞰寒流。

过　仁　义　驿

[清] 吴　雯②

古驿藏深谷，盘回到水涯。

茨菰秋涧叶，荞麦晚山花。

徙倚青藤杖，纵横白鼻䯄。

苍崖土五色，或可就丹砂。

抱　腹　岩

[明] 朱之俊③

履行尽处一岩悬，石屋谽谺别有天。

乍可对山初学定，若将呼鸟共参禅。

涧流尝黄钟声去，霞色偏从殿影旋。

争说曹溪衣钵在，开函仿佛并青莲。

介　岩　奇　树

[明] 朱之俊

变叶为花叶上奇，花生底事亦愚痴。

天公近日多颠倒，着意生枝却空树。

灵　石　山　行

[明] 高叔嗣④

长路天俱近，高山日易昏。

①林　魁，福建龙海人，明朝进士，官至户部郎中。
②吴　雯（1644—1704），山西永济人，清著名诗人。
③朱之俊，山西汾阳人，明天启进士，官至翰林院侍讲。
④高叔嗣，河南开封人，明朝进士，官至吏部主事。

强余疲马意，垂首峦君恩。

题 介 子 祠

[清] 傅　山①

青松白松十里周，楹青柽白祠堂幽。

晋霸园陵迷草木，绵田香火动春秋。

仙名卖扇传东海，身隐承颜肖故丘。

还虑寒山太枯寂，婉容开放牡丹头。

晓 过 灵 石

[清] 赵执信②

晓色熹微岭上横，望中云物转凄清。

林收宿雾初通日，山挟回风尽入城。

客路远随残月没，乡心半向早寒生。

惊鸦满眼苍烟里，愁绝戍楼横吹声。

题介子祠（三首）

（明）杨　巍③

每于青史想高风，故里经过怅望中。

欲吊当时栖隐处，满山残树夕阳红。

几年狐赵共艰难，一死夷齐伯中间。

落日荒祠汾水土，行人犹说晋河山。

龙蛇寂寞一祠存，浊世谁知处士尊。

漫向绵山空堕泪，火能烧骨不烧魂。

汾 上 诗

[清] 王士禄④

幽岩闻抱腹，古佛见空王。

---

①傅　山（1600—1680），字青主，山西阳曲人，明清学士。
②赵执信（1662—1744），山东益都人，清朝进士，官至右赞善。
③杨　巍，山东无棣人，明朝进士，官至吏部尚书。
④王士禄，山东桓台人，清朝进士，官至吏部员外郎。

供给青衣出，径行自鹿将。
玉毫犹仿佛，金字久销亡。
兼说回鸾寺，遗基蔓草长。

冷 泉 关 道 中

〔清〕王士祯[1]

南径雀鼠谷，崎岖殊未休。
路随千嶂转，峡束一川流。
滩急长疑雨，蝉嘶畏及秋。
云峰将落日，立马回含愁。

介 山 即 事

〔清〕王　佑[2]

松柏何着葱，千株万株密。
迎径袍清溪，阴森碍白天。
山鸟多殊音，名字讵能悉。
惊涛从空来，入耳声瑟瑟。
引领望林端，云开数峰出。
对此一长唉，尘襟忽已失。

介 山 思 烟 台

〔清〕程学孔[3]

树隐绵山路，崎岖石磴连。
霜寒台畔草，云过庙旁烟。
蛇蛰焚林后，鸦鸣禁火前。
只今偕隐处，临眺独潸然。

---

①王士祯（1634—1711），山东桓台人，清朝进士，官至刑部尚书。
②王　佑，号田夫，山西介休人，"绵上四山人"之一。
③程学孔，清乾隆年间人，生平不详。

灵　石　八　景

［清］王志瀜

冷　泉　烟　雨

冷泉古关隘，时平静耕牧。

近山易成雨，涧道净如沐。

行旅着红衫，冲烟转林麓。

翠　峰　耸　秀

岌业俯城闉，危楼接青杳。

秀色日可餐，白云环窈窕。

石磴夕阳微，僧归烟树杪。

汾　水　鸣　湍

横汾千里波，结屈石中过。

林阜夜清肃，江湖幽梦破。

缺月挂女墙，惊鸿飞个个。

介　庙　松　涛

子推神仙去，虬松郁幽岭。

雪雪谷风生，波涛鸣万顷。

成连不可寻，快哉陶弘景。

夏　门　春　晓

两山俨一门，开关自神禹。

楼台屹飞动，桃花满树鸟。

恍到天台山，不数武陵浦。

苏　溪　夜　月

何事名苏溪，赤壁景差肖。

长坂树扶疏，泉声激清妙。

山高明月来，东坡有诗料。

两 渡 秋 晴

一水须两渡，隔溪林屋对。
石梁秋水深，庄惠凡几辈。
空翠夕阳明，衣袂染轻黛。

霍 山 雪 霁

霍岳亘数邑，韩岭当奇胜。
瑞雪积春秋，林表金碧映。
吐纳蕴元机，北方资玉镇。

宿介林山楼听松涛歌

[清] 王　佑

幽禽寂寂空林秋，道人宿我山中楼。
绳床辗转不成寐，但觉耳畔声飕飕。
初疑骤雨打窗纸，萧萧飒飒差可拟。
又似八月钱塘江，恍然身卧江帆里。
须臾枕觉生虚寒，披衣坐起推窗看。
满山蓊郁空弥漫，半轮新月悬林端。

灵　石　记

[清] 王志瀜①

　　天下之物，凡飞潜动植，莫不名有其情。顾凡物之情有生有灭，惟石以无生无灭而情独永，则造物之钟其灵也，不亦宜乎？灵石，晋县也，考邑乘，隋文帝开皇十年开河得石，有文在其上曰："大道永吉"。当时以为祥瑞，遂置县。夫当宋齐梁陈偏安江佐，数十年中祸乱，矣！至隋文帝得国，勤于政治，使天下复为统一。天之生此石以昭其瑞也固宜然，不旋钟而炀帝荒淫，盗贼蜂起，江都巡幸，身殒国亡，唐神尧僻在晋阳，太宗以天授英资，早定大计，实由北道西行，遂以荡平宇内，克成贞观盛治，然则此石之灵为隋端耶，抑预兆有唐之兴而早出于隋之世耶？夫自上占圣神云遥，龟图迹香。枭夔既没，至宝无闻，

①王志瀜，陕西华州人，嘉庆年间曾任灵石知县。

后世侈言祥瑞，凡草木鹿鸟之奇，莫不穷搜远采，献媚人主，以文太平之盛。不知伊之佐商不必生于桑也，吕之亡周不必钓得璜也，向使兴王崛起，不能得贤人而辅之，以期股肱良而无事康。则虽尽南山之不而遍体皆文，恐不周触天难云补矣。然而之祥不可知，而其灵则不容泯。

余为邑令三年矣，每至石畔，摩挲抚玩不能忘情。盖自有此石以来，凡居处于灵石者几何人？来往于灵石者几何人？而以灵石为头衔者又几何人？世代迁移，人亡迹泯。独此石高不满五尺耳，睹之则其色苍苍，扣之而其声铿然，将与霍山恒岳同留终古也。昔羊叔子登岘山，每叹由来贤哲登此山者而湮没无闻，而叔子之名实与岘首同其不朽。是知人必大贤始可传于后世，不与凡物同其生灭，君子疾没世而名不称，岂独古人有情也哉！

嘉庆十八年暮春下浣，因偕友人再玩此石，归而志之。

挽何公道深诗

[清] 姚 鼐①

别离胡断发，藉此述慈闱。

但欲狼烟靖，何知霜刃挥。

飞沙吹白骨，凄雨泣黄旗。

欲拟招魂赋，衣冠是也非。

伟 大 的 死

马玉瑾②

清③：

　　我们的伴侣，

　　你竟离开我们，

　　离开这残酷的社会。

　　你死在救亡的怒吼声中。

　　为了中华民族的生存。

清：

　　你被加以爱国的罪名，

　　无耻的汉奸，

　　为了献媚于敌人，

①姚　鼐（1732—1815），安徽桐城人，乾隆进士，官至刑部郎中，清代著名散文家。
②马玉瑾，北平高中学生，系郭清烈士的同学，1936年为郭清烈士题诗。
③清：即郭清烈士。

送你到监狱，
加之以极刑。

清：

我们最后会见，
你依然带着和蔼的笑容，
谁想几日之后，
竟死在凶恶的汉奸手中。
永远离开我们。

清：

你真死了吗？
不，你的灵魂永生。
黑暗，要热血冲毁。
光明，需赤血奠基。
死，死，死，伟大的死！

喜庆灵石获解放

廉恩普[1]

灵石解放捷报传，喜煞当年勤务员。
六千顽敌囚阶下，八万主人掌大权。

咏　灵　石

史　平[2]

青山西边瑞石横，汾河环绕半座城。
汽车昼夜穿梭过，同蒲铁路贯其中。
煤铁矿藏遍地有，五谷飘香满翠峰。
若问此景是何处？灵石美名遐迩闻。

石　膏　山　咏

刘俊礼[3]

膏山久闻名，　　　今幸攀其峰。

---

[1]廉恩普，霍县人，1945—1946年曾任灵石县政府县长，此诗系1948年在河南镇平县工作时，喜闻灵石解放而作。
[2]史　平，山西文水人，20世纪50年代曾任灵石县县长。
[3]刘俊礼，山西榆次人，副编审，《晋中地区简志》主编。

远眺千嶂暗，近瞰万壑深。

风来松涛呼，雨去云龙腾。

我自不是仙，竟处瑶台中。

灵 石

范浩里[1]

何处寻觅稀世珍，地破天惊怯鬼神。

是铁非铁蕴典秀，说石非石吐奇灵。

聚宝群山起雷霍，流彩一水润河汾。

侪辈因之歌一曲，热土恋情寄后人。

纪念"一二·九"运动五十周年感怀

范浩里

旗奋人激战马嘶，风云叱咤救亡时。

赤血为酬英年志，忠骨甘奠伟业基。

先烈九州垂国史，楷模三晋励后裔。

盛世犹怀悲壮事，重彩浓墨献挽诗。

灵 石 行

岳守荣[2]

晋阳湖南灵石门，峦叠峰重气势雄。

汾水绕得千装翠，沧海桑田竞相争。

宝藏遍地乌金滚，百废俱兴谷丰登。

春风化雨催人醉，民安何人不思君。

二、邑人诗选

淮 阴 侯 墓

[清] 梁绘章

登坛拔帜树奇功，扛鼎重瞳霸业空。

秦鹿当年归汉帝，将星从此落王宫。

---

①范浩里，山西榆次人，曾任灵石县县长。
②岳守荣，山西寿阳人，副研究员，《寿阳县志》主编。

山陵不老英雄恨，恩遇难忘国士风。
闻说岭头遗塚在，行人感叹夕阳中。

溪　　头

[清] 何道生

寂寞孤村外，溪头夕照残。
断桥迷归地，卧石响回湍。
山远看人小，林疏觉鸟寒。
渔翁无一语，只自解持竿。

英雄奇遇祠

[清] 韩泰丰

有客萍纵合，英雄腾概留。
红掀奇士髯，青入美人眸。
促膝炉边酒，加餐革里头。
龙从河岳静，虎啸海天秋。
黄过汾川壮，今瞻古镇幽。
真主归特说，一剑各能酬。

阴　　地　　关

[清] 梁　枢

南来阴地久无霜，残壁西风古战场。
日暮寒鸦山色远，空留明月吊梁唐。

韩　　侯　　岭

[清] 何绍基

荐士酂侯第一功，从容大业定江东。
真知己是高皇帝，不负居惟太史公。
昨日固关寻战垒，今朝微水想英风。
名医立脚知非偶，肯信邪谋惑蒯通。

李 卫 公 祠

[清]梁中舆

谒岳气犹壮，逃杨路不穷。

炉围汾水曲，局定晋阳中。

海国扬帆概，真人佐命功。

回思布衣日，巾帼亦英雄。

谒介庙次傅青主元韵

[清]梁中简

盘桓古迹白云周，路入深林景色幽。

割股忠君型百代，承颜孝母砭千秋。

苍松翠柏标真节，绿水青山绕故丘。

力挽纲常谁得似，独留明月照峰头。

淮阴侯祠（二首）

[清]王如玉

争衡楚汉气难降，天使将军助汉王。

决胜施奇成底事，却教鸟尽恨弓藏。

独擅神功第一流，殊恩虽重已全酬。

刘郎老去王孙杳，衰草寒烟半悲愁。

子 夏 庙

[清]何庆澜

彬彬文学并言游，岂独葩经小序留。

半世著书居石室，一时受教有文侯。

当年莒父功名薄，此日祠堂绘事修。

千木子方今在否，西河遗像自千秋。

秦 王 岭

[清]何庆澜

席卷亡隋定四方，谁将此岭付秦王。

半村山势吞函谷，一片龙旌出晋阳。

石佛自依青嶂侧，霍神相话白云乡。

老生漫筑峰前寨，枉与唐家作虎狼。

两 渡 秋 晴

〔清〕何杏云

西山爽气挹无边，况是新晴雨后天。

佳景虽多何足数，秋收先喜是丰年。

英 雄 祠 红 拂 女

〔清〕何福堃

忌刻无如杨越公，不辞跋涉赋秋风。

邮亭得遇虬髯客，燕颔蛾眉一笑中。

咏 韩 侯

〔清〕赵子璨

我把韩侯墓，侯墓草萋萋。

我把韩侯庙，侯庙遍题诗。

侯功莫与争，侯心谁与知。

触令千载下，想象有余忠。

咏 故 乡 夏 景

力　群[1]

蝉鸣灌木夏意浓，麦黄梯田豆苗青。

山坡出没牧羊女，远处时闻儿歌声。

纪念灵石解放四十年

赵　起[2]

地灵人杰翠峰秀，

壮志凌云冲斗牛；

政治经济大发展，

万众欢呼政策优。

---

[1]力　群，本县郝家掌人，当代著名版画家，1975年回故乡所作。
[2]赵　起（又名赵家声），西逻村人，本县早期共产党员，1941年曾任灵石（东）县委书记。

清 平 乐

——祝新编《灵石县志》成稿　裴　光[①]

盛世修志，隋皇民国千年，
续为后人知，而今翻天覆地。
美丑善恶尽史载，壮士血汗铸业，
是非经分隽，来者当永铭继。

南关道中怀古

吴蓬仙[②]

南出雀鼠隐地游，寒风飒飒几若秋。
一路盘桓秦岭转，两山夹束汾水流。
节度残碑对峙立，鲁班缠道磴石留。
崇徽手痕觅无处，空余怀古恨不休。

灵 石 歌

耿步蟾[③]

娲皇炼石曾补天，此石出自开皇年。
大道永吉字磨灭，后人咏者徒纷然。
我观此石赤铁矿，标本天然人未省。
铁之成本约五六，含有砂质苍苔冷。
周礼卯人久失官，因以名县意深永。
为问灵石不何灵？叩之声作铮铮鸣。
高将及寻周倍之，似石非石何亭亭。
汾水自昔常为灾，以石镇之安城偎。
或云此说近神话，片后何与汾骀台。
我今作歌非纪异，要探宝藏发幽秘。
一卷之石历沧桑，当年来脉知何自？
繄谁测验觅矿源，吾邑从此兴实利。

---

①裴　光，灵石县梁家圪塔村人，任原沈阳军区政治部主任。
②吴蓬仙，灵石县西许乡圪塔村人，乡医，喜文史，年80岁。
③耿步蟾（1886—1961），石柜村人，山西大学毕业，留学英国，获矿冶硕士学位，任山西大学教授，民国时期
任山西省政府实业厅厅长。

灵　石

温述光①

传说你是一陨石，

在天上曾灼灼发光。

后来你一落千丈，扎根大地，

人们依然把你敬仰。

年年焚香秉烛，当神物叩拜，

枉费了一副副炽热的心肠；

如今，科学将对你作出正确分析，

你的尊容和每个细胞定然不会损伤。

正因为你对人类有着自己的一分贡献，

人类也就永远不会把你遗忘。

不过，科学绝不同于迷信，

它的天职是把真话宣讲。

彩云捎话中南海

梁佳华②

（一）

心窗窗乐来眉梢梢笑，两个农业文件光芒照；

农民想富党让富呀，把穷字扫进门旮旯。

兰格英英的天上彩云飘，没牙的老婆婆咧开嘴笑；

鸡、兔、猪、羊满街跑，布袋袋里经常有票票。

（二）

大田里干完活小地里走，栽罢葱蒜辣角点豆豆；

自己吃不了上街卖呀，乡下和城里常交流。

满山山桃花一片片开，庄稼人口笨话实在；

对着青天唱党恩呀，托彩云捎话中南海。

---

① 温述光，本县漫河村人，曾任晋中市文联副主席，副编审。
② 梁佳华，夏门村人，《山西日报》编辑。

心儿向着四化飞

梁佳华

小伙子扶犁大姑娘追，知心话儿像清泉水；

丰收的种子你点好呀，苗苗出土咱可要论是非。

脸蛋蛋红来笑微微，咱多看行动少耍嘴；

秋后你戴不上光荣花，我看咱俩也得吹。

喜鹊鹊叫来笑声脆，一阵阵山歌甜又美；

出力流汗不觉累呀，心儿向着四化飞。

三、小说散文

本县近代小说作品不多。现代著名小说作家胡正（城内人），1940年在延安鲁迅艺术学院学习。其主要作品有：1943年著有歌颂抗日英雄的短篇小说《碑》，发表在《解放日报》；1952年，到朝鲜前线体验生活，回国后著有反映抗美援朝战斗生活的中篇小说《鸡鸣山》，于1958年由山西人民出版社出版；1962年其著有反映我国农业合作运动的长篇小说《汾水长流》，由作家出版社和山西人民出版社分别出版。他先后撰写短篇、中篇、长篇小说共23篇，散文22篇，特写17篇，文艺评论18篇，报告文学6篇，均正式出版与发表。

灵石小说散文发表情况表

代表作品	种　类	发表报刊	时　间	篇数	作　者	所在单位
《汾水长流》	长篇小说	山西人民出版社	1961.3	1	胡　正	山西省文联
《几度元宵》	中篇小说	山西人民出版社	1983.8	4	胡　正	山西省文联
《摘南瓜》	短篇小说	山西人民出版社	1943-1985	18	胡　正	山西省文联
《从长城到长江》	散　文	省级报刊	1949-1985	22	胡　正	山西省文联
《七月的彩虹》	报告文学	省级报刊	1949-1985	6	胡　正	山西省文联
《力量的源泉》	特　写	省级报刊	1949-1985	17	胡　正	山西省文联
《黄河浪沙》	评　论	省级报刊	1949-1985	18	胡　正	山西省文联
《灵石思絮》	散　文	省级报刊	1979-1985	30	温述光	晋中地区文联
《韩信岭晚霞》	报告文学	省级报刊	1963-1985	5	温述光	晋中地区文联
《彩礼》	短篇小说	山西农民报	1982.2	2	梁佳华	山西日报社
《汾水鸣湍》	民间故事	晋阳文艺	1982	3	梁佳华	山西日报社
《山丹丹花》	散　文	省级报刊	1984	3	梁佳华	山西日报社

第八章　图书档案

第一节　图　书

发行　1948年7月，灵东抗日民主政府在东许村成立灵石县文化合作社，负责解放区的图书发行，并于后半年迁回县城北街。1950年6月，它改为灵石县新华书店，直至今天。建店初期，它共有职工3人，1985年增加到固定职工13人，临时工6人。为了扩大图书销售，丰富群众文化生活，县新华书店在富家滩、两渡增设矿区门市部，在各乡镇供销社设图书批发代销业务，并派出人员深入偏远山区流动供应图书，深受群众欢迎。图书发行量逐年增加，1950年销售金额12429元，1985年销售金额52.81万元，是1950年的42倍。

灵石部分年份图书发行情况表

年　　份	职工人数／人	发行册数／万册	销售金额／万元	所得利润／万元	上缴利税／万元
1950	3	199.8	1.24	0.0666	不上交
1963	12	298.09	9.50	0.4258	不上交
1975	12	304.57	14.55	4.15	1.06
1978	12	396.95	16.21	3.66	1.05
1980	13	421.01	24.68	2.77	2.68
1983	15	449.21	36.61	2.61	1.94
1985	19	569.23	52.81	3.46	2.81

藏书　据明万历版《灵石县志》记载，当时县库藏书有《四书大全》20卷、《周易大全》12卷、《诗传大全》12卷、《春秋大全》18卷、《礼记大全》18卷、《性理大全》30卷、《大礼纂要》2卷、《大礼集义》4卷、《艺文类聚》12卷、《文章正宗》16卷、《秦汉文》4卷、《会试程文》1卷、《五伦书》6卷、《嘉祐集》2卷、《诗集》1卷、《县志》10卷。

据清嘉庆版《灵石县志》记载，当时县库藏书有《二十一史》80函、《明史》112本、《圣谕广训》1本、《十三经》20函、《上谕》40本、《朱子全书》12本、《学政全书》1本、《康熙字典》40本、《性理精义》15本、《诗

经传说》72本、《四书解义》12本、《周易折中》36本、《春秋传说》72本、
《大清律》20本、《御定三义礼疏》180本、古书17种。

晚清时期，本县私人藏书家耿文光（苏溪村人），自幼读书成癖，一生志
在读书。他40岁时，藏书总数达8万余卷，筑有万卷精华楼，将书籍分类整理，
设于10架，是近代全国著名的藏书学家。

1951年，县文化馆设图书室，当时有图书3000余册，1965年增至5000余册。
20世纪50年代，农村大办俱乐部，开设图书室，每个图书室藏书500—3000册，
全县藏书50000余册。80年代，厂矿兴建"职工之家"，设立图书室，每室藏
书1000—5000册。1985年，全县共有图书室233个，藏书96288册。1984年7月，
县图书馆成立，设农村书库、城市书库及基藏库，藏书20854册，有古书423
册（内有善本28册），新书20431册，其中，哲学类152册，社会科学类5416册，
自然科学类3903册，文学艺术10699册，综合性图书261册。

灵石县图书馆名著书目明细表

书　　　　名	数量
《马克思恩格斯全集》	54本
《马克思恩格斯选集》	8本
《马克思恩格斯文选》	4本
《资本论》（马克思著）	5本
《共产党宣言》（马克思、恩格斯著）	2本
《列宁文选》	6本
《列宁文集》	7本
《论十月革命》（列宁著）	1本
《国家与革命》（列宁著）	2本
《斯大林全集》	13本
《民间问题和列宁主义》（斯大林著）	3本
《论苏联伟大卫国战争》（斯大林著）	1本
《毛泽东选集》	10本
《刘少奇文选》	1套
《周恩来文选》	1套
《朱德文选》	1套
《陈云文选》	1套
《邓小平文选》	1套
《鲁迅文集》	1套
《瞿秋白文集》	1套
《闻一多全集》	1套
《郭沫若全集》	1套
《茅盾文集》	1套
《赵树理文集》	1套
《聂耳全集》	3套

灵石方志书目明细表

书　　名	数量	备　　注
《灵石县志》 明万历二十九年版	4 卷	存县志办 1 套（影印本）
《灵石县志》 清康熙十一年版	4 卷	存县志办 1 套（影印本）
《灵石县志》 清嘉庆二十二年版	12 卷	存县志办 1 套（原本）
《灵石县志》 清光绪元年版	2 卷	存县志办 1 套（影印本）
《灵石县志》 清光绪七年版	1 卷	存县志办 1 套（影印本）
《灵石县志》 民国 23 年版	12 卷	存县志办 1 套（原本）

阅览　从 20 世纪 50 年代开始，工厂、农村、学校普遍建立图书室和阅览室，为干部群众、师生借阅图书创造条件。50 年代，全县图书流动量为 3 万册，70年代 5 万册，80 年代城乡开展"振兴中华"读书活动，图书流动量增至 8 万册。

第二节　档　　案

本县古代流传下来的文书档案，于 20 世纪 40 年代被日本侵略者烧毁。抗日战争和解放战争时期，灵西、灵东的档案资料大部分遗失。1953 年，中共灵石县委建立档案室，开始收存档案资料。1961 年 8 月，灵石档案馆建立，负责收集整理保管县直机关、企事业单位和各乡镇需要长期保存的档案资料，维护档案的完整与安全，并提供利用，为社会服务。1985 年，灵石县档案局成立，与档案馆合署办公，负责全县档案事业的管理。

1979 年 8 月，全国档案工作会议后，灵石县档案馆对馆藏档案进行系统整理，1980 年开始，县直单位档案进馆，至 1985 年，共有馆藏文书档案 68 宗、13999 卷，其中，历史档案 119 卷，现代档案 13880 卷，照片档案 230 卷，基建档案 5 卷，另有报刊、图书资料 13213 册；有档案柜 115 套，内有铁皮柜 71 套，分设 4 个库房。同时，县直单位和农村乡镇建档，设档案室，配备兼职档案员，负责基层档案资料的收集、管理。

为了便于管理，服务社会，县档案馆编制了档案进馆示意图、全宗名册、案卷目录、全引目录和资料目录等检索工具，制定档案接收、保管、安全、借阅等规章制度。1980 年以来，县档案馆共接待查阅者 4121 人次，提供档案资料 16123 件，有效地发挥了档案的作用。

第九章　文物名胜

第一节　文　　物

一、古代文物

（一）古陨石（灵石）

古陨石　"灵石"位于县城北门外（今招待所之西），高1.5米，底宽1.55米，顶宽1.3米，最厚部位1.64米，最薄部位0.3米，表面呈褐色，略有光泽，石面多孔，最大孔洞直径14厘米，最小孔洞直径数毫米，重约6.8吨。

据明万历版《灵石县志》记载，此石出土于隋开皇十年（590），隋文帝杨坚北巡傍河开道获石。1984年，山西省地质矿产局高级工程师刘凯对"灵石"考查和化验，其硬度为5.5—6.0，比重为5.3，有磁性；新鲜断面，呈银白色，断口参差，条痕黑灰色；磨光后表面光滑照人；经酸浸后，呈现出密密的麻点，成溶蚀孔洞和凹坑；经分析，其含铁量为96.17%，镍、钛、锰等含量不超过1%。专家化验测定其为来自太空的铁陨石，亦称为"陨铁"。1963年，它曾被列为省级重点保护文物，现为县级重点文物保护项目。

古陨石"灵石"

（二）古遗址

新石器遗址 1974年，介村西堡一带，发现石铲、石斧、陶鬲、陶鼎（有绳纹）。1984年，荡荡岭村吴氏家岭一带，发现大小石斧和陶器残片300余块，经专家鉴定为新石器时代之仰韶文化遗址，尚未发掘。

石堡遗址 位于县城东南20公里仁义村北，石堡长120米，宽50米，石基、堡门完好，堡墙损坏。尚存残碑1通，字迹不清，据民国23年（1934）版《灵石县志》记载，石堡为隋末义军刘武周所筑。

（三）古墓葬

商代古墓 1985年1月，山西省考古研究所和县文化局联合发掘两座商代晚期墓葬，墓址均在旌介村东。

一号墓有棺椁，3具棺木，中间为男性，两侧为女性，女性面朝男性。墓坑东西两侧有祭祀狗骨骸，南端有祭祀牛头骨骸，棺椁下腰坑中也埋有狗骨骸，东北角埋有鳄鱼皮蒙面的鼍鼓。随葬品有青铜器40余件。其中，酒器有觚4件、爵10件、卤2件，罍、尊、觯各1件；炊具有单把鬲1件、鼎2件、食器簋1件；武器有矛6件、戈2件、镞4件；车马器有弓形器2件、管状器1件；生产工具有石镰1件；饰物有玉虎5件。

二号墓有棺椁，棺室内有棺木2具，男性仰身直肢，女性侧身面向男性。墓室西北角有被杀奴隶尸骨1具，东端有祭祀的牛腿骨。椁室下腰坑中埋有狗尸骨。随葬品有青铜器和玉器共61件，其中，铜矛18件，铜戈11件，酒器爵10件，觚4件，鼎、卤、簋、罍各1件，玉虎、玉兔等13件，以及铜兽首刀1件。

在两墓出土的青铜器上，多见有"囚"形，据初步考证，两墓同族，一号墓为君主，二号墓为武将。出土物品部分送山西省考古所，部分留县文物保护管理所（简称文管所）收藏。

介子推墓 介子推墓在张嵩村东，距县城16公里，墓前原有规模宏伟之介庙，已毁于日军侵华期间，墓封土已残，周围残栏尚存，占地面积为50平方米。

韩信墓 韩信墓在高壁镇，距县城10公里，墓高约10米，周长约30米，墓前原有规模宏伟之韩侯庙，庙已毁于日军侵华期间，现存"淮阴侯墓"断碑。

将军墓 将军墓在水峪乡将军城村，距县城15公里，占地220平方米。墓前原有将军庙，庙前有清道光十一年（1831）石碑1通，上书"公汉臣也，其行事不多，意其威壮山河，武镇中外，与昔日韩、张同为汉室干臣"。

师范墓 师范墓在尹方东师家坟，距县城10公里，墓地约120平方米。原有土围墙，砖砌门，门上刻有"宋朝参政师公故里"。现封土与围墙、砖门已毁，墓室尚未发掘。

何道深墓　何道深墓在两渡镇北朱家岭，距县城 10 公里。墓丘高大，墓前有石碑、石坊，墓道两侧有石人、石马、石羊、石猪等，系清乾隆皇帝赐以国葬衣冠冢。1937 年，其墓冢封土已平毁，墓室未发掘。

（四）古建筑

资寿寺　资寿寺在县城东 10 公里苏溪村西，占地面积 3000 平方米，主体面积 896 平方米。据明正德十六年（1521）重修资寿寺正殿碑记载："大唐咸通十一年（870），僧哲吉祥创建，迄至大宋咸平二年（999），僧宝顺葺建，大元泰定三年（1326）重修，大明正德十六年（1521）重修正殿。"资寿寺历至明清两代，屡加补修。

寺院规模宽敞，建筑雄伟，雕梁画栋，琉璃碧瓦。正中为大雄雷音宝殿，长 13.4 米，宽 13.6 米，高 15 米。配殿西为药师殿，殿东为弥陀佛殿，西厢为地藏王殿和二郎神殿，东厢为弥勒佛殿和三大士殿；过殿为四大天王殿，东西为钟鼓二楼。院中有碑亭 4 个。前院西为伽南殿，东为观音殿，门道原有二金刚。外院为关帝庙（已毁），引道直通门外，中有山门，前有仪门，上有重檐楼阁，门外有砖雕照壁。

寺院各殿现存塑像 90 余尊，壁画 10 块，约 400 平方米。

1963 年，资寿寺被定为省级重点保护文物，1984 年，山西省拨款对其部分建筑物进行修复。

后土庙　后土庙在县城东 15 公里静升镇西南，占地面积 1088 平方米。多数建筑已毁，现存正殿和献殿。据正殿悬梁记载，其于大元大德八年（1304）七月十四日重修，建筑面积为 90 平方米，殿内塑像毁于 1958 年和 1966 年。献殿为正方形，建筑面积为 85 平方米，殿内 4 根大柱高 3.5 米，周长 2 米；4 根小柱高 3.5 米，周长 1 米；构造精巧，气势雄伟。

献殿外两旁有明清石碑 5 通，分别为明正德五年（1510）、清乾隆四十年（1775）、乾隆四十六年（1781）、嘉庆八年（1803）、嘉庆十三年（1808）所镌。

静升文庙　文庙在县城东 15 公里，静升镇中部，据《灵石县志》（万历版）记载"元至顺三年（1332）所建"，占地面积为 424 平方米。

正殿建筑面积 90 平方米，两侧偏殿建筑面积为 82 平方米；过道殿建筑面积为 60 平方米，庙外有照壁，壁面为 10.1 平方米，雕有"鲤鱼跃龙门"（石雕），庙侧东南有魁星楼，高 20 米，建于瓮门高台之上，六角三层飞檐，气势雄伟壮观。庙内有古柏 6 株（最粗周长 2 米），石碑数通。

晋祠　晋祠在县城东 17 公里，马和村北，创建于元至正年间，明嘉靖、隆庆、万历年间补修。正殿称为昭济圣母殿，建筑面积为 132 平方米，斗拱粗放，塑像已毁。

献殿抱厅建筑面积 81 平方米，为正方形，8 柱，顶部呈八卦形。戏台建筑面积为 80 平方米，始建于清道光十三年（1833），青石柱上刻"褒善荣华衮表千秋忠孝节义，贬恶严斧钺惩百代奸邪盗淫"，戏台两侧有钟鼓二楼。东有配殿 7 间，西有配殿 15 间，祠内有石碑数通，最早为明万历四十七年（1619）所镌。

广禅侯庙 广禅侯庙在县城东 13 公里，葫芦头村西北，占地 912 平方米。据元泰定元年（1324）重修墙碑记载："大德七年（1303）仲秋上旬六日地震塌毁。"清嘉庆十年（1805）重修。现有正殿，建筑面积为 33.8 平方米，献殿建筑面积为 30.6 平方米，戏台建筑面积为 75.4 平方米。正殿、戏台保留原貌，献殿下部改修，正殿塑像毁于 1966 年，壁画尚存约 12 平方米。

关帝庙 关帝庙位于县城西南 10 公里夏门镇东头，占地面积为 690 平方米的清代建筑，砖拱窑洞与梁架结构相结合，布局合理完整，别具一格。正殿两层，上层正面 5 孔窑，后有塑像，前为观戏楼；下层 5 孔窑，后为塑像，前为殿台（286 平方米）。左右两侧下层为窑（3 孔），上层为观戏厦檐 90 平方米。对面戏台 80 平方米，建在临街 3 孔砖窑之上。戏台左右为钟鼓楼，各 16 平方米，与戏台化妆楼相通。庙内塑像已毁，尚存石碑 2 通。

县城文庙 位于旧城西街（今灵石一中），创建于元大德十一年（1307），明清两代多次修葺，民国以来已毁原貌，现仅存大成殿。大成殿长 13.22 米，宽 12.58 米，高约 16 米，占地面积为 170 平方米，飞檐斗拱，琉璃盖顶，柱梁粗大，结构奇特，气势宏伟，殿内塑像已毁。

城隍庙 位于旧城西街文庙以北，创建于明代，据民国版《灵石县志》记载：清康熙六十年（1721）河涨倾圮，雍正五年（1727）重建，乾隆五十三年（1788）、嘉庆十八年（1813）补修。此庙自民国以来逐渐被拆毁，现仅存后殿。

后殿又称城隍后室，长 11.3 米，宽 9 米，高 12 米，占地面积为 109 平方米。殿前有石柱 4 根（八角形），双层鼻斗拱，殿门两侧各有墙碑 1 通，殿内塑像无存。

慈云寺 慈云寺位于县城西南 40 公里王禹村西南，建于明代，明嘉靖七年（1528）重修，占地面积为 2700 平方米，建筑已毁，仅存正殿。殿长 11 米，宽 8.4 米，建筑面积 94 平方米。殿内存石碑 1 通，壁画 40 平方米。

二郎庙 二郎庙位于县城 10 公里景家沟村东南，占地面积约为 576 平方米，建于元至正二年（1342），重修于明万历九年（1581）。如今庙已毁，仅存正殿，殿长 14 米，宽 8 米，高 10 米，建筑面积为 112 平方米。殿前存石柱 2 根（柱高 2.8 米，周长 1.16 米），柱有蟠龙浮雕，两侧山墙，饰绿色琉璃砖雕，图案雕技精美。

百尺楼 百尺楼位于县城西南 10 公里夏门镇东头，依峭壁山势，建汾河岸边，建于清初。楼为 4 层，一、二层为 3 孔窑，三层为 4 孔窑，四层为穿廊。

楼长 15 米，宽 4 米，高 40 米。楼下部为砖石结构，上部为砖木结构。

石佛庙　石佛庙位于县城 5 公里玉成村石冲沟东北，建于后魏，占地面积为 100 平方米，庙内现存佛像 3 尊，其中最大的高 0.6 米。

石佛寺　石佛寺位于县城 10 公里圪台村，创建于后魏，毁于战火，尚存部分雕塑和建筑，浮雕石佛造像碑，碑高 2.3 米，宽 0.87 米，厚 0.26 米，上刻"大魏正光元年"（520）字样，四面多浮雕佛像，号称千佛，现已移灵石碑廊内保存。雕龙石柱，高 3.38 米，周长 1.13 米。

多宝寺　多宝寺位于县城西南 23 公里杨家山村南沟内，始建于唐代，占地面积为 1680 平方米，历经战火，建筑残破。寺内尚存唐代造像碑（青石），高 0.73 米，宽 0.235 米，正面浮雕石像 3 尊，背面和两侧各 1 尊，刻有"大唐显庆三年二月"（658），雕刻精致，造型优美。沙石佛像 5 尊，平均高 0.65 米，形态各异，造型美观。泥塑菩萨 3 尊，左右侍童各 2 尊，塑工精湛。

观音庙　观音庙位于县城西 35 公里翟家山村，占地面积为 792 平方米，正殿 3 室尚存石佛像 12 尊，其中，1 尊缺头，7 尊断头，1 尊面部损坏，平均高 0.7 米，形态衣饰各有特色。院内青石雕花经幢高 0.7 米，周长为 1.07 米，庙外存石狮（青石）1 尊。

杨家祠堂石牌坊　位于县城东 15 公里静升镇，建于清乾隆四十九年（1784），青石砌筑，雕工精致。

（五）碑刻

晋省地舆全图碑　该碑原存张家庄杨家，1985 年，移至县城北门外灵石碑栏内。碑身高 1.5 米，宽 0.7 米，厚 0.2 米，碑阳刻有"晋省地舆全图"，碑阴刻单书"虎"字。此碑已裂为上下两段，刻工精细，全省少见。

傅山书石碣　该碣位于县城北门外（县招待所以西），长 1.8 米，宽 0.65 米，厚 0.15 米，碣西面刻清顺治三年（1646）书画家傅山先生手书"承颜堂"，保存完整。

护林碑　该碑位于县城南 40 公里石膏山保安寺，明天启七年（1627）刻立，记护林规约。

禁赌碑　该碑位于县城西 23 公里坛镇乡

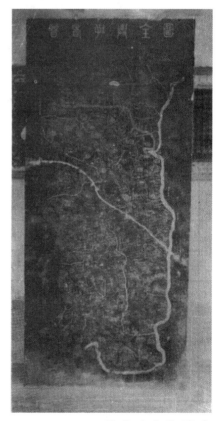

晋省地舆全图碑

傅山书石碣

严家山村，清乾隆四十四年（1779）刻立，碑阳主刻禁赌规约，保存完整。

赈饥碑 该碑位于县城东 15 公里静升镇红庙内，清乾隆四十五年（1780）刻立，碑阳主刻当年旱灾情况，保存完整。

水利碑 该碑位于县城南 25 公里南关镇三教村内，民国 13 年（1924）刻立，记重修水利规程。

本县现存的碑碣，以元代为最古，明代少有，清代和民国的较多。重点碑碣有 26 块。

1949 年以前灵石保留村碑碣情况表

编号	碑（碣）名	镌刻年代	内容要点	现存地点
1	重修广禅侯庙碑	元泰定元年	记地震毁庙及重修经过	马和乡葫芦头村庙内
2	重修洁惠侯庙碑	元至正二十二年	记地震毁庙及重修经过	马和乡张嵩介庙
3	重修兴国寺碑	明弘治七年	记寺院创修及重修经过	交口乡马家庄村
4	重修慈云寺碑	明嘉靖四十四年	记寺院创修重修经过	王禹乡慈云寺
5	石膏山护林碑	明天启七年	记护林规约	石膏山保安寺
6	重修圣寿寺碑	清雍正九年	记地震毁寺及重修经过	梁家墕乡田家山山顶
7	禁赌碑	清乾隆二十八年	记禁赌规约	交口乡漫河村中
8	永禁窝赌窃禾碑	清乾隆三十年	记禁赌规约	坛镇乡杨家山村
9	禁赌碑	清乾隆三十六年	记禁赌规约	交口乡楼珍村
10	水利碑	清乾隆三十七年	记水利规程	静升镇旌介村

续表

编号	碑（碣）名	镌刻年代	内容要点	现存地点
11	周槐碑	清乾隆三十九年	记周槐权属	西许乡西许村
12	禁赌碑	清乾隆四十四年	记禁赌规约	坛镇乡严家山村
13	赈饥碑	清乾隆四十五年	记旱灾情况	静升红庙
14	重修石佛寺碑	清道光四年	记寺创修重修经过	两渡镇圪台村
15	重修将军庙碑	清道光十一年	记庙重修经过	水峪乡将军城村
16	三清寨界畔碑	清道光十四年	记三清寨地界	马和乡三清寨
17	禁乐户勒索碑	清道光十六年	记乐户收费规约	英武乡原头村
18	掘井碑	清道光十八年	记打井经过	坛镇乡杨家山村
19	凿井碑	清道光二十一年	记凿井捐款人	城关镇芦子坪村
20	善院碑	清道光十四年	记善院规约	王禹乡罗汉村
21	禁烧磺碑	清同治三年	记禁烧磺法令	梁家墕乡阳坡村
22	两村水利碑	民国元年	记水利规程	静升镇旌介村
23	整理多宝寺地庙林业碑	民国12年	记护林及地权规约	坛镇乡多宝寺
24	重修水利碑	民国13年	记水利规程	南关镇三教村
25	下南渠功德碑	民国17年	记水利规程	西许乡金旺村
26	上南渠建石桥碑	民国17年	记水利规程	西许乡金旺村

（六）馆藏文物

自中华人民共和国成立以来，通过广泛搜集，群众献赠和科学发掘，至1985年底，县文管所收藏文物共270余件，计：

石器，6件（新石器斧、铲、镰、锤等）；

陶器，24件（汉唐陶俑、罐、瓶、鼎、壶、杯、盆、佛像等），
另有绳纹陶及彩陶片21件；

铜器，156件（商代青铜酒具、食具、兵器，明清铜佛及铜镜等），

铁器，6件（清铁炮、铁树、铁旗杆座等）；

石雕（刻），10件（石佛、关公、孔明雕像、古荷叶砚等）；

竹木骨雕，8件（木佛、竹雕、木佛龛、香炉等）；

玉雕，16件（古代玉雕饰物）；

瓷器，21件（唐宋瓷枕、香炉、笔筒、花瓶、掸瓶、观音像、杯、盘、碗、碟等）；

古砖瓦，9件（汉唐巨型砖瓦）；

丝绣织物，1件（神幡）；

书法绘画，8幅（古代名人书法绘画）；

古钱币若干（古贝币，战国布币，汉以后各朝代铜钱）；

古生物化石，8件（水头牛、鸵鸟蛋、象牙、龙骨、蚌壳等）。

1. 商代铜器

夔纹鼎　商代铜礼器，此器立耳微外撇，敛口，折沿，腹部微鼓，圆底，柱足直立；颈饰夔龙4条，口内铸铭文"囗"字；通耳高33.4厘米，口径25.3厘米。

兽面纹矛　商代铜兵器，前锋成锐角，宽叶作亚腰形，叶底二穿；两叶间有族形凹纹，中部起脊；骹部饰饕餮和蕉叶纹，长26.4厘米。

2. 商代玉器

白玉兔形珮，扁平，目有1孔，长约3厘米。

青玉兔形珮，扁平，足有1孔，长约3厘米。

青玉卧虎珮，三棱状半立体浮雕，尾下卷，俯卧状，口有孔，长约3.2厘米。

青玉虎形珮，三棱状半立体浮雕，张口，尾下卷，俯卧状，口有孔，长约3.3厘米。

青玉蚕形珮，体弯曲呈弧形，卷尾，嘴和尾都有孔，长4.7厘米。

青玉蝉形珮，体呈三角形，嘴有1孔，长1.9厘米。

青玉璧形珮，直径3厘米。

3. 石器

石斧和石锛，系新石器时代遗物。石斧，制作精制，通体磨光，圆弧形刀，顶部平齐，横截椭圆形，长13厘米，于旌介村发掘。石锛，通体磨光，锛刃平齐。器身呈三棱状，器底扁平，长8.5厘米，于旌介村发掘。

4. 陶器

陶鬲和陶簋，系商代遗物。陶鬲，直颈圆唇，宽折沿，腹壁微鼓，袋足、分裆低矮，器表饰绳纹，夹砂黑陶，通高15.5厘米，口径17.5厘米。陶簋，束颈、圆唇、侈口、鼓腹、腹部饰两条弦纹，腹下部饰绳纹，泥质灰陶，通高0.9厘米，口径17.5厘米。

5. 瓷器

本县有瓷枕和瓷瓶。瓷枕，宋代遗物，为白釉黑花瓷枕，长23.8厘米，宽19.9厘米，于桃钮村发掘。瓷瓶，有觚瓶和掸瓶，系清乾隆年间遗物。觚瓶为喇叭口，束颈、鼓腹、豆青釉，白彩梅鹊鼓花觚瓶，通高43.7厘米；掸瓶，为青花加红竹鹊龙耳盘口掸瓶，通高62.8厘米，口径21.2厘米。

6.货币

贝币:系商代货币,是我国最早的一种货币。布币:系战国布币,面文为"安邑一钚",背文一"安"字,无郭,平首圆肩方足圆裆,钱高5.3厘米,宽3.3厘米。方孔钱:五铢系汉代货币。圆形方孔,面文为"五铢"二字,光背,直径2.5厘米,穿径1厘米;开元通宝系唐代货币,圆形方孔,光背,面文为"开元通宝"四字,直径2.4厘米,穿径0.7厘米;宽永通宝系日本货币,圆形方孔,光背,面文为楷书对读"宽永通宝",直径2.2厘米,穿径0.7厘米〔宽永是日本纪年,相当于中国明天启四年(1624)至清顺治五年(1648)之间〕,此币系明清时期随着通商流入本县。

(七)宋代灵石义军抗金文献

1966年,马和乡张嵩村农民在绵山获一铜罐,罐高8.3厘米,腹径9.3厘米,口径6.5厘米,内装南宋建炎二年(1128)灵石义军抗金文献5件,保存完好,字迹清楚,文献记述灵石义军首领李武功、李实组织义军抗金,保卫乡民,收复州县的史实,此罐现存山西省博物院,县文管所保存复印件。

义军抗金文献之一

(八)其他文物

古树 县内乡村现存古槐、古桑、古梧桐等,均未考清年代,现在有文字记载的古树应推西许周槐。城东南30公里西许村中,有古槐1株,周长2.2米,主杆高8.5米,现存清乾隆三十九年(1774)和嘉庆二十二年(1817)碑文有"相传植自周初"的记载。

铁钟 清乾隆元年(1736)铸造高0.98米,中腰周长1.92米,原挂赵家沟观音堂,现存灵石碑栏内。

乾隆铁钟 清乾隆十七年(1752)铸造高1.24米,中腰周长2.4米,原挂罗汉村三教庙，现存灵石碑栏内。

光绪铁钟　清光绪十九年（1893）铸造，高 18 米，中腰周长 3 米，现存静升红庙内。

二、革命战场

道美桥战场　道美桥战场位于县城南 25 公里的道美村北。1936 年 3 月 17 日，中国工农红军一军团进逼道美桥头高地，与国民党关麟征部骑兵营展开激战，全歼国民党军。

摩天岭战场　摩天岭战场位于县城东 20 公里的摩天岭。1938 年 2 月，国民党卫立煌部在此设防，阻击日军南下，2 月 24 日两军交战，双方伤亡惨重。

韩信岭战场　韩信岭战场位于县城南 10 公里。1938 年 4 月 27 日，山西新军决死二纵队在此伏击日军汽车队，烧毁日军汽车 4 辆，击坏 10 余辆，日军死伤甚多。

罗汉原战场　罗汉原战场位于县城西 20 公里。1939 年 4 月 18 日，日军围攻驻罗汉原高地的山西新军决死二纵队，双方浴血激战，死伤惨重。

泉则坪战场　泉则坪战场位于县城西 40 公里。1939 年 11 月 29 日，阎锡山密令陈长捷指挥其六十一军、八十三军、三十三军警备军，向决死二纵队驻地泉则坪、沟二里（原属隰县，今属灵石）和义泉村、黄土村（属隰县）同时进攻，决死队官兵英勇还击，突围转移。

耀西原战场　耀西原战场位于县城东 17 公里。1946 年 6 月间，人民解放军二十四旅包围马和之阎军。太岳军区新七团，在耀西原阻击驻灵阎军保安团增援，双方激战于此。

兴旺原战场　兴旺原战场位于县城西 36 公里。1947 年 9 月，阎军保安团，在兴旺原被吕梁军区部队包围，我军在彭绍辉司令员的指挥下歼灭来犯之敌。

二、烈士陵墓

郭清烈士墓　郭清烈士墓位于县城西北 5 公里河洲村。

张兴烈士墓　张兴烈士墓位于县城西 30 公里武家洼村。

高剑平烈士墓　高剑平烈士墓位于县城北 15 公里东方红村。

第二节　名　　胜

石膏山森林公园

石膏山位于县城东南 40 公里处，南起天河岸，北至花石岩，西至偏脑坡，东至五龙壑，总面积约 60 平方公里。

石膏山山势险峻，耸入云天，林木苍翠，浓荫蔽目，沟溪蜿蜒，清流潺潺，断崖绝壁，雄姿壮观，景色迷人。

据《石膏山志》载，明洪武八年（1375），道正和尚于下岩创建白衣庵。明嘉靖四十三年（1564），性法和尚于中上岩建寺宇，改白衣庵为保安寺。明崇祯七年（1634），寺院被烧毁。明崇祯十四年（1641）至清顺治五年（1648），海涌和尚修复寺院，改名天竺寺。顺治十二年（1655），海渡和尚增修中岩殿宇，改名为保安禅院，并于顺治十六年至十八年（1659—1661）、雍正八年（1730）、光绪十八年（1892）数次补修。20世纪40年代初期，寺院被日军毁坏。1985年，县政协倡导，县城乡建设环境保护局和县文物保护管理所联合呈报，经山西省建设厅、林业厅、旅游局批准，开发石膏山为名胜旅游区。

石膏山不仅林木花草引人入胜，而且自然景物也古雅壮观。

钟泉澄澈　钟泉在铁佛岩下，地下埋铸铁大钟一口，钟口向上，口径0.95米，深1.4米，泉水盈盈，甘美清澈，旱涝不变，并有种种优美的传说。

梵音洞天　过下岩（洞内寺院已毁）和杉树院（保安禅院）到中岩洞，天竺古刹建于洞内，门楣"山林野趣"为傅山所题，正殿有铁佛3尊（释迦牟尼、普贤菩萨、文殊菩萨），左右侧有弥勒佛和弥陀佛等铁像，还有铁钟、铁碑、铁醮盆等珍贵文物。寺宇小巧玲珑，洞口面对青山，别有一番情趣。

天门壮观　中岩之上有南天门，右倚峭壁，仰可百仞，左临悬崖，下视千丈，门楼高耸，颇为壮观。放眼远眺，千山万壑尽收眼底，前有舍身崖堪称奇险。

云路横空　中岩通上岩，中途是峭壁，凿一鸟道过，横于云路间，上载危崖帽，下临万丈渊，古以木栏护，现砌砖石栏，行人进此崖，宛若登上天，门上刻题额："云路仙境"。

石膏叠翠　上岩石灰溶洞内，钟乳石林立，凝像如雕，奇幻多姿，或如仙女出浴，或如人马奔跑，似石非石，似膏非膏，层层叠叠，蔚为奇观。洞内有石雕白衣观音坐像1尊，游人观之，莫不惊叹称绝。

罗顶松涛　上岩之东山巅为罗汉顶。松柏参天，风景优美，有一高大白塔〔明嘉靖十二年（1533）建〕和数座小塔。

莲花净泉　罗汉顶往北下山过朝阳洞即为养性茅庵，传说是僧人修身养性之处。过里许，有数溶岩石洞，洞内深处有地上冒起的石笋形成的水池，池田溶岩结成层层瓣状花纹，极为精美，视如莲花，人称"莲花池"，相传此处为白衣大士净身沐浴之地。

滴水垂帘　下石膏山东行1公里，有小瀑布，人称"滴水崖"，高约40米，春、夏、秋三季溪流自空而降，形如珠帘，冬季冰挂高悬，极为壮观。

石膏山体大山高，最高峰海拔为 2532 米，一般均在 1500—1800 米，植物垂直变化明显，具有多种植物层次，是一座天然的森林公园。这里四季风景如画，若遇云雾之日，更有一番风趣。

第三节　管　理

1949 年后，文物管理由政府负责，文化部门承办。1957 年，县组织人员对全县文物进行普查。1963 年，灵石在普查的基础上，公布了省级重点文物和县级文物保护单位。列入省级保护的有：灵石、苏溪资寿寺、旌介石器遗址、旌介商代墓、石膏山名胜区共 5 处。列入县级保护的有：静升后土庙、静升文庙、马和晋祠、广禅侯庙、夏门关帝庙、文庙大成殿、城隍庙后殿、慈云寺正殿、二郎庙正殿、夏门百尺楼、荡荡岭石器遗址、仁义刘武周石堡、张嵩三清寨、古烽火台遗址、介之推墓、韩信墓、将军墓、师范墓、温舜墓、武将何道深墓、亡魂墓、玉成沟石佛像、圪台庙浮雕造像、多宝寺雕塑、翟家山庙石佛、杨家祠堂石牌坊、周槐、朱德路居地、杨尚昆路居地，共 29 处。

1966 年后，受极"左"思想的影响，文物保护工作尚未实施，破坏文物的现象却不断发生。1974 年，县发出通报，重新公布文物古迹保护名单。1984年 7 月，县成立文物保护管理所，调选人员，同年由省里拨款，整修苏溪资寿寺。1985 年，县筹款修建灵石亭及灵石碑廊。

文物实行分级管理，由专业人员管护和群众管护相结合。

灵石重点文物保护单位明细表

编号	文物名称	时　间	保护级别	保护单位
1	旌介石器遗址	远古	省　级	县文管所
2	旌介商代墓	商	省　级	县文管所
3	"灵石"	隋	省　级	县文管所
4	苏溪资寿寺	唐	省　级	县文管所
5	石膏山名胜区	明	省　级	县文管所
6	荡荡岭石器遗址	远古	县　级	荡荡岭村委
7	仁义刘武周石堡	隋	县　级	仁义村委
8	静升文庙	元	县　级	静升镇政府
9	马和晋祠	元	县　级	马和乡政府
10	广禅侯庙	元	县　级	葫芦头村委

续表

编号	文物名称	时　间	保护级别	保护单位
11	夏门关帝庙	清	县级	夏门镇政府
12	文庙大成殿	元	县级	灵石一中
13	城隍庙后殿	明	县级	灵石一中
14	慈云寺正殿	明	县级	王禹乡政府
15	二郎庙正殿	元	县级	景家沟村委
16	夏门百尺楼	清	县级	夏门镇政府
17	上村魁星楼	清	县级	上村村委
18	旌介魁星楼	清	县级	旌介村委
19	梧桐文昌阁	清	县级	梧桐村委
20	苏溪文昌阁	清	县级	苏溪村委
21	尹方文昌阁	清	县级	尹方村委
22	仁义文昌阁	清	县级	仁义村委
23	静升文笔塔	清	县级	静升村委
24	西许文笔塔	清	县级	西许村委
25	两渡秋晴桥	清	县级	两渡镇政府
26	郭家沟天险桥	明	县级	郭家沟村委
27	张嵩三清寨	清	县级	张嵩村委
28	古烽火台遗址	明清	县级	西原村委
29	介子推墓	春秋	县级	张嵩村委
30	韩信墓	汉	县级	高壁村委
31	将军墓	汉	县级	将军城村委
32	师范墓	宋	县级	尹方村委
33	元帅温舜墓	元	县级	温家沟村委
34	武将何道深墓	清	县级	朱家岭村委
35	亡魂墓	清	县级	尽林头村委
36	玉成沟石窟庙	后魏	县级	玉成村委
37	圪台庙浮雕造像	后魏	县级	文管所
38	多宝寺雕塑	唐	县级	文管所
39	翟家山庙石佛	不详	县级	文管所
40	杨家祠堂石坊	清	县级	静升供销社
41	周槐	周	县级	西许村委
42	红十五军团东征杨尚昆等驻地	民国	县级	文殊原村委
43	八路军北上朱德等路居地	民国	县级	水头居委
44	红军东征战场	民国	县级	道美村委
45	摩天岭抗日战场	民国	县级	霍口村委
46	韩信岭抗日战场	民国	县级	高壁村委
47	罗汉原抗日战场	民国	县级	罗汉村委
48	泉则坪晋西事变战地	民国	县级	泉子坪村委
49	马和耀西原解放战场	民国	县级	马和村委
50	段纯兴旺原解放战场	民国	县级	兴旺原村委
51	郭清烈士墓	民国	县级	河洲村委
52	张兴烈士墓	民国	县级	武家洼村委
53	高剑平烈士墓	民国	县级	东方红村委

第十章　新　　闻

第一节　报　　刊

报刊编印　《灵石小报》系中共灵石县委机关报，1951 年 11 月创刊，为周刊，8 开两版，石印，每期印发 150—500 份，主编高德锦，工作人员 4 人。1957 年，报纸改为铅印，1961 年改为周二刊，发行量增至 2000 份，由各社、队、机关、厂矿、学校订阅。1963 年春，报纸因纸张紧张而停刊；1965 年复刊，报社人员增至 8 人，主编吴瑞田，仍为周二刊，8 开两版，每期发行 2000 份；1966 年秋停刊。小报内容以本县新闻为主，面向农村，宣传党的方针政策，交流工农业生产经验，指导各项工作。

《灵石史志通迅》由县史志办公室主办，1982 年 10 月创刊，为季刊，16 开，每期 5 万—10 万字，印发 1000—1500 份，发至县内各单位、县内外老干部及省内外史志部门，内容以本县党史及地方志资料为主，栏目有：文献辑存、党史专题、人物传记、革命回忆录、县志资料、专志试稿、乡情杂议、灵石史话、史志信息、艺文荟萃等。至 1985 年底，本通讯共编印 15 期，100 余万字。

《革命文艺》由县文化馆主办，1971 年创刊，16 开，油印，每期印发 500 份，1974 年停刊，共编印 46 期。

《灵石文化》由县文化馆主办，1980 年创刊，8 开两版，铅印，每期印发 1000 份，1985 年停刊，共编印 31 期。

报刊发行　民国初期，私人店铺开始代销报刊，也有少数报童拿着报纸刊物在街上销售。1949 年以后，报刊归邮局发行，书店代售少量刊物。1985 年，全县报刊发行量为 600 万份，比 1952 年增长 13 倍，其中，《晋中报》2207 份，《山西日报》2989 份，《人民日报》847 份，《红旗》杂志 1010 份，《半月谈》1002 份。

灵石部分年份报刊发行一览表

单位：份

年　份	报　纸		刊　物	
	期发数	累计数	期发数	累计数
1952	2000	362000	3000	30000
1957	7000	971000	5000	115000
1965	10000	1334000	5000	89000
1970	6000	1891000	1000	6000
1975	8000	2438000	10000	115000
1980	16000	3406000	31000	273000
1985	36000	5512000	35000	518000

第二节　通讯报道

　　1964年，县中心通讯组成立，配备专职人员，为各级报纸杂志社投稿，反映灵石情况。县属各乡镇、企事业、学校等单位也有业余通讯员，为县广播站及报社写稿。1970年，县革委宣传办公室在马和召开首次通讯会议，交流报道经验。1973年底，第二次通讯会议在原头召开，表彰先进，推动全县报道工作。1984年，县里为100多名通讯员颁发证书。1985年，全县通迅员投稿3000余件，县广播站采用2500件，省级及以上报刊采用115件。

灵石通讯报道采用情况一览表

年　份	通讯员人数／人	文　稿／件			照　片／张		
		地级	省级	中央	地级	省级	中央（全国性）
1964	9	54	13	2	21	5	
1970	3	15	5		6		
1975	3	27	21	3	9	3	
1980	6	46	32	2	30	3	
1985	6	66	46	3	18	10	2

第三节 广 播

县广播站 1950年，上级分配给县委宣传部1台5灯直流收音机，以便收抄中央和省台播放的重要新闻，供领导传阅。1952年，县政府购置50W扩大器1部，25W喇叭2个，小型柴油发电机1台，专供大会扩音使用。之后，县文化馆也购置1套类似的扩音设备，向县城广播时事新闻。1957年3月，县委集资在旧城南街筹建人民有线广播站，于10月建成，并开始播音，时有工作人员5人，设站长、编辑、播音员、会计。机房设备有50W扩大器1部，控制台1部，电唱机1部，收音机1台，录音机1台，话筒1只，唱片30张，磁带10盘。经费来源于喇叭收听费，每只喇叭每月收费0.5元，一年可收5000余元，以后增至25000元，1969年停止收费，由县财政拨付，每年3万—5万元。1970年，县城新街另建广播站，1972年迁入新址，系二层楼房，建筑面积1700平方米，时有职工25人。1979年，广播事业局成立，1984年改为广播电视局，设局长、副局长、办公室、编播组、技术组、事业组、外线组；1985年共有职工33人，机房设备有250/1000控制台1部，250/1000扩大器4部，调频收转机1台，大小收录机10部，唱片300张，磁带300盘。

乡镇放大站 1963—1965年，灵石以地域分片，建立仁义、富家滩、静升、段纯4个中心放大站，每站设值机员1人，线务员1人，负责各站转播事宜；1969年，变中心放大站为公社放大站。至1970年底，全县18个公社全部建成放大站，各站输出功率为150—500W，每站配备值机员和线务员各1人。1983年，改公社放大站为乡镇放大站。

广播线路 建站初期，县城至水头有2.5公里长的一条广播专线。农村全部借用电话线传输广播信号，串音和中断现象时有发生。从1963年开始，架设广播专线，县站负责技术，公社负责资金，大队负责线杆，采取三结合的办法解决问题。至1965年，架通县站到18个公社放大站的广播专线，全长178公里。利用木质线杆2664支，共投资5.4万元，其中，县站投资1万元，公社投资4.4万元。同时，有263个大队架设了广播专线，全县实现广播专线化，为群众收听广播新闻创造了条件。1970年，全县有广播喇叭13640只，1972年发展到34496只，全县入户喇叭占比达到97%，实现户户喇叭化。随着时间的流逝，木质线杆逐渐腐烂、倒杆、断线，停播事故不断发生。1972年，县站创建水泥线杆厂，自制水泥线杆，分批换杆。到1983年，10年时间，全县东西南北4条广播干线21条支线全部换成水泥线杆，共计1893支，总投资

12.35 万元，基本达到广播网络标准化。

　　1970 年，县站技术员郭延杰响应毛主席提出"加强战备，准备打仗"的号召，进行技术革新，研制成功，在广播线路上安装电话、广播、战备、警报，达到"一线三用"，还在没有电源的景家沟—英武、仁义—西许和荡荡岭公社利用广播线路进行远距离供电，建起公社放大站。同年 9 月 8 日至 12 日，山西省广播局在县手工业礼堂召开全省广播技术革新现场会，省军区、省广播局、省电信局及全省各县人武部、电信局、广播站负责人出席会议，还有山东、河南、广西、新疆、辽宁等地区代表参加会议。会后，县文化馆把"一线三用"及远距离送电制成模型送至北京展出。会前会后，县里共收到全国各地贺电、贺信 67 份。

　　广播宣传　建站初期，除按时转播中央和省台新闻外，电台自编本县新闻和文艺节目，配合中心工作，宣传党和国家的方针政策，1964 年增加专题节目，如《对农村广播》《对职工广播》《学理论》《听众之友》《社会之窗》《灵石古今》《法制园地》等；1985 年，对自办节目进行改革，设有《本县新闻》《政策讲座》《农业科技》《听众信箱》《文艺节目》《信息与广告》等。

黎明　木刻　力群

选举图　木刻　力群

抗战　木刻　力群

煤矿区风景　木刻

帘外歌声　木刻

北国早春　木刻　力群

赛马图　木刻　牛文

将相和　木刻　牛文

草地新征　木刻　牛文

学医归来　木刻　牛文

老鹰　中国画　张明

红梅　中国画　张明

拖拉机训练班　木刻　李鉴秋

第一担　木刻　郭成保

竹子小鸡　中国画　张明

出发　木刻　段双锁

山村鱼塘　国画　闫天恩　　　　花　油画　孙铮　　　　猪　剪纸　尤爱姣
　　　　　　　　　　　　　　　　　　　　　　　　　　　　虎　剪纸　杨来香

奉献　剪纸　赵长发

七品芝麻官　剪纸　王能峰

瓶菊　水彩　孙铮　　　喜庆有余　剪纸　王能峰　　　曹冲称象　宣传画　裴荣贵

人生·信仰　摄影　侯升翔

晨读　摄影　张应康

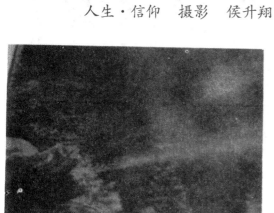

生命的活力　摄影　张应康

百花齐放　篆刻　赵宝琴

诗情画意　篆刻　赵宝琴

梅花香自苦寒来　篆刻　赵宝琴　　天石奇观　篆刻　兰平

金鱼戏莲　剪纸　吴庚午　　莲花福手　剪纸　吴庚午　　　　芳韵　摄影　赵长发

书法

大风起兮云飞扬
威加海内兮归故乡
安得猛士兮守四方

辛酉三冬
力群题

大风歌　力群

庆祝晋侨美石好志

地方志是中国记述各地历史地理
等情况的特有传统，保存了
丰富宝贵其有重大的文献价值。

裴丽生　七月

行书　裴丽生

百花陈　薛发祥

为振兴中华而拼搏

仿板桥　续明远

古为今用　赵宝琴

陵重新松
幼竹甲拨
红衬绿柱
里山秋枫
莫道经霜
久犹丹
心似火燃

古诗　郭明轩

集殷甲骨文字

甲骨文　赵宝琴

徐向前诗　师幼云

永和九年歲在癸丑暮春之初會於會稽山陰之蘭亭脩禊事也群賢畢至少長咸集此地有崇山峻嶺茂林脩竹又有清流激湍映帶左右引以為流觴曲水列坐其次雖無絲竹管弦之盛一觴一詠亦足以暢敘幽情是日也天朗氣清惠風和暢仰觀宇宙之大俯察品類之盛所以遊目騁懷足以極視聽之娛信可樂也夫人之相與俯仰一世或取諸懷抱晤言一室之內或因寄所託放浪形骸之外雖趣舍萬殊靜躁不同當其欣於所遇暫得於己快然自足不知老之將至及其所之既倦情隨事遷感慨係之矣向之所欣俛仰之間以為陳迹猶不能不以之興懷況脩短隨化終期於盡古人云死生亦大矣豈不痛哉每覽昔人興感之由若合一契未嘗不臨文嗟悼不能喻之於懷固知一死生為虛誕齊彭殤為妄作後之視今亦猶今之視昔悲夫故列敘時人錄其所述雖世殊事異所以興懷其致一也後之覽者亦將有感於斯文

王羲之蘭亭序

乙丑年季秋 張銘新書

臨摹《蘭亭序》　張銘新

初登黃鶴樓

久慕黃鶴樓　衰年
得一游俯瞰江漢水
洗滌古今愁

丙寅年仲秋　張銘新書

張友漁

初登黃鶴樓　張銘新

廣泛收集資料存真
求實總結經驗為
四化建設服務

丙寅長春　李志敏

存真求實　李志敏

丹青壽史志
翰墨纂古今

丁卯季夏　龔祥書

垂青史　薛發祥

靈石頌　蘭平

靈根植故土
石韻喚鄉情

書于丁卯秋日溫暖室

隸書　溫暖

大风歌　吴泽民

王安石诗　吴艳萍

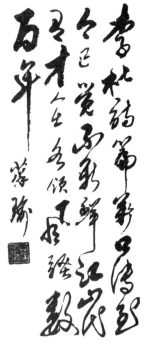

李杜诗　周宝瑜

古诗　张维志

李白诗　续明远

古石刻　[宋]米芾　书

第 十 六 编

体育卫生

第一章　体　　育

古代，灵石人民素有尚武之风，多以练拳、习剑、舞棒为主，所练拳、剑皆为自卫，亦有健身之益。从民国时期开始，灵石体育事业有所发展，体育活动以体操、球赛、武术为主。1948年灵石解放后，党和政府为了增强人民体质，将体育工作列入议事日程。1956年，灵石县体育运动委员会成立，对体育工作加强领导，随后全县群众性的体育活动迅速发展，学校体育逐步加强，主要体育活动有田径、球类、武术、射击、象棋等。至1985年，全县举办中小学生田径运动会19届，职工篮球运动会19届，中国象棋运动会12届，群众元旦越野赛8届，妇女运动会7届，乒乓球运动会4届，中小学武术运动会4届，农民篮球运动会2届，老年人运动会2届，自行车运动会2届，幼儿运动会1届。由于群众性体育运动的大力开展，全县参加体育锻炼的人日益增多。

第一节　传统体育

武术系本县传统体育，明清两代为武术兴盛之时，武进士、武举人、武秀才辈出。明万历至清光绪年间，官居把总、千总者有139人。何道深（两渡村人）于18岁应院试，督学蒋公惊其才，首拔之，中清乾隆庚辰科进士，官居贵州提标右营游击。何耿绳（两渡村人）为嘉庆进士，官至兵备道。

清顺治四年（1647）至康熙二十三年（1684），傅山曾4次到本县活动，向孟太真（静升后沟村人）传授太极拳法，并到两渡向何世基之子侄传授傅山太极。从顺治时期至乾隆五十四年（1644—1789），本县有武举人20人，武进士3人，武生员576人。在民间，武师众多，职业有保镖、授拳、任教、护院、守卫、卖艺等。

中华人民共和国成立后，本县武术活动一直未中断，每逢春节，常有武术表演。

1975年，县体委创办少体校，开设武术班、武术辅导站。1982年，武术协会成立。1984 年，县政协、县体委对本县武术进行全面普查，挖掘、整理并编纂《灵石武术志》，计 12 万字；《侨黄父子武功考》，计 5 万字；被评为晋中地区和山西省武术挖掘整理工作先进单位。张耀伦、赵佐武、任重远被评为武术挖掘整理先进工作者，受到山西省体委的奖励。张耀伦出席全国武术工作会议，被评为全国武术先进工作者，并获武术雄师三等奖，得龙泉宝剑一把。

灵石流传拳种情况表

拳　种	套　路			传入者与时间	传授主要徒弟
	徒　手	器　械	对　练		
形意拳	五行拳 进退连环拳 十二行拳 四把拳 杂式锤 综合形意	五行剑 连环剑 梅花剑 六合剑 三才剑 三合剑 龙形剑 形意六合棍 九州棍	五行炮 安身炮 五花炮 连环手 劈　锤 九套环	曹鸿庆（城关南街人），清光绪年间在北京拜李存义为师；李三元（太谷县白城人），1956 年传入；李福元（太谷县白城人），1982 年传入	李时臣 曹冬成 曹光清 王新三 王宁录 张耀伦 段继元
太极拳	杨氏太极	太极剑（1） 太极剑（2） 太极刀		赵玉龙（赵家庄村人），1948 年传入 张耀伦（静升镇集广人），1975 年传入	薛发祥 张仁福 刘少先
八卦掌	游身八卦掌 姜氏八卦掌 孙氏八卦掌			贾庆彬（河北省平乡县人），1952 年传入 王宁录（平遥县人），1956 年传入 张耀伦（集广村人），1975 年传入	李来生 郝子荣 张仁福 李宏全
洪洞通背拳	通背十二盘 四名手 金刚 串子莲 铁反杆 小鬼扯状（一） 小鬼扯状（二）	通背万胜刀 开山刀 雪花刀（1、2） 八方刀 通背夺命枪 十二枪 罗成三枪 大六合枪 春秋大刀 通背三十棍	梅花套 排拳（1—4） 白手夺刀（1） 白手夺刀（2） 对劈刀 对劈剑 对打鞭杆 对扎枪（1、2）	庞福有（汾西县团拜村人），光绪年间传入	刘贤珍传 王振芳 李汉生 朱柄炎传 王钦亮 段继元 张四连传 赵明义

续表

拳　　种	套　　　　路			传入者与时间	传授主要徒弟
	徒　　手	器　　械	对　　练		
战功拳	随身带 十二快手 棰夹章 梅花钻 五虎战功拳 井拦掌等	马顺刀 战功拦马 青龙棍 芦花枪 马钩钗枪 虎头钩	战功五陆拳 白手夺匕首 双拐破枪 双铜破枪 火焰战枪	抗日战争初期传入，传入者房有根	张四强等100余人
三教门拳	三教门拳 十　拳 连环拳 炮　拳 小红拳	断门刀 六合刀 四门枪 梅花抢 枪夹棍 春秋大刀	弹砸拳 砸耳棰 对打二十棍 大刀破枪	清咸丰、同治年间传入，传入者何庆庚、孟永堂	何五建传30余人，王能科传80余人，有张如伟、何金林等人
少林拳	少林花拳 少林弹腿 罗汉十八手 少林八法拳 少林十三抓 少林五步拳	少林六合刀 八法刀 四门刀 昆仑剑 青龙剑 九节鞭 连环枪 六十四棍	金鸡斗 对擒拿 单刀进枪 朴刀进枪 对打 三人对拳	历代祖传； 侯应龙和尚清初传入； 张元庆家传	
傅山太极拳	太极拳	太极剑	气功养生法	明末傅山所创，清康熙传入灵石	孟太真、何世基

第二节　学校体育

清末，灵石高等学堂开设体操课，每周2节，以训练列队和游戏为主，以后逐渐增设田径、球类等。1923年秋，灵石按照山西省教育厅的规定，把体操课改为体育课，每周2节，教学内容有体操、田径和球类等。

1938年后，灵石县抗日民主政府所辖小学均设体育课，教学内容以列队、刺枪、武装长跑、超越障碍、投弹等为主。

中华人民共和国成立后，学校体育逐步走上正轨。1953年，毛泽东主席发出"身体好、学习好、思想好"的号召，得到全国上下的重视，灵石中小学校积极行动，进行体育基础建设，配备专职体育教师，开辟运动场地，购置体育器材，开展教研活动。学校体育出现新局面。

1954年，灵石中小学校采用苏联体育教学大纲进行课堂教学，教学步骤分为四个部分，即开始部分、准备部分、基本部分和结束部分。

1957年，学校体育试行劳卫制，要求学生在跑跳、投掷、攀登、体操等一般体育运动中，都要达到国家规定的标准，合格者由学校发给合格证书和证章。此时，学校体育蓬勃发展，学生争先恐后，自觉进行锻炼，力争达标。1960—1962年，学校体育受到一定影响，有的学校操场种了蔬菜，学生参加体育运动者减少。

从1963年始，随着国民经济的好转，学校体育活跃起来。1964年，"劳卫制锻炼标准"被改为"青少年体育锻炼标准"，中小学校体育由县文教局统一制定课程计划，进行活动。

1966年"文化大革命"开始，学校体育器材散失殆尽，体育设施遭受破坏几乎无存，体育场地杂草丛生，体育锻炼销声匿迹。这种局面一直持续到1971年，体育活动才得以恢复。为了促进学校体育运动，县体委、教育局联合举办学生运动会。在此之前，各联校相继召开校运动会和其他体育竞赛活动。1975年，晋中地区在灵石县举办同蒲沿线6县乒乓球邀请赛，促进本县学校体育活动的开展。

1979年暑假期间，县体委、教育局在道美中学举办全县中小学体育教师培训班；同年10月，又选派部分体育教师外出观摩学习，体育教学得到改进。

1980年4月，教育局、县体委组织了20人的体育检查组，分4路对全县较大的中小学校进行国家体育锻炼达标检查。

1981年，县教育局配备专职体育干部，加强对学校体育工作的指导。

1982年10月，县教育局对全县16个公社联合校，4个县直中学，2个城镇小学进行观摩检查，在仁义中学召开现场会，对4个先进集体和8个教学能手进行表彰。1984年12月，晋中行署教育局在本县召开全区学校体育工作现场会议，交流经验，表彰先进。

第三节　群众体育

一、职工体育

篮球　1951年，篮球运动在机关、厂矿企事业单位职工中开展起来。1956年5月，灵石第一届职工篮球运动会举办，会后选出参加榆次专区首届职工篮球运动会的代表队。1963年10月，举办国庆篮球比赛，全县有15个代表队参加，县长王良厚参加县人委代表队，并为主力队员。灵石中学代表队获得冠军，灵石煤矿代表队获得亚军。之后，每年五一劳动节和十一国庆节，县体委和县工会联合举办职工运动会，从未间断。1976年五一劳动节，县城举办第十届职工篮球运动会，参加代表队19个，其中男队14个，女队5个，男女运动员180人，这是规模较大的一次职工运动会。两渡煤矿男队获得第一名，南关煤矿女队获得第一名。

排球　主要在矿区进行。1972年，晋中地区在本县举办全区排球比赛，灵石男子排球代表队获得第一名，女子排球代表队获得第二名。

体操　1954年，国家公布第一套广播体操，本县机关、厂矿职工开始做早操和工间操。以后，第二套至第六套广播操公布后，全县继续学练，坚持不断。1981—1983年，职工广泛开展广播操练习，石膏矿被评为晋中地区的广播操先进单位。

象棋　象棋是本县广大群众喜爱活动的棋类之一。业余时间，职工弈棋者甚多。1972年以来，灵石每年至少举行一次全县性的象棋比赛，优胜者给予奖励，至1985年共举办过12次象棋比赛，并组织代表队多次出席晋中地区的象棋比赛。1985年，两渡煤矿青年工人郭东文参加晋中地区第八届运动会，在象棋比赛中荣获第一名。

越野赛跑　1979年元旦，灵石举办第一届职工环城越野赛，参加者共17个单位，3000余人。男队前三名为驻灵52949部队、灵石一中、工交系统；女队前三名为二轻系统、延安学校、工交系统。之后，灵石每年元旦都组织越野赛跑活动，至1983年，共举办过八届元旦越野赛，参加人数达1万人以上。

二、农民体育

1958年，中央号召开展群众性的体育活动，全县农村有60%的生产大队开辟篮球场，组织篮球队进行体育活动。以后在复员军人和返乡知识青年的带动下，全县农民体育运动迅速发展。1972年春节，全县举办首届农民运动会。1973年5月，静升农民翟桂根参加晋中地区农民体育运动会，创造了投掷手榴弹59.55米的好成绩，成为全区最高纪录。1975年，灵石举办第二届农民运动会。1985年，随着农村经济形势的好转，农民群众参加体育运动者日渐增多，为了加强农村体育运动的领导，各乡镇普遍成立体育运动委员会，负责组织农民群众的体育活动。

三、老年体育

20世纪80年代以来，随着机构改革，离退休老干部、老职工逐渐增加，为了开展老年人的体育活动，县里建立了老年活动室，有乒乓球、康乐球、象棋等体育设备。县体委和老干部局于1984年12月举办全县首届老年运动会，比赛项目为竞走、长跑，参加运动员共130人，有工人、干部、教师等，其中年龄最大者83岁。1985年4月，灵石举办第二届老年人运动会，比赛项目有长跑、象棋、射击、太极拳，参加运动员共84人。1985年5月，灵石老年人体育协会成立，举办老年气功培训班和老年太极拳辅导站，为老年体育活动广开园地。

四、妇女体育

1970年3月，县妇联和县体委联合举办首届三八妇女运动会；至1985年，共举办7届妇女运动会。其中，1979年三八妇女运动会，全县有17个单位、150名运动员参加，比赛项目有乒乓球、羽毛球、广播操、拔河等。

第四节　比赛成绩

中华人民共和国成立以来，本县体育运动员及代表队曾多次参加地区级和省级以上的体育比赛，获得名次者达17人，其中，1977年2人、1978年7人、1979年2人、1983年3人、1984年3人。代表山西省参加全国比赛者6人，其中，1972年2人、1978年1人、1985年3人。

灵石获省级以上体育比赛名录

时　间	运动会名称	组　别	项　目	名　次	运动员姓名
1973.5	山西省中学田径运动会		500克手榴弹		王英梅
1976.4	全省中长跑运动会		5000米	第五名	杨连生
1977.8	全省少年田径运动会	少年组	400米	第四名	李喜海
1977.8	全省少年田径运动会	少年组	6.25公斤铅球	第三名	刘义山
1977.8	全省少年田径运动会	少年组	1.5公斤铁饼	第三名	刘义山
1977.8	全省少年田径运动会	少年组	1500米	第四名	姚荣强
1978.8	山西省第六届中学生运动会	少年组	100米 200米 400米	3项第一名	蔺海登
1978.10	全国中学生运动会分区赛	少年组	100米	第四名	蔺海登

灵石成年男子组田径运动最高纪录明细表

项　目	成　绩	创造者	单　位	时　间	地点	运动会名称	名次
100米	11″9	蔺海登	段纯中学	1980.9	灵石	灵石县中学生田径选拔赛	
200米	25″3	蔺海登	段纯中学	1978.8	太原	山西省第六届中学生运动会	第一名
400米	58″	赵春祥	灵石一中	1985.8	介休	晋中地区中小学田径运动会	
800米	2′11″2	牛建林	灵石一中	1985.8	介休	晋中地区中小学田径运动会	
1500米	4′39″	姚云强	城关二小	1977.3	榆次	晋中地区短中长跑运动会	
3000米	9′46″9	李建宏	灵石一中	1985.5	介休	晋中地区中小学田径运动会	
5000米	16′52″8	杨连生	灵石一中	1976.4	芮城	山西省中长跑运动会	全省第五名

续表

项　目	成　绩	创造者	单　位	时　间	地点	运动会名称	名次
铅球 7.26公斤	8.71米	翟桂根	化肥厂	1985.8	榆次	晋中地区第八届运动会	第五名
铅球 6公斤	10.02米	刘国栋	灵石一中	1981.7	太谷	晋中地区中学生田径运动会	
铁饼 2公斤	26.58米	翟桂根	化肥厂	1985.8	榆次	晋中地区第八届运动会	
标枪 700克	43.40米	刘双成	灵石一中	1982.4	灵石	灵石中小学教工田径运动会	
手榴弹 700克	57.64米	翟桂根	静升中学	1975.5	寿阳	晋中地区中学生田径运动会	
三项全能	974分	王敦全	灵石一中	1972.5	祁县	晋中地区中学生田径运动会	
五项全能	2024分	申富生	两矿中学	1975.5	寿阳	晋中地区中小学田径运动会	
跳高	1.60米	王敬全	县体委	1982.5	太谷	晋中地区第七届运动会	
跳远	5.50米	张茂雄	教育局	1982.5	太谷	晋中地区第七届运动会	
三级跳远	11.53米	武翠平	富矿中学	1974.5	榆次	晋中地区第六届运动会	

注：参赛者为18岁及以上。

灵石成年女子组田径运动最高纪录明细表

项　目	成　绩	创造者	单　位	时　间	地点	运动会名称	名次
100米	14″1	李冬花	二小学	1977.5	太谷	晋中地区中小学田径运动会	
200米	30″2	王小梅	两矿中学	1975.5	寿阳	晋中地区中小学田径运动会	
400米	1′9″1	冯　连	灵石二中	1984.5	灵石	灵石中小学田径运动会	
800米	2′36″7	阎志宏	灵石一中	1985.4	介休	晋中地区中小学田径运动会	
1500米	5′31″7	王建喜	张矿校	1976.1	榆次	晋中地区中长跑运动会	第三名
3000米	12′5″	王建喜	张矿校	1976.1	榆次	晋中地区中长跑运动会	
铅球 4公斤	8.48米	马素梅	灵石一中	1985.4	介休	晋中地区中小学田径运动会	
铅球 5公斤	9.15米	梁慧琴	张矿校	1976.1	榆次	晋中地区中学生田径运动会	
铁饼 1公斤	28.54米	王英梅	两矿中学	1972.10	榆次	晋中地区中学生田径运动会	
标枪 600克	27.24米	王英梅	两矿中学	1982.5	太谷	晋中地区第七届运动会	
手榴弹 500克	39.33米	王英梅	两矿中学	1973.5	太原	山西省中学生运动会	
跳高	1.33米	安居珍	灵石一中	1982.5	太谷	晋中地区第七届运动会	
跳远	4.48米	郭志宏	灵石一中	1985.8	榆次	晋中地区第八届运动会	第五名
三项全能	863分	王英梅	两矿校	1973.5	祁县	晋中地区中学生运动会	
五项全能	1642分	宁卫平	灵石一中	1975.5	寿阳	晋中地区中学生田径运动会	

注：参赛者为18岁及以上。

灵石少年男子组田径最高纪录明细表

项 目	成 绩	创造者	单 位	时 间	地点	运动会名称
100 米	11″9	蔺海登	段纯中学	1980.9	灵石	灵石县中学生田径选拔赛
200 米	25″3	蔺海登	段纯中学	1978.8	太原	山西省第六届中学生运动会
400 米	57″	李 强	职业体校	1985.5	榆次	晋中地区短中长跑运动会
800 米	2′12″7	陈海清	灵石二中	1985.5	灵石	灵石县中小学田径运动会
1500 米	4′33″7	王富宏	职业体校	1985.7	榆次	晋中地区中小学田径运动会
3000 米	9′59″3	杨连生	灵石一中	1971.1	榆次	晋中地区中长跑运动会
5000 米	16′52″8	杨连生	灵石一中	1976.4	芮城	山西省中长跑运动会
10000 米	35′51″2	杨连生	灵石一中	1976.4	芮城	山西省中长跑运动会
3000 米竞走	15′37″1	赵勇强	职业体校	1985.10	榆次	晋中地区首届青少年运动会
5000 米竞走	27′31″7	赵勇强	职业体校	1985.10	榆次	晋中地区首届青少年运动会
110 米栏	21″1	郭 询	富矿中学	1972.10	榆次	晋中地区中学生田径运动会
5 公斤铅球	10.85 米	田 杰	城关中学	1985.4	榆次	晋中地区短中长跑运动会
1.5 公斤铁饼	35.54 米	史建武	两矿中学	1982.4	太谷	晋中地区第七届运动会
2 公斤铁饼	24.64 米	申富生	两矿中学	1975.5	寿阳	晋中地区中学生田径运动会
600 克标枪	37.40 米	史建武	两矿中学	1982.4	太谷	晋中地区第七届运动会
700 克标枪	38.20 米	刘国栋	灵石一中	1981.7	太谷	晋中地区中学生田径运动会
700 克手榴弹	57.64 米	翟桂根	静升中学	1975.5	寿阳	晋中地区中学生田径运动会
500 克手榴弹	61.10 米	王 伟	南关矿中	1978.5	榆次	晋中地区首届中学生运动会
跳高	1.54 米	武翠平	富矿中学	1974.4	灵石	灵石县中小学田径运动会
跳远	5.50 米	李喜海	段纯中学	1977.5	太谷	晋中地区中学生田径运动会
三级跳远	11.53 米	武翠平	富矿中学	1974.5	榆次	晋中地区第六届运动会
三项全能	974 分	王敬全	灵石一中	1972.5	祁县	晋中地区中学生田径运动会
五项全能	2024 分	申富生	两矿中学	1975.5	寿阳	晋中地区中学生田径运动会
4×100 接力	50″2	灵石队		1978.5	榆次	晋中地区首届中学生运动会

少年女子组田径最高纪录明细表

项　目	成　绩	创造者	单　位	时　间	地点	运动会名称
100 米	14″2	李冬花	城关二小	1977.6	太谷	晋中地区中小学生田径运动会
200 米	29″	周海燕	职业体校	1985.5	灵石	灵石中小学田径运动会
400 米	1′6″	孙计英	职业体校	1985.10	榆次	晋中地区首届青少年运动会
800 米	2′30″9	王新荣	职业体校	1985.10	榆次	晋中地区首届青少年运动会
1500 米	5′9″6	王新荣	职业体校	1985.5	灵石	灵石中小学田径运动会
3000 米	11′35″3	王新荣	职业体校	1985.5	灵石	灵石中小学田径运动会
5 公斤铅球	9.15 米	梁慧琴	张矿校	1976.1	榆次	晋中地区中长跑运动会
4 公斤铅球	8.85 米	逯建萍	职业体校	1985.7	榆次	晋中地区中小学生田径运动会
1 公斤铁饼	28.54 米	王英梅	两矿校	1972.10	榆次	晋中地区第六届运动会
600 克标枪	25.56 米	王英梅	两矿校	1974.5	榆次	晋中地区中学生田径运动会
500 克手榴弹	39.33 米	王英梅	两矿校	1973.5	太原	山西省中学生田径运动会
跳高	1.33 米	安居珍	灵石一中	1981.7	太谷	晋中地区田径运动会
跳远	4.46 米	郭志红	灵石一中	1984.7	榆次	晋中地区中学生田径运动会
三项全能	863 分	王英梅	两矿校	1973.5	祁县	晋中地区少年田径运动会
五项全能	1642 分	宁卫平	灵石一中	1975.5	寿阳	晋中地区少年田径运动会
4×100 米接力	58″7		职业体校	1985.10	榆次	晋中地区首届青少年运动会
2000 米竞走	11′10″9	张秀云	职业体校	1985.10	榆次	晋中地区首届青少年运动会
3000 米竞走	16′2″1	张秀云	职业体校	1985.10	榆次	晋中地区首届青少年运动会

第五节　体育设施

一、经费

从 1952 年开始，体育事业经费被列入县财政支出项目，逐年拨款资助，至 1985 年，累计拨付体育经费 36.34 万余元，主要用于场地建设、器材购置及竞赛业务活动等。其他城乡各单位体育经费开支均系自筹解决。厂矿企业体育经费比较宽裕，基本可以满足；机关、学校、事业单位体育经费较少，影响

1952—1985 年灵石体育经费拨支情况表

单位：元

年　份	金　额	年　份	金　额	年　份	金　额
1952	100	1964	1031	1976	7719
1953	100	1965	789	1977	7637
1954	124	1966	847	1978	8861
1955	195	1967	1373	1979	9900
1956	368	1968	1286	1980	14948
1957	1338	1969	1000	1981	24681
1958	500	1970	30	1982	15512
1959	500	1971	3799	1983	48369
1960	800	1972	7650	1984	105855
1961	1104	1973	6500	1985	71385
1962	1072	1974	7798		
1963	796	1975	9419	合　计	363400

活动开展。

二、场地器材

民国时期，各高级小学有一些简易的体育场地及简单的体育器材。中华人民共和国成立后，随着体育事业的发展，体育场地及简单的体育器材逐年增多。1956 年道美完小开辟了一个不规则的 200 米跑道，这是本县最早的田径场地。1957 年，旧城建立一个人民体育场，内有比较标准的半圆式 200 米跑道的田径场地和篮球场。1979 年，新街开辟一个较为宽敞的体育场地。1985 年，体育场内有 5 层露天看台、可容纳 3000 名观众的灯光球场 1 个，有 300 米跑道的田径场地 1 个，有露天旱冰场 1 个。

除县城体育场外，机关、厂矿、学校、部队等单位均建设有大小不同的体育场地。据 1985 年统计，全县城乡共有篮球场 150 余个，其中灯光球场 15 个，其他排球场、羽毛球场、乒乓球台、跳高跳远池等普通的运动场地和体育器材，各单位工会、俱乐部及乡镇文化站均有设置。

第六节　体工队伍

据 1985 年统计，全县经上级批准的各类裁判员共 16 人，其中国家一级裁判员 2 人，国家二级裁判员 14 人。他们当中，田径裁判员 8 人，篮球裁判员 5 人，武术裁判员 3 人。

此外，本县为山西体育战线培养和输送了一定的力量。例如，王新林，本县靳村人，1959 年从北京体育学校毕业，系国家一级教练员，曾任山西省田径、自行车队教练，为山西田径及自行车运动培养了一批优秀运动员；张世德，本县南关镇人，1961年从灵石中学入选山西体工队，系20世纪60年代山西省男篮主力队员，毕业于上海体育学院，后任省女篮教练，为本省篮球运动培养了不少运动员；师月娥，女，本县城内人，1959年从灵石中学选入山西省乒乓球队，系主力队员，多次参加全国少年运动会，获得全国女子单打第五名，1972年调入天津市工作；王巧连，女，本县北王中人，1959年选入山西女子排球队，系60年代主力队员，曾多次参加全国比赛；杨兆宏，本县南墕乡人，1963年从灵石中学入选山西男子篮球队，以后转田径队，1966年在全国比赛中获男子铁饼第四名，毕业于北京体育学院，多次在省级及以上刊物发表体育学术论文。

第二章　卫　　生

第一节　防　　疫

一、预防

环境卫生　1950年，县爱国卫生委员会（简称爱委会）成立，主任由县长兼任。1952年4月，全县开展以反对美帝国主义细菌战为中心，人人动手，"四净五灭"（人净、家净、院净、街净和灭蝇、灭蚊、灭虱、灭蚤、灭鼠）活动。1955年，全县开展以"除四害、讲卫生"（除蝇、蚊、鼠、雀）为中心的爱国卫生运动；1957年，贯彻《城市卫生管理条例》与《卫生监督条例》，城区组建清扫组，两渡等乡镇也相继组建清洁卫生队。1958年4月，县召开爱国卫生誓师大会后，城关出动3300多人，清除垃圾14282立方米，涌现出张嵩村等一批"四无"村，全县60%的村庄达到"四无"。1959年，全县对农村（饮水、粪便、厕所、水井、炉灶、畜圈、环境）实行"两管五改"。1966年，爱委会停止活动。1976年，爱委会恢复工作。1981年，县决定每年3月为"文明礼貌月"，爱国卫生纳入精神文明建设的重要内容。1982年3月26日，县人大常委会第七届四次会议批准《灵石县城乡爱国卫生管理条例》，1985年仅6次卫生突击日，参加人数达40万人（次）；出动汽车450辆（次）；清运垃圾17500吨，整修下水道3500米，翻修自来水管道15处、1080米，整修街道15条、2600米；新建公共厕所42个，改造厕所60个。同年，全县进行3次卫生检查验收，评选文明卫生单位 135 个、文明卫生乡镇 2 个、文明卫生村 20 个，其中，南关发电厂、县人民医院、翠峰楼饭店、县水利局、城关第二小学、王禹乡赵家沟村被评为省级文明卫生单位。

食品卫生　1949 年后，灵石贯彻国家有关食品卫生规定，多次对从业人员进行教育和监督，对患病人员及时调换；1983 年对 1633 人检查，查出 34 人患病，其中结核病患者 4 人，肝炎患者 30 人；1984 年对 2250 人检查，查出患病者 30 人，其中结核病患者 6 人，肝炎病患者 24 人；1985 年对 2100 人检查，查出患病者 24 人，其中患结核病的 2 人，患菌痢者 2 人，患肝炎者 20 人；同年，对全县食品生产、销售单位进行卫生检查，向 488 个单位颁发了卫生合格许可证，对卫生不合格者，责令停业整顿。

学校卫生　1953 年，灵石对城关小学 500 多名学生视力作了检查，推广眼保健操；1962 年，对灵石中学 674 名学生进行体格检查，发现患近视眼、肝炎病、肺病、心脏病者共 335 人，占学生总数的 49.7%。同年 12 月，全县中等学校建立卫生室、小学设保健箱，并配备兼职卫生员、保健员。1982 年以后，灵石对全县中小学生建立健康档案，每年进行 1 次体格检查。

工业卫生　1984—1985 年，全县对灵石煤矿、南王中煤矿、沙峪煤矿、石膏矿、石料厂等单位接触岩尘 3 年以上、煤尘 10 年以上，其他粉尘 5 年以上的工人进行检查，确诊硅肺病者 230 人（其中死亡 26 人）；同时对 18 个乡镇煤矿接触煤尘 10 年以上的 332 人检查，发现有 303 人不同程度地患有硅肺病；同年，对全县操作有害作业工人建立健康状况登记卡。

二、传染病防治

天花预防　清末民初，灵石人民采用土法接种牛痘。

民国 12 年（1923）、25 年（1936）、30 年（1941）、31 年（1942）、36 年（1947），天花在本县大面积流行，幼童死亡甚多。民国 25 年（1936），水峪、马和、静升一带村庄发现天花传染病。

1948 年冬至 1949 年春，本县发生天花传染病，太岳一专署调拨牛痘苗240 支，为 2500 人免费接种。

1950 年，灵石训练接种员 315 人，到 1952 年，对全县 85218 人接种牛痘。

1953 年起，灵石对新生儿及以往未接种者补种牛痘疫苗，此后县境再没有发生过天花传染病。

流行性感冒（流感）　1955 年，全县发病 474 例，死亡 3 人；1956 年，发病 418 例。1957 年 3 月 18 日，南关矿区发病患者 20 余人，次日，发展到580 人，月底，南关、富家滩两矿区发病 2463 人；城关发病者 600 余人；梁家墕乡沟二里村289人中，就有105人发病，死亡5人。全县发病3874人，死亡8人，县防疫部门组织治疗。1964—1985年，灵石仍有个别地方发生流感，发病人数极少。

伤寒　伤寒病发区集中在沟二里、东堡、苏家庄等村。1952—1964年，发病141人，死亡7人。1976—1985年，发病113人，死亡3人。

流行性脑膜炎（流脑）　1976—1984年，灵石每年均有发生，发病率为3.59‰。其中，1977年发病70例，死亡6人；1978年发病33例。

乙脑　1976年以来（1977年未发病），灵石各年均有发生，其中，1979—1980年各发病5例，发病率为0.26‰，1981年发病6例，1984年发病5例，发病率分别为0.31‰与0.25‰。

麻疹　1952年以来，灵石每年均有发生。其中，1963年，发病869例；1964年，发病957例，死亡29人；1977年，发病321例，马和乡发病人数较多，发病率16.46‰；1981年发病480例，发病率为24.05‰；1982年发病309例，交口乡较多，发病率15.17‰。同年，全县普遍接种麻疹疫苗，此后发病率逐年下降。

肝炎　1976—1985年，灵石发病222例。其中，1977年，南关、王禹、城关发病101例，发病率5.81‰；1978年发病44例，发病率2.25‰。

菌痢　1952—1966年，灵石发病3135例。其中，1964年发病1768例，两渡、富家滩矿区发病率较高；1976—1985年，发病1856例，死亡4人，其中1977年发病923例。

炭疽　本县为多发区之一，主要分布于靳村、梁家圪塔、崔家沟、罗铺村。1955年9月，崔家沟发病6例，死1人。1964年，崔家沟又发生4例。1966年9月15日，梁家圪塔100余人分食病羊肉（炭疽病），5人患病。

梅毒（花柳病）　据太岳一专署1946年3月调查资料记载："灵石敌我交错区发病1700例。"1953年，灵石对162个村47336人进行检查，查出患梅毒病者286人。1956年，灵石对全县乡村进行普查，查出梅毒患者514人（男295人，女219人），占全县人口的4‰。其中，南关、静升、马和等乡镇人数较多。特别是南关，受检查者354人，其中，50人患梅毒病，占检查人数的14%。

1957年3月，灵石对饮食服务从业人员548人检查，发现KT病患者58人，经华氏和康氏反应检查，均属阳性。

三、地方病防治

甲状腺肿　全县18个乡镇均有病例，累计查出患病者4246人，分散于

130 个自然村。发病率最高的有梁家墕、交口、段纯、夏门 4 个乡镇和泉则坪、温家沟、峪口、郭家庄等村。1975 年，灵石人民用碘化油注射液治疗，食盐加碘预防。1984 年，全县有患者 309 人，其中弥漫型 222 人，结节型 65 人，混合型 22 人；患者中 I 级 178 人，II 级 105 人，III 级 24 人，IV 级 2 人，分布在 13 个乡镇的 63 个自然村。境内甲状腺肿病基本达到控制。

氟中毒 1981 年，灵石对全县 97459 人进行普查，查出患氟斑牙者 1059 人，其中，白垩型 245 人，着色型 550 人，缺损型 260 人，氟骨症 14 人（I 级 10 人，II 级 3 人，III 级 1 人）。患者多分布于马和、英武、段纯、夏门等乡镇的 9 个自然村，腰庄村较为严重。1983 年，晋中地方病防治小组拨款 1.6 万元，为腰庄村引进低氟水。

布氏菌病 1968 年，晋中地区在县境内逐户普查，查出患病者 317 人，分布于全县 16 个公社的 109 个生产队，即刻为患者免费治疗，同时人畜分别预防接种。1982 年，两渡发生 2 例，当年治愈。

四、保健

妇女保健 1949—1955 年，为了宣传妇幼卫生常识、推广新法接生，灵石建立妇幼保健为中心，后于 1952 年 8 月 23 日；成立县妇女保健委员会，同时建立县妇幼保健站。之后，基层妇幼保健站建立（后称保健组）。1956 年，灵石作出针对妇女经期、孕期、哺乳期劳动照顾的规定。1959 年，灵石贯彻产妇休假、工资照发、哺乳给以照顾等有关规定。1978 年，灵石对全县妇女常发病（尿瘘、子宫脱垂）普检并免费治疗；1981 年，对全县妇女疾病进行普查；1982 年春，建立孕妇登记卡、访视卡，进行产前定期检查，产后定期访视；1985 年，全县孕产妇 1553 人，产前检查者 1543 人，计检查 7241 人（次）；产后访视 1467 人，计访 4840 人（次）。对更年期妇女推行卫生指导，定期检查。同年，全县查出子宫脱垂患者 152 人，其中药物治疗者 125 人，手术治疗者 24 人；查出尿

1980—1985 年灵石妇女病普查治疗统计表

单位：人

年份	普查人数	发病人数							治疗人数
		合计	宫颈癌	子宫脱垂	盆腔炎	阴道炎	宫颈糜烂	其他	
1980	9895	2480	6	98	563	567	841	405	1272
1981	7178	2225	8	47	413	529	989	239	2225
1983	3623	1161		3		226	781	151	941
1984	5913	1065	8	6		343	560	149	999
1985	5332	1226	5	1	976	401	600	219	1206
合计	31941	8157	27	155	1952	2066	3771	1163	6643

瘘患者 6 人，5 人手术；普查妇女 5332 人，查出宫颈癌 5 人，盆腔炎 976 人，阴道炎 401 人，宫颈糜烂 600 人，子宫脱垂 1 人，其他杂病 219 人。

儿童保健　1950—1952 年，灵石对全县儿童普种了牛痘疫苗，同时给儿童注射了赤痢法基、三联疫苗、鼠疫苗。1952 年，灵石县人民医院组织巡回医疗队抢救麻疹合并肺炎患儿 55 人，治愈 50 人，死亡 5 人；同年，为百日咳患儿 132 人治疗，治愈 125 人，死亡 7 人。

1961 年春，全县查出营养不良患儿 806 人，其中患佝偻病患儿 119 人。

1979 年，灵石对全县 7 岁以下儿童 24467 人进行检查，查出有虫者 17993 人，分发驱蛔灵 280 瓶，驱虫净 100 瓶，服药人数达 16990 人，排虫人数为 13009 人。自同年 6 月起，灵石逐年对 1/3 的儿童进行健康检查，填写健康卡片。

1982—1985 年，灵石共有独生子女 325 人，其中农村 217 人、城镇 103 人，已建立档案，每年定期体检 2 次，发现患病子女 45 人，当即进行治疗。

1985 年，县妇幼站在延安、南王中建立了 2 个新生儿管理试点。

第二节　医　疗

一、医疗设施

药铺药店　清道光二十年（1840），民间中医李玉美在城内北街开设"大顺堂"药店（1938 年停业）。清道光二十三年（1843），何子健、李葆真分别在静升开设"永和恒"（1933 年停业）、"育仁原"药店（1938 年停业）。清道光二十四年（1844），周兴在静升开设"大德恒"药店（1938 年停业）。光绪十一年（1885），杨旭真在城内南街开设"万兴堂"药店（1938 年停业）。清光绪三十一年（1905），温帜亭在城内北街开设"德顺昌"药店（1938 年停业）。民国时期，县内有药铺药店 35 家，其中有坐堂医生者 28 家。1948 年，人民政府对药店进行整顿，全县共有 25 家，其中有坐堂医生的 9 家，分布于城关、南关、仁义、静升、王禹、回祖、英武、两渡等地。1954 年，全县新增药铺 29 家（分布于乡村）。1955 年，城内 8 家药店合营为大众药房。1958 年，私营药店分别转入公社医院或农村保健站。

诊所　1950 年后，李寿卿等 7 人在城东门外开设新生诊所，郭有余等 6 人在城北门外开设健康诊所，赵焕章等 4 人在张家庄开设联合诊所，陈瑞安等 4 人在南关开设济康诊所，牛海青等 7 人在富家滩开设和平诊所，赵春长等 4 人在英武开设保健诊所，景文全等 4 人分别在峪口、交口开设新兴诊所，王德华等 4 人在王禹开设联合诊所，蔡维周等 4 人在夏门开设夏门联合诊所，张子平等 4 人在段纯开设济礼医药社，吴蓬仙等 7 人在仁义开设仁义联合诊所，张汉卿等 7 人在两渡开设健康诊所，各诊所均以中医为主。1958 年，这些诊所均转入公社医院或保健站。

医院、站、所 1925 年，绵山医院在张嵩村介庙建立（后迁静升三官庙），彭承祖（县长）兼任院长，设内、外、妇科，另有中医研究会，有医生 5 人，1927 年停办。1949 年，县人民医院（简称县院）建立，同时妇幼保健站、卫生防疫站建立。1958 年后，农村相继建立卫生所、保健站，1965 年有保健站 70 个，医务人员 142 人（中医 58 人，西医 38 人）。1966—1977 年农村建起卫生所 152 个（保健站改名），有乡村医生 303 人。1978—1981 年，全县建立合作医疗卫生所 220 个，有卫生员 557 人（不脱产），其中，女乡医 183 人，接生员 149 人。1985 年，全县 301 个村委，有 236 个村委办起卫生所 239 个，有 29 个村委联办卫生所 14 个，有 5 个村委由医院代办卫生所 3 个。同年，全县有病床 569 张（含工矿企业），医务人员 740 人（不含乡医）。此外，机关、厂矿卫生所有 99 个。

灵石县人民医院 于 1949 年 7 月成立，院址在旧城北街 19 号，有医务人员 8 人，土炕病床 5 张。1954 年，县城北门外新建医院 1 处，有病房 36 间，始设手术室、化验室；1961 年，有医务人员 43 人，病床 45 张，增 X 光机，建放射室。1969 年，县城新街东部建成县人民医院，1979 年实现人员、技术、设备三配套，开始分科管理，增设老干部病房、新生儿病房、传染病房和急诊室。1985 年，有医务人员 134 人，其中中西医师、护士 41 人，有病床 100 张，大型医疗器械有心电图机、心电监护机、脑电图机、脑血流图机、A 型、B 型超声诊断仪、口腔综合治疗机、眼科裂隙显微镜、300 毫安 X 光机及救护车等。住院部设内科、外科、妇产科、传染科 4 个病区，门诊部设医疗、医技科室 12 个。1984 年，县人民医院由山西省卫生厅授予文明卫生医院，并颁发证书及牌匾。

二、医疗器械

1953 年前，本县的医疗器械只有常用的刀、剪、钳、镊等；1954 年，增置万能手术床、腹部外科器械和吸引器；1961 年，增置无影灯、氧气手推车、器械台、无菌柜以及骨科小器械；1980 年，增置麻醉机、高频电刀、超声诊断仪、心电监护仪、脑电图机、脑血流图机等器械。

1985 年灵石主要医疗器械明细表

单位：台、件、张、辆

名　　称	数量	使　用　单　位
超生诊断仪	3	县院、段纯、城关各 1
电冰箱	9	县院 4，防疫站 2，静升、城关、仁义院各 1
离心机	1	县院
综合手术床	3	县院 2，段纯 1
心电图机	9	县院 5，夏门、段纯、城关、南关各 1
激光治疗机	1	县院
高压消毒机	1	县院
高压消毒器	6	静升 2，马和、段纯、南关、仁义各 1
骨科手术刀包	1	县院
高频电刀	1	县院
九孔无影灯	2	县院
脑血流图仪	1	县院
脑血流图机	1	县院
婴儿保温箱	1	县院
腹部刀包	1	夏门院
制氧机	3	段纯、静升、仁义各 1
心电示波记录仪	1	县院
心电机能诊断仪	1	县院
大型洗衣机	1	县院
甩干机	1	县院
显微镜	10	县院
裂隙灯	1	县院
发电机	3	县院、段纯、交口各 1
分光光度计	2	县院、防疫站各 1
牙科医疗机	1	县院
SSD-710B 超	1	县院
电动呼吸机	1	县院
微波诊断仪	1	县院
茂福炉	1	防疫站
300mA X 光机	1	县院
200mA X 光机	3	县院、城关、段纯各 1
50mA X 光机	3	段纯、城关、王禹各 1
30MA X 光机	15	县院、妇幼站、梁家墕、仁义、交口、两渡、南关、英武、南墕、马和、坛镇、西许、静升、夏门、城关各 1
10mA X 光机	2	段纯、城关各 1
救护车	2	县院、防疫站各 1

三、医疗技术

内科　清道光二十年（1840），民间中医李玉美精通伤寒杂症及土法接种牛痘。清同治年间（1862—1874），郭益裕（仁义人）专治咽嗓病，将自制膏药贴于咽喉两旁，至出水泡病即除。同期，王奎聚（静升人）熟研黄芪，善针灸专治眼病。民国年间，郭汉卿自办家庭诊所，始用西药诊治疾病。1949年后，本县的医疗技术不断提高，县院能诊断治疗内科各种常见病、多发病，对冠心病、肺心病、糖尿病、高血压、肝硬化、乙型脑炎、脑血管病可作诊断处理，中西医结合取得较好疗效。

外科　1955年灵石首次进行阑尾切除手术。1957年，陈宗文首次作肠梗阻、疝、肿瘤、截肢手术以及腹部探测手术，累计95例。1961年，灵石始做胃、甲状腺囊肿手术；1972年，始做胃、脾、胆囊切除、腰椎结核病灶清除、骨折定位等手术。20世纪80年代，始作烧伤疤痕切除、植皮、脑外伤及组织移位等手术。

妇产科　民国年间，燕子敬始用新法接生。1955年，县院始做剖宫产；1957年，可做摘除巨型卵巢囊肿手术；1970年，始做子宫切除手术。1975—1977年，医生曹中选、李可用液氮冷冻剂治疗宫颈糜烂1500例，治愈率达84.8%。20世纪80年代，县院对妇科常见病、多发病能作较准确的诊断处理。县院及中心医院、乡镇卫生院可做计划生育四大手术（人工流产、人工引产、上节育环、男女结扎）。县院宋月仙用西药治疗不育症，效果良好。

五官科　1973年，县院设五官科，开始门诊常见病，可做青光眼、白内障手术；20世纪80年代，增设超声吸引器、电光视力表、镜片箱、口腔综合治疗机、眼科裂隙灯，能做泪囊摘除、眼睑矫正、口腔囊肿、验光配镜等手术；用冷冻囊内摘除白内障及巩膜层间咬切术治青光眼，减少患者痛苦，提高远期疗效。

放射科　1962年，县院购置200毫安X光机1台，始做胸腹透视、四肢及胸拍片和一般胃肠道造影；20世纪80年代，可做胆囊、肾盂造影、输卵管及子宫碘油造影、消化道双重对比造影及人工气腹造影。

功能科　1978年，县院设功能科，先后购置心电图机、A型、B型超声诊断仪、M型超声心动检查机、心电监护仪、脑电图机、脑血流图机及紫外线、红外线、超声波等治疗仪器，可对心血管系统、脑血管系统及肝、脾、肾等脏器疾病进行诊断，为患者和医生提供早防、早治、早愈的科学依据；并对慢性腰腿痛、风湿性关节炎、副鼻炎、中耳炎、烧伤疤痕、腹腔粘连及皮肤病进行理疗，效果较好。

检验科　1953年，县院建化验室，始做血、尿、便三大常规检验；1954年可做腹水、胸腔积液、血型、血沉、脑脊液等项测定；20世纪60年代，增开康氏反应、尿糖定性、细菌培养、妊娠试验、肝功能测定等20多个项目；

80 年代，可做微量生化分析、微量离子测定、蛋白电泳测定等共 75 个检验项目。

四、公费医疗

1952 年 6 月，机关干部、教职员工、企事业单位职工实行公费医疗。同年 10 月，灵石建立公费医疗委员会，每月每人标准医药费 1.5 元。1953 年，县统一印发公费医疗就诊证。

1957 年 3 月，灵石实行不超过 0.8 元由本人支付、4 元以内由单位批准、4 元以外由医委批准的医疗政策，营养药品、手续费、挂号费由个人负担。1975 年，公费医疗费年人均定额增至 24 元。1983 年，公费医疗费年人均定额 30 元；1985 年，年人均定额 50 元。

灵石部分年份公费医疗支出统计表

单位：元

年 份	支出医疗费	年 份	支出医疗费
1950	1000	1979	145296
1953	11270	1980	139933
1958	15211	1982	167000
1961	27733	1983	222000
1965	44999	1985	726300
1971	53181	合计	1553923

第三节 药 物

中药配制 清道光二十年（1840），民间中医李玉美研制土法种牛痘药品。清同治年间（1862—1874），郭益裕（仁义人）研制专治咽喉病的膏药。民国年间，县城大顺堂药店加工中成药 30 余种，以蜜丸、水丸为主。

20 世纪 50 年代，公私合营大众药房配制中成药，品种有藿香正气丸、羚翘解毒丸、牛黄安宫丸、上清丸、梅苏丸、参苓白术散等。梅苏丸质量上乘，酸甜可口，能生津止渴，为夏令防暑佳品，颇受群众欢迎。1972 年，县药材公司开办中药厂，购置切药机、磨粉机、打丸机，中药材加工由手工操作转向机械操作，可加工中成药及饮片 120 余种，年加工量达 6 万余斤。1973 年，它在药材整顿中停产。

西药制品 1974 年，县人民医院制剂科设无菌操作室、药品检验室，增电冰箱、烘干机，开始生产 5%、10% 葡萄糖大型液体及 50% 葡萄糖注射液和氯化钠、氯化钾液体及各种酊剂，年产量达万余瓶，经山西省生物研究所多次检验，符合国家规定标准，供本院临床使用，效果尚可。

第四节 药 政

1955 年 11 月，县药材公司成立，有职工 11 人，曾隶属县供销社、商业局、卫生局管辖，负责全县 38 个医疗单位的中、西药材及医疗器械的购进、批发管理事宜，年销售额 20 万元。1979 年 7 月，它由晋中地区药材公司系统领导。1985 年，县药材公司有职工 47 人，下设南关药材批发站和段纯、坛镇、梁家墕 3 个药材代批发站，担负着全县 366 个医疗单位的药品供应和管理工作，共经营药品 1200 余种，其中中药材 300 多种，年销售额达 200 万元，为 1955 年的 10 倍。

1985 年，县卫生局组织人员对全县医疗卫生单位的药品进行全面检查，遵照国家颁发的《药品管理法》进行鉴定，共查出伪劣、淘汰药品 124 种，价值 1936 元，在有关部门的监督下，全部予以销毁。

灵石部分年份药材公司基本情况表

年 份	职工人数／人	流动资金／元	固定资产／元	收购药材／斤	销售金额 ／万元	实现利润／元
1956	11	16246	7030	121723	22.6	12630
1965	26	48489	52513	65499	72.6	15912
1970	34	307489	54446	53964	104.7	12064
1978	42	310441	111929	302355	138.2	20141
1980	45	304860	153036	99051	140.9	32158
1984	47	285754	171327	91662	195.0	65356

第十七编

社会生活

第一章　婚姻家庭

第一节　婚　　姻

旧社会，受封建糟粕的影响，本县婚姻以买卖婚姻为主。青年男女十五六岁，经媒人（媒婆或媒汉）说合，取得男女双方家长的同意，男女双方不见面便能订婚。民国时期，普通人家一般花费尚可，如遇灾荒，妇女身价更微，斗粮即可易妻。旧时还有聘婚者，即男方以一定的礼品或钱财（聘礼或聘金）交付女方，即为订婚，然后择日迎娶。

旧社会，一些贫苦人家由于生活逼迫，不得已将自己的女孩卖给别人做媳妇，待女孩长大再成亲，这女孩也被叫作"童养媳"。童养媳的丈夫一般为未成年的男孩或已成年的未婚者。他们之间的年龄相差很大，有的相差一二十岁。

旧社会，两家男方各以自己的姊妹对换为妻者，叫"小姑换嫂""姊妹换妻"，谓之"换亲"。富豪之家，尚有养妾者；贫困之户，则典妻、押妻、卖妻者屡有发生。

旧时，婚龄没有明文规定，盛行早婚，普遍男十七八岁，女十五六岁结婚。有的人家为"早得继"，也有十二三岁结婚的。一般婚龄男大女小，娶大媳妇做劳力的也有。

1950 年，《婚姻法》颁布后，我国废除买卖婚姻，实行男女平等、婚姻自由、一夫一妻制，结婚年龄明文规定为男 20 岁、女 18 岁。《婚姻法》颁布后，出现了离婚，成为轰动一时的新鲜事。某些夫妻因感情不和、公婆虐待、买卖、包办婚姻带来痛苦而解除婚约。随着《婚姻法》的推行及经济文化的发展，灵石人民结婚年龄逐渐推迟，20 世纪 60 年代一般为男 22 岁、女 20 岁；70 年代末期，普遍实行晚婚，一般为男 25 岁、女 23 岁。由于婚姻自由，离婚人数也逐年递减。

第二节　家　　庭

旧时，一般的家庭多系数世同堂的大家庭，并以此作为兴旺发达的标志。

一家人少则十几口，多则几十口。大家庭由最长者当家，其位居权威地位。家里的生产收入、日常生活、婚丧大事均由长者安排。封建家长制的家庭，不许分家，闹分家者，谓之"不孝""不义"，世人耻之。

五四运动之后，本县多系祖孙三代的直系家庭，延续时期也较长，其家产世代相传，当家者上赡父母，下抚子女，一家人享受着天伦之乐。

中华人民共和国成立后，封建制的家庭开始瓦解，在社会主义教育影响下，家庭出现和睦、民主、团结的新风尚。随着工农业生产的发展，年轻人从家庭走向社会，他们开始另立门户，建立幸福的小家庭。多数家庭儿子结婚后，即行分居另过，不再与父母同堂生活，家庭人口也由于规模的缩小而减少。城镇户均三四人，农村户均四五人，城乡 10 人以上的家庭很少。

第二章　人民生活

第一节　职工生活

1948 年灵石解放以前，本县工人深受帝国主义、封建主义、官僚资本主义的政治统治和经济剥削，工时长、工资低，而且职业没有保障，生活十分困难。家庭人口少的尚可维生，家庭人口多的，每月入不敷出，负债累累。

1948 年灵石解放后，人民政府关心职工生活，无论工厂工人、商店职员，还是机关干部，均一视同仁，工作有保障，工资在增长，生活水平不断提高。1949—1985 年，灵石先后给全民所有制和集体所有制职工进行 10 次工资调整。1952 年，全县有全民所有制职工 899 人，年人均工资 299 元。1956 年实行工资制，全县全民所有制职工 4842 人，年人均工资 512 元。1978 年，全县有职工 9087 人，年人均工资 632 元，比 1952 年增长 2.11 倍。1985 年，全县有职工 11563 人，年人均工资 1118 元，比 1978 年增长 1.76 倍，比 1952 年增长 3.74 倍。

为了改善职工生活条件，国家投放大量资金，扩大城镇住房建设。至 1985 年，灵石城镇住房面积达 40 万平方米，人均住房面积 17.32 平方米。

1978 年以来，随着商品经济的发展，职工的家庭收入逐年增加，生活明显改善，衣食住行开始向高档发展，电视机、电风扇、电气炉、收录机等拥有量日渐增长。至 1985 年，50% 的职工家庭拥有电视机。

第二节　农民生活

1948 年灵石解放前，占全县人口 90% 以上的广大农民群众，由于蒙受地租和高利贷的盘剥，终日辛苦，不得温饱，长期过着缺吃少穿、饥寒交迫的贫困生活。

1948 年灵石解放后，灵石经过土地改革，实现耕者有其田，农民翻身做主人，在自己的土地上精耕细作，发展生产，收入逐年增加，生活不断改善。党的十一届三中全会以来，农民致富热情高涨，涌现出一批万元户和各种专业户，农村呈现一派繁荣景象。1962 年，全县农村经济总收入 712 万元，农民人均 41 元；1978 年，上升到 2285 万元，人均 76 元；1985 年，达到 12196 万元，人均 404 元。1985 年比 1978 年人均收入增长 4.3 倍，比 1962 年增长 8.8 倍。

随着农村经济的发展和收入的增加，农民的生活水平也在不断提高。20 世纪 80 年代以来，农村消费结构发生显著变化，农民吃的方面解决了"饱"字，便开始向"好"字发展；穿的方面解决了"暖"字，便逐步向"美"字追求。1978 年以前，本县农民消费细粮仅占 10%，1985 年达到 75%，彻底改变了过去"一年四季、粗粮为主、多吃粮食、少吃副食"的传统习惯。农民现在的饮食讲究营养价值，植物油、豆制品、肉蛋、水果、新鲜蔬菜成为农户家常食品。过去，村民穿着是"新三年、旧三年、缝缝补补又三年"，现在是的确良、华达呢、毛衣、毛裤、毛哔叽，青年男女的穿着打扮扭转了过去品种单调、式样古板的状况，代之以登山服、健美裤、高跟鞋、银戒指、金耳环、玉项链盛行民间。据统计 1985 年，本县每一户平均购买呢绒毛料 1.6 尺、绸缎 4 尺、化纤布 6 尺、成衣 2.8 件，分别比 1978 年增长 22%、18%、12%、32%。全县农村高档耐用商品拥有量：自行车 29994 辆，每百户拥有 79.3 辆；缝纫机 32096 台，每百户拥有 84.8 台；电视机 9570 台，每百户拥有 25.3 台；洗衣机 6543 台，每百户拥有 17.3 台；手表 81928 块，户均 2.2 块。

农民居住条件也在逐渐改善。自 20 世纪 70 年代以来，全县有 20% 的农户修建新房，农村新旧建筑面积达到 2200 多万平方米，人均 14.4 平方米。农民住房，不仅数量增加，质量也在提高，钢筋、水泥、青砖混合结构的新式窑洞和平房日渐增多，有些农户的居室还安装了土锅炉、土暖气、卫生间，购置了组合柜、沙发、写字台等，不少农户院内种树、养花，使环境得到美化。

1925 年和 1927 年灵石人民生活调查表

单位：元

费别	年代	士 上	中	下	平均	农 上	中	下	平均	工 上	中	下	平均	商 上	中	下	平均
合　计	1925 年	243.96	165.58	109.56	173.03	129.16	97.98	73.34	100.16	124.86	94.12	73.53	97.50	220.86	165.48	114.34	166.89
	1927 年	210.66	147.80	96.24	151.57	130.74	96.32	72.86	99.97	123.18	95.28	73.76	97.41	192.78	143.22	101.02	145.67
服装费	1925 年	34.12	24.00	15.82	24.65	18.40	13.70	10.30	14.13	16.44	12.24	10.56	13.08	33.20	22.30	15.80	23.73
	1927 年	29.62	20.52	13.02	21.05	23.60	12.30	9.20	15.03	15.70	11.46	9.40	12.19	26.86	17.28	12.58	18.91
食料费	1925 年	65.60	41.30	33.26	46.72	34.60	28.40	22.60	28.53	34.60	27.20	21.60	27.80	51.00	40.60	33.40	41.67
	1927 年	48.80	36.00	28.72	37.84	33.80	27.40	20.80	27.33	33.60	26.60	21.80	27.33	48.00	36.60	29.20	37.93
居住费	1925 年	4.80	3.70	2.50	3.67	2.60	1.96	1.24	1.93	3.00	1.98	1.27	2.08	4.56	3.48	2.44	3.49
	1927 年	5.12	4.12	3.00	4.08	3.04	2.46	1.72	2.41	3.30	2.60	1.84	2.58	5.04	4.24	3.16	4.15
燃料费	1925 年	9.01	7.14	5.04	7.09	5.12	3.60	2.54	3.75	4.48	3.10	2.00	3.19	7.16	4.94	3.48	5.19
	1927 年	8.44	6.74	5.00	6.73	3.72	3.60	2.86	3.39	4.52	3.58	2.68	3.59	6.86	4.82	3.70	5.13
卫生费	1925 年	6.60	3.72	2.32	4.21	2.36	1.48	2.90	1.58	2.28	1.34	0.76	1.46	5.84	3.96	2.40	4.07
	1927 年	6.08	3.58	2.26	3.97	2.44	1.84	1.26	1.85	5.70	4.62	3.66	4.66	4.60	3.16	2.04	3.27
教育费	1925 年	17.04	10.66	5.20	10.97	8.20	5.90	3.70	5.93	6.70	4.72	3.24	4.89	10.60	7.54	4.46	7.53
	1927 年	16.80	10.22	5.10	10.71	8.14	6.02	4.20	6.12	6.44	5.20	3.64	5.26	10.14	7.32	4.50	7.32
器具费	1925 年	7.60	5.46	3.90	5.65	5.14	3.40	2.34	3.63	5.10	3.70	2.58	3.79	7.52	5.56	4.00	5.69
	1927 年	7.82	5.42	3.94	5.73	6.14	4.96	3.70	4.93	5.86	4.70	3.30	4.62	7.30	5.44	4.10	5.61
嗜好费	1925 年	10.60	6.50	3.96	7.20	3.90	2.60	1.80	2.77	4.20	3.14	1.82	3.05	7.98	6.18	4.10	6.09
	1927 年	10.02	5.92	4.10	6.68	3.96	2.94	2.36	3.09	4.26	3.06	2.08	3.13	7.34	5.34	3.70	5.46
娱乐费	1925 年	9.90	7.10	4.16	7.05	3.94	2.84	1.96	2.91	3.98	2.54	1.82	2.74	8.60	6.60	4.06	6.42
	1927 年	6.96	4.18	2.66	4.60	2.90	2.20	1.76	2.29	2.40	1.66	1.22	1.76	5.44	3.76	2.38	3.86
临时费	1925 年	78.60	56.00	33.40	56.00	44.90	34.10	25.96	34.99	44.20	34.16	27.90	35.42	84.40	64.40	40.20	63.00
	1927 年	71.00	51.10	28.44	50.18	43.00	32.60	25.00	33.53	40.90	31.80	24.14	32.28	71.20	55.26	35.66	54.04

注：抄录《山西省第七次经济统计》数据。

太岳区灵石县 1945 年富力调查研究表

区数/个	根据地	1	村数/个	根据地	行政村 6　自然村 8	全县间数/个	290	合计	区数/个	4
	游击区	3		游击区	行政村 22　自然村 162				行政村/个 28　自然村/个 170	
人口/人	根据地	男 872　女 866		游击区	男 17,968　女 15,506	户口/户	根据地 457　游击区 6,863	总户数/户 7,320　总人口/人 35,212		
土地/亩	旱 1,823　坡 2,087　陡 2,934		游击区/亩	水 7,124　漫 72,572　旱 —	平 57,057　坡 72,572　沙 —　陡 110		全县开荒地/亩	根据地 35,212　游击区 4,497	全县总亩数/亩 144,456	每人平均/亩 4.1
产量收入/元	根据地 9,048　游击区 89,626		每亩平均产量/石	水 1.5　坡 4.1 斗　陡 2 斗	平 8 斗　坡 4.1 斗　沙 —　陡 2 斗		按亩数总平均产量　米/斗 6	每人平均收入产量细粮/石 2.51	全县产粮收入/石　细粮 86674　又开荒 1288	
牲畜	根据地	牛/头 319　驴/头 19　骡/匹 17　马/匹 4　猪/头 42　羊/只 369　鸡/只 241		游击区	牛/头 1,097　驴/头 135　骡/匹 1,264　马/匹 27　猪/头 18　羊/只 20,700　鸡/只 1,230	全县牲畜	牛/头 1,416　驴/头 1,283　骡/匹 152　马/匹 31　猪/头 60　羊/只 21,069	总计 24,011		
工商业及其他农村副业及物产	根据地	药材运输纺织商人收入作房小贩年收估计小米 4,450 石		游击队		占全县总收入百分比	5.05%			

注：资料来源省档案馆革命历史资料。

灵石部分年份社会购买力情况

单位：万元

年 份	1949	1952	1957	1982	1984	1985
总购买力	335.92	559.81	199.52	5467.00	13272.91	14044.89
社会商品购买力	277.88	459.86	1578.74	4730.00	8250.32	8867.57
居民消费品购买力	258.43	412.40	1467.64	3319.00	4099.86	6111.15
其中职工消费品购买力	63.25	144.50	933.90	1891.00	2206.57	2638.62
农民消费品购买力	134.12	232.31	495.97	1428.00	1893.29	3472.53
每人平均消费品购买力（元）	27	37	103	163	201	299
其中职工消费品购买力（元）	15	161	283	429	461	571
农民消费品购买力（元）	17	26	048	089	119	219
农业生产资料购买力	3.05	10.88	62.60	423.00	1029.93	757.65
社会集团消费品购买力	164	3658	10860	62700	86933	97376
流出或流入购买力差			60.10	361.00	2251.20	1025.01
社会非商品购买力	37.00	53.45	126.20	375.00	3892.15	3909.39
未实现的购买力	21.04	46.50	290.29	362.00	1130.44	1267.93
①年末储蓄存款		7.64	200.89	259.00	680.90	1121.94
②年末手存现金	21.04	38.86	84.90	103.00	449.54	145.99

第三章 民情风俗

灵石人历来崇尚勤俭，素以俭朴为荣、奢侈为耻。过去由于灵石地处山区，交通闭塞，文化落后，风俗改革亦甚缓慢。

第一节 衣食住行

一、饮食

灵石民食以杂粮为主，日食三餐，早餐多食玉米面窝窝，小米汤杂以红薯、山药蛋、南瓜等；午餐多食豆面和杂面（高粱、玉米加荞麦或豆类磨成的混合面）；晚餐多食黄豆（夏季用绿豆）小米汤；秋冬多煮食南瓜、红薯；夏秋多食豆角、萝卜；冬春多食酸菜、咸菜或晒制的干菜，很少用油煎炒，一餐数菜者更为鲜有。1980 年以来，灵石城乡居民饮食状况变化很大，现大都以细粮为主，杂粮用以调剂生活，饮食质量不断提高。

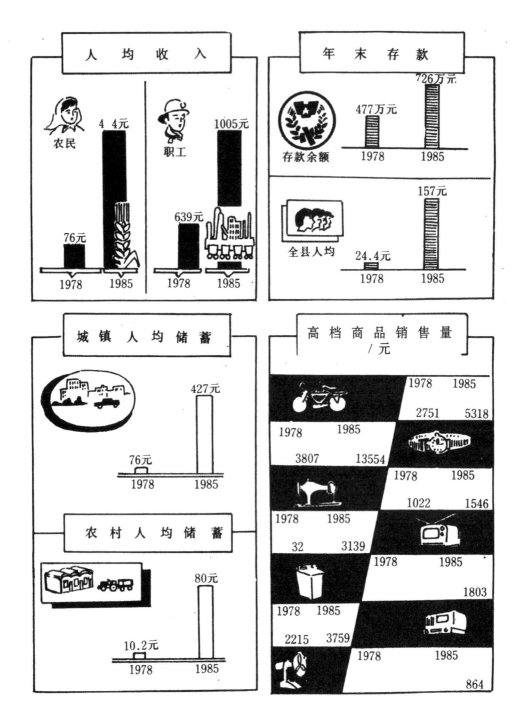

灵石人民生活状况图

灵石素有"七十二样"家常饭之称。煮食有掐圪垯（又名揪片）、斜旗（比面条宽，呈斜形）、切八八（先切成宽面条，再斜切成四边形）、扒面（用刀扒，也叫扒尖）、圪蚪或擦尖（用圪蚪床和擦床）、扒鱼（亦名扒股，把面放在碗里用水调成稠糊状，用筷子往锅里扒，形似小鱼）、搓鱼（和好面搓成条，再掐成小块用手搓）、圪坨坨、拉面、削面、河捞（用河捞床压）、饺子（俗名角，因馅不同，形亦各异）等。

蒸食有：馍馍、花卷（分油盐卷）、窝窝、黄条、黄蒸（窝窝包馅）、包子、块垒（分米块垒和菜块垒，为灵石地方风味食品）、栲栳栳（多用莜面或高粱面做成）等。

烤食有：烧饼、烙饼、馅饼、煎饼、枣饼、油旋饼等。

此外，还有米汤和子饭（米汤加面条合煮）、各锅锅（面条和菜合煮）、"煮坨坨"（玉米面和好，掐成小块，拍成近圆形），以及枣糕、油糕、糖糕等。

毗邻介休县的静升、两渡镇的部分村庄，过去有饮茶的习惯。现在，饮茶者已遍及城乡。

二、服饰

旧时，本县衣料多用自制土布（俗称小布或家机布），民国以来，有少数人采用市布。随着工农业的发展，20世纪50—70年代初，本县人民多用市布、斜纹布、哔叽布、条绒、华达呢；70年代后期，多用的确良、涤纶、中长纤维、呢绒、涤纶、锦纶、毛料、毛呢料、毛线制品、针织品等较为高档的面料。

民国初期，本县衣服式样为上身男穿对襟衫，女穿掩襟衫，下身均穿中式裤。农夫腰间常年扎腰带，裤脚扎腿带，头上扎白布或毛巾，不戴帽子。商人和知识界人士，多外套长袍马褂，头戴礼帽或瓜壳帽。

1949年以来，上述服装已被各种制服代替，如中山服、列宁服、军干服、学生服等。1978年以后，本县服装款式不断更新，西装、套装、杰克服、牛仔裤、裙子等普遍流行；半高跟、高跟男女皮鞋，也在青年中兴起；各种发型和耳环、戒指、手镯等首饰也随着时代的开放而出现。中老年人仍愿穿着普通服装，不喜奇装异服。

过去，贫苦之家一衣多用，冬天穿过的棉衣，春季掏成夹的，夏季改为单的，冬季再做成棉的；大人穿过的，给小孩改穿，姐姐穿过的，给妹妹改做，青年人穿过的，改给老人穿，年年如此，辈辈如此，全家人换新衣的事是少见的。

1978年以后，人民生活水平提高，穿着也由过去的一衣多用，改为一季多衣。冬季由里到外有秋衣秋裤、毛衣毛裤、夹克背心、套装大衣、风雪衣等，睡觉还穿睡衣，而且都是双双件件。鞋也由一年一双鞋，变为季季都有鞋。春秋穿皮鞋，夏季穿凉鞋，冬季穿棉鞋或筒靴，雨天穿雨鞋，睡前穿拖鞋。

三、居室

本县人多住窑洞，有土窑和砖窑两种，冬暖夏凉。城关、静升一带盖瓦房者较多。无论窑洞、瓦房均睡暖炕。1978年以后，本县修房建屋者甚多，使用钢筋、水泥等建筑材料。建筑一室多采用新式窑洞，一套住宅室内有卧室、厨房、卫生间、贮藏室等，也有用水泥预制板修建平房者，卧具多已改为木床，或者炕、床并用。

家具摆设，过去多为平柜、四方桌、圈椅、扣箱等，后来新式家具不断兴起，立柜、平柜、组合柜、茶几、沙发、写字台、电冰箱、电风扇、收录机等中高档家具家电，成为多数人家的日常用品。一般农民家庭仍以实用为主。

灵石人民使用的器皿有：碗、盘、碟匙、酒杯（盅）、酒壶等，过去多用粗瓷制品或铜锡制品，一般人家仅有饭碗，稍富有者，尚备有匙、碟、杯、盘、壶之类，但多为粗瓷。灵石很少有瓷酒壶，大多是锡（或铜）制品。20世纪80年代，粗瓷制品开始被淘汰，人们用上美观大方的各种细瓷花碗、高档酒具、茶具等。

四、旅行

灵石人民过去出门多以步行为主，富豪之家出门可骑驴乘马，亦有坐轿者。1948年灵石解放后，坐轿被革除。合作化后，自行车逐渐在农村兴起，成为20世纪60年代先进的代步工具。随着公路的兴建，自行车普及，汽车也在不断增多，人们出远门多坐汽车、火车。80年代，嘉陵轻骑摩托车、机动车辆已成为灵石城乡部分人家的代步工具。

灵石人民在衣、食、住、行方面，逐渐除旧换新，向社会主义文明迈进。

第二节　岁时节日

春节　是一岁之首，为民间最隆重的节日。从腊月二十三日以后，家家户户翻箱倒柜，清除垃圾，新糊窗纸，贴窗花、挂年画，使住房干净、明亮、美观，呈现出除旧迎新的欢乐景象。灵石盛产煤炭，每当除夕，家家在院中用块煤垒火炉，叫作"兴旺火"。初一凌晨，家家点燃火炉，火光照天，满院通红，孩子们在院里围炉子追逐，象征着人们的日子过得红火。春节是阖家团聚之日，个别因事不能回家过年的人，在吃饭时也要摆上他们的筷子，表示团聚。初一早晨，全家围桌吃饺子，要预先在几个饺子里放上小钱（旧时用铜线，现在用硬币），谁吃到钱就象征谁有"福气"，来年一定交"好运"，显得热闹风趣。

灵石旧俗，过春节有个禁忌：凡是出嫁的闺女，必须回到婆家，绝不许在娘家过节。其他如拜年、给压岁钱，以及春节走亲访友，均与各地相同。

元宵节（正月十五日）　家家多煮食元宵，午吃饺子。晚上街上有民间歌舞、花灯、旱船、竹马、高跷、社火等，有时放焰火，人们尽兴至深夜方归。

清明节（亦称寒食节）　是上坟祭祖之日。这天，千乡百里在外者，大都要赶回故里的亲人上坟，否则认为不孝。清早，全家人或全族（女子不上坟）执铁钎、提水壶、扛旗幡，带着香火、酒、菜去上坟。谁家去的人多，说明谁家人丁旺盛，所以不去上坟的很少。烧香、祭食、奠酒、浇水后人们要给祖先叩头，然后在坟地插以纸旗纸幡，谁家的坟上插得多，象征着谁家后代兴旺。最后人们整修坟地，在坟上培土、除草、填穴。人们上罢坟，摘些柏枝回去，插在门上，据说可以驱邪、避瘟。过去，清明节不生火，各家都吃寒食，是为纪念介子推。这天，家家蒸食"蛇盘盘"，每人一个，不在家的一定设法捎过去，有的还馈赠亲友，表示祝福。

端阳节（五月初五日）　也叫"端五"。这天，家家吃粽子，喝雄黄酒。据说吃了雄黄酒，一年肚子不疼，所以当母亲的总要给不喝酒的孩子，在肚脐上抹一点雄黄，说是可以避瘟。

中秋节　本县人民大多喜吃自家烧制的月饼、团圆之类的炉食。晚上，全家分吃月饼、水果。团圆饼，则要切成块，按人分食，每人一块，表示团圆，未回家团聚的也有一份，由父母保存或捎给本人。

1949年以后，许多旧的习俗已经不再通用，除春节、端阳、中秋、冬至大节日外，其余的正在逐渐消失。代之而兴起的节日有：

新年　1月1日为新年，即元旦，俗称"阳历年"。是日，休假一天，各机关、学校、厂矿均贴对联，张灯结彩，以示祝贺。一般人家对新年不甚重视，只略改善生活而已。

三八国际劳动妇女节　各机关单位妇女休假半天，县、乡妇联召开座谈会、表彰会，以及举办一些文娱活动。

植树节　3月12日为植树节，县、乡政府组织干部、群众、学生大搞植树造林。

五一国际劳动节　届时，厂矿、机关、学校、职工休假一天。县总工会及厂矿工会举办文体活动，进行纪念。

五四青年节　不休假，届时，团委组织一些有教育意义的活动。

六一国际儿童节　届时，各小学校组织各种活动。县委、县政府领导有时前往各学校进行慰问，以示祝贺。

八一建军节　节日前后，县委、县政府领导到驻地部队进行慰问，军民联欢，并对军烈属进行慰问。

教师节（9月10日）　县、乡政府组织干部、群众代表到学校慰问教师，召开座谈会、表彰会，开展尊师重教活动。

国庆节（10月1日）　休假2日，各机关、厂矿挂旗结彩，街头张贴标语，举行报告会等各种庆祝活动。

第三节　婚丧礼仪

一、婚嫁

迎娶　旧时，本县结婚迎娶，乘坐花轿。迎娶分迎亲、等亲两种，迎亲的男乘蓝轿、女坐红轿，均缀以红绿彩绸；等亲的只备一轿去女家；1949年后改为骑马；20世纪60年代改骑自行车；70年代后期坐汽车者居多。旧时习俗，迎娶那天，新娘不能踏地，从娘家拜别父母后，即由父（或兄）抱新娘上轿（或上马、上车），到男家后，男方要准备红毡（或红布）铺道，新娘下轿后，踏着红毡走进洞房；后来有的要由新郎从大门口抱着新娘入洞房。在举行结婚典礼时，男方父母均要出面受礼（即亲友祝贺），作为公婆的，往往被同辈亲友、族人用颜料抹画成"三花脸"，活像剧中小丑，惹得观众哄笑，新娘也忍不住失声笑出，象征着喜日的欢乐。

禁忌　旧时习俗，举行婚礼禁忌穿孝服者在场，以防"冲克"不吉利。

会亲　旧时习俗，新婚后第九天，女方由父或兄接回娘家，曰回门，女方家人来时男方隆重接待，谓之"会亲"。新娘回门九日后，再由新郎接回。

看女　俗称"打看"，新婚之后，女方近亲（父母、兄妹、姑舅、外婆等）集中一天（多在端阳节或中秋节后）携带礼品（端阳节后带蒸馍，中秋节后带月饼、瓜果等）前去看新娘，男方设宴招待，从此，你来我往，关系密切。

二、丧葬

旧时，灵石的丧葬之习俗比较落后，中华人民共和国成立后，一些不好的习俗逐渐被淘汰。其土葬旧俗大略如下：

装殓　人死之后，给死者穿上例制的老衣（也叫"上老衣"或"寿衣"），即装殓。入棺叫"入殓"。入殓后棺不钉盖（等亲人来再见一面），在屋里停放三五日或七日，然后出殡。出殡前一日，将棺木移放院内或院外的"灵篷"下，让亲友最后向遗体告别，谓之"移灵"。随后将棺盖钉死，谓之"盖棺"，灵前摆有亲朋送的花圈、挽联、幛子及糕点水果、香烛之类供品。子女要轮流"守灵"，这天，死者子女都得在灵堂下面号哭几场。晚上要"上菜"，由死者子女侄孙跪献。通夜有孝子守灵，一直到次日起灵。

出殡　出殡之日，先由亲友乡邻用白面"花供"（即花馍祭奠）。守灵子女叩头，然后起灵送葬。

祭墓　安葬之后，又有圆坟、烧七、百日、周年、三周年、九周年之说，谓之祭墓。这一天，子女都到坟地祭奠，哭号一番。

此外，还有"合葬"，就是把先故的男或女和后故的女或男，迁葬一墓。

随着社会的进步，灵石人民逐渐破除封建陋习，提倡开追悼会，以花圈代替旧的纸人、纸马，用黑纱白花代替过去的披麻戴孝，用火葬代替落后的土葬，这种殡葬风俗改革逐渐趋向文明和环保。

三、礼仪

生育　孩子出生后，一个月"做满月"，满一周岁"做生日"，满12岁"完生日"，亲朋好友都会前来祝贺。来人一般用30个白面蒸馍、花布或童衣作贺礼，受贺者备饭菜招待。

产妇生下孩子，在窗外放一块火炭。生男竖放，生女横置，外人一看即知是男是女；还在门帘上别一小块红布，表示"忌门"。"忌门"后，外人忌入产房，直到满月。

迁居　人们住上新房或迁居新家后，亲朋好友都会前来祝贺，叫作"暖窑"。旧时暖窑，亲友赠送红筷子一把、红糖一包，祝愿主家日子快活，过得红火火的；现在有送中堂、字画、电表、挂镜者，以装点新居。迁入新居者，总要挂一条红门帘，表示日子过得红火。

祝寿　老人过60岁称"花甲"，子女亲友都在这年老人生日时，备些寿桃之类的食品和酒、肉等前来祝贺，谓之祝寿。有的60岁后连年如此，有的隔几年祝贺一次。

第四章　新风美德

第一节　支援家乡

1972年，杨万成（正峰原村人，曾任云南丽江地区工交局局长等职）重返故里，先用300元修缮学校，继用1000元支援困难户购买牲畜、农具，还把自己的毛驴、平车常年借给村人使用。1985年，他和老伴杨世勤（纳西族）住在村外山沟里，植树造林，为绿化山区、造福子孙作出贡献。他的事迹受到各级党委的表彰，中共灵石县委作出决定，号召全县党员干部向他学习。

1983年和1985年，张英明（张家庄人，原新疆军区后勤部部长）2次自费给县人民政府寄回优种核桃919公斤，价值1000多元，在灵石种植推广。1984年，他又从原新疆军区马场，以优惠价代购优种马94匹，派专人护送回灵石。他还为修复古迹"灵石"，赞助人民币500元。他的事迹登载于《解放军报》《新疆日报》。

1983年，赵起（西逻村人，曾任河南省供销总社主任）将祖传医书《御纂医宗金鉴》（手抄本）1箱，计110余卷，献给灵石图书馆。县人民政府赠予其横匾一块。

1983年，庞龙（牛家峪村人，原乌鲁木齐陆军学校校务部部长）离休后只身回到故里，以身作则，发动家乡人民植树造林。他用7000元存款，扶持78户农民办起家庭苗圃，育苗100余亩，自己育苗12亩，计70万余株，无偿支援本村和邻村2万株，苗条14000余根。他还把军区奖励的19寸电视机放在公共场所，供群众观看；军区为他提供吉普车，他交给乡政府使用。中央军委授予他"军队离休干部十杆红旗之一"，其事迹登载于《解放军报》《山西日报》《晋中报》。

第二节　集资办学

1978年以来，王禹乡秋泉村耿三喜成了万元户，在乡政府集资办学动员大会上，当众拿出人民币 1000 元，投助学校建设，还为农民"搭台唱戏"，资助 4000 元，为培养四化人才，繁荣农村经济，作出贡献。

1978 年，两渡镇新庄村炼焦专业户吴正喜，成了全镇的万元户，拿出 1400 元人民币，给村里学校购置桌椅 40 套。

1985 年，灵石一中总务主任赵连元负责承包教学楼的修建工程，他精打细算、节约开支，学校于 1985 年提前竣工，经验收合格，共节约 6 万元。晋中计委同意提取结余款的 20%（即 1.2 万元）奖给承包人。赵连元将全部奖金捐献给学校，作为奖学金。

1985 年教师节前夕，南关镇道美村煤炭专业户耿双福捐献原煤 3000 吨，价值 7 万元，作为改善南关镇中学办学条件的费用。

1985 年，第一个教师节期间，城关镇玉成村煤炭专业户吴继光、袁茂根、袁玉书、张忠全、李仲阳等 5 人，致富不忘育人，不忘辛勤劳动的教师，为玉成学校全体师生 256 人，每人制作一身校服，价值 3000 余元，受到群众的赞扬。

第三节　助人为乐

20 世纪 70 年代，一次山洪暴发，夺去了张家庄煤矿工人胡茂元的性命，妻子再嫁离去，留下年迈的母亲和幼儿，祖孙二人生活无靠，度日艰难。职工家属吴改香看到后，伸出了援助的手，买菜、买粮、洗刷、缝补，她几乎全包了下来。十几年如一日，从未间断。

1982 年 3 月，城关二小学在全民文明礼貌月活动中成立红领巾服务队。城内六行巷 39 号的军属燕星三和 42 号的五保户杨二姑娘，两位老大娘都年过古稀，服务队按时帮助两位老大娘抬水、抬炭、领粮、买菜、料理家务，从不间断。

1984 年 3 月 21 日夜，在南关车站，有一位老人旅客突然发病，不省人事，十分危急，本站装卸工冠计虎下班路经候车室发现，将老人背往医院抢救，并用自己的钱给老人买药、打针治病，精心护理，直至老人完全恢复。老人说："我家住马江村，离这里 80 多里，病在车站，还有人救护，我活了 75 岁还未见过，要在旧社会必死无疑。"

第四节　拾金不昧

1983 年 6 月 12 日，县二轻旅馆服务员杨灵芝、王淑琴拾到旅客遗失的文件包一个，内装合同、发票之类的东西，还有现金 1120 元，当即交给旅馆领导，归还失主。失主非常感谢，赠送旅馆水银镜框一块，上书"拾金不昧，风格高尚"，还到县政府要求代他写稿表扬。

1984年2月20日下午，青年职工赵月宏（县农业银行）拾到6克重金戒指一枚（价值千元），交给单位领导，在领导的帮助下，终于找到失主，完璧归赵。

1984年7月的一天，河南省驻灵石建筑工程队张丁川不慎将一块上海日历手表丢失。第二天，他在新街贴出一张招领启事，很快便找回了手表。原来拾表者是县交电公司职工田继明，当失主感谢他时，他说："这是我们商业职工应该做的。"

1985年4月8日，粮站职工潘三丁（富家滩）从段纯骑自行车回站，携带的现金1617.65元不慎失落，"三段"公路张志道班工人王勤根、于德平、赵生命3人拾得，如数交还失主。

第五章　方言谣谚

灵石方言属晋语并州片，内部形成5个次方言区：城关话区、东乡话区、南乡话区、西乡话区、东南乡话区。与外县毗连的地区，有境内外县方言；有的矿区形成方言岛，通行太原方言；还有历史上曾隶属于灵石，今划归外县的地区仍使用灵石方言，形成境外灵石话；由于移民原因，境内有使用两种方言的双语现象。（见方言分区图）

城关话区主要包括城关镇、两渡镇、夏门镇、张家庄镇、富家滩镇、英武乡、交口乡、水峪乡、南塌乡，是灵石方言的基本区。本志所记灵石方言，以城关话为准。其主要语音特点是：声母方面，没有唇齿音［f］，大部分为舌根音［x］，夫、乎同音，少部分为舌面音［ɕ］，斧、虚同音；没有舌尖后音［tʂ］［tʂ'］［ʂ］［ʐ］，之、姿同音，迟、瓷同音，是、四同音；有舌根鼻音声母［ŋ］。韵母方面：山摄、咸摄一、二等与江摄、宕摄合流，胆、党同音，奸、江同音；山摄、咸摄三、四等开口呼为［ei］，合口呼为［uei］，展、贼同音，川、炊同音，齐齿呼为［ie］，撮口呼为［ye］；深摄、臻摄和曾摄、梗摄、通摄的阳声韵相混，分别为［ən］、［in］、［uŋ］、［yŋ］，申、升同音，辛、星同音，春、冲同音，群、穷同音。声调方面，平声分阴阳，入声分阴阳。上声和阳入的调值相同，都是降升调 213，但因阳入带有喉塞音[ʔ]，可以区分清楚。

东乡话区主要包括静升镇、马和乡。其主要语音特点是：声母方面，有舌尖后音[tʂ][tʂʻ][ʂ]，同时把大部分舌尖前音也并入舌尖后音，字、刺、寺[tʂʅ][tʂʻʅ][ʂʅ]；梗摄开口三、四等，见系、精系，失落鼻音韵尾后，声母变成了舌尖后音，韵母也相应变为舌尖后元音 [ʅ]. 如井[tʂʅ]；止摄开口三等，蟹摄开口四等见系，精系的字，也变为舌尖后音，如箕[tʂʻʅ]鸡[tʂʅ]。韵母方面有儿化韵，在原来的元音后加上卷舌的音彩，如姐儿[tɕiɐr]、鱼儿[nyr]、些儿[ɕiɐr]，头儿[tʻour]、斗儿[tour]、狗儿[kour]。

东南乡话区主要包括仁义乡、西许乡。其主要语音特点是：一部分入声字和在. 城关话中梗摄白读音变为入声韵的字，在本区内部变为非入声字。例如：

汉 字	城关话	东南乡话（仁义）
伯	piaʔ	piɛ
拍	pʻiaʔ	pʻiɛ
麦	miaʔ	m̥iɛ
棚	pʻiaʔ	pʻiɛ
杏	iaʔ	iɛ

[ər]单独成音节时，在本区变为舌尖前元音[ʅ]，如兔儿儿[tʻuʅ]、耳朵[ʅ tuei]；在城关话中韵母为[iŋ][uŋ]的部分字，在本区读为[iã]、[uã]，如巾[tɕiã]、葱[tsʻuã]，瓮[uã]。

西乡话区主要包括段纯镇、梁家嫣乡、坛镇乡。其主要语音特点是山摄、咸摄开口三、四等读为 [ei]，如变天 [pei tʻei]、 垫边 [tei pei]、棉田 [mei tʻei]、电影片 [tei iŋ pʻei]。梗摄、曾摄鼻音韵尾消失后，韵母变为 [ɤ]和[iɛ] [yɛ]，如生日 [sɤ r]、兄弟 [ɕ yɛ ti]、蒸饭 [tsɤxuã]、腥味 [ɕiɛ uei]、青菜[tɕʻiɛ tsʻɛ]、耕地[tɕiɛ ti]、冷嘞[liɛ lə]、害病 [xɤ piɛ]。梁家嫣乡后片，阳平和去声相混，如牛 [niou53]、麻[ma53]，梨[li53]，羊[iɛ53]，桃[tʻɔ53]。

南乡话区主要包括王禹乡、南关镇。其主要语音特点是属古全浊声母并定母的字，读作吐气音，如道美（地名）[tʻɔ mi]、肚子[tʻu tsaʔ]、稻子[tʻɔ tsaʔ]、被子 [pʻi tsaʔ]。

境内外县方言有三种：①介休方言，两渡镇北边的崔家沟及冷泉（大）以北和静升镇东边的旌介；②孝义方言，交口乡西北部金庄以北；③隰县方言：梁家塌. 乡栾崖底一前河一线以西。

南关镇、富家滩镇两矿区，通行太原方言，形成了两个方言岛。

历史．上曾隶属于本县，今划归毗邻县的村庄，使用灵石方言，形成境外灵石方言，有交口县的双池镇和沁源县的鱼儿泉乡。

清末有大批移民进入灵石县，主要是河北平山、井陉、灵寿、阜平等县的移民，至20世纪80年代，已传至第五代，这些移民的后代，在家使用河北方言，与灵石本地人交际使用灵石方言．形成了双语现象。地点主要有夏门镇的西峪口、寨立、李家圪塔、火山、李西洼、野猪泊、前进庄，英武乡的王家圪塔，段纯镇的王家洼、田家洼、南坪头、杜家滩、志家庄、云义，坛镇乡的严家山、塔上、西堡、堡子塘，南关镇的南岭、南沟等村庄。

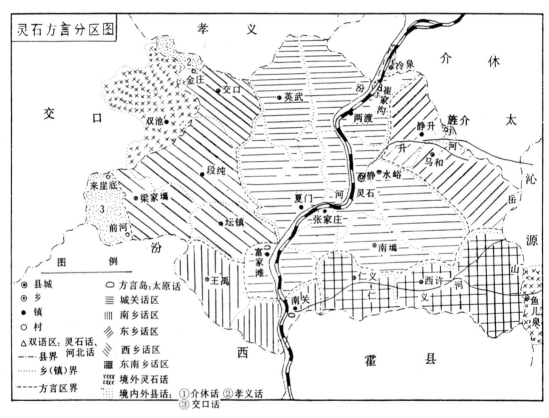

灵石方言分区图

第一节　语　音

一、语音

（一）声母19个

p 白比	p'排批	m 迷冒	
t 打地	t'他套	n 拿尼	l 辣利
ts 之宗	ts'车寸	s 沙三	z 日软
tɕ 纠捐	tɕ'起劝	ɕ 喜血	
k 割瓜	k'开刊	ŋ 熬哀	x 号福
∅ 衣乌鱼尔			

说明：

（1）[n]在洪音前是[n]，在细音前是[nʑ]。

（2）鼻音声母后带有个浊塞音流，为[mᵇ][nᵈ][ŋᵍ]。

（二）韵母40个（例字下加单线表示白读）

a 巴沙拉	ia 加霞呀	ua 瓜华瓦	
ɿ 姿诗升	i 依题明	u 补母府	y 居许兄
ɣ 哥磨忙	uo 多伙糠	yo 羊响	
ɛ 败台来	iɛ 姐且些	uɛ 乖怀衰	yɛ 靴坐
ɔ 包桃好	iɔ 巧条聊		
æ 伞针	uæ 盅棍		
	ie 千田连		ye 劝捐选
ei 内展坡		uei 鬼飞火	
ou 偷鲁奴	iou 牛流丘		
ã 胆党桑	iã 讲减强	uã 乱荒壮	
əŋ 奔朋孟	iŋ 令巾形	uŋ 文东同	yŋ 裙穷旬
aʔ 拨末杀	iaʔ 伯麦甲	uaʔ 夺刮刷	yaʔ 角
əʔ 没十汁	iəʔ 毕立页	uəʔ 突骨佛	yəʔ 绝缺血
ər 耳二尔			

说明：

（1）[ie][ye]中的[e]，舌位略高，音值接近[I]。

（2）[ã]的实际音值是后低圆唇元音的鼻化。

（3）[iə?]中的[iə]，实际音值为[ie]。

（三）声调6个

阴平	214	猜飞批衣
阳平	44	才肥皮姨
上声	213	彩匪痞以
去声	53	菜肺屁易
阴入	?33	八喝吸扎
阳入	?213	拔合俗闸

二、文白异读

（1）梗摄庚、清、青、蒸、静、劲、梗、映、回、证、径等韵，在灵石方言里文读音带有鼻音的韵尾，白读音失落了鼻音韵尾。

	文读音				白读音		
蒸	tsəŋ²¹⁴	～馍	～馏水		tsʅ²¹⁴	～馍馍	～糕
声	səŋ²¹⁴	～带	～音		sʅ²¹⁴	响～	
盛	səŋ⁵³	茂～	兴～		sʅ⁵³	～饭	
升	səŋ²¹⁴	高～	～旗		sʅ²¹⁴	一～（十分之一斗）	
剩	səŋ⁵³	～余			sʅ⁵³	～下	
平	pi'ŋ⁴⁴	～均			p'i⁴⁴	～不～	
屏	p'iŋ⁴⁴	～风	～障		p'i⁴⁴	～住气	
瓶	p'iŋ⁴⁴	广口～	烧～		p'i⁴⁴	酒～	
明	miŋ⁴⁴	光～	～亮		mi⁴⁴	～啦	精～
名	miŋ⁴⁴	～片	～誉		mi⁴⁴	～字	小～
冥	miŋ⁴⁴	～王星	～钞		mi⁴⁴	悄悄～～	～婚
命	miŋ⁵³	～令	～运		mi⁵³	要～	～长
钉	tiŋ⁵³	～书机			ti⁵³	～的（子）	～鞋
顶	tiŋ²¹³	～头	～风		ti²¹³	～针	～住
停	t'iŋ⁴⁴	～止	～顿		t'i⁴⁴	～～计（地）	
庭	t'iŋ⁴⁴	家～			t'i²¹⁴	大～院	
听	t'iŋ²¹⁴	旁～	～讲		t'i²¹⁴	～见	～说
凌	liŋ⁴⁴	～子风			li⁴⁴	冻～	
铃	liŋ⁴⁴	打～	哑～		li⁴⁴	铜～～	串～
领	liŋ²¹³	～导	～会		li²¹³	～口的（子）	
精	tɕiŋ²¹⁴	～神	～力		tɕi²¹⁴	～明	
睛	tɕiŋ²¹⁴	火眼金～			tɕi²¹⁴	眼～	

经	tɕiŋ²¹⁴	念~　~过	tɕi²¹⁴	~由
井	tɕiŋ²¹³	~田　~~有条	tɕi²¹³	一眼~　~水
镜	tɕiŋ⁵³	风~	tɕi⁵³	眼~　花~
晴	tɕ'iŋ⁴⁴	~雨计	tɕ'i⁴⁴	~天
净	tɕiŋ⁵³	窗明几~	tɕi⁵³	干~
青	tɕ'iŋ²¹⁴	~年　~春	tɕ'i²¹⁴	~菜　煮~(颜料)
星	ɕiŋ²¹⁴	~期	ɕi²¹⁴	~宿
腥	ɕiŋ²¹⁴	~臭　~味	ɕi²¹⁴	~油　血~
蝇	iŋ⁴⁴	苍~	i⁴⁴	~的(子)
影	iŋ²¹³	~响　电~	i²¹³	~虎(影子)　灯~
应	iŋ⁵³	~当　承~	i⁵³	答~
兄	ɕyŋ²¹⁴	~长　仁~	ɕy²¹⁴	弟~　~弟

（2）果摄普通话读作[uo]的字，在灵石方言里文读音一律为[uo]，白读音却比较复杂，有以下三种情况：

① 声母为舌尖音的，除上声、去声外，在灵石方言里韵母的白读音为[ei]。

	文读音		白读音	
多	tuo²¹⁴	许~　~数	tei²¹⁴	~少　顶~
拖	t'uo²¹⁴	~拉机　~车	t'ei²¹⁴	~起来　~住
驼	t'uo⁴⁴	~绒　~鸟	t'ei⁴⁴	骆~
驮	t'uo⁴⁴	~运	t'ei⁴⁴	~炭　~水
挪	nuo⁴⁴	~动	nei⁴⁴	~用　~一~
骡	luo⁴⁴	~马成群	lei⁴⁴	~的(子)
锣	luo⁴⁴	~鼓齐鸣	lei⁴⁴	打~　铜~

② 声母为舌根音的字和声母为舌尖音的上声、去声字，以及零声母的字，在灵石方言里的白读音中韵母一律读作[uei]。

	文读音		白读音	
躲	tuo²¹⁴	~藏　~避	tuei²¹⁴	~起来
朵	tuo²¹⁴	花~	tuei²¹⁴	耳~
垛	tuo⁵³	麦秸~	tuei	~起来　一~
跺	tuo⁵³	一~三尺	tuei⁵³	~一~　~足
唾	t'uo⁵³	~液	t'uei⁵³	~沫
锅	kuo²¹⁴	~碗瓢盆	kuei²¹⁴	火~　铁~
果	kuo²¹⁴	水~　苹~	kuei²¹⁴	~的(子)

裹	kuo²¹³	包～		kuei²¹³	～住 ～一～
火	xuo²¹³	～车 ～柴		xuei²¹³	～炉 救～
伙	xuo²¹³	～夫		xuei²¹³	～计 合～
货	xuo⁵³	～物 ～车		xuei¹	甚的～
和	xuo⁴⁴	～平 ～气		xuei⁴⁴	暖～
窝	uo²¹⁴	～藏 鸟～		uei²¹⁴	～～（窝头） 狗～
卧	uo⁵³	～倒 ～薪尝胆		uei⁵³	～下

③ 声母为舌尖前音的字，在灵石方言白读音中声母为舌面音，韵母也相应变为齐齿呼和撮口呼。

	文读音			白读音	
左	tsuo²¹³	～派 ～右	tɕiɛ²¹³	～手 ～薄列（左撇子）
坐	tsuo⁵³	～标	tɕyɛ⁵³	～下 ～车
座	tsuo⁵³	雅～ 插～	tɕyɛ⁵³	～位
锁	suo²¹³	～边机 ～链	ɕyɛ²¹³	～住 金～

（3）果摄戈韵普通话读作[o]的，在灵石方言里，文读音韵母是[ɣ]，白读音韵母是[ei]。

	文读音			白读音	
坡	p'ɣ²¹⁴	～跟鞋	p'ei²¹⁴	上～
婆	p'ɣ⁴⁴	外～	p'ei⁴⁴	～（婆母）
破	p'ɣ⁵³	～坏	p'ei⁵³	～啦
簸	pɣ⁵³	颠～	pei⁵³	～箕（说话时）
磨	mɣ⁴⁴	电～	mei⁴⁴	～面
摩	mɣ²¹⁴	～擦	mei²¹⁴	～～（抚摩）
蘑	mɣ⁴⁴	口～	mei⁴⁴	～菇
魔	mɣ⁴⁴	～鬼	mei⁴⁴	～的（疯子）
馍	mɣ⁴⁴	蒸～	mei⁴⁴	～～

（4）蟹摄普通话读作[uei]的字，在灵石方言里，文读音为[uei]；声母是舌尖前音的，白读音韵母分别变作[u]或[y]，韵母变作[y]的，声母也相应变为舌面音。

	文读音			白读音	
缀	tsuei²¹⁴	点～ 词～	tsu²¹⁴	～上 ～住
吹	ts'uei²¹⁴	～牛	ts'u²¹⁴	～号 ～起来
锤	ts'uei⁴⁴	气～ ～打	ts'u⁴⁴	铁～ 棒～

睡	suei⁵³	～眠　～衣	su⁵³	～觉　瞌～
嘴	tsuei²¹⁴	鸭～笔	tɕy²¹⁴	烟～的　亲～
醉	tsuei⁵³	沉～　～拳	tɕy⁵³	～麻胡涂　喝～啦
遂	suei⁴⁴	毛～自荐　～心	ɕy⁴⁴	半身不～
髓	suei²¹³	精～	ɕy²¹³	骨～
岁	suei⁵³	万～　～收	ɕy⁵³	几～　～数
穗	suei⁵³	彩～　抽～	ɕy⁵³	麦～　谷～

（5）梗摄的一小部份字,在灵石方言里,文读音带有鼻音韵尾,白读音却变成了促音韵尾,声调也相应变为入声。

	文读音		白读音	
耕	kəŋ²¹⁴	～种	tɕiaʔ²¹³	～地
甥	səŋ²¹⁴	～舅	saʔ²¹³	外～
绳	səŋ⁴⁴	～之以法	saʔ²¹³	草～　麻～
睁	tsəŋ²¹⁴	眼～～的	tsaʔ²¹³	～开眼
鸣	miŋ⁴⁴	鸡～　争～	miaʔ³³	～～（小刺叭）
杏	ɕiŋ⁵³	～花村	ɕiaʔ³³	接～（嫁接后结出的杏） ～核
蹦	pəŋ⁵³	～跳	piaʔ³³	～啦
蓬	p'əŋ	大～车	p'iaʔ³³	车～～（车蓬）

（6）宕摄的一部份字,在灵石方言里,文读音为[ã][iã][uã],白读音为[ɤ][yo][uo]。

	文读音		白读音	
帮	pã²¹⁴	～助	pɤ²¹⁴	鞋～的（子）
绑	pã²¹⁴	～架　～票	pɤ²¹⁴	～住　～腿
忙	mã²¹⁴	繁～	mɤ²¹⁴	戳～（帮忙）　不～
当	tã²¹⁴	～心　～铺	tuo²¹⁴	～中
狼	lã⁴⁴	～心狗肺	luo⁴⁴	～来啦
糠	k'ã²¹⁴	～醛	k'uo²¹⁴	～面　～窝窝
炕	k'ã⁵³	～席　～桌	k'uo⁵³	土～　暖～
张	tsã²¹⁴	～先生　老～	tsuo²¹⁴	～开
涨	tsã²¹³	～潮　高～	tsuo²¹³	～价
长	ts'ã⁴⁴	～城　～久	ts'uo⁴⁴	～短　命～
场	ts'ã²¹³	会～　操～	ts'uo²¹³	打～　压～

商	sã²¹⁴	~店　~人	suo²¹⁴	~量
粮	liã⁴⁴	口~　~店	luo⁴⁴	~食
梁	liã⁴⁴	栋~　顶~柱	luo⁴⁴	~的(子)
两	liã²¹³	~对	luo²¹³	~个
晾	liã⁵³	~晾	luo⁵³	~干
量	liã⁴⁴	度~衡　胆~	luo⁴⁴	~一~
将	tɕiã²¹⁴	~军　~来	tɕyo²¹⁴	~就
酱	tɕiã⁵³	豆瓣~	tɕyo⁵³	黑~　甜~
匠	tɕiã⁵³	工~　~人	tɕyo⁵³	木~　泥~
墙	tɕ'iã⁴⁴	~报　~头草	tɕ'yo⁴⁴	南~　院~
抢	tɕ'iã²¹³	~劫犯	tɕ'yo²¹³	~人的(强盗)
香	ɕiã²¹⁴	~臭	ɕyo²¹⁴	烧~
响	ɕiã²¹³	~亮　~应	ɕyo²¹³	~声　~炮
想	ɕiã²¹³	~念　思~	ɕyo²¹³	~吃
象	ɕiã⁵³	大~　气~台	ɕyo⁵³	~不~
光	kuã²¹⁴	~明　~亮	kuo²¹⁴	~棍
黄	xuã²¹⁴	~疸	xuo²¹⁴	~米
庄	tsuã²¹⁴	高老~	tsuo²¹⁴	~稼人
装	tsuã²¹⁴	~饰　化~	tsuo²¹⁴	~裹
窗	ts'uã²¹⁴	~户	suo²¹⁴	门~
疮	ts'uã²¹⁴	冻~膏	ts'uo²¹⁴	生~害疙瘩
双	suã²¹⁴	~杠	suo²¹⁴	~黄黄(两个蛋黄)
霜	suã²¹⁴	~降	suo²¹⁴	下了~啦(起霜了)

（7）臻摄豪韵的部分字,在灵石方言里,韵母文读音为[ɔ],白读音为[ɤ]。

	文读音			白读音	
刀	tɔ²¹⁴	刺~　宝~	tɤ²¹⁴	一把~　~不快
道	tɔ⁵³	~路　~理	tɤ⁵³	小~　~上
桃	t'ɔ⁴⁴	蜜~罐头	t'ɤ²¹³	~树　吃~
枣	tsɔ²¹³	黑~　蜜~	tsɤ²¹³	打~　~树
袄	ŋɔ²¹³	皮~	ŋɤ²¹³	夹~　棉~

（8）臻摄魂韵,深摄侵韵的个别字和通摄的个别字,在灵石方言里,韵母文读音是[ən][iŋ],白读音是[æ][uæ]。

	文读音			白读音	
人	zəŋ⁴⁴	～民		zæ⁴⁴	老～
根	kəŋ²¹⁴	存～		kæ²¹⁴	一～
针	tsəŋ²¹⁴	～炙	～对	tsæ²¹⁴	顶～
姊	səŋ²¹⁴	～娘		sæ²¹⁴	大～
阵	tsəŋ⁵³	～亡		tsæ⁵³	一～
门	məŋ⁴⁴	～窗	～帘	mæ⁴⁴	开～
盆	p'əŋ⁴⁴	～景		p'æ⁴⁴	洗脸～
笼	luŋ⁴⁴	～络		læ⁴⁴	灯～
葱	ts'uŋ²¹⁴	～头		ts'uæ²¹⁴	～蒜
盅	tsuŋ²¹⁴	茶～		tsuæ²¹⁴	一～
棍	kuŋ⁵³	～术		kuæ⁵³	拐～（手杖）

（9）晓组开口二等字,在灵石方言里,文读音声母为舌面音[ɕ],白读音为舌根音[x]。

	文读音			白读音	
瞎	ɕia ʔ³³	睁眼～		xa ʔ³³	～的说书
匣	ɕia ʔ²¹³	话～子		xa ʔ²¹³	木头～～
下	ɕia⁵³	～级	～放	xa⁵³	～雨　～来
吓	ɕia⁵³	恐～		xa⁵³	～了一跳
鞋	ɕiɛ⁴⁴	～匠		xɛ⁴⁴	布～　～垫垫
孝	ɕiɔ⁵³	～顺	～子	xɔ⁵³	穿～　拜～
咸	ɕiɛ⁴⁴	～阳	～水湖	xã⁴⁴	～菜　～了
巷	ɕiɑ̃⁵³	～战	三家～	xuo⁵³	～口　～～
解	tɕiɛ²¹³	～释	～放	xɛ²¹³	～下啦（懂了）
夏	ɕia⁵³	立～		xa⁵³	～天

（10）属古疑母的字,普通话读齐齿呼、撮口呼的,在灵石方言里,文读音是零声母,白读音是鼻音声母。

	文读音		白读音	
义	i⁵³	正～	ni⁵³	～气
哑	ia²¹³	聋～	nia²¹³	～巴
雁	iɑ̃⁵³	鸿～	niɑ̃⁵³	过～
鱼	y⁴⁴	～缸	ny⁴⁴	鲤～
语	y²¹³	～文	ny²¹³	言～

（11）一部分阳入字，在灵石方言里，文读音是不吐气声母，白读音是吐气声母。

	文读音		白读音	
夺	tuəʔ²¹³	～取	tʻuəʔ²¹³	～过来
直	tsəʔ²¹³	～径	tsʻəʔ²¹³	～～的
鼻	piəʔ²¹³	～眼净	pʻiəʔ²¹³	～涕
白	pai²¹⁴	～费劲	pʻiaʔ²¹³	～的
碟	tiəʔ²¹³	菜～	tʻiəʔ²¹³	～的（子）

（12）非组遇摄相结合的字，有一小部分，在灵石方言里，文读音〔xu〕，白读音是〔ɕy〕。

	文读音		白读音		
斧	xu²¹⁴	～正	ɕy²¹⁴	木匠～	～把
腐	xu²¹⁴	～烂	ɕy²¹⁴	豆～	
麸	xu²¹⁴	～皮	ɕy²¹⁴	～面	
妇	xu⁵³	～女	ɕy⁵³	～人（女人）	

附：灵石方言中地名的文白异读

	文读音			白读音		
张家庄	tsã²¹⁴	tɕia²¹⁴	tsuã²¹⁴	tsuo²¹⁴	tɕia²¹⁴	tsuo²¹⁴
王 禹	uã⁴⁴	y²¹³		uo⁴⁴	y²¹³	
尹 方	iŋ²¹³	xuã²¹⁴		iŋ²¹³	xuo²¹⁴	
杨家原	iã⁴⁴	tɕia²¹⁴	ye⁴⁴	yo⁴⁴	tɕia²¹⁴	ye⁴⁴
汤 村	tã²¹⁴	tsʻuŋ²¹⁴		tʻuo²¹⁴	tsʻuŋ²¹⁴	
上黄堆	sã⁵³	·xuã⁴⁴	tuɛ²¹⁴	suo⁵³	xuo²¹⁴	tuɛ²¹⁴
白 江	pai²¹⁴	tɕia²¹⁴		pʻiaʔ²¹³	tɕyo²¹⁴	
观音堂	kuã²¹⁴	iŋ⁴⁴	tʻã⁴⁴	kuã²¹⁴	iŋ⁴⁴	tʻuo⁴⁴
将军城	tɕiã²¹⁴ tɕyŋ²¹⁴ tsʻəŋ⁴⁴			tɕyo²¹⁴ tɕyŋ²¹⁴ sʅ⁴⁴		
良子墕	liã⁴⁴	tsʅ²¹³	ie²¹³	luo⁴⁴	tsəʔ³³	ie⁴⁴
两 渡	liã²¹³	tu⁵³		luo²¹³	tu⁵³	
野场上	ie²¹³	tsʻã⁴⁴	sã⁵³	ie²¹³	tsʻuo⁴⁴	suo⁵³
集 广	tɕiəʔ²¹³	kuã⁵³		tɕʻiəʔ²¹³	kuo⁵³	
后 岭	xou⁵³	liŋ²¹³		xou⁵³	li²¹³	
程家庄	tsʻəŋ⁴⁴	tɕia²¹⁴	tsuã²¹⁴	tsʻʅ⁴⁴	tɕia²¹⁴	tsuo²¹⁴
深 井	səŋ²¹⁴	tɕiŋ²¹³		səŋ²¹⁴	tɕi²¹³	
青阿窊	tɕʻiŋ²¹⁴	tɕʻie²¹⁴	ua²¹³	tɕʻi²¹⁴	tɕʻie²¹⁴	ua²¹³

郑家庄	tsəŋ⁵³ tɕia²¹⁴ tsuɑ̃²¹⁴	tsʐ⁵³ tɕia²¹⁴ tsuo²¹⁴
南坪头	nɑ̃⁴⁴ pʻiŋ⁴⁴ tʻou⁴⁴	nɑ̃⁴⁴ pʻi⁴⁴ tʻou⁴⁴
上庆和	sɑ̃⁵³ tɕʻiŋ⁵³ xuo⁴⁴	suo⁵³ tɕʻi⁵³ xuei⁴⁴
景家沟	tɕiŋ²¹³ tɕia²¹⁴ kou²¹⁴	tɕi²¹³ tɕia²¹⁴ kou²¹⁴
柏明	piaʔ³³ miŋ⁴⁴	piaʔ³³ mi⁴⁴
坛镇	tʻɑ̃⁴⁴ tsəŋ⁵³	tʻɑ̃⁴⁴ tsʐ⁵³
静升	tɕiŋ⁵³ səŋ²¹⁴	tɕi⁵³ sʐ²¹⁴
平家洼	pʻiŋ⁴⁴ tɕia²¹⁴ ua²¹⁴	pʻi⁴⁴ tɕia²¹⁴ ua²¹⁴
旌介	tɕiŋ²¹⁴ tɕie⁵³	tɕi²¹⁴ tɕie⁵³
夏门	ɕia⁵³ məŋ⁴⁴	xa⁵³ məŋ⁴⁴
下峪	ɕia⁵³ y⁴⁴	xa⁵³ y⁴⁴
罗铺	luo²¹⁴ pʻu⁵³	lei²¹⁴ pʻu⁵³
马思坡	ma²¹³ sʐ²¹⁴ pʻʏ²¹⁴	ma²¹³ sʐ²¹⁴ pʻei²¹⁴
火山	xuo²¹³ sɑ̃²¹⁴	xuei²¹³ sɑ̃²¹⁴
马和	ma²¹³ xuo⁴⁴	ma²¹⁴ xuei⁴⁴
河洲	xʏ⁴⁴ tsou²¹⁴	xei⁴⁴ tsou²¹⁴
何家垳	xʏ⁴⁴ tɕia²¹⁴ ie²¹⁴	xei⁴⁴ tɕia²¹⁴ ie²¹⁴
杏圪塔	ɕiŋ⁵³ kəʔ³³ taʔ³³	ɕiaʔ³³ kəʔ³³ taʔ³³
孟家岭	məŋ⁵³ tɕia²¹⁴ liŋ²¹³	miaʔ³³ tɕia²¹⁴ li²¹³
冷泉	ləŋ²¹³ tɕʻye⁴⁴	liaʔ³³ tɕʻye⁴⁴
彭家庄	pʻəŋ⁴⁴ tɕia²¹⁴ tsuɑ̃²¹⁴	pʻiaʔ³³ tɕia²¹⁴ tsuo²¹⁴
紫荆台	tsʐ²¹³ tɕiŋ²¹⁴ tʻɛ²¹⁴	tsʐ²¹³ tɕiaʔ³³ tʻɛ⁴⁴
仁义	zəŋ⁴⁴ i⁵³	zəŋ⁴⁴ ni⁵³
岩村	iɑ̃⁴⁴ tsʻuŋ²¹⁴	niɑ̃⁴⁴ tsʻuŋ²¹⁴
漫河	mɑ̃⁴⁴ xʏ⁴⁴	ma⁴⁴ xa⁴⁴
宿龙	ɕyəʔ³³ luŋ⁴⁴	ɕyəʔ³³ liŋ⁴⁴
苇沟	uei²¹⁴ kou²¹⁴	y²¹⁴ kou²¹⁴
玉成	y⁵³ tsʻəŋ⁴⁴	yəʔ³³ sʐ⁴⁴
军营坊	tɕyŋ²¹⁴ iŋ⁴⁴ xuɑ̃²¹⁴	tɕyŋ²¹⁴ yŋ⁴⁴ xuo²¹⁴

三、特殊字音

端午	tuɑ̃²¹⁴ uə³³	斧	ɕy²¹³
萝卜	lei²¹⁴ pʻiəʔ³³	蜜蜂	miəʔ³³ xuæ²¹⁴
鸡窝	tɕi²¹⁴ yɛ⁵³	手巾	sou²¹³ tɕia²¹⁴

妇人	ʂy⁵³ zəŋ⁴⁴	小孩	ɕiɔ²¹³ xa⁴⁴
女的	zu²¹³ təʔ³³	叔叔	suo⁴⁴ suo¹⁴
姉	saɤ²¹³	妗	tɕia⁵³
外甥	uɛ⁵³ saʔ³³	我	ŋie²¹³
和	xei⁴⁴	屌	nie²¹⁴
学堂	ɕiɔ⁴⁴ tʻɑ̃⁴⁴	儿女	ɭ²¹³ zu²¹³
也	ia²¹³	孝	xɔ⁵³
五	uəʔ³³	坐	tɕye⁵³
塞	ɕiəʔ³³	元宵	ie⁴⁴ ɕiɔ⁴⁴
荷	xei²¹³		

第二节　词　　汇

以下词语是灵石话中特有的，外地人不易理解。

骾洒	ŋaʔ³³ saʔ³³	尘土垃圾
炭圪垯	tʻɑ̃⁵³ kəʔ³³ taʔ³³	煤块
炭沫沫	tʻɑ̃⁵³ maʔ³³ maʔ³³	煤末子
燃炭	zei²¹³ tʻɑ̃⁵³	烟煤
干炭	kɑ̃²¹⁴ tʻɑ̃	无烟煤
茔地	y⁴⁴ ti⁵³	坟地
初头号	tsʻũ²¹⁴ tʻou¹⁴ xɔ⁵³	月初
晚期	uɑ̃²¹³ tɕʻi⁴⁴	夜里
甚会	səŋ²¹³ xuɛ⁵³	什么时候
蚍蜉	pʻi⁴⁴ xuaɤ⁴⁴	蚂蚁
送饭牛牛	suŋ⁵³xuɑ̃⁵³ niou⁴⁴ niou⁴⁴	瓢虫
狗娃娃	kou²¹³ ua⁴⁴ ua⁴⁴	狗崽
居舍	tɕy²¹⁴ ʂyɛ⁵³	屋内
栅栅	tsaʔ³³ tsaʔ³³	篱笆
棚房	pʻiaʔ³³ xuo⁴⁴	厢房
兀兀	uəʔ³³ uəʔ³³	方凳
面屎	miɛ⁵³ sɭ²¹³	糨糊
骨裸裸	kuəʔ³³ luo²¹³ luo²¹³	墙角

小绺	ɕiɔ²¹³ li²¹³	扒手
毛孩	mɔ⁴⁴ xa⁴⁴	婴儿
大大	ta⁵³ ta⁵³	伯母
妭妭	pa⁴⁴ pa⁴⁴	祖母
圪柔骨	kəʔ²¹³ zou⁴⁴ kuei²¹⁴	肘
埋埋	mɛ⁴⁴ mɛ⁴⁴	乳房　奶
转牌牌	tsuei⁵³ p'ɛ⁴⁴ p'ɛ⁴⁴	涎布
戒骨全	tiɛ⁵³ kuəʔ³³ luei³³	戒指
圪懒	kəʔ²¹³ læ²¹³	干饼
搓鱼鱼	tɕ'iɛ²¹³ ɲy⁴⁴ ɲy⁴⁴	圆条状两头尖面食
切拨拨	tɕ'iəʔ³³ paʔ²¹³ paʔ²¹³	菱形面片
擦加加	ts'aʔ³³ tɕiaʔ³³ tɕiaʔ³³	擦子擦成的扁圆形面食
解下啦	xɛ⁵³ xa⁵³ la²¹³	懂了
斜面	ɕyaʔ³³ miɛ⁵³	旁边
呀个	ia²¹⁴ kæ⁴⁴	什么地方
兀乖	uəʔ³³ kuɛ⁴⁴	那个
这计乖	tsəʔ³³ tɕi⁵³ kuɛ⁴⁴	这样
兀计乖	uəʔ³³ tɕi⁵³ kuɛ⁴⁴	那样
即刻	tɕiəʔ³³ kaʔ³³	马上　立刻
贻	i⁴⁴	给
改女的	kɛ²¹³ zu²¹³ təʔ³³	嫁女儿
双生	suo²¹³ saʔ³³	双胞胎
殆人	p'ɛ⁴⁴ zəŋ⁴⁴	出殡
串道	ts'uei⁵³ tɔ²¹³	散步
丢丁	tiou²¹⁴ tiŋ²¹³	打盹
逮回回	tɛ²¹³ xuɛ⁴⁴ xuɛ⁴⁴	捉迷藏
泥圪垯	ni⁴⁴ kəʔ²¹³ taʔ³³	木偶
拍讪	p'ia³³ sɛ⁵³	聊天
告贻	kɔ⁵⁵ i⁴⁴	告诉
竜	luæ⁴⁴	罗头
磑	ua⁵³	石磨
山蔓菁	sã²¹⁴ mã⁴⁴ tɕi²¹⁴	马铃薯
头股	t'ou⁴⁴ ku²¹³	大牲畜的总称
羯的	tɕiəʔ³³ təʔ³³	公羊

女 猫	zu^{213} $mɔ^{214}$	母猫		
兔儿儿	$t'u^{53}$ $z ʅ^{44}$ $z ʅ^{44}$	小兔		
丢楼楼	$tiou^{214}$ lou^{44} lou^{44}	老鹰		
鸠树鹆鸪鸪	$tɕ iã^{214}$ su^{53} $paʔ^{33}$	ku^{214} ku^{214}	啄木鸟	
崩髅	$pəŋ^{53}$ lou^{44}	额		
拴冶	$suã^{214}$ $tsʅ^{53}$	体面		

第三节　语　　法

一、"圪"的用法

（一）名词的前缀

（1）作名词的前缀：

圪都（拳头）、圪狲（松鼠）、圪垯

圪膊（手臂）、圪涝（卤水）、圪榄（棍子）

（2）加在名词性词根前组成名词：

圪洞（凹处）、圪针（刺）、圪褶（皱褶）

圪梁（山梁）、圪台（台阶）、圪桩（树桩）

圪蚤（跳蚤）、圪疤（铁件补钉）

（3）作名词的前缀，词根重叠，表示细小：

圪包包、圪枝枝、圪台台、圪星星

圪卷卷、圪洞洞

（二）量词的前缀

有一部分带前缀"圪"的名词，可兼作量词。

圪截（一～木头）、圪卷（一～纸）、圪达（一～布）

圪撮（一～米）、圪洼（一～水）、圪堆（一～土）

圪绺（一～线）、圪都（一～蒜）

（三）动词的前缀

（1）前缀"圪"加动词性词根，组成动词，产生新的意义：

圪钻（藏起）、圪溜（逃跑）、圪捣（合谋）

圪疲（拖延）、圪戳（拥挤）、圪忱（发抖）

圪迷（偷拿）、圪搂（拥抱）

（2）前缀"圪"加动词性词根，组成动词，表示动作程度不大：

圪挤（挤）、圪妞（妞）、圪吵（吵）

圪缠（缠）、圪捻（捻）、疙凑（凑过来）

圪举（举起）、圪夹

（3）带前缀"圪"的动词重叠,组成"圪A圪A"的格式,表示暂短或重复,相当于普通话的"A—A"格式：

圪躺圪躺、圪挤圪挤、圪拽圪拽

圪挪圪挪

（四）形容词的前缀

圪腻（油腻）、圪炝（翘起）、圪且（等待）

圪森（阴森）、圪搐（起了皱折）、圪涌（流动状）

圪弯（弯曲）、圪绷（绷得紧）

二、重叠式

（一）名词的重叠式

名词重叠有三种形式。

（1）双音节。灵石方言名词单音节重叠为双音节,属于AA式,有三种情况。

① 专门对小孩儿或小孩子讲的,有细小、亲昵感。

牛牛、马马、猫猫、狗狗、刀刀、口口、桌桌、椅椅、袜袜、肉肉

② 不限于对小孩儿讲的,重叠后词义发生变化。

腰腰（背心）、牛牛（小虫子）、埋埋（乳房、奶）、茅茅（厕所）、棒棒（高粱玉米秆）、角角（烟盒叠的三角形）、盔盔（便盆）、瘊瘊（疣）、沙沙（小盆子）

③ 不限于对小孩儿讲的,重叠后词义未发生变化。

　瓶瓶、带带、衫衫、褂褂、篮篮、箱箱、柜柜、盆盆、罐罐、钵钵

（2）三音节。名词重叠为三音节,有两种形式。

① ABB式：

栲栳栳（拇指与食指捏成的筱面蒸食）、蚂蚱蚱

影虎虎（影子）、猫娃娃（小猫）、麻角角（辣椒）、兔儿儿（小兔）、驴驹驹（小驴）、扫帚帚（扫帚菜）、甜棒棒（甜玉米秆）

② AAB式：

瓶瓶酒（瓶子酒）、连连旺（一种蔓生野草）、花花布（花布）、豆豆菜（黄豆制的菜）、襟襟袄（非对襟的中式袄）、甜甜水、格格纸（有格子的纸）、毛毛虫（吃树叶的害虫）、盘盘秤（带盘子的秤）

③四音节。名词重叠为四音节,有两种形式。

① 双音名词或词组修饰后面的单音节重叠名词：

烟袋锅锅、冰糖蛋蛋、鸡蛋黄黄、铅笔盒盒、瓜子仁仁、花生豆豆、捞饭盆盆、捣蒜钵钵

②"AABB"形式：

人人马马、袄袄裤裤、鞋鞋袜袜、菜菜蔬蔬、妈妈爹爹、盘盘碟碟、瓶瓶钵钵、锅锅碗碗

（二）形容词的重叠式

（1）双音节。形容词单音节重叠形式为"AA 的"：

淡淡的、艳艳的、明明的、平平的、稀稀的、肥肥的、高高的、慢慢的

（2）三音节。形容词重叠为三音节的形式即"ABB 的"：

酸溜溜的、甜丝丝的、厚墩墩的、软囊囊的、香喷喷的、白洞洞的、凉荫荫的、光油油的

（3）四音节。形容词重叠为四音节的形式有三种：

① 由三音节的"ABB 的"形式，加入"圪"，演变为"A 圪 BB 的"：

齐圪戳戳的、绵圪洞洞的、紧圪绷绷的、硬圪邦邦的、辣圪孜孜的、红圪丹丹的

还有一部分演变为"A 薄 B 的"形式：

绿薄意意的、平薄踏踏的、圆薄溜溜的、白薄擦擦的

②"AABB 的"形式：

疯疯魔魔的、精精明明的、歪歪扭扭的、苶苶呆呆的、迷迷糊糊的、鬼鬼溜溜的、稀稀拉拉的

③ 双音节的形容词重叠为"A 里 AB "形式：

忽里忽笃、圪里圪杈、邋里邋遢、忽里忽通

有的单音节形容词重叠后变成了名词：

黄黄（蛋黄）、红红（胭脂）

（三）动词的重叠式

动词的重叠有两种形式：

（1）双音节。灵石方言单节动词重叠为双音节"AA"形式，表示尝试或稍微的意思。

听听、看看、说说、走走、瞄瞄

（2）四音节。动词重叠为四音节有两种形式。

①"AABB"形式：

磕磕碰碰、跑跑跳跳、来来回回、打打闹闹、魔魔摇摇、枉枉屈屈

②"ABAB"形式：

圪吵圪吵、拉扯拉扯、转游转游、圪绕圪绕

有些单音节动词重叠后，变为名词：

插插（衣袋）、锁锁（儿童戴的长命锁）、丢丢（小手提包）、络络（网兜儿）、扣

扣(钮扣)、盖盖(盖子)

（四） 量词的重叠式

单音节的量词重叠后和"一"组成"一 AA"的形式：

一根根(～菜)、一桌桌(～饭)、一点点(～盐)、一盒盒(～点心)、一罐罐(～酱)、一窝窝(～蜂)、一塌塌(～纸)、一瓶瓶(～酒)

（五） 副词的重叠式

副词重叠后面带"地",组成"AA 地"(计)的格式：

刚刚地、停停地、悄悄地、整整地、款款地、快快地、暖暖地、慢慢地

三、语气助词

（一）嘞［le^{33}］相当于普通话"呢"

(1)表示疑问：

宰(这)是谁的书嘞?

卖甚的布嘞?

(2)表示陈述：

宰(这)东西好的嘞。他正想你嘞。

大楼上卖布嘞。

(3)表示感叹：

你说的宰(这)是甚的话嘞!

听他说的多美嘞!

（二）啦［la^{213}］

(1)表示疑问：(啦为[la^{44}])

听见啦没啦?

他来啦没啦?

(2)表示陈述：(啦为[la^{213}])

宰(这)就是这计骨啦。

（三）吧［Pa^{53}］表示祈使

荷过来吧!

就外吧!

爬得远远计(地)吧!

（四）呀［ia^{44}］

(1)表示疑问：

甚化(会)去呀?

去呀个(那里)的呀?

(2)表示陈述：

摘南瓜的呀。进城的呀。

四、后置词"行"

非动词性的后置词"行",读音随着前面名词、代词的不同而变化。

非动词性的后置词"行"在灵石方言里,表示处所里读作[xei⁵³],相当于"家里";表示方位时读作[xɔ⁵³],相当于"上头"。

（1）用在人称代词"俺""你""他""咱"之后,读作[xei⁵³]：

到俺行。

来吧。去他行的嘞。

问你行借个东西。

咱行的人都在。

（2）用在疑问代词"谁"和指示代词"兀""这"之后,读作[xei⁵³]：

谁家行娶媳妇的嘞？

兀家行改汝的嘞(即嫁女儿)。

这家行买了挂自行车。

（3）用于指物的名词的之后,读作[xɔ⁵³]：

炕行放的被的。

山行行有麻猴(狼)。

树行雀雀叫。

街行有人吵架。

天行有个月明爷。

第四节　民　　谣

红灯照

红灯照、红灯照,红裤红鞋大红袄。

杀了西洋毛,灭了天主教。

拆了洋楼翻铁道,电线杆子全烧掉。

乌云满天①

灵石城乌云满云，宪兵队罪恶滔天。
新民会一天不如一天，警察所一手遮天。
保安队无法无天，合作社洪福齐天。
建设团屁股朝天，老百姓叫苦连天，
买卖人盼见青天。

东征歌

二月里来龙抬头，人民红军把东征。
领兵挂帅毛泽东，强渡黄河到康城。
三月里来是清明，红军来到双池镇。
打倒土豪救穷人，扩红筹款为革命。
四月里来天气长，十五军团会打仗。
海东志丹是好汉，打得阎军叫爹娘。
五月里来是端阳，阎锡山败兵着了慌。
勿忙调兵又遣将，红军胜利把陕北返。

军民一条心

冰天雪地这么冷，那是什么队伍上了阵？
叫一声老乡听分明，那是咱抗日的八路军。
八路军来爱百姓，百姓积极支援八路军，
军民团结一条心，赶走日本鬼子享太平。

大红花开满院

大红花开满院，小朋友拍手来游戏。
大家变成小飞机，飞呀飞呀快快飞。
一起飞到北京去，咱们的领袖毛主席，
在那里呀，在那里！

① 日军侵占期间灵石实况

小放牛

天上的桃树什么人儿栽？地下的黄河什么人儿开？
什么人把守三关口？什么人出家没有回来？
天上的桃树王母娘娘栽，地下的黄河老龙王开。
杨六郎把守三关口，韩湘子出家一去不回来。

采茶歌（节录）

八月里来月儿圆，关公月下斩貂蝉，
貂蝉女死消息传，气得张飞打转转。
九月里来是重阳，洞宾入楼戏牡丹，
牡丹本是天仙女，洞宾生来是好汉。

打樱桃

哥：这个山瞭见那个山高，那个山长了一苗好樱桃，
　　哎哟—— 咱二人相跟上走一遭。
妹：樱桃好吃树难栽，对象好找口难开，
　　哎哟—— 满肚子的心事说不出来。

挖野菜

南山低来北山高，遍地的野菜长得好。
左手提着竹篮篮，右手拿着挖菜刀。
咱姐妹来把野菜刨，攒下糠菜度饥饱。

热恋歌

蒸了几个窝窝下了把把米，站到窑背上瞭望哥哥你，
光听着"呜喂"看不见人，原来你躲在蒿蓬下逗俺们。
马里头挑马不一般高，人里头挑人就数哥哥你好，
羊肚子手巾包冰糖，人虽穷来好心肠。

瞭见哥哥心绪乱

坐在床前缝衣衫，瞭见哥哥拐弯弯，

妹妹我心里不耐烦，哎哟——
袍子剪成小衫衫。

南瓜

从前我想吃南瓜，妈妈花钱买南瓜，
现在我想吃南瓜，责任田里摘南瓜，
南瓜老，南瓜大，又甜又香泥圪垯。

第五节　民　谚

一、时政

（1）社会主义阳光道，资本主义独木桥。

（2）革命向前进，生产长一寸。

（3）鬼子侵占灵石城，烧杀抢掠害人民。

（4）决死队打日本，狗汉奸当黄人（伪军）。

（5）八路军爱人民，勾子军（阎锡山军队）害百姓。

（6）解放太原抬担架，支援前线到双塔，枪林弹雨俺不怕，立功捷报传到家。

（7）不怕地主施诡计，就怕长工心不齐。

（8）土地改革真正好，贫下中农拍手笑。

（9）贫下中农坐天下，斗倒地主不作恶。

（10）贫下中农翻了身，地富反坏倒了运。

（11）镇压反革命，人人有责任。

（12）捐献飞机和大炮，抵抗美帝去援朝。

（13）骑大马，戴红花，劳动模范人人夸。

（14）时代不同啦，男女都一样。

（15）枪杆子，笔杆子，革命靠这两杆子。

（16）一靠政策，二靠科学。

（17）政策对了头，群众有盼头。

（18）人教人干人不干，政策调动千千万。

（19）一出勤，两送饭，晚上还得加班干。

（20）吃粮靠供应，花钱靠工分，没有穷和富，大家都平等。

（21）耕地不用牛，点灯不用油。

（22）楼上楼下，电灯电话。

（23）早上金黄后（玉米），中午一六九（麦子），晚上热炕头。

（24）自由结婚一对对，相亲相爱一辈辈。

（25）男二十，女十八，生下一个胖娃娃。

（26）一军二干三工人，不如嫁个老农民。

（27）村看村，户看户，农民看的是村干部。

（28）责任制联了产，又治穷来又治懒。

（29）大锅饭得了懒病，责任制治了穷病。

（30）山坡栽满摇钱树，山沟挖出聚宝盆。

（31）吃的标准粉，穿的毛涤纶，出门骑嘉陵。

（32）万元户小吉普，专业户骑嘉陵，一般干部蹬永久。

二、农事

（1）正月不冻二月冻，豌豆大麦逼破瓮。

（2）春雨洒清明，必定好收成。

（3）三月三的风，四月四的雨，麦子黄疸谷子秕。

（4）好种结好苗，好苗结好桃。

（5）地是活宝，越耕越好。

（6）旱田变水田，一年顶三年。

（7）棉花好，三件宝：肥足、灭虫、多锄草。

（8）头伏耕地一碗油，二伏耕地半碗油，三伏耕地没有油。

（9）糜茬种谷，抱头大哭。

（10）白露见麦苗，寒露枯百草。

（11）秋分糜子割不得，寒露谷子等不得。

（12）过了寒露不起葱，十苗就有九苗空。

（13）家有果树一院院，日用零钱一串串。

（14）栽树十年，胜似种田。

（15）种地不喂羊，丢了半个场。

（16）饱不加鞭，饥不急喂。

三、气象

（1）一年两打春，一定好收成。

（2）清明前后一场雨，赛过秀才中了举。

（3）麦收三月雨，单怕四月寒。

（4）三月十八四月八，不是刮风就是下。

（5）春刮南风海底干，秋刮南风地不干。

（6）春寒多雨水，夏寒井底干。

（7）春甲子下雨风多，夏甲子下雨要旱，秋甲子下雨连阴，冬甲子下雨霉烂。

（8）夏走十里不黑，冬走十里不明。春分秋分，日夜平分。

（9）早看东南，晚看西北。早霞不出门，晚霞晒死人。

（10）狗洗脸，猫吃草，不等三天雨来到。

（11）绵山戴帽，庄稼人睡觉。

（12）久旱东风不雨，久涝西风不霁。

（13）东虹伏雷西虹雨，南虹北虹下大雨。

（14）蚂蚁搬家蛇过道，不过三天雨来到。

（15）鸡要上架早，明日天气好。

（16）云朝东，一场空，云朝南，

叮叮当；云朝西，淋死鸡，云朝北，冲倒谷。

（17）重阳没雨看十三，十三没雨一冬干。

（18）云往东，伏雷冰雹一场空，云往西，滑倒老牛扶不起。

（19）前晌立秋秋，后晌凉飕飕。

（20）九月雷，十月雾，来年长工没人雇。

（21）小雪大雪天，来年是丰年。今年霜雪少见，明年冰雹提前。

（22）过了冬，长一针，过了年，长一线。

四、保健

（1）要想人长寿，多吃素菜少吃肉。

（2）饭后一杯茶，老来眼不花。

（3）贪多嚼不烂，胃病容易患。

（4）冬吃萝卜夏吃姜，不用医生开药方。

（5）萝卜化痰消脓包，葱辣姜汤治感冒。

（6）芹菜能治血压高，番茄补血容颜好。

（7）不气不愁，活到白头。

（8）一天笑三笑，郎中数我俏；一天愁三愁，毛病入心头。

（9）心宜宽欢切莫忧，手脚宜动不宜静。

（10）食宜规律不宜暴，肺宜湿润不宜燥。

（11）健胃补脾多吃枣，蜂蜜润肺最为妙。

（12）香蕉通便解胃火，葡萄悦色可年少。

（13）常晒太阳光，身体能健康。

（14）冬天勤扫尘，春天不得瘟。

（15）食醋防毒消炎好，韭菜补肾暖胃腰。

（16）动物肝脏明目好，禽蛋益智营养高。

（17）要吃走兽，兔子狗肉；要吃飞禽，鸽子鹌鹑。

（18）不喝酒，不吸烟，一月省个袍子穿。

（19）能吃鲜桃一口，不吃烂杏一篓。

（20）音乐能增强食欲，书法可延长寿命。

（21）赏鱼能调节血压，养花会陶冶性情。

（22）酒多伤心，气多伤神。

（23）饥不洗澡，饱不剃头。

（24）吃药不忌口，丢了医生的手。

（25）勤是摇钱树，俭是聚宝盆；越吃越馋，越坐越懒。

（26）紧火米汤慢火粥，不紧不慢炖肉吃。

（27）少嗜好保身，少言语保气，少私欲保神。

五、其他

（1）一年之计在于春，一日之计在于晨，一生之计在于勤。

（2）吃不穷，穿不穷，计划不到一世穷。

（3）有理走遍天下，无理寸步难行。

（4）认理不认人，帮理不帮亲。

（5）少小不努力，老大徒悲伤。

（6）不怕腹中空，单怕不用功。

（7）修房要天晴，读书趁年轻。

（8）不懂装懂，永世饭桶。

（9）喊破嗓子，不如做出样子。

（10）家有一老，赛有一宝。

（11）人心专，石头穿。

（12）虎不怕山高，鱼不怕水深。

（13）若要公道，打个颠倒。

（14）不怕当面碰，就怕背后弄。

（15）好活不如会活，会活不如觉活。

（16）好男不吃分家饭，好女不穿嫁时衣。

（17）一辈子的儿女，不如半辈子的夫妻。

（18）炒下豆子众人吃，打了砂锅没人管。

（19）吃了人家的口软，拿了人家的手软。

（20）饥了糠也甜，饱了米也嫌。

（21）在行恨行，出行想行；会家不难，难家不会。

（22）一斤豆腐十二两水，也没假来也没鬼。

（23）一家不知一家，和尚不知道家。

（24）羊毛出在羊身上，死猪不怕滚水烫。

（25）先小人，后君子。桥归桥，路归路。

（26）千里烧香拜佛堂，不如在家敬爹娘。

（27）喝酒的不说醉，下棋的不服输。

第六节　歇　后　语

包公断案——铁面无情。

张飞用计——粗中有细。

杨家将上阵——全家出动。

做梦吃西瓜——想得甜。

毛口袋倒西瓜——痛快。

秀才作诗——有两手。

木匠戴枷——自作自受。

大雨天打麦子——难收场。

荞麦面打糨糊——不沾。

金弹子打麻雀——得不偿失。

茶壶里煮饺子——倒不出来。

空棺材出殡——木（目）中无人。

西瓜掉到油篓里——又圆又滑。

先穿鞋子后穿袜——乱套。

旗杆上挂灯笼——高明。

天上的蜘蛛网——高师（丝）。

石榴开花——老来红。

柳树开花——没结果。

木匠的斧子——一面砍。

草上的露水——不长久。

井底的蛤蟆——没见过天。

灯泡上点香烟——不燃。

公鸡头上一块肉——大小是个官（冠）。

麦秆子吹火——小气。

第六章　宗　教

第一节　佛　教

佛教何时传入灵石无考，据碑迹记载，唐代建有寺院，明代僧人增多。清康熙三十八年（1699），城北街惠济寺设僧会司，专管佛教事宜，系佛教在灵石的全盛时期。

明洪武八年（1375），道正和尚从五台山来，在石膏山下岩扩建寺庙，开展佛教活动。清光绪年间，游僧道成系安徽省人，从河南而来，幕僚出身，工书法，善医道，在石膏山重建寺院，取名为"天竺寺"。

道成和尚有三个徒弟（隆钵、隆贝、隆印），隆印主持石膏山天竺寺主庙，隆钵主持韩信庙，后又主持苏溪资寿寺，隆贝主持仁义财神庙。

隆钵、隆贝、隆印都收有徒弟，其中以隆钵的徒弟能定一支较盛。能定度有10个徒弟，他们是：仁钟、仁昆、仁圣、仁亮、仁明、仁霖、仁海、仁忠、仁和、仁政；另有2名女尼：仁莲、仁变。能定主持韩信庙，于20世纪60年代病故，他的徒弟们均未收过佛门弟子。

本县佛庙，以吕祖庙延续最长，清同治年间由永成和尚主持，相继由徒弟因性、徒孙力畸（释润涛）主持。1949年，僧人贵成（俗名郭有余）和力畸从绵山来灵石主持吕祖庙。随后，他们陆续还俗，娶妻生子，成为佛门居士，从事医务工作。至此，吕祖庙佛门衣钵再无人承继。

据史料记载：灵石僧尼生活，以经营土地为主，一般自耕自种，供寺内僧尼吃用，少数出租。他们的土地，原为大户施舍，后为庙产。

天竺寺僧人的生活来源，主要依靠佛事布施，收下布施，请官备案，放账生息。每年正月初五以后，众僧下山，至二月初二返山，一月期间四方化斋，节约粮食，返山后隆重举行"二月二"朝山大会。至时，四邻八方善士、信徒前来朝山，或钱或物，都有布施。平时，香客抽签、问卦、许愿、还愿等，均随心布施，僧人把收入之银钱，发商生息以备用。

此外，还有承办丧事的收入。过去有钱之家办丧事要请和尚念经，超度亡灵，事毕之后，得以酬金。还有的僧人借修缮庙宇或重塑神像，向四方募化，竣工，为施舍者立碑刻石；也有少数僧人擅长医术，为人治病，赚钱为生。

侯和尚　清顺治六年（1649），本县有一侯和尚，俗名亡魂，率徒数人，在石膏山抱腹岩举旗反清，很快得到数千人的响应，形成一支较大的反清力量。水头村地主刘国英，募集乡勇，诈称合伙，离间其徒，杀死侯和尚，义军遂告失败。

普香和尚　本县碾则塌村人，俗家姓贺，生于清雍正年间，披剃于清凉寺；其师照广，授以诸经，静修20余载；坐化于清乾隆二十八年（1763）四月二十五日。死后，其徒塑像供奉。

力空和尚　俗名任重远，原赵城县人氏，在兴唐寺削发为僧，是该寺方丈妙舫的弟子。他访过很多名山古刹，曾编辑《霍山志》，民国20年（1931）到石膏山，对石膏山的名胜和寺院作了较为细致的考查，与波罗法师合写《石膏山志》。

仁政和尚　俗姓张，字妙体，号畏因，本县冷泉人，13岁（1927年）在苏溪村资寿寺出家，17岁在五台山由妙惠法师为他受戒，后返回资寿寺，再后到天竺寺。其20岁外出云游，访高师、学十三宗，先到北京广济寺，继到上海，后到浙江宁波观宗讲寺（佛家学校），随宝静法师学《华严宗》3年。后来，他返回上海法藏寺，随慈云法师习《弥勒下生经》；之后又随北京极乐庵谈虚法师学《般若宗》，随慈州法师学《华严宗》，在北京龙泉庵学习书法、医道，时28岁。他在通州华严寺居住3年，之后来到北京龙泉寺任知宾（佛寺职务）。由于这一职务是接待高一级人物的，他受益很大，学到多方面的知识。1935年，老班禅给他"灌顶"（即教经）。1950年，班禅又为他"灌顶"。1951年，他从北京回到灵石；1953年迁居太原；"文化大革命"前主持元峰寺，后还俗娶妻，在太原收有10名习医徒弟。

第二节　道　　教

清康熙三十八年（1699），知县郎国桢在县城东门外瑞云观内设道会司，专管道教事宜。当时，县内有道观5处，为东门外的瑞云观、静升村的三清观、梧桐村的梧桐观、西许村的修真观、温家庄村的舍支观，有"宫"1处，名"泰山行宫"（在县城东门）。

马和村和张嵩村一带，曾发掘出道士墓葬。介庙原为道家所居之地。明清时期，马和、张嵩一带多道观。

清代初期，傅山（青主）曾先后6次来本县讲学、传艺：清顺治四年（1647）春游绵山；顺治七年（1650）偕子傅眉，隐居介庙；顺治十四年（1657）由沁源至石膏山天竺寺，活动于西许村一带；顺治十六年（1659）来灵隐居介庙；康熙七年（1668），复至介庙；康熙二十一年（1682）秋天，到介庙"闲逸"。时有两渡村何世基面请青主赴两渡讲学。何家子侄就学于傅山，学文之余，兼学拳功，从此傅拳流传灵石。

第三节 天 主 教

清咸丰九年（1859），本县洪土村任兆贵迁居柏沟村，该村天主教徒任天良不断给任兆贵传授教义，久而久之，全家"受洗"入教，发展教徒70余人。继任兆贵之后，秋牧村刘长荣迁入"受洗"入教，发展到40多人。柏沟村是本县天主教的第一支流。

民国初年，霍生辉、霍生耀弟兄2人由河北逃荒来到本县原西沟村，随后，又有左国章、王殿甲2户由河北逃荒而来，他们都是在河北老家入教的，现已发展到100余人，为本县天主教的第二支流。

民国5年（1916），教徒苏振山、苏振林2户，从保定逃荒到夏门镇峪口村，现已发展到140余人。民国6年（1917），教徒李吉秋、李吉祥2人，从河北平山县逃荒来到李西洼村，此后，由他俩传教，发展60余人，是灵石天主教的第三支流。

民国9年（1920），教徒张玉明一家从平山县逃荒来到柏沟村庄子上定居，现已发展到50多人。

20世纪30年代初，静升村曾有教徒三家（杨正喜、杨择邻、张建华），开始教务较为兴旺，修有教堂，请有神甫，后来逐渐衰弱，信教者仅三五人。

100多年前，潞安府教区荷兰籍神父到柏沟村开展教务，买地基、修教堂，进行传教活动，从此，灵石天主教归潞安教区管辖；民国21年（1932），划归洪洞教区霍县杜壁口管理。

1984年，中国天主教灵石县爱国委员会成立，划归晋中教区，委员会由5人组成，设主任委员1人，成员4人，分柏沟村、原西沟、夏门镇峪口村3个点进行活动。

第七章　族　　谱

灵石族谱繁多，但历经变迁，保存无几，现存者有以下几种。

静升《王氏族谱》　系清乾隆五十四年（1789）刻版，由王梦鹏（王氏 15 世裔孙）原纂，王中极（16 世孙）编辑，原谱为第 14 世（康熙年间）王尔康纂修。全书分 20 卷，前 17 卷为世系总图和各派世系图，卷 18 为"封典"考、"节孝"考、"名位"考；卷 19 为"坟墓"考、"宗祠"考、"坊表"考；卷 20 为"艺文"考。

据《王氏族谱》称，静升王氏原为太原王氏宗裔，于元皇庆年间（1312—1313）由禹门（今夏门村）外沟营村（元时名小水村，今沟峪滩村）迁居静升，时已 20 余世，计大小 3000 余口人。早年，王氏亦属平民，自雍正、乾隆年间开始兴旺，以经商起家，至第 14 世王谦受、王谦和、王正居在河北、山东一带经商发迹，捐银买爵。静升王氏遂成为灵石县四大家族（两渡何氏、静升王氏、蒜峪陈氏、夏门梁氏）之一。

继《王氏族谱》之后，民国 22 年（1933）五月，第 21 世裔孙王俊英，为节省篇幅、方便携带、容易保存，将大谱摘要另编小册，曰《王氏族谱要览》，在太原石印成书，分散族人，"庶今后纵不幸乱离，而吾宗系支派或不致散佚而莫由稽考"。

两渡《何氏族谱》　为清乾隆三十五年（1770）何思忠纂修，清道光八年（1828）重修之木刻线装本，计 6 本，卷首为序、凡例、谱法四则，姓氏源流考。卷 1 世表，卷 2 世系图，卷 3 爵秩志，卷 4 谕祭文，卷 5 茔墓志，卷 6 宗祠志，卷 7 家训述，卷 8 行实志，卷 9 节孝录，卷 10 传志录，卷末为诗文杂志，是一部体例完备、内容翔实、史料丰富的家谱。据《何氏族谱》考，两渡何氏成为官宦之家，三晋望族，是从第 11 世何思钧于乾隆三十六至四十年（1771—1775）连中举人、进士起始的，为灵石四大家族之一。

蒜峪《陈氏家乘》　为缎面宣纸手抄本，是清乾隆十七年（1752）第 6 世孙陈子壮与子陈思贤合纂的。内容除序言、凡例外，有总图、世次、坟墓、家庙、懿行、艺文 6 部分。

据《陈氏家乘》考，蒜峪村陈氏于明代从广西颍川迁来本县陈家岭村，后来分居蒜峪村，发迹于第 6 世陈子壮之后，世代中举，居官者甚多，一时鼎盛起来，成为灵石四大家族之一。

夏门《梁氏族谱》 为民国 4 年（1925）夏，由第 14 世孙梁芹芳编纂的楷书手抄本。该谱原作于清嘉庆初年，同治十三年（1874）由梁子久分为"世系"、"家传" 2 本。梁芹芳续修时合编为"世表" 1 本。

梁氏家族祖籍陕西省渭南县，后迁居本县夏门村，祖辈皆平民，至第 9 世梁绘星任安徽宁国知县，其子 4 人均科考得任，官至京畿道监察御史、大理寺少卿等职，为梁氏家族鼎盛时期，成为灵石四大家族之一。

张家庄《杨氏支谱》 系清咸丰年间（1855—1860）由族人第 11 世杨献咸、杨奉清编纂的宣纸楷书抄本。该谱共 8 卷，内容除卷首的"谱例""谱法""姓氏源流考""宗派源流考"外，尚有卷 1 世系、卷 2 世表、卷 3 茔域、卷 4 祠堂、卷 5 职官、卷 6 事迹、卷 7 典范、卷 8 艺文。

据杨氏源流考，杨氏本陕西华阴人，汉太尉杨学震之后，至隋初，杨桐携二子徙居河东安邑大杨村，及隋大业年间，杨子崇伴帝巡幸北塞，因屡犯颜直谏，触怒炀帝，被贬为庶民，遂居汾滨，后迁居灵石城内。众姓以其人品端正，推为县首（在户籍中列为一甲一户）。历唐宋，有迁居洪洞、太原、大同者。灵石这支始祖杨连于清初迁居张家庄村，此后，杨氏官商并举而发迹，成为灵石八小家之一。

金旺村《裴氏族谱》 清乾隆五十六年（1791）由裴德修所纂，裴氏由闻喜迁灵石县城又转迁河南村（今金旺村），清光绪三十二年（1906）和民国 24 年（1935）裴庆铺、裴思乾相继续修。裴氏分东、西、中 3 眷，河南村为东眷。

《裴氏世谍》系清光绪三十二年（1906）裴庆铺从闻喜县袭清康熙五年（1666）手抄本，计 4 卷。卷 1，源流考、庙茔图、世系表；卷 2，烈传、女传；卷 3，裴氏历代所写奏议、杂文、诗赋；卷 4，历代名画撰赠碑志、诗和事录。不计优劣，全部如实记载，是裴氏谍谱的一大特点，记至 15 世。

梅印村《郑氏族谱》 民国 24 年（1935）由郑瑞荣、郑述康编纂，为石印本，一函 5 卷，分为"世系总图""支图""横图""吊图""坟墓图""住宅形势图"等。

考序，郑氏于宋代迁入长史庄（今属交口县），清雍正十年（1732）迁入梅印村，已传至第 11 世。这部族谱不仅体例别具一格，且记有当地矿产、果木，为其他谍谱所无。

玉成村《吴氏宗谱》 系清咸丰七年（1857）由第 16 世吴西成编纂的楷书手抄本。本宗谱按族系分为"中字支谱""和字支谱"两部分。

序言载：吴氏原籍平阳府襄陵县，迁居灵石县南里八甲二户，定居玉成村，已历 18 世，支派繁衍，散处四乡。

第八章　民间传说

一、打开灵石口，空出晋阳湖

相传古代，晋中盆地是一片大湖，常因湖水泛滥成灾，百姓叫苦不迭。当时夏部落酋长舜，看到人们流离失所、叩头祈祷的悲惨情景，就差一个叫鲧的人去治理水患。鲧即组织人们拦截中游，结果屡次决口，造成更大水患，死伤百姓，难以计数。舜召集部落联盟会议，将鲧处以死刑，然后让鲧的儿子禹（人称禹王或大禹）继任治理水患。

禹认真总结父亲"以堵为主"的治水教训，决定用"以导为主"的方法根治水患。于是、他告别新婚妻子，翻山越岭，跋涉数百里，顺水南下，查看水情，三过家门而不入，来到"大湖"南端即灵石县城西南 20 里处，发现三湾口北横挡着一道岩石壁，三面是山，形似"凹"字，正好堵住漫漫湖水南下。上游湖水汹涌而来，像脱缰野马一样，直逼石壁，激起排空浊浪，湖水经撞击后，又溢向上游。禹找到了水患的根源，心里异常高兴，因连日疲劳，不觉靠壁而睡。朦胧之中，做了一梦：有一老妇，拿瓢往瓮里舀水，眼看瓮中水已满，就要溢出，老妇拿起铁锤用力一击，瓮被打了个大口，水哗地流下，溢到自己身边。禹大喊惊醒，却是一梦。他想：眼下地势，如同瓮中放水，只要打一缺口，即可疏导水势，消除水患。于是，禹通令下游百姓，快速迁居山巅，以免放水受灾。在这期间，禹说服了拒不迁居的季部落，离川上山，季首领还率全部落与禹协同作战，凿石开山，奋战 13 载，终于打开横立两山的石壁，水势顺流而下，日久成河，就是现在的汾河。水患被治好了，空出一片肥沃的土地，就是现在的晋中盆地，从此，便流传着"打开灵石口，空出晋阳湖"的佳话。

大禹治水后，人们为了表示对他的怀念，就把他治水时住过的地方，叫"王禹村"。因夏禹治水，凿开了晋阳湖的南大门，故将禹王规划治水之处三湾口北叫"夏门村"，这就是王禹村和夏门村的来历。

二、白衣大士坐化石膏山

相传很久以前，在灵石县西许乡石膏山脚下附近的村庄，常有一位穿白衣的医婆出现，为山村妇女医治疾病。她自称是孝义县如来村人氏，丈夫去世，中年孀居，无依无靠。她所带药物皆为液末，凡求医者，一治即愈，疗后自去，只讨一茶半饭，从不受人钱财。村人皆不知其居住何处，乡人呼之为"白衣大士"。

后来，有人在山上打柴，发现她正在石膏山的上岩洞中跏趺而坐，便上前询问："医婆在此居住吗？"医婆答"不定"，言毕忽然不见，无影无踪，不知去向。打柴人大为惊异，回村告诉村人。后来，乡人为纪念其为百姓疗疾治病，救苦救难，便在石膏山上岩修建白衣祠，塑菩萨像，常年供奉，以示怀念。

第 十 八 编

人 物

第十八编 人 物

灵石，历史悠久，地灵人杰，在这块 1206 平方公里的土地上，培育了无数的优秀儿女和志士仁人。自古以来，灵石涌现出一大批能工巧匠、专家学者、清官名将、革命英烈、劳动模范、人民功臣。他们有的以自己的高尚品德，名传千古；有的以英雄业绩，著称于世；有的以科技成果，造福人民。他们是灵石人民中的精华，值得骄傲，值得学习，值得颂扬。本志书对他们的事迹，采取传、表、录三种形式，分别记述，共 1273 人。立传者 75 人，其中，革命英烈 36 人，古代人物 15 人，现代人物 24 人；列表者 306 人，其中，老红军 15 人，劳动模范 71 人，历史人物 80 人，现代人物 140 人；入录者 892 人，其中，红军时期牺牲 25 人，抗战时期牺牲 400 人，解放战争时期牺牲 385 人，抗美援朝时期牺牲 42 人，其他 40 人。

第一章 人 物 传

第一节 古代人物传

灵石建县于隋，到明朝万历年间始有县志。因此，隋以前的人物无记载，明以前的人物亦多依据古籍记载，很不完全，兹根据旧志和文物资料将辛亥革命前的古代人物，按其在历史上的影响选录，入传者 15 人，其中，宋代 3 人、明代 1 人、清代 11 人，均以卒年先后为序排列。

师 范 本县尹方村人。祖父师守信、父亲师克奇两代皆为进士，师范于宋元祐年间（1086—1090）中进士，委督岢岚军政兼平定岳阳，军民感其惠政；后调督理江南，到任后察访民情，深知赋役繁重，农民苦无诉处，于是上奏朝廷，"茶为天地自然之利，少受旱涝影响，请稍增茶税，削减田赋徭役"，获准。此举减轻了农民负担，江南农民普遍感戴，家家挂图像祭祀。其事载于《中国名人大辞典》，尹方村有师家茔，为其三代墓地。

李武功、李　实　武功自称李宋臣，粗通文字，北宋时曾任灵石县尉，后升任河东路军马都统制，官阶为右武大夫。李实是李武功的部将，两人皆为宋金时期灵石县人（住村无考）。

北宋靖康元年、金天会四年（1126）三月，金兵大举南侵，九月左副元帅完颜宗翰攻克太原，分兵南下，取平遥、介休、孝义、灵石。平阳府降卒导金兵入南北关（即灵石县冷泉关与南关），完颜宗翰骄傲地说："关险如此，而我乃得越，南朝可谓无人矣！"宋朝官兵在金兵的猛烈进攻之下，土崩瓦解。金兵"侵犯中原，恣为焚掠，河东士庶，首被其害"，山西河东路广大劳动人民处在水深火热之中，不甘屈服，纷纷组织忠义民兵奋起抗金。灵石义军首领李武功"在西山下寨，聚集到统制、统领、将佐、兵卒等三千四百有余"，"仗义自奋，纠率民兵，掩杀贼众，收复陷没州县"。南宋统治者迫于形势，想利用义军解围、收复失地，遂接受了抗战派的建议。建炎元年（1127），宋高宗下诏："忠义之士如能捍御一方，及纠集师徒，力战破贼者，当议其勋庸，授以节钺。"当时义军活跃在敌后，成为金统治者的最大威胁。李实原封保义郎，累与金兵斗敌有功，后补为成忠郎。

义军的全面情况及失败时间，史书没有记载。根据1966年张嵩村村民郭双全、李志新、黄根成在县东绵山发现藏在悬崖石缝里铜罐中的抗金文献，可以证明，义军曾在这一带驻扎，李实在战斗危急转移时妥为保藏，既免落入敌手，又表现其必胜的信念。

裴继芳　灵石县城内人。其父裴泰中进士，官至定州知州。裴继芳于明正德六年（1511）中进士，官授工部都水司主事，曾巡检漕运至临清水闸，见宦官专横，凌辱官吏，勒索民财，即下令检查私船，搜获货物入官府，至此漕河肃清，官民感戴；后被委户部管粮，秉公执事，拒绝私谒，贪官顿时敛迹。其清廉名声，普闻朝野。

裴继芳晚年告病还乡，摆脱势利，怡情诗酒山水间，临终时，囊无余资，旧庐仅蔽风雨，世人无不称颂。其事载于《山西通志》（清光绪版）。

侯九读　清顺治年间灵石县境绵山抱腹岩（云峰寺）和尚，当地人称"侯和尚"，原为翼城县侯家庄人，自幼勇悍，从父信奉禅教，与其兄九钧、九训学习少林拳术，常聚乡民一起舞枪弄棒，谈古论今。明朝末年，贪官横行，李自成领导的农民起义军遍及山西。顺治元年（1644），清军入晋，征伐杀掠，百姓遭难，其兄侯九钧聚众抗清，保卫乡民，于顺治四年（1647）被清军残酷镇压，满门抄斩。唯侯九读逃脱，只身来到绵山抱腹岩削发为僧。他在深山幽林中收徒授拳，广交侠士。顺治五年（1648），他集结反清义士举行起义，劫富济贫，除暴安民。义军很快发展到数千人，侯率兵攻下灵石城，城内官兵仓皇逃窜；又率军攻下霍州，州官王来在逃跑途中被杀；连克赵城，杀死县官赵祥星，洪洞县官李成龙闻讯先逃，岳阳（安泽）知县刘光裕于城破后潜逃外省。义军进城，杀死守备，没收府库，部众发展到 1 万余人，直逼平阳府。当时晋北有姜瓖起兵大同，晋南有李虞夔起兵平陆，并连占蒲、解二州，进克潼关。清廷闻报大惊，忙派钦差提督刘弘遇带兵征讨。侯和尚起义军退守绵山，驻扎在本县军寨、曲陌、下寨等地，清军屡攻不下，暗派奉天人赵希普潜来灵石，私命演武场教习刘国英（水头村人）带领乡勇诈称合伙，打入起义军营垒，在头领侯九读与王国士之间挑拨离间，引起内讧。顺治六年（1649）正月，赵希普接任灵石知县，刘国英煽动王国士刺杀侯和尚，又定计杀死王国士，清军乘势围攻，致使寨破，起义军全部英勇牺牲。

至今，灵石民间还有关于侯和尚起义的种种传说，三清寨有扎营地、点将台、旗杆石、擂鼓崖等遗迹。林木中还有高如山丘的"亡魂墓"。传说侯和尚死后，士卒每人抱土一包掩埋，成此大墓。

孟太真　静升镇后沟村人，自幼好武功，清康熙年间为灵石绵山玄天观道士，康熙二十年（1681），到玄天观出家修道，玄天观在绵山抱腹岩对面。康熙二十一年（1682），傅山在介庙、绵山传道、讲学、行医，兼传授武术。孟太真向傅山学习了一套独特拳术，经过增减程式命名为"绵山太极拳"（简称"绵拳"）。傅山为道家龙门派第 6 代"真"字辈，而孟太真为龙门派第 9 代"太"字辈。孟向傅山虚心求教，得到真传，以后他发扬傅拳的内外功法，贯穿着阴阳、虚实等法则。其套路名称虽与傅拳不尽相同，但动作、功力则是一致的。孟太真在傅山死后广为传播傅拳，有绛州人王宗岳受传后，迁到洛阳定居，传到河南，后于乾隆五十四年（1789）在洛阳编著了《太极拳论》，在实践基础上奠定了太极拳的基础理论。后人将之又与张三丰等人的太极拳结合，演变发展为河南温县陈玉廷太极拳。陈撰写了《陈氏拳谱》，流传至今，使陈式太极拳成为流传中外的拳法。

孟太真作为道家弟子，在继承、创造和发展太极拳方面起到承前启后的作用。在广大劳动人民健身、防卫的武术运动中作出重大贡献。

何道深（1742—1768）　字会源，号朗崖，本县两渡村人，少有奇志，喜读孙吴兵法，遂习武；18 岁应院试，督学蒋公惊异奇才，大力推举，随中清乾隆己卯科武举，次年中武进士，留任戍守清宫乾清门侍卫官 4 年；清乾隆三十年（1765），出任贵州提标游击。贵州兵一向强悍，但缺少节制，何道深严明纪律，赏罚分明，他带出的右营兵很出名。时缅甸（当时的清朝属国）发生内乱，木疏土司自立，云南总督先后更换 3 人都未平定。乾隆三十二年（1767），皇帝调伊犁将军明瑞移督云贵。明瑞调八旗兵 2000 人、云贵四川兵 2 万余人进讨缅甸，明瑞听说何道深训练营卒有方，调何道深营兵至永昌检阅，果然严整，冠于他军。于是明瑞兵分三路出师，以道深所统右营军队护卫中军，至二龙山破敌二寨，乘胜连取二城，逾天生桥，至蛮结地方，敌竖木栅立 16 寨，万人守卫。道深冒矢石攀栅先登，右额中枪，在所不顾，记功第一。

中军至穷窄地方，敌兵据隘死守，原约三路军在此会师，因左右军违约未至，致使孤军深入，弹尽援绝，于是奉命撤退，缅军追抄，道深领兵殿后。至金鸡岭，道深设兵埋伏，大挫缅兵。至猛育，缅兵环围数重，尽塞蹊隘，断绝清军归路，清军杀马而食。明瑞令夜拔营，次日冲击，平明，敌来截击，道深立高岗指挥拒敌，掩护其他军顺利撤出，自早晨战至日中，寡不敌众，枪石交加，道深受伤多处，英勇阵亡。时乾隆三十三年（1768）二月，军士割其衣带发辫而还。乾隆皇帝闻报诏令褒奖，赐以国葬，衣冠冢安在两渡朱家岭。（事载《清史稿》卷 489）

清代著名文学家桐城姚鼐为其撰写墓志铭，并挽诗云：

> 别离胡断发，借此达慈闱。
>
> 但欲狼烟靖，何知霜刃挥。
>
> 飞沙吹白骨，凄雨泣黄旗。
>
> 欲拟招魂赋，衣冠是也非。

何思钧（1736—1801） 字季甄，两渡村人，自号双溪。少年丧父，随兄长大，勤力于学，居北京时，曾就学于桐城姚鼐，后中清乾隆庚寅科副榜，辛卯科举人，乙未科进士；乾隆四十年（1775），改庶吉士，任翰林院检讨；纂修《四库全书》，任总校官，书成后，留任庶常馆，仍任校书之职；后告病归乡，教子读书，并在家乡创设义学。其子何元烺、何道生先后中举人，同年中进士。元烺入翰林，另两幼子也分别在嘉庆、道光年间中举。何家一时以父子翰林、兄弟同榜进士传为佳话。何思钧逝后，姚鼐为其立传，刊于《何氏族谱》。

梁中靖（1765—1833） 字与亭，号秋园，世居本县夏门村，少时父母双亡，自幼勤奋读书，清嘉庆戊午科中举，后中辛酉科进士，改庶吉士；散馆以知县候选，居家 8 年，以教书为业，广行善事；目睹夏门村外道路水渠被洪水冲毁，多年无人修理，连年灾荒，斗米千钱，民饥食草。他倡议以工代赈，计工授食，饥民争相出工，3 年道竣渠成，众人称颂。官府每年向夏门村加征马料数千斤，村人叫苦不迭，他慷慨捐钱存当，以利息代交，免去百姓负担，乡人无不感戴。

嘉庆十六年（1811），其被选授广西平乐县令，未及抵任，改授吏部验封司员外郎兼考功司事。任职期间，凡有利于国计民生大事，其无不上言，素称清正。其奏改钱法，严禁贪弊，参革州县贪吏，又清查江西州县亏缺杂税，堵塞漏洞。他某次入京道经晋省，发现驿站积弊，上奏予以查禁，后升京畿道监察御史。清道光二年（1822）六月，榆次13岁民女赵二姑，被邻人恶棍阎思虎施暴强奸，女偕父哭诉县衙，县令受贿，反诬和奸，逼供不服，鞭杖交加，女冤愤难忍，自刎于公堂之上。其父抱救中身沾血迹，又被县令诬为杀人灭口，反遭拘捕。其母上诉省府，巡捕受贿，袒护县令，逼其母自认诬告，其母头撞公堂，血流满地。其叔上京告状到梁中靖御史台下，梁公派员私访，查清原委，上千言书于皇帝，令刑部派大吏查办，大吏受贿，袒护巡抚。梁中靖亲督刑部贾大夏审理，真相大白，将恶棍阎某处以死刑，知县以上7名贪官皆被问罪，民冤得以昭雪，正义得以伸张。此案轰动京城，梁御史清廉之名传开，为万民称颂。梁中靖因受朝廷褒奖，官加四品，提升太仆寺卿，道光十二年（1832）冬，身染伤寒，次年春，请假回籍病殁途中，枢车所过，沿途群众争相路祭。

杨尚文（1807—1856） 字仲华，号墨林，清嘉庆十二年（1807）生于本县张家庄村。祖父在京城经商致富，其父曾任兵部郎中，早丧。杨尚文幼读私塾，但未中举，居家奉母，博览群书，曾创立义学，捐粮施药，急公好义；殡母之后，曾居北京，交游文苑名士，与一代文人何绍基、张穆等交往甚密。他爱好收藏书字画，又热心刊印书籍，清道光年间，曾收集文人书稿编辑刊印《连筠簃丛书》（连筠簃是杨氏京寓书斋名）12种111卷，所刊《元朝秘史》《长春真人西游记》在历史、地志中极有价值，《癸巳存稿》亦时贤之名著，《镜镜詅痴》为百年前研究物理之书，《勾股截积》《和较算术》《椭圆术》为早期研究几何数学之书，《群书治要》为久佚之秘籍。他延请名匠刻版，编校认真，印刷精良，请张穆作序，何绍基题签。书一问世，即引起学界之重视。张之洞曾在《书目答问》中予以推荐。民国年间，商务印书馆又收入《丛书集成初稿》，并给予很高评价，现全国各大图书馆作为古籍善本珍藏。《辞海》中有专门条目记述。他还刊刻《永乐大典目录》60卷，是我国宝贵的历史文献《永乐大典》唯一完整的目录，至为重要；曾刊刻《读史纪略》等书，对祖国文化的传播作出重大贡献，旧志称其为"名动京师"的文人。

清咸丰六年（1856），杨尚文50岁时，偕其弟尚志游历江南，抵上海患病，雇船北归途中病逝。船在山东福山县海域又遭风暴覆沉，其弟落水救棺亦被淹死，僮仆打捞归葬。友人何绍基曾作《灵石杨君兄弟墓志铭》（见《东洲草堂文钞》），以志悼念。

余承恩 字荫轩，人称"余麻子"。清道光、同治年间人，世居本县核桃洼村，生性豪爽，自幼习武，初任直隶河主簿，后以县令候补。咸丰初年，巨鹿县蝗虫成灾，大德和尚张三黑等聚众起义，打官劫富，县令闻风带印逃省。直隶省督委派余承恩接印前往镇压，他沿途招募兵勇，擒拿首领，杀败义军，扑灭蝗虫。入冬以后，义军再起，约有数千，余承恩带领兵勇，在八里桥迎战，再次获胜。朝廷论功行赏，升其为广平府知府加盐运使衔。同治七年（1868），捻军从山西威胁京城，直隶省城保定吃紧。余承恩被授以总兵官，带兵2000余人，由他的两个弟弟沛恩、载恩从大名府进击，捻军在方顺桥连营50里。余承恩军乘夜冲入，斩杀无数，捻军被迫撤退，直隶总督授他首功，后捻军被平定后，余因领义军有功，官封直隶道员。时因其母病故请假还乡，治丧后积劳成疾，病死家乡。

杨昉（1830—1894）　字少初，号朗山，本县张家庄村人，杨尚文之四子，少年随父在北京攻读。鸦片战争之后，西学传入我国，洋务逐渐兴起。杨昉博学天文、地理、算学、声学、电化等科学知识，各种机器和各种矿质，凡经接触无不研究。他不喜科举，不愿做官，仅挂过兵部武选司兼武库司郎中的头衔，并未实际供职。为掌握西方科学，其购买了不少外文书籍，学会6种外国语言文字，在北京的友人曾赠他"学贯中西"横匾一块。当时慈禧专政，帝国主义入侵，朝政腐败，国事日衰。其于清光绪六年（1880）迁回原籍，在交通工具落后的条件下，雇佣数十匹骆驼将各种机器驮运回籍，安装运转，人人惊异，传为奇闻。他装有煤气灯、制火柴机、磨粉机、手摇发电机等；生活用具方面有照相机、单管支架大型望远镜、手把小型望远镜、自行车、东洋车（人力车）、喇叭型留声机、八音盒子、自鸣钟、钢架弹簧床、活动安乐椅等，品类繁多，不胜枚举，当时在山西亦为罕见，实开地方先进科学之先河。光绪十二年（1886），省城太原大南门一带被大水淹没，官方派人到灵石向杨昉借"水龙"（为早期的"抽水机"）排水救灾。事毕，给报酬其不要，请免灵石县空粮官银500余两。18乡民合赠"惠及枌榆"匾额一块。

杨荫廷　字左槐，清代同治癸酉科拔贡生，朝考一等，委派广东省，先后任文昌、澄迈、临高、南海、番禺知县，罗定州知州、阳江厅同知。

在番禺县任知县时，当地有一罢职将军，养马百余匹，放牧百姓的青苗，民众多次告发，县官不敢受理。杨荫廷到任后，百姓群起控诉。他受理此案，一请不到，二传不来，亲自下乡登门求见又闭门不纳，不得已他求见张制军请示办法，制军反问他有何良策，他断然说："今日之事，非兵难决。"于是，制军拨兵一营，让他带领剿办，一贯横行乡里的棍绅，闻风乘夜驾船逃到海外。他在农田路旁立牌示众，严禁放牧青苗，当地人民树碑颂扬他的功德。

又有许姓官吏之子，因买衣打死商人，将尸体暗埋花园中，番禺商民集众诉冤。他通过许家婢仆查清实情，取得证据，罪犯畏罪潜逃，他悬赏捉拿，该犯只好投案，他依法给予惩办，百姓广为称颂。

何乃莹 字润夫，两渡镇人，清光绪丙子科（1876）举人，庚辰科（1880）进士，留任翰林院庶吉士；后改任琉璃厂监督，旋升工部都水司主事，营膳司员外郎；后任山东道监察御史，内阁侍读学士，奉天府府丞兼学政，顺天府府尹，都察院左都御史。

光绪二十六年（1900），八国联军侵入京城，慈禧太后与光绪皇帝西逃时，何乃莹任后站扈从大臣，当时有一武官冒领差款三百缗，何乃莹查明就地正法。他体念家乡困难，回京后从国库拨还银两给地方。他居官在外，回乡返里看到灵石瘠民贫，生活极苦，拟向国库借款开渠引水，变旱地为水田，待增产后逐年归还，刚从两渡开工，奈何由于用人不当，事废中途，然而他关怀故乡的美意，一直为乡人称颂。

耿文光（约 1830—1908） 字星垣，后改斗垣，号酉山，别号苏溪渔隐。

清道光十年（1830），耿文光出生在苏溪村一个先世多藏书兼设书肆的家庭，自幼嗜书成癖，平生志在读书；16 岁以后，渐感家藏书籍不敷自读，不惜重价到处购书。同治九年（1870），他 41 岁时，藏书总数达 8 万余卷，筑一藏书楼，取名"万卷精华楼"。

耿文光 19 岁应秀才考，33 岁中同治壬戌科举人，后应进士考，屡试不第，遂闭门著书，先将所藏善本古书"删芜录要，据书修目"，著成《仁静堂书目》8 册；同治九年（1870）开始，用 3 年的时间编著《目录学》20 卷（刊行 9 卷）；从光绪元年（1875）开始，又编著《万卷精华楼藏书记》，简称《精华书目》，全书共 146 卷，历 13 年，九阅寒暑、四易其稿而成，分经、史、子、集 4 部 45 类，分门别类介绍评论，共 200 余万字，著录书籍 266 种，是《四库全书总目提要》以后第一部大型综合性的提要式书目。民国 23 年（1934），山西文献委员会曾将其收入《山右丛书》第一部，铅印出版。清光绪十四年（1888），其又为专考古书而编订《紫玉函书目》。光绪十五年（1889），耿文光 60 岁时，编著《苏溪渔隐读书谱》，以类似年谱的形式，记述了他生平读书著述的经历和体会，上述 5 书合称"耿氏丛书"5 种。

耿文光素性恬淡，素食布衣，将购书藏书、读书著述视为平生最大的乐事。他家道素丰，以购书致贫。60 岁时，委平遥县训导，他乃称："俸金之入，足以购书，苟得广所未见，则后之所见定胜于前，而笃嗜如吾，至老不衰矣。"时汾州府考试，山西学政王廷相发现他为积学之士，且属教职中第一流人物，保举他做知县，他以年老力辞。

耿文光兼通医道，广施药物，救济贫苦，清光绪三年（1877）山西大旱，其曾捐钱 450 吊（合白银 450 两）救济灾民。据《石像山人年谱》（孝义冯济川手稿）

记载，光绪三十年（1904）以后，冯济川在平遥主讲超山书院时，"灵石耿文光先生为训导，年将八十，犹读书不辍。……晚年复卖书以自度"。其后来终于教官任所。

第二节 现代人物传

1919 年"五四运动"以后，新思想、新文化不断传入县境。1921 年，中国共产党诞生后，共产主义思想开始在本县传播，许多爱国人士和进步青年在党的教育下，积极参加蓬勃发展的革命运动，在斗争中涌现出许多杰出人物。根据"生不立传"的原则，本志书选择辛亥革命以来的已故名人入传，共24人，其中，文化界7人、政界7人、军界3人、其他7人，均以卒年为序排列。

赵子瑗（1851—1939） 字仲玉，本县城内人，清朝同治年间秀才，举廪贡生，擅长书法，经考试充任《大清会典》誊录官。他热心教育事业，县城竹林书院创办多年，但因经费缺乏，无力聘请名师掌教。清光绪二十二年（1896）冬，他与赵焕春不辞劳苦，亲往四乡劝募，积银4000余两，从汾阳聘来名师担任主讲，延续兴办竹林书院，一时称盛。

清光绪二十四年（1898），《大清会典》告成，因其劳绩，被保举为广东省任知县，当时广东教会起事，清廷命各县组织团练，委赵子瑗到遂溪、雷州、廉州、合浦、肇罗、东安等处清乡组团。其时有法国军队侵入广州遂溪边境，赵子瑗组织团丁赶走法军争回国土。他后来被委派到香山、新兴、新会、顺德等地处理积案，很快了结。清光绪三十年（1904），任长乐知县期间，其处理当地积案，安定社会秩序，创建中学，颇有建树。辛亥革命时，其在香山县（今中山）任知县，后来辞职还乡。时县议会成立，公推他为县议会议长，他筹款补修文庙学会，办理民团武装，后被省府派往河曲县任知县。他到任后查禁烟毒，成绩显著。民国 16 年（1927），其退职返里。

赵子瑗晚年居家编著《存牍摘要》2 本，保存了他多年从政史料。日军侵华期间，其到东乡樊家山避难，1939 年病故于此，终年 88 岁。

牛万全（1905—1940） 原名牛富元，本县南关镇人。17岁（1922）从灵石一高毕业后，考入太原国民师范学校，在这里阅读革命书刊，参加爱国学生运动。北伐战争迅速发展的1925 年，国师学生会通过悼念孙中山集会，广泛宣传其三大政策和致苏俄遗书，对他影响很大。他随即要求转入本校俄文专修科，准备赴苏学习，五卅反帝爱国运动发生后，他参加了沪案后援活动，在革命运动中受到锻炼和考验，并于1925 年加入中国共产党。

1926年春，黄埔军官学校招生，他借资到河南开封报考，考取后直抵广州，在黄埔军校第4期2团2连学习政治军事，结识了共产党的一些领导人，革命意志更加坚定了。同年秋，其黄埔军校毕业后，被分配到国民革命军第一集团军某部任炮兵连连长，后提为营副。在轰轰烈烈的北伐战争中，他转战长江下游各省，参加了摧垮军阀孙传芳的战斗。

1927年春，蒋介石破坏国共合作，残酷地进行"清党"，牛万全被捕，被关在广东省番禺县大石头监狱。他受尽酷刑，始终不屈，曾3次被绑赴刑场。国民党反动派企图用"陪斩"的手段威胁这个年轻的共产党员自首变节，但他已经将生死置之度外，作了必死的准备，在狱中身戴镣铐拍了一张遗照，并写了"诀别信"，寄回家中。

1936年西安事变以后，国共第二次合作，双方达成释放政治犯的协议，他被释放出来。当时，卢沟桥事变发生，日军侵占了山西，同学薄一波、张文昂等组建山西青年抗敌决死队。他拒绝家人的劝阻，奔赴赵城参加决死二纵队；以后利用返家的机会动员包括侄子牛乃俭在内的20多个青年参加决死队，走上抗日前线。二纵队成立随营二分校后，牛万全任教育长兼军事教官。1939年，牛万全被调到独二旅任参谋长，转战吕梁山区。

10年的牢狱生活摧残了他的体质，艰苦的行军打仗，使他在野地露营中不幸染上了沉重的伤寒病，不能随军行动。1939年冬，他被送到灵石县柏苍村附近一个小山庄养病，在极端困难的生活条件和医疗条件下，于1940年春末病逝，时年35岁。

何 澄（1880—1946） 字亚农，生于本县两渡村，3岁丧父，10岁丧母，随长兄在辽阳度过少年时代。他先在私塾学习儒家经典，西学传入后又改习新学。清光绪二十七年（1901），他赴日入振武学堂学习，光绪二十九年（1903）转入陆军士官学校。他较早接受资产阶级民主革命思想，在留学生中积极宣传种族革命和政治革命，带头剪掉辫子以示与清朝决绝。1905年孙中山由欧赴日，在东京对留日学生发表革命演说。不久，同盟会在东京成立，何澄由谷思慎介绍加入同盟会，秘密向国内、省内传递革命书报，宣传鼓动革命。1906年，同盟会派何澄与景定成回国活动，在太原山西大学堂宣传革命，影响很大。后两人分头到灵石和安邑进行活动，因何澄客居外省多年，在灵石活动无法开展，遂再赴日本。时值孙中山指示同盟总会选拔军事骨干，组织"铁血丈夫团"，何澄与温寿泉、阎锡山同时入选。1909年，何澄毕业回国，在北京参加留学生会试，被分派到保定军官学校任教官，在学员中继续进行革命宣传。

1911年，何澄在上海响应武昌起义，任沪军23师参谋长。民国初年，他追随孙中山进行讨袁革命并参加国民党；北伐战争时，任国民革命军总司令部高等顾问。孙中山逝世后，蒋介石公开反共，何澄退出军政界，曾任沧石（沧州—石家庄）铁路工程局局长，以后辞职。1927年6月，南京国民党中央改组，山西省党部曾委张继、何澄为改组委员，他不愿参加阎蒋斗争而未到职，以后蒋介石委任他为中央监察院委员。1933年，黄郛任华北政务委员会委员长，曾聘他为顾问，皆为虚衔，未就实职。

何澄离开军政界后，定居苏州，主要经营工商业，先在苏州创办益亚织布厂，后转让给别人，出资经营商业。他热心扶植地方教育，曾任苏州振华女子中学校董。他晚年购得苏州名园——网师园，经营花木。抗战期间，何澄避居苏州家中，汪精卫多方拉拢，诱逼其出任伪职，均遭拒绝。他素崇山西乡贤傅山不事清廷的民族气节，因而取别号"真山"。

1945年夏，何澄离苏州，拟回山西故乡，抵北京时，日本宣布投降，便寄居故交张大千（画家）寓所。1946年5月11日，他患脑血栓症，被送至东交民巷法国医院，抢救无效而病逝，终年66岁。

阎登椿（1889—1952）　艺名"十三红"，生于本县静升镇。父亲肩挑贸易供他读书，指望他出人头地，但他从小喜爱学戏，经常到戏班学唱，常遭其父打骂。他11岁时随戏班到张家口，专心苦练，师傅夸他嗓子好、扮相好、气质好；13岁在张家口登台演《八义图》里的陈婴，博得观众好评，班主对他更加器重，一时小有名气；17岁，到榆次、太原倒换班子，随戏班东奔西走，赶台唱戏，宿庙宇，睡地铺，备尝艰苦。1911年，灵石马和村点了他们戏班的戏，他本想回避，经班主托人说和，父亲无可奈何，接受了戏班馈赠的40吊钱，方准许他学戏。

20世纪30年代，阎登椿落脚太原二院，"十三红"的艺名开始传誉三晋。他在《走雪山》中饰老家人、《空城计》中饰诸葛亮、《潘杨讼》中饰八千岁、《明公断》中饰王彦龄、《击鼓骂曹》中饰祢衡、《桃花女》中饰大刀苏献，在几十个传统戏中唱、做、念、打，人人叫绝。丁果仙因之拜他为师，向他求教，称之为"过门师傅"。丁巧云、花艳君、张美琴、筱桂芬、筱桂琴、筱桂梅等晋剧名角都向他学艺，接受指导，尊称他为"师父"。他艺术造诣很高，处人平易和气，言传身授，有求必应，被尊为晋剧界的老前辈。

1946年春，灵石解放区马和村成立红星剧社，曾派人到太原请他来当教师，他不讲条件，不计报酬，慨然应允，教戏半年有余，后因内战爆发，剧社疏散，才回太原。

　　1949 年太原解放，他已年过花甲，但仍积极学习政治，钻研艺术，在剧院担任辅导教师，带头登台主演新戏。他在《白毛女》中扮演杨白劳，在《小二黑结婚》中扮演二孔明，一台一式，惟妙惟肖，功力不减当年，给人们留下深刻印象，满座观众喝彩。

　　1952 年患病，他自知难愈，要求送回家乡，于 10 月逝世。

　　朱炳仁（1907—1957）　本县石柜村人，贫苦农家出身，高小毕业后曾任小学教员。1937 年 10 月，他参加山西新军决死二纵队，次年 2 月加入中国共产党。他英勇善战，由战士升到班长、排长、连长、中队长；曾参加 1938 年的韩信岭战斗、1939 年的罗汉战斗和大宁战斗。后因作战负伤，他被调离，先后担任供给科科长、后勤处处长和纵队后勤部副部长。他坚持带病工作，筹划部队的粮食和弹药供应，关心战士的生活，有力地支援了前线。

　　"晋西事变"后，他转到太岳区，从事后勤工作，支援同蒲线和白晋线上的反扫荡战斗。解放战争中，他参加临汾战役、晋中战役，解放太原，进军西北、西南。在长期艰苦斗争的日子里，他担负着繁重的任务，夜以继日地顽强工作。领导担心他的身体，让他休养，吃小灶饭，他总是婉言谢绝。进驻川西雅安后，部队驻地分散，交通困难，供应任务更加艰巨，他总是想尽一切办法，保证物资和弹药的供应。在任雅安军分区上校副司令员期间，他积劳成疾，于 1957 年11 月病逝，终年 50 岁。

　　耿步蟾（1886—1961）　字桂亭，石柜村人，自幼聪慧，读书刻苦，16 岁入县学，后赴平阳府应试，考取生员第一名，被荐送山西大学堂，在西学专斋（类似现在的理科）攻读 4 年；21 岁毕业，被选为优级举人，派送出国留学。光绪三十三年（1907），他赴英国伦敦大学皇家矿业学院冶金科学习，在国外认识到西方现代科学的发达和祖国的贫穷落后，确定了"科学救国""实业救国"的志向。毕业时，辛亥革命发生，民国成立，他欢欣鼓舞，决心为振兴中华而贡献力量。他在英国钢铁、铜锌、锡铝等厂矿实习 2 年，取得矿冶硕士学位。回到祖国，他先后任山西省矿产测验化工局局长、山西矿务局技正、山西实业厅工矿科科长、农矿厅厅长等职。其间，他组织人员到全省 80 多个县勘查化验矿产，将调查结果编成《山西矿产调查化验成绩报告书》（1916 年石印出版）和《山西矿务志略》（1920 年铅印出版），为最早记载山西省矿产资源及其分布的专著。民国 6 年（1917），他被聘任为山西大学工科教授。1930 年，"蒋阎冯大战"期间，他辞去厅长职务，专任山西大学工科教授。民国 21 年（1932），工商、农矿两厅合并为实业厅，耿步蟾复任厅长。此时，阎锡山倡言"造产救国十年建设"，耿步蟾参与编订"山西省十年建设计划"经济部分的各种方案，大力提倡改进农业，兴修水利，植树造林，栽桑养蚕，牧畜养鸡，种棉麻烟叶和发展采矿冶金等实业。以后，阎锡山将目标转移至反共防共，"十年建设计划"就此停顿。1935 年，山西省政府改组，他再次离开政界，专任山西大学工学院教授。1936 年山西公营事业董事会成立，他兼任董事，指导建设西北实业公司。该公司下属各厂矿，有保晋煤炭公司、大同煤厂、白家庄煤厂等。

日军侵占太原前夕，耿步蟾携家转移甘肃平凉，随董事会赴西安、成都、灌县、三原等地辗转迁居，其间他仍集中精力从事编著和教书。1940 年以前，他兼任重庆政府教育部高教司编译馆编著员，积极编著自然科学读物《国民化学常识》等书。1940 年以后，董事会迁三原，他兼任三原中学高中理化和英文教员。抗日战争胜利后，他返回太原，继续任公营事业董事会董事，并积极筹建三晋中学，亲自担任校长。其间，他根据近代科学新成果和新的标准计量单位将原编《验矿学大意》增补修订为大学用书《验矿学》（1950 年上海中华书局铅印出版）。

1949 年太原解放后，他参加山西公学政训班学习，被委派为山西省政府工业厅工程师。1950 年，山西大学校长邓初民聘请他到山西大学工学院任矿冶系主任兼教授。同年，他参加山西省政治协商会议，任委员。1952 年，高等学校院系调整时，他被调到北京钢铁学院任冶金系教授，并先后在清华大学、北京航空学院、北京工学院兼课。其间，他编著《定性分析冶金概论》（未完稿）。

1961 年 3 月，耿步蟾因脑出血病逝于太原，终年 75 岁，生前他将太原藏书捐赠给山西大学图书馆，并遗嘱将在北京的中外文书籍尽数捐赠给北京钢铁学院。

贺学庵（1905—1962）　原名贺鸿志，曾化名为章文，本县集广村人，介庙高小毕业后，于 1923 年考入太原国民师范，在校受五四新思潮的影响和进步同学张文昂等的帮助，开始阅读《新青年》《向导》《独秀文存》等进步书刊，并参加国师罢课反对总干事的学潮和反对阎锡山征收房捐的运动，以及声援五卅运动的宣传演讲等。

1927 年，他从太原国民师范学院毕业，其时大革命失败，白色恐怖笼罩全国。张文昂等同学被捕入狱，贺一时找不到革命的出路而感到消沉悲观，由同乡王省三介绍回灵石在旧政府当督学 10 余年。

1938 年初，日军侵占灵石，旧政府逃散，在这危难时刻，山西新军决死队来到河东，他随军到六专署财政科工作，1941 年转到太岳行署秘书处任秘书科科长，1943 年调回灵石，改名章文，任民政科科长，同年 5 月加入中国共产党。

其间,他与家乡人民一道浴血抗日,共度艰难岁月,1944年,他在反扫荡斗争中掩护群众撤退,护送军粮进山,成绩显著,群众赠送他一个绣着"爱民于战斗中"的挎包以表彰他。抗日战争胜利后,他历任县人民政府秘书、代县长、副县长等职。在战火纷飞的年代,他与全县军民并肩战斗,参加了解放县城的战斗。

灵石解放后,贺学庵先后任太岳区北岳专署干校主任,山西省立第一、第二工业学校副校长,山西农学院教导科科长,晋中地区干部学校校长等职,于1962年3月病逝,终年57岁。

梁子言(1914—1962) 名兴诗,本县夏门村人,祖父两代皆为前清秀才,并以教书为生。他15岁于城内高小毕业,同年考入太原国民师范学院,在校各科成绩皆优,尤以数学成绩突出,并爱好音乐和体育。1935年,毕业后,他在县立女子高级小学任高小教员。1938年,县城沦陷,学校迁到河西庆余村,他又在第一民族革命小学任教,并任县牺盟会宣传部部长。1939年春,第二民族革命小学成立,抗日县政府指派梁子言任校长,不久晋西事变发生,学校停办,他在隐蔽中遭日军枪击,腿部受伤,在家养伤一年余。

县城沦陷后,新民小学成立,校长曹席庵请他任文化教员。抗战胜利后,他继续在城关小学教书。

1948年灵石解放后,梁子言在二高附设的短期师范班和教师轮训班任教,为解放初期恢复和发展教育事业培训教师。他于1950年被评为甲等教师,并在1950、1952年两度被评为模范教师,受到县人民政府奖励。1952年灵石中学开办,他被调任为中学教师。

梁子言执教16年,受教学生近千名。他对教学工作一丝不苟,讲数学,推导原理;教语文,讲解深刻。他各门课程都能胜任,是个教学多面手。1952年10月,梁子言以教育界代表身份参加灵石县各界人民代表会议,被选为副县长,长期分管文教工作,为发展和整顿学校长期奔走操劳,于1962年因肺病复发逝世,终年48岁。

张养田(1907—1966) 原名张堉麟,本县城内人,5岁丧父,由寡母抚育,在县城读私塾4年,后随伯父到太原一师附小读书,时值五四运动爆发,受到反帝爱国思想的熏陶。1922年,他入太原一中读书,在贺其颖(贺昌)、傅懋功(彭真)等同学的影响下,阅读《先驱》《向导》《新青年》《中国青年》《政治生活》《前锋》《共产党宣言》等革命书刊,开始信仰马克思主义。同年10月,他由贺其颖介绍,秘密加入中国社会主义青年团,参加一中学生驱逐反动校长的罢课风潮,担任《一中学生半月刊》编辑及学生会宣传部部长,积极宣传革命,介绍青年入团,还组织青年学会,主编《山西学生联合会会刊》《反基督教特刊》

等。他曾用"长啸""章独"等笔名发表宣传革命、揭露敌人的文章，把山西社会主义青年团的活动情况用"章独"的笔名向团中央作报告。后来共产党员邓国栋、王瀛等同学相继被捕杀害，在白色恐怖面前，他开始畏缩消沉。

1927年，他从一中毕业后，考入山西大学法学院学习法律，并于1932年毕业，先后在汾阳河汾中学任国文教员，在太原华闻晚报社任副刊编辑。1935年，他赴日留学，在明治大学学习政治学和法学。1937年卢沟桥事变前夕，他回国，由同学杜任之（共产党员）介绍到第二战区民族革命大学任教务工作，在学生中宣传团结抗日。阎锡山为了利用他，曾吸收他加入"民族革命同志会"，让他担任《革命生活》主编，曾聘任他为"政治研究会"委员、"文化委员会"委员以及司令长官部少将参事等职，主编《民族革命政治周刊》。1939年，阎锡山发动晋西事变，他与杜任之组织进步学会，通过进山中学校长赵宗复（共产党员）转到进山中学任政治课教师。抗日战争胜利后，他回到太原，于1946年7月应山西大学法学院院长杜任之聘请，担任法学副教授，课余为太原各报撰写星期论文。1947年，他由杜任之、王文光介绍参加中国民主同盟，并参与在山西大学发起的反饥饿、反内战的罢教运动。1948年，阎锡山推行"三自传训"，到处抓捕进步人士及共产党员，他与杜任之趁暑假逃到北京，在北京华北文法学院任教。

1949年北平和平解放后，他到华北大学政治研究所学习。太原解放，山西大学复学后，他又回到山西大学担任政治课讲师，后任校刊编辑。在"反右"运动中因在校刊上刊登鸣放文章，他于1958年被错定为右派分子，撤销职务，后于1966年病逝。党的十一届三中全会后，落实知识分子政策，1982年经审查，撤销其处分，并恢复名誉。

李汉章（1903—1967）　名云书，仁义乡宋家庄人，自幼半耕半读，15岁考入城内一高，18岁考入太原国民师范学院，在校受进步思潮影响，积极参加学生运动，民国15年（1926），毕业后，到县城一高任教，在学生中积极宣传民主革命思想。民国18年（1929），灵石大旱，河西农民发动了震动全县的抗粮斗争，他在学生中宣传支持这一正义斗争。次年，灵石仍春旱，西南乡民又发动闹水斗争，部分一高学生参与这场斗争。反动县长赵良贵诬说：共产暴徒煽动闹事，要扣押一高教员张士陶、李汉章和校长胡绍亭等。他闻讯夜逃，到洪洞县当税务员，直到1937年赵良贵被免职，才回县实验小学任教员。1938年，日军侵占县城后，他改名茂生隐居乡村种地。1947年，老区进行反奸清算，一时搞得极"左"，他产生恐惧心理，跑到太原，经人介绍在清源县二小学当教员。1948年灵石解放后，他返回灵石，先后在二高（城内）、一高（仁义）任教员；城关初小任教导主任；

1952 年，任西许完小副校长；1957 年，任文教局副局长。1958—1961 年，灵石并入介休县后，他曾任义安中学教导主任。1961 年，他仍担任灵石县文教局副局长。

李汉章在执教期间，注重学校文体卫生。民国初年，他任体育教师，极力宣传体育的重要，将学校体操、球类活动搞得十分活跃，激发学生兴趣。战前，他还在学校排演宣传《子曰诗云》《好铁要打钉》《放下你的鞭子》等反帝反封建的歌剧话剧。人们将他与何汉文、张汉南 3 位热心倡导新戏的教师称为"演戏三汉"，印象深刻。他担任领导干部后，仍十分强调学校文体活动，将它列为检查学校好坏的一项标准。

李汉章曾先后以教育界代表出席县各界人民代表会议，是第二、三、四、五、六届人民代表大会代表，曾被选为县人民委员会委员，1962 年因病退休，1967年病故于家乡。

朱亮清（1892—1967）　　学名郁清，本县石柜村人，自幼家境贫寒，只念过几天书，从小甚爱拳术，17 岁时捕猎野猪时被咬伤腿部，深恨自己没有技功，不能防身自卫，伤愈后，投赵城南石明村武术师庞福有门下，学习通臂拳，经过数年精心苦练，学得一身武艺。山西省实业厅厅长耿步蟾几次来信请他到省府当警卫，且许以高薪，他婉言谢绝，自甘淡泊，过着清贫生活。

每年冬春，朱亮清在村广收徒弟，义务教习拳术，四乡慕名而来投师者日多，先后授徒近千人，遍布灵石南乡及汾、霍一带。他教授徒弟强调武德，主张练武以防身除暴为宗旨，决不可恃强横行，为防趁机伤人，从不许互有嫌隙的徒弟赌气比武，他拒绝向心计不好的人和好打架斗气的人传艺。他见自己的儿子好与人斗，恐其惹事，因而练武时不让儿子旁观。对于恃强凌弱扰害公众的人，他极为厌恶。

朱亮清武艺高强，处人谦恭和蔼，说话幽默风趣，人皆乐于接近，晚年每日早晚练拳，坚持不懈，于 1967 年病逝。

郭喜雨（1885—1967）　　又名瑞亭，本县南关镇道美村人，幼年家境寒苦，其父竭力供子读书。他勤奋聪慧，刻苦求学，于 19 岁赴平阳府应试，考中生员，先在私塾执教，后到河南、江苏一带经商 10 余年。民国初年，他回乡担任本村村长多年，为人急公好义，多为乡里办事，深得乡亲赞许，村民为其送了一块金字牌匾，上书"办公竭力"四个大字，在地方颇有声望。民国 19 年（1930）春旱，介休关闸，汾河断水，灵石沿河 19 村数万人无水吃，百姓焦急万分，大家公推他为代表，率领数百人到介休放水，经多方交涉，取得胜利。

1932 年，郭喜雨被推举担任灵石县政府财政局局长，任职期间协助县长李凯朋制订灵石县 10 年建设计划，为发展本县农、工、商各业出谋献策，并多次往返并（太原）灵之间，与同窗好友耿步蟾（山西省实业厅厅长）商讨乡里建设事宜。1934年，他伙同本县桃钮村杨明等人创办桃钮煤矿股份有限公司。公司年产原煤4万余吨，通过南同蒲铁路销往临汾、运城、西安等地，成为山西省当时有名的煤矿。它也是富家滩煤矿的前身。

1938年春，日军侵占灵石，他深居家乡，教育子女参加抗日斗争。女儿郭九连，化名肖虹，加入山西新军决死队，参加革命工作数十年如一日；长孙郭强从事教育工作多年，曾担任太原市十一中校长、山西省政协委员；三孙郭济从事政府工作，担任国务院机关事务管理局局长。中华人民共和国成立后，郭喜雨作为革命干部家属，备受共产党和人民政府的关照。自1958年起，他先后被选为灵石县第三、四、五、六届人大代表和县人民委员会委员，一心为人民服务，为社会主义事业贡献力量。其晚年生活幸福，1967年春病逝，享年83岁。

金　石（1915—1969）　原名刘英才，本县西崖底村人（原属隰县）。父亲在他满月后不久病逝。他7岁被过继给二叔，9岁上学读书，16岁考入半公费的山西第六师范（驻临汾）。在校受进步思潮的影响，开始阅读革命书籍。19岁毕业时，他因反对阎锡山政府操纵的全省会考而被学校扣发毕业证书。他愤然离校，回家务农。这段时期，他对农民受剥削、受压迫的处境有了切身的体会。1936年红军东征时，他曾与同学刘金贵计议参加红军游击队，后红军回师时，刘金贵参加红军到陕北，他因家庭阻挠未走。1937年，抗日战争开始，刘金贵被派回汾西发展党的组织，介绍他加入中国共产党。不久，他被分派到汾西县牺盟会当干事，后任宣传部部长，主办《动员报》，组织训练农村干部开展抗日救亡工作。

1939年晋西事变后，组织上让他回灵石西崖底老家隐蔽。汾西干部奉命向晋西北紧急转移时未来得及通知他。阎顽军占据晋西南后，他一度给村长刘鹏飞（地下党员）当文书，其间他们曾策动阎军2个连投奔游击队。此时，他找到党的汾西县工委，接上关系，在阎顽与日伪占领区的中间地带开展武装斗争。1942年春，他遵照上级党的指示，转入地下活动，由晋西南工委派回灵石，并改名为金石，以县委书记身份领导地下工作。他先在本县槐树原地下党员方有德家当羊工，从吕梁到太岳建立了一条严密的交通线和联络网，随时将阎方的军政情报传给河东党组织，并恢复了这一带的地下党组织；以后又转移到沟峪滩做地下党的工作。当时，阎锡山搞"净白阵营"，抓捕政治犯，他面临暴露危险，1934年组织上改派陈兴华夫妇接替他的工作，晋西南工委派他到孝义县继续领导地下工作。

抗日战争胜利后，金石回到晋西南工委，后到晋绥七地委、吕梁区党委任宣传科科长；1946 年任隰县县委宣传部部长、永和县委书记，领导土地改革运动；1949 年奉调南下，进入四川，在川西区党委任秘书处处长。1952 年四川省成立，他任城工委办公室主任；1956 年，任四川省委工业部副部长；1963 年，调任组织部副部长；1966 年，任省委副秘书长。

"文化大革命"中，金石惨遭反革命集团的残酷迫害，1968 年被强制戴上"叛徒"袖标押送丘湾五七干校劳动改造。繁重的体力劳动，无情的侮辱打骂，他无法忍受，遂于 1969 年 5 月 1 日在深山上吊自杀，时年 54 岁。临终前，他给组织和家属留下遗书，并遗诗一首："革命数十年，缘何寻自尽，多少辛酸事，尽在不言中。"党的十一届三中全会后，党和政府重新审查，认定他为共产党的优秀党员、人民的好干部，中共四川省委于 1978 年 1 月为他平反昭雪，举行追悼会和骨灰安放仪式。

吴秀英（1920—1971）　女，原籍安徽省定远县符离集人，1948 年在皖北妇幼保健院当卫生员，前夫在淮海战役中阵亡；1951 年，与解放军某部运输班班长宋玉喜（灵石交口村人）结婚。1952 年，宋玉喜因病退伍，她随夫回到灵石交口村。

1953 年秋，交口乡成立保健站，吴秀英任保健员，后经县里培训任接生员。当时农村卫生事业落后，她在经费缺乏、设备简陋的条件下，积极宣传卫生常识和新法接生，常常深更半夜奔走乡村接产，深受群众欢迎。1958 年，她离开保健站参加农业生产。她以南方妇女的劳动习惯光着脚同男人们一起下田干活。带头扭转当地妇女只作家务不参加田间劳动的传统习惯。工余时间她为群众治疗小伤小病，当义务接生员，随唤随到。她多次被评为县农业劳动模范。1959 年，出席晋中专区劳模表彰会，获得"劳动模范"的铜质奖章；20 世纪 60 年代，被评为"三八红旗手"，出席山西省"三八红旗手"表彰会，获得荣誉和奖励。

吴秀英身为劳动模范，又享受着复员退伍优抚补助费。但她从不居功，劳动处处带头，1970 年夏天，交口河发下洪水，为抢洪浇地，她与男人们一起蹚水过河，一直奋战到天黑，事迹至为感人。

1971 年，她因患癌症病逝，村里送葬的群众无不为之落泪。

裴孟飞（1908—1972）　原名裴鸿昌，生于本县河南村（现名金旺村），17 岁于道美高小毕业，考入太原成城中学，后因家庭困窘退学，到安徽学商。1929 年春，他继续到成城中学读书，1931 年参加罢课斗争，同年夏，初中毕业，考入北平河北省十七中读高中。九一八事变后，他参加北平学生南下请愿，要求蒋介石对日宣战，在车站遭到国民党军警阻挠，卧轨两天两夜，直至达到目的。以后，他在中共地下党组织的指导下，组织读书会，阅读马列主义著作，编印内部刊物，参加纪念李大钊的游行集会。1933年夏，日军侵占察哈尔，他与进步学生投笔从戎，到沙河镇参加孙殿英的"学兵队"，并加入中共地下党的外围组织反帝大同盟，后到张家口参加了冯玉祥领导的抗日同盟军，在此秘密加入中国共产党。后因蒋介石改编抗日同盟军并搜捕共产党员，他逃离部队，回到北平，于1934年春在北平镜湖中学补习；同年夏，考入北平大学法商学院。当时中共北平市委和河北省委均遭破坏，在白色恐怖下，裴孟飞顽强地找到党组织。不久，北平爆发"一二·九"学生运动，法商学院成立学生会，裴孟飞被选为主席，组织同学参加全市性的游行示威、罢课、罢考。学校宣布开除他们，后来经过斗争，校方才被迫收回成命。同年，他参加民族解放先锋队。绥远抗战爆发后，他接受党的指示组织晋察绥同乡会，任党团书记，发动募捐援绥运动，并到绥远前线慰问抗日将士。1937年春，北平市委派裴孟飞任北平市南区区委书记，领导学生和工人运动。"七七事变"后，日军占领北平，党派裴孟飞回太原开展工作。山西省委派他担任晋中特委书记，他奔波在祁县、太谷、榆次、平遥、介休等地，以牺盟会名义组织了几支游击队。党又派他任太南特委书记，开辟晋东南革命根据地。他在这里通过牺盟会改造旧政权，同顽固派进行斗争。太南区党委成立后，他先后任宣传部部长和组织部部长、太南区军政委员会副书记。1940年5月，他被选为晋东南党的七大代表，经过半年绕道到达延安，在中央高级党校学习和参加延安整风，后任《解放日报》编委兼采访通讯部部长。1945年参加七大后，他回到太岳区任党委副书记兼宣传部部长和军区副政委。

河南省全境解放后，裴孟飞任许昌地委书记，领导当地的土地改革；1950年，调到河南省委，先后任副书记和第三书记；1953年，调任中南局党委组织部部长；1956年调任财贸部副部长，同年被选为党的八大代表；1958年，调任山东省委书记。三年困难时期，他对"浮夸风""共产风"进行了抵制。他通过陈云同志向中央和毛主席反映山东问题，中央向山东拨粮救灾控制了灾情。1962年底，他调任甘肃省委任常务书记，为甘肃恢复经济、发展生产，改变穷困面貌付出艰苦的努力。

"文化大革命"期间，反革命集团对他进行残酷的政治迫害和肉体摧残，他在狱中身患重病，未得及时治疗，于1972年2月24日含冤去世，终年64岁。

裴孟飞同志即使处在被迫害与摧残的逆境，也始终没有动摇对党的忠诚和信念。死后，人们发现他缝在破棉衣里用废纸写给党中央的申诉材料。粉碎"四人帮"后，甘肃省委为裴孟飞同志平反昭雪，1977年10月，在兰州召开隆重追悼会，骨灰安放在郑州烈士陵园。

张菊如（1907—1972） 女，原名张静贞，生于县城一个教师家庭，4 岁丧母，由外祖母抚养，10 岁随父亲在小学旁听，识字很快，并能记诵诗文，13 岁进县城女子小学读书，16 岁时考入太原女子师范学院（简称女师），其间，她积极参加爱国学生运动。1925 年"五卅"运动期间，作为女师代表参加山西省学生联合会。女师毕业后，她于 1929 年考入山西教育学院，1933 年毕业（为灵石县第一个女大学生），在太原女中担任教师。

西安事变后，国共第二次合作，张菊如在共产党人宋维静和大哥张友渔的介绍下从事抗日救亡工作。太原失陷后，她匆匆偕丈夫高孟征转移到长子县，被聘在县立民革小学任教。不到一年，日军侵占长子县城，她又转移到县境西陲南坡村办学，夫妇义务教课。日伪县政权想借助他们夫妇在本县的声望，派人说诱他们到伪县政权任职，许以高官厚禄，被他们严词拒绝。他们将逃难所住的土窑洞名为"聊避风雨窝"。1942 年，夫妇合编《聊避风雨歌》，从"避秦无恒处，哀心常遥遥；铁蹄践中原，九州翻饿殍"等句可以看出他们对日军的愤恨。

在敌我交错的形势下，他们坚定地站在中国共产党领导的抗日民主政权一边，多次掩护我方人员和为党传递情报。1943 年，张菊如被推举为出席太岳区各界代表会议代表。抗日战争胜利后，解放战争爆发，她发动妇女制作军鞋，积极支前。

1949 年后，张菊如先后在长子县二完小和长子中学任教；1951 年，被评为省模范教师，后留在教育厅工作。1955 年，她加入中国共产党；1956 年以后，先后在太原十中、十三中任教导副主任、政治处主任，以后协助丈夫筹建重机厂中学，丈夫任校长，她任教导主任。她曾被选为太原市河西区人大代表。1961 年，她撰写诗一首，表达自己晚年的欢愉。

> 早得春风生意浓，蓓蕾恰似太阳红。
>
> 向往花开成实日，徐舒笑靥庆东风。

"文化大革命"期间，她不愿忍受政治歧视，借病退休，在街道居委会参加一些社会公益活动，于 1972 年夏病逝。

郭万胜（1916—1977） 原名郭庭兴，又名郭轮，本县沟二里村人，因祖辈没有一个读书人，父母为改换门庭节衣缩食供他读书。他 16 岁考入大麦郊高小（时称隰县四高），1933 年高小毕业，无力继续升学，1935 年在灵石深井村当小学教员。1936 年春，红军东征来到他的家乡，他认识到穷人的出路，决心参加红军干革命。思想守旧的父亲说："好铁不打钉，好男不当兵"，执意不允，他偷偷跑到演义村报名参加了红军，父亲打发二叔把他找回。2 天后，他又跑到汾西县王堤村参加了红军，编在红

1 军团 73 师宋时轮部。他在红军中受到革命教育，坚信共产党的政治主张，于 1936 年在汾西勍香镇加入共产党。接着红军回师陕北，他被选送到瓦窑堡中央党校学习。党校毕业后，他在中共中央宣传部任巡视员。

1937 年 5 月，中共中央组织部派遣他和贾长明、赵家声东渡黄河回山西开展工作。他们回来，首先组建隰（县）灵（石）汾（西）中心县委，在梁家塌、回龙一带秘密发展党的组织。1937 年，晋西特委决定成立中共灵西县委，由郭万胜任县委书记。当时党组织处于秘密状态，单线联系，他们积极宣传抗日救国，推行合理负担，秘密建立党的基层组织，搞得有声有色。1938 年 5 月，他被调任中共大宁县委书记。

1939 年 12 月，根据武装斗争的需要，党将郭万胜从大宁召回灵石任游击大队政治主任，独立营政委。1940 年 5 月，他第二次担任灵石县委书记兼洪赵游击支队政委。在与上级失去联系独立斗争的环境中，他带领军政人员 500 余人在灵石、汾西、孝义边沿地区坚持反顽游击战争；直到同年 7 月，奉命突破日军封锁，撤到河东灵石、霍县边山一带。

1941 年 8 月，晋西南工委成立，郭万胜被调至工委，先后任组织部副部长和工委秘书长，指导晋西南各县的地下工作；1944 年调任晋中平介游击队大队长，领导铁北抗日游击战争；抗日战争胜利后，调吕梁区九地委任组织部副部长。1946 年 6 月，灵石、汾西、隰县、孝义 4 县的阎军联合围攻我方刚刚在灵西建立的政权和武装。县委书记蔡福勤作战牺牲，县政府和公安队被迫转移到隰县境内，斗争形势严重恶化，郭万胜第三次被派回灵石任县委书记。他配合吕梁战役、汾孝战役开展游击战争，重建区村政权，很快扩大了解放区。1947 年 7 月，郭万胜被调回晋绥分局党校，参加学习。

在灵石全境解放、胜利形势飞快发展的 1948 年，郭万胜因患病疗养未能参加作战。1949 年病好后，他被分派到学校从事教育工作，先后任隰县师范、太谷师范校长，山西工农速成中学副校长、校长，晋北师专党委书记兼校长，山西教育学院监委书记兼宣传部部长等职，为新中国培养建设人才作出贡献。"文革"动乱中，郭万胜惨遭迫害，一病不起，1977 年 4 月病逝于山西医学院第一附属医院。

张文昂（1908—1979）　原名张勋，本县张家庄人，自幼刚直，好打抱不平，在本村小学和介庙高小上学时一直是高才生；14 岁考入太原国民师范学院，在校积极参加反帝爱国学生运动，为学生运动领导人之一。1926 年 8 月，他加入共产主义青年团，同年 11 月转为中共党员。1927 年 5 月，阎锡山追随蒋介石"四一二"反革命政变在山西进行"清党"。5 月 9 日，太原各学校进步青年和党团员在太原国民师范学院礼堂举行追悼李大钊大会，张文昂担任大会执行主席并发表演说。阎锡山出动军警包围会场，当场逮捕张文昂等4人。当时他只有19岁，在狱中受尽酷刑，腹部烫伤斑斑，臂上腿上疤痕累累。家里花钱多方打点，他始终未得获释，被判处无期徒刑。在第一监狱，他与其他战友坚持斗争，组织支部，互通消息，传递书报，为争取改善生活和政治待遇进行数次绝食斗争。1932年冬，国民党政府宣布"大赦"，张文昂被减为15年徒刑，1934年转山西"反省院"，1935年6月获释。

当时，日军进犯"绥东"，傅作义奋起抵抗。阎锡山为了保住自己的统治地盘，提出"守土抗战""牺牲救国"的口号，网罗人才，起用张文昂任"自强救国同志会"民众委员会干事。因该组织基础反动，成分复杂，主要成员均是"公道团"，他与进步人士杜任之（地下党员）等8人取得阎锡山同意，发起组织牺牲救国同盟会，任总会执行委员。1936年在太原海子边纪念九一八事变5周年大会上，他作为大会主席开幕致辞，宣布牺盟会成立并发表宣言。10月间，薄一波接受北方局指示回山西，直接领导牺盟工作，并介绍张文昂重新入党。1937年初，牺盟会选拔骨干成立青年抗日先锋队（薄一波任队长，张文昂任副队长）及国民兵军官教导团，张文昂任教八团政治主任，为以后成立新军作了干部准备。

1937年七七事变后，山西成立青年抗敌决死队，张文昂在祁县组建决死二纵队并担任政委，同时任洪赵中心区政治主任，辖灵石、霍县、洪洞、赵城、临汾5县。11月，决死二纵队开赴洪赵地区，被改编为二纵队，张文昂任政治委员。他们发动青年参军抗日，搜集国民党溃军丢弃的枪支弹药武装自己，队伍由1个团发展到11个团；又将临汾、洪洞、灵石、汾西、孝义等县的游击队联合起来成立保安团，后归二纵队建制，灵石的游击队编为五团一营。八路军总部派干部帮助整军训练，以游击战术，有力地打击日本侵略者，开辟吕梁山抗日根据地。他担任六专署专员后，管辖晋西15个县，将阎锡山政权改建为牺盟会领导的抗日民主政权。

1939年，阎锡山配合蒋介石发动第一次反共高潮，策划了十二月政变（亦称晋西事变），企图勾结日军前后夹攻，一举消灭新军。新军领导人识破这一阴谋，给进攻的阎顽军以迎头痛击。于12月6日宣布成立抗日拥阎讨逆总司令部，由张文昂任司令，韩钧任前敌总指挥，辗转奋战，带领决死二纵队转移到晋西北，与八路军120师会合，为革命队伍保存了一支劲旅。晋西事变后，张文昂历任晋绥新军副总指挥、晋西北行政公署高等法院院长。解放战争期间，张文昂历任晋绥军区联络部部长、晋冀鲁豫边区政府交通厅副厅长、华北人民政府交通部副部长等职。

1949年后，张文昂历任政务院交通部办公厅主任兼党组副书记，交通部航务总局副局长、局长，公私合营民生轮船公司副总经理，长江水利委员会副主任等职。1961年8月，他被调入第八机械工业部，担任中国农业机械化科学研究院院长兼党委书记、中国农业机械学会党组书记等职。

"文化大革命"期间，张文昂惨遭迫害，身陷囹圄十几年，在狱中坚持学习理论，练习拳术，1979年6月平反出狱，9月不幸病逝，终年71岁。

赵四兰（1911—1981）　原名赵辛旺，生于本县道美村一个贫苦农民家庭，7岁丧父，靠母亲给人帮工糊口，仅念过3年书，极为用功，学业优等；15岁（1926年）随伯父到河南永城商店学徒，半年后转到安徽亳县一家钱铺。当时正是大革命时期，北洋军战败北逃，北伐军进驻安徽，军中共产党人的革命宣传给他留下深刻印象。1929年，蒋、冯、阎大战爆发，他跟随地下共产党员在国民党军中当兵，在连队搞策反工作，被发现并作为"嫌疑分子"予以开除。

1935年，赵四兰回到家乡，潜入阎锡山"防共保卫团"作瓦解工作，后编入教5团3连任文书，1936年，他在离石加入牺盟会，1937年往前加入中国共产党，在平定县牺盟干部训练班任政治教官。太原沦陷后，他转到晋东南编入决死队游击2团，任政治部主任、后方工作委员会主任和副团长。1938年底，他被调任随营总校总务科副科长；1939年7月，调入民族革命大学任秘书。晋西事变后，他于1940年3月转移晋西北，任晋绥行署总务科长，不久前往延安抗日军政大学（简称抗大）学习，任陕甘宁边区文协秘书。1942年，延安整风期间，康生搞"抢救运动"，赵四兰被诬陷为"国际间谍""暗杀团团长"，被关进监牢。他一直申诉，直到抗日战争胜利后，经中央审查，给予平反。

解放战争期间，赵四兰离开延安到晋冀鲁豫边区，历任中央局党校总务处副处长、太行军区军官教导团副教育长、晋冀鲁豫军官教导团行政处处长等职。1949年后，他进入天津市，先在军管会和总工会任财委副主任、总务处处长，后到政治干校任校务主任和秘书处处长。1952年，在"三反""五反"运动中，他又被人诬陷为"贪污分子"，被判刑15年，他不服上告，后改为软禁，之后被分派到建筑公司任经理，他不上任，为落实问题一直上告到中央。1955年，刘少奇指定中监委调查落实，结论为"纯属陷害"，通报全党。他随即被调到北京，先后任北京市福利委员会党组副书记、香山饭店经理、化工部办公厅副主任等职。"文化大革命"期间，他被隔离审查，投入"牛棚"，他在狱中曾写诗表达自己的观点：

乌云遮住了阳光，这是暂时的阴暗。

雷声一阵大雨降，淋湿了农夫的衣裳。

后来，他被下放到五七干校劳动，林彪事件后回到北京，粉碎"四人帮"后得到彻底平反，被安排到化工部教育司任顾问，1981 年 1 月患癌症病逝，终年 70 岁，遗嘱将遗体献给祖国的医学科研事业。

郭蠧亭（1904—1982） 原名郭鹏云，生于县城一个商人家庭，5 岁丧父，靠寡母操持，供养读书，15 岁从城内一高毕业入山西省区村行政讲习所学习，次年被分派到一区区公所担任助理员。1925 年，他与孔余安、唐彩臣集资开设雪鸿春照相石印馆，为本县最早的照相石印业，以后改称协昌石印馆。1928 年，他被调到县财政局任事务员，同时兼任县商务会常务委员和副会长，兼任城关编村村副。

1938 年 2 月，日军侵占县城，郭蠧亭随同县府人员逃往霍、沁边山，参加游击队、公安队，绕道转移河西后，编入决死二纵队 4 大队；不久，调决死二纵队长城部石印组任组长；同年 10 月，调六专署石印组工作；1939 年 2 月，请假回家，在县城继续与人合营协昌石印馆，其间曾为决死队地下人员秘密印制"良民证"和采购文具纸张。

1945 年日本侵略者投降后，他到太原平民食堂任会计；1947 年，回到灵石采矿所任干事，半年后，在县城东门外摆文具摊。

1948 年灵石解放后，郭蠧亭继续在南街摆文具摊，后经营协记石印馆；1951 年 6 月，被选为人民代表出席各界人民代表会议；1952 年，被选为各代会常务委员会副主席；1954 年，任县工商联合会驻会副主任；1956 年，私营商业进行社会主义改造时，调任公私合营福利总店经理。福利总店改组为地方国营饮食服务总店后，他任副经理、经理，其间自愿申请放弃领取定息；1963 年，调任县工商联合会主任委员，同时兼任历届人民委员会委员。1965 年，他因病申请退休，于 1982 年 6 月病逝。

柳 云（1909—1983） 原名温纯厚，字一斋，本县漫河村人，自幼读私塾，后到县办师范讲习班学习，开始接触进步书籍。1928 年，他考入太原师范，积极参加学生爱国运动，参加捣毁国民党山西省党部、山西省政府和民国日报社的斗争。1934 年，他以优异的成绩毕业，留在太原第一实验小学任教。1937 年春，他与 2 个进步青年在太原合办北华书店，经售上海生活书店出版的进步书刊。七七事变后，太原学校解散，他回到灵石，一边在城内高小讲时事课，一边组织学生在校外宣传抗日。

1937 年 11 月，柳云参加山西青年抗日决死队，在二纵队随营学校担任工作员、指导员；同年 12 月加入中国共产党；后调二纵队政治部任民运科科长和组织科科长。1939 年晋西事变时，他识破敌人阴谋，机智地突围转战晋西北；1941 年来到延安，先在和平医院，后在中央党校学习和工作；1945 年抗日战争胜利后，调中共晋绥分局任秘书科科长；1946 年后，任贺龙中学教务主任和贺昌中学副校长。

1949 年随军南下进军西南，他主持筹建西南军政大学西康分校，任副校长和党委书记，在西康为党培养了一批藏族干部；1952 年，调西康省委和省人民政府任副秘书长；1955 年西康并入四川省，调任甘孜藏族自治州党委书记，在工作中贯彻党的民族政策，培养民族干部，战胜了藏族上层反动分子策动的地方武装叛乱，成功地领导了甘孜地区的民主改革，为发展当地的经济、文化作出贡献。

他长期从事教育工作，热爱教育事业，1963 年调到西南民族学院，先后任副院长、党委书记，在西南地区继续为党为国家培养了一大批少数民族干部和专门人才。

"文化大革命"期间，柳云遭到残酷的政治迫害，身心受到严重摧残。但他坚持真理，无所畏惧，甚至拍案而起同迫害者进行面对面的说理斗争。1973 年，学院恢复党委，他再次被选为党委书记，为恢复和整顿学校工作、纠正"文化大革命"中的错误作了重大努力。

1978 年，柳云因年老多病主动退居二线担任顾问，仍为学院工作费心操劳，献计献策，直到 1983 年 2 月 12 日病逝。

郭有余（1918—1983）　生于平遥县集洞村，自幼家境贫苦，读书 3 年，11 岁到介休县三圣庵出家，随舅父福泰和尚学佛经兼学中医，对《雷公药性赋》《汤头歌诀》《濒湖脉学》等医书熟读如流；13 岁时在介休中医集针分院求学于净蜕和尚和张学贤、高凤朴等医师；16 岁到赵城霍山兴唐寺剃度受戒，法名意成，佛号释禅定。

1934 年，郭有余来到灵石，在韩信庙、蟠龙庵、文昌阁等处为游僧，学佛学医，常到石膏山采药研究药性，1 年后到山西五台山、北京广惠寺、上海法藏寺、浙江普陀山、天津极乐寺等地云游。1940 年，他在天津佛教会得识精研医学的远尘和尚，随其在津门行医；1944 年，到北京法源寺继续读经行医。因日伪推行"强化治安"，生活困窘，他返回灵石县，落脚韩信庙，读经行医并种地为生。1945 年，日本侵略者投降后，他转回县城吕祖庙，为住持僧兼行医。1947 年，因阎锡山搞"三自传训"，他暂避介休十方院，1948 年灵石解放后定居本县吕祖庙。1951 年，他经政府鉴定考试合格并获得行医证，同年参加卫生工作者协会。郭有余 34 岁还俗成家；1953 年，联合其他中医成立健康诊所，并被选为城关卫协会副主任、城关镇人民代表，出席县各界人民代表会议。1958年，他转入城关公社卫生院当医生。

郭有余行医40余年，仅在城关医院中医门诊达25年，经他治愈的病人病例不可胜数。他本着佛教济世活人的宗旨，遇贫苦患者施医舍药，解囊相助，厌恨利用医术攀高附贵，营术财利，平生艰苦淡泊，甘之如饴，以为民解除病痛为最大乐事。积数十年临床经验，精研病理，对症施治。他重视脾胃，善治虚症，并将其医疗心得和临床经验毫无保留地传授给学徒。

1981年退休后仍留院半日门诊，直到1983年病逝。

王成德（1909—1984） 亦名王尚云，交口乡东逻村人，上过小学，后投师学习中医，22岁兼业农医。

1937年10月，八路军115师来到灵石西山，组织抗日游击队，他报名参加并担任扩军工作员，后由部队介绍到地方牺盟会，在金庄编村任书记员。1939年晋西事变后，编村政权编入游击队转移河东，王成德担任洪赵支队卫生股股长，后改为医疗所所长，专为战士治伤疗病，并培养卫生员进行战地救护。1942年，他被调入城工部，在敌我交错区以行医为名，搜集情报；抗战胜利后，调新七团任医疗所所长；部队改编为野战部队后，留在地方民政医疗合作社，为民兵伤病员和老区群众治病；1948年，任医疗合作社支部书记兼医生；1951年，在双池镇筹建中西医联合诊所；1952年，调入县人民医院任副院长，1956年任院长。他团结中西医务人员，为医院的发展作出重大贡献，先后荣获省、县"模范卫生工作者"称号和科研技术革新奖。

王成德在中医治病方面有着丰富的临床经验，即使担任领导后也是病人一请就到，哪怕深更半夜也从不推辞。他善用单方、偏方治病，几味草药手到病除，深受患者欢迎。他待患者如亲人，经常走访自己看过的病人，了解病情变化，总结临床经验，病人感激地向他馈赠礼品，他均婉言谢绝。

"文化大革命"期间，王成德被罢免职，病休在家，1983年离休，1984年病逝，终年75岁。

张习之（1894—1985） 名姓成，字以行，静升镇旌介村人，自幼读私塾，16岁到天津学商，业余自学现代科学知识；1910年，考入太原省立第一师范；1916年毕业后考入江苏南通纺织学院；1920年，以优异成绩毕业；1921年，应试考入榆次晋华纺织厂当工人。当时资本家迷信"洋人"，高薪聘请并非内行的英国工程师安装纺棉机，机器开动起来震得房子都动，轰轰乱响，却纺不出棉花。他向厂方指出设备安装得不合理，却不被采纳。后来，他与一些工人研究重新安装，才使机器正常运转投产。至此，厂方才重视他，1924年提拔他为车间技术员。但这些机器大部分是通过怡和商行购买英国人替换下来的旧机器，新喷油漆，换上新牌欺骗中国人，因此屡出故障，经常需要停工修理和配换零件。

1928年计划增建纺纱锭2万枚、布机500台的晋华纺织二厂，征求工厂技术人员的意见，张习之冒着风险主动承担工厂及机器的筹建、安装工作。他先到天津、上海考察2个月，回厂后与工人密切合作，从设计施工、建筑厂房、安装设备、训练织工到开工生产，仅用了11个月，一次试车成功，厂方奖励他3个月的薪金，并提升为前纺主任。1930年，他建议将两厂合并，重新组列机器，增加纱锭1万枚、自动布机300台、线锭1200枚、下脚花织毯机1套，从此工厂产品增多，成本降低。他还与老技术工人研究制造浸纱机，使棉纱湿度均匀，大大减轻工人的劳动强度。

当时，山西产棉区的棉花种类复杂，纤维长短不一，杂质又多，影响棉纱的质量，经他一再呼吁，工厂在榆次、临汾举办棉花展览会，从此，根据条件推广斯字棉，推广金字棉，棉纤维才算比较整齐。

1933年，张习之由晋华纺织公司工务长升任厂长兼工程师。太原晋生、祁县益晋纺织厂筹建时均聘他为总工程师。1935年，他加入中国工程师学会。

1937年10月，日军进攻太原，晋华厂里资方人员都已逃离，他不顾敌机轰炸，自担责任将工厂所存的布匹、面粉分发给工人，才离开榆次。回到家乡，他自制12锭的木质手摇纺纱机2台。1939年，日伪多次派人"请"他赴榆次主持晋华工作，并许以高薪，他坚决拒绝。后日军派兵来抓，他躲进山里，日军4次抄他的家。1941年，革命根据地开展生产自救，请他到太岳根据地指导纺织生产，他化名张养天，在本县石台村筹办军政民联合纺织生产合作社，捐出自己的2部纺纱机，还在边区政府主持下开办植棉训练班，自编教材，指导改良棉花品种和改进植棉技术，当时根据地实行供给制，他在没有工资的条件下一直干到日军扫荡捣毁机器，才被迫停业回村。

1945年抗战胜利后，他渴望早日恢复民营纺织工业。阎锡山接管晋华纺织公司，改为西北实业公司的下属企业，公司指定他为董事会监事代表，他拒不接受，改行到太原晋兴企业公司任计划部部长。

1949年太原解放，山西省人民政府接管太原各化学工厂，筹建利民化学公司，任命他为公司经理，他利用近处资源建设硫化碱厂并试制成硫化染料等；不久调任省工业厅计划处秘书；后筹建晋南纺织厂担任工程师，负责设计、施工、安装直到投产；1956年，出席山西省和中央召开的科学技术积极分子大会，受到毛主席、周总理等中央领导的接见。

1958 年，张习之被调入晋南专署工业局，担任工程师，临汾纺织厂筹建时调他任工程师。1962 年国民经济困难时期，临汾纺织厂被迫下马，他也因年近古稀告老退休，1985 年 3 月 29 日病逝于太原，终年 91 岁。

第三节　革命英烈传

在抗日战争和解放战争中，灵石人民积极响应中国共产党的号召，踊跃参军参战，英勇杀敌，流血牺牲，为民族独立、祖国统一和人民的解放事业建功立业，献出宝贵的生命。为了褒扬他们的功绩，继承革命传统，国务院授予牺牲者"革命烈士"的光荣称号。本志书入传者，有杀敌英雄 5 人，县委书记和县长 5 人，区委干部 3 人，抗日村长 3 人，营连干部 5 人，一般干部和战士 15 人，共 36 人，其中，中共党员 23 人。

郭　清（1919—1936）　字镜如，生于河洲村一个文人家庭，4 岁随父移居太原，12 岁从国民师范附小毕业考入省立第一中学，学习成绩优良。在校期间，他积极参加抗日救亡宣传，曾撰写《国难与国庆》的文章，其中云："只要拿出十二分的忏悔心，对过去的'九一八'和'十月十日'想一想，比较比较，然后拿出我们的伟大精神去再造一个'十月十日'出来。"可见其少年的抱负。

15 岁时，郭清考入北平河北省立十七中学高中部就读。在校期间，他积极参加爱国学生运动，曾在《多事的五月》一篇文章中写道："民众团结起来，踏着五四运动战士们的足迹勇往直前！"1935 年，他参加了震动中外的"一二·九"和"一二·一六"两次大规模的学生运动。在街头游行示威时，他总是站在斗争最前列，高举"反对华北自治""停止内战一致抗日""打倒日本帝国主义"的旗帜，与武装警察殊死搏斗。1936 年初，郭清根据北平学联的指示，与其他山西同学利用寒假回太原宣传抗日。开学后，国民党政府大肆搜捕爱国学生，2 月 11 日，学校当局改组学生会，开除积极参加抗日救亡运动的学生 10 人，激起广大学生的义愤，学生们一致要求校方撤销决定。校方拒绝后，郭清与大批学生愤然集体离校。2 月 10 日，学联委派各校代表多人护送学生返校，校方连忙通知警察到校镇压，逮捕学生 2 人。当晚，根据校长的指名，警察又将郭清逮捕入狱。在狱中，他遭受严刑拷打，被逼承认是学生运动领袖，他的回答是："我是中国人，我要救中国，爱国无罪！"学联多方营救，终未见效。后郭清因摧残致病，得不到医治，于 3 月 9 日死于狱中。死后验尸记录为："额有手指揪痕，全身为紫赤色，背后呈青紫色。"在场同学看见郭清"口里满是干了的血块，浑身紫一块、青一片，瘦得皮裹骨头"，可知其在狱中的遭遇。

噩耗传来，全市学生怒火中烧，于3月31日，由北平市学联组织1300多名学生在北大三院礼堂举行追悼大会。会后举行抬棺游行，又遭到反动军警的横冲乱打，10多人受伤，50多人被捕，各大报刊均刊登这条骇人听闻的消息，激起全国抗日救亡运动的怒潮。

郭清被害时，年仅17周岁。北平学联题赠挽联为：

> 波涛汹涌，斗争前线失去我们英雄的号手；
>
> 风云叱咤，救亡后方激起时代同路的决心。

宋相雄（1902—1936）　幼名宋虎祥，本县野场村人，出生于贫苦农家，高小毕业后无力升学，又无门路找事，只好在家种地。他是山村的秀才，村里人写对联、写契约都来找他。他在村中十几年，亲身体会到农民所受的剥削压迫，苦于找不到穷人的出路。

1936年正月，宋相雄去康城拜年，正遇东征红军到来，从红军的宣传中认识到红军是搭救穷人的队伍。回村后，他悄悄作宣传，并暗地在墙上写下欢迎红军的标语。几天后，红军来到梁家墕一带，他动员六七个青年一起参加红军，随红军到双池镇协助地方工作队开展群众工作。他工作积极可靠，很快被吸收加入共产党。灵石县第一个红色政权——双池苏维埃政府成立时，他被选为主席。他动员群众，支援红军，为红军筹粮筹款；在双池打开万兴当铺，无偿退还群众典当的东西；在隰县石咀会镇打开控制食盐、敲诈群众的福庆长盐店，按户分发食盐，周围村庄的群众纷纷前来领盐。

3月下旬，苏维埃政权组织群众在南泊、岩村、王家洼斗了几家土豪，将老财家的粮食分给群众；接着开展扩军运动，动员许多爱国青年参加了红军。

红军回师陕北时，他和侯德长、张来喜3名共产党员留在地方隐蔽活动。阎锡山派来军队逐户清乡搜查，他在田家山被捕，被押回灵石县城，受尽严刑拷打，但他坚贞不屈，后被敌人杀害，时年34岁。

王昌柱（1923—1939）　本县田家庄村人，自幼聪明，个性刚直，见义勇为，在城内一高读书时，曾与进步同学一起罢课闹学潮，赶走守旧的校长。

1938年正月，县城沦陷，全家人到西许乡庄立村避难，年仅15岁的王昌柱不顾家人阻挡，毅然报名参加决死队随营学校，毕业后到连队任政治工作员。

1939 年春，王昌柱随决死队二纵队老 5 团参加罗汉战斗，在枪林弹雨的战场上，王昌柱接连抢救 5 名伤员，大腿中弹，血流过多，晕倒在血泊中。

当他被炮弹震醒后，发现连长武昌福挂了彩，被敌人用铁丝扭缚在炮架上，此时决死队正在远处与敌人拼杀，他艰难地爬到连长身边，用牙齿咬开铁丝，2 颗门牙脱落，鲜血满口，救出连长。王昌柱因伤势过重被日军抓住，用汽油活活烧死，当时年仅 16 岁。被救的连长感动不已，亲自戴孝参加他的葬礼。

康文郁（1912—1940） 幼名贵宝，生于本县罗铺村一个商人家庭。17 岁从双池高小毕业，考入汾阳河汾中学，在校积极参加抗日救亡运动，被中共地下组织吸收入党。高中毕业后，他回乡担任小学教员，当时正是西安事变前后，他在农村宣传抗日救国。

1936 年 3 月，康文郁参加牺牲救国同盟会，任灵石县第三区（王禹、坛镇一带）牺盟会特派员。当时国共合作局面初步形成，他以牺盟会的名义发动群众参加抗日，组织农救会、青救会、妇救会，建立抗日联合政权，推行合理负担，并秘密发展党的组织，三区工作搞得十分活跃。1938 年，他被任命为三区区委书记，组织抗日游击队（对外称赤锋部六中队），兼任游击队长，配合八路军、决死队与日军周旋，伺机打击敌人。

1939 年，阎锡山到处制造摩擦，共产党军政人员被迫集中行动，白天隐蔽，夜晚活动。"十二月政变"开始，阎锡山 61 军驻扎本县毛家上庄一带，不打日寇，到处搜捕我军政人员。一次在杏圪塔村，康文郁带领游击队成功搭救了三区干部陈廷喜等人，并活捉顽军连长 1 人。

1940 年 4 月，根据双方谈判达成的协议，我军政人员决定撤离灵石河西转移至河东。康文郁和区长带领武装 80 多人，由老虎山经坛镇原连夜到张志村，安排人员作过河的准备，由于整夜行军过分疲劳，拂晓时刚刚和衣躺下，被阎军包围，在紧急突围中，他与其他 4 名干部、10 余名战士被敌抓捕。敌人将区委书记康文郁、区长张长生、指导员曹林福、中队长张双马、张士才枪杀于岩村原上。康文郁时年 28 岁。

刘子济（1917—1940） 生于梁家塌村一个贫苦农民家庭，考入双池高小时，九一八事变爆发，各地的抗日救亡运动使他受到深刻的爱国教育。高小毕业后，他无力升学，19 岁那年东征红军来到家乡，他认识到红军是抗日的队伍，就主动出来帮助红军，红军写标语，他帮着端墨桶；红军打土豪，他跟着喊口号。他想跟着红军走，却受到父母的阻止，未能如愿。

1937年秋，八路军地方工作组来到灵石，刘子济积极参加工作，担任情报员，不久加入中国共产党。1938年日军入境，阎军溃退。党组织放手发动群众、武装群众，在梁家墕一带建立抗日根据地。刘子济在双池、宿龙、茹泊、金庄等村开展建党工作。灵西为洪赵区的模范县，宿龙村为模范党总支。1939年1月，他与县委书记梁树棠到延安汇报工作，受到毛主席和陈云等中央首长的接见。他回来传达了中央的指示，工作搞得更加活跃。他收缴阎军散兵的枪支，组织建立游击小组。一次，阎军从宿龙村出发，前来袭击游击组，他冒险传递情报，使大家脱险。一次，他在武家洼村被敌抓住，在押送途中，他伺机逃跑，随后参加县游击大队。游击大队于1940年转移至河东，被编为洪赵支队。

由于艰苦转战，刘子济身患重病，被安排在东山郑家山村养病，日军扫荡时用刺刀将他捅死，年仅23岁。

成开祥（1906—1940）　高壁村人，少年丧父，与寡母、姐姐过着半饥半饱的日子。他自幼性情刚直，好打抱不平。30岁时，他借了120块银洋娶个15岁的穷家女子为妻，为了还债，除了种地，每年冬春还搞些副业，赚点钱，用来糊口。1936年春，他听到东征红军打土豪救穷人的事迹，对红军产生好感，回村暗暗将红军的事迹讲给穷苦弟兄们。

1938年日军侵占灵石县城后，高壁镇地处交通大道，过往军队和汽车日夜不断，老百姓都逃离家乡，成开祥全家也躲到任家庄姐姐家里。已到下种时节，他不敢回村，便在离村2里多的山沟里挖了孔土窑暂住。八路军河东办事处成立后，来村开展工作的干部经常秘密到这个山庄来，让他担任交通联络，不久他加入中国共产党，后被确定为高壁行政村村长。

1940年，日军1个班和伪警备队1支小队驻扎韩信庙，经常出来抓人、抢粮。党组织委派成开祥打进敌人内部担任伪村长，从事地下工作。他派地下党员张文廷、张文祥到敌人碉堡里当差。每次敌人出发，他们及时发出情报，使八路军免遭损失。成开祥布置地下党员以交朋友的方式拉拢瓦解伪军，帮助搜集子弹和军用物资，就这样在敌人眼皮底下建立了一个坚强的党支部，共产党军政干部常常隐蔽在村里活动。

成开祥白天应付敌人，晚上为共产党工作，后来被汉奸察觉。1940年7月25日深夜，他在催要军鞋的返回家中，被坏人告密，敌人包围他家，踢开家门，开祥不明情况，赶忙穿衣打招呼。伪军当头给他一棒，立即将他捆绑，翻箱倒柜搜查抄家，逼要八路军的文件。他灵机一动慷慨地说："有，藏在野地里，跟我去取。"敌人信以为真，给他松了绑，让他引路寻找。他趁敌人不备跳下深沟，幸未摔坏，然后又顺沟奔跑。敌人居高乱枪齐发，击中成开祥腹背，其当即牺牲，时年 34 岁。

张宝善（1903—1941）　西头村人，幼年丧父，到东许村舅家读书，学业颇佳。17 岁教书，数年后到太原谋生，在山西省实业厅任文书，1937 年太原沦陷回到家乡。

1939 年晋西事变后，灵西游击队过河东，在南山建立抗日政权，推选他为瑞旁墕行政村村长，宣传合理负担，筹粮支前，组织民兵参军参战，十分活跃。

1941 年农历五月初四，民兵队长接到鸡毛信，知日军从富家滩上来，连忙通知紧急转移，张宝善正在井上担水，本可趁势脱险，他想到文件和印章还在家中，恐落入敌手，毅然扔下桶担，返回家中埋藏，此时日军进村，将他抓住，五花大绑地押回富家滩据点。

敌人久闻张宝善的名字，企图拉拢他，宣传"中日亲善""东亚共荣"，他用日军侵我土地、杀我人民的事实加以驳斥。日军以高官厚禄为诱惑，他哈哈大笑，一言不发。敌人无奈，将他囚禁起来，拷打折磨。

一天夜里，张宝善趁敌人哨兵换岗，逃出牢房，不料碰响铁丝网上的装置，惊动了敌人，他越墙跑到汾河边，因河水暴涨无法渡过，便藏在玉茭地里。敌人包围玉米地加以搜索，再次将他抓回吊打。他先是闭口不言，继而开口痛骂，敌人把他的门牙打掉、牙腮骨打烂，他鲜血直流，仍然骂不绝口，在场的伪军被感动得暗暗掉泪。敌人绝望了，把他绑在树上用刺刀捅，放狗咬，他仍高呼"打倒日本帝国主义""誓死不当亡国奴"，直到气绝，时年 38 岁。

裴寿煌（1920—1942）　祖籍浙江绍兴，民国初年落户本县张家庄村。他是独子，自幼娇养，在本村小学读书到 15 岁（1935 年）考入太原第一实验小学上高小；在学校受到爱国教育和革命影响，毕业后到太原兵工厂当制枪徒工。1937 年忻口战役期间，工厂停产，他回到灵石，家里赶着给他办婚事。不久，太原失守，日军南下，国民党军节节败退，他目睹国破家亡的惨景，不愿留恋温暖的家庭，便到赵城好义村找张文昂参加决死队。他在随营二分校政一队学习，结业后到二纵队政治部任工作员，1939 年到 196 旅政治部宣传队任指导员。晋西事变后，他转到太岳区决死一纵队汾东办事处，后由太岳区分派到平遥县抗日政府任武装科科长。1940 年冬，组织送他到延安学习，途经太行区时，正逢建立太行抗战学院，他便留在这里学习。

1942 年，日军扫荡抗日根据地，敌人层层包围，步步搜索。当年 5 月，根据学院组织的部署，他带领一部分学员在辽县（现左权县）山区与敌人周旋。他背着伤员转移突围，被日军紧追，眼看敌人已到眼前，突围无望，他不愿受辱当俘虏，便拉响最后一颗手榴弹，与来到眼前的敌人同归于尽，时年 22 岁。

韩光有（1900—1942）　草桥村人，自小种地，家境贫苦，抗日战争初期参加民兵。

1942 年腊月二十八，天下大雪，县大队正在磨扇坪一带整训，灵东抗日县政府召集民兵传达任务：需要将准备好的白面在春节前送去。这年腊月是个"小尽"，唯恐大雪封山送不出去，韩光有报名与其他小伙子一起前去送粮。

地上积雪很厚，牲口不能驮，人也不能担，只能背着走。韩光有和民兵赵殿清、陈全有、任连生编为一组，每人背五六十斤，从西许出发，顺着白杨河艰难前进。这里距磨扇坪有 60 多里，走到半路天就黑了，老韩年高体弱，渐渐掉队。大家走一段路等他一会儿，到半夜时分，大家看到老韩实在走不动了，商议让他在一块大石头下歇着，待其他人送到后再返回来接他。他不愿拖累大家，大伙走后，又挣扎前进。

人们返回接老韩时，在大石头下不见人影，大家一边呼唤，一边寻找，在离目的地四五里的高垅和新寨之间找到老韩时，他已冻死在一棵树下，怀中抱着面袋，身上盖着厚雪。当时因战争环境，人们暂时将老韩尸体垒在一个石洞里，春节后，县政府派人将老韩的遗体搬回，进行追悼安葬，追认为革命烈士。

和清川（1912—1943）　字海涵，又名何定远，生于本县高仁村（现划入孝义）一个贫寒的知识分子家庭，自幼读书，成绩超群，双手均能写字，又喜练武术，常与弟兄们舞枪弄棒，相对厮杀；两渡高小毕业后，被推荐到第五区区公所任文书，后任助理员。

1937 年，和清川加入牺盟会。1938 年，日军侵占同蒲铁路沿线，五区区公所转移到西山庆余村。他与区长默米贵（中共党员）等积极组织抗日游击队伍，不久加入共产党。1940 年 3 月，和清川被派到六区（灵介区）担任区长，改名何定远。在这里，他又组织起一支游击队。同年 7 月，根据上级指示，他率领游击队转移至河东。年底，李承锟接任县长后，他任民政科科长，后调为县政府秘书。他工作能力很强，善于开展群众工作。1942 年，太岳区党委调他到屯留县任县长。他在人地生疏的环境里，坚持工作 1 年多；1943 年秋，再次调回灵石县，当时，县里决定在静升北山一带成立七区，派他和张建华到这里开展工作。一天晚上，他们在宋家山召开村干部会议，散会时已深夜，就留宿在此。次日黎明，他早起到野外习练武术，发现日军包围村庄，他赤手空拳与敌搏斗，冲出包围圈，被日军打伤捕获，敌军将他带回静升碉堡，后送至灵石县城，多次严刑拷打，都没搞清他的身份。后来汉奸告密，敌人便将他装入麻袋运走，送到太原杀害，和清川为党和人民的事业献出了宝贵的生命。

裴金旺（1924—1943） 河南村人。抗日战争爆发，日军到处烧杀抢掠，老百姓四处躲难。1941年，17岁的裴金旺参加了民兵队，送情报、打埋伏、割电线、破铁路，在战火中，锻炼成一位坚强的战士。

1942年9月，抗日区公所在河南村召开河南村、师家沟、乔家山、庄立、西许5村党员干部会议，制定民兵联防公约。为了防止敌人袭击，民兵集体行动，轮流站岗放哨，相机开展游击活动。1943年正月二十三日晚上，李家山碉堡的敌人突然包围了河南村，当时民兵都集中居住在金旺家院里。由于民兵换岗，敌人乘空来到门外，打门声惊醒了大家，干部民兵滚身起床，拿着步枪、手榴弹往外冲。大门被砸开了，一个伪军举枪追赶裴金旺，党支部书记韩福旺，一枪把尾追的敌人击毙。枪声吸引了敌人，其他同志安全突围，但是，在与敌人的战斗中，裴金旺腹部受伤，肠子脱出，倒在血泊中。敌人走后，他苏醒过来忍痛爬到七八米远的草窑里。藏在里院的韩德胜老汉听到呻吟声摸出来，看是裴金旺受了伤，见伤势太重，不敢挪动他。裴金旺咬着牙对老汉说："实在是我的枪栓拉不开，要不我至少还干他2个！"等到韩老汉找人来抢救时，裴金旺已因流血过多而停止呼吸。

为了纪念这位19岁的民兵英雄，1944年，灵东抗日民主政府呈请太岳军区批准，将河南村改名为金旺村。

李毛娃（1911—1944） 本姓赵，生于湾立村一个贫苦农家，在饥寒交迫中长到10岁，给赵家庄姨姨家做养子，改姓李、取名文盛。姨姨家也很穷苦，无力供他念书，因此他不愿叫"文盛"这个名字。他参加革命后，有人给他改名为李凤歧，他却乐于人们称呼他的小名——李毛娃。毛娃是个魁梧机灵的小伙子，冬天村里搞"少林会"，他跟师傅练功夫，学得几套拳术，听说日军已经打进山西，他们日夜练功，准备与侵略者搏斗。1937年，他参加牺盟会，秘密串联爱国青年，收集退兵丢下的枪支弹药，又打造了十几把大刀，组建起一支20多人的游击队。

1938年初，日军大举南进，占领县城和交通线。听说决死队在河西，李毛娃背了一条改造的短枪，带着2个人过河西找到决死队的领导，并接受指示，回河东扩军，在当地筹粮筹饷。这支游击队很快发展到五六十人，编为1个连，对外称保安12团河东游击连，李毛娃自任连长。他在决死队拿回一些枪支，相机袭击零散的日伪军，从敌人手中夺取枪支武装自己。由于缺乏正规的思想政治工作，游击连在筹粮筹饷中军纪比较混乱，1939年，决死队派来共产党员桑明康（沁源人）当指导员，秘密发展党的组织，李毛娃加入中国共产党。

这支游击队在灵石的枣条、贺家庄、柏树洼和霍县的洪村、甘降一带驻扎。

1939年，他们在霍县车辅辘打了一个漂亮仗，俘虏伪军警备队10人，缴获步枪10支、弹药若干；后又在霍县南堡村打垮警备队1个班，缴获步枪十几支。灵、霍两县日军于1939年12月，对他们进行联合围剿，将他们包围在霍口，李毛娃指挥游击队与敌激战，突围中，赵清林等4人牺牲，部队转移至沁源县张壁一带。

1940年，太岳区将他们编入太岳军分区42团，因思想工作没有做好，好多战士担心远离家乡而逃回家来。李毛娃未随队改编，带枪回来，参加了地方武装县游击大队，担任副大队长。他带领战士活动在南山和铁路线割电线、翻火车。1942年，七八个日本兵在村里胡作非为，欺侮百姓，李毛娃得知后，带领十四五名战士，出其不意干倒哨兵，夺了日军枪支向逍遥岭跑去，日军不敢远追。

1944年，李毛娃只身回家，被汉奸告密，日军包围村庄，他虽奋力搏斗，终因寡不敌众而被捕。敌人把他装入麻袋，用火车运走，送到平遥杀害。

赵仲元（1893—1944）　逍遥村人，少年时期随父在天津、保定做生意，目睹洋人横行、国人受欺的情景，义愤填膺，激起内心爱国反帝的思想感情。1925年由于洋货倾销、生产萧条，他回家种庄稼，跑运输，维持生活。

抗日战争全面爆发后，他教育子女要爱国保家。赵仲元次子清来随山西旧军到雁门关御敌，兵败后跑回家中，担任南山区游击队情报工作，三儿清林参加决死队老5团，1939年冬在霍口对日作战中牺牲。1941年秋，县区干部张兴、周力、王虎安、郝力璋等常出入他家。为了保证这些同志的安全，他在菜园旁的土窑洞里打了2个地窖子。他经常在门外放哨，掩护同志们开会，并担任南山区情报员，以卖菜作掩护，到各地收集、传递情报。

1944年9月26日深夜，区委书记郝力璋正在庄子召开党员干部会议，仁义碉堡上的日军得知这一带有共产党活动，从县城调来特别警备队扑向逍遥村，在菜园里抓住赵仲元，要他带路搜捕。他清楚地知道，区委领导就在南山腰庄开会，但已来不及通风报信。日军用刺刀逼着他，他急中生智，把敌人引向相反方向，在山上兜圈子。敌人发觉他是故意周旋，恼羞成怒，向他的胸膛打了一枪，又捅了七八刺刀。敌人的枪声报了信息，所有开会的党员干部和群众全部安全转移。

赵仲元为了保护干部和群众，献出宝贵生命，在战争年代只能草草安葬。1950年，灵石召开隆重追悼会，灵石县人民政府县长柳成赠送"民族英雄"金字牌匾一块，挂在烈士故居门上。

张耀辉（1926—1944）　水峪乡后尊爵岭村人，幼名小武。他的家乡处于抗日游击区，日军常来扫荡，所到之处，奸淫抢掠，鸡犬不宁。共产党地下组织民兵建立联防哨，在每个村的制高点设有信号树。张耀辉16岁参加民兵，

17 岁加入中国共产党，并担任民兵分队长。

1944 年 4 月 20 日，天还未亮，看不清信号树，敌人已到尊爵岭对面的山头，当他发现敌情后，迅速通知群众转移，为了掩护群众，他一个人守在村外陡坡顶上，以居高临下的地势阻击日军。他首先扔出一枚手榴弹，敌人慌乱起来，村里群众趁机全部转移到安全地带，待敌人偷偷爬坡时，他举枪向敌人射击，敌人龟缩下去。后来敌人听出只有一支步枪在打，便疯狂地向上冲，张耀辉在撤退中身负重伤，子弹打光了，把枪埋藏在野地里，自己爬着走，终因流血过多而光荣牺牲，时年 18 岁。

全村群众无不为张耀辉舍己救人的牺牲精神而感动，将其安葬时人人戴孝，个个掉泪。灵东抗日县政府授予他"民兵英雄"的光荣称号。县长李承锟亲自为他拉灵。

郭长旺（1916—1944）　幼名锁柱，平家圪垛村人，自幼性情刚直，爱打抱不平。抗日战争全面爆发后，郭长旺参加民兵队，抬担架、送军火、割电线、翻火车，从不落后。

1944 年秋，一天上午，郭长旺在村外锄地，看见过来两 2 个背枪的人，仔细一看是许家店车站的伪军警备队，都是外乡人，老百姓管叫"黑鬼子"。他搭上锄头从庄稼地绕回村里，见这两个伪军正逼迫他父亲带路，郭长旺想得到这两条枪，赶忙上去将锄头交给父亲，自己要求主动带路。他一路盘算怎么下手，不一会儿来到汤村，伪军找到闾长要白面、鸡蛋。郭长旺借上厕所，跑出来通知民兵宋耀武赶快到西头瓦窑塌找区分队报告，队长王虎安立即带领游击队员赶到汤村，将村子路口围住。队员贾玉康和张耀连被伪军发现，举枪要打，郭长旺眼疾手快，上前将伪军拦腰抱住，两人扭成一团，另一个伪军上来，朝郭长旺肚子就是一枪。游击队员随后赶到，将这两个敌人打死。郭长旺却因流血过多壮烈牺牲，时年 28 岁。

吴来全（1924—1945）　原名吴海南，生于瑞旁塂村一个贫农家庭。1938 年，日军侵占灵石，他亲眼看到日本侵略者烧杀抢掠，百姓悲苦逃难。他 14 岁报名参加山西新军决死队保安十一团游击连，当了一名战士，游击连被霍县县大队改编，他因年龄小而被遣送回家。1940 年，仁义成立游击区分队，他闻讯跑去参加。当年夏天，从河西过来五六个携带武器的逃兵，他尾随侦察，弄清这些人准备进城投敌后，于是报告队长带人在路旁伏击，缴获了逃兵的步枪 6 支、子弹 200 余发。当年初冬，游击队奉县大队指示，设法拔掉南王中敌伪据点，郭子安、李常旺、吴来全化装成农民去给敌人送东西，其他游击队战士埋伏在周围，当伪军放下吊桥时，吴来全第一个飞身跃入炮楼，一枪未发，俘敌27人，其中有日军曹长1人，缴获步枪24支、子弹1000余发、手榴弹200余颗，最后放火烧掉炮楼。

1941年，吴来全被调到县大队，在王虎安的带领下，破铁路，翻火车与敌斗争。一次在冷泉以南铁路上搞翻敌人装满食盐的货车，组织民兵、群众搬运上山，解决了根据地军民缺盐问题，受到太岳军区的表扬。

1943年秋，他被调进县大队基干连，同年加入中国共产党。1944年秋天，接到情报，日军在五里滩修筑被汾河水冲断的铁路，弄清日军人数和活动规律后，我军埋伏在牛鼻沟山顶，吴来全被派到桥头上侦察，看到敌人聚成一堆，抢修碉堡，他举枪向敌群连发3枪，敌人死的死、伤的伤，顿时大乱。第二天，他派人到富家滩调查，这次敌人死伤共9人。从此，"三枪九敌"的故事立即传开，吴来全成了大家公认的神枪手，事迹登载《新华日报》（太岳版），太岳军分区授予他"战斗英雄"的光荣称号。

1945年春，吴来全担任基干1连1排3班班长，燕家岭碉堡的日军出来抢粮，基干连战士奋起直追，敌军伤亡数人，仓皇逃回碉堡，基干连从四面围住，吴来全在距敌附近的地方，向敌人喊话，不幸被飞来的枪弹击中头部，当即牺牲，年仅21岁。

为了缅怀烈士，灵东抗日民主政府呈报太岳军分区批准，将烈士家乡瑞旁墕村改名为来全村，村民勒石树碑加以纪念。

蔡福勤（1911—1946）　原名蔡连生，双池镇（划归交口县）人，幼年父母双亡，由祖母和叔父抚养长大，高小毕业后辍学务农，从此农忙种地，农闲赶脚，备尝艰苦，不得温饱。1936年春，红军东征来到双池，他开始认识到贫苦农民的出路，于同年冬参加牺盟会，积极宣传抗日救国。1937年，他到区委任牺盟协助员，同年11月加入共产党。1938年5月，他担任本县四区区委组织委员，1939年3月担任区委书记，9月调任县委敌工部部长。

"晋西事变"后，他领导地方武装，组织反顽斗争，直到1940年7月，接受指示撤到河东。1942年冬，他被调入晋西南工委，任交通科科长。

1945年日军投降后，晋绥九地委决定在灵石河西恢复政权，委派蔡福勤任灵西县委书记。同年秋，他带领河西难民游击队打回灵西地区，进行武装斗争，开辟政权；1946年2月，和孝义游击队合并为灵（石）孝（义）独立营，在灵石、孝义、隰县、汾西边境建立根据地。蔡福勤带领游击队艰苦转战，袭击敌人据点。1946年夏，灵西三、四、五区都建立了区政权和武工队，还建立了十几个村政权，把敌人挤到铁路沿线。

1946年6月，灵石、汾西、隰县、孝义4县敌人联合围攻根据地，灵孝独立营被调去保卫九分区领导机关。灵西只留下公安队和各区武工队。阎军保安团400余人在双池一带追踪包围灵西军政人员，由于叛徒出卖，蔡福勤被敌包围在火山村外。他利用地形英勇还击，不幸大腿中弹，鲜血直流。危急中，他解下公文包交给通信员，令其迅速突围，自己持手枪继续抵抗，后终因流血过多英勇阵亡。时年35岁。

张清民（1919—1946） 曾名张耕夫，生于张家庄村一个教师家庭，幼随父读过几年小学，因家贫无力升学，便与兄租种土地和打短工维持生活。

张清民自小爱武，十四五岁时，村里请拳师习武，他每晚必到。1934年，修筑南同蒲铁路的晋绥军驻扎在村里，他经常看部队操练，初步懂得一些军事常识。

红军东征、西安事变和卢沟桥事变等一连串的事件激发张清民抗日救国的热情，1937年，他参加了牺牲救国同盟会。同年9月，日军逼近太原，张文昂带领决死二纵队南下扩军，张清民毅然参加决死队，在四团当战士、班长，不久加入共产党。1938年夏，他被调至六专署保安12团任排长；同年秋，调任六专署警卫连手枪排排长。1939年，张清民奉令带兵保卫六专署机械厂。晋西事变后，专署机关随部队转移，后来他被分派到平遥县大队基干二连任连长，在平遥东山和平川边缘进行游击战争。1942年夏，他被调回灵石县大队，先后任宣教干事、政治特派员、副政委等职。他带领基干连和区分队破铁路、翻火车，机动灵活地袭击敌人。一次，他带人在牛鼻子沟口将日军运往解州参加赛马大会的军马全部缴获，使敌人赛马大会无马可赛，受到太岳军区的表扬。1945年5月，他与队长王虎安大白天乘虚袭击张家庄敌人据点，全歼日伪警犬班，缴获步枪6支、弹药数箱、军毯10余条。

抗日战争胜利后，县大队编入太岳军区主力部队新七团，他任三营教导员，与营长向金仁在韩信岭驻军1个多月，打退阎军挺进支队的进攻，在灵石、霍县、赵城东山一带开展游击战争。1946年5月，阎军一个营进占本县马和村，被太岳部队24旅包围，驻城敌军倾巢来援，张清民带领战士在马和原阻击，激战中亲临前线指挥，不幸中弹牺牲，年仅27岁。

这次战役，全歼驻扎马和敌军营长以下官兵400多人，缴获甚多。战后，部队在霍县南堡召开庆祝胜利暨悼念阵亡烈士大会，会后刻碑纪念。张清民烈士的英名列在纪念碑首位。

任 凯（1917—1946） 原名任福寿，本县庆余村人，1934年入两渡高小，毕业后在碾则墕村任小学教员。1937年，他参加牺盟会，开展抗日救亡宣传。抗日战争爆发后，牺盟会组织抗日人民武装自卫队，任凯担任连队工作员；同年加入中国共产党，后任自卫队指导员。1938年，日军侵占灵石后，他曾数次组织战士在文殊原、北庄一带袭击日军。1939年晋西事变后，他转移至晋西北，担任交城六区区委书记。当时日军实行"三光政策"，制造无人区，在与日军战斗中他曾3次负伤。1942年春，他在交城塔上村被敌包围，在突围中被俘，被关进交城监狱，受尽酷刑，始终没有暴露身份，不久越狱回到晋绥八地委工作，曾在静乐、汾阳、文水一带开展群众工作。

1945年日本侵略者投降后，任凯由晋绥分局派回灵石河西开辟政权，任五区区长，同区委书记李文辉共同组建五区武工队，依靠人民群众，以机动灵活的战略战术同敌人斗争，有时一夜转移几个地方，晚上露宿在野外山圈里。1946年夏天，灵石、隰县、孝义的阎军三面围剿灵西军政机关，任凯同志因腿脚不便在突围中被俘，抓回灵石县城。在狱中，敌人严刑拷打，却始终没有从他口中得到一点东西。同年8月下旬，敌人将他枪杀于汾河畔，时年29岁。

严　彪（1920—1946）　原名严成亮，本县塔上村人，双池高小毕业。1936年，红军东征时，他与同村顾丰节秘密约定参加红军，未能如愿。1937年夏，他参加牺盟会，调任双池区分会青年干事，不久加入共产党，在双池、上庄一带开展工作。"晋西事变"后，灵西党政军奉命转移至河东，将他留在河西搞地下工作。当时阎锡山政权搜捕甚紧，严彪潜入日军盘踞的碾则墕村，与其他地下工作者以开店为名，建立地下情报站。1943年，他奉命撤回河东，在太岳区受训后，分派到晋西南工委从事敌工工作。

1945年抗日战争胜利后，区委组建河西难民游击队，回灵西开辟政权，严彪担任三连指导员，不久游击队被改为灵孝独立营，为了隐蔽分散活动，独立营派他到三区王禹一带任武委会主任，组织武工队开展游击战争。同年12月的一天夜晚，他从汾西介头村到王禹原活动，被阎军挺进支队抓捕，押送途中，他欺骗敌人说，在山崖上一棵树下藏着一支手枪，敌军松绑让他去取，他佯装刨寻时，乘势滑下悬崖，敌人放了一阵枪，怅然而去。他滑到深沟跑了四五里，连夜爬到附近老乡家里，被送到汾西槐洼村养伤，伤好后又继续投入战斗。

1946年3月，他同灵孝独立营连长刘兴旺到东圪塔村活动，被抢粮的挺进支队再次抓捕，敌人凶狠地扭断他的双臂，准备押回县城审讯，到沟峪滩时，他欲挣脱跳进汾河，被敌军用刺刀刺死，然后砍去四肢，割下头颅，一齐抛入汾河。

严彪同志牺牲时年仅26岁。

张　兴（1910—1947）　武家洼村人，原名张元隆，字子兴，参加革命后改名为张兴。他双池高小毕业后，担任小学教员；1937年，参加牺盟会，投身抗日救亡运动。1938年，日军侵占灵石，他在宿龙编村参加自卫游击队，并担任队长，同年加入中国共产党。1939年春，他被调到隰县四区担任牺盟会区团长。晋西事变前，阎顽军队不断制造摩擦，环境恶劣，他被调回灵石金庄编村，担任游击队政治教官。在阎顽军队步步紧逼的形势下，县委书记梁树棠领导成立灵石县武装游击大队，任命他为副大队长。他们经常夜过汾河，到铁路线上打击日军，同时，不断袭击进犯的阎顽军队。

1940年7月间，游击大队400余人奉命转移至河东，战士们被编入115师陈支队转战山东。张兴留在太岳区三地委担任秘书，1943年调任绵上县委组织部部长；1945年调任沁源县委副书记；6月，调任灵东县委书记。

抗日战争胜利后，蒋阎发动内战，疯狂向解放区进攻，他于1946年春担任灵东县委书记，在解放战争中积极发动群众，支援前线，于同年秋配合陈赓部队解放灵石县城，打击敌人的反动气焰，缴获了大量战利品，他带领军政人员进城开展工作1月之久。1947年春，第二次解放灵石县城后，县委在西许村召开群英会。阎军袭扰大会，他身先士卒，带领民兵游击队与敌作战，掩护群众转移，在激战时不幸中弹牺牲。为了缅怀先烈，县人民政府隆重举行了追悼会，并在东许村为张兴烈士树立了纪念碑。

王虎安（1919—1947）　原名王山林，生于前尊爵岭一个贫苦农家，兄弟姐妹5人，虎安居长，自幼念过几年私塾，能写会画，善书一笔"虎"字，又会画虎。过大年时，邻居常请他画老虎、写"虎"字。他在家中贴的一幅虎画，题的词是："国为虎安，中国乃龙腾虎跃之大地方也。"他参军后根据此意改名为虎安。

1937年，他18岁时，参加山西青年抗敌决死队保安十二团，由于作战勇敢，很快从战士升为班长、排长。晋西事变后，他奉命转移至河东开展地方武装斗争，任政卫队副排长。仁义成立区分队时，他任分队长。1943年，县大队成立基干连，他担任连长，同年加入中国共产党。基干连按照毛主席的游击战术，有时分散，有时集中，经常袭击北自介休义棠，南到霍县王庄这一段铁路线上的敌据点。

一次，他化装成日本兵，打进仁义据点将汉奸处死，在尸体上留下"王虎安游击队处死罪大恶极的汉奸"的纸条。

1943 年冬，王虎安带领 10 余名战士执行破路任务，刚返回靳村，被日伪军尾追包围在一个院里。地形不利，情况危急，他指挥战士上了房顶，王虎安高喊："我就是王虎安，不怕死的前来！"随后，他扔出一排手榴弹，乘着硝烟从房顶跳下，冲出包围圈，全队竟无一人伤亡。

王虎安游击队对敌斗争的事迹广为传颂，曾多次登载于《太岳日报》，威名远扬。群众称基干连为"老虎连"，日本人称他"王老虎"，真是谈虎色变，闻风丧胆。敌人收买密探，悬赏捉拿，将他的老母亲扣押在县城，威胁王虎安投降。王虎安派人送信，限期让敌人送回，敌人不敢加害，只好放回。

抗日战争胜利后，基干连被改编为太岳一分区新七团 3 营，王虎安升为副营长。1946 年秋，他配合野战部队第一次解放灵石县城；1947 年 1 月，以太岳部队为主力第二次解放县城。随后新七团被改编为 22 旅 64 团，王虎安仍任三营副营长，部队南下解放晋南各县，在运城战役安邑战斗中，王虎安指挥作战时触雷牺牲，时年 28 岁。

李常旺（1924—1947） 玉成村人。日军侵占灵石县城不久，制造了惨绝人寰的"玉成惨案"。母亲带着他们兄弟住在良子塌姥姥家。16 岁时，他参加了县游击大队，第二年加入共产党，在游击队由班长、排长升为区分队长。1942 年，他给县委书记周力同志担任警卫员，在柏沟、尽林头反扫荡战斗中，他背着身负重伤的周书记冲出重围，转移到安全地带。

李常旺是王虎安"老虎连"的一名虎将。1946 年 1 月，基干连被编为新七团 7 连，王虎安任连长，他任副连长，王虎安提升为副营长后，他担任 7 连连长。1947 年 1 月，为了配合汾孝战役，新七团奉命解放灵石。李常旺带领 7 连主攻田家庄敌碉堡，在山炮掩护下，他指挥部队勇猛冲击，攻克地堡，歼敌 1 个班。经过激烈战斗，他们占领田家庄高地，协同兄弟部队尾追残敌，从县城东门突破城垣，歼灭大量敌人，缴获大批枪支。战斗结束，团里授予新七团一面锦旗，上书"攻无不克，守如泰山"。

战后，新七团被改编为 22 旅 64 团，奉命参加晋南战役。1947 年 5 月，64 团攻击平陆县杜村敌人，守敌非常顽固，7 连担任主攻，接连冲击 3 次，伤亡很大。李常旺亲自端着机枪奋力掩护，一发子弹打中他的右臂，经过简单包扎后他又向前冲去，又一颗子弹从他腰部穿过，负了重伤。当担架抬着他从团指挥部经过时，他紧握着周力政委的手说："我不行了，为人民而死，我感到光荣！"在送野战医院途中，他因伤势太重，抢救无效而牺牲，时年 23 岁。

康占虎（1911—1947） 生于平遥县段村，从小念过 2 年书，日军占领平遥以后，将他的大哥杀害，二哥和他参加了平遥游击队，后来他被调到介休公安队任班长。1942 年，介（休）灵（石）联合县成立时，介休公安队与灵石公安队合并，1943 年介灵分县后，他被调到灵石公安队任队长，不久，与西梧桐冯天喜的女儿结婚，落户于灵石草桥村。

1946 年，解放区开始反奸清算，康占虎的岳父和妻舅家被斗，他的妻兄冯二小和妻舅韩维宗（韩老七）心怀不满，串通附近村里的被斗户跑进县城投靠敌人，成立"复仇团"，带上武装经常袭击河东解放区，抓捕农会主席和革命群体，搅得四乡不宁。康占虎教育自己的妻子站稳革命立场，断绝与娘家来往。可韩老七和冯二小贼心不死，暗暗以亲戚关系给康占虎写信，意图拉拢康占虎进城参加"复仇团"。

康占虎将密信交给区委张建华，组织经研究，决定采取将计就计的办法，派康占虎进城佯装投敌。于是，康占虎带领机枪手陶文焕乘夜进城参加"复仇团"。敌人以为有了康占虎这样的勇将，力量强大了，准备召开盛大的欢迎会，康占虎推辞说："等我立了功再说。"不久，他通过地下交通线联系夜袭西梧桐，"抓回"民兵李四全、冯小狗、张二银、李三江 4 人编到"复仇团"。灵东党组织乘势提出"打进灵石城，活捉康占虎"的口号，敌人闻讯，对他就更加深信不疑。

同年，康占虎带领"复仇团"夜袭西梧桐，让李四全、冯小狗前面引路，李三江、张二银断后，康占虎和陶文焕紧跟在韩老七、冯二小后面，当走到西梧桐瓮门前，我方打进去的民兵掉转枪口围住敌人，民兵开枪打死韩老七，冯二小见势不妙，急忙跳墙，未被打中，逃回县城（解放后被镇压）。其他"复仇团"成员都乖乖地缴枪投降。这次战斗缴获 20 多支步枪、1 挺机枪。共产党员康占虎立场坚定，大义灭亲的事迹广为传颂。

1947 年 6 月，太岳部队二次解放灵石县城时，康占虎带领公安队在苗旺村山上配合作战，不幸中弹牺牲，时年 36 岁。

张维新（1921—1947） 生于尹方村，16 岁静升高小毕业，当时抗日战争爆发，在兵荒马乱的年头，父亲带着他们全家 5 口人，东躲西藏，流离失所，途中母亲病饿而死，妹妹在日本鬼子扫荡时中弹身亡，国恨家仇深藏在他心中。当时共产党领导灵东人民抗日，父亲积极支持，经常冒险为共产党传递情报。1939 年，灵东抗日根据地相对稳固下来，张维新在青田洼村教书。1940 年，他小学时的老师赵家声担任灵东县委书记，来这一带活动，吸收他参加革命工作并介绍他入党。党组织让他仍以教书为掩护，在青田洼周围村庄开展革命工作。当时县区干部下乡经常在他所在的学校开会和住宿。张维新除了教书以外，接送情报，还传达文件，开展抗日工作，样样干得出色。他有文化，写得一手好字，写标语、写材料都是好手，县委很重视，大力培养他。1941年，他被确定为二区分委负责人。后来，他结婚成家，定居蒜峪村，仍以蒜峪村教员身份负责区分委的联络工作。他性格柔和，不多说话，身份一直没有暴露。

抗日战争胜利后，阎锡山发动内战，进攻解放区。蒜峪一带经常被阎军骚扰，他的学校又成为通风报信和掩护干部的场所。1947年，解放区开始反奸清算，岳北地委派来工作员宋子青和刘星开展工作，吃住在学校。6月29日，县委组织部部长杨兆书来区检查工作，并发动群众抢收小麦，晚上刚开完会，突然接到情报，县城阎军和"复仇团"抢粮来了，他紧急集中民兵掩护杨、宋、刘3人撤到陈家山头。张维新通知群众转移后，带着文件和枪支绕上陈家山头，找到杨、宋、刘3人，就躺在窑洞听动静。由于过分疲劳，他们都睡着了，凌晨醒来时发现他们住地已被敌人包围。4个人只有一支六五步枪，没有一颗子弹，怎么办？必须趁天未亮突围，否则有全部被捕的危险。但是上面上不去，面前又是一条深沟，刘星试图靠着土墙往南转移，被敌兵发现开了枪，形势危急，他们决定宁死不做俘虏。张维新毅然冲向深沟，纵身跳下十多丈高的悬崖。杨兆书、宋子青也跟着跳下去，刘星顺崖滑跌下去。

他们的行动把敌人惊呆了，当敌人走到沟畔一看，黑乎乎地深不见底，胡乱朝沟里打了几枪，民兵闻声向这里开了枪，敌人慌乱撤退。敌人走后，群众来到沟底，见张维新头颅破裂，壮烈牺牲，所带文件枪支还在身上；杨兆书跌伤腰部，下肢瘫痪；宋子青头破血流，一眼失明；刘星摔伤了腰。当地群众连忙将3名重伤人员送往后山医院，将张维新尸体抬入山圈。

事后，县区领导主持下召开追悼会，隆重安葬张维新。群众称他们是"狼牙山式的壮士"。

赵昌荣（1902—1947）　生于高壁镇一个农民家庭，在辛亥革命和军阀混战的年代里度过青少年时期，15岁丧父，婚后人口多、家务重，使他负债累累。一家人在饥饿中挣扎。

1938年春，赵昌荣积极协助共产党敌工人员开展对敌斗争，1939年加入共产党，开始做地下工作。1940年，日军在韩信岭扎下据点，党支部派人打进"维持会"和日伪碉堡，在敌人眼皮下开展工作。1943年10月，太岳部队三八团袭击韩信岭碉堡，激战一夜未能攻克，天亮撤山，赵昌荣组织群众抢救伤员，掩埋烈士，受到太岳区的表彰。

抗日战争胜利后，赵昌荣被调到二区农青妇联合会工作，兼任牛王庙行政村村长。他组织民兵轮战队保卫政权，为筹集军粮、收交军鞋日夜奔波。同年，解放区开始反奸清算运动，一些逃到敌区死心塌地反共反人民的地主汉奸组织"复仇团"，经常带领敌军围剿解放区，抓到我方人员立即残杀。赵昌荣带领民兵轮战队奋战在韩信岭上。1947年1月26日晚上，赵昌荣从牛王庙出来查哨，发现阎军从李家山方向包抄过来，在危急中，他鸣枪报警，通知轮战队向宋家山方向突围，他据守高地吸引敌人的火力，子弹打光了，在紧急关头他烧掉文件包，将手枪砸碎，当敌人靠近时，拉响最后一颗手榴弹，本想与敌人同归于尽，但因爆炸力小未能致命。敌人凶狠地抓住赵昌荣，挖掉眼睛，割去耳朵，剖出心肝，最后放火烧尸。

敌人走后，群众用白布裹着赵昌荣烈士的遗骨，将其埋葬在韩信岭上，县委书记张兴亲自主持了追悼会。

张 宝（1929—1947） 蒜峪村人，自幼爱好体育，15岁辍学在家务农。1945年日本投降后，阎锡山军队发动内战，进攻解放区，16岁张宝参加民兵，苦练杀敌本领，无论立射、跪射、卧射，弹无虚发，颗颗中靶，人们称赞他是神枪手。

1946年秋，第一次解放灵石县城，张宝随军参战，在枪林弹雨中表现异常勇敢，同年冬在河东一次战斗中，亲手击毙敌军1人。一次，敌"复仇团"团长冯二小带兵回梧桐搬家，张宝与其他民兵在外埋伏射击，吓得敌兵抛弃全部车辆和财物仓皇逃走。

1947年1月，第二次解放灵石县城，张宝在参战中缴获步枪6支，被评选为"杀敌功臣"。同年4月，他到西许村参加群英大会，正在发奖之时，接到敌人从李家山出发的情报，立即与所有民兵战士冲上南战沟山头。激战中，得知县委书记张兴负伤，他冒着密集的炮火，从前沿阵地将县委书记背回，然后再次冲锋上阵，自己枪里的子弹打光了，接过民兵张大秃的枪继续射击，敌人败退。在反击冲杀中，他头部中弹，光荣牺牲，年仅18岁。

郭爱莲 李秀英 李改英

郭爱莲（1926—1947） 女，幼名虎爱，生于介休县秦树村，16岁嫁给本县静升村在太岳部队三八团当干部的武立功。在丈夫的影响下，她参加革命，女儿刚满周岁便交给婆母抚养，整天为革命奔走，后加入共产党，协助村干部，催军鞋、送军粮、送情报，忙得顾不上回家，时常腰扎皮带，头裹毛巾，谁都说她是个"女八路"。

李秀英（1927—1947） 女，出生本县集广村。抗日战争爆发后，家里6个哥哥都先后参加了八路军，三哥、六哥是基干连战士，秀英常给他们站岗放哨，送情报。她幼名娇姑娘，但斗争中毫无娇气，给八路军缝洗衣服做军鞋，是妇救会的积极分子。17 岁时，她与基干连的张彪结婚，在苏溪村搞妇救工作，1945 年 3 月，张彪作战牺牲后，她改嫁给区分队田连根，来到静升镇与妇救会的张玉英、郭爱莲、李改英发动妇女做军鞋、送情报、护理伤员，并于 1947 年春加入中国共产党。

李改英（1922—1947）　女，幼名花英子，生于介休县独栾村，与静升行政村村长李三狗结婚后，在丈夫的影响和教育下参加革命工作；1947 年春入党，与李秀英经常在一起开会，秘密开展党的工作。

1947 年 8 月 16 日，驻灵石、介休县城的阎军 45 师对静升、马和一带大包围。拂晓，流动哨兵发现敌情，扔了 2 枚手榴弹，惊动了驻在村里的民兵和干部。当时已有 7 个月身孕的李秀英由于行动不便，便隐蔽在杨树沟一块麻子地里，被敌捕获。郭爱莲与回家养伤的丈夫武立功住在南庙，听到枪声立即分头突围，战斗中武立功中弹倒地，被敌人刺刀捅死，郭爱莲被敌人抓捕。李改英带着子女隐蔽在许家坡底，来不及突围也被抓捕。

敌人将她们三人押到介休县城，用皮鞭打、火柱烫，百般凌辱。她们受尽酷刑，却什么也不说。敌人气急败坏，把她们绑到介休城西门外，残酷地割去奶头，当众活埋。当时，郭爱莲 21 岁、李秀英 20 岁、李改英 25 岁。

曹爱珠（1926—1947）　女，生于尹方村一个农民家庭，4 岁丧父，在贫困中长大。当她懂事时，日本侵略者经常到村烧杀抢掠。游击队、武工队在这一带发动群众抗日，她 18 岁与武工队员王文治（静升村人）结婚，随即参加妇救会工作，整天忙于发动妇女做军鞋、缝子弹袋、支援前线。她先后怀过 2 个孩子，都在战乱中流产。阎军对解放区发动进攻时，她随民兵和干部进行游击活动，几乎没有睡过一个安生觉。1947 年春天，她害了一场伤寒病，刚养好病，6 月 12 日的黄昏，与丈夫王文治刚回到家中，突然外面枪响，二人知道有敌情，急忙提着手榴弹往外冲，为了吸引敌人，王文治往西跑，让爱珠往东跑。王文治成功突围了，曹爱珠却因大病刚愈、身体不支被敌人抓捕。敌人从她的装束中，看出她是妇女干部，但她拒不承认，敌人将她带回灵石监禁 2 个多月，始终没有从她口中拷问出结果。有个敌人排长突然对她"照顾"起来，不久，这个家伙提出只要她答应嫁给他，便马上给她自由。曹爱珠严词拒绝，敌人见她软硬不吃，便将她押到椒仲村当众活埋，年仅 21 岁。丈夫王文治满腔仇恨，杀敌报仇，在旌介战斗中光荣牺牲。

田二元（1912—1948）　南墕乡南战沟人，生于贫农家庭，从小念不起书，一直在家种地，饱尝饥寒困苦。日军侵占灵石后，强迫百姓在韩信岭修公路，在李家山筑碉堡，这个庄稼人目睹中国人被打骂残杀，如同牛马，愤然参加抗日工作。1942年，他担任村农救会主席，领导群众开展游击战争和"二五减租"。经过斗争考验，他加入共产党。1945年日本帝国主义投降后，蒋介石、阎锡山发动内战，不断袭击骚扰解放区，老区人民再度陷入苦难之中。田二元担任李家山行政村村长，经常到各村开展工作，往往顾不得按时耕种收割庄稼。1947年，解放区开展反奸清算斗争，敌人垂死挣扎，加紧对解放区进行袭击。1948年2月28日深夜，田二元带领四五个民兵要去南关破坏敌人的铁路，在关家垴短梁坡与敌遭遇，当即发生战斗，因寡不敌众，农会主席王锦喜、民兵王锦福当场牺牲，田二元被敌人抓住捆绑起来，逼他交代我军驻扎的地方，他拒不回答。敌人用刺刀割掉他的耳朵。他鲜血直流，咬牙切齿，骂不绝口。敌人带他走到关家垴山顶，他奋力挣脱跳下十来丈高的红沟崖，敌人绕到沟底，见他昏迷不醒，遂用刺刀将他捅死，还不满足，敌人回村将田二元的妻子和2个女儿，大的12岁、小的8岁抓回县城关押起来。二区区委与行政村干部把田二元的尸体埋葬并开会追悼。其时妻女还在敌人狱中，直到县城解放才被救出。

梁树棠（1913—1948）　生于灵石县双池镇（现划交口县）。15岁丧父，在母亲的操持下他读完高小，19岁入汾阳河汾中学，1935年考入太原工业学校。红军东征来到双池，寒假在家的梁树棠接受红军抗日救国的主张，参加苏维埃政权领导下的农会工作；1936年冬，加入牺盟会，到太原参加村政协助员训练后，被派到霍县担任牺盟会协助员。

1938年，日军侵占霍县后，梁树棠回到双池组织游击队，配合八路军主力部队115师开展抗日斗争；同年加入中国共产党，后任灵石县委宣传部部长。这个时期，他组织干部流动训练班，联系实际，解决干部思想，提高干部觉悟，晋西南区党委书记林枫同志总结工作时，表扬梁树棠办的训练班，号召各县学习他的经验。当时，阎军节节溃退，日军立足未稳，灵石地区的党组织、政权、武装均得到迅速发展。他们通过牺盟会公开发动群众，搞合理负担，工作干得轰轰烈烈。1938年底，梁树棠担任灵西县委书记。由于工作有成绩，成为洪赵区的模范县。县委书记梁树棠和宿龙支委刘子济专程到延安向毛主席和陈云汇报工作，受到表扬。当时灵石地区大批青年参加了八路军、决死队，而且区、村纷纷建立党组织和基层政权及地方武装。1938年7月，抗日民主政府建立，县委领导群众镇压汉奸卖国贼，打击阎锡山顽固派的进攻，保存了革命的有生力量。

1940年5月，梁树棠奉命调入晋西北，先任区党委宣传部教育科科长，继任兴县县委书记；1942年11月，调任晋绥区地委组织部部长；1944年赴延安，参加党的第七次全国代表大会；以后任八地委第一副书记兼组织部部长。

抗日战争胜利后，他带领武装部队深入敌占区汾阳、文水、交城、清源一带开展游击战争。由于战事频繁，生活艰苦，他有时几天都吃不上一顿饱饭，身染疥疮，行动困难，仍拖着病体坚持斗争。他平时穿一身打补丁的单军衣，头戴一顶破旧的军帽。有一次分局开会，守门的战士看不出他是干部，竟阻止他进入会场。

1948年，晋中战役开始，梁树棠兼任八分区后勤指挥部政委，随部队日夜转移，调集粮食和物资支援前线。7月，他由徐沟赴清源前线途中，不幸大腿中弹，流血过多，牺牲于清源郑村和平医院，时年35岁。中共中央晋绥分局为他题赠挽联：

> 为党为民，鞠躬尽瘁；
> 亦忠亦勇，虽死犹荣。

高剑平（1910—1948） 原名李树林，字竹轩，两渡镇东方红村人，自幼读书，品学兼优，在两渡第五高小读书时，写得一笔好字，又有组织能力，在同学中很有影响。1932年，他高小毕业后，考入汾阳铭义中学；1933年，回乡担任两渡小学教员，后任校长。他执教严谨，管理有方，深得学生敬重。

抗日战争全面爆发后，他参加牺盟会，同年参加山西青年抗敌决死队，在二纵队任连长，带领战士们转战吕梁山区。1939年5月1日，加入中国共产党；"晋西事变"后，随新军转移至晋西北，战乱中其丢失党的组织关系，曾冒险化装穿过敌占区，到晋西南寻找其党的组织关系，因地区分割，人员分散未达目的。以后，他任隰县一区区长，后调任汾阳县税贸局局长。

1941年，他奉命转入太岳区，改名为高剑平，先后任介休县第一、二区区长，介灵联合县政府秘书，介休县政府民政科科长、办公室秘书主任等职。1942年，他重新入党，在介休二区工作时，带领区游击队在洪山、柳沟一带打埋伏、炸碉堡、割电线、撬铁轨，吓得日军躲进据点，不敢轻易出动。有一次，日伪军上东山抢粮，他带领民兵游击队绕到日伪军背后，乘虚袭击敌军据点，迫使日伪军慌忙撤回。他又巧设埋伏，截击返回的敌人，保卫了农民的劳动果实。1944年正月洪山唱戏，他与张克带领几十个游击队员趁夜包围敌人碉堡，控制戏场，高剑平登台讲话宣传抗日，大大振奋了民心，震慑了敌人。

抗日战争胜利后，他积极开展工作，为巩固扩大解放区，发展解放区生产，支援前方战斗作了大量工作。后来阎军获悉，高剑平即是李树林，便抄收他的家产，妻子拖儿带女连夜逃奔解放区。当时介休县城驻扎阎军2个团，还有地方武装保安大队、"还乡团"等。1947年5月，高剑平任介休县代理县长，亲自带领县大队和民兵游击队开展伏击战、联防战、掏心战，歼灭敌人的有生力量。随着解放战争形势的发展，由敌进我退转为敌退我追，阎军龟缩在县城及铁路线碉堡内不敢出动。1948年6月，洪山战斗打了胜仗，缴获大批战利品，他积极参与，在运送弹药途经洪山源神池时，车上的炮弹因受震动爆炸，他与公安人员侯元昌和赶车的民工同时牺牲。

1949年后，介休人民为了纪念烈士，特呈请山西省人民政府批准，于1952年1月在介休张良村，建起以省人民政府主席赖若愚署名的烈士纪念碑，并修建了碑亭，碑上第一个名字就是高剑平。

武天祥（1925—1951） 梁家墕乡马江村人，从小随父读书，后到县办的师资训练班学习，毕业后曾当小学教员。因其兄参加革命，阎锡山政权宣布他的家庭为"叛军家属"，进行敲诈勒索。为躲避阎锡山政权抓壮兵，他到村公所服务，担任协助员。他目睹阎顽村政人员施行"兵农合一"暴政，欺压人民，搞得壮丁逃亡，田园荒芜，随时想出逃投奔革命。

1947年冬，人民解放军第二次解放灵石时，他毅然参加人民解放军，被编入60军180师538团。他在部队进步很快，由战士提为文书，1948年5月加入中国共产党，调到团政治处组织股任干事。他先后参加解放临汾、太原战役，在战火中表现英勇机敏；后进军大西南，参加解放西南各省的战斗。

1950年朝鲜战争爆发，战火烧到鸭绿江边，为了保卫和平，打击侵略者，他参加中国人民志愿军赴朝作战，担任60军180师538团3营9连指导员。

1951年，在朝鲜第五次战役中，他率领战士与美国侵略军在阵地展开白刃肉搏战。他身先士卒，奋不顾身，英勇顽强地消灭敌人。在这次战斗中，他将鲜血洒在朝鲜土地上，成为不朽的国际主义战士，时年26岁。

何绍裕（1928—1951） 灵石县两渡镇人，童年在本镇读书，品学兼优，日军侵占家乡期间辍学，助父务农。抗日战争胜利后，他于1946年参加中国人民解放军，1948年加入中国共产党。他参加过解放华北、西北、中南、西南的战斗，并多次立功受奖，是一位人民功臣。

何绍裕于1946年8月参加人民解放军，在中原野战军第四纵队11旅32团2营4连担任卫生员。他出身农家，热爱祖国，忠于人民，工作积极，团结战友，爱护群众。在解放华北、西北、中南、西南的战斗中，英勇顽强，克服重重困难，出色地完成工作任务，功绩卓著，被评为模范战士，荣立中等功、特等功，多次受到部队的嘉奖。1949年，他参加闻名中外的淮海战役，在全歼国民党黄维兵团的战斗中立特等功，荣获特等功奖状 1 张、人民功臣奖章 1 枚、淮海战役纪念证书一份，上书：

中央下令淮海作战，
中原首长亲临前线。
为国为民英勇善战，
负伤牺牲美名永传。
好男立功英雄好汉，
解放全国解放中原。

1951 年，何绍裕转入中国人民解放军第 14 军 40 师 119 团 4 连，担任卫生员，于同年 10 月 27 日因患黑热病，不幸病逝，时年 23 岁。其遗体被安葬在云南省大理县嘉州区。为了褒扬烈士功绩，1952 年 8 月，中国人民解放军第二野战军司令员贺龙、政治委员邓小平署名，军队发给其革命军人证明书 1 份，并由人民政府追认其为革命烈士，以资纪念。

第二章 烈 士 英 名 录

静 升 镇

张祥福（1921—1937），静升人，决死二纵队战士，作战失踪。

张仲林（1907—1938），静升人，洪赵支队排长，南原作战牺牲。

续春生（1921—1938），静升人，县游击大队战士，作战失踪。

张连喜（1914—1940），静升人，决死队 12 团指导员，霍县杨节林作战牺牲。

阎成明（1923—1941），静升人，决死二纵队战士，赵城麻水镇作战牺牲。

田四保（1919—1941），静升人，七区区分队战士，椒仲作战牺牲。

武来喜（ ？ —1941），静升人，三区区分队战士，静升作战牺牲。

王有信（1913—1943），静升人，介休四区游击队侦察员，介休马堡被害。

王介良（ ？ —1943），静升人，某部战士，汾阳作战被俘牺牲。

阎继成（1918—1946），静升人，274 旅 7 团班长，河南作战牺牲。

杨三孩（1925—1946），静升人，13旅38团高炮连排长，孝义战役牺牲。

王士云（1918—1946），静升人，决死二纵队战士，作战失踪。

王锡仁（1916—1946），静升人，民兵，红庙底被敌杀害。

杨双林（1921—1946），静升人，民兵指导员，集广村被敌杀害。

武够其（1907—1946），静升人，民兵，许家坡底被敌杀害。

王文治（1917—1947），静升人，民兵，旌介村被敌杀害。

杨玉宏（1926—1947），静升人，13旅38团炮兵连排长，汾孝战役牺牲。

武有有（1927—1947），静升人，独立4旅2支队班长，汾阳三道川作战牺牲。

赵金锁（1918—1947），静升人，三区武工队班长，静升作战被敌杀害。

张书春（1929—1947），静升人，三区区分队班长，张嵩村作战牺牲。

王柱春（1929—1947），静升人，13旅38团战士，侯马作战牺牲。

郑玉成（1919—1947），静升人，吕梁军区18团战士，解放浮山牺牲。

董根丁（1924—1947），静升人，13旅38团战士，解放霍县牺牲。

武福有（1908—1947），静升人，县政府事务长，静升作战牺牲。

王翊力（1910—1947），静升人，行政村秘书，静升作战牺牲。

董玉郎（1924—1947），静升人，民兵，静升作战牺牲。

马二小（1923—1947），静升人，民兵，静升作战牺牲。

王青山（1920—1948），静升人，太岳警备团排长，西山头作战牺牲。

吴金丁（1927—1948），静升人，11旅32团副排长，淮海战役牺牲。

田金良（1915—1948），静升人，18兵团炮兵连班长，运城战役牺牲。

王联福（？—1948），静升人，太岳区新7团战士，祁县子洪口作战牺牲。

张继成（1924—1948），静升人，太岳区新7团战士，南下作战失踪。

杨苟兰（？—1948），静升人，三区区分队通信员，张嵩踏雷牺牲。

郭双喜（1924—1948），静升人，13旅38团班长，淮海战役牺牲。

阎凤鸣（1929—1949），静升人，3团1连战士，作战失踪。

王昌文（1928—1950），静升人，22旅事务长，河南伏牛山剿匪牺牲。

蔡仲山（1915—1951），静升人，58军173师517团供给员，朝鲜作战牺牲。

耿旺明（1922—1952），静升人，39军344团班长，朝鲜连川郡作战牺牲。

陈琪亮（1928—1952），静升人，62军552团干事，赴广州轮船失事牺牲。

张　俊（1930—1969），静升人，西藏那曲地区医院医生，出差车祸牺牲。

多丽拉姆（1928—1969），藏族人，张俊之妻，西藏那拉县民政助理员，
　　　　夫妇二人同一车祸牺牲。

郑学文（1915—1974），静升人，夏县武装部长，因公积劳成疾去世。

余自力（1921—1937），苏溪人，决死二纵队战士，作战失踪。

耿成清（1923—1939），苏溪人，决死二纵队战士，"晋西事变"牺牲。

张盛达（1908—1939），苏溪人，灵东动委会干部，赵家塂作战牺牲。

李盛光（　？—1942），苏溪人，县游击大队战士，椒仲村作战负伤牺牲。

房德祥（1912—1944），苏溪人，民兵，在曲陌被敌捕杀。

张　彪（1914—1945），苏溪人，太岳区新7团事务长，斩断塂作战牺牲。

梁维青（1918—1948），苏溪人，武工队排长，苏溪作战牺牲。

温东生（1927—1948），苏溪人，13旅38团班长，河南南阳作战牺牲。

陈连生（1924—1948），苏溪人，民兵，蒜峪村作战牺牲。

余志民（1932—1956），苏溪人，19军连长，贵阳军训牺牲。

陶三清（1914—1939），尹方人，行政村村警，静升东南堡被杀害。

陈福林（1916—1939），尹方人，决死二纵队战士，罗汉战斗牺牲。

马锁安（1923—1941），尹方人，县基干连战士，南关火车站作战牺牲。

马　力（1922—1945），尹方人，县游击大队指导员，马和作战牺牲。

马兴其（1919—1946），尹方人，县基干7连副排长，在水头被敌杀害。

申维方（1914—1946），尹方人，13旅38团战士，夏县作战牺牲。

马德林（　？—1946），尹方人，13旅38团战士，双池作战牺牲。

吴定生（1918—1946），尹方人，行政村村长，静升被敌杀害。

张有林（1920—1946），尹方人，武委会主任，静升被敌杀害。

王奋武（　？—1946），尹方人，民兵，草桥作战牺牲。

张　印（1922—1947），尹方人，县大队基干连排长，尊爵岭作战牺牲。

张成仁（1903—1947），尹方人，民兵，静升作战牺牲。

冯宝富（1927—1948），尹方人，18兵团战士，南下作战失踪。

梁如英（1902—1939），旌介人，三区分队排长，在苏溪作战牺牲，

程长有（1923—1939），旌介人，决死二纵队五团战士，作战失踪。

石绍光（1913—1940），旌介人，革命教师，被敌捕杀于灵石。

王长瑞（1917—1942），旌介人，决死二纵队5团战士，旌介突围牺牲。

秦立章（1917—1942），旌介人，决死二纵队5团战士，交城战斗牺牲。

王维忠（1927—1943），旌介人，13旅38团战士，作战失踪。

程荣兴（1898—1943），旌介人，农救会主席，被敌活埋于静升。

程二交（1923—1944），旌介人，县游击大队战士，被敌杀害。

王国仲（1905—1944），旌介人，民兵，作战踏雷牺牲。

张鹏林（1907—1944），旌介人，县政府会计，西许村被敌包围牺牲。

申维熙（1922—1945），旌介人，三区区分队战士，被敌捕杀于灵石。

张玉泉（　？　—1946），旌介人，太岳区新 7 团战士，尹方战斗牺牲。

张振保（　？　—1946），旌介人，太岳区新 7 团战士，尹方战斗牺牲。

张根保（1918—1946），旌介人，太岳区新 7 团战士，尹方战斗牺牲。

张子诚（1909—1946），旌介人，县贸易局缉私员，曲陌村踏雷牺牲。

常灏泉（1907—1946），旌介人，三区敌工干部。侦察敌情被杀害。

申学贤（1927—1947），旌介人，13 旅 38 团战士，霍县兴庄战斗牺牲。

王有根（1916—1948），旌介人，太岳警备团排长，晋中战役牺牲。

张应全（1920—1940），集广人，二区区委书记，平遥被日军杀害。

耿百光（1922—1946），集广人，汾孝支队 6 中队指导员，汾孝战役牺牲。

张富贵（1913—1947），集广人，支前民工，解放县城牺牲。

何德伦（1923—1946），集广人，太岳区新 7 团战士，尹方战斗牺牲。

贺鸿德（1915—1949），集广人，17 军 51 师战士，湖南渡江牺牲。

张崇文（1930—1953），集广人，15 军政治部干部，朝鲜作战牺牲。

李六小（1923—1939），柳树原人，17 团 1 营战士，沁源兴庄战斗牺牲。

陶有华（　？　—1946），柳树原人，七区助理员，在静升被敌杀害。

李靖泰（1916—1948），柳树原人，村自卫队长，许家坡底被杀害。

蔡　茂（1918—1944），椒仲人，13 旅 38 团战士，浮山郭店战斗牺牲。

马玉田（1928—1947），椒仲人，13 旅 38 团战士，汾孝战役牺牲。

蔡拉牛（1903—1947），椒仲人，民兵，斩断塌踏雷牺牲。

韩长茂（1924—1953），椒仲人，543 团通信连副班长，朝鲜江原道作战牺牲。

马锁成（1921—1949），椒仲人，17 军 55 师 133 团战士，解放上海牺牲。

蔡成儿（1928—1949），椒仲人，华北补训团战士，南下渡江牺牲。

耿耀汉（1920—1944），核桃洼人，北山武委会主任，被日军捕杀于城内。

梁振业（1915—1946），帅家山人，县大队连长，东圪塔作战牺牲。

王锦堂（1919—1948），帅家山人，三区武工队战士，苏溪战斗牺牲。

高清明（1929—1946），南浦人，县公安队队员，晋东南押送俘虏被杀。

武来长（1919—1946），南浦人，民兵队长，蒜峪掩护群众牺牲。

武　友（1921—1946），南浦人，河东指挥部交通员，南浦踏雷牺牲。

任来狗（　？　—1948），南浦人，7 旅 21 团战士，太原战役牺牲。

蔺长富（1914—1947），草桥人，太岳区新 7 团战士，被捕杀害。

韩仲元（1912—1947），草桥人，民兵，放哨踏雷牺牲。

任顺学（1911—1947），草桥人，武工队员，梧桐突围踏雷牺牲。

张保祥（1916—1948），草桥人，梧北村武工队员，被敌杀害于苗旺村。

张恩祥（1913—1956），草桥人，0062部队教导员，四川德云县剿匪牺牲。

张正其（　？　—1947），南原人，情报员，被敌杀害于延安村。

任根光（1921—1950），南原人，17军105团战士，贵州黄平县剿匪牺牲。

任记月（1920—1950），南原人，二野50师战士，贵州黄平县剿匪牺牲。

梁家墕乡

刘甫珍（1913—1936），梁家墕人，红军73师8团战士，甘肃围州作战失踪。

张晋益（1893—1936），田家山人，红军17师干部，老虎山被敌杀害。

张卯生（1903—1936），田家山人，红一方面军排长，陕北作战失踪。

张景城（1920—1939），田家山人，决死队敌工科干事，在文水县被日军杀害。

张春保（1927—1950），田家山人，17军146团战士，朝鲜作战失踪。

武云柱（1913—1936），演义人，红军战士，甘肃围州作战牺牲。

李　锁（1916—1936），演义人，红军73师战士，甘肃围州作战牺牲。

武茂生（1912—1936），演义人，红一方面军战士，陕北作战牺牲。

武定国（1911—1940），演义人，115师344旅班长，山东曹县作战牺牲。

武占鳌（1922—1942），演义人，洪赵支队事务长，碏河反扫荡牺牲。

武来元（　？　—1946），演义人，三区通信员。在本村被敌杀害。

张廷瑜（1906—1938），南泊人，决死二纵队5团排长，韩信岭战斗牺牲。

张留喜（1921—1938），南泊人，决死二纵队5团战士，韩信岭战斗牺牲。

张殿福（1913—1939），南泊人，决死二纵队5团班长，罗汉战斗牺牲。

张星照（1918—1941），南泊人，四区分队战士，在张志村被敌捕杀。

张廷琛（1910—1941），南泊人，四区区长，张志村被敌杀害。

张士才（1922—1941），南泊人，三区干事，张志村被捕杀害。

张殿华（1921—1946），南泊人，县大队队长，县城被敌杀害。

张殿元（1911—1946），南泊人，民兵，岩村被杀。

张星辉（1912—1947），南泊人，民兵，本村被捕杀害。

张佩芳（1928—1948），南泊人，7旅21团战士，太原战役牺牲。

张岩德（1927—1949），南泊人，193师578团战士，甘肃定西作战牺牲。

邓世文（1910—1936），邓寨沟人，红军73师217团战士，甘肃作战牺牲。

任成双（1924—1948），邓寨沟人，河西武工队员，韩家渠作战牺牲。

韩庆明（1906—1936），泊泊人，红军73师7团战士，延安战斗牺牲。

韩庆生（1918—1936），泊泊人，红一方面军战士。陕北作战牺牲。

韩庆慧（1916—1936），泊泊人，红一方面军战士。陕北作战牺牲。

李计德（1916—1937），泊泊人，115师8团战士，作战失踪。

孙计银（1920—1945），泊泊人，行政村秘书，本村突围牺牲。

李恩德（1905—1946），泊泊人，县大队排长，隰县康城被敌杀害。

李爱德（1921—1947），泊泊人，115师党校通信员，蒲县作战牺牲。

韩海旺（1930—1954），泊泊人，第一师高炮营班长，在朝鲜牺牲。

韩凤礼（1906—1936），温家岭人，红15军团230团战士，甘肃战役牺牲。

张银生（1913—1936），泉则坪人，红15军团73师战士，陕北作战失踪。

成贵有（1919—1936），泉则坪人，红一方面军指挥部通信员，陕北作战失踪。

焦四小（1919—1937），泉则坪人，八路军总部战士，洪洞作战失踪。

霍兴发（1917—1937），泉则坪人，八路军总部战士，中华山作战失踪。

成树德（ ？—1939），泉则坪人，兴县区委书记，"晋西事变"失踪。

马俊秀（1914—1942），泉则坪人，八路军总部事务长，麻田战役失踪。

张元有（1922—1946），泉则坪人，民兵队长，泊泊村被敌杀害。

默旭明（1960—1980），泉则坪人，89741部队副班长，营区值班牺牲。

贺喜喜（1917—1936），上庄人，红军游击队战士，陕北作战失踪。

贺金全（1917—1937），上庄人，115师344旅688团战士，作战失踪。

王懋功（1926—1949），上庄人，61军81师543团连长，陕西长安战斗牺牲。

贺子英（1929—1949），上庄人，183师547团战士，陕西田家堡渡水牺牲。

张小生（1913—1936），下黄堆人，红一方面军战士，陕西保安战役失踪。

王云耀（1914—1938），下黄堆人，交城税务局局长，交城突围牺牲。

奕荣生（1915—1939），下黄堆人，决死二纵队战士，赵城杨家村作战牺牲。

樊银生（ ？—1939），下黄堆人，决死二纵队战士，赵城突围战斗牺牲。

王龙胜（1915—1946），下黄堆人，民兵队长，老虎山被敌杀害。

赵 雄（1930—1948），下黄堆人，7旅20团战士，太原战役牺牲。

成五孩（1910—1936），上黄堆人，红一方面军战士。陕西战斗失踪。

王四娃（1917—1936），上黄堆人，红军73师8团战士，甘肃作战失踪。

王相武（1912—1939），上黄堆人，决死队警卫连文书，"晋西事变"失踪。

王四祥（1923—1942），上黄堆人，四区游击队员，西庄执行任务失踪。

王金玉（1928—1952），上黄堆人，100团通信员，朝鲜作战牺牲。

韩 生（1915—1936），老虎沟人，红一方面军战士，甘肃作战失踪。

康增荣（1919—1937），沟二里人，115师688团医院护士，孝义作战失踪。

水福喜（1906—1937），沟二里人，115 师 343 旅排长。平型关作战失踪。

马桂林（1901—1938），沟二里人，决死二纵队战士。作战失踪。

水震川（1912—1941），沟二里人， 115 师 684 团指导员，江苏横沟战斗牺牲。

关万年（ ？—1938），茹泊人，决死二纵队五团战士，碾则塄追捕汉奸牺牲。

李喜贵（1907—1946），茹泊人，独四旅 14 团排长，西北第一战役牺牲。

关思悟（1927—1948），茹泊人，183 师 548 团战士，太原战役牺牲。

关树声（ ？—1939），茹泊人，决死二纵队 4 团指导员，在秋泉作战牺牲。

关思玉（1926—1948），茹泊人，39 旅 116 团战士，太原战役牺牲。

关双栓（1920—1948），茹泊人，183 师 548 团战士，太原战役牺牲。

李逢春（1922—1950），茹泊人，0069 部队排长，贵州晋安县剿匪牺牲。

宋达川（1918—1941），野场人，县游击队中队长。被害于西庄监狱。

宋有忠（1929—1946），野场人，隰县游击大队排长，汾西作战牺牲。

宋清川（ ？—1946），野场人，后寨沟行政村村长，被害于县城。

张际昌（1920—1941），岩村人，汾阳游击大队干事，汾阳作战牺牲。

张长锁（1923—1948），岩村人，四区侦察组长，马家沟战斗牺牲。

刘兴旺（1912—1946），白江人，灵西区武委会主任，王禹被敌捕杀。

王银贵（1928—1947），马江人，县游击大队战士，宿龙被捕杀害。

高启明（1924—1949），上东掌人，17 军战士，解放贵州巴结县牺牲。

宋相贵（1929—1949），上东掌人，原县大队战士，解放贵州牺牲。

陈占有（1929—1949），上东掌人，14 师 30 团战士，江西作战失踪。

康学良（1911—1939），殿头人，决死二纵队战士，孝义被日军捕杀。

张明辉（1914—1939），西沟人，决死二纵队战士，旌介村被敌杀害。

毛红志（1926—1948），光原上人，19 师战士，太原战役牺牲。

张子成（1926—1949），暖会人，7 旅 20 团侦察排长，太原战役牺牲。

任发祥（1924—1952），圪塔人，12 军 104 团排长，朝鲜作战牺牲。

庞三杏（1912—1949），牛家峪人，原 115 师战士，解放战争中失踪。

王福双（1917—1941），王家沟人，决死二纵队五团战士，中阳作战牺牲。

杨万祥（1899—1938），马家沟人，决死二纵队战士，在南洼山作战牺牲。

夏　门　镇

梁台琪（1922—1938），夏门人，115师陈支队战士，转战山东失踪。

郭福元（1919—1944），夏门人，基干连战士，被日军杀害于县城。

范贵虎（1926—1949），夏门人，解放军战士，南下作战失踪。

宋如海（1933—1953），夏门人，609团班长，朝鲜东线反击战牺牲。

霍成旺（1920—1940），梁家圪塔人，陈支队战士，青岛作战牺牲。

裴永福（1906—1947），梁家圪塔人，洪赵支队战士，汾孝战役牺牲。

李长富（1918—1940），燕家庄人，陈支队1团战士，作战失踪。

陈发友（1911—1940），燕家庄人，陈支队1团战士，山东费县战斗牺牲。

燕百有（1911—1940），燕家庄人，陈支队1团战士，作战失踪。

李长贵（1922—1940），燕家庄人，陈支队1团战士，作战失踪。

李长有（　？—1940），燕家庄人，决死队炊事员，在交城作战牺牲。

李斌礼（1922—1940），燕家庄人，陈支队1团战士，作战失踪。

李凤祥（1915—1940），燕家庄人，陈支队1团战士，作战失踪。

燕四有（1918—1940），燕家庄人，陈支队1团战士，作战失踪。

梁来管（1914—1942），燕家庄人，115师4团班长，作战失踪。

王锡珍（1909—1940），社底洼人，115师教2旅4团战士，山东作战牺牲。

李长计（1929—1947），社底洼人，吕梁军区13团战士，汾阳战斗牺牲。

王福生（1921—1937），文殊原人，决死队4团班长，隰县战斗牺牲。

续　留（1913—1939），文殊原人，115师战士，转战山东失踪。

王　谋（1906—1939），文殊原人，115师战士，作战失踪。

任定生（1914—1939），文殊原人，115师战士，作战失踪。

赵秋福（1921—1940），文殊原人，115师4团战士，转战山东失踪。

张书文（1916—1941），文殊原人，冀南军区战士，长辛店战役牺牲。

郭树华（1923—1938），堡上人，115师685团军医，作战失踪。

郭林阁（　？—1939），堡上人，115师战士。作战失踪。

张铁牛（1921—1939），北庄人，115师教2旅副班长，山东战斗牺牲。

张喜诚（1906—1946），北庄人，五区分队战士，栾子头战斗牺牲。

张三成（　？—1946），北庄人，太岳区新7团司号员，尹方战斗牺牲。

张全福（1924—1948），北庄人，华北1团副指导员，陕西澄城县战斗牺牲。

王鹏飞（1925—1948），北庄人，太岳军区政治部卫生员，太原战役牺牲。

陈　义（1920—1940），陈家岭人，陈支队1团战士，河北邯郸战役牺牲。

李二定（1921—1940），陈家岭人，决死二纵队战士，"晋西事变"牺牲。

程宝雄（1921—1938），西河底人，游击通信排战士，交城燕家庄战斗牺牲。

许朱儿（1915—1940），西河底人，决死二纵队战士，作战失踪。

张根喜（1915—1937），野猪泊人，115师陈支队战士，转战山东失踪。

尤尚秋（1904—1944），火山人，洪赵支队连长，汾西牛家庄战斗牺牲。

张根吉（1920—1938），李西洼人，115师4团战士，转战山东失踪。

李清海（1912—1948），李西洼人，洪赵支队副连长，汾阳战斗牺牲。

祝小三（1910—1939），峪口人，决死二纵队战士，作战失踪。

杨宏士（1913—1940），峪口人，115师陈支队战士，作战失踪。

魏兰台（1922—1940），峪口人，115师陈支队战士，河北代城战斗失踪。

魏多智（1917—1941），峪口人，115师教2旅副班长，山东郯城战役牺牲。

霍启昌（1914—1938），柏坡底人，决死二纵队特务连排长，作战失踪。

王北瓜（1923—1939），柏坡底人，决死二纵队战士，罗汉战斗牺牲。

张　锁（1904—1940），柏坡底人，决死二纵队一大队侦察连长，作战失踪。

霍小明（1904—1947），柏坡底人，独4旅10团连长，陕西直川战斗牺牲。

王振江（1918—1938），寨立人，115师战士，转战山东失踪。

刘文生（1923—1938），寨立人，游击县大队战士，作战失踪。

王恩来（1917—1939），寨立人，决死二纵队战士，作战失踪。

张庆寿（1917—1939），寨立人，115师战士，作战失踪。

温福根（1917—1939），王家庄人，115师战士，过京汉路作战牺牲。

温占元（1913—1941），王家庄人，洪赵支队1团排长，西许战斗牺牲。

安三保（1927—1947），安家庄人，解放军战士，作战失踪。

薛三旺（1908—1940），瓦窑汕人，115师684团战士，山东作战牺牲。

薛来生（1924—1940），瓦窑汕人，115师特务连战士，山东作战牺牲。

谢福顺（1921—1948），王家岭人，解放军战士，太原战役牺牲。

尹泉源（1917—1938），尹家庄人，决死队16分队战士，转战河东失踪。

尹润丙（1894—1939），尹家庄人，决死二纵队5团战士，作战失踪。

尹林元（1914—1940），尹家庄人，游击组战士，上庄被敌杀害。

尹元昌（1910—1940），尹家庄人，115师陈支队战士，作战失踪。

尹忠义（1925—1953），尹家庄人，47师141团班长，朝鲜作战牺牲。

郜明喜（1911—1947），碾则墕人，13团战士，延安村战斗牺牲。

胡宝成（1923—1938），沟西人，115师战士，转战山东失踪。

任炳成（1905—1939）沟西人，决死二纵队五中队司号员，罗汉战斗牺牲。

郭计亮（1928—1940）沟西人，61 师 182 团战士，太原战役牺牲。

赵文选（1903—1939）庄立人，决死二纵队战士，罗汉战斗牺牲。

赵有锁（1923—1949）庄立人，60 军 180 师战士，关桥战斗牺牲。

弓长安（1901—1939）弓家庄人，决死二纵队战士，罗汉战斗牺牲。

关羽昌（1912—1942）关家庄人，县游击队排长，文殊原战斗牺牲。

高成英（1920—1952）关家庄人，200 师 598 团班长，朝鲜作战牺牲。

吕凤其（1912—1941）寨头人，115 师战士，山东作战牺牲。

蔺文明（1921—1941）寨头人，决死二纵队五团战士，汾阳战斗牺牲。

弓麦丰（1923—1947）寨头人，新 4 旅 14 团战士，汾孝战役失踪。

张文玉（1926—1948）长珍人，四纵 22 旅战士，张围子战斗牺牲。

梁吉胜（1917—1946）讪道洼人，24 旅 70 团战士，曲沃战斗牺牲。

段　纯　镇

华有福（1916—1936）伦户人，红军战士，回师陕北后失踪。

华鸿明（1910—1936）伦户人，红军战士，回师陕北后失踪。

陈闹成（1900—1936）伦户人，红军战士，陕北小桥坡战斗牺牲。

康志忠（1928—1950）伦户人，16 军 146 团战士，朝鲜作战失踪。

王清禄（1897—1936）田家洼人，红军 73 师战士，陕西战斗牺牲。

张金全（1922—1940）田家洼人，陈支队战士，河北邯郸战斗牺牲。

张德义（1903—1939）武家洼人，游击队四连指导员，被敌杀于光原上。

李孙计（1909—1939）王家洼人，决死二纵队副排长，罗汉战斗牺牲。

张叶青（1927—1946）王家洼人，介休一区政委，介休南坡战斗牺牲。

杨树山（1932—1950）王家洼人，二野侦察连战士，贵州兴义县剿匪牺牲。

曹贵禄（1921—1939）上庆和人，决死二纵队 5 团战士，罗汉战斗牺牲。

曹林成（1922—1939）上庆和人，决死二纵队 5 团战士，罗汉战斗牺牲。

张迎安（1924—1939）上庆和人，115 师独二旅警卫员，转战山东失踪。

曹林福（1917—1940）上庆和人，赤锋队六大队战士，张志被捕杀害。

曹兔全（1928—1948）上庆和人，独四旅 13 团班长，汾阳作战牺牲。

李顺德（1891—1938）下峪人，决死二纵队 5 团战士，汤村战斗牺牲。

傅石明（1916—1939）下峪人，决死二纵队 5 团战士，罗汉战斗牺牲。

白志云（1917—1939）下峪人，决死二纵队 5 团战士，离石战斗牺牲。

董三小（1919—1940），下峪人，决死二纵队战士，隰县冯家江作战牺牲。

马栋栋 (1917—1939)，兴旺原人，115 师 1 团班长，山东小边桥战斗牺牲。

冯李保 (1919—1944)，兴旺原人，陈支队 2 旅 1 团班长，山东临沂战斗牺牲。

李吉元 (1925—1950)，兴旺原人，62 军 557 团副排长，四川郫县剿匪牺牲。

田时雨 (1921—1940)，牛郎岭人，115 师教 2 旅战士，山东小边桥战斗牺牲。

李保珍 (1920—1942)，牛郎岭人，115 师 4 团战士，河北武安战斗牺牲。

牛根田 (1913—1943)，牛郎岭人，晋绥日报社采购员，汾阳被日军杀害。

田生金 (1914—1947)，牛郎岭人，武工队员，本村被敌捕杀。

逯麦成 (1896—1940)，逯家庄人，115 师陈支队战士，两渡作战牺牲。

房万应 (1920—1940)，逯家庄人，115 师陈支队战士，作战失踪。

康作相 (1918—1946)，罗铺人，洪赵支队班长，被敌杀害于县城。

董留柱 (1919—1948)，罗铺人，37 旅 12 团战士，解放西北牺牲。

田锁生 (1918—1940)，姚家坡人，115 师陈支队战士，过白晋路作战失踪。

刘二孩 (1928—1947)，姚家坡人，4 旅 13 团机炮连班长，运城战斗牺牲。

屈双荣 (1909—1946)，苗家庄人，独四旅 14 团战士，汾阳石格战斗牺牲。

李成功 (1923—1947)，苗家庄人，公安警卫排长，孝义作战被俘杀害。

王玉亮 (1923—1949)，苗家庄人，61 军 181 师 12 团战士。陕西战斗牺牲。

温子勤 (1914—1944)，南坪头人，晋绥八专署干部，交城被日军杀害

郝长林 (1916—1940)，牛家庄人，115 师陈支队战士，转战山东失踪。

牛根生 (1918—1941)，牛家庄人，八区区委书记，西原上被日军杀害。

牛二谋 (1928—1949)，牛家庄人，19 师 55 团战士，陕西武功县战斗牺牲。

牛贵信 (1928—1950)，牛家庄人，17 军 145 团战士，贵州铺定作战牺牲。

李虎只 (1924—1949)，温家庄人，解放军战士，太原战役牺牲于双塔寺。

杜二喜 (1932—1952)，云义人，志愿军战士，朝鲜作战牺牲。

刘福山 (1930—1949)，志家庄人，30771 部队战士，太原战役失踪。

张建红 (1916—1940)，后寨沟人，陈支队 1 团副连长，山东临沂作战牺牲。

董明庭 (1913—1940)，吴家沟人，115 师机炮连班长，河北大名府战役牺牲。

翟龙元 (1919—1940)，翟家山人，115 师 3 团战士，河北大名府战役牺牲。

翟金贵 (1914—1944)，翟家山人，太岳区新 7 团侦察员，南岭战斗牺牲。

翟廷珠 (1923—1946)，翟家山人，独四旅 13 团看护长，泉则坪突围牺牲。

杨有训 (1914—1945)，深井人，洪赵支队事务长，孝义作战被俘杀害。

武文奎 (1921—1947)，宿龙人，洪赵支队副官，孝义上荆封作战被俘杀害。

王玉祥 (1912—1947)，宿龙人，决死二纵队 5 团战士，汾阳作战牺牲。

王清瑞 (1918—1948)，宿龙人，10 旅 30 团战士，河北清源县战斗牺牲。

郭万双 (1912—1940)，郭家庄人，茹泊编村副村长，被日军杀害于西坡村。

张子汉 (1905—1943)，郭家庄人，自卫队军事教官，被敌杀害于沟峪滩。

张龙富 (1908—1947)，郭家庄人，中共地下党员，武家洼被敌乱棍打死。

刘耀华 (1914—1941)，段纯人，游击小组战士，被敌杀害于西庄村。

张茂生 (1923—1948)，堡则上人，4 旅 11 团副指导员，陕西作战牺牲。

云有茂 (1925—1953)，云家庄人，16 军 47 师副排长，朝鲜作战牺牲。

李永良 (1912—1939)，中庄人，决死二纵队 5 团班长，罗汉战斗牺牲。

徐兰芳 (1922—1940)，徐家庄人，115 师陈支队战士，河北邯郸战役牺牲。

交 口 乡

宋哲贤 (1918—1939)，交口人，决死二纵队 5 团班长，罗汉战斗牺牲。

景启明 (1920—1939)，交口人，决死二纵队 5 团战士，罗汉战斗牺牲。

王世元 (1907—1939)，交口人，决死二纵队 5 团战士，罗汉战斗牺牲。

宋增厚 (1923—1942)，交口人，115 师 4 团战士，山东大泉山战斗牺牲。

宋三保 (1923—1942)，交口人，115 师 4 团战士，山东大泉山战斗牺牲。

郭仪畴 (1919—1938)，南头人，115 师陈支队 2 团战士，转战山东失踪。

郭清元 (1919—1946)，南头人，游击队战士，楼珍作战牺牲。

闫保成 (1923—1950)，南头人，141 团战士，贵州普定县剿匪牺牲。

温述让 (1910—1939)，漫河人，115 师战士，转战山东失踪。

温述诏 (1923—1939)，漫河人，115 师战士，转战山东失踪。

赵麒书 (1923—1940)，漫河人，决死二纵队通信连战士。交城战斗牺牲。

温克本 (1913—1942)，温家沟人，115 师 4 团班长，山东战斗牺牲。

温耀辉 (？—1943)，温家沟人，洪赵支队战士，花圪塔作战牺牲。

温家贵 (1933—1947)，温家沟人，洪赵支队指导员，陕西宜川战斗牺牲。

沙启云 (1920—1939)，马家庄人，115 师陈支队战士，转战山东失踪。

梁朱儿 (1911—1943)，下庄人，115 师陈支队战士，山东尧庙湾战斗牺牲。

马有全 (1921—1940)，西岭人，115 师特务连战士，山东作战牺牲。

任明全 (1924—1937)，庆余人，115 师战士，隰县战斗牺牲。

任喜栓 (1921—1939)，庆余人，115 师战士，转战山东失踪。

任延年 (1913—1941)，庆余人，七区助理员，柳树原被日军烧死。

张纯正 (1919—1946)，庆余人，五区分队长，孝义宣化庙被捕杀害。

张志山 (1906—1947)，庆余人，庆余行政村长，安家岭被捕杀害。

任连有（1925—1948），庆余人，56 团战士，太原战役牺牲。
张春生（1914—1948），庆余人，庆余行政村长，侯木村被捕杀害。
任香儿（1936—1949），庆余人，17 军 146 团战士，贵州余庆县牺牲。
张尚雄（1930—1952），庆余人，军政大学通信员，执勤时失踪。
侯治沦（1919—1939），西庄人，陈支队特务连战士，山东郯城战役牺牲。
侯述元（1919—1939），西庄人，115 师战士，山东郯城战斗牺牲。
侯兴保（1921—1942），西庄人，洪赵支队副班长，沁源华坡战斗牺牲。
景三友（1921—1946），安家岭人，县大队排长，李家坡作战牺牲。
景文光（1902—1946），安家岭人，金庄行政村长，金庄被捕杀害。
郑明武（1917—1939），程家庄人，决死二纵队排长，王家岭作战牺牲。
郑效禹（1914—1939），程家庄人，决死二纵队战士，梁家墕战斗牺牲。
程二留（1915—1941），程家庄人，115 师战士，河北永平战斗牺牲。
程富有（1921—1950），程家庄人，60 军战士，朝鲜作战失踪。
韩来旺（1920—1939），龙池人，115 师战士，作战失踪。
靳体有（1890—1936），圪塔人，红 15 军团战士，甘肃七星桥战斗牺牲。
靳春辉（1905—1944），圪塔人，灵东区委书记，南庙被敌杀害。
靳双年（1928—1947），圪塔人，四区分队通信员，海泉洼作战牺牲。
冯成栋（ ？—1938），南沟人，115 师战士，转战山东失踪。
李德荣（1921—1940），朱家岭人，公安队战士，河东作战牺牲。
李银元（1903—1948），朱家岭人，支前民工，太原战役牺牲。
韩炳生（1921—1939），金庄人，决死二纵队 5 团事务长，罗汉战斗牺牲。
张根生（1920—1939），金庄人，决死二纵队战士，陕西抚城战斗牺牲。
靳三娃（1919—1948），金庄人，115 师 3 团排长，淮海战役牺牲。
韩茂华（1922—1946），东逻人，民兵队长，本村埋雷牺牲。
张成光（1918—1942），小王庄人，115 师 4 团战士，山东战斗牺牲。
杜长生（1919—1946），小王庄人，小王庄党支部书记，本村被捕杀害。
赵春耀（1923—1947），小王庄人，民兵游击大队长，海泉洼作战牺牲。
张虎元（1924—1950），小王庄人，141 团战士，贵州普定县剿匪牺牲。
张庆云（1925—1951），小王庄人，141 团战士，广西四亭县剿匪牺牲。
张焕奎（1921—1975），小王庄人，国防科委处处长，昆明出差车祸牺牲。
韩清福（1914—1937），木瓜曲人，115 师陈支队战士，转战山东失踪。
温载田（1919—1943），木瓜曲人，洪赵支队排长，沁源侯家洼作战牺牲。
温芝能（1921—1943），木瓜曲人，洪赵支队副班长，碁河反扫荡牺牲。

杜原林（1910—1947），木瓜曲人，吕梁军区民运科长，离石下安战斗牺牲。

英 武 乡

牛常有（1908—1938），张家山人，决死队二大队连长，雷家庄被敌暗杀。

温志惠（1926—1939），张家山人，决死队卫生队战士，转战河东失踪。

刘 义（1918—1938），平泉人，115 师战士，转战山东失踪。

王福旺（1923—1940），平泉人，政卫队文书，陕西延安战斗牺牲。

阎长瑞（1913—1941），平泉人，115 师战士，山东作战牺牲。

王万科（1916—1941），平泉人，115 师战士，山东作战牺牲。

王维礼（1908—1941），平泉人，县税务局干部，被日军投入汾河杀害。

李长科（1911—1942），平泉人，洪赵支队排长，因公病逝于沁源。

刘乃礼（1919—1942），平泉人，洪赵支队文化教员，霍县柏林洼战斗牺牲。

房 荣（1897—1942），平泉人，太岳军区地下工作人员，静升被日军捕杀。

王明岐（1914—1942），平泉人，县交通局局长，鱼儿泉被日军捕杀。

刘计仁（1925—1942），平泉人，115 师 684 团文书，牛王庙被日军杀害。

王兴保（1919—1944），平泉人，县大队战士，皂角塌被敌杀害。

刘乃信（1921—1943），平泉人，灵孝独立营排长，被日军捕杀于县城。

王春年（1928—1948），平泉人，2 旅 4 团战士，陕西韩城作战牺牲。

雷三儿（1920—1939），侯木人，决死二纵队一大队战士。罗汉战斗牺牲。

陈 留（1924—1940），侯木人，决死二纵队司令部战士，冀鲁边区作战牺牲。

赵有贵（1923—1949），侯木人，60 军 180 师 540 团战士，作战失踪。

古百祥（1925—1940），要桥人，115 师战士，凤凰山战斗牺牲。

任树黄（1908—1941），要桥人，115 师 685 团战士，南洼山战斗牺牲。

耿雨信（1903—1946），要桥人，敌工部地下工作人员，两渡被捕杀害。

南玉儿（1917—1940），彭家原人，决死 2 纵队司令部战士，交城战斗牺牲。

南文亮（1926—1941），彭家原人，115 师陈支队战士，山东战斗牺牲。

景文秀（1913—1948），彭家原人，22 旅 64 团战士，汾西槐树庄战斗牺牲。

陈国祯（1922—1940），雷家庄人，115 师 684 团战士，山东道口战斗牺牲。

陈国才（1918—1941），雷家庄人，115 师战士，河北邯郸作战牺牲。

陈麦全（1925—1942），雷家庄人，115 师 684 团战士，山东道口战斗牺牲。

陈国堂（1928—1948），雷家庄人，新 7 旅 20 团战士，太原战役牺牲。

雷有根（1930—1950），雷家庄人，62 军 551 团筹粮员，四川剿匪牺牲。

古福柱 (1917—1939)，业乐人，115 师 4 团战士，山东莱州战斗牺牲。

许守浩 (1918—1940)，辛庄人，洪赵支队班长，石台战斗牺牲。

许长珠 (1931—1951)，辛庄人，66 军 594 团管理员，朝鲜北汉口战斗牺牲。

张　钧 (1920—1942)，英武人，115 师陈支队战士，河东作战牺牲。

阎茂元 (1922—1949)，英武人，17 军 162 团战士，湖南武江县战斗牺牲。

赵兵泰 (1923—1942)，赵家庄人，115 师陈支队战士，潞城战斗牺牲。

温书生 (1923—1942)，赵家庄人，115 师陈支队战士，晋东南渡河牺牲。

温国计 (1916—1943)，赵家庄人，115 师陈支队排长，山东海头战斗牺牲。

温长胜 (1924—1951)，赵家庄人，202 师 604 团炮兵，朝鲜作战牺牲。

阎根贵 (1921—1944)，原头人，115 师独立支队战士，兴县战斗牺牲。

阎凤岐 (1923—1946)，原头人，6 纵 17 旅副连长，河南鄢陵战斗牺牲。

阎铁贵 (1929—1952)，原头人，113 团副班长，朝鲜作战牺牲。

任万牛 (1919—1940)，段家庄人，115 师陈支队战士，山东雷州战斗牺牲。

王庙光 (1919—1940)，郭家庄人，115 师 684 团炮兵，交城战斗牺牲。

王启玉 (1920—1943)，郭家庄人，115 师陈支队战士，山东郯城战役牺牲。

王德明 (1925—1949)，郭家庄人，17 军 50 师 152 团战士，作战失踪。

景三清 (1923—1941)，范家庄人，115 师 9 团排长，河北梨城战斗牺牲。

王三留 (1922—1941)，范家庄人，115 师战士，山东作战牺牲。

温九柱 (1920—1941)，槐旺人，115 师教 2 旅战士，山东坛县战斗牺牲。

马兴旺 (1908—1945)，岑泊人，介休西山交通员，追捕汉奸牺牲。

孙二成 (1916—1941)，尹家沟人，115 师陈支队战士，转战河东失踪。

马三谋 (1903—1944)，旺岭人，洪赵支队指导员，浮山徐安战斗牺牲。

许虎年 (1926—1953)，小和平人，199 师 597 团班长，朝鲜作战失踪。

赵瑞祥 (1922—1948)，城则墕人，吕梁九分区 11 团战士，圪塔战斗牺牲。

赵启家 (1924—1946)，城则墕人，武工队战士，庆余村作战牺牲。

城　关　镇

李全忠 (1909—1939)，城关人，决死二纵队战士，临县曹家山作战牺牲。

李拉全 (1909—1946)，城关人，15 旅警 4 团宣传员，湖北随县突围牺牲。

赵福元 (1915—1948)，城关人，13 旅 38 团医院文书，临汾战役失踪。

赵海旺 (1932—1948)，城关人，18 兵团教导团战士，作战失踪。

王根则 (1919—1948)，城关人，15 纵队机枪连战士，太原战役牺牲。

王二留（1917—1948），城关人，县基干连副排长，太原战役牺牲。

李品山（1930—1950），城关人，184师550团指导员，西康战斗牺牲。

王能玉（1927—1952），城关人，50师148团班长，朝鲜作战失踪。

魏福家（1919—1953），城关人，17军184团战士，作战失踪。

杨成福（1927—1968），城关人，45596部队卫生员。河北磁县因公牺牲。

史灵生（1952—1980），城关人，公安队员。王家岭追捕案犯牺牲。

梁百光（1918—1939），河洲人，115师陈支队战士，山东费县战役牺牲。

郭恩宏（1916—1939），河洲人，115师陈支队战士，山东费县战役牺牲。

郭元祥（1912—1939），河洲人，115师陈支队战士，山东费县战役牺牲。

张长锁（1918—1939），河洲人，115师陈支队战士，山东费县战役牺牲。

郝三留（1921—1945），河洲人，115师陈支队战士，吉林四平战役牺牲。

李廷贵（1903—1938），下庄人，决死二纵队连长，静升南原作战牺牲。

张　锁（1913—1940），下庄人，决死二纵队侦察连长，交城作战牺牲。

李润林（1924—1942），下庄人，灵西游击队战士，晋东南作战失踪。

王昌云（1928—1946），下庄人，县游击大队战士，霍县作战牺牲。

张长青（1930—1949），下庄人，1军3师8团通信员，太原战役牺牲。

郭二谋（1911—1939），周宿人，115师陈支队班长，山东临济县战斗牺牲。

薛长生（1926—1950），周宿人，60军180师538团战士，朝鲜作战牺牲。

武清权（1918—1941），姚家山人，115师684团战士，武乡县作战牺牲。

武发太（1920—1941），姚家山人，115师684团战士，武乡县作战牺牲。

边福林（1918—1949），水头人，46师126团副连长，江西作战牺牲。

李长福（1916—1939），玉成人，决死队教导团班长，罗汉战斗牺牲。

吴云祥（1919—1940），玉成人，决死队随学校教导员，隰县作战牺牲。

陶计孩（1918—1945），玉成人，13旅38团战士，安泽县战斗牺牲。

梁　军（1928—1948），玉成人，22旅64团战士，帅家山作战牺牲。

李长有（1905—1947），玉成人，12团战士，本县圪针原作战牺牲。

张永玉（1910—1947），玉成人，二区情报员，被捕杀害于静升。

张金孩（1928—1950），玉成人，51师战士，贵州剿匪牺牲。

闫炳成（1918—1938），延安人，决死二纵队战士，兴旺原作战牺牲。

闫秋来（1928—1946），延安人，民兵，北王中作战牺牲。

高永珍（1927—1947），延安人，11旅战士，运城战役牺牲。

白辛章（　? —1948），延安人，24旅72团侦察员。太原战役牺牲。

段恩有（1931—1948），延安人，24旅72团侦察员，太原战役牺牲。

闫爱珠 (1931—1948)，女，延安人，侦察组长，侦察敌情被捕杀害。

段昶耀 (1925—1968)，延安人，第四军医大学干部，因公积劳成疾病逝。

赵全福 (1912—1939)，胡家岭人，决死二纵队文书，罗汉战斗牺牲。

田　香 (1905—1947)，胡家岭人，支前民工，抬送伤员踏雷牺牲。

张保祥 (1927—1947)，胡家岭人，村武委会干部，解放县城牺牲。

郭永福 (1923—1951)，胡家岭人，188 师 563 团副连长，朝鲜作战牺牲。

赵步云 (1925—1947)，孟家岭人，支前民工，抬送伤员踏雷牺牲。

杨再严 (1920—1943)，沙峪人，县游击大队司号员，任家山作战牺牲。

李双锁 (1912—1947)，北王中人，城工部情报员，被敌杀害于水峪。

张可秀 (1915—1947)，田家庄人，县基干连战士，碾瑀村作战牺牲。

曹岳银 (1931—1951)，燕家园人，194 师 582 团警卫连文书，朝鲜作战牺牲。

张子英 (1932—1959)，张家峪人，134 师 388 团机炮连长，西藏平叛牺牲。

南　关　镇

耿志义 (1920—1940)，南关人，决死二纵队五团班长，离石午城战斗牺牲。

王钦明 (1922—1940)，南关人，115 师 2 团司号员，山东寿县作战失踪。

牛乃信 (1918—1942)，南关人，决死二纵队 6 团宣传员，在交城被日军杀害。

牛乃成 (1918—1942)，南关人，决死二纵队 6 团宣传员，交城战斗牺牲。

牛宗孝 (1918—1943)，南关人，霍县大队战士，王禹作战牺牲。

王保元 (1922—1944)，南关人，洪赵支队 1 团战士，牛王庙作战牺牲。

温永廷 (1922—1946)，南关人，基干八连排长，尹方战斗牺牲。

牛乃斌 (1926—1947)，南关人，163 团战士，河南卢氏县作战牺牲。

胡凤枝 (1925—1949)，南关人，34 团军医，太原战役牺牲。

梁有庆 (1921—1939)，道美人，决死二纵队五 5 团排长，罗汉战斗牺牲。

郑兴立 (1920—1939)，道美人，决死二纵队 11 团战士，灵东作战失踪。

郭有保 (1922—1940)，道美人，洪赵支队警卫员，作战失踪。

郭守信 (1925—1946)，道美人，太岳区新 7 团班长，尹方战斗牺牲。

耿方生 (1925—1946)，道美人，三区分队战士，全家庄被敌杀害。

郭来生 (1923—1948)，道美人，56 团通信员，太原战役牺牲。

韩万福 (1931—1950)，道美人，7 军 19 师战士，朝鲜作战牺牲。

郭天元 (1929—1952)，道美人，青海都兰县公安局副科长，青海剿匪牺牲。

张正海 (1922—1939)，石柜人，公安队班长，赵家沟被敌杀害。

陈永义（1919—1939），石柜人，决死二纵队 5 团战士，罗汉战斗牺牲。

郭小留（1919—1939），石柜人，决死二纵队 5 团战士，罗汉战斗牺牲。

耿兆成（1923—1939），石柜人，决死二纵队 5 团战士，罗汉战斗牺牲。

郭德喜（1926—1943），石柜人，洪赵支队班长，过白晋路牺牲。

郭凤山（1919—1945），石柜人，决死队老 5 团战士，被敌杀害于县城。

郭忠旺（1921—1946），石柜人，基干连排长，李家山战斗牺牲。

王天管（1925—1946），石柜人，三区分队班长，刘家掌被捕杀害。

樊清计（1925—1946），石柜人，三区分队战士，双池作战牺牲。

王明海（1922—1946），石柜人，洪赵支队战士，被敌杀害于霍县。

田源沁（1927—1947），石柜人，独四旅 14 团班长，汾阳作战牺牲。

王吉义（1919—1947），石柜人，邮电局交通班班长，隰县高庙山被敌杀害。

张永贵（1919—1947），石柜人，民兵，本村作战牺牲。

张来喜（1931—1947），石柜人，民兵，本村试雷牺牲。

安贵柱（1920—1948），石柜人，吕梁九分区侦察排长。富家滩战斗牺牲。

陈继舜（1925—1948），石柜人，太岳军区 55 团排长。汾阳战斗牺牲。

李计有（1921—1937），王家岭人，决死队连长，忻县作战失踪。

王光裕（1920—1937），王家岭人，决死二纵队 5 团班长，大宁作战失踪。

王生有（1919—1940），王家岭人，115 师 2 团战士，蒲县作战失踪。

王殿佑（1919—1941），王家岭人，115 师供给处处长，两渡作战牺牲。

牛同斗（1914—1942），王家岭人，洪赵支队战士，鱼儿泉作战牺牲。

王福善（1927—1951），王家岭人，18 兵团 58 军战士，朝鲜作战失踪。

赵玉俊（1922—1937），董家岭人，决死二纵队排长，"晋西事变"失踪。

赵明礼（1916—1938），董家岭人，决死二纵队警卫员，霍县战斗牺牲。

赵明义（1919—1939），董家岭人，决死二纵队班长，罗汉战斗牺牲。

赵辛酉（1921—1939），董家岭人，决死二纵队工作员，方山作战失踪。

赵正锦（1921—1940），董家岭人，决死二纵队指导员，平遥任庄战斗牺牲。

张国璠（1921—1938），沙腰人，晋绥八分区侦察参谋长，汾阳战斗牺牲。

毛玉文（1924—1948），毛家岭人，四纵 11 旅 31 团战士，淮海战役牺牲。

刘万荣（1925—1948），毛家岭人，独 10 旅 38 团班长，陕西洛川战斗牺牲。

杨金贵（1932—1948），南沟人，19 师 56 团战士，太原战役牺牲。

王　明（1931—1948），南岭人，56 团战士，王禹作战牺牲。

王玉来（1930—1952），栾卜崖底人，609 团班长，朝鲜作战牺牲。

马 和 乡

蔺成福 (1925—1941)，马和人，县政府炊事员，水峪东岭负伤牺牲。

翟百林 (1908—1943)，马和人，行政村村警，被日军捕杀于河东。

李有禄 (1918—1944)，马和人，金庄村党支部书记，马和村被日军杀害。

梁克景 (1915—1947)，马和人，村农会主席，被敌捕杀于上村。

刘来牛 (1922—1947)，马和人，村武委会主任，被敌捕杀于上村。

张喜文 (1929—1947)，马和人，民兵，静升作战牺牲。

刘瑞宏 (1925—1947)，马和人，民兵，马和作战牺牲。

张义贵 (？—1948)，马和人，民兵，马和耀西原作战牺牲。

李有兆 (1924—1949)，马和人，149 团副班长，江西作战失踪。

左铁柱 (1926—1950)，马和人，17 军 51 师 152 团班长，贵州江县作战牺牲。

闫守福 (1922—1952)，马和人，整编 20 团班长，朝鲜作战牺牲。

李世清 (1905—1939)，军寨人，晋绥军区六分区视察员，河西作战牺牲。

王增明 (1916—1945)，军寨人，太岳区新 7 团副排长，河南作战牺牲。

杨相清 (1925—1946)，军寨人，太岳区新 7 团战士，尹方作战牺牲。

杨发元 (1916—1939)，尽林头人，决死二纵队 5 团战士，汾西作战牺牲。

张绍林 (1924—1948)，尽林头人，24 旅战士，在河南嵩县战斗牺牲。

李德胜 (1918—1939)，葫芦头人，决死二纵队 5 团战士，"晋西事变"失踪。

吴高光 (1925—1943)，葫芦头人，基干民兵，在张嵩被日军杀害。

牛玉喜 (1919—1946)，葫芦头人，梧北行政村财粮，被敌杀害于城内。

牛兴元 (1918—1947)，葫芦头人，民兵，葫芦头作战牺牲。

余成亮 (1922—1948)，葫芦头人，县基干连战士，东许作战牺牲。

冯春云 (1925—1948)，葫芦头人，22 旅 64 团战士，作战失踪。

吴全庆 (1900—1939)，杨家原人，决死二纵队 5 团炊事员，中阳作战牺牲。

郑兴保 (1921—1946)，杨家原人，民兵班长，马和原作战牺牲。

胡应富 (1905—1939)，柏沟人，民兵，东山带路牺牲。

温有喜 (1913—1946)，柏沟人，民兵队长，柏沟被敌杀害。

温玉敏 (1911—1946)，柏沟人，民兵，斩村作战牺牲。

戎明有 (1922—1940)，张嵩人，决死二纵队战士，作战失踪。

王介根 (1914—1947)，张嵩人，22 旅 64 团战士，作战失踪。

李福成 (1917—1946)，张嵩人，村武委会主任，张嵩突围牺牲。

张铁柱 (1923—1948)，张嵩人，42 师排长，河南郑州战斗牺牲。

房善德（1929—1950），张嵩人，150 团战士，贵州黔西县作战牺牲。

郭成旺（1928—1952），张嵩人，15 军 135 团战士，朝鲜上甘岭战役牺牲。

韩发云（1917—1941），腰庄人，13 旅 38 团战士，作战失踪。

刘科堂（1923—1941），腰庄人，决死二纵队 5 团战士。交城作战牺牲。

程洪瑞（1916—1949），腰庄人，解放军某部战士，南下作战牺牲。

李绍真（1911—1940），许家坡底人，决死二纵队事务长。瓦窑墕作战牺牲。

吴守云（1925—1946），许家坡底人，22 旅战士，繁峙县作战牺牲。

张计祥（1926—1949），许家坡底人，24 旅 72 团排长，四川剿匪牺牲。

吴铁保（1930—1953），许家坡底人，西藏军区后勤部战士，四川因公牺牲。

王志国（1913—1946），东梧桐人，梧北行政村村长，苗旺村被敌杀害。

吉长禄（1908—1946），东梧桐人，民兵，本村作战牺牲。

田德雨（1904—1947），东梧桐人，村农会主席，被敌杀害于城内。

张石柱（1924—1946），西梧桐人，县大队司号员，水峪突围牺牲。

李大家（1924—1947），西梧桐人，民兵，陈家山被敌杀害。

张三小（1916—1947），曲陌人，三区武工队战士，马和耀西原作战牺牲。

任根瑞（1928—1952），曲陌人，133 团战士，朝鲜上甘岭战役牺牲。

牛百保（1927—1948），下寨人，三区区分队队长，河西突围牺牲。

水 峪 乡

段连棠（1913—1942），南王中人，决死二纵队 4 团班长，交城战斗牺牲。

曹成永（1906—1946），南王中人，区分队侦察员，化装侦察误伤牺牲。

王德科（1898—1946），南王中人，城工部情报员，本村被敌捕杀。

曹高光（1926—1947），南王中人，13 旅 38 团战士，南下作战失踪。

张玉福（1923—1945），水峪人，太岳区医院卫生员，上庄村被敌捕杀。

燕玉光（1925—1947），水峪人，城工部情报员，本村被敌乱棍打死。

张裕福（1919—1944），后水峪人，民兵，前岭作战负伤牺牲。

高占彪（ ？—1944），蒜峪人，行政村村长，被敌杀害于延安村。

陈沦（1921—1946），蒜峪人，23 旅 69 团战士，子洪口战役牺牲。

陈正红（1927—1946），蒜峪人，民兵，本村作战牺牲。

吴启宗（1916—1948），蒜峪人，民兵队长，解放县城牺牲。

王瑚（1922—1939），良子墕人，决死二纵排长，罗汉战斗牺牲。

赵承普（1916—1941），良子墕人，晋绥八分区六团战士，交城战斗牺牲。

王连艺（　？—1943），良子墕人，工商局副主任，东许反扫荡牺牲。

王连祯（　？—1946），良子墕人，县大队司号员，南王中作战牺牲。

王志明（1922—1947），良子墕人，区武委会主任，牛王庙战斗牺牲。

王海如（1923—1979），良子墕人，14 军政治部保卫处长，病逝追认。

任毓秀（1923—1944），碾墕人，县大队排长，燕家岭战斗牺牲。

任七儿（1923—1948），碾墕人，24 旅 7 团战士，阳城战斗失踪。

燕保新（1924—1949），曹家原人，基干连战士，云南作战失踪。

闫万林（1924—1950），曹家原人，广东税警团副排长，广州作战失踪。

燕谋喜（1926—1951），曹家原人，区农协工作队长，云南广南县剿匪牺牲。

刘廷柱（1919—1947），观音堂人，行政村财粮，被敌捕杀。

李来有（1927—1947），霍口人，2 区分队战士，被敌杀害于太原。

李有福（1928—1947），霍口人，13 旅 9 团副排长，霍县赵壁战斗牺牲。

郝丑儿（1916—1948），霍口人，22 旅 64 团班长，河南伏牛山战斗牺牲。

温家祥（1912—1940），皂角墕人，决死队班长，霍口战斗牺牲。

温永廷（1922—1946），皂角墕人，县大队基干连排长，尹方战斗牺牲。

崔福林（1931—1948），皂角墕人，15 纵队工兵连战士，太原战役牺牲。

张海明（1919—1942），靳家岭人，晋绥六支队副排长，交城战斗牺牲。

李　明（1919—1951），靳家岭人，62 军炮兵团副连长，朝鲜作战失踪。

程文亮（1927—1946），山灵聚人，行政村财粮，静升被敌杀害。

程保全（1925—1946），山灵聚人，民兵队长，田家庄被敌杀害。

燕俊文（1915—1948），燕家岭人，11 旅 32 团战士，赵城战斗牺牲。

张昌瑞（1899—1947），冯家坛人，民兵，本村被敌捕杀。

温四小（1917—1949），郑家山人，14 军 42 师 4 团班长，江西战斗牺牲。

温银孩（1923—1946），东岭人，太岳区新 7 团战士，尹方战斗牺牲。

何双林（　？—1948），上庄人，民兵，西许战斗牺牲。

何够家（1930—1948），上庄人，民兵，造雷爆炸牺牲。

何能富（1927—1952），上庄人，133 团战士，朝鲜上甘岭战役牺牲。

薛金海（1916—1947），横河人，民兵指导员，碾墕被敌杀害。

陈正芳（1929—1947），欢坡人，支前民工，沁源牺牲。

王光明（1925—1948），尊爵岭人，太岳军区副排长，西山头战斗牺牲。

赵金保（1928—1948），小庄人，50 师 150 团特务连战士，江西作战失踪。

薛五九（1914—1948），小庄人，县大队班长，草桥战斗牺牲。

李昌茂（1923—1948），王家沟底人，基干连战士，南下作战失踪。

王来广（1929—1950），王家沟底人，152 团班长，贵州都匀县剿匪牺牲。

张耀辉（1926—1944），后岭村人，民兵队长，赵家山作战牺牲。

仁 义 乡

赵天管（1915—1939），仁义人，决死队 12 团战士，霍口战斗牺牲。

周云喜（1927—1940），仁义人，115 师陇海部战士，山东作战失踪。

段玉科（1926—1944），仁义人，县大队基干连战士，许家店作战牺牲。

赵全生（1919—1944），仁义人，城工部工作员，城内被日军杀害。

郭银贵（1918—1944），仁义人，城工部工作员，城内被日军杀害。

赵仁海（1930—1946），仁义人，22 旅 64 团战士，祁县子洪口作战牺牲。

郝培茂（1926—1947），仁义人，22 旅 64 团战士，作战失踪。

苗秋来（1932—1949），仁义人，17 军司令部战士，江西南昌战役失踪。

吴连其（1917—1939），逍遥人，决死队 12 团战士，霍口战斗牺牲。

赵清林（1923—1939），逍遥人，决死队 12 团战士，霍口战斗牺牲。

赵连第（1919—1939），逍遥人，决死队 11 团战士，韩家洼突围牺牲。

赵四友（1913—1940），逍遥人，115 师 2 团排长，方山县作战牺牲。

张文林（1908—1945），逍遥人，民兵，县城被敌杀害。

张万喜（1912—1946），逍遥人，民兵分队长，掩护群众牺牲。

吴孔福（1923—1947），逍遥人，民兵，掩护群众牺牲。

吴昌治（1919—1949），逍遥人，14 军 42 师 125 团副连长，江西战斗牺牲。

武清耀（1913—1939），道阡人，决死队五团战士，罗汉战斗牺牲。

裴昌光（1922—1944），道阡人，民兵队长，道阡作战牺牲。

武九耀（1924—1946），道阡人，22 旅 64 团战士，霍县师家洼战斗牺牲。

武昌茂（1921—1946），道阡人，24 旅战士，解放永和牺牲。

史兰贵（1913—1939），赵家墕人，决死二纵队五团战士，罗汉战斗牺牲。

史龙科（1914—1939），赵家墕人，决死队 11 团战士，韩家洼突围牺牲

史根有（1916—1941），赵家墕人，一区分队战士，高壁镇作战牺牲。

史春成（1924—1946），赵家墕人，仁义区武委会副主任，本村起雷牺牲。

霍毓珍（1916—1948），赵家墕人，民兵中队长，本村作战牺牲。

田树勋（1927—1951），赵家墕人，63 军 567 团战士，朝鲜临津江战役牺牲。

赵正礼（1920—1945），伏家墕人，13 旅 38 团战士，作战失踪。

赵三虎（1926—1948），伏家墕人，13 旅 38 团战士，淮海战役牺牲。

孔宪谋 (1923—1946)，王家沟人，民兵，富家滩破铁路牺牲。

李计珍 (1903—1946)，王家沟人，民兵，富家滩破铁路牺牲。

郝长旺 (1926—1947)，郝家铺人，22 旅 64 团班长，解放县城牺牲。

郝增福 (1912—1947)，郝家铺人，民兵，枣条战斗牺牲。

赵锡洪 (？—1949)，郝家铺人，17 军 150 团副指导员，贵州剿匪牺牲。

赵银瑞 (1927—1944)，沟西人，民兵，掩护开会干部牺牲。

韩家管 (1929—1944)，沟西人，13 旅 38 团战士，庄家岭作战牺牲。

赵志有 (1925—1945)，沟西人，4 旅 13 团副连长，仁义作战牺牲。

赵龙义 (1929—1947)，沟西人，22 旅 64 团战士，河南新乡战斗牺牲。

段根柱 (1924—1941)，武家庄人，三区分队战士，东许作战被日军杀害。

李连弟 (1929—1947)，李家庄人，24 旅 69 团战士，解放安邑牺牲。

段二小 (1918—1941)，安姓庄人，洪赵支队战士，浮山县作战牺牲。

程银虎 (1923—1942)，沟东梁人，13 旅 38 团战士，安泽战斗失踪。

郭文喜 (1922—1944)，柏圪塔人，120 师独立旅班长，交城战斗牺牲。

李金华 (1926—1949)，宋家庄人，21 旅 71 团战士，太原战役牺牲。

两 渡 镇

孙来保 (1922—1947)，两渡人，游击大队战士，东山砚洼台战斗牺牲。

张相仁 (1916—1947)，两渡人，2 纵 4 旅 11 团战士，陕西榆林战斗牺牲．

胡虎柱 (1931—1947)，两渡人，第四野战军战士，太原战役失踪。

梁计全 (1931—1948)，两渡人，太岳 18 分区副班长，太谷战斗牺牲。

李忠元 (1924—1948)，两渡人，8 纵 23 旅 37 团战士。太原战役牺牲。

孙天保 (1929—1948)，两渡人，支前民兵，太原战役牺牲。

张林贵 (1923—1943)，崔家沟人，敌工部工作员，日本宪兵队杀害于汾阳。

王文耀 (1922—1944)，崔家沟人，129 师 18 团排长，浮山战斗牺牲。

张贵生 (1921—1950)，索洲人，广元县警卫营战士，四川广元县剿匪牺牲。

房立斋 (1920—1951)，索洲人，36 部队 89 支队战士，西藏剿匪牺牲。

杨世保 (1921—1946)，冷泉人，灵孝独立营战士，隰县栾只头战斗牺牲。

杨世成 (1924—1946)，冷泉人，灵孝独立营战士，段纯战斗牺牲。

崔二交 (1920—1946)，冷泉人，灵孝独立营战士，铺头被捕杀害。

段宝善 (1919—1947)，冷泉人，县游击大队战士，庆余作战牺牲。

游富喜 (1917—1949)，冷泉人，69 军 24 师 612 团战士，天津战役牺牲。

马锁儿（1912—1940），马家山人，洪赵支队战士，汾西永山战斗牺牲。

马贵连（1926—1948），马家山人，三纵 2 旅战士，太原战役失踪。

马德旺（1925—1952），马家山人，202 师战士，朝鲜作战牺牲。

闫如生（1918—1942），尤家山人，38 军 337 团副班长，山东作战牺牲。

宋世万（1920—1943），尤家山人，决死二纵队一中队战士，百团大战失踪。

杨五儿（1924—1940），杨村人，115 师教 2 旅战士，山东战役牺牲。

景秋光（1911—1942），杨村人，决死二纵队战士，渡河侦察牺牲。

段银宝（1921—1939），杨家垣人，决死 2 纵队五团司号长，罗汉战斗牺牲。

杨白元（1919—1942），杨家垣人，115 师 684 团战士，山东海头战斗牺牲。

杨百珍（1930—1950），杨家垣人，12 军 34 师 102 团战士。朝鲜作战失踪。

李来全（1921—1949），东方红人，青海循化县区长，撒拉区剿匪牺牲。

南树林（1913—1939），曹村人，115 师教导员，罗汉战斗牺牲。

李长有（ ？—1940），曹村人，部队炊事员，交城战斗牺牲。

李计生（1923—1945），曹村人，115 师教 2 旅宣传员，山东古南县战斗牺牲。

南有山（1914—1946），曹村人，灵孝独立营战士，铺头作战牺牲。

华五成（1923—1947），曹村人，解放军指导员，解放文水牺牲。

李绍生（ ？—1941），曹村人，决死队营长，永和战斗牺牲。

温鸾科（1916—1940），景家沟人，县游击大队战士，迅道洼战斗牺牲。

尤祥云（1921—1939），太西人，决死二纵队战士，孝义战斗失踪。

贾树茂（1910—1942），太西人，六区分队指导员，小石洼战斗牺牲。

关振刚（1918—1951），太西人，124 师 371 团战士，朝鲜作战牺牲。

吴润茂（1928—1953），太西人，179 师 537 团副班长，朝鲜江源道战斗牺牲。

朱立忠（1929—1952），南续人，202 师 64 团班长，朝鲜鱼山战斗牺牲。

景玉杰（1931—1953），圪台人，空军 1061 部队排长，朝鲜作战牺牲。

李祥其（1930—1949），小贺家沟人，17 军 152 团战士，福建浦城战斗牺牲。

任富儿（1924—1942），关家圪梁人，32 师 337 团战士，战斗牺牲。

王 禹 乡

牛保堂（1916—1939），王禹人，决死二纵队 5 团战士，罗汉战斗牺牲。

牛绍南（1915—1939），王禹人，决死二纵队 5 团战士，罗汉战斗牺牲。

牛乃理（1916—1937），王禹人，决死二纵队五 5 团通信员，方山县战斗牺牲。

赵玉玉（1917—1942），王禹人，决死二纵队班长，东庄作战牺牲。

牛银昌（1915—1943），王禹人，决死二纵队 5 团战士，汾阳作战牺牲。

翟锁祥（1922—1938），回祖人，决死二纵队 5 团战士，韩信岭战斗牺牲。

张子田（1921—1938），回祖人，决死队战士，作战失踪。

翟仁旺（1918—1939），回祖人，决死队随营学校指导员。作战失踪。

高连纪（1920—1939），回祖人，1 团 1 营战士，延安作战失踪。

苗　芳（1912—1940），回祖人，决死二纵队排长，汾西柏子原作战牺牲。

严树堂（1918—1938），黄原上人，决死二纵队 5 团战士，隰县午城战斗牺牲。

严引喜（1912—1946），黄原上人，2 旅事务员，暖会被敌杀害。

郭开泰（1918—1938），原西沟人，决死队战士，作战失踪。

赵其发（　？—1949），原西沟人，16 团 1 营战士，太原战役牺牲。

王贝贝（1926—1939），庄子上人，红军新编旅战士，作战失踪。

赵希和（1890—1939），秋泉人，决死二纵队 5 团排长，罗汉战斗牺牲。

刘占林（1901—1939），秋泉人，115 师 2 团机枪班长，孝义胡家寨作战牺牲。

白三元（1926—1944），秋泉人，洪赵支队 1 团战士，介休绵山作战牺牲。

王振保（1920—1939），西原人，决死二纵队 5 团班长，陕西作战牺牲。

牛长贵（1898—1939），石泉人，决死二纵队 5 团战士，罗汉战斗牺牲。

闫大贞（1914—1939），洪土人，决死二纵队 5 团战士。孝义关庄作战牺牲。

仝清贵（1910—1940），仝家庄人，115 师事务长，汾西作战牺牲。

胡来旺（　？—1948），仝家庄人，41 团班长，临汾战役牺牲。

李计武（1893—1940），赵家沟人，决死二纵队 5 团战士，汾西作战牺牲。

赵承绪（1922—1946），赵家沟人，王禹行政村村长，柏苍原被敌杀害。

任文选（1910—1940），柏明人，决死队随营学校炊事员，孝义作战牺牲。

王计海（1915—1941），圪塔人，115 师战士，沁源县战斗牺牲。

高富祥（1919—1943），庄则洼人，独四团班长，陕西佳县作战牺牲。

任守愚（1916—1944），柏苍人，县大队基干连排长，帅家山作战牺牲。

王寿山（1928—1947），后背掌人，三区分队战士，刘家庄作战牺牲。

李际堂（1897—1947），西沟人，三区助理员，南洼山被敌杀害。

刘二保（1912—1949），石掌洼人，二支队 55 团排长，太原战役牺牲。

胡俊明（1927—1949），枣岭人，60 军 538 团战士，陕西秦岭作战牺牲。

秦学良（　？—1949），秦家原人，第二野战军战士，太原战役牺牲。

吴隆长（1925—1950），南庄人，31 师 92 团副连长，四川双流县作战牺牲。

吴六斤（1923—1950），南庄人，17 军 49 师 145 团战士，贵州青龙剿匪牺牲。

任荣耀（　？—1949），罗汉人，太岳军区 55 团指导员，太原战役牺牲。

西 许 乡

曹恩儿（1924—1944），西许人，民兵班长。西许埋雷牺牲。

赵元亮（1926—1947），西许人，24 旅 72 团副排长，临汾战役牺牲。

靳建立（1925—1947），西许人，民兵连长，黄家岭掩护干部牺牲。

申发堂（1924—1950），西许人，18 兵团战士，朝鲜作战失踪。

牛三庆（1931—1952），西许人，贵州军区某分区教导队干事，因公牺牲。

王方正（1912—1938），东许人，决死二纵队五团战士，汾西勍香战斗牺牲。

李保贵（1927—1948），东许人，15 纵 45 旅侦察员，临汾战役牺牲。

温兆胜（1930—1956），东许人，四川凉山军分区助理员，美姑县战斗牺牲。

杨宝廷（1917—1939），峪口人，决死二纵队 5 团战士，罗汉战斗牺牲。

赵能喜（1925—1980），峪口人，公安局副局长，王家岭追捕案犯牺牲。

王启明（1916—1939），金旺人，决死队战士，罗汉战斗牺牲。

裴五太（1927—1945），金旺人，县大队基干连班长，张家庄作战牺牲。

裴龙富（1925—1946），金旺人，太岳区新 7 团战士，霍县作战牺牲。

裴生保（1925—1947），金旺人，59 团通讯班长，静升作战牺牲。

裴景书（1924—1948），金旺人，55 师 163 团副班长，淮海战役牺牲。

李福有（1921—1944），湾立人，民兵，阻击敌人抢粮牺牲。

李志和（1921—1944），湾立人，民兵，陈家山作战牺牲。

吴书生（1929—1948），湾立人，24 旅战士，南下作战失踪。

吴志亮（1927—1949），湾立人，太岳军区警卫团班长，翼城作战牺牲。

郝长连（1923—1946），后庄人，太岳区新 7 团战士，霍县下乐坪战斗牺牲。

吴天管（1926—1947），后庄人，24 旅 69 团战士，运城战斗牺牲。

杨瑞山（1927—1948），后庄人，支前民工，太原战役牺牲。

吴殿旺（1904—1949），前庄人，24 旅战士，南下作战失踪。

赵珍贵（1922—1947），圪塔人，22 旅 64 团参谋，曲沃踏雷牺牲。

赵三留（1925—1948），圪塔人，独二旅 42 团战士，临汾战役牺牲。

王云生（1950—1971），圪塔人，7983 部队战士，四川涪陵因公牺牲。

杨德仲（1919—1939），乔家山人，决死二纵队 5 团战士，霍口作战牺牲。

赵来保（1919—1939），南家梁人，决死二纵队 5 团战士，作战失踪。

查银喜（1921—1946），韩家洼人，24 旅 69 团战士，河南孟县沿龙战斗牺牲。

裴清如（1933—1953），师家沟人，203 师工兵连司号员，朝鲜作战牺牲。

坛 镇 乡

霍忠武 (1919—1936)，塔上人，红军战士，回师陕北后失踪。

张德茂 (1914—1938)，塔上人，115 师 343 旅战士，作战失踪。

曹连科 (1914—1942)，塔上人，太岳军区 25 团战士，沁源乌木战斗牺牲。

甄金良 (1931—1949)，塔上人，61 军 183 师副班长，大西北作战牺牲。

霍金贵 (1920—1938)，后坛镇人，115 师 343 旅战士，作战失踪。

严发弟 (1917—1938)，北枣园人，决死二纵队 5 团战士，韩信岭战斗牺牲。

张衡儒 (1916—1938)，北枣园人，115 师 343 旅战士，进军山东失踪。

杨　桃 (1921—1953)，北枣园人，179 师 537 团副排长，朝鲜作战牺牲。

韩有仁 (1923—1939)，东堡人，决死队战士，孝义兑九峪作战牺牲。

贾生荣 (1930—1950)，西堡人，西南军区副排长，四川富波县作战牺牲。

刘有喜 (1929—1951)，西堡人，炮兵 25 团战士，朝鲜黄海道作战牺牲。

韩根有 (1925—1952)，西堡人，203 师担架连长，朝鲜江源道作战牺牲。

陶计明 (1911—1939)，原家沟人，决死队政卫队排长，孝义作战牺牲。

李计双 (1925—1949)，原家沟人，18 兵团排长，太原战役牺牲。

曹香儿 (1906—1939)，任家掌人，八路军战士，平遥青沙战斗牺牲。

曹润祥 (1911—1939)，任家掌人，八路军战士，平遥青沙战斗牺牲。

曹德贵 (1912—1939)，任家掌人，决死二纵队 5 团战士，罗汉战斗牺牲。

曹长双 (1924—1939)，任家掌人，决死二纵队 5 团战士，罗汉战斗牺牲。

乔树荣 (1917—1939)，镇威人，决死二纵队 5 团战士，罗汉战斗牺牲。

方三保 (1919—1947)，镇威人，决死队 5 团连长，解放隰县牺牲。

谷有铭 (1909—1939)，杨家山人，决死二纵队 5 团战士，罗汉战斗牺牲。

孙逢杏 (1923—1946)，孙家沟人，轮战队民兵，岩村原作战牺牲。

孟明亮 (1931—1951)，程家沟人，60 军 180 师 539 团战士，朝鲜作战失踪。

焦冬计 (1921—1947)，堡子塘人，新 18 团战士，临汾战役牺牲。

张锁柱 (1927—1948)，堡子塘人，1 兵团卫生部战士，解放祁县牺牲。

任福管 (1923—1939)，堂端人，决死二纵队 5 团战士，晋东南作战失踪。

王殿臣 (1921—1939)，圪垛人，决死二纵队 5 团战士，交城三道川战斗牺牲。

杨秀春 (1913—1941)，圪垛人，洪赵支队指导员，被日军杀害于城内。

南墹乡

曹百珍（1924—1946），南墹人，太岳区新 7 团战士，霍县陈庄战斗牺牲。

张龙喜（1925—1947），南墹人，行政村治安主任，本村踏雷牺牲。

张双根（1927—1947），南墹人，民兵中队长，荡荡岭作战牺牲。

裴文清（1917—1945），高壁人，四区副区长，碛河战斗牺牲。

王仲林（1922—1940），西原人，115 师 7 团战士，百团大战牺牲。

任元章（1898—1946），西原人，村农会主席，麻甸沟被捕杀害。

王光明（1922—1948），西原人，县游击大队班长，西坡战斗牺牲。

吴从中（1930—1947），西原人，洪赵支队战士，祁县子洪口战役牺牲。

任金生（1932—1951），西原人，工兵 1 团战士，朝鲜三元里战斗牺牲。

张三文（1920—1939），回牛人，决死二纵队战士，罗汉战斗牺牲。

张仁弟（1925—1944），回牛人，县大队基干连副排长，田家庄战斗牺牲。

张俊臣（1895—1946），回牛人，村农会主席，被敌杀害于桃钮村。

张昌玉（1928—1946），回牛人，太岳区新 7 团战士，尹方战斗牺牲。

张有文（1909—1950），回牛人，17 军 50 师 149 团战士，南昌战役失踪。

杨润生（1923—1941），南头人，129 师战士，阳城作战失踪。

杨长书（1920—1946），南头人，县大队基干连战士，椒仲战斗牺牲。

梁映明（1921—1949），南头人，50 师 149 团战士，南昌战役失踪。

王北宏（1913—1944），牛王庙人，民兵，赵家庄作战牺牲。

郭长旺（1913—1945），牛王庙人，民兵，杨村战斗牺牲。

王成仲（1913—1946），牛王庙人，村农会主席，燕家岭战斗牺牲。

曹文锦（1921—1946），岭后人，23 旅 69 团炮兵连战士，曲沃战斗牺牲。

宋全胜（1896—1942），宋家山人，13 旅 38 团战士，荡荡岭战斗负伤牺牲。

杨润林（1929—1947），师家山人，22 旅 64 团战士，子洪口战斗牺牲。

曹恩泰（1919—1947），陈家山人，民兵中队长，解放县城牺牲。

梁厚斋（1910—1948），陈家山人，太岳区参议员，被敌杀害于太原。

张小谋孩（1915—1938），牛槽庄人，决死二纵队战士，韩信岭战斗牺牲。

张家庄镇

张有廷（1925—1948），张家庄人，吕梁军分区政治部副班长，孟家岭战斗牺牲。

张庆元（1926—1949），张家庄人，8纵24旅72团副班长，太原战役牺牲。

王家吉（1922—1940），靳村人，决死二纵队战士，作战失踪。

蔺宏业（1918—1944），靳村人，三区分队战士，乐只堂战斗牺牲。

张志新（1928—1948），靳村人，24旅68团战士，太原战役牺牲。

王天昌（1933—1948），靳村人，解放军战士，作战失踪。

王俊秀（1928—1948），靳村人，22旅64团战士，作战失踪。

王马小（1931—1951），靳村人，贵州公安总队副班长，贵州作战牺牲。

田仁海（1922—1939），来全人，决死二纵队排长，作战失踪。

曹金贵（1920—1944），来全人，县基干连排长，帅家山战斗牺牲。

田学贵（ ？—1944），来全人，行政村村长，被日军杀害于本村。

曹在庭（1916—1944），来全人，民兵中队长，被日军杀害于太原。

李兆保（1928—1948），来全人，民兵中队长，本村突围牺牲。

伏保林（1911—1947），西头人，22旅64团班长，介休白岸村战斗牺牲。

张玉山（1925—1943），西头人，一区区分队战士，牛鼻子沟战斗牺牲。

荀凤焘（1912—1940），荀家圪垛人，115师陈支队战士，山东郯城战役牺牲。

郭福元（1919—1944），平家圪垛人，县基干连战士，汤村被敌杀害。

荀成生（1920—1947），汤村人，22旅64团战士，圪塔村被敌杀害。

富家滩镇

李瑞鸿（1907—1946），沟峪滩人，城工部地下工作员，被敌捕杀于县城。

谢小四（1923—1948），沟峪滩人，15纵129团战士，太原战役牺牲。

张炳昌（1922—1945），邓家山人，决死队老五团战士，河南民权县作战牺牲。

王廷茂（1930—1949），瑪则人，17军145团班长，浙江江山县作战失踪。

王有贵（1929—1948），后河底人，17军49师战士，作战失踪。

胡六保（1930—1947），桃钮人，民兵，道美作战牺牲。

杨义德（1921—1948），桃钮人，4纵10旅29团班长，皖西作战牺牲。

朱虎成（1927—1950），桃钮人，17军49师145团战士，贵州普定作战牺牲。

张常福（1922—1941），阁老洼人，129师386旅战士，安阳作战失踪。

王庆成（1923—1946），阁老洼人，太岳区新7团副排长，尹方战斗牺牲。

王孔保（1922—1949），阁老洼人，4师11团战士，陕西棋盘山作战牺牲。

籍贯不详者

杨 五 (? —1944)，灵石人，18 军战士，河南林县荒庄战斗牺牲。

刘有光 (? —1944)，灵石人，决死二纵队指导员，汾阳战斗牺牲。

霍保林 (? —1947)，灵石人，太岳警备团班长，被敌杀害。

张福仁 (? —1947)，灵石人，解放军战士，运城战斗牺牲。

李生光 (? —1947)，灵石人，太岳警备团战士。作战负伤牺牲于医院。

尤金生 (1928—1947)，灵石人，县大队基干连战士，汾孝战役牺牲。

柴春海 (? —1948)，灵石人，7 旅战士，太原战役牺牲。

梁正义 (? —1948)，灵石人，7 旅 20 团战士，太原战役牺牲。

闫宗荣 (? —1948)，灵石人，文水情报所所长，吕家山战斗牺牲。

武文祥 (? —1948)，灵石人，侦察员，离石二区作战牺牲。

王根则 (1919—1948)，灵石人，15 纵 3 营机炮连战士，太原战役牺牲。

祁兴旺 (? —1949)，灵石人，130 团 6 连战士，太原战役牺牲。

杜宁元 (? —1949)，灵石人，3 军 8 师战士，太原战役牺牲。

高银娃 (? —1949)，灵石人，50 团班长，太原战役失踪。

梁发明 (? —1949)，灵石人，14 军战士，江西作战牺牲。

车发仁 (? —1950)，灵石人，骑兵团特务连副排长，青海五峰寺战斗牺牲。

宋银保 (? —1949)，灵石人，20 兵团战士，销毁炮弹负伤后牺牲于医院。

吴曲永 (1921—1950)，灵石人，19 军 146 团战士，贵州普定县剿匪牺牲。

第三章 人 物 表

第一节 古代人物

朝代	姓 名	籍 贯	职 务	备 考
宋	师守信	尹方村	宋代参军	尹方村旧有墓
金	马 琼	马家庄村	金代尚书	马家庄旧有墓
元	温 舜	温家沟村	任元帅	温家沟有墓
明（洪武—弘治）	郭彦文		洪武庚午科举人 甘肃府长史	
	裴 泰	城 内	景泰丙子科举人 定州州守	五里铺有墓
	吴 珉	索洲村	成化己丑科进士 吏部主事，南京都察院右副御史	
	李 威		天顺壬午科举人 陕西会宁府尹 后任长安府尹	
	张 谦		宣德丙午科举人 南京都督府经历	
	张 辉		宣德己酉科举人 浙江杭州府同知	
	程 凯		宣德己酉科举人 山东高唐州知州	
	王 宠		河南南阳府知府	
	吴 经		成化丁酉科举人 河南彰德府通判	

续表1

朝代	姓　名	籍　贯	职　　　　　　务	备　考
明（嘉靖—崇祯）	任守德		弘治壬子科举人　甘肃平凉府知府	
	蔺文章		弘治戊午科举人　直隶大名府通判	
	温㫤		嘉靖戊子科举人　直隶赵州知州	
	王玑		嘉靖壬午科举人　陕西汉中府通判	
	王之祯	蒜峪村	崇祯戊辰科进士　工部主事兵部郎中	
	宋之俊		天启壬戌科进士　礼部主事员外郎　山东登州兵备道	
	张执中		应天府府尹	
	温希祖		直隶永平府经历	
	房梧		山东东昌府经历	
	张良佐		直隶保安卫经历	
	刘文奎		江南淮安府经历	
	张鉴		云南景东府同知	
	阎国脉		甘肃平凉府同知	
	程谦		河南彰德府经历	
	王崇		甘肃河州卫经历	
	张尚仁		甘肃平凉府通判	
	张九思		江南松江府知事	
	裴章		天启丁卯科举人　河南府知事	
清（顺治—嘉庆）	房步瀛		顺治年间江苏淮安府同知	
	翟天健		顺治年间浙江金华府通判	
	韩进		顺治年间武举　陕甘镇番参将	
	王之度		郧阳府通判	
	房星炯		康熙年间山东盐运大使	
	王登云		康熙年间云南府经历	
	王肯为		乾隆年间湖南宝庆府知府	
	王肯任		乾隆年间户部广西司郎中	
	翟凤翔	苏溪村	乾隆壬戌科进士　宁远府知府	
	王如玉	静升村	任贵州贵西道　甘肃宁夏道	

续表2

朝代	姓 名	籍 贯	职 务	备 考
清（顺治—嘉庆）	何道行	两渡村	福建盐运大使	
	梁景鸾	夏门村	乾隆年间广西桂林府同知	
	陈葆光	蒜峪村	乾隆年间登州府知府 临江府知府	
	赵晋裔		乾隆年间两广盐运司库大使	
	杨 涵	张家庄	工部员外郎	
	王 切		大理寺寺丞	
	耿人麟		云南安宁州知州	
	耿 浩		刑部司狱	
	陈鹤鸣		贵州贵阳府知事	
	刘青莲		山东宁海州知州	
	杨文炳		广西庆远府经历	
	何元烺	两渡村	山东道监察御史 广西太平府知府	
	程体常		乾隆癸丑科进士 礼部仪制司郎中	
	何道榜	两渡村	直隶磁州知州	
	何道模	两渡村	广东廉州府知府	
	王如琨	静升村	顺天府督粮通判	
	王焕文		陕西按察司经历	
	王锡蒲		甘肃宁州知州	
	梁 塅	夏门村	刑部督捕司郎中	
	何炳彝	两渡村	嘉庆辛未科进士 翰林院庶吉士 任兵部主事	
	何荣绪	两渡村	内阁中书	
	何辉绶	两渡村	嘉庆己卯科进士 翰林院检讨 山东道监察御史 山东莱州府知府	
	何耿绳	两渡村	道光壬午科进士 直隶大顺广兵备道	
	何福咸	两渡村	道光庚戌科进士 翰林院编修 云南迤西兵备道	
	何耀伦	两渡村	咸丰癸丑科进士 翰林院庶吉士 吏部考功司郎中	
	何玉福	两渡村	同治癸亥科进士 刑部广东司主事	
	杨履谦		大理寺评事	
	何煦伦	两渡村	浙江海宁州知州	

朝代	姓　名	籍　贯	职　　　　　务	备　考
清（顺治—嘉庆）	梁以治	夏门村	兵部武选司郎中兼车驾司行走	
	王徽彝		广西横州知州　户部主事	
	王葆荣		户部浙江司郎中	
	何莱福	两渡村	同治戊辰科进士　翰林院编修	
	梁荫宇		直隶正定府经历	
	何福奎	两渡村	咸丰辛亥科举人　任陕西寯羌州知州	
	赵子璨	县城内	光绪壬辰科进士　湖北衡安府知府	
	梁奋庸	夏门村	江苏太仓州知州	
	梁恩浩	夏门村	云南赵州知州	
	杨懋功		云南普洱府同知　梧州盐运大使	
	陈炳文		山东莱州府知府　山东盐运使	

注：知州以上职位。

第二节　现代人物

本志书现代人物收录地、师级职务及以上者，按乡镇排列。

城关镇

姓　名	性　别	出生年月	籍　贯	参加革命时间	入党时间	工　作　单　位	最高职务
张友渔	男	1899	城　内	1927	1927	中国社会科学院	副院长
张子明	男	1918	城　内	1938	1941	云南楚雄公安局	副局长
吴佩申	男	1920	玉成村	1942	1944	国家安全局	副局长
陈保琛	男	1923	延安村	1948	1953	国家外国专家局	副局长
陈晓	男	1920	城　内	1937	1941	海航政治部	副主任
程发生	男	1922	水头村	1937	1938	绥蒙军区司令部	参谋
田武	男	1925	河洲村	1938	1942	北疆军分区	参谋长
牛文	男	1922	城　内	1937	1938	四川文联	主席
胡正	男	1923	城　内	1938		山西文联	副主席
祁克	男	1925	城　内	1938	1945	新疆军区后勤部油料部	副部长
陈玉香	女	1938	沙峪村	1961		省农科院	副研究员
郭汾	男	1926	河洲村	1949	1983	北京师范大学	教授
赵莹	女	1924	城　内	1938	1946	北京科教电影厂	编导
张增玉	男	1925	延安村	1945	1947	昆明军区设计队	政委
杨许强	男	1932	沙峪村	1950	1961	外交部	司长
曹一鸣	男	1940	城　内	1966		广西计量仪器厂	高级工程师
张锡安	男	1931	城　内			新疆国防科委	主任（少将）

静升镇

姓　名	性　别	出生年月	籍　贯		入党时间	工　作　单　位	最高职务
张树仁	男	1921	集广村	1937.11	1945	山西省农机局	副局长
贺庆云	女	1924	集广村	1938	1941	北京水暖厂	厂长
张丽皇	女	1920	静升镇	1938.5	1939	中国图书进出口公司	主任
王翊厚	男	1925	核桃洼	1938.5	1942	装甲兵学院	大队长
武士鸿	男	1922	静升	1937.4	1937	石家庄高级陆军学校	政委
王　均	男	1921	静升	1939.6	1940	广西梧州军分区	政委
韩俊双	男	1921	草桥村	1938.2	1940	解放军总后管理局	副局长
祁云光	男	1920	静升镇	1938.5	1945	北京军区十一航校	副政委
李文辉	男	1923	苏溪村	1937.11	1938	甘肃省人大	副主任
张应忠	男	1924	集广村	1938.4	1941	四川省司法厅	副厅长
杨惠生	男	1921	苏溪村	1938.4	1939	外交部宣传部	副部长
石　瑛	男	1920	旌介村	1936	1939	中央轻工业部	情报处处长
张　通	男	1917	苏溪村	1938.2	1937	中央林业部	司长
吴道乙	男	1924	静升村	1938.2	1940	河南省交通厅	厅长
张崇福	男		旌介村			中国保险总公司	副总经理
耿亚工	男	1917	核桃洼	1936	1939	后勤学院运输系	政委
董耀生	男	1921	集广村	1937	1939	国家标准局	副局长

西许乡

姓　名	性　别	出生年月	籍　贯	参加革命时间	入党时间	工　作　单　位	最高职务
赵志贤	男	1925	西许村	1938	1942	上海宝山区人民法院	院长
靳万林	男	1922	湾立村	1937	1938	运城军分区	副政委
裴风光	男	1921	金旺村	1940	1945	云南楚雄军分区	部长
韩可友	男	1922	金旺村	1938.12	1938	20基地司令部	副参谋长
裴春林	男	1929	金旺村	1945	1940	北京民航总局后勤部	副部长
杨一川	男	1924	乔家山	1942.4	1942	开封市科委	主任
范　文	男	1923	东许村	1937	1938	北京历史博物馆	副馆长
王新民	男	1920	金旺村	1937.4	1939	大同矿务局	副局长
赵锡安	男	1924	师家沟	1942	1942	四川401地质队	党委书记
王晋山	男	1917	余家沟	1938.11	1939	山西财政厅	副厅长
吴玉琦	男	1921	后庄村	1942.3	1941	新疆石油管理局	党委书记
曹　敏	男	1932	西　许	1947	1952	山西省卫生厅	主任医师
吴　广	男	1921	西　许	1943	1942	成都市公安局	局长

交口乡

姓　名	性　别	出生年月	籍　贯	参加革命时间	入党时间	工　作　单　位	最高职务
宋友田	男	1915	交口村	1938.3	1938	陕西省政府	副省长
张　钦	男	1921	小王庄	1940.11	1943	临汾地委纪检委	副书记
韩　胜	男	1923	金　庄	1938	1939	兰州市工交部	部长
景步青	男		安家岭			天津民政局	局长
张维藩	男	1916	小王庄	1940	1937	福建省人事局办公室	主任
温　侃	男	1920	温家沟	1939.12	1948	甘肃定西军分区	副司令
景瑞岚	男	1923	安家岭	1939	1943	北疆军分区	副参谋长
韩　铭	男	1921	靳家圪塔	1938.3	1938	四川西南交通大学	副校长
温振华	男	1930	漫河村	1946	1953	四川铁路局法院	院长
王亦民	男	1925	东逻村	1937	1937	四川政法委	副主任
温克勤	男	1914	温家沟	1940	1940	解放军总后物资处	副处长
温庆和	男	1929	漫河村	1949	1953	总后军械处	处长
郭　璞	男	1919	南　头	1939	1940	山西师范大学	党委书记

续表

姓 名	性 别	出生年月	籍 贯	参加革命时间	入党时间	工 作 单 位	最高职务
韩 毅		1924	孙义村			丰满发电厂	党委书记
任延寿	男		庆余村			福建省龙岩地委	书记
张永昌	男	1920	小王庄	1938	1938	上海市南市区政协	主席
温克第	男		温家沟	1939	1940	南京工程兵学院	副院长

梁家塌乡

姓 名	性 别	出生年月	籍 贯	参加革命时间	入党时间	工 作 单 位	最高职务
郑 明	男	1914	下黄堆	1936.2	1937	山西省二轻工业厅	副厅长
刘德胜	男	1919	沟二里	1936	1937	山西省劳动厅办公室	主任
韩明增	男	1921	泊泊村	1936.2	1937	最高人民法院交通审判厅	厅长
王如珍	男	1923.9	泊泊村	1936.3	1938	甘肃平凉地委	副书记
韩 曙	男	1909	泊泊村	1936	1937	解放军47军	副军长
张永祥	男	1929	岩 村	1936.2		四川内江军分区	参谋长
邓士杰	男	1915	邓寨沟	1936.2	1936	山西农业师专政治处	主任
韩维琴	男	1922	泊泊村	1936.3	1938	西安市文化局	局长
武天祯	男	1922	马江村	1937.4	1938	武汉体育学院	院长
李 耀	男	1917	上庄村	1939	1938	山西化工研究所	党委书记

夏门镇

姓 名	性 别	出生年月	籍 贯	参加革命时间	入党时间	工 作 单 位	最高职务
张泽民	男	1919	文殊原	1937.10	1940	辽宁省营口市委	书记
梁旺吉	男	1921	夏门村	1937.10	1938	山西省人民检察院	检察长
尤尚文	男	1923	火山村	1940	1941	国家旅游局	司长
薛 建	男	1925	瓦窑圪	1940.3	1941	广西壮族自治区计委	副主任
田 野	男	1920	曲 村	1937.10	1937	解放军总参第三部	副参谋长
李木良	男	1934	夏门村	1953	1961	山西省农机局	副局长
温 勇	男	1925	王家岭村	1938	1944	解放军60军	政委
弓仁福	男	1935	王家岭村	1952	1961	省物价厅	副厅长

仁义乡

姓 名	性 别	出生年月	籍 贯	参加革命时间	入党时间	工 作 单 位	最高职务
郝力群	男	1912	郝家掌	1936	1941	中国版画家协会	副主席
孔宪廷	男	1913	王家沟	1943	1946	社会科学院	局长
荀友明	男	1930	仁义村	1945	1947	解放军14集团军	政委
史林喜	男	1929	赵家塌	1945	1947	怒江军分区后勤部	政委
赵 凯	男	1924	赵家塌	1941	1943	云南丽江军分区政治部	主任
张恒升	男	1920	窑上村	1940	1941	福州市委组织部	副部长
郝计有	男	1923	仁义村	1937	1938	四川中医学院	党委书记

两渡镇

姓名	性别	出生年月	籍贯	参加革命时间	入党时间	工作单位	最高职务
张纯选	男	1906	桑平峪	1938	1946	商业部基建局	局长
景廷瑞	男	1917.2	军营坊	1936.10	1938.6	四川温江地委宣传部	部长
吴晋石	男	1918.11	新庄村	1937.12	1938	中央调查部二轻局	局长
吴万全	男	1922	太西村	1937.10	1938	解放军总参通信部	处长
李达夫	男	1926	曹村	1938.3	1941	炮兵导弹基地	副司令
何泽慧	女	1914	两渡村	1940		中国科学院高能物理研究所	研究员
何泽涌	男	1919	两渡村	1949	1984	山西医学院	教授
白尚璧	男	1918	粮家山	1937	1944	武汉军区科研院	政委
吴亚桥	男	1918	新庄村	1937	1938	国家安全部	副部长
薛映琦	男	1915	两渡	1937	1939	河北军分区	顾问
何怡贞	女		两渡			科学院固体物理研究所	研究员
何泽瑛	女		两渡			科学院植物研究所	研究员

张家庄镇

姓名	性别	出生年月	籍贯	参加革命时间	入党时间	工作单位	最高职务
张英明	男	1918	张家庄	1936	1940	新疆军区后勤部	部长
郭映华	男	1921	张家庄	1937.10	1945	总参三部二局	副司令
郭子安	男	1923	来全村	1940	1941	运城军分区后勤部	部长
田子俭	男	1923	来全村	1937.10	1938	洛阳军分区政治部	主任
吴挺进	男	1923	张家庄	1937.10	1941	四川省邮电局	党委书记
吴艳萍	男	1941	张家庄	1961	1964	中央警卫局政治部	主任
彭林	男	1922	张家庄	1937	1944	山西省政协	处长

水峪乡

姓名	性别	出生年月	籍贯	参加革命时间	入党时间	工作单位	最高职务
何文普	男	1922	上庄村	1942	1940	广西梧州军分区	副政委
王松林	男	1923	前尊爵岭	1938	1940	空军第三研究所	政委
张玉文	男	1920	水峪			福建三明机修厂	党委书记
程芝桂	男	1921	碾瑶	1938		中国人民银行	处长
燕庆岚	男	1932	燕家岭	1948	1950	四川省建材工业局	局长
赵振云	男	1911	乐只堂	1939	1939	天津市交通局	党委副书记
王家禄	男	1922	水峪	1937	1945	江西省九江市城建局	主任
陈民杨	男	1937	蒜峪村			广西地质研究院	高级工程师
陈民一	男		蒜峪村			陕西长岭机器厂	高级经济师

英武乡

姓名	性别	出生年月	籍贯	参加革命时间	入党时间	工作单位	最高职务
赵源	男	1924	英武村	1937.11	1938	外交部驻埃塞俄比亚	大使
南文远	男	1924	彭家原	1938.8	1939	上海守备师	师长
陈兴旺	男	1923	要桥村	1940.3	1941	海军舰队军事检察院	检察长
雷守中	男	1926	雷家庄	1939	1946	兵器工业部	所长

南垛乡

姓 名	性 别	出生年月	籍 贯	参加革命时间	入党时间	工 作 单 位	最高职务
王子江	男	1928	牛王庙	1945.1	1946	云南丽江军分区	政委
王润成	男	1926	赵家庄	1944	1945	14军42师	师长
梁国正	男	1923	岭后村	1943.3	1945	昆明警备司令部	副政委
任灵生	男	1921	西原村	1945		长治军分区	政委
王可昌	男	1918	牛王庙	1936.11	1940	乌鲁木齐市政协	副主席

南关镇

姓 名	性 别	出生年月	籍 贯	参加革命时间	入党时间	工 作 单 位	最高职务
王伏林	男	1924	王家岭	1937	1937	国务院办公厅	副主任
肖 虹	女	1923	道美村	1937.8	1942	太原市人事局	副局长
郭 济	男	1935	道美村	1951	1956	国务院机关行政管理局	局长
孙成明	男	1925	南关镇	1938	1942	上海市司法局	处长
牛守信	男		南 关	1937		上海华东电业局	党委书记

段纯镇

姓 名	性 别	出生年月	籍 贯	参加革命时间	入党时间	工 作 单 位	最高职务
刘 炬	男	1923	南坪头	1937	1940	南京市经委	副主任
刘影长	男	1924	段 村	1937	1940	吉林省劳动人事厅	厅长
温明盛	男	1914	南坪头	1938	1938	太原重机厂	副厂长

富家滩镇

姓 名	性 别	出生年月	籍 贯	参加革命时间	入党时间	工 作 单 位	最高职务
王廷栋	男	1921	苏家庄	1938	1942	甘肃军区教导大队	政委

马和乡

姓 名	性 别	出生年月	籍 贯	参加革命时间	入党时间	工 作 单 位	最高职务
续耀珠	男	1930	西梧桐	1945	1946	中国科协办公厅	主任
刘双喜	男	1943	西梧桐	1962	1960	解放军47集团军	副参谋长

坛镇乡

姓 名	性 别	出生年月	籍 贯	参加革命时间	入党时间	工 作 单 位	最高职务
白 洁	男	1904	东堡	1938.2	1941	江西省军区后勤部	副政委
孙立志	男	1913	孙家沟	1938.12	1940	福建闽侯地区中级人民法院	院长
顾丰节	男	1911	塔上村	1937	1938	天津五金工业公司	经理

王禹乡

姓 名	性 别	出生年月	籍 贯	参加革命时间	入党时间	工 作 单 位	最高职务
李 克	男	1922	秋泉	1938	1942	甘肃农垦局	副局长
杨向荣	男	1925	秋泉	1939	1940	广西河池军分区	副司令

第三节 红 军

灵石红军名录

姓 名	性 别	出生年月	籍 贯	参加革命时间	入党时间	工作单位
史顺义	男	1896	梁家墕乡暖会村	1936.2		
任子钧	男	1900	梁家墕	1936.2		
杨德彪	男	1904.1	段纯镇深井村	1936.3		
孔繁盛	男	1905.6	王禹乡原西沟	1936.2		
赵成义	男	1906.2	王禹乡庄则洼	1936.2		
刘学成	男	1906	水峪乡良子墕	1933.3		
崔金秀	男	1909	梁家墕乡暖会村	1936.3		
王秉义	男	1912.12	梁家墕乡牛家峪	1936.2		
贾富章	男	1913.10	梁家墕乡泊泊	1936.3		
陈守喜	男	1915.5	梁家墕乡泊泊	1936.3		
韩来旺	男	1917.1	梁家墕乡温家岭	1936.2		
王 彬	男	1920.2	南关镇	1936.3		
杨三友	男	1921.11	梁家墕乡牛家峪	1936.4		
赵麦旺	男	1923	南墕乡正峰原	1937.1		张家庄煤矿
韩英喜	男	1918.10	梁家墕乡温家岭	1936.3		

注：上述红军系在本县居住者。

第四节 劳动模范

1949—1985 年灵石获省级以上劳动模范名录

授予称号	姓 名	性 别	单 位	职 务	授予单位	授予时间
工业劳动模范	杨振芳	男	富家滩煤矿	副矿长	山西省政府	1950
工业劳动模范	李金长	男	灵石煤矿调度室	副主任	山西省政府	1957
工业劳动模范	李云珠	男	富家滩煤矿	工 人	山西省政府	1957
工业劳动模范	白贵友	男	灵石建材厂	门 卫	山西省政府	1957
工业劳动模范	宋荫寿	男	晋中灵石煤矿	副矿长	山西省政府	1960
工业劳动模范	张连元	男	晋中灵石煤矿	工 人	山西省政府	1961
工业劳动模范	冀光荣	男	富家滩煤矿	工 人	山西省政府	1962
工业劳动模范	王六全	男	富家滩煤矿	工 人	山西省政府	1962
工业劳动模范	王 九	男	灵石石膏矿	炊事员	山西省政府	1962
工业劳动模范	张德华	男	夏门水泥厂	工 人	山西省政府	1977
工业劳动模范	梁玉成	男	运输公司汽车队	司 机	山西省人民政府	1982
工业劳动模范	桑有旺	男	夏门水泥厂	工 人	山西省人民政府	1985
工业劳动模范	杨新有	男	县邮电局	机要员	山西省人民政府	1985
工业劳动模范	朱崇厚	男	矿业公司汽车队	司 机	山西省人民政府	1985
农业劳动模范	庞东虎	男	段纯镇吴家沟村	农 民	山西省人民政府	1952

续表1

授予称号	姓 名	性 别	单 位	职 务	授予单位	授予时间
农业劳动模范	曹同成	男	南垴乡岭后村	农民	山西省政府	1952 1964
农业劳动模范	郝二成	男	梁家垴乡茹泊村	农民	山西省政府	1952 1964
农业劳动模范	曹兰香	女	梁家垴乡南泊村	农民	山西省政府	1952 1964
农业劳动模范	赵银爱	女	仁义乡吴庄村	农民	山西省政府	1964
农业劳动模范	赵之峰	男	英武乡英武村	农民	山西省政府	1952
林业劳动模范	王富锁	男	马和乡军寨村	农民	山西省政府	1952 1964
水利水保劳动模范	王廷富	男	两渡镇冷泉村	农民	山西省政府	1964
畜牧劳动模范	冯昌福	男	仁义乡南坡村	农民	山西省政府	1952
农村劳动模范	张兆云	男	马和乡尽林头村	农民	山西省政府	1952
农业劳动模范	庞东虎	男	段纯镇吴家沟村	农民	山西省政府	1964
农业劳动模范	杨秀山	男	段纯镇南坪头村	农民	山西省政府	1964
农业劳动模范	郝秀兰	女	段纯镇兰家堂村	农民	山西省政府	1964
农业劳动模范	王大牛	男	坛镇乡镇威村	农民	山西省政府	1964
农业劳动模范	任恒清	男	王禹乡洪土村	农民	山西省政府	1964
农业劳动模范	王廷栋	男	王禹乡后背掌村	农民	山西省政府	1964
农业劳动模范	尹有旺	男	夏门镇尹家庄村	农民	山西省政府	1964
农业劳动模范	赵海亮	男	仁义乡寺崖上	农民	山西省政府	1964
农业劳动模范	李光银	男	静升镇静升村	农民	山西省政府	1964
农业劳动模范	李达元	男	静升镇静升村	农民	山西省政府	1964
农业劳动模范	张万元	男	静升镇旌介村	农民	山西省政府	1964
农业劳动模范	张长亮	男	水峪乡乐只堂村	农民	山西省政府	1964
农业劳动模范	马有安	男	两渡镇军营坊村	农民	山西省政府	1964
林业劳动模范	赵计旺	男	西许乡峪口村	农民	山西省政府	1964
林业劳动模范	荆根喜	男	西许乡东许村	农民	山西省政府	1964
林业劳动模范	韩忠富	男	两渡镇桥望村	农民	山西省政府	1964
林业劳动模范	刘金科	男	英武乡英武村	农民	山西省政府	1964
林业劳动模范	孟花果	男	坛镇乡程家沟村	农民	山西省政府	1964
水利水保劳动模范	王广生	男	英武乡英武村	农民	山西省政府	1964
水利水保劳动模范	营连奎	男	水峪乡蒜峪村	农民	山西省政府	1964
畜牧劳动模范	孟宪忠	男	段纯镇云义村	农民	山西省政府	1964
畜牧劳动模范	裴友国	男	南关镇道美村	农民	山西省政府	1964
农业劳动模范	周三虎	男	静升镇静升村	农民	山西省政府	1979
农业劳动模范	庞进宝	男	梁家垴乡牛家峪村	农民	山西省政府	1982
农业劳动模范	李仁喜	男	夏门镇后庄村	农民	山西省政府	1982
农业劳动模范	王松年	男	静升镇静升村	农民	山西省政府	1985
商业劳动模范	王玉莲	女	县百货公司	干部	山西省政府	1964
商业劳动模范	王建文	男	县蔬菜公司	干部	山西省政府	1978
财贸劳动模范	王良栋	男	县外贸局	局长	山西省政府	1979
财贸劳动模范	吴昌世	男	城关粮站	副站长	山西省政府	1982
财贸劳动模范	侯玉贞	女	县百货公司	统计员	山西省政府	1982
模范教师	孟汝霖	男	索洲小学	教师	山西省政府	1954
模范教师	田秀升	男	静升小学	校长	山西省政府	1956
模范教师	宋富民	男	两渡小学	教师	山西省政府	1956
优秀辅导员	罗在汉	男	静升小学	少先队辅导员	山西省政府	1956

续表2

授予称号	姓名	性别	单位	职务	授予单位	授予时间
优秀班主任	李灵丹	女	城关二小学	教师	国家教委	1977
优秀班主任	王瑞明	男	王禹初中	校长	山西省政府	1983
优秀班主任	梁百双	男	水峪初中	校长	山西省政府	1983
优秀班主任	朱耀宗	男	王禹中学	校长	山西省政府	1978
优秀班主任	郭涛君	男	灵石一中	教师	山西省政府	1978
优秀班主任	马二梅	女	两渡小学	教师	山西省政府	1978
省优秀班主任	南克哲	男	灵石一中	教师	山西省政府	1983
模范教师	王万祥	男	王禹乡东圪塔小学	教师	山西省政府	1985
模范教师	杨连丙	男	段纯镇志家庄村小学	教师	山西省政府	1961
建设山区劳动模范	尤新亮	男	坛镇乡槐树原村	教师	山西省政府	1982
建设山区劳动模范	韩国栋	男	水利局	副局长	山西省政府	1983 1985
财贸先进工作者	梁国生	男	双池供销社	主任	中华全国合作社	1956

大事记

一、古代大事（590—1911）

隋

△开皇十年（590），隋文帝杨坚巡幸太原，后傍河开道，获"灵石"，逐建灵石县。

△大业十三年（617），太原留守李渊率兵3万，从太原起兵南下，兵至灵石县，营于贾胡堡。

唐

△武德三年（620），李世民大战宋金刚于雀鼠谷，俘斩数万人，获辎重千余辆。宋金刚败走。

△开元十一年（723），唐玄宗北巡并州，途经雀鼠谷。

△咸通十一年（870），苏溪资寿寺始建。

△大顺元年（890），唐将张浚率兵讨伐李克用于阴地关（即今南关镇），三战三败。

△光化三年（900），李克用调遣将领李嗣昭等出阴地关。

五代

△后汉乾祐四年（951），后汉主刘钧屯兵阴地关，进攻晋州。

宋

△政和六年（1116），灵石县改属霍州，归平阳府（临汾）管辖。

△南宋建炎二年（1128），抗金义军李实曾在高壁店（即高壁镇）与金兵大战，并荡破金兵大寨，荣立军功。

△南宋绍熙元年（1190），韩信庙破土兴建。

元

△大德十一年（1307），知县韩敦武建文庙（孔庙）。

明

△洪武元年（1368），县设医学，置医官。

△洪武十一年（1378），修县治（在城内东街）。

△嘉靖七年（1528），建天险桥（在郭家沟，原名惠济桥）。

△嘉靖三十四年（1555）一月二十三日亥时，地震，至寅时止，房屋倒塌不计其数。

△隆庆二年（1568）8月，灵石县城扩建。

△万历二十九年（1601），知县路一麟纂修《灵石县志》。

清

△顺治四年（1647），傅拳传入灵石，见《石膏山志》。

△顺治六年（1649），侯和尚占据绵山抱腹岩，聚众数千，破城、启库、杀守备，直逼平阳府（临汾）。

△康熙十一年（1672），知县侯荣圭主修《灵石县志》（4卷）。

△康熙三十八年（1699），县设四街十巷，并重修县治。

△乾隆二十四年（1759），岁大旱，米麦石价十余金。

△嘉庆十一年（1806），淫雨涨，溢水入东、北二门。

△嘉庆二十年（1815），在北京建灵石会馆（馆址在宣武门外大街路西），内有偏正两院，房屋40余间，立有碑记。

△嘉庆二十一年（1816），县清查户籍，实有19192户，人口130321人。

△嘉庆二十二年（1817），知县王志瀜主修《灵石县志》（嘉庆版，计6本12卷）。

△咸丰三年（1853），9月17日（农历八月十五日），清政府命胜保在韩信岭阻击太平军北上。

△光绪元年（1875），知县谢均续修《灵石县志》（上、下卷）。

△光绪三年（1877），大旱加瘟疫，3万多人死亡。

△光绪五年（1879），是年鼠患成灾，家室不安，昼夜不宁。

△光绪六年（1880），是年狼灾，全县被伤者约4000人。

△光绪七年（1881），知县赵冠卿续修《灵石县志》（乌丝蓝抄本）。

△光绪十年（1884）四月，韩信岭车路竣工，全长15公里。

杨昉（张家庄村人）用手摇发电机发电，室内放映无声小电影。

△光绪二十六年（1900）11月4日，慈禧太后与光绪皇帝西逃，路经灵石。

△光绪三十年（1904），西藏达赖喇嘛进京，途经灵石。

△光绪三十二年（1906），灵石创建高等学堂（即高级小学）。

县建立劝学所（管理教育之机构）。

二、中华民国大事（1912—1949 年 9 月）

民国元年（1912）

△西乡绅士李时雨、李时光、蔡景潭集资创办双池高小。

民国 2 年（1913）

△3 月 21 日，山西省批复灵石县议会所呈，争回与沁源县有争议的石台、红窑、礓河等 30 村。

△县创建女子学堂。

△县设三等邮局，裁撤驿站。

民国 3 年（1914）

△5 月，灵石县改属河东道。

△县设农桑局。

△山西省矿产测化局到田家山一带勘查硫黄矿。

民国 6 年（1917）

△11 月，废除里甲制，实行区村制，全县设 5 个区（即一区城关、二区静升、三区仁义、四区双池、五区两渡）。

民国 7 年（1918）

△县建苗圃试验场。

民国 8 年（1919）

△9 月，在太原设灵石会馆（馆址在西缉虎营街）。

△县引进意大利黄金种蜂百余箱。

民国 9 年（1920）

△郑耀晖（苏溪村人）创办介山林业会，并培育柏苗数亩，供附近村庄栽植。

△吴之光（西庄村人）等人募集资金，开设晋益公司，从事铁矿开采。

民国 10 年（1921）

△汽车路（太原—风陵渡）通车，由静升镇旌介村入县境，至王庄村出境，县境内全长百余里。

民国 12 年（1923）

△5月，石柜村汾河石桥竣工，桥身长约 250 米。

民国 14 年（1925）

△彭承祖（县长、云南人），创办中医改进研究会，并在静升镇开设绵山中医院。

民国 16 年（1927）

△县城开设第一个西医诊所。

民国 18 年（1929）

△5月11日（农历四月十三日），西乡农民近万人，涌进县城，闯入衙门，要求减免粮赋，县长被迫呈请省署，对应征粮款实行减免。

△商号集资，与官府合办，由南王中引水入城，供民众饮用。

民国 20 年（1931）

△县政府组织学生、警察，宣传、动员妇女解除缠足。

△阎锡山政府组织80余人，在田家山、向阳坡一带用土法炼硫，制造军火。

民国 21 年（1932）

△侯茂堂、侯应堂在静升村创办私立育英学校。

民国 22 年（1933）

△太风公路灵石段从玉成村改道经韩信岭、仁义镇，再从郝家铺出境。

民国 23 年（1934）

△12月30日，南同蒲铁路（介休至霍县段）通车营业，火车首次通过县境。

△桃钮煤矿股份有限公司成立，年产原煤 4 万余吨，销往临汾、运城等地。

△在耿步蟾的倡导下，县长李凯朋主持编修《灵石县志》（12 卷），铅印出版。

民国 25 年（1936）

△3 月 4 日，东征红军抵达双池镇。

△3 月 7 日，红军地方工作委员会在双池镇召开抗日救国动员大会，宣布双池苏维埃革命委员会成立，宋相雄任主席。

△双池苏维埃政府领导贫苦农民打土豪、斗地主、组织红军游击队，有 1000 多人参加红军。

△3 月 16 日，红十五军团佯攻灵石，掩护红一军团南进。

△3 月 17 日（农历二月二十四日），红十五军团一部，逼近县城，抵周宿、草地、姚家山等村。

△同日，红一军团主力，占领南关车站。

△毛泽东率东征红军总部机关抵达西庄村。

△3 月 18 日，红一军团 81 师在南关镇与国民党关麟征部骑兵营交战，激战数小时，关部骑兵营被歼。

△红军总部机关在西庄挖成"幸福泉"。

△3 月 20 日，毛泽东率红军总部机关向隰县康城转移。

△3 月下旬，中共灵石县第一个党支部诞生，支部书记由赵家声（赵起）担任。

△组建中国工农红军晋西游击支队，支队长冯克武，政委马佩勋。

民国 26 年（1937）

△8 月 26 日，灵石县民族革命总动员实施委员会成立（简称动委会）。

△本月，日军多次轰炸灵石县城。县城机关、学校停工停课，师生、群众、县署人员纷纷逃散。

△9 月 4 日，八路军 115 师乘车北上抗日，路经灵石。

△9 月 15 日，120 师在贺龙、关向应的率领下，乘车北上抗日，途经灵石。

△9 月 21 日，凌晨，朱德率 18 集团军总部北上抗日，途经灵石，在水头车站发表演讲。

△本月，灵石县被划归第六行政区领导。

△双池组建动委会，施林杉任主任，赵家声任分配部部长。

△10 月中旬，隰（县）、灵（石）、汾（西）中心县委成立，贾长明任

中心县委书记,赵家声任组织部部长,郭万胜任宣传部部长。

△本月,灵石县牺牲救国同盟会成立,梁子言、刘映时分别任组织部、宣传部部长。灵石县牺盟会归洪赵中心区领导。

△中共太岳区工作委员会成立(简称太岳工委,对外称八路军联络处),灵石县境同蒲路以东归太岳工委管辖。

△12月,中共晋西特委决定撤销隰(县)、灵(石)、汾(西)中心县委,成立中共灵西县委,郭万胜任书记。

△本年冬,国民党将领卫立煌率领官兵数万人驻防韩信岭、摩天岭、秦王岭、柏苍原一带,阻击日军南侵。

民国 27 年(1938)

△1月下旬,日军飞机轰炸灵石县城地区。

△2月初,洪赵特委组建灵石县委,王磊任组织部部长,主持县委工作(时称王磊县委),魏耀德任宣传部部长。

△2月上旬,八路军 129 师 385 团和 769 团,进至灵石、介休之间,侧击南侵日军。

△2月19日,日军 20 旅团部,占领双池镇,杀害民众 300 余人,制造"双池惨案"。

△2月22日(农历正月二十三日),八路军 129 师一部,分击静升、两渡之日军,毙敌 200 余人。

△2月24日(农历正月二十五日),日军侵占灵石县城,从此,灵石县以汾河为界,分为灵东、灵西两片。

△2月28日,国民党军与日军在摩天岭大战,击退日军数次进攻,双方死伤惨重。

△国民党卫立煌部撤离县境,向晋东南转移。

△3月25日,日军制造"玉成惨案",39 人遇难,数百间房屋被烧毁。

△本月,灵石动委会河东办事处在介庙成立,秦述尧任主任。

△春,抗日人民武装自卫队(灵西)成立,王磊任总队长,张德义、王江山分别任正、副队长。随后,区自卫队也相继成立。

△4月28日,决死二纵队 5 团 1 营 3 连在高壁镇伏击日军汽车运输队,毙敌五六十名,击毁汽车 10 余辆,烧毁汽车 4 辆。

△5月上旬,115 师 343 旅袭击两渡、义棠日军,破坏铁路 10 余里。

△本月,灵石河西并存的两个县委合并为灵西县委,直属中共晋西南区党

委领导，郭万胜任书记，梁树棠任组织部部长，魏耀德任宣传部部长，蔡福勤任社会部部长，王磊任党团书记。

△7月初，县牺盟会在双池召开纪念"七七事变"1周年大会，县长燕铭义被群众指控破坏抗日而赶下台。

△7月7日，第六专署委王磊（县牺盟特派员、中共党员）任灵西县长。魏耀德继任县牺盟特派员。

△7月20日，日军三路出击，火烧绵山云峰寺、大雄宝殿、千佛殿、子孙殿、介公祠等古建筑。

△本月，灵石县农民救国会成立，简称农救会，韩志仪（金庄人）任秘书。

△11月，吕梁抗战剧社在双池镇成立。

△灵东动委会创办《炸弹日刊》，主编余茂洲，执笔郑子伟。

△是年，灵西各区相继成立中共区分委和村党支部，党员发展到500余人。

民国28年（1939）

△1月下旬，灵西县委书记梁树棠和宿龙编村党总支委员刘子济参加晋西南区党委代表团，赴延安向中央汇报工作，毛泽东、陈云等中央领导亲切接见了他们。

△4月，决死二纵队在罗汉原重创日军，战后在泉则坪召开庆功暨追悼阵亡将士大会。

△5月，灵东任金梅、张丽皇、孙喜英出席洪赵中心区召开的首届妇代会，任金梅当选区妇救会委员。

△6月，中共灵东县委成立。刘宪任书记，赵源任组织部部长，董峰任宣传部部长。并相继建立区分委和村党支部。

△8月，灵东抗日民主政府在皂角垛成立，赵源任县长。

△9月1日，国民党灵石县党部恢复，设在灵石河西，任松波任书记长。

△本月，日军在两渡、城关、许家店、富家滩、南关、静升、延安、南王中、高壁、仁义、李家山等地设立据点。

△10月，灵东成立县妇救会，张丽皇任秘书。

△12月，阎锡山发动晋西事变，矛头对准共产党、决死队、牺盟会。灵石党、政、军、民团结一致，开展反顽斗争，粉碎阎锡山的反共阴谋。

民国 29 年（1940）

△ 3 月，灵西公安局改编入洪赵支队，下辖 2 个连。

△洪赵支队 800 余人，编入 115 师陈支队，进军山东。

△ 7 月，灵西游击队和县、区、村干部编为洪赵支队（俗称小洪赵支队），郭万胜任政委，李承锟任支队长，辖 5 个连队、500 余人，转移灵东。

△本月，灵东抗日政府在石台村建立民族革命高级小学。这是灵石抗日政府建立的第一所高级小学。

△ 8 月 21 日，太岳区留守部队 59 团，破击富家滩至霍县间铁路。

△本月，灵石县地方武装，配合八路军"百团大战"，破坏同蒲铁路运输，中断敌人交通线。

△ 9 月，灵东贸易局成立。

△本月，灵西划归中共晋西南工委领导。

△ 10 月，灵东部分地区开始减租减息。

△本月，灵东税务局成立，各区设有税务所。

△ 11 月，汾西县游击队 100 余人，转战灵东，与小洪赵支队合编。

△ 12 月，灵东在峪口村举办纺织学校（实际上是抗日政府的后勤工厂）。

△本年，日军强迫种植罂粟 484.77 亩，掠夺富家滩矿煤炭 13300 吨，砍毁介庙松柏林 10 万余株，掠夺木材约 1 万立方米。

民国 30 年（1941）

△ 2 月 26 日（农历二月初一日），洪赵支队与日军在摩天岭激战，日军败退。

△ 3 月 30 日，灵东地区军民实行空室清野，开展反扫荡斗争，粉碎日军"强化治安"。

△春，灵东良子墕民兵在县城南镢子沟口炸毁日军火车 1 列。

△ 9 月 18 日，灵东人民在石台集会，纪念九一八事变 10 周年。

△ 10 月 3 日，灵东游击队夜袭李家山日伪据点，活捉伪村长，夺回被抢的粮食，敌伪军溃逃。

民国 31 年（1942）

△ 3 月下旬，灵石敌工站正式组建。

△ 5 月　灵东、介南合并为介（休）灵（石）联合县，周力任县委书记，

李承锟任县长。

△本月，仁义区分队及部分民兵、群众，在南关碑楼坡底破击铁路，掀翻日军火车1列。

△6月，王虎安率区分队，在三教村附近袭击敌便衣队数人。

△秋，日军对太岳区根据地实行"秋季大扫荡"。

△本年，灵东根据地、游击区，普遍推行合理负担政策，实行"三七"和"二五"减租。

民国 32 年（1943）

△1月，济南银行灵霍营业所在鱼儿泉成立。这是灵东根据地第一个银行营业所。

△本月，介灵贸易局和税务局合并，更名为工商管理局。

△灵东组织"反维持"斗争，实行空室清野，不给敌人一粒粮和一滴水。

△5月，撤销介（休）灵（石）联合县，恢复灵东县建制，冯谊任县委书记，张兴任副书记，李承锟任县长。

△10月14日，洪赵支队（五连）与日军清水大队在桦坡岭激战，毙日伪军数百名。

民国 33 年（1944）

△3月，阎锡山政权在灵西阎统区推行"兵农合一"。

△6月，日军在张嵩村砍伐大批木料，欲劫往日本，被三区游击队、民兵烧毁。

△本年，经太岳军区岳北军分区批准，将裴金旺烈士故乡河南村改名金旺村。

民国 34 年（1945）

△2月，灵东县抗日政府在峪口村召开群众大会，选举李承锟、王晋三为出席晋冀鲁豫边区参议员。

△5月，冀南银行灵石营业所与工商局合并，成立经济局。

△7月，恢复中共灵西县委、县政府，蔡福勤任县委书记，景廷瑞任县长；并组建灵西难民游击队。

△8月14日，太岳部队占领静升镇。

△ 8 月 15 日，日本正式宣布无条件投降，阎县政府抢占县城。

△下旬，晋绥九地委在东许村召开灵西县委、县政府工作人员会议，部署打回灵西发动群众，搞好政权建设工作。

△九月，太岳部队三八团，解放南关镇。

△本年，秋冬间，灵石、霍县、赵城 3 县县大队合并为太岳一分区新 7 团。徐生芳任团长，李成春任副团长，周力任政委。

民国 35 年（1946）

△ 2 月 15 日，灵东一、二区群众举行庆祝停战和平大会，并向全国通电。

△ 3 月 19 日，太岳第 18 军分区灵石县指挥部，向驻灵石县城阎军机关发出了关于派联络小组的复电。

△本月，灵东县长李承锟、贸易局局长王晋三赴河北邯郸出席晋冀鲁豫边区召开的全区参议员大会。

△春，灵东县政府在郑家山成立民兵医院，下设静升、东许两分院。

△ 6 月 20 日，灵西县委书记蔡福勤在火山村外与敌交战中牺牲。

△ 8 月 25 日，太岳军区野战部队四纵 11 旅，首次解放县城，1 月之后主动撤出。

△ 12 月，灵东县政府在西许处决汉奸阎"复仇团"团长吴道龙。

民国 36 年（1947）

△ 1 月 30 日（农历正月初九日），太岳部队配合灵石地方武装，第二次解放灵石县城。

△ 2 月，阎锡山在灵石县推行"三自传训"，残杀共产党员、干部、民兵及革命群众。

△ 4 月 21 日，灵东县委书记张兴在李家山战斗中牺牲。

△ 9 月下旬，灵石 500 余名青壮年报名参加中国人民解放军。

△ 12 月 12 日，灵西县委在陶上等村集中县、区、村党员 63 人，进行整党（三查），至 1948 年 1 月结束。

民国 37 年（1948）

△ 2 月，灵石县调集 3000 名民工，转运粮食 364 万斤，支援陕甘宁灾区。

△ 5 月，人民解放军某部解放富家滩。

△ 6 月 12 日，人民解放军组织晋中战役，进驻本县静升一带，阎县政府

及其地方武装闻讯提前撤走。灵东县委、县政府，县、区武装进驻县城，灵石县城宣告解放。

△8月9日，县支前指挥部成立，柳成任政委，任成生任队长，组织民工千余人，赴太原前线支前。

△8月上旬，吕梁军区九分区第10团、三分区独立营、蒲县独立营、孝义县大队、中阳及洪赵民兵轮战队、灵东县大队、灵西地方武装共3000余人，分兵合击，全歼阎地方武装民卫军，至此，灵石全境宣告解放。

△8月，荡荡岭、南墕、赵家庄、西原、古泊、岭后等村，遭受蝗灾，受灾面积达三四百亩。

△9月16日，灵东县委和灵西县委合并，成立中共灵石县委、县政府，王连生任县委书记，李学敏任县长。

△本月，县委在沙峪村召开土改工作会议，部署老区土改工作。

△10月，中国新民主主义青年团灵石县委员会在沙峪村成立，李林任书记。

△12月1日，中国人民银行灵石县支行建立，发行人民币，停止流通其他货币。

△本年，灵石县政府第一次发放残疾人员抚恤金。

1949 年

△2月15日，二、三区开始土地改革。

△3月5日，灵石县南下干部工作队一行80人，由县委书记王连生带队（其中女性8人），于本日出发，经太岳区赴福建省开辟新区。

△本月，取消粮食交易中使用的升、斗器具，一律以新市秤计算。

△5月26日，县政府发出紧急通知，动员全县人民支援过境西进部队。

△6月，汾西矿务局在南关村开始修建发电厂，1950年4月投产。

△7月，富家滩煤矿首届工会委员会成立。

△8月，沟峪滩开办第一完全小学。

△本月，太岳区党委撤销，灵石县被划归榆次专区管辖。

三、中华人民共和国大事（1949年10月—1985）

1949 年

△10月1日，县委、县政府在县城举行隆重大会，热烈庆祝中华人民共

和国成立。

△10月9日至18日，县第一次党代会在县城召开。县委书记雷林作工作报告，王彪作《全县土改工作报告》，柳成作《冬季生产工作及丈地评产、发放土地证和民主建设的报告》，王新民作《冬季整党工作的报告》。

△10月22日，县首届各界人民代表大会在县城召开，与会代表110人。雷林当选为主席，王彪、张长华为副主席。县长柳成作《施政情况的报告》。

△11月25日，县委举办村干部训练班，部署新区（一、四、五、六区）土改工作，至1950年4月土改结束。

△冬，灵石光明晋剧团成立。

△本年，茹子洼至火车站管道引水工程完工。

1950 年

△2月28日，县首届二次各界人民代表会在县城召开，会期4天，代表133人。会议通过《关于农业生产的方针和任务》《关于军干烈属代耕办法》《关于加强治安工作》等决议。会议选出王新民（宣传部部长）、张长华为出席山西省首届各界人民代表大会代表。

△3月15日至18日，中国新民主主义青年团灵石县委员会第一次代表大会在县城召开。

△本月，灵石县林业办事处成立，统一保护县境山林。

△4月，县干部文化补习学校成立。

△5月，全县掀起学习、宣传、贯彻《婚姻法》的热潮。

△6月1日，县城召开庆祝第一个国际儿童节大会。

△7月，县新华书店成立。

△12月，县公安部门对分布全县的28种反动会道门组织，进行登记取缔。

1951 年

△2月22日，镇压反革命运动在全县展开。

△3月19日，破获3名故意制造两渡破坏火车事件的现行反革命，并依法处决。同月，在段纯破获"青红同盟"反革命集团。

△春，山西富家滩煤矿公司成立。

△5月，破获"大同社会党"反革命集团。

△8月6日至12日，县第二次党代会在县城召开，出席代表149人。会议作出《开展整党，加强党内外宣传教育工作》《深入开展抗美援朝爱国运动》

《巩固镇反成果》的决议。

△ 10 月，县委机关报《灵石小报》创刊，每周 1 期，每期印 500 张。

△ 12 月 1 日，县城召开第一届工代会，出席代表 42 人，特邀 1 人，列席 7 人。会议选举产生了第一届工会联合会，赵联富当选主席。

△本年，东堡村、南洼山、岭后等村开始栽培苹果树。

△本年，山西省工业厅矿务局在南关建立南关硫厂。

1952 年

△ 1 月 3 日，县开展反对贪污、反对浪费、反对官僚主义的"三反"运动。2571 名干部、职工参加。

△ 2 月 7 日，县城召开"五反"运动动员大会。

△ 3 月 5 日，县长柳成在"三反"运动中被错整拘捕入狱，同年秋经甄别后调离。

△本月，县推行祁建华速成识字法，城镇、乡村掀起扫除文盲行动的高潮。

△ 7 月，县首届妇女联合会在县城召开大会，总结中华人民共和国成立以来的妇女工作，制订今后工作计划，选举产生了灵石县民主妇女联合会，王玉香当选主席。

△ 9 月 7 日，灵石中学筹办就绪，正式开学，招收初中 3 个班，学生 165 人。

△ 9 月 26 日，县召开二届一次各界人民代表大会，出席代表 135 人。会议代行人民代表大会职权，审议了《政府工作报告》，选举了县长、副县长。

△城关地区各界集资创办城关民办高小。

△本年，县建立禁毒委员会，下设禁烟办公室，抽调力量，以城关、仁义、双池为重点，在全县开展禁止鸦片烟毒运动，共收缴烟土 1472 两，对拒不悔改的贩毒者依法予以严惩。至 1953 年末，全县烟毒得以根除。

1953 年

△ 2 月下旬，县委召开县、区主要领导干部会议，大张旗鼓地开展镇压反革命运动。

△本月，四区镇威、孙家沟，五区云义出现拜神求药迷信活动，很快发展到 4 个区 31 个村上万人参加，11 人送命，在县委、县政府的正确领导和教育下，于 3 月中旬得以平息。

△ 5 月，山西省电影放映队第 71 队到县城演出《钢铁战士》。

△ 6 月 30 日，进行第一次全国人口普查，全县 117663 人。

△ 9 月 2 日，全县肃反运动开始，至 10 月 21 日结束。

△本年，全县试办玉成、洪土、英武等 10 个初级农业生产合作社。

△本年，汾西矿务局成立，灵石县南关煤矿、两渡煤矿、张家庄煤矿建成，连富家滩煤矿统称南四矿。

△本年，引进美国金黄后、朝鲜白马牙玉米新品种，在全县推广。

1954 年

△4 月 30 日，县保健委员会成立，国家干部开始享受公费医疗。

△6 月 20 日，全县广泛学习、讨论《宪法（草案）》。

△6 月 29 日至 7 月 3 日，县第一届人民代表大会召开，出席代表 112 人。大会选举康永祥（省特等工业劳模）、庞东虎（吴家沟农业社社长、农业劳模）为出席省人代会代表。

△本月，本县开始实行粮、油统购统销。

△9 月 4 日，本县下大雨，汾河最大洪峰为 2058 米／秒，洪水高出县城街面。

△9 月 15 日，棉布实行定量（凭证）供应。

1955 年

△1 月 3 日，县第一届第三次县人民代表大会召开，出席代表 113 人。大会选举王炳荣为县长，田祝三、赵彦、梁子言为副县长。

△1 月 11 日至 17 日，中共灵石县第一次代表大会召开，出席代表 128 人，列席代表 85 人，选出李文明、王炳荣、刘玉亭为出席省首届党代会代表。

△3 月 1 日，新人民币在全县发行，开始收兑旧币。

△8 月，县内猩红热病流行，死亡 12 人。

△9 月，县抽调 57 名干部，组成改造落后村工作队，对河洲、苏溪、英武等 16 个村进行改造，至 10 月 22 日结束。

△11 月 6 日，县城"宝和祥""万兴隆""复庆恒"药店实行联营，组成大众药房。

△本年，县中药材经理部成立。

△县域麻疹流行，患者 823 人，死亡 29 人。

1956 年

△1 月 21 日，全县第一个高级农业生产合作社——水峪先锋农业社成立。

△本月，县开始对资本主义工商业进行社会主义改造。

△2 月 8 日，县召开会议，热烈庆祝初级农业生产合作社过渡到高级农业

生产合作社。

△本月，灵石县公私合营煤矿组建。

△7月30日，两渡煤矿发生井筒倒塌事故，工程师徐光耀、技术员胡文选等9人死亡，经济损失159000元。

△9月20日，全县进行第二次普选，至11月5日结束。

△12月13日，县第二届第一次人民代表大会召开，出席代表130人。大会选举尹宗典为县长，田祝三、赵彦、梁子言为副县长。

△本年，城关幼儿园成立，1969年更名为县级机关幼儿园。

1957年

△3月18日，县域发生流感，截至本日发病者达3873人，死亡5人。

△4月29日，全县开展"反对官僚主义、宗派主义和主观主义"的整风运动。

△5月，泉则坪、沟二里、田庄、回龙等地出现拜神求药迷信活动，涉及汾西、隰县、孝义的15个村庄，经教育后到6月得以制止。

△6月1日，县有线广播站建立。

△7月25日下午，暴雨袭击尹家庄村，有172孔（间）窑洞、瓦房被山洪冲毁。

△本月，反右派斗争在全县展开，有68个单位、6619名干部参加，运动至1958年8月结束。

△本月，县办柴油机发电厂投产送电，供县级机关照明，至1958年8月拆除。

△本月，人民剧院在新街建成。

1958年

△2月22日，中共灵石县第二次代表大会召开，大会传达毛主席《论工作方法60条》，通过了《灵石县1958年农业发展规划草案》，选举李文明任第一书记，尹宗典任第二书记，许大华、李树杞任副书记。

△2月24日，灵石县工会先进工作者代表会在县城召开，会议传达中华全国总工会八大决议，选举出席省总工会第四次代表大会代表。

△本月，全县进行第三次普选。

△4月1日，灵（石）回（龙）公路破土动工，年底通车。

△4月15日，县召开第三届第一次人民代表大会，出席代表145人，选举尹宗典为县长，赵彦、梁子言为副县长，选出尹宗典、庞东虎、庞湘川、李公铁为出席山西省第二届人民代表大会代表。

△8月25日，县城建成6千伏变电站，开始送电，柴油发电厂停电拆除。

△本月，灵石中学增设高中班 2 个，招生 94 人。

△9 月，全县开展大炼钢铁的群众运动。

△本月，废区、乡制，建立政社合一的人民公社。农村实行食堂化。

△10 月 2 日，灵石、介休、孝义三县合并为介休县，灵石称协作区。

△11 月，静升公社引进捷克 6 马力和东德 5 马力拖拉机 6 台，县开始使用拖拉机生产。

△本年，全县相继办起 45 所半耕半读的农业中学。

△本年，灵石县开始在夏门石料厂生产水泥。

1959 年

△春，国营灵石煤矿成立。

△4 月，灵石石膏矿移交中央，改名中华人民共和国建筑材料工业部灵石石膏矿。

△8 月，破获反革命集团"及时雨义队"。

△本月，全县开展反对右倾机会主义运动。

△本年，将新市秤改为 10 两 1 市斤，中医处方仍沿用 16 两秤计量。

△本年，县组织青壮劳力 500 人，参加文峪河水库建设。

1960 年

△2 月，全县进行第四次普选。

△3 月，本县各中学师生轮流到文峪河水库参加劳动。

△同月，中央冶金部在梁家圪塔采矿厂召开全国采矿冶金现场会。

△5 月 13 日，中共介休县第三次代表大会（三县合并）召开，灵石代表 15 名。

△6 月 16 日，两渡煤矿河溪沟井发生瓦斯爆炸，38 人死亡，1 人重伤，4 人轻伤，摧毁巷道 2000 米，停产 15 天，副矿长、总工程师、技术员等人被追究刑事责任。

△本年，县营梁家圪塔铁厂移交地营，更名晋中专区梁家圪塔采矿厂。

1961 年

△5 月 1 日，灵石县恢复建置。全县划为 18 个人民公社。

△7 月 1 日，县举办大型党史展览。

△本月，县委在两渡开办党校，1964 年迁回县城，1966 年后半年党校停办。

△11 月 12 日至 13 日，县召开第四届第二次人民代表大会，出席代表 115

人。大会选举王良厚任县长，赵守仁、范周、梁子言为副县长。

△本年，县组织 2000 名劳力参加孝义县张家庄水库建设。

△本年，在沟峪滩建县营林场，总面积 13.84 万亩。

1962 年

△七月上旬，本县降冰雹。全县 4500 余亩农作物受灾严重。

△8 月 13 日，下午 3 时许，两渡公社所属村庄遭受雹灾，全社减产三四成。

1963 年

△3 月 5 日，全县城乡开展向雷锋同志学习的群众活动。

△5 月 15 日，全县开始第五次普选，至 6 月 5 日结束。

△8 月 2 日，县分批开展"五反"运动。

△8 月 3 日，县召开第五届第一次人民代表大会，出席代表 158 人。大会选举陈耀清任县长，郭天成、暴生和任副县长。

△11 月 10 日，全县开展农业学大寨运动。

1964 年

△2 月，南关陶瓷厂建成投产。

△7 月 1 日，县灵（石）回（龙）公路客运班车开始营运。

△10 月，全县贯彻省委《关于开展农村社会主义教育运动初步部署的通知》，在部分公社试点，称当年"四清"（1965 年 5 月底全部结束）。

△本年，进行第二次人口普查，全县共有 36640 户，156892 人。

△本年，首批知识青年 161 人（其中女 61 人）分别到双池公社、城关公社插队劳动，至 1978 年 10 月对在本县插队的知青进行安置，1981 年安置完毕。

△本年，在许家坡底建县营苗圃，面积 120 亩。

1965 年

△6 月 17 日，中共灵石县第四届第一次代表大会召开，大会选举柳成、暴生和、韩继荣、温永山为出席省党代会代表，郭桂根为候补代表。

△7 月 21 日，全县进行第六次普选，至 8 月 31 日结束。

△11 月 5 日，县人民医院创办农村卫生学校。

△12 月 1 日，县第六届第一次人民代表大会召开，出席代表 199 人。大

会选举陈耀清为县长，郭天成、段秀峰、韩继荣为副县长。

△12月29日，北空一架安Ⅱ型飞机，在本县东山海拔2454米处因水箱冷冻降落失事，机内3人死亡，1人重伤。北空对于抢救失事飞机的县公安局和柏沟村民兵进行表扬。

△本年，在全国支农产品评比中，南关农具厂生产的山地犁被评为三等奖。

1966 年

△2月19日，全县开展向焦裕禄同志学习的活动。

△6月19日，灵石中学贴出第一张"大字报"，从此，灵石县"文化大革命"开始。

△8月，各中、小学组织"红卫兵"，城乡开展"破四旧"活动。

△12月9日，西安红卫兵串联到仁义，发生"一二·九事件"。

△本年，本县发现布鲁氏杆菌病，死羊58只。

△本年，从忻县引进春杂12号优种玉米，在全县推广。

1967 年

△1月20日，公安、法院、检察院被"造反派"组织夺权。

△1月22日，县委、县政府被"造反派"组织夺权。

△2月14日，县委、县政府被"革命造反总指挥部"夺权，又称"第二次夺权"。

△本月，全县中小学全部停课"闹革命"。

△8月10日，灵石"总站"召开群众组织大会，再次夺取县委、县政府之权，又称"第三次夺权"。

△本年，向阳坡硫黄厂改建为灵石硫化厂。

1968 年

△4月27日，汾河工农大桥（火车站西）动土兴建，由太原化肥厂投资，于次年10月1日竣工通行。

△8月，县革命委员会筹委会组建。

△9月29日，两派群众组织在县城发生"武斗"，称"9·29事件"，受伤者甚多。

△12月14日，两派发生武斗，县人民武装部副政委渠志凯被害，称"12·14"事件。

△本年，太风公路从玉成改线，夏门—南关段动工修建，石桥出境。

△本年，县新华书店营业大楼落成。

1969 年

△8月，县公安、法院、检察院被实行军事管制。

△9月10日，灵石县革命委员会成立。

△本月，中共灵石县革命委员会核心小组成立。

1970 年

△1月，全县开展整党建党运动。

△2月，全县开展"一打三反"运动。

△5月11日，下午6时许，城关、水峪、南关、交口、双池公社30个大队，遭受冰雹袭击，受灾面积达7920亩。

△6月2日，下午，王禹、梁家墕2个公社8个大队，受冰雹袭击，受灾面积4266亩。

△6月13日，下午2时许，马和公社10个村庄遭受冰雹袭击，受灾面积达5924亩。

△11月，县修建三（湾口）段（纯）公路，全长15公里。

△12月，县广播站购回"北京牌"黑白电视机2台，灵石县城开始有了电视机。至1985年，全县有各种型号电视机1万台，南岭村成为第一个电视村。

△本年，静升一带水稻试种成功，栽种面积500亩。

△本年，南王中铁厂开始筹建（地址南王中村沟口），于1971年1月建成投产。

1971 年

△4月4日，中共灵石县第五届第一次代表大会召开，出席代表300人。会议选出县委常委7人，李修明当选县委书记。

△本年，全县开展清查"5·16"分子运动。

△本年，县传达"9·13"林彪事件。

△本年，双池公社和回龙公社被划归交口县。

△本年，太风公路改称太茅公路，灵石段从玉成村改道，经张家庄、夏门、富家滩、道美村、石柜村，从石桥村出境。全线竣工通车。

1972 年

△ 4 月 1 日, 县化肥厂破土兴建, 于 1973 年 9 月投产。

△本月上旬, 县前进渠灌溉工程破土兴建, 后因工程浩大而停工。

△ 5 月, "七二五"台工程破土动工。

△ 8 月 26 日, 35 千伏变电工程完工投产。

△ 9 月 18 日, 县开展"批林批孔"运动。

△本年, 县革命委员会在旌介村建五七干校, 以后改为党校。

△本年, 在海南岛和永济县研制的玉米晋单 6 号杂交种 1 万斤, 运回县推广, 并建基地开始自己培育。

1973 年

△ 1 月 30 日, 县建材厂发生重大爆炸案, 炸死 3 人, 伤 3 人, 损失万余元。

△ 3 月, 县委成立工业学大庆领导组。

△ 6 月, 县委成立人防战备领导组。

△ 7 月 1 日, 草地村建成本县第一个电视转播台, 开始转播。

△本年, 五一百货大楼建成开业。

1974 年

△ 1 月, 县贫下中农管理委员会派贫下中农代表进驻学校。

△ 5 月 1 日, 县工人阶级宣传队进驻灵石中学。

△本月, 地方国营灵石县南王中煤矿建成。

△ 11 月 25 日, 静升村青年农民武金林向党中央写信, 认为"刘少奇的某些主张是符合马列主义的, 中央在对刘少奇问题上, 有不妥之处, 建议重新审定刘少奇问题"。之后, 武金林被打成现行"反革命", 被判刑 7 年, 后于 1979 年 7 月平反, 释放回村。

1975 年

△本年, 灵石二中建成。

△本年, 树脂厂建成投产, 电石产品远销国内 9 省, 市及东南亚 5 个国家和地区。

1976 年

△ 1 月 8 日，全县人民沉痛哀悼周恩来总理逝世。

△ 3 月下旬，夏门汾河公路大桥开始施工兴建，次年 7 月 1 日竣工。

△ 7 月 6 日，全县人民隆重悼念朱德委员长逝世。

△本月，石膏水泥厂建成投产。

△ 8 月 14 日中午，夏门、水峪、城关、荡荡岭、西许、英武、马和 7 个公社 43 个村庄，遭冰雹袭击，40000 亩作物受灾。

△ 9 月 9 日，全县人民沉痛悼念毛泽东主席逝世。

△本月，冶金部召集全国冶金系统及有关大专院校 40 多家单位，对灵石铁厂使用的新质耐火混凝土高炉作现场鉴定，其经验在全国推广。

△ 12 月 23 日，段纯供销社发生爆炸事故，炸死售货员及顾客 4 人，炸塌门市 5 间，损失高达 2 万余元。

1977 年

△ 4 月 15 日，县汽车运输公司一司机驾驶"解放牌"货车，经富家滩车站道岔口与 52879 次货车相撞，造成 4 人死亡，经济损失 45000 余元。

△ 7 月，本月发生 4 次洪灾，85 个大队的 13693 亩农田受灾，冲毁土石坝 17193 米，送水管道 80 余米，倒塌房屋 34 间，冲走焦炭 250 余吨，猪羊 50 余只，死亡 7 人。

△本年，从蒲县引进公鹿 3 只、母鹿 7 只，在梁家墕乡泊泊村鹿场饲养。

1978 年

△ 11 月 6 日，中共灵石县第六届第一次代表大会召开。大会选举胡良奇为县委书记，陈喜旺、张生来、郝应有、杨元通为副书记，郝应有兼任纪检委书记，王子岐、郭树柳为副书记。

△本年，灵石汽车修配厂建成，承担汽车中修业务，厂址在沙峪村口。

△本年，县委机关始设中文传真机，由灵石—榆次机要载波专线传送。

1979 年

△ 3 月 10 日，县委召开会议，贯彻党的十一届三中全会精神，落实党的各项政策，对错划右派及冤、假、错案给予纠正，彻底平反。至 1985 年，全县共纠正错划右派 88 人，认定投诚人员 205 人。

△ 4 月 9 日至 11 日，县妇联召开第六届代表会，各条战线先进妇女共有 375 人参加。大会选举张金娥为县妇联主席。

△ 6 月 19 日 12 时 15 分至 14 时 8 秒，静升、两渡一带，受地震影响（震中介休洪山 5.2 级），伤 2 人，死驴 2 头，损坏房屋 310 间。

△ 7 月 29 日下午 3 时许，暖会、岩村、西沟三村遭暴雨、冰雹同时袭击，300 多亩沟地被冲毁。

△ 10 月，杨家山特种焊条厂成功研制"铸铁石墨化"SZ-1 型电焊条。

△本年，全县开始使用公制计量器具。至 1985 年，全县商业系统取消旧制，实行公制计量，中药处方也改用公制处方。

△本年，太茅公路改为太三公路，国道 108 线灵石段由旌介村入境，至石桥村出境。

1980 年

△ 8 月 10 日，县公安局副局长赵能喜在追捕持枪杀人犯桑某的战斗中牺牲。

△ 12 月 22 日，静升公社话务员被暗杀，不久县公安局就破案。

△本年，县体育场建成，场址在铁路东侧。

△本年，夏门水泥厂建成，年产 325 号矿渣硅酸盐水泥 3 万吨。

1981 年

△ 3 月 25 日，第七次普选开始进行，至 6 月 15 日结束。

△ 6 月 8 日，县第七届第一次人民代表大会召开，出席代表 198 人。大会选举陈喜旺为县长，王荣科、刘珊、刘敏、权恒达、赵佐武为副县长，赵彦为县人大常委会主任，张生来、范周、高虎生、郭景英、韩来管、韩培道为副主任。

△ 6 月 16 日，灵石县革命委员会改为灵石县人民政府。

△ 9 月 18 日，县成立中国人民建设银行灵石县支行。

△本月，县建立第一所光荣院，接收全县 18 户无依无靠的烈军属入院。

△ 11 月 22 日，《灵石县志》编纂委员会成立，下设办公室，开始征编工作。

△本年，全县农村推行土地等主要生产资料承包经营，林业、畜牧、工副、农机、水利等逐步实行专业承包责任制。

△本年，河西煤矿建成。

1982 年

△3月，县城开展"全民文明礼貌月"活动，规定每年3月为"文明礼貌月"。

△4月26日，中共灵石县党史资料征集领导组成立，与县志办公室合署办公。

△6月22日，灵石县最大餐馆翠峰楼饭店建成营业。

△6月30日，进行第三次人口普查，全县总人口202155人。

△7月21日，灵石县个体劳动者协会成立，至1985年发展会员近万人。

△7月23日，山西省副省长赵军到灵石检查工作，并看望2名山区模范教师王万祥和张秀清。

△9月，县召开殡葬改革会议。

△10月10日，县城开展"五讲四美"活动。

△10月13日，全国先进炊管人员张万林参加北京经验交流会归来。

△本月，灵石服装厂建成。

1983 年

△2月，南关铸管厂建成投产，年产水管3600吨。

△春，晋阳电碳厂修建，同年竣工投产。

△8月8日，灵石县南王中煤矿铁路专用线指挥部成立，铺轨6.6公里。

△9月，灵石电影院落成。

△11月10日，中央农业广播学校灵石分校建立。

△12月20日，"力群、牛文画展"在县文化馆展出。

△12月23日，进行第八次普选，至1984年2月24日结束。

△本年，全县撤销公社建制，实行乡、镇制。

△本年，全县有1299户农民承包治理小流域650条，流域面积42924亩，管护面积3516亩。

△本年，全县出现进行专业生产和重点生产的专业户、重点户，共2849户。

△本年，县城召开2次万人大会，判决一批抢劫、强奸、杀人、盗窃犯罪分子。

1984 年

△2月（农历正月十五日），县城举办大型文艺会演，晚上举行第一次焰火活动。

△4月8日，中国人民政治协商会议灵石县委员会成立，并召开首届一次委员会。会议选举刘贤杰任主席，吴仁成（县委统战部部长）、韩国栋（工程

师）、赵贵书（民盟盟员）为副主席。

△4月9日，第八届一次县人民代表大会召开，出席代表235人。大会选举张棨为县长，范浩里、赵佐武、李秉义、申守忠、傅一元为副县长。

△5月1日，灵石铁厂由晋中地区移交县管，更名为灵石五一铁厂。

△5月12日，城关二小学教师李灵丹出席山西省优秀班主任表彰会，荣获全国优秀班主任金质奖章。

△9月20日，南沟村刘士杰酒后开车，与临汾地区面包车相撞，死亡4人，重伤2人，两车严重损坏。

△本月，灵石一中教学楼竣工。

△本月，百货、交电、副食3个公司合并，建立灵石贸易中心。

△11月1日，更新草地电视转播设备。

△11月5日，县团委发出号召，要求团员、青年清除和抵制资产阶级精神污染。

1985 年

△1月5日，山西省第一个硫铁矿联运站在富家滩建成开业。

△本月，旌介村发掘商代古墓葬。

△3月，太三公路改线，拓宽为二级公路，改名大运公路，决定开工。

△6月10日，县召开"女能人"表彰会，出席大会代表152人。大会选出了25名标兵和7名女企业家。

△7月，中国科学技术协会副主席裴百生为新编《灵石县志》题词。

△8月20日，中国国民党革命委员会灵石县支部委员会成立，王维桢任主任委员。

△9月10日，县城召开第一个教师节庆祝大会。

△10月10日，县委、县政府办公大楼竣工。

△11月2日，玉成煤炭发运站竣工，年发运能力100万吨，机械化程度居全省乡镇企业之首。

△11月3日，县中医院正式开诊。

△11月14日，本县平州无线电厂研制的"太岳牌"全频道集成电路14英寸黑白电视机，通过山西省电子产品检验所鉴定。

△本年，新修的灵石亭落成。

附　录

一、文　献　选　录

《灵石记》	（唐）王　宰
《高壁镇新建通济桥记》	（唐）萧　洪
《宋赠尚书祠部员外郎文铳》	（宋）文彦博
《重修汉淮阴侯庙记》	（元）归　旸
《重修河东公祠记》	（明）吴　珉
《重修义勇武安王庙记》	（明）白　夏
《重修庙学记》	（明）孔天允
《重修冷泉关记》	（明）沈复礼
《新建文昌阁记》	（明）申嘉言
《灵石新城记》	（清）王国祯
《灵石县民主政府关于新解放区政策的布告》	（1948 年）
《灵石县人大关于开展抗美援朝保家卫国的决议》	（1951 年）
《灵石县人大关于严厉镇压反革命活动的决议》	（1951 年）
《灵石县人大关于认真贯彻执行〈婚姻法〉的决议》	（1951 年）
《灵石县人大关于建设林区县实施方案的决议》	（1982 年）
《灵石县人大关于通过县城总体规划的决议》	（1984 年）
《灵石县人大关于修复"灵石"的决议》	（1985 年）
《中共灵石县委关于严格控制人口增长的规定》	（1987 年）
《中共灵石县委关于实行党政干部岗位目标责任制的规定》	（1988 年）
《中共灵石县委关于领导干部廉政建设的规定》	（1989 年）
《中共灵石县委关于加强老干部工作的意见》	（1989 年）
《灵石县城区土地占用审批管理暂行办法》	（1988 年）
《灵石县保护水资源管理暂行办法》	（1988 年）
《灵石县焦炭运销统一管理暂行办法》	（1988 年）
《灵石县国有房产管理暂行办法》	（1988 年）
《灵石县基本建设项目审批管理暂行办法》	（1988 年）
《灵石县行政事业单位实行审计的暂行方法》	（1988 年）
《灵石县政府职能部门主要领导干部实行政绩考评的暂行办法》	（1988 年）
《国营企业职工退休费用实行社会统筹的意见》	（1988 年）
《灵石县科技人员职称聘任管理暂行办法》	（1988 年）

《灵石县爱国卫生监督管理行政处罚暂行办法》　　　　　（1988 年）

《灵石县关于横向经济联合审批管理暂行办法》　　　　　（1988 年）

《灵石县乡镇煤矿地销煤炭暂行管理办法》　　　　　　　（1988 年）

《灵石县煤炭资源保护和矿井审批管理暂行办法》　　　　（1989 年）

《灵石县林木采伐更新管理暂行办法》　　　　　　　　　（1989 年）

《灵石县煤炭发展基金统筹管理暂行办法》　　　　　　　（1989 年）

《灵石县企业发展基金使用管理暂行办法》　　　　　　　（1989 年）

《灵石县关于统筹人民教育基金的决定》　　　　　　　　（1989 年）

《灵石县科技发展基金使用管理暂行办法》　　　　　　　（1989 年）

《灵石县环境保护基金管理暂行办法》　　　　　　　　　（1989 年）

《灵石县劳动合同鉴证实施办法》　　　　　　　　　　　（1989 年）

《灵石县商业网点改造基金使用管理暂行办法》　　　　　（1989 年）

《灵石县新产品开发基金管理暂行办法》　　　　　　　　（1989 年）

二、历代修志记略

灵石建县于隋，历唐、宋、金、元，却均无县志可考。史载，明永乐十六年（1418），成祖皇帝（朱棣）"诏令纂修天下郡县志书"，颁布了"纂修志书凡例"。据永乐十九年（1421）刊行的《文渊阁书目》卷 20 "新志"中著录：有《灵石县志》1 部。成化《山西通志》卷 2 曾引"风峪""形胜"二条（见当代李裕民著《山西古方志辑佚》），但是此志失佚已久。明万历二年至七年（1574—1579），知县白夏（颍川卫人）曾纂修《灵石县志》。明万历二十九年（1601），知县路一麟纂修《灵石县志》，其序言："灵石旧有志，乃颍川白公所辑，凡三十春秋。"可见，当时已不知有前志，那次修志时吸取白夏《灵石县志》的内容，而白夏原志也已失佚无考。目前，国内现存历代《灵石县志》有 5 种版本、1 种抄本，简述如下：

《灵石县志》（万历版）

明万历二十九年（1601）木刻本。

知县路一麟纂修，庠生杨大壮书。

据路一麟原序："不佞弗揣管窥，爰于公余取旧志尝披阅之，久之地理建置之故，风俗人物之实，颇洞于胸中，遂删其繁浩，次其篇类，间亦附以臆说凡十篇焉。"

全志有 4 卷 1 本，为纂修本。

卷1包含：地理（沿革、疆域、分野、形胜、山川、城池、风俗、堡寨、关塞、佳景、水利、丘墓），建置（县治、仓场、铺舍、市集、牌坊、马政）。

卷2包含：祠祀（庙宇、寺观），食货（户口、田赋、物产），官师（知县、县丞、主簿、典史、教谕、训导、巡检、驿丞）。

卷3包含：人物（忠良、孝义、列女），仕进（进士、举人、岁贡、例监、武职），祥异（祥异、灾异）。

卷4包含：貤封，艺文（书籍、碑文）。

附有县城、县境草图各一。

原本现藏于北京图书馆，县志办公室存有复印本。

《灵石县志》（康熙版）

清康熙十一年（1672）木刻本。

知县侯荣圭纂辑，庠生张尊美编纂。

据侯荣圭序："不佞于政暇阅及灵志，见分野辨而天道备，疆域奠而地理明，官师设坊表立而人事存焉。是役也，固天文、地理、人事之纪，而守土者不可不慎其事也。伏遇上台移檄征志所属，灵虽蕞尔隅，东绵屏峙，西汾环绕，钟灵毓秀，间有伟人，且表里山河，关锁扼塞，实河东郡牖户，是志之尤重且切也。盖灵志创始，远不可稽，一见于明万历辛丑知县路一麟类称良史材，其著次条目，遇嘱瞭然，似无容更赞一辞。""揣多固陋，又兼繁难，恐难称事，延同学师庠彦，搜往牒、采舆论，循名核实，商订真赝，仍其旧乘之篇目加以修饰。"

全志4卷2本1函，为续修本。

卷1包含：地理第一（沿革、分野、形胜、山川、城池、堡寨、关塞、古迹、佳景、水利），建置第二（县治、巡检司、驿传、分司、公馆、社仓、武备、存恤、桥梁、市集、风俗、丘墓、仓场、牌坊、里社）。

卷2包含：祠祀第三（庙坛、寺观），田赋第四（户口、田粮、站粮、程课、钢银、户盐、学田、银差、力差、食货），官师第五（知县、县丞、典史、儒学、巡检、驿丞）。

卷3包含：人物第六（忠孝、节义），仕进第七（科目、岁荐、例贡、橼吏），祥异第八。

卷4包含：貤封第九，艺文第十（书籍、碑文）。

原本现藏于全国各大图书馆和本县档案馆，县志办公室存有手抄本。

《灵石县志》（嘉庆版）

清嘉庆二十二年（1817）木刻本。

知县王志瀜纂修，举人黄宪臣编次。

据王志瀜序："然则征文考献佑启愚蒙，又乌得不亟取诸志哉，愿尝披检旧文，因陋就简，残缺未备，又自康熙壬子距今百五十余年，从无厘正修葺之者，余兹恧焉。""顾兹事体大，余愧谢陋，因循而未果，丙子夏，次皋黄君以海南名宿观政并门，向与余订文字交，因罗而致之，乃广约曲求，旁搜隰括，易其词，核其事，正其体，疏其目，远而有征，近而不秽"。

全志 12 卷 6 本 1 函，为重修本，具体分为：

图考（星野、县境、县城、学宫、县署、巡检署、八景等图）。

地舆志卷 1〔沿革、分野、疆域、山川（附水利）、风俗〕。

建置志卷 2〔城池、县治、坊表、桥梁、里甲（内村庄）、市集〕。

食货志卷 3（田赋、户口、仓储、榷税、盐法、物产）。

学校志卷 4（学宫、祭仪、乐章、祭器、书籍、学署、学额）。

典礼志卷 5〔祠庙（附祀典）、坛遗、邮政〕。

武备志卷 6〔营伍、关隘（堡寨墩附）、军器、邮政、铺递〕。

职官志卷 7（知县、县丞、教谕、训导、巡检、典史、驿丞、武职、宦绩）。

选举志卷 8〔进士、举人、孝廉方正、贡生（恩拔副岁）、武进士、武举、仕籍、候选、职衔、议叙、封典〕。

人物志卷 9（忠孝、善行、捐赈、列女）。

古迹志卷 10（名胜、寺观、丘墓）。

艺文志卷 11（记、诗）。

杂录志卷 12（祥异、事考、仙释）。

原本现藏全国各大图书馆，本县档案馆和县志办公室另有影印本。

《灵石县志》（光绪版）

清光绪元年（1875）木刻本。

知县谢均纂修，举人白星炜编次。

据谢均序："思及县志风教攸关，幼海王公修于嘉庆丁丑，距今六十载缺修未续，其间之节义事功可法可传者累累，曷可听其残坠，后世征信为难、邑宰敢不亟图，然事关文献，所系非轻，而职在有司，虽欲辞之不可，爰延订广文庚西白公、淇园宋公、铁轩曹公广征博采，即以睹闻为实录，朝夕讨论，考订增删，事迹有加，体例无改，阅五月而属草始成，增补两卷以付梓。"

全志分上、下 2 卷 1 函，为续修本，设学校、武备、职官、宦绩、选举、仕籍、职衔、议叙、封典、人物、善行、列女、艺文等篇目。

现全国各大图书馆和本县档案馆均藏有原本，县志办公室存有影印本。

《灵石县志》（抄本，光绪版）

清光绪七年（1881）乌丝蓝抄本。

知县赵冠卿纂修（新调知县李永霖同署名），举人何庆澜编次。

据赵冠卿序："辛巳七月余奉委署理斯邑，值列宪修辑通志，饬州县各修邑乘呈送以备采择，余以谫陋，谬当斯举，自顾甫经下车见闻未周，乃罗致邑举人何公漪泉总辑之，并邀集同寅及邑绅诸君协办其事，博采广搜，考实而征文，依类而纪事，词则贵雅，语必删繁，稿将竣，嘱余为序，以弁续简。"

全志分上、下2卷，为续修本，设建置、食货（田赋、户口）、学校、典礼、武备、大赏志、职官、宦绩、仕绩、选举、封典、人物、艺文、杂录等篇目。

原本现藏于北京图书馆，县志办公室存有影印本。

《灵石县志》（民国版）

中华民国23年（1934）铅印本。

县长李凯朋监修，山西省实业厅长耿步蟾纂修。

优廪生张象舒、恩贡生田万棠、优贡生李时光副修，廪贡生蔡启源、记名县长张壬林协修。

耿步蟾的《重修灵石县志序》云："民国十八年（1929）春，各县奉到省政府转国民政府通饬修志令文并省颁条例。时蟾适充省委兼长农矿厅，以振兴实业先须明了各县情况，因饬各县呈送县志，并曾函商于宰灵邑之刘君翰池，拟请设局重修。一面又函请本邑张子和、田维召诸绅提倡捐款以备重修费用。盖自民国以来，政体既异，因革损益，百废维新，邑志之增修实有裨于政务之借鉴。惜晋省自民国甲子后受时局影响，频年用兵，间以水旱偏灾，而灵石又以土匪滋扰，纷纷请驻军，练民团，饷馈差徭，上下交困。修志之事因之不果，荏苒至今，殊觉歉然。二十二年（1933）秋间，奉命赴晋南巡阅并视察种植棉烟成绩。道经灵石，遇邑宰李君凯朋于汽车站，旧事重提，因请其提倡速办。盖李君自委署灵篆，励精图治，匪患次第肃清，闾阎相继复业，政通人和，比岁丰粮，百废俱兴。政务之暇以县志重修义不容缓，爰邀集士绅迭开会议，询谋佥同，克期举办。于本年四月一日设局调查，编辑，分头进行，以志局经费之摊派易于扰民也，凡一切筹办、采访、编纂、誊缮、文具、纸张、印刷以及薪工火食等费统由募捐出之，其为书都十二卷，首图考，以地舆志始，以杂录志终。自调查至属稿凡八阅月而蒇事。且旧志所载一仍旧贯，新书所增胥属实录。""今之重修率由旧章而附以新志，亦先民是程之意尔。""稿成寄并嘱蟾以纂修事，因于簿书之暇详加阅览，兼为校正文字或略加点窜，总期笔于书者具见简明，毋召续貂之诮，而览斯文者足资考镜，不来题风之讥。是亦蟾之所深幸者已。"

全志12卷6本1函,为重增修本,具体分为:

卷前为图考(除嘉庆志7图外,新增灵石摄影、灵石图、全县区村样图)。

地舆志卷1〔沿革、分野、疆域、山川(附水利)、风俗〕。

建置志卷2〔城池、县治、坊表、桥梁、里甲(内村庄)、市集〕。

食货志卷3(田赋、户口、仓储、榷税、盐法、物产)。

学校志卷4(学宫、祭仪、乐章、祭器、书籍、学署、学额、教育)。

典礼志卷5〔祠庙(附祀典)、坛遗、邮政〕。

武备志卷6〔营伍、关隘(附堡寨墩)、军器、邮政、铺递〕。

职官志卷7(知县、县丞、教谕、训导、巡检、典史、驿丞、武职、辅政职、宦绩)。

选举志卷8〔进士、举人、孝廉方正、贡生(恩拔附优岁)、武进士、武举、省县选举、学校毕业、仕籍、候选、职衔、议叙、封典〕。

人物志卷9(忠孝、善行、列女、捐赈)。

艺文志卷10(记、碑祀、铭、辨、颂、令、碑文、墓志、节孝记、寿序、诔文、捐启、诗、歌、楹联)。

古迹志卷11(名胜、寺观、丘墓)。

杂录志卷12(祥异、灾异、事考、仙释、矿产、建设、机关、区村制、农事谚话、捐修志书)。

原本在国内各大图书馆和县档案馆、图书馆、文化馆和县志办公室收存。

三、新编专志简介

自1982年开始新修县志以来,本县各系统、各单位认真选拔人才,组织编纂编志班子,编纂各行业、各部门的专业志。全县编修专志52部,共400万字,其中,经济系统26部、文教系统13部、党政系统13部;现有财政志、外贸志、广播志、电力志、建设志、公安志、供销志、卫生志、手工业志、武术志、计划生育志、常青村志、体育志、农机志、人大志、工商志、金融志、土壤志、妇运史、印刷厂史等20部专志铅印成书,其余专志大部分定稿,准备付印。

灵石各部门专志编印情况表

编号	书　名	篇　幅			印刷册数／册	编志单位	主　编
		章	节	字数／万字			
1	地　名　志	8	9	20		民　政　局	冯文林
2	气　象　志	5	22	2.5		气　象　站	田守智
3	土　壤　志	6	25	8		土　壤　办	张玉珍
4	农　业　志	6	25	8		农　牧　局	王　纯
5	林　业　志	8	19	8		林　业　局	任兆瑞
6	畜　牧　志	6	18	3		农　牧　局	薛作如
7	水　利　志	8	25	8.3		水　利　局	梁能贵
8	农　机　志	9	29	10	500	农　机　局	任守田
9	工　业　志	10	33	10		工　业　局	孟汝霖
10	电　力　志	6	23	10	1000	电　业　局	李树忠、李毓秀
11	手工业志	13	39	7	500	二　轻　局	王守义
12	矿　业　志	8	25	5		工　业　局	王兴长
13	乡镇企业志	13	49	10		乡　镇　局	吴宝山、张国华
14	商　业　志	10	28	15		商　业　局	张兴瑞
15	供销社志	14	46	21	800	县供销社	温成谦
16	外　贸　志	8	19	5	500	外　贸　局	王良栋
17	粮　食　志	7	23	10		粮　食　局	张增全
18	财　政　志	4	9	5.3	450	财　政　局	吴增寿
19	金　融　志	6	23	5	2000	人　民　银　行	梁树华、王子俊
20	交　通　志	7	31	14		交　通　局	任守荣、张雄茂
21	邮　电　志	8	20	3		邮　电　局	张宝华
22	城乡建设志	7	20	12	800	城　建　局	吴增寿
23	工　商　志	8	21	7	500	工　商　局	师勋云、张鸿仁
24	物　价　志	8	30	15		物　价　局	房光文
25	科　技　志	4	9	1.5		县　科　委	
26	标准计量志					计　量　所	
27	人　大　志	5	16	20	1000	县　人　大	张茂堂
28	政　协　志	4	9	2		县　政　协	任重远
29	公　安　志	4	7	2	300	公　安　局	王定国
30	检　察　志	9	6	3		检　察　院	张建祥
31	法　院　志	8	24	4		县　法　院	郭章保
32	司　法　志	5	14	2		司　法　局	裴德生
33	民　政　志	9	21	8		民　政　局	张国华、张子亮
34	劳　动　志	7	19	10		劳　动　局	杨世俊、曹清玉
35	人　事　志	7	10	5.5		人　事　局	师勋云
36	军　事　志	6	18	5		县　志　办	陈发长
37	教　育　志	15	35	20		教　育　局	任恒太
38	文　化　志	6	17	6		文　化　局	李银柱
39	文　物　志	4	15	2		文　管　所	韩定显
40	广　播　志	7	11	4.5	200	广　播　局	郭仁华
41	体　育　志	10	25	5	500	体　　委	张耀龙
42	武　术　志	9				县　体　委	张耀龙、任重远
43	卫　生　志	10	33	10	500	卫　生　局	安一治
44	药　材　志	4	6	2.5		药　材　公　司	张振济
45	计划生育志	8	19	4	300	计　生　委	张宝太
46	方　言　志	5		5		县　志　办	赵秉璇
47	工人运动史	11	24	16		县　工　会	陈发长、安一治
48	青年运动史	8	24	8		青　年　团	
49	妇女运动史	6	16	9	500	县　妇　联	张书丽
50	印刷厂史	4	7	1.5	200	县印刷厂	孟汝霖
51	常青村志	5		5	1000	常青村委	吴增寿
52	石膏山志	8	20	15		县　政　协	任重远

四、1986—1990 年补要

（一）综　述

1986—1990 年，是灵石县执行国民经济和社会发展第七个五年计划的 5 年，全县人民在县委和县政府的领导下，贯彻执行了党的十一届三中全会以来的方针、政策，以经济建设为中心，坚持四项基本原则，坚持改革开放，使全县安定团结的政治局面得到进一步巩固与发展，国民经济走上持续、稳定、协调发展的轨道，城乡面貌发生了显著变化，人民的物质文化水平不断提高，各条战线的工作都取得新的成就。

"七五"期间，全县人民坚持"巩固、消化、补充、完善"的方针，以提高经济效益为前提，以科学进步为动力，以改善人民生活为目的，发挥资源优势，狠抓薄弱环节，理顺经济关系，促成良性循环，实现和提前实现"七五"计划的各项指标，为 20 世纪 90 年代的经济振兴奠定了坚实的基础。

"七五"期间，全县社会总产值平均每年以 17.86% 的速度递增，1990 年达到 67100 万元；工农业总产值平均每年以 12.38% 的速度递增，1990 年达到 27500 万元；国民收入平均每年以 14.67% 的速度递增，1990 年达到 26338 元；国民人均收入平均每年以 10.9% 的速度递增，1990 年达到 1185 元。

"七五"期间，全县工业总产值平均每年以 19.5% 的速度递增，由 1986 年的 13018 万元猛增到 1990 年的 24100 万元；煤炭工业在全县工业中处于主导地位，5 年共生产原煤 1493 万吨。农业生产和农村经济的发展出现新的转机。粮食生产摆脱了"滑坡"局面，1990 年总产达到 13500 万斤，创历史最高水平，比 1985 年增产二成以上。农村经济总收入由 1985 年的 12196 万元增加到 1990 年的 27500 万元。乡镇企业总产值 5 年翻了一番，1990 年达到 22595 万元。林业建设加快步伐，5 年累计大面积造林 13.5 万亩，村办林场、企业办林场、机关学校办林场，林业专业户发展到 5770 个，全县林地总面积增加到 26.05 万亩，森林覆盖率达到 16.40%。畜牧业也有了迅速的发展。1990 年，社会商品零售总额达到 15612 万元，比 1986 年增长 64.9%；1990 年，外贸出口商品总额达到 1369 万元，比 1986 年增长 184%；1990 年末全县各项存款余额为 15929 万元，比 1986 年增长 132%，各项贷款余额可达 14192 万元，比 1986 年增长 35%。金融部门增强宏观调控职能，逐步使信贷结构趋于合理。

"七五"期间，教育和科学技术得到进一步发展。5 年来，全县用于教育事业的投资总计达到 2471.6 万元，每年平均递增 18.13%，高于地方财政收入和其他方面投资的增长幅度。5 年来，全县各单位和个人为教育集资 1290 万元。全县建立了基础教育、职业技术教育、成人教育"三教"统筹、协调发展的新格局和"三级办学、两级管理"的新体制；全县中小学基本实现"一无两有"，所有小学都达到"三配套"标准，成为基础教育达标县。科技工作实施了"七五"计划的重点项目，完成振兴灵石经济的星火计划 14 个，新产品开发 17 种，有 36 种产品被评为部优、省优和地优。

市政面貌发生显著变化，5 年用于市政建设的总投资达到 363 万元，超过 1949—1985 年市政建设的投资总额。

城乡人民生活水平不断提高。职工工资总额和人均工资分别由 1986 年的 2832 万元和 1078 元猛增到 1990 年的 2906 万元和 1587 元；农民人均纯收入达到 550 元，比 1985 年净增 146 元。城乡居民人均储蓄存款由 1985 年的 161.3 元增加到 1990 年的 606 元。

计划生育工作坚持常抓不懈，全县人口的增长得到有效的控制，人口自然增长率由"六五"期间的 9.2‰ 下降到"七五"期间的 5.3‰。文化、艺术、广播电视部门，在有关部门的配合下，既抓"扫黄"，又抓繁荣，净化了全县的社会环境，丰富了群众的文化生活。

1986—1990 年灵石工业生产情况表

项　　目	单　位	1986 年	1987 年	1988 年	1989 年	1990 年
总　产　值	万元	13018.2	18677.8	18677.8	22224.9	24446
利　　润	万元	201.51	220.11	256.21	460.16	
原煤产量	吨	2739955	2673500		3370000	3361800
硫黄产量	吨	12245	12700	14000	15800	18600
焦炭产量	吨	263505	304000	520000	700000	779000
石膏产量	吨	108800	97700	97800	82400	144100
水泥产量	吨	37295	44300	45800	68900	74800
电石产量	吨	10650	11772	11100	13718	14400
生铁产量	吨	28840	22000	34000	36000	43900
省优产品	种	1	3	4	4	2
部优产品	种	0	1	0	0	0
地优产品	种	4	8	11	5	9

1986—1990 年灵石乡镇企业生产情况表

项　目	单　位	1986 年	1987 年	1988 年	1989 年	1990 年
总 产 值	万元	10357.76	12481.41	16591	20358	22596
总 收 入	万元	7614.97	10521.59	17677	24093.5	26892
纯 利 润	万元	727.87	966.39	1499	2112.69	2228.89
企业总数	个	3467	3554	3857	3774	4038
从业人员	人	23745	25277	27604	25311	27405
上缴税金	万元	315	648.51	343	1214.04	1478.72

1986—1990 年灵石交通邮电情况表

项　目	单　位	1986 年	1987 年	1988 年	1989 年	1990 年
铁路货运量	万吨	408.90	442.78	427.5	446.3	466
铁路客运量	万人	60.601	62.398	71.5	72.13	72.69
公路货运量	万吨	323.26	356.9	324.9	451.6	528.3
公路客运量	万人	38.85	42.3	56.3	69	63.9
县乡公路通车里程	里	227	249	588	588.6	624.2
国营运输利润	万元	9.5	1.7	-0.4	10.84	8
全县电话台数	台	718	638	650	885	1225
邮政储蓄余额	万元	13.41	100	205.89	324.56	385.86

1986—1990 年灵石农业生产情况表

项　目	单　位	1986 年	1987 年	1988 年	1989 年	1990 年
农村经济总收入	万元	13147	14877	19555	25877	27500
农 业 总 产 值	万元	2732	1957	2953	2857	3200
其中　种植业产值	万元	1869	1142	1979	1967	2000
林业产值	万元	223	233	241	240	300
牧业产值	万元	441	355	424	372	470
副业产值	万元	209	227	309	278	430
农 民 人 均 收 入	元	421	424	468	528	550
粮 食 总 产 量	万斤	9435	5549	10570	10505	13514
蔬 菜 总 产 量	万斤	3042	2670	2541	2905.8	2357
油 料 总 产 量	万斤	114.8	76	155.8	127	150
大 牲 畜 存 栏 数	头	10895	10719	11000	11012	11310
羊 存 栏 数	只	31058	34562	41016	45400	46000
猪 存 栏 数	头	21238	18428	18777	18600	20000
鸡 存 栏 数	只	336078	335975	306184	330000	350000
大 面 积 造 林	万亩	2.63	2.71	2.43	2.52	3.21
四 旁 植 树	万株	151.7	118.9	161.9	130	200
育 苗	亩	5315	2493	2048	1802	2500

1986—1990 年灵石商业贸易情况表

项　　目	单　　位	1986 年	1987 年	1988 年	1989 年	1990 年
商品纯购进总值	万元	1248.9	1387.6	1675.2	2002.6	1490
国内销售总值	万元	3235.6	3781.3	4462.5	5118.3	4905
商办工业产值	万元	55.19	48.84	27.3	54.5	113
全系统实现利润	万元	53.32	65.33	99.66	82.1	82
社会商品零售总额	万元	9468.15	10114.45	12496.96	14193	15612
全年集市贸易成交额	万元	2147.4	902.39	1019.2	3962	4105
对外贸易总值	万元	387.79	518.95	869.43	1015	1369

1986—1990 年灵石财政金融情况表

项　　目	单　　位	1986 年	1987 年	1988 年	1989 年	1990 年
全年财政总收入	万元	1496.59	1747.44	2038.9	2436	2974.75
占年计划	%	88.35	106.8	111.05	114.9	114.3
其中：企业收入	万元	30.73	51.42	10.8	-34	-32.64
工商税收	万元	1369.41	1599.92	1837.4	2253.6	2413.16
农业税收	万元	80.46	68.25	83.6	111.96	108.9
其他收入	万元	10.89	22.40	38.2	58.9	249.1
全年财政支出	万元	1423.47	1456.68	1968.8	2173.3	2327.94
占预算比例	%	85.47	89.07	88.36	90.1	98.3
其中：农业支出	万元	126.25	131.8	213.2	119.2	234.7
教科文卫费用	万元	501.73	519	637.8	532.4	831.85
全年存款余额	万元	6886.4	8261	10512	13519	16635
全年贷款余额	万元	6976	9217	11222	12465	14192
现金收入	万元	9207.4	11486	15972	18578	21803
现金支出	万元	13669.3	16838	24800	33410	37474
保险收入	万元	132.98	230	313.93	440.12	463.18
理赔支出	万元	41.42	132	127.09	110.94	111.36

1986—1990 年灵石教育文化发展情况表

项　　目	单　　位	1986 年	1987 年	1988 年	1989 年	1990 年
普通中小学数	所	515	513	510	501	514
普通中小学在校学生	人	39656	38326	37980	36512	31867
职业学校数	所	8	5	6	7	7
职业学校在校学生	人	1087	677	809	1035	1075
幼儿班数	所	26	63	64	213	254
在园幼儿	人	3831	4485	5264	4967	5742
公民办教职工	人	2980	2714	3255	4090	3898
集体个人集资	万元	194.92	136.59	182.10	237.7	538.94
大中专录取数	人	188	122	294	244	348
电影放映场次	场	6252	5620	3720	5000	5620
电影观众	万人次	478.2	418.9	209.5	460	390
县图书馆藏书	册	19000	20040	20854	21322	21851
入户喇叭	只	16526	22270	21220	12400	8612

1986—1990 年灵石医疗卫生体育情况表

项　　目	单　　位	1986 年	1987 年	1988 年	1989 年	1990 年
全县卫生机构	个	24	25	24	24	24
医院床位	床	396	403	420	620	644
专业医务人数	人	465	593	603	872	924
农村卫生所	个	274	265	281	274	276
农村医务人员	人	360	396	404	389	415
卫生文明单位	个	237	359	368	381	290
灭鼠数	万只	12	25	30	4.9	5.5
普查治疗妇女病	人	6954	6334	6540	6781	5918
儿童健康检查	人	8359	3819	10815	11896	2958
医药商品总销售	万元	252.18	305	468.37	423.4	576.1
学生达标率	%	84	89	89	92.3	92.3
人口出生率	‰	13.74	12.24	11.84	13.68	19.35
人口自然增长率	‰	8.25	6.15	6.21	7.66	13.1

（二）政　　治

【中国共产党】

灵石县第七次党代表大会，于 1987 年 8 月 26 日至 28 日在县城灵石影院召开，出席这次代表大会的正式代表 351 人，列席代表 24 人，特邀代表 18 人。

大会听取、审议并通过白纯洲代表六届县委所作的题为《加强党的建设，全面深化改革，把振兴灵石事业推向新阶段》的工作报告；听取、审议并通过路生玉代表中共灵石县纪检委所作的纪检工作报告；通过《关于加强新时期党的建设，尽快实现党风根本好转的决议》。大会采取等额选举的办法，选出第七届县委委员 25 人、候补委员 4 人、纪律检查委员 13 人。县委七届一次会议选出县委常委 9 人，选举白纯洲为书记，范浩里、王俊忠、李晓平为副书记。纪检委第一次会议，选出常委 7 人，选举侯效良为书记，祁宝军、梁根长为副书记。

七届县委在党的思想建设、组织建设、党风建设方面做了积极的工作。在思想建设上，县委成立党员教育领导组，配备专职干部，乡镇和系统党校发展到 57 所，党员活动室发展到 580 个，县、乡两级党委通过各种形式对广大党员进行马列主义基本理论教育、党的基本路线教育、党的基本知识教育、党风党纪教育、形势政策教育，增强了广大党员进行党性修养和党性锻炼的自觉性，提高了广大党员的理论水平和政治素质。在组织建设上，全县建立健全了党内生活制度，在广大党员中广泛深入地开展"为党旗争光辉，为人民办实事"活动，党务工作实行千分考核制。在党风建设上，全县着重抓了思想教育，案件查处和制度建设三个环节、各级党组织普遍建立了党内监督制度，实行党风建设目标责任制，并加强党内纪检队伍的建设，党风状况有了明显好转。七届县委为改革和建设创造了一个安定、团结的社会环境，带领全县人民胜利地完成了"七五"计划的各项指标。

灵石县第八次党代表大会，于1990年12月28日至30日在县城灵石影院召开，出席这次代表大会的正式代表350人，列席代表52人，特邀代表12人。

大会听取、审议并通过白纯洲代表七届县委所作的题为《坚持党的基本路线，团结一致勤奋工作，为全县政治、经济和社会的稳定发展而努力》的工作报告；听取、审议并通过侯效良代表中共灵石县纪检委所作的纪检工作报告；大会通过《关于向九间棚党支部学习的决议》。大会采取差额选举的方法，选出第八届县委委员25人、候补委员4人、纪律检查委员会委员13人。县委八届一次会议选出县委常委9人，选举白纯洲为书记，范浩里、刘宪奇、李晓平为副书记。纪检委第一次会议，选出常委7人，选举侯效良为书记，李文寿、梁根长为副书记。

八届县委按照党的十三届四中、五中、六中、七中全会精神，结合本县实际，制定今后工作的目标：全面贯彻党的基本路线，切实加强党的领导，调动一切积极因素，团结一致，勤奋工作，进一步搞好治理整顿和深化改革，努力实现全县政治、经济和社会的稳定发展，圆满完成"八五"计划和20世纪末实现第二个翻番，使人民生活达到小康水平。

【人民代表大会】

灵石县第九届人民代表大会第一次会议，于1987年5月26日至29日在县城召开，出席大会的代表143人。

县委书记白纯洲在开幕式上致辞，晋中行署副专员吕鑫厚到会并发表讲话。

大会听取、审议并通过范浩里代表八届政府作的《政府工作报告》、褚瑶作的《灵石县人民代表大会常务委员会工作报告》、张锁柱作的《灵石县1987年国民经济和社会发展计划》、牛晋华作的《灵石县1986年财政预算执行情况和1987年财政预算（草案）报告》、燕能亮作的《灵石县人民法院工作报告》、张建祥作的《灵石县人民检察院工作报告》。

会议选出第九届人大常委会委员13人，选举王荣科为灵石县第九届人民代表大会常务委员会主任，权恒达、褚瑶、燕能亮为副主任；选举范浩里为灵石县人民政府县长，申守中、李文惠、赵万书、郭正义为副县长；选举边生堂为灵石县人民法院院长、赵安林为灵石县人民检察院检察长。

灵石县第十届人民代表大会第一次会议，于1990年7月5日至9日在县城召开，出席大会的代表 172 人，列席人员 112 人。

大会听取、审议并通过范浩里代表九届政府作的《政府工作报告》、张锁柱作的《灵石县 1989 年国民经济和社会发展计划执行情况和 1990 年国民经济和社会发展计划》、牛晋华作的《灵石县 1989 年财政预算执行情况和 1990 年财政预算的报告》、申守中作的《灵石县林业规划报告》、褚瑶作的《灵石县人大常务委员会工作报告》、赵安灵作的《灵石县人民检察院工作报告》和边生堂作的《灵石县人民法院工作报告》。

大会采用差额选举的方法，选出灵石县第十届人民代表大会常委会委员 12 人，选举王荣科为人大常委会主任，蔺计爱、褚瑶、燕能亮、任宏毓为副主任；选举范浩里为灵石县人民政府县长，赵万书、郭正义、李连生为副县长，宋积泉为科技副县长；选举赵安灵为灵石县人民检察院检察长。

【中国人民政治协商会议】

灵石县政协第二届委员会第一次会议，于 1987 年 5 月 25 日至 27 日在县城举行，出席会议的委员 68 人，全部列席了第九届人民代表大会第一次会议，听取和讨论了有关报告，会议选出新的常务委员会委员 14 人，选举路生玉为主席，吴仁成、刘敏、韩国栋、赵贵书、王兆喜、刘志福为副主席。

灵石县政协第三届委员会第一次会议，于 1990 年 7 月 4 日至 7 日在县城举行，出席会议的委员 73 名，全部列席了第十届人民代表大会第一次会议，听取和讨论了有关报告，会议选出新的常务委员 15 人，选举路生玉为主席，刘敏、赵贵书、王兆喜、刘志福为副主席。

（三）科学技术

1986 年，灵石科技工作以科技情报为中心，以加强横向联系为突破口开展工作，使资源优势转化为商品优势，促进了全县经济持续、稳定、协调发展。1986 年，全县拥有首次列入省级科技"星火""开发"项目各 1 项，引进科技资金、科技贷款 61 万元，科技生产开发项目取得直接效益 60 多万元，开创了科技工作新局面。

至年底，县科协下设县直各类学会 10 个，18 个乡镇都建立了科普协会，共有会员 2722 人；共举办各种实用技术培训班 52 期，参加培训人员 5800 人。一年来，全县引进郑州 3 号等 6 种西瓜新品种，推广 318 亩，受指导面积 532 亩，每亩平均产量 5000 斤，总产达到 263 万斤，增值 53.2 万元。

1987 年，科技工作的重点是面向乡镇企业，面向扶贫致富，为振兴地方经济搞好科技服务。

这年，全县完成新列"星火"计划项目3项，实现产值881万元，创利税199万元；在全县煤炭、硫铁矿、冶金、建材四大产业群中，开发了6个项目，取得显著成绩。

由县科委牵线搭桥，夏门镇后庄村和山西省建筑科学研究所签订了技术协作合同，生产石膏抹墙粉。经鉴定，产品达到国内先进水平，填补了省内空白，1987年，实现产值150万元，创利税47万元。

1988年，灵石科技工作依照"科技兴灵、科技富民"的战略方针，在经济建设的主战场上大显身手，取得显著成效。3月15日，全县召开首次科技工作会议，确定了全年科技工作的重点和主攻项目。全县在科技攻关、技术开发方面确定了35个项目，至年底，完成和部分完成的项目有28个。农业方面的主要项目是玉米地膜覆盖，平均亩产达910斤，共增产189.6万斤；旱地小麦开发研究已通过省级鉴定，在全县范围内推广，增产36.4万斤；核桃基地建设5055亩、油松基地建设2255亩，经省级验收，达到全优工程标准。工业方面的主要项目是煤炭加工转化等，组织技术攻关，开展焦炭质量"升等上级创优"竞赛活动，使全县9个焦化厂可生产一、二级冶金焦；另外，9个焦化厂可稳定生产三级冶金焦，省列"星火"项目SMJ柔性机械接管如期竣工，年底通过省级鉴定验收。

当年春天，灵石县科协第三次代表大会召开，选举产生了第三届委员会和常委，并成立了科技咨询服务中心。至年底，全县共有县直学会、协会、研究会20个，会员发展到1680人。全县各级科协及所属团体的组织网络进一步巩固和发展。

职称评定工作在79个全民事业单位、10个行政事业混编单位及所有中小学开展，至年底，共评定确认任职资格1506人，其中，高级职称21人，中级职称454人，初级职称1031人。

1989年，灵石科技工作紧紧围绕县委、县政府中心工作，把经济建设作为主战场，取得了可喜成绩：发展了温室种菜，食用菌种植基地，开发了全脂豆花、健身饮料等新产品；引进焦化先进技术，改革硫黄的生产工艺；推广小麦联合固氮菌，为农业增产开辟了新途径；创办了成人教育中心学校，全年共培训各类干部5期256人。

当年，县科协对粮农、果农、蔬菜、养猪、养蜂5个行业协会进行认真整顿，为这些协会配备了有专长的干部担任领导，帮助开展工作，筹建了灵石县焦化协会。同时，抓紧开展农民技术职称的考评工作，全县共评定、批准382人中、初级技术职称，其中中级职称82人。

1990年，科技工作围绕"科技兴灵，科技富民"的方针，加快全县依靠科技发展经济的步伐，选拔有科技特长的干部为12个乡（镇）配备了科技副乡（镇）长，并在英武乡搞了建立乡一级科委的试点工作；粮农协会紧密配合政府工作，为广大农民提供信息、技术、资金、生产资料等服务；首次引进小麦除草剂技术，在全县推广面积达1万亩，引进沁州黄谷子优良品种，开始推广小麦冬季麦秆覆盖技术。

1990年，全县拥有地列"星火"项目4项、县列"星火"项目2项，总计拨款17.5万元。

1990年，全县评定高级职称24人，中级职称194人，初级职称347人。

灵石高级专业技术人员名录

职　　称	姓　名	性别	出　生　年　月	学历	参加工作时间	从事专业
高级工程师	王能富	男	1942.2	大学	1966	化　工
高级工程师	张玉温	男	1941.6	大学	1966	化　工
高级工程师	张石岗	男	1939.3	大专	1960	建　材
高级工程师	高昌麟	男	1944	大学	1967	化　工
高级工程师	查润坚	男	1936.3	大专	1954	冶　金
高级工程师	常振东	男	1934.12	中专	1952	机　械
高级工程师	魏崇霖	男	1940	中专	1957	采　煤
高级工程师	李芳园	男	1927	高中	1947	林　业
高级农艺师	王　纯	男	1931	大学	1956	农　业
高级农艺师	申守忠	男		大学	1968	农　业
高级农艺师	赵贞仁	男		大专	1961	农　业
高级农艺师	李洪兰	男		中专	1960	农　业
高级会计师	任中兴	男	1925.8	高小	1951	会　计
高级会计师	曹子敬	男	1927.3	初中	1950	会　计
高级会计师	王三亮	男	1935	大专	1962	会　计
高级会计师	郝宗尧	男	1935.12	初中	1954	会　计
高级讲师	王志敏	男	1934	大专	1962	政治理论
高级讲师	杨桂兰	女	1940.10	大学	1962.9	成人教育
副研究员	陈发长	男	1932.6	大专	1948	社会科学
高级中学教师	赵殿龙	男	1936.4	大学	1962	中学教育
高级中学教师	叶舜华	男	1937	大学		中学教育
高级中学教师	刘丰年	男	1937.1	大学	1966	中学教育
高级中学教师	杨中和	男	1938.10	大学	1964	中学教育
高级中学教师	李永祥	男	1939.9	大学	1963	中学教育
高级中学教师	武靖玺	男	1927.7	大专	1949	中学教育
高级中学教师	任山华	男	1931.6	大专	1954	中　教
高级中学教师	张耀月	男	1933.5	大专	1949	中　教
高级中学教师	王裕民	男	1934.1	大专	1954	中　教
高级中学教师	武元祥	男	1935.1	大专	1958	中　教
高级中学教师	南克哲	男	1935.6	大专	1954	中　教
高级中学教师	程旭晨	男	1936.10	大专	1955	中　教

职　称	姓　名	性别	出　生　年　月	学历	参加工作时间	从事专业
高级中学教师	杨百寿	男	1940.5	大专	1962	中　教
高级中学教师	孙吉权	男	1942.10	大专	1962	中　教
高级中学教师	赵福生	男	1937.8	大专	1955	中　教
高级中学教师	赵麟书	男	1935.2	大专	1950	中　教
高级中学教师	张殿勋	男	1933.7	初师	1949	中　教
副主任医师	云建国	男	1935	大学	1956	内　科
副主任医师	郭俊仁	男	1938	大学	1965	外　科
副主任医师	刘梦琪	男	1935	大学	1963	外　科
副主任医师	裴友凉	男	1938	中专	1951	卫　生
高级兽医师	李双来	男		大学	1967	兽　医
高级兽医师	马云武	男	1937	大学	1964	兽　医
高级兽医师	张子宇	男	1926	高小	1938	兽　医
高级统计师	杨志儒	男	1937.2	初中	1955	统　计
高级审计师	张　琏	男	1931			审　计
二级公证员	郭昌盛	男	1938	初中	1957	法　律

（四）建设环保

1986 年，全县基本建设工程的特点是速度快、质量好。重建项目有县一中宿舍楼、城镇中学教学楼、剧团宿舍楼，到年底完成总投资额 2880 万元的 92.9%。城市建设新建、续建工程 5 项，完成总投资 24.5 万元；村镇建设完成了 306 个村的建设规划，全年，农民建房 409482 平方米，人均住房 27.33 平方米。

在环境保护方面，灵石认真贯彻国家有关政策和法规，取得了新的进展，具体来说，一是进行了全县环境质量评价，二是对南关煤矿等 9 个单位执行了主体工程和环保设备"三同时"（同时设计、同时施工、同时生产）的措施。

当年在旧城南街新建商品楼 1 幢，投资 25 万元，建筑面积 1280 平方米。

1987 年，灵石城镇建设步伐加快，发展迅速。全县基本建设、固定资产投资项目 35 个，总投资额 3657.6 万元。重点项目有：晋阳电碳厂扩建工程、石膏矿、夏门水泥厂技改工程、草地地面卫星接收站、灵石剧院、南王中煤矿、铁路专用线、邮电局自动电话楼、县营洗煤厂等。

在完善一、二号供水站的基础上，灵石加速三号供水站的建设，投资 24 万元，新增供水能力 1200 吨/日。本年竣工工程有：灵石石膏山第一水电站，投资 166.2 万元，11 月并网发电；草地地面卫星接收站，投资 11.1 万元，5 月正式投入使用；贸易中心商场，投资 84 万元，10 月开始营业；灵石剧院，投资 233 万元，10 月竣工使用；灵石宾馆大楼，投资 192 万元，年底竣工，部分投入使用；政府宿舍楼，投资 73 万元，年底竣工待用。

经普查，灵石县环境污染十分严重，工业废气总排放有毒有害污染物折纯量为 557 万吨；工业废水、生活废水年排放量为 549 万吨；固体废弃物排放量为 37 万吨。面对现实，县政府加强重视环境保护工作，采取具体措施，督促污染大户作出规划，限期治理。

1988 年，全县基本建设贯彻执行国务院指示，压缩固定资产的投资规模，全年固定资产投资完成年计划的 73.3%，比上年减少 52.9%。

城市建设项目有新建水头桥，投资 103 万元，预计明年汛期前竣工；治理芦子坪沟，投资 55 万元建排水工程，预计明年 6 月底竣工。

同年 6 月，政府决定成立灵石县城镇建设综合开发公司，8 月正式开业。

环境保护工作，在自身建设和强化管理方面作了大量工作，一是由副县长分管，成立了灵石县环境保护委员会；二是大搞环保宣传，增加环保投入，全年培训环保干部 100 人次，印发宣传材料 6 万余份，召开不同类型的环保研讨会 50 多次，增加治理污染专项基金 100 万元，比 1983 年增长 5 倍；依法对重点污染企业征收排污费 31 万元，比上年增加 16 万元。

1989 年，全县城建、环保两项工作均取得了突出的成果，全年投资 99 万元，修建了水头桥、文礼桥；投资 276 万元，修建了六条马路；全年城镇审批宅基地 700 多个，完成富家滩镇的城镇建设规划。环境保护工作以绿化为重点，全县大面积造林 2.5 万亩，四旁植树 69 万株，县城着重抓了两山（翠峰山、清凉山）一街（新街）的绿化，春季植树 5000 株，挖卧牛坑 1.3 万个；清倒垃圾 18752 吨，清扫面积增加到 7 万多平方米。

1990 年，灵石城乡建设与环境保护部门较好地完成了各项工作任务。新建的 4 层 24 套商品住宅楼竣工，年底，购房户全部迁入新居；全年审批农村建房 500 户；为南关镇、张家庄镇、燕家垣村、常青村和水峪乡搞了建设规划；新增供热面积 300 平方米，至年底，县城供热单位达 19 个，供热面积达 30000 平方米。

城乡环境得到进一步改善。全年清倒垃圾 1.98 万吨，日清扫面积增加到 10 万平方米；翠峰山植树 1.366 万株，庭院植树 2.333 万株，盆花有 10.5 万盆，花园式单位有 57 个。

在全省环保论文竞赛中，本县获省级一等奖 1 名，地区级三等奖 5 名。

（五）大 事 记

1986 年

△1月14日，山西省水利厅在灵石县召开人畜吃水汇报会。

△3月17日，北京电影制片厂赵子岳和晋中摄影组来灵石拍摄《黄金时代》镜头。

△5月9日，县委、县政府召开灵石县人武部改归地方建制交接大会。

△7月14日，晋中地区首次县志篇目研讨会在灵石县召开。

△7月24日，贵州省委原书记、中顾委原委员池必卿途经灵石，了解灵石政治体制改革情况。

△10月23日，全国人大常务委员会法制委员会副主任张友渔回到阔别50年的故乡——灵石，同县五大班子领导座谈。

△12月7日，民盟灵石支部正式成立。

1987 年

△4月15日，山西省委书记李立功来灵石视察工作，视察了常青造纸厂、晋阳电碳厂、常青水泥厂、静升焦化厂，对灵石乡镇企业做了指导，并对灵石县的政治、经济工作提出指导性意见。

△4月22日，山西省防治鼢鼠现场会在灵石召开。

△5月12日，山西省农村供电网路安全会议在灵石召开。

△6月30日，灵石县工商联合会第六届会员代表大会召开，选举产生第六届执委会，刘虎林当选为主任委员。

△7月25日，共青团灵石县第十二次代表大会召开，选举产生共青团灵石县第十二届委员会，赵光亮当选为书记。大会还选举产生了出席省第九次团代会代表。

△7月27日，山西省人民政府颁发文件，将灵石县石膏山列为山西省第一批省级风景名胜区。

△9月9日，晋中地区经济体制改革经验交流现场会在灵石召开。

△9月26日，灵石县第七次妇女代表大会在灵石县城召开，选举产生了灵石县妇女联合会第七届执行委员会，蔺计爱当选为主任。

△10月28日，晋中地区政治体制改革讨论会在灵石县召开。

△10月29日，灵石县召开首次宗教工作会议。

△ 11 月 17 日，灵石县成立台湾事务办公室、台湾同胞接待处。

△ 11 月 20 日，晋中地区老干部工作经验交流会在灵石召开。

1988 年

△ 1 月 15 日，灵石县夏门 35 千伏变电站建成投产。

△ 1 月 25 日，灵石县总工会第七次代表大会召开，选举陈玉祥为主席。

△ 2 月 11 日，原国民党第 45 师少将师长，民革灵石县支部主任委员王维祯病逝。

△ 4 月 16 日，县委书记白纯洲、政府副县长郭正义、教育局局长房光莹随行署考察团到山东平度县学习考察教改经验。

△ 4 月 23 日，全国北方防治鼢鼠现场会在灵石县召开。

△ 5 月 30 日，城关二小学五年级学生李婷在全国少年儿童看图写话有奖活动中获得一等奖，为山西省唯一获奖者。

△ 6 月 2 日，中国民主建国会灵石县支部委员会成立。

△ 6 月 21 日，灵石县粮农协会成立。

△ 8 月 6 日，灵石暴雨成灾，直接经济损失 3320 万元。县委书记白纯洲领导抗洪救灾工作。

△ 8 月 27 日，南同蒲沿线县市政协第二次横向联系座谈会在灵石县召开。

△ 9 月 1 日，晋中日报社灵石记者站成立。

△ 9 月 29 日，县一中教师叶舜华发明的"组合式几何演示教具"，经国家批准获得专利权。

△ 11 月 6 日，晋中地区干部理论教育工作会议在灵石县召开。灵石县第一届红十字会成立。

△《灵石民间故事》《灵石民歌》《灵石民谣、民谚》编辑完稿。

1989 年

△ 2 月 16 日，晋中地区二轻系统 1988 年承包兑现和竞赛表彰会议在本县召开。

△ 2 月 17 日，县建材厂生产的耐火砖经太钢耐火材料质量检查鉴定，各项指标均达国家规定标准，填补了本县建材工业的一项空白。

△ 2 月 28 日，山西省造林检查结果揭晓，在全省抽查的 9 个地（市）、40 个县中，灵石县名列第一。中华山用材林和核桃林 2 项造林工程获省优工程。

△ 3 月 14 日，晋中地区村镇建设工作会议在本县召开。王禹村被评为出

席省、国家建设部的文明村，成为晋中地区出席省、部级的 4 个文明村之一。

△3月18日，山西省副省长郭裕怀在本县南关镇南岭村视察工作，赞扬南岭村的绿化工作很有特色。

△3月25日，山西省政府特邀顾问郭钦安带领省政府经济研究中心，省社会科学院的 5 位研究人员，先后对小王庄、南岭、南浦、北庄进行考察，肯定灵石县以煤兴农的道路。

△5月29日，县体委、妇联会、团县委、计生委、工会联合举办灵石县首届独生子女家庭运动会。

△6月10日，大运公路夏门—什林段正式通车，省有关部门举行通车剪彩仪式。

△7月23日，山西省省长王森浩来本县视察工作，先后到五一铁厂、洗煤厂、树脂厂、晋阳电碳厂和延安村调查，并与县委、县政府、人大、纪检机关领导及几个乡镇的领导进行座谈。

△8月3日，灵石县支行在中国人民银行山西省分行组织的全省支行工作规范化管理评比验收中名列第二。

△9月1日，中国书画函授大学石膏山分校开学。

△11月4日，《参考消息》登载联邦德国《法兰克福报》驻京记者约尼·埃林文章，评价灵石县粮农协会的一切活动都是非官僚化和高效的，是北方农村改革的一种模式选择。

△11月28日，灵石一中教师叶舜华研制的"组合式几何演示教具"，在成都市举行的第四届全国发明展览会上获铜牌奖。

1990 年

△1月18日，南关镇董（家岭）沙（腰）联营煤矿发生瓦斯爆炸事故，死亡 4 人。

△5月16日，原太原市人事局副局长肖虹由爱人赵军（山西省原副省长）陪同回到故乡道美村，并为灵石县捐款 10000 元，用于发展教育事业。县委、县政府赠予其一块"心系故里，泽被后代"的牌匾。

△6月13日，静升、马和、西许等乡镇受大雨冰雹袭击，受灾面积 1.3 万亩，其中小麦 8500 亩。

△6月22日，全省重点产煤县研讨会在本县召开。副省长郭裕怀、省政府顾问郭钦安、省直 11 个厅局的负责同志，全省 11 个地、市的专员、市长，25 个重点产煤县的分管县长、煤管局局长、农牧局局长、乡镇局局长等参加了研讨会，县长范浩里宣读了题为《灵石县煤炭农业发展的实践与认识》的研讨

论文。

△6月29日，国家国有资产管理局商贸司司长齐金芬、省国有资产管理局副局长王秀森等专程来本县视察工作。

△8月10日，本县小麦喜获丰收，创历史最高纪录，总产量为4601.66万斤，比历史最高年份（1984年）增长0.84%。

△9月14日，第十一届亚运会"亚运之光"火炬西北路于本日12时30分到达县境。晋中地区在本县举行了第十一届亚运会晋中地区火炬点燃仪式。

△11月3日，县二轻局局长任宏毓、树脂厂厂长张清水、服装厂厂长郑东晓、二轻商场经理杨守勤随山西省工业考察团到泰国考察。

（六）人物传略

毛达三（1905—1987）　灵石县梁家墕乡上庄村人，1937年6月参加革命工作，1940年12月加入中国共产党。毛达三在任双池高小校长时，就积极组织学生参加抗日救亡活动，参加革命工作后，历任山西青年抗敌决死二纵队连长、指导员，晋西南六专署总务科科长，晋绥第一中学教员、总务主任，晋绥第七专署财政科科长，稷山县贸易公司经理，大荔分区人民银行办事处主任，宝鸡专署人民银行办事处副主任，西安市人民银行副行长、行长，西安市财政局局长。粉碎"四人帮"后，他先后担任西安市财贸办公室副主任、西安市税务局局长。毛达三曾当选为中国共产党第七次全国代表大会代表，西安市第八、九届人大代表，1979年当选为西安市人大常委会副主任兼任秘书长。

毛达三一生坚持马列主义、毛泽东思想，始终贯彻执行党的方针、政策，廉洁奉公，勤奋工作，为革命和建设作出积极贡献，1987年6月病逝，终年79岁。

张树德（1922—1988）　灵石县梁家墕乡田家山村人，1937年加入"牺盟会"，参加抗日救亡活动，1938年8月加入中国共产党；1938年5月赴延安，在中央办公厅工作，先后担任总务科指导员，政策起草小组秘书，任弼时的秘书，速记室主任等职。在此期间，他起草、整理、记录了中央许多重要文件、会议记录、领袖讲话。解放战争时期，他先后在中共中央冀察辽分局、建西县委、热河省委工作，历任县委书记、省委副秘书长兼办公厅主任等职，为根据地的建设和人民解放事业作出积极的贡献。1949年后，他先后在中共中央东北局、中共中央书记处一办、哈尔滨市委、第二届中共中央东北局工作，历任秘书处长、副秘书长、市委书记、省委委员、秘书长等职。在此期间，张树德坚持实事求是，严守党的纪律，尽心竭力地工作，为东北地区的革命和建设作出积极的贡献。

"文化大革命"时期，张树德受到迫害和错误处理，1968年恢复工作，历任旅大市革委副主任、市委副书记、辽宁省委常委、省革命委员会副主任等职。在"批林批孔"运动中，他再受批判，粉碎"四人帮"后，先后任辽宁省委书记、河南省委书记、省人大常委会主任、党组书记等职。他曾被选为中国共产党第十一、十三次全国代表大会代表和第四、六、七届全国人大代表、中国科学社会主义学会副会长。

张树德一生实事求是，坚持原则，光明磊落，公道正派，严守组织纪律，生活俭朴，廉洁奉公，严格要求子女及亲属，为中国的革命和建设奋斗到生命的最后一刻。他于1988年4月病逝，终年66岁。

　　裴　光（1921—1989）　灵石县梁家圪塔村人，生于农家，7岁入学，1937年毕业于灵石县第一高小，同年考入太原平民中学读书，自幼天资聪敏，在校学习勤奋，品学优良，喜读进步书刊。

1937年"七七事变"后，抗日战争全面爆发，学校停课。同年9月，裴光弃学从军，参加山西新军决死二纵队，担任政治工作员；1939年，被调任部队前线剧团团长，负责抗日宣传工作；1940年3月加入中国共产党；1942年到太行五分区政治部任宣传干事，至1945年8月抗战胜利。

1946年以后，裴光担任中国人民解放军六纵队16旅宣传科科长、12军政治部主任等职，随刘邓大军东渡黄河，参加过陇海战役、定陶战役、淮海战役、成都会战等10多次大的战斗，在战争实践中学到不少军事知识和作战指挥艺术，多次被评为模范党员和优秀军事干部。

1950年11月，裴光随中国人民志愿军赴朝先遣队跨过鸭绿江，入朝参战，在朝鲜战场参加过举世闻名的上甘岭战役。1952年，他担任志愿军归国代表团分团长，回国向祖国人民汇报志愿军英勇奋战的英雄事迹，在北京受到毛泽东主席的接见。

抗美援朝战争结束后，他于1955年回国，先后担任沈阳军区政治部宣传部部长、政治部秘书长、装甲兵政委等职，1960年授大校军衔；1975年任沈阳军区政治部主任，晋升为正兵团级军官，直到1985年离休。

1986年，裴光担任《当代军事人才丛书》编委会主任，发扬"不用扬鞭自奋蹄"的精神，进行军事理论及军事学术研究工作，组织编写班子，编纂军事人才丛书，仅用了2年时间，共编印出版《军事人才学概论》《将才论》《军事政治工作人才》《军事参谋人才》《军事科技人才》等军事丛书 10 本，共 200 余万字，这些兵书对总结和研究当代军事科学作出很大贡献。

裴光的一生，是革命的一生、战斗的一生、为人民服务的一生。他于 1989 年 1 月 6 日病逝，终年 68 岁。可谓：戎马生涯五十载，转战南北到白头；鞠躬尽瘁为人民，流芳百世垂千秋。

五、灵石之最

1. 最大的陨铁——灵石。
2. 最早的古代化石——旧石器时期鸵鸟蛋化石。
3. 最早的古代遗址——马和、南墕仰韶文化遗址。
4. 最早的出土青铜器——旌介商代青铜器。
5. 最古老的关隘——南关、冷泉关。
6. 最古老的树——西许周槐。
7. 最早的祠庙——介子祠、子夏庙。
8. 最早的造像石碑——魏碑。
9. 最早的堡寨——仁义唐代刘武周堡。
10. 最珍藏的抗金文献——宋代李武功抗金文献。
11. 最精致的花瓷——宋代花瓶、瓷枕。
12. 最早的壁画——苏溪资寿寺元代壁画。
13. 最大的山岭——韩信岭。
14. 最精彩的石雕——静升鲤鱼跃龙门石壁。
15. 最早的石刻佛像——玉成石村沟石佛。
16. 最早的木雕佛像——杨家山多宝寺木雕佛像。
17. 最罕见的石碑——晋省地舆图石碑。
18. 最高的山峰——绵山牛角鞍（海拔 2556 米）。
19. 最低的峡谷——南关镇石桥村（海拔 574 米）。
20. 最大的天然崖洞——石膏山中崖。
21. 最大的森林公园——石膏山森林公园。
22. 最早保存完好的古桥——两渡秋晴桥。
23. 最大的双曲拱桥——燕家垣汾河大桥。
24. 最大的铁路桥——玉成铁路桥。
25. 最长的公路隧洞——夏门隧洞。
26. 最大的立交桥——水头立交桥。

27. 面积最大的乡镇——两渡镇（98.46 平方公里）

28. 面积最小的乡镇——马和乡（26.14 平方公里）。

29. 人口最多的乡镇——城关镇（31922 人）。

30. 人口最少的乡镇——西许乡（4503 人）。

31. 年极端最高气温——7 月（37.2 摄氏度）。

32. 年极端最低气温——1 月（-20.3 摄氏度）。

33. 年风速最大的月份——3 月（19 米／秒）。

34. 降冰雹次数最多的地方——西山梁家塌及东山马和一带。

35. 森林覆盖率最高的林区——石膏山林区。

36. 最早一部县志——明万历版《灵石县志》。

37. 最多的古代文武进士——两渡何家。

38. 最出名的古代御史——夏门梁中靖。

39. 最著名的目录学家——清代耿文光。

40. 最大的藏书楼——清代万卷精华楼。

41. 最早的同盟会员——何澄。

42. 最早的黄埔军校学员——牛万全。

43. 最早的女诗人——清代何杏云。

44. 最早的中共党支部——中共明志沟党支部。

45. 最早的中共县委机关——中共灵西县委。

46. 最早的中共党员——牛万全（1925）。

47. 最早的中共党代表——中共七大代表裴孟飞、梁树裳、毛达三。

48. 最著名的法学家——张友渔。

49. 最著名的版画家——力群、牛文。

50. 最早出国留学生——何澄。

51. 最早的女大学生——张菊如。

52. 最著名的女科学家——何泽慧。

53. 最早的工程师——张习之。

54. 最早参加马列主义组织者——张养田。

55. 最早为人民革命牺牲的烈士——郭清。

56. 最大的国营煤矿——富家滩煤矿。

57. 最大的县营煤矿——南王中煤矿。

58. 最大的乡镇煤矿——两渡镇 811 煤矿。

59. 最大的煤炭发运站——玉成发运站。

60. 最大的石膏矿区——河洲矿区。

编 后 记

  盛世修志，是中华民族的优良传统。县志乃一县之百科全书，是存史、资政、教育的重要工具。编修新县志，是一项巨大工程。1981年，山西省召开地方志工作会议，部署各县编写社会主义新方志的任务，同年11月，中共灵石县委、县人民政府决定成立灵石县志编纂委员会，下设办公室，抽调工作人员，开始县志编纂工作。修志人员把编纂县志视为党和全县人民赋予的一项光荣使命，怀着服务当今、惠及后世的赤诚之心，在党和政府的领导下，以马克思主义为指导，以党中央《关于建国以来若干历史问题的决议》为准绳，以《新编地方志工作暂行规定》为依据，在工作中坚持四项基本原则，深入实际，调查研究，广征博采，搜集资料，实事求是，精心编纂，努力为振兴灵石作出新的贡献。

  《灵石县志》的编纂，从1982年4月开始，迄今历时八载，经过征集资料、编写专志、起草县志、主编总纂、评审定稿五个阶段。

  1982年4月—1984年3月，为征集资料阶段。县志办人员集中到省、地、县档案馆及有关博物馆、图书馆查阅档案，摘录资料，约请老干部撰写回忆录，发动群众提供县情。这段时期，我们共征集到各种资料500余万字，并创办《灵石史志通讯》，将征集到的资料加工整理并刊登通讯，以资校正，共刊印通讯20期，计120余万字。

  1984年4月—1986年6月，为编写专志阶段。县志办组织指导全县工农商、教科文、党政军各有关单位编写专业志，全县共有52部专志成稿，计400余万字，其中20部专志已铅印成书。这52部专志不仅为编写《灵石县志》提供了丰富、准确的资料，而且使各部门领导研究本单位的历史与现状有了可靠的借鉴。1985年8月，我们邀请晋中师专文史科大专生30余名，由县志办人员带队，深入全县18个乡镇、540多个村庄进行为时1个月的县志资料普查，获得调查记录、调查报告、历史文献等各种资料500万字，为编纂县志提供了丰富的素材。

  1986年7月—1989年12月，为起草县志阶段。1986年7月，晋中地区在本县召开县志篇目研讨会，到会专家学者对《灵石县志篇目》广泛进行研讨，会后又经反复修改定稿。全体修志人员按照已定篇目分工撰写志稿，到1987年底完成第一稿，请省、地有关人士进行审阅，提出意见，1988年加工第二稿，1989年修改第三稿，历时三载，三易成稿。

1990年1—4月，为主编总纂阶段。在此期间，主编集中精力，集中时间，首先对全志的总体设计、布局谋篇再次进行审度，对结构不严谨的，作了必要的调整，然后对志书中的观点、内容、表述方法以及各章节的标题、选材、字、词、句等方面，逐章逐节予以核实校正，查漏补缺，去伪存真，加工润色，统一笔调，统一文风，形成本志独有的风格与特点，并于同年5月打印成册，装订送审。

为了能够起到存史、资政、教育的作用，本志在体例、内容、写法等方面，力求体现自己独有的特点。

特点之一：采用中编形式，科学记述县情。纂志之道固多，篇目是否科学，则为首要。目前，全国各地出版的县志，多数为小编和大编2种形式。本志采用中编形式，全志除志首设凡例、概述，志尾设大事记、附录外，志中按现代社会分工和学科分类的实际，分设专志，以志为编，编下设章、节、目几个层次，全书共设18编、84章、250节，计90余万字。中编门类比大编分得细，比小编分得粗，其长处既避免了大编结构两头小、中间大，篇幅不平衡的弊端，又克服了小编结构头绪多、较零乱，缺乏整体性的缺点。中编特点是类目全面、归属得当、篇幅匀称、标题准确、特色鲜明、体例科学。本志书在记述内容和记述方法上，运用现代资料和科学手段，横排竖写，古今贯通，实事求是，反映县情，融思想性、资料性、科学性于一体，使全志成为一部具有科学价值和存史价值的社会主义新方志。

特点之二：重显经济建设，力为资政服务。本志书遵循事物发展先自然后社会、先物质后精神、先经济基础后上层建筑的客观规律和全党工作重点转移的战略决策，内容以经济为重点，创立经济管理章节，从宏观上鸟瞰全县经济发展状况，再分农、工、商各业，微观详述其起始和终端，经济篇幅占全志的1/3。记述中以文字为主，适当佐以图表，尽力反映各个时期经济发展的客观实际，揭示其经验与教训，供各级领导和实际工作者借鉴。这是本志书与旧志书重人文、轻经济的重大区别。

特点之三：反映时代精神，突出地方特点。历史在发展，社会在前进。本次修志，处在20世纪80年代，和旧社会历次修志有着本质的不同。目前，我国已进入社会主义现代化建设的新时期，为了服务当今，本志书采用详今略古的方法，以共产主义为时代精神，着重反映中国共产党的正确领导和劳动人民创造历史的史实，旨在通古今、察未来、扩大教化之目的。为了让县人认识灵石、改造灵石，本志书在全面介绍灵石县情的基础上，突出军事、文化、矿业等的记述，客观反映灵石人民富有反侵略、反压迫的革命传统和能文善武、勤劳致富、发挥本地资源优势的无穷智慧和力量。

《灵石县志》是众手笔耕的成果，是集体力量的结晶。在县志编纂过程中，中国科学院张友渔担任特约顾问，并为《灵石县志》题写书名和作序；中国科学技术协会副主任裴丽生，中国地方志协会副会长、山西省志编纂委员会副主任李志敏，山西省原副省长赵军，原沈阳军区政治部主任裴光和全国著名版画家力群，为祝贺《灵石县志》问世题词赋诗。本志书还得到山西省志编纂委员会及晋中地委、行署的亲切关怀，得到省、地专家学者王伯华、李裕民、刘凯、武承、杨志忠、祁明、王敏政、刘俊礼、郝启康、赵秉璇、温述光、徐明亮、李新文等的帮助指导，得到县内外老一辈革命家的热情支持，得到本县各部门、各单位的密切配合，在此表示崇高的敬意和衷心的感谢！

由于修志人员学识浅薄，水平有限，经验不足，书中错误、疏漏在所难免，敬请广大读者批评指正。

灵石县志办公室

1990 年 5 月